本书的出版发行得到了教育部人文社会科学重点研究基地南开大学跨国公司研究中心“十四五”项目自设课题“产业结构升级与中国企业对外直接投资关系研究”、教育部哲学社会科学实验室专项资金“南开大学经济行为与政策模拟实验室重点项目”、南开大学2023年度中央专项基本科研业务费（人文社科）特殊支持项目的资助。

在此一并表示衷心感谢!

**年度报告课题组总负责人：**薛　军

**课题组专家咨询委员会主任：**佟家栋

**课题组专家咨询委员会主要成员（按姓氏笔画为序）：**

王永进　包　群　刘　杉　孙浦阳　李坤望　李飞跃　李　磊
佟家栋　严　兵　张伯伟　张　兵　何秋谷　周云波　周　申
冼国明　胡昭玲　高乐咏　盛　斌　梁　琪　曹吉云　彭支伟
葛顺奇　蒋殿春　谢娟娟　戴金平

**课题组承办单位：**南开大学跨国公司研究中心
南开大学全球经济研究中心
南开大学国际经济贸易系
南开大学国际经济研究所

**课题组协作单位：**南开大学经济学院
南开大学经济行为与政策模拟实验室

**课题组主要成员（按姓氏笔画为序）：**

方　瑜　申喆良　李金永　李婉爽　苏二豆　陈晓林　陈培如
杜若晨　辛易峰　张　祎　杨名澈　郑毓铭　周鹏冉　季建文
罗云龙　胡英伦　郭城希　徐芊骅　常君晓　常露露　秦子晴
曹　宇　程红雨　解彤彤　樊　悦

# 中国民营企业对外直接投资指数年度报告（2022）

Chinese Private Enterprises Outward Direct Foreign Investment Index 2022

薛军　等著

责任编辑:鲁　静　彭代琪格

**图书在版编目(CIP)数据**

中国民营企业对外直接投资指数年度报告(2022)/薛军 等 著. —北京:
人民出版社,2023.6
ISBN 978-7-01-025515-6

Ⅰ.①中…　Ⅱ.①薛…　Ⅲ.①民营企业-海外投资-研究报告-中国-2022
Ⅳ.①F279.245

中国国家版本馆 CIP 数据核字(2023)第 046424 号

**中国民营企业对外直接投资指数年度报告(2022)**
ZHONGGUO MINYING QIYE DUIWAI ZHIJIE TOUZI ZHISHU NIANDU BAOGAO(2022)

薛军 等　著

人民出版社 出版发行
(100706　北京市东城区隆福寺街 99 号)

中煤(北京)印务有限公司印刷　新华书店经销

2023 年 6 月第 1 版　2023 年 6 月北京第 1 次印刷
开本:710 毫米×1000 毫米 1/16　印张:34
字数:491 千字

ISBN 978-7-01-025515-6　定价:120.00 元

邮购地址 100706　北京市东城区隆福寺街 99 号
人民东方图书销售中心　电话 (010)65250042　65289539

# 前言

## 一、本系列指数报告的三大特点

这是我回国之后继2017年开始持续出版的第六本中国民营企业对外直接投资（以下简称OFDI）指数年度报告。本系列报告筛选匹配更新自2005年至今所有中国民企对外直接投资的全样本数据，并按照国有、民营、港澳台资以及外资四大类进行企业分类，全书分为“指数分析篇”和“专题分析篇”两大部分。该报告本系列指数年度报告不仅填补了我国民营企业OFDI研究数据不足的空白，还可以更好地系统分析整理我国民企OFDI的行为特点，进而为民企建立一套可持续“走出去”的长效机制提供重要依据。

本系列报告秉持“国际唯一、统计年鉴型、可持续性”三大原则，努力打造一个高质量可信赖的“南开中国OFDI指数”品牌。报告可以概括为如下三大特点。

特点一，首先，在指数指标体系架构方面，本系列指数年度报告构建了“中国民营企业对外直接投资”的六级指标体系，从并购投资和绿地投资两个维度分别分析民营企业OFDI在来源地、标的国（地区）和标的行业的特征。“中国民营企业对外直接投资”的六级指标体系具体为：第一级是中国民营企业对外直接投资指数；第二级为民营企业并购投资指数和民营企业绿地投资指数；第三级为民营企业并购投资与绿地投资按照投资方来源地、投资标的国（地区）、投资标的行业进行划分产生的指数，共有6个指标；第四级为基于第三级指标的拓展，包含20个指标；第五级为第四级指标的进一步细分，包括56个指标；第六级为对第五级指标的再具体化，共有582个指标。其次，在界定“走出去”企业所有制性质划分方面，吸收各界有关所有制分类的不同方法，摸索整理出一套划分标准，将我国所有OFDI企业的所有制性质按照国有、民营、港澳台资以及外资四种类型划分，在此基础上构建中国民营企业对外直接投资指数。再次，在选择数据源方面，克服缺乏原始数据的困难，利用国际知名的BvD-Zephyr并购数据库和fDi Markets绿地数据库，匹配筛选出中国“走出去”的企业。关于本年度系列指数报告采用的NK-GERC数据库（自建数据库）与商务部、国家统计局和国家外管局每年发布的《中国对外直接投资统计公报》的数据存在着一定程度的差异，我们曾经从数据涵盖范围、数据来源、统计方式以及统计口径四个方面对比了《中国对外直接投资统计公报》和BvD-Zephyr并购数据库之间的不同，并指出了造成这一差异的主要原因。感兴趣的读者朋友可以参见2020年版前言的部分内容。

特点二，自2020年度版开始，将过去的“补论”改为“协动性及预测展望篇”，利用自建数据库将内容定格在如下三个部分，对比分析国有企业、民营企业、港澳台资企业以及外资企业四类企业的OFDI情况，检验中国民营企业对外直接投资和宏观指标之间的协动性关系，构建计量模型预测未来三年中国OFDI的变化趋势。遗憾的是，今年的“协动性及预测展望篇”没有完成，感兴趣的读者朋友可以参见2021年的或者期待明年与大家相见。

特点三，每年推出一个民企“走出去”相关热点专题，将现状分析上升到理论研究高度，为我国民企建立一套可持续“走出去”的长效机制提供重要理论依据。针对我国企业“走出去”新情况新特点，从2021年开始在原有的“指数分析篇”和“协动性及预测展望篇”之外又新设了“专题分析篇”，去年的题目是“全球创新保护新形势下的我国民营企业对外直接投资对策研究”，今年聚焦“民营企业OFDI与结构转型”，深入剖析OFDI对我国工业化进程的影响以及民营企业“走出去”的重要作用。

## 二、关于本年度专题篇：民营企业 OFDI 与结构转型

根据配第克拉克定律，一个经济体起飞之后，伴随着工业化的进程，第一产业就业比不断下降，第二产业和第三产业，尤其是以制造业为主的第二产业的就业比不断上升。当工业化推进到一定程度时，其制造业就业占比就会开始出现持续性下降的趋势，这就是所谓“驼峰拐点”。根据报告中“图 5-4-1 美国、日本及中国工业化趋势图”所示，美国、韩国和日本的驼峰拐点大致分别出现在 20 世纪 50 年代初、20 世纪 90 年代初、以及第一次石油危机爆发的 1973 年前后。

中国制造业比重近年来持续下降备受多方关注及高度重视。姚洋认为，我国 2008 年的 4 万亿救助投入，工业就业比重提前在 2012 年达到峰值，导致中国的结构变化提前进入转折期。如果一个经济体一旦越过了驼峰转折期就会被认为该经济体的工业化进程进入了后工业化时代。从我国的制造业比重看，目前或者正在处于这个转折期，其就业比重在 2012—2013 年曾经一度达到峰值之后开始连年下降。但是，以人工智能、3D 打印、智能工厂等引领的数字经济给现代制造业带来了巨变，一些关于“工业化”“去工业化”以及“再工业化”的传统经济学观点越来越受到现实的挑战，中国制造业的绝对值在 2010 年超越美国成为世界第一之后仍然一直在增长，因此就中国是否已经完全越过驼峰拐点的判断仍然需要继续观察再下最终结论。

已经有大量的著作文章论证了第一产业和第二产业之间的关系，但是伴随着数字经济时代的深入，以及我国服务业不断开放，至今为止少有实证文章能清晰透彻地剖析第二产业和第三产业之间的关系。从传统发展经济学角度看，制造业比重先升后降，服务业比重呈线性上升趋势不断提高。但是如果考虑数字经济时代带来的新业态等诸变化，特别是数字化转型之后原来的三大产业以及一些细分领域的划分可能会变得越来越比较模糊，那么展望不久的将来，也许会有一些意想不到的新发展趋势，甚至是传统的划分体系被颠覆、被重构。

过去，学术界通常将一国工业部门或制造业部门增加值占比及就业占比持续下降的现象定义为“去工业化（Deindustrialization）”，但是我们目前很难再根据这个传统的定义来界定我国制造业现状。近年来，除了积极意义上的“走出去”，由于成本压力以及产业链供应链调整等因素，越来越多的包括内资在内的诸多企业已经或者正在将生产线搬离中国，这些都被归类到中国对外直接投资统计当中（包括逃资）。在过往的欧美日等发达国家，由于一些产业无法在国内继续盈利，在产业升级无望之时，无非两个选择，一是将厂房关闭退出该行业，二是将工厂转移至海外，渐渐地这些国家的经济就会趋向“产业空心化（Hollowing Out）”。我国在积极推动企业“走出去”特别是进行“一带一路”投资的同时，需要防微杜渐，对由于 OFDI 造成的实体经济弱化正在给予高度重视并制定了一系列方针政策。

针对我国 OFDI 带来的新情况，特别是对制造业规模占比以及就业占比的趋势性变化，今年本书的专题分析篇聚焦“民营企业 OFDI 与结构转型”，一共分为四章，从多维度展开，研究分析了民营企业 OFDI 与中国结构转型以及制造业规模和比重之间的影响。

第五章从工业增加值和就业占比两方面论述了 OFDI 与“制造业比重下降”的相关性，并从 OFDI 的不同模式分析了中国的制造业比重下降的现象，发现 OFDI 一定程度加速了中国制造业占比下降的进程，甚至导致了中国过早的“制造业比重下降”趋势。另外针对“制造业比重下降”可能引发的经常项目账户赤字的问题进行了分析和风险预警。第六章针对服务型 OFDI，研究了服务型 OFDI 对“制造业比重下降”的影响，发现服务型 OFDI 对“制造业比重下降”有缓解作用。第七章分别从房地产价格、制造业外迁、高技术产品进出口贸易的发展这三个不同视角探讨了对“制造业比重下降”的不同影响作用。第八章分别利用中国地级以上城市层面数据以及中国省级层面数据，实证研究中国民营企业 OFDI 与“制造业比重下降”的影响关系，并基于不同创新模式，实证研究了创新对二者关系的调节作用。最后基于以上特征事实分析和实证研究，对促进中国民营企业合理有效的 OFDI 和预防过早过快的“制造业比重下降”提出了相应的政策建议。

## 三、从民企服务型 OFDI 路径偏好典型特征事实思考我国结构调整与民营经济高质量发展

从我们自建数据库可以看到，近年来民营企业的对服务业的 OFDI 远高于国有企业，知识密集型服务业和技术密集型制造业已逐渐成为近年来民企 OFDI 的主要投资行业标的。对服务业的 OFDI 我们统称服务型 OFDI，特指投资于外国服务行业的 OFDI，相对于投资与非服务业行业的“生产型 OFDI”。其特点主要是与需要设立大型生产基地、雇佣大量低技能生产性劳动力的生产型 OFDI 相比，服务型 OFDI 不仅耗资少、建立周期短、生产率准入门槛低，而且其主要雇佣的是销售、管理人员等非生产性劳动力，是发展中国家开拓国际市场，获取国际高级生产要素的重要渠道。诸如研发、产品设计、管理咨询等具有知识密集特征的服务型投资更是直接增加了发展中国家接触全球研发资源的机会。

在中国 OFDI 迅速增长过程中，最为突出的一大特征是，不同于历史上的欧美日发达国家以制造业为主的特点，无论中国企业的母公司是否属于服务业，其海外子公司多数则是以服务型 OFDI 为主体。截至 2020 年，中国的服务型 OFDI 存量占比 74. 90%，2008 年高达 82. 5%（商务部数据）。其中，民企对服务业的 OFDI 远高于国有企业，特别是数量上，2019 年民营企业投资服务行业 818 项，占比 64%；同期国有企业 196 项，占比 53%；同期金额上，民企占比 39. 0%，国有占比 37. 7%（自建数据库）。另外，如本书附表 3-1“2021 年中国民营对外直接投资标的行业别 Top10”所示，知识密集型服务业逐渐成为近年来民企 OFDI 的主要投资行业标的，民企 OFDI 数量 Top10 中前 5 位均是服务型。

那么，中国企业特别是民营企业服务型 OFDI 成效究竟如何？我国应该如何利用民企的服务型 OFDI 路径偏好这一特色促进民企高质量发展并最终实现结构升级的作用呢？具体的，它是否有益于民企高质量发展？如

果是，那么其具体作用机制是什么？

在双循环新发展格局下，应该利用好我国企业的服务型 OFDI 路径偏好这一特色，充分发挥服务型 OFDI 优势，促进民企高质量发展。大量实证研究证明，伴随着“走出去”的逐步扩大，我国服务型 OFDI 对企业的积极效应是多方面的，主要包括以下四个方面。在生产率方面，服务型 OFDI 有利于促进东道国生产率水平提升，且具体到技术研发类的服务型 OFDI、商贸服务类的服务 OFDI 后，结论仍然成立。在出口方面，通过降低运输冰山成本和信息交流成本，服务型 OFDI 促进了出口。在创新方面，研发加工型、贸易销售型 OFDI 有助于促进母公司创新，且比起生产型 OFDI，服务型 OFDI 更有助于促进企业自主创新。在就业和产出等其他方面，商贸服务型 OFDI 有助于中国企业的就业增长和产出规模扩张。

我们应该充分利用我国服务型 OFDI 占比较大的特点，最大发挥其优势。一般而言，进行服务型 OFDI“走出去”的一般是生产率低的企业（Krautheim，2013；Tian and Yu，2020）。中国的几乎每个行业都需要服务投入，且中国企业生产率在世界范围内相对较低，然而伴随着中国“走出去”特别是服务型 OFDI 越来越多，中国的服务型 OFDI 也越来越引起各界关注。

中国民营企业 OFDI 特点突出，如果从国际对比角度看，与发达国家 OFDI 差异显著。如果从所有制分类角度看，在投资概率、动机、模式、决策因素、区位选择倾向以及高管具有官方背景的政治关联和融资约束 7 个方面对中国民营企业 OFDI 产生影响。然而，在 OFDI 经济效应领域，我们往往重点关注 OFDI 整体对母国经济的作用，却时常忽视应该立足于民企 OFDI 集中于服务业的这个现实背景，限制了对中国“走出去”战略经济效应的进一步深入认识。尽管近年来一些研究已初步意识到贸易服务型或商贸服务型 OFDI 对中国企业绩效有重要作用，但一方面，这些文献主要围绕单一的服务部门（商贸服务或研发服务）展开，无法较为全面地揭示服务型 OFDI 整体的经济效应；另一方面，这些研究也未理清服务型投资影响企业绩效的内在作用机理并给出可靠的证明，无法精确地揭示服务型投资究竟是如何对企业产生影响的；更为重要的是，既有研究更多关注的是服务型 OFDI 对企业出口的影响，鲜有文献深入考察对企业特别是民营企业高质量发展并最终实现结构升级的作用。有鉴于此，如何充分发挥中国民营企业在服务型 OFDI 领域的优势，进一步促进中国民营跨国企业高质量发展，是我国民营企业立足于双循环新发展格局更好走出去的当务之急。

几年前，我和苏二豆博士针对如何通过利用服务型 OFDI 提升民企高质量发展进行了实证研究，并将成果收入其博士论文。我们首先将民企高质量发展等同于民企升级，基于企业升级的基本定义（企业创新带动的企业成长），从企业升级的“质”（企业创新）和“量”（企业成长）两个视角入手，系统剖析了服务型 OFDI 影响中国企业升级的内生机制，并实证评估了其经验效果。基于实证分析，就“质”和“量”，得到如下主要结论。

第一，服务型 OFDI 显著而稳健地促进了中国企业升级“质”方面（企业创新）的提升。具体而言，相对于平均专利申请数而言，服务型 OFDI 使得企业专利申请数量上升了 25.20%，相对于平均发明专利申请数而言，服务型 OFDI 使得企业发明专利申请数量上升了 31.34%。这种促进作用在不同管理效率、投资模式、地区、投资东道国之间存在一定的差异。服务型 OFDI 对企业自主创新的影响效应随着时间的推移呈波动式上升趋势，且投资强度越大，对企业创新的促进作用越明显。此外，通过对比服务型 OFDI 与纯生产型 OFDI 对企业自主创新的影响差异发现，前者对企业创新水平的促进作用更大，体现出服务型 OFDI 在促进中国经济质量升级中的重要作用。

第二，服务型 OFDI 促进了中国企业升级“量”方面（企业成长）的增长。具体而言，服务型投资显著而稳健地带动了以企业产出为测度指标的企业成长。非国有企业（对非国有企业产出的促进作用大于国有企业）、投资模式为绿地投资的企业、地处交通基础设施较发达省份的企业、投资目的地为高收入东道国的企业从服务型 OFDI 中获益更大。服务型 OFDI 对企业升级“量”的促进作用主要是由“质”的提升所驱动的，即服务型投资促进的企业成长更多的是一种源于突破生产力边界的高质量成长。从投资时期上看，服务型 OFDI 对企业成长的影响在企业投资之后随着时间的推移而增强；从投资强度上看，投资金额越大，对企业成长的促进作用越明显。通过对比服务型与纯生产型 OFDI 对企业产出影响的差异发现，相较于生产型 OFDI 而言，服务型 OFDI 对企业产出的促进作用更大。近年来，越来越多的人担心大规模的中国企业“走出去”会导致国内产业的转移和产出的萎缩（即“去工业化”或者“产业空心化”），该结论则显示，由于中国企业对外直接投资聚焦于服务业，而服务型 OFDI 对产出的促进作用是显著而有力的，因此，无需担忧“走出去”战略可能引起的物质生产下降问题。

苏二豆博士在本书第六章中有许多很有见地的研究结论，服务型 OFDI 也许是我国目前所处发展阶段的一个特征事实，但是其带来的好处是多方面的，概括起来可以总结为四个效应，即“就业创造”效应、“出口促进”效应、“技术升级和创新”效应以及“产出扩大”效应。我国 OFDI 主要以投资海外服务业为主，且这种服务型 OFDI 有利于企业出口，即所谓的“就业创造效应”，说明服务型 OFDI 为母公司带来的更多是需求的扩张而非供给的缩减，不仅不会造成我国去工业化，反而能够缓解我国去工业化进程。因此，如果不考虑生产型 OFDI，单纯从服务型 OFDI 角度看，暂时不必担心我国企业大规模“走出去”会导致国内过早“去工业化”的风险。通过异质性分析发现，服务型 OFDI“出口促进效应”的发挥在国有企业样本中并不明显，其主要是由非国有企业特别是民营企业所驱动的，这凸显了我国作为工业化大国在通过服务型 OFDI 来缓解去工业化过程中民营企业的重要性，也从侧面表明，在对我国企业“走出去”展开研究时，必须意识到所有制的不同所可能产生的经济效果差异，特别是要加强对我国民营企业的关注。综上，第六章最终得出了民营企业服务型 OFDI 对于提升民企高质量发展、缓解我国“制造业比重下降”进程以及促进结构升级都具有重要作用的结论。需要指出的是，由于篇幅有限，第六章重点探讨服务型 OFDI 缓解我国去工业化的深层次原因，即服务型 OFDI 与我国出口之间的内在联系，针对出口作为中间机制是否促进了企业产出增长的问题，我们也进行了验证，相关结论已刊登在《国际贸易问题》2021 年第 1 期。第六章还证实了服务型 OFDI 对我国工业企业研发创新的促进作用，表明这类投资还有助于解决我国工业部门关键核心技术受制于人的问题，从而为扭转工业经济“只大不强”的局面提供了全新的思考视角。总之，研究结论深度厘清了服务型 OFDI 与“去工业化”的内在逻辑关系，对促进我国经济长期稳定高质量发展具有重要的参考价值。

第三，提一点基于民企偏好服务型 OFDI 特征事实的政策思考。考虑到我国所处的发展阶段，应该鼓励服务型 OFDI、特别是知识密集型服务型 OFDI。在民企“56789 贡献论”里，贡献 70%以上的创新有相当部分来自服务型 OFDI 的逆向溢出。特别是在当下，鼓励民企服务型 OFDI，不失为民企“走出去”的一条佳径，一来比较符合大部分民营企业的特点，二来比较符合当下国际环境大背景。另外，对那些有条件但还未在海外投资过的企业，可以鼓励它们先在海外设立服务部门。

值得注意的是，不需要也不应限制制造业的 OFDI。理由有两点，首先是限制部分国内的制造业企业“走出去”其实是保护了低效产业；其次是中国民企 OFDI 的制造业相对少而且整体竞争力较低，如果限制制造业不让参与国际竞争，有碍我国产业升级和进一步融入全球价值链以及提升在全球价值链中的位置。

与此同时，由于我国仍然属于中高收入国家，需要对“OFDI 的去工业化效应”具有危机意识。上述内容其实是基于我国企业“走出去”阶段论的思考，今后中国一定会进一步发展壮大，届时任何 OFDI 也许都是一把双刃剑，提升企业竞争力促进结构升级的同时也会产生一定的去工业化效应。“制造业比重下降”是个中长期的过程，也许即使在数字经济时代，配第克拉克定律依然有效。然而不论明天如何，当下的我们应该及时利用目前的短期且有限的统计数据，结合国际比较研究，尽早预判我国所处的历史阶段以及今后发展趋势，为企业及产业的高质量发展提供借鉴之策。

去年开始我们在原有指数报告基础上新设了专题篇部分，以期对当下民企 OFDI 热点领域进行深度分析，每年一个专题对我们团队很富有挑战性，我们会不断进取、不断丰富专题内容。本指数报告难免有诸多不足之处甚至错误，希望有关部门和学者专家等各界同仁提出宝贵意见，并给予大力支持，也希望广大读者给予批评指正！

最后，特别提醒：如您在研究成果中使用了本数据，请注明所用数据为“南开中国 OFDI 指数”，同时烦请按照以下文献引用方式引用我们的成果：薛军等著《中国民营企业对外直接投资指数年度报告（2022）》”。

# 目　录



## 第一部分　指数分析篇

## 第二部分 关于“结构转型、民营企业 OFDI 与后工业化”专题分析

# 序　章　中国民营企业对外直接投资指数体系的构建及说明

## 第一节　关于中国民营企业对外直接投资指数的研究架构

本研究团队以中国企业对外直接投资（即“走出去”的直接投资，本书亦简称 OFDI）为研究主体，通过在 BvD-Zephyr 数据库和 fDi Markets 数据库中筛选出参与 OFDI 的中国企业，并按照企业所有制不同将企业划分为民营、国有、港澳台和外资四种类型，整理出包含企业投资模式、投资方来源地、投资标的国（地区）、投资标的行业的全样本中国企业对外直接投资数据库（南开大学“全球经济研究中心”数据库，以下简称 NK-GERC 数据库）。

本书以 NK-GERC 数据库为基础构建出中国民营企业对外直接投资指数体系，在与其他不同所有制对比的基础上从全方位、多视角探究民企 OFDI 的变化特征。

### 一、范畴界定及数据来源

#### （一）不同所有制概念界定及关于民营企业定义的补充说明

1. 四种所有制分类及标准

将中国的所有制企业分为四种，分别是国有企业、外资企业、港澳台企业以及民营企业[①]。首先，参照《企业国有资产交易监督管理办法

① 该界定由李金永博士整理。

（2016）》，国有企业应该包括如下内容：

（1）政府部门、机构、事业单位出资设立的国有独资企业（公司），以及上述单位、企业直接或间接合计持股为100%的国有全资企业；

（2）本条第（1）款所列单位、企业单独或共同出资，合计拥有产（股）权比例超过50%，且其中之一为最大股东的企业；

（3）本条第（1）（2）款所列企业对外出资，拥有股权比例超过50%的各级子企业；

（4）政府部门、机构、事业单位、单一国有及国有控股企业直接或间接持股比例未超过50%，但为第一大股东，并且通过股东协议、公司章程、董事会决议或者其他协议安排能够对其实际支配的企业。

其次，有关外资企业和港澳台资企业的界定可以类比国有企业。

最后，参照全国工商业联合会以及学术界的界定，将民营企业界定为：在中国境内除国有企业、外资企业和港澳台资企业以外的所有企业，包括个人独资企业、合伙制企业、有限责任公司和股份有限公司。

2. 关于民营企业概念界定的补充说明

民营企业是中国特有的概念。在资本主义国家中，除了部分铁路、邮政、烟草等行业属于国有之外，其他绝大多数均是私有企业。正是由于大部分企业都是民间经营的，因此国外很少提“民营企业”一词。需要特别说明的是，目前中国国内关于民营企业（或民营经济）的界定并没有统一的观点，我们将一些主流观点和界定整理如下：

（1）有的观点认为民营企业包括除国有独资、国有控股以外的其他类型的企业；有的观点认为民营企业是由民间私人投资、经营、享受投资收益、承担经营风险的法人经济实体；有的观点认为民营企业有广义和狭义之分，广义上，非国有独资企业（包括国有持股和控股企业）都是民营企业，狭义上，民营企业包括私营企业和以私营企业为主体的联营企业（胡志军，2015）。

（2）党的“十五大”和“十六大”报告中的提法是非公有制经济。

（3）国家商务部、国家统计局和国家外汇管理局三家每年联合发布的

《中国对外直接投资统计公报》中没有明确界定，只是提及“非国有企业”。而根据商务部的说明，该“非国有企业”主要还是民营企业。

（4）统合中国民营企业的官方机构中华全国工商业联合会将民营企业划定为私营企业、非公有制经济成分控股的有限责任公司和股份有限公司，国有绝对控股企业和外资绝对控股企业（港澳台除外）不在此范围之内。

（5）这里需要特别说明的是，集体所有制企业作为中国特殊历史时期的产物，虽然属于中国公有制经济的一部分，但考虑到其与全民所有制企业在主体、所有权的客体以及权利取得方式上的差异，将集体所有制企业归类到民营企业。

（二）数据来源

本研究团队从 BvD-Zephyr 并购数据库和 fDi Markets 绿地投资数据库中筛选出中国企业“走出去”的相关数据作为统计样本，并按照企业性质界定方法对于参与 OFDI 的中国企业进行所有制的判断，形成 NK-GERC 数据库。本书的所有数据均来源于 NK-GERC 数据库。

BvD-Zephyr 数据库（即全球并购交易数据库）含有全球企业并购的相关数据，不仅包括各国境内并购，而且收录了全球跨国并购的交易案件，其更新频率以小时计算①。fDiMarkets 数据库是《金融时报》所提供的专业服务，是目前市场上最全面的跨境绿地投资在线数据库②。可以从 BvD-Zephyr 数据库和 fDi Markets 数据库中筛选投资方与标的方企业名称、案件交易时间、标的方所属行业及国别、投资方来源地、交易金额等信息。

（三）统计时间段的选择

本书的数据统计时间段为 2005—2021 年，共计十七年的时间跨度，相对完整的体现了中国民营企业入世之后对外直接投资的发展特征，也为研

① BvD-Zephyr 概览，见 https：//www. bvd0o. com/en-gb/our-products/economic-and-m-a/m-a-data/zephyr。

② fDi Markets 概览，见 https：//www. fdimarkets. com/。

究民企 OFDI 提供了更详实的数据资料。

## 二、相关数据说明

### （一）关于国内外并购数据相差较大的原因

商务部公布的数据与对外数据库商公布的对外并购投资数据相差较大，比如 2016 年商务部公布中国企业共实施对外投资并购项目 765 件[①]，而 BvD-Zephyr 数据库统计的项目数为 1309 件[②]。造成如此大的反差，主要有以下四点原因：

（1）数据的涵盖范围不同。商务部公布的是已经完成交割的中国对外并购交易，而对外数据库商和媒体公布的数据不仅包括已完成交割的并购交易，还包括新宣布的但目前还处于磋商阶段的，以及交易双方基本达成交易意向但还需要通过国家政府部门审核的交易。可见，对外数据库商和媒体公布的数据范围更广[③]。

（2）数据采集来源不同。对外数据库商的资料来源主要是媒体报道、公司披露等，比如 BvD-Zephyr 的并购数据绝大部分都是人工采集，采集渠道为各大交易所公告信息，网上信息，企业官网公告，甚至一些传闻信息等，资料来源较为零散，比较容易夸大交易金额，也容易遗漏交易。

（3）数据统计原则不同。部分企业是通过注册在离岸金融中心的子公司进行并购交易，如果该并购交易完全在海外市场融资完成，就不在中国国内监管机构的统计范围之内，因此该笔并购投资不在商务部统计之列，但标的国（地区）仍然认为是来自中国的投资，因此 BvD-Zephyr 之类的对外数据库商仍然将其统计在列。

---

① 中国商务部、国家统计局、国家外汇管理局：《2015 年度中国对外直接投资统计公报》2016 年版，第 8 页。

② 此处按照 2016 年 1 月 1 日到 2016 年 12 月 31 日为交易日期（含传言日期、宣布日期、完成日期）的统计口径（即“日期”的统计口径）。

③ 王碧珺、路诗佳：《中国海外并购激增，“中国买断全球”论盛行——2016 年第一季度中国对外直接投资报告》，《IIS 中国对外投资报告》2016 年第 1 期。

（4）数据的统计方法不同。对外数据库商公布的数据存在重复统计的问题。比如第一季度新宣布尚未完成的并购交易，第二季度还会统计一次，如果第三季度依旧没有完成，那么第三季度又会重复统计一次。

（二）本书数据的权威可靠性

各方数据都各有千秋。总体来讲，国外的知名数据库即时迅速，而国内政府部门的统计数据虽然比较权威，但也有学者提出国内数据很难有效反映中国对外直接投资特征①。另外，国内政府部门公布的信息最大的缺陷在于范围窄、数据量少、缺乏系统性。

本书选择采用的 BvD-Zephyr 和 fDi Markets 这两个数据库均为业界公认的权威可靠的数据库。

## 三、"中国民营企业对外直接投资指数"的六级指标体系和指数构成

（一）"中国民营企业对外直接投资指数"的六级指标体系的建立

本书基于 NK-GERC 数据库，将民企对外直接投资按照投资方来源地、投资标的国（地区）、投资标的行业特征进行分类，并将民企投资模式划分为并购和绿地两种，构建"中国民营企业对外直接投资指数"指标体系（参照序表 0-1 和序表 0-2），从民营企业对外直接投资，并购投资和绿地投资二维度分析民企在来源地、标的国（地区）和标的行业的特征。该六级指标体系具体可表示为：

第一级是民营企业对外直接投资；

第二级是按照投资模式不同划分为并购投资和绿地投资；

第三级有 6 个指标：分别对并购、绿地投资按照投资方来源地、投资标的国（地区）、投资标的行业进行划分；

第四级有 20 个指标，为基于第三级指标的拓展，细分规则为：

（1）投资来源地分为 5 个地区：环渤海地区、长三角地区、珠三角地

① 王永中、徐沛原：《中国对拉美直接投资的特征与风险》，《拉丁美洲研究》2018 年第 3 期。

区、中部地区、西部地区；

（2）投资标的国（地区）分为 3 个区域：发达经济体、发展中经济体、转型经济体；

（3）投资标的行业分为 2 类：制造业和非制造业。

第五级有 56 个指标，为在四级指标基础上的进一步细分：

（1）投资方来源地分为 10 个地区：京津冀和环渤海其他地区、上海和长三角其他地区、广东和珠三角其他地区、华北东北和中原华中地区、西北和西南地区；

（2）投资标的国（地区）根据《世界投资报告 2017》[①] 对国别的划分标准进一步分为 9 个区域：发达经济体划分为欧洲、北美洲和其他发达经济体，发展中经济体划分为非洲、亚洲、拉丁美洲和加勒比海地区、大洋洲，转型经济体划分为东南欧和独联体国家；

（3）投资标的行业进一步分为 9 种类别：按照 OECD 对制造业的技术划分标准将制造业划分为高技术制造业、中高技术制造业、中低技术制造业、低技术制造业，根据 2017 年国家统计局公布的《国民经济行业分类》[②] 将非制造业划分为服务业，农、林、牧、渔业，采矿业，电力、热力、燃气及水生产和供应业，建筑业；

第六级共有 582 个指标，均为对第五级指标的再具体化：投资方来源地具体至各省（自治区、直辖市），投资标的国（地区）具体至各国家（地区），投资标的行业具体至制造业 ISIC 标准的两分位行业和非制造业《国民经济行业分类》标准的两分位行业（参照序表 0-1）。

---

① 詹晓宁：《世界投资报告 2017》，南开大学出版社 2017 年版，第 240 页。

② 详见 http：//www. stats. gov. cn/tjsj/tjbz/hyflbz/201710/t20171012_ 1541679. html。

**表 0-1-1　“中国民营企业对外直接投资指数”指标体系**

| 一级指标 | 二级指标 | 三级指标 | 四级指标 | 五级指标 | 六级指标（具体指标详见表 0-2） |
|---|---|---|---|---|---|
| 民营企业对外直接投资 | 并购投资 | 投资方来源地 | 环渤海地区 | 京津冀地区 | 3 |
| | | | | 环渤海地区其他区域 | 2 |
| | | | 长三角地区 | 上海 | 1 |
| | | | | 长三角地区其他区域 | 2 |
| | | | 珠三角地区 | 广东 | 2 |
| | | | | 珠三角地区其他区域 | 2 |
| | | | 中部地区 | 华北东北 | 4 |
| | | | | 中原华中 | 5 |
| | | | 西部地区 | 西北 | 5 |
| | | | | 西南 | 6 |
| | | 标的国（地区） | 发达经济体 | 欧洲 | 36 |
| | | | | 北美洲 | 2 |
| | | | | 其他发达经济体 | 14 |
| | | | 发展中经济体 | 非洲 | 54 |
| | | | | 亚洲 | 34 |
| | | | | 拉丁美洲和加勒比海地区 | 35 |
| | | | | 大洋洲 | 14 |
| | | | 转型经济体 | 东南欧 | 5 |
| | | | | 独联体国家 | 12 |
| | | 标的行业 | 制造业 | 高技术 | 5 |
| | | | | 中高技术 | 5 |
| | | | | 中低技术 | 5 |
| | | | | 低技术 | 4 |
| | | | 非制造业 | 服务业 | 15 |
| | | | | 农、林、牧、渔业 | 5 |
| | | | | 采矿业 | 7 |
| | | | | 电力、热力、燃气及水生产和供应业 | 3 |
| | | | | 建筑业 | 4 |
| | 绿地投资 | 投资方来源地 | 环渤海地区 | 京津冀地区 | 3 |
| | | | | 环渤海地区其他区域 | 2 |
| | | | 长三角地区 | 上海 | 1 |
| | | | | 长三角地区其他区域 | 2 |

续表

| 一级指标 | 二级指标 | 三级指标 | 四级指标 | 五级指标 | 六级指标（具体指标详见表 0-2） |
|---|---|---|---|---|---|
| 民营企业对外直接投资 | 绿地投资 | 投资方来源地 | 珠三角地区 | 广东 | 2 |
| | | | | 珠三角地区其他区域 | 2 |
| | | | 中部地区 | 华北东北 | 4 |
| | | | | 中原华中 | 5 |
| | | | 西部地区 | 西北 | 5 |
| | | | | 西南 | 6 |
| | | 标的国（地区） | 发达经济体 | 欧洲 | 36 |
| | | | | 北美洲 | 2 |
| | | | | 其他发达经济体 | 14 |
| | | | 发展中经济体 | 非洲 | 54 |
| | | | | 亚洲 | 34 |
| | | | | 拉丁美洲和加勒比海地区 | 35 |
| | | | | 大洋洲 | 14 |
| | | | 转型经济体 | 东南欧 | 5 |
| | | | | 独联体国家 | 12 |
| | | 标的行业 | 制造业 | 高技术 | 5 |
| | | | | 中高技术 | 5 |
| | | | | 中低技术 | 5 |
| | | | | 低技术 | 4 |
| | | | 非制造业 | 服务业 | 15 |
| | | | | 农、林、牧、渔业 | 5 |
| | | | | 采矿业 | 7 |
| | | | | 电力、热力、燃气及水生产和供应业 | 3 |
| | | | | 建筑业 | 4 |

**表 0-1-2 "中国民营企业对外直接投资指数"指标体系中第五级、第六级指标的具体内容**

| 五级指标 | 六级指标 |
|---|---|
| 京津冀地区 | 北京、天津、河北 |

续表

| 五级指标 | 六级指标 |
| --- | --- |
| 环渤海地区其他区域 | 辽宁、山东 |
| 上海 | 上海 |
| 长三角地区其他区域 | 江苏、浙江 |
| 广东 | 深圳、广东（不含深圳） |
| 珠三角地区其他区域 | 福建、海南 |
| 华北东北 | 山西、内蒙古、黑龙江、吉林 |
| 中原华中 | 河南、安徽、江西、湖北、湖南 |
| 西北 | 陕西、甘肃、宁夏、青海、新疆 |
| 西南 | 四川、重庆、云南、广西、贵州、西藏 |
| 欧洲 | 奥地利、比利时、保加利亚、克罗地亚、塞浦路斯、捷克、丹麦、爱沙尼亚、芬兰、法国、德国、希腊、匈牙利、爱尔兰、意大利、拉脱维亚、立陶宛、卢森堡、马耳他、荷兰、波兰、葡萄牙、罗马尼亚、斯洛伐克、斯洛文尼亚、西班牙、瑞典、英国、直布罗陀、冰岛、挪威、瑞士、安道尔、摩纳哥、列支敦士登、圣马力诺 |
| 北美洲 | 美国、加拿大 |
| 其他发达经济体 | 澳大利亚、新西兰、百慕大群岛、开曼群岛、英属维尔京群岛、格陵兰、波多黎各、以色列、日本、韩国、新加坡、中国台湾地区、中国香港地区、中国澳门地区 |
| 非洲 | 阿尔及利亚、埃及、利比亚、摩洛哥、苏丹、突尼斯、贝宁、布基纳法索、佛得角、科特迪瓦、冈比亚、加纳、几内亚、几内亚比绍、利比里亚、马里、毛里塔尼亚、尼日尔、尼日利亚、塞内加尔、塞拉利昂、多哥、布隆迪、喀麦隆、中非共和国、乍得、刚果共和国（简称刚果、又称刚果（布））、刚果民主共和国（又称刚果（金））、赤道几内亚、加蓬、卢旺达、圣多美和普林西比、科摩罗、吉布提、厄立特里亚、埃塞俄比亚、肯尼亚、马达加斯加、毛里求斯、塞舌尔、索马里、乌干达、坦桑尼亚、安哥拉、博茨瓦纳、莱索托、马拉维、莫桑比克、纳米比亚、南非、斯威士兰、赞比亚、津巴布韦 |
| 亚洲 | 朝鲜、蒙古、文莱、柬埔寨、印度尼西亚、老挝、马来西亚、缅甸、菲律宾、泰国、东帝汶、越南、孟加拉国、不丹、印度、马尔代夫、尼泊尔、巴基斯坦、斯里兰卡、巴林、阿富汗、伊拉克、伊朗、约旦、科威特、黎巴嫩、阿曼、卡塔尔、沙特、巴勒斯坦、叙利亚、土耳其、阿联酋、也门 |

续表

| 五级指标 | 六级指标 |
|---|---|
| 拉丁美洲和加勒比海地区 | 阿根廷、玻利维亚、巴西、智利、哥伦比亚、厄瓜多尔、圭亚那、巴拉圭、秘鲁、苏里南、乌拉圭、委内瑞拉、伯利兹、哥斯达黎加、萨尔瓦多、危地马拉、洪都拉斯、墨西哥、尼加拉瓜、巴拿马、安圭拉、安提瓜和巴布达、阿鲁巴、巴哈马、巴巴多斯、库拉索岛、多米尼加岛、多米尼加共和国、格林纳达、古巴、海地、牙买加、圣基茨和尼维斯、圣卢西亚岛、圣文森特和格林纳丁斯、特立尼达和多巴哥 |
| 大洋洲 | 库克群岛、斐济、法属波利尼西亚、基里巴斯、马绍尔群岛、密克罗尼西亚、瑙鲁、新喀里多尼亚、帕劳群岛、巴布亚新几内亚、萨摩亚、所罗门群岛、汤加、瓦努阿图 |
| 东南欧 | 阿尔巴尼亚、波黑、黑山、塞尔维亚、马其顿 |
| 独联体国家 | 亚美尼亚、阿塞拜疆、白俄罗斯、哈萨克斯坦、吉尔吉斯斯坦、俄罗斯、塔吉克斯坦、乌兹别克斯坦、土库曼斯坦、乌克兰、摩尔多瓦、格鲁吉亚* |
| 高技术 | 航空航天 |
| | 医药制造 |
| | 办公、会计和计算机设备 |
| | 广播、电视和通信设备 |
| | 医疗器械、精密仪器和光学仪器、钟表 |
| 中高技术 | 其他电气机械和设备 |
| | 汽车、挂车和半挂车 |
| | 化学品及化学制品（不含制药） |
| | 其他铁道设备和运输设备 |
| | 其他机械设备 |
| 中低技术 | 船舶制造和修理 |
| | 橡胶和塑料制品 |
| | 焦炭、精炼石油产品及核燃料 |
| | 其他非金属矿物制品 |
| | 基本金属和金属制品 |

* 土库曼斯坦、乌克兰、摩尔多瓦、格鲁吉亚近年宣布退出。

续表

| 五级指标 | 六级指标 |
|---|---|
| 低技术 | 其他制造业和再生产品 |
| | 木材、纸浆、纸张、纸制品、印刷及出版 |
| | 食品、饮料和烟草 |
| | 纺织、纺织品、皮革及制鞋 |
| 服务业 | 批发和零售业 |
| | 交通运输、仓储和邮政业 |
| | 住宿和餐饮业 |
| | 信息传输、软件和信息技术服务业 |
| | 金融业 |
| | 房地产业 |
| | 租赁和商务服务业 |
| | 科学研究和技术服务业 |
| | 水利、环境和公共设施管理业 |
| | 居民服务、修理和其他服务业 |
| | 教育 |
| | 卫生和社会工作 |
| | 文化、体育和娱乐业 |
| | 公共管理、社会保障和社会组织 |
| | 国际组织 |
| 农、林、牧、渔业 | 农业 |
| | 林业 |
| | 畜牧业 |
| | 渔业 |
| | 农、林、牧、渔专业及辅助性活动 |

续表

| 五级指标 | 六级指标 |
|---|---|
| 采矿业 | 煤炭开采和洗选业 |
| | 石油和天然气开采业 |
| | 黑色金属矿采选业 |
| | 有色金属矿采选业 |
| | 非金属矿采选业 |
| | 开采专业及辅助性活动 |
| | 其他采矿业 |
| 电力、热力、燃气及水生产和供应业 | 电力、热力生产和供应业 |
| | 燃气生产和供应业 |
| | 水的生产和供应业 |
| 建筑业 | 房屋建筑业 |
| | 土木工程建筑业 |
| | 建筑安装业 |
| | 建筑装饰、装修和其他建筑业 |

### （二）“中国民营企业对外直接投资指数”的构成

#### 1. 基本指数

按照上述构建的“中国民营企业对外直接投资指数”六级指标体系的划分标准，以2011—2015年民企对外投资项目数量或金额的算术平均数为基期值①，测算出与各指标相对应的项目数量和金额指数，具体内容

① 选取2011年到2015年的算术平均数为基期值，一是因为这五年期间中国民营资本海外“走出去”又进入了一个由低谷到高峰的快速增长时期，2011年可以称为是中国民营企业“走出去”的“元年”；二是在计算指数时可以确保避免中国企业海外直接投资初期的绝大部分基期值为0的问题，从而使指数走势更加平滑。

如下：

（1）根据一级指标的划分标准测算了民营企业对外直接投资指数①；

（2）根据二级指标的划分标准测算了民营企业对外并购投资指数和绿地投资指数；

（3）根据三级指标的划分标准分别测算出民企对外投资总体、并购投资和绿地投资三种分类下的民营企业投资方来源地别指数、标的国（地区）别指数、标的行业别指数；

（4）根据四级指标的划分标准测算出民营企业在投资方来源地的5个地区、投资标的国（地区）的3个区域、投资标的行业别的2种分类下的指数；

（5）根据五级指标的划分标准进一步测算了民营企业投资方来源地对应的10个地区、投资标的国（地区）对应的9个大洲（区域）、标的行业对应的9种分类下的指数；

（6）根据六级指标的划分标准分别测算了各省市、各国别（地区）、各行业的指数。

2. 民营企业"一带一路"对外直接投资指数

为分析中国企业对"一带一路"沿线国家的对外直接投资特征，本报告从NK-GERC数据库中筛选出对于"一带一路"国家进行投资的民营企业，测算出民营企业"一带一路"对外直接投资指数、"一带一路"对外并购投资指数和绿地投资指数，所有的指数均包含项目数量和金额两方面，指数测算方法与基本指数的测算方法一致。

3. OFDI综合指数

为综合考虑投资项目数量和金额特征，更全面分析民营企业OFDI的发展变化，本书以基本指数为基础，使用主成分分析法对民营企业对外直接投资项目数量指数和金额指数赋予相应的权重，融合对外投资项目数量指数和金额指数，最终得到民营企业OFDI综合指数。在本书第二章第五

① 每一指数均可分为投资项目数量和金额指数两类。

节，我们还使用同样方法测算了中国民营企业“一带一路”OFDI 综合指数①。

## 第二节　关于本书的统计原则和若干说明

本书中所使用的 NK-GERC 数据库是在 BvD-Zephyr 并购数据库和 fDi Markets 绿地投资数据库直接检索返回的数据基础上进行的进一步筛选和整理而生成的，因此为了准确、全面地进行统计，制定了筛选数据源的“统计原则”。

### 一、统计原则

（一）基本的界定

（1）关于年份：每个年度期限都表示该年度 1 月 1 日到 12 月 31 日；

（2）关于货币转换与计价原则：本书所有案件金额主要以百万美元作为货币单位（部分图表因统计需求将百万美元转换成了亿美元）；

（3）关于来源地别的数据筛选原则：①以 BvD-Zephyr 数据库和 fDi Markets 数据库中所列出的企业投资来源地为准；②若原始数据库中投资来源地未显示，则根据投资企业的注册地为标准；

（4）关于标的行业别的数据筛选原则：

① 根据测算，不论是中国企业还是四种所有制分类下的企业，为得到综合指数所赋予项目数量指数和金额指数的权重均为 0.5，即可用公式表示为：OFDI 综合指数＝0.5 项目数量指数+0.5 金额指数。其中，以 2005—2019 年企业海外直接投资项目数量和金额指数进行主成分分析所得的累计贡献率如下：中国企业样本（82.57%）、民营企业样本（92.33%）、国有企业样本（73.80%）、港澳台资企业样本（94.12%）、外资企业样本（89.91%）、中国企业“一带一路”投资样本（84.82%）、民营企业“一带一路”投资样本（96.32%）、国有企业“一带一路”投资样本（72.56%）、港澳台资企业“一带一路”投资样本（70.66%）和外资企业“一带一路”投资样本（84.41%）。主成分分析法的使用，一方面保证了综合指数的科学性和客观性，另一方面根据主成分分析法的原理，所得到的项目数量指数和金额指数的权重 0.5 不会随年份的增加而变化，从而保证了综合指数的跨年可比性。另外，使用项目数量和金额指数合成综合指数的原因在于指数可以有效的解决项目数量、金额量纲不一致的问题。

由于 BvD-Zephyr 数据库和 fDi Markets 数据库所列行业杂乱无章，无法总结出规律性特征。本书根据原始数据库对于标的行业的表述，在制造业上按照 ISIC Rev. 3 中详述的制造业划分细则对原始数据库的制造业重新进行了行业划分，在非制造业上按照 GB/T 4574-2017《国民经济行业分类标准》中详述的非制造业划分细则对非制造业重新进行了行业划分。另外，本书进一步根据 OECD 制造业技术划分标准，将制造业划分为高技术、中高技术、中低技术和低技术制造业（参照表 0-2-1）。

**表 0-2-1　OECD 制造业技术划分标准**

| 高技术 | 中高技术 | 中低技术 | 低技术 |
|---|---|---|---|
| 航空航天 | 其他电气机械和设备 | 船舶制造和修理 | 其他制造业和再生产品 |
| 医药制造 | 汽车、挂车和半挂车 | 橡胶和塑料制品 | 木材、纸浆、纸张、纸制品、印刷及出版 |
| 办公、会计和计算机设备 | 化学品及化学制品(不含制药) | 焦炭、精炼石油产品及核燃料 | 食品、饮料和烟草 |
| 广播、电视和通信设备 | 其他铁道设备和运输设备 | 其他非金属矿物制品 | 纺织、纺织品、皮革及制鞋 |
| 医疗器械、精密仪器和光学仪器、钟表 | 其他机械设备 | 基本金属和金属制品 | |

资料来源：根据《OECD 科学、技术、行业 2011 报告》绘制。

（二）关于统计口径设定的原则

BvD-Zephyr 数据库可自由筛选出某年度内交易被公布、完成、传言①的任意组合下的所有交易项目，交易日期分别与宣布日期、传言日期、完成日期相对应。不同方式筛选出的交易案件不同。如表 0-2-2 列出了四种统计口径，第四种为前三种的并集②。

为减少因为样本遗漏所导致的统计误差，本书对并购数据的统计均按照“日期”进行统计。

---

① 传言是指未被证实的消息。

② 并集是指宣布日期、传言日期或完成日期三者中只要有一个是在 Y 年，该交易即会被计入 Y 年的并购交易项目之中。

表 0-2-2 BvD-Zephyr 不同统计口径下筛选出的并购案件数量

| 宣布日期（年） | 全国并购案件数量（件） | 传言日期（年） | 全国并购案件数量（件） | 完成日期（年） | 全国并购案件数量（件） | 日期（年） | 全国并购案件数量（件） |
|---|---|---|---|---|---|---|---|
| 2005 | 132 | 2005 | 167 | 2005 | 69 | 2005 | 239 |
| 2006 | 175 | 2006 | 196 | 2006 | 85 | 2006 | 310 |
| 2007 | 206 | 2007 | 246 | 2007 | 128 | 2007 | 347 |
| 2008 | 282 | 2008 | 328 | 2008 | 210 | 2008 | 461 |
| 2009 | 293 | 2009 | 378 | 2009 | 181 | 2009 | 518 |
| 2010 | 283 | 2010 | 352 | 2010 | 175 | 2010 | 510 |
| 2011 | 326 | 2011 | 384 | 2011 | 175 | 2011 | 579 |
| 2012 | 282 | 2012 | 371 | 2012 | 156 | 2012 | 573 |
| 2013 | 284 | 2013 | 372 | 2013 | 173 | 2013 | 586 |
| 2014 | 425 | 2014 | 546 | 2014 | 267 | 2014 | 820 |
| 2015 | 716 | 2015 | 875 | 2015 | 362 | 2015 | 1197 |
| 2016 | 941 | 2016 | 1105 | 2016 | 475 | 2016 | 1574 |
| 2017 | 877 | 2017 | 968 | 2017 | 430 | 2017 | 1484 |
| 2018 | 824 | 2018 | 943 | 2018 | 479 | 2018 | 1638 |
| 2019 | 601 | 2019 | 683 | 2019 | 359 | 2019 | 1279 |
| 2020 | 512 | 2020 | 533 | 2020 | 337 | 2020 | 1040 |
| 2021 | 575 | 2021 | 613 | 2021 | 395 | 2021 | 1088 |

## 二、其他若干补充说明

（1）由于 BvD-Zephyr 数据库和 fDi Markets 数据库中投资方企业名称均用英文表示，没有直接对应的中文名称，因此存在部分企业无法匹配到中文名称的情况，本研究团队对于这种情况采取模糊判断法划分企业所有制①，这可能引起企业所有制划分的偏误。

（2）由于资料来源较为零散，BvD-Zephyr 数据库对并购交易的统计以

① 在 NK-GERC 数据库中，2005—2019 年内使用模糊判断法进行所有制判断的企业在全部企业中约占 3.41%。

及 fDi Markets 数据库对绿地交易的统计可能存在遗漏。

（3）BvD-Zephyr 数据库和 fDi Markets 数据库均按交易案件对每年的企业对外投资活动进行统计，无法从数据库中直接得到投资存量，若进行估算需要结合企业对外投资的资本折旧率、资本变卖率和利润汇回率，估算得出的结果将存在较大误差，因此本书所使用的投资项目数量和金额均为流量概念。

（4）本研究团队还会通过实地考察、发放调查问卷等方式不断对 NK-GERC 数据库进行补充和完善。

（5）由于本系列报告是国内首次针对民营全样本企业 OFDI 的报告，出于学术目的我们尝试性地通过对大数据进行筛选，并对企业所有制进行界定，构建出关于中国企业对外直接投资活动的数据库（NK-GERC 数据库），统计测算了不同所有制企业在投资方来源地、标的国（地区）、标的行业等方面的指标，但在此过程中不可避免地受到原始数据库统计缺失、企业信息获取不易、企业所有制形式判定复杂度高等困难影响，因此无论是在数据来源获得还是样本整理方面本报告可能存在误差、遗漏问题。对于本书中所存在的不足，本研究团队将持续完善改进，也敬请各位读者不吝指正。

# 第一部分

# 指数分析篇

# 第一章　中国企业的对外直接投资指数

本章旨在描述 2005—2021 年中国企业对外直接投资的发展变化，分别从总体、不同所有制企业、不同投资分类方式测算中国企业对外直接投资指数①，全面剖析中国企业对外直接投资的特征。

## 第一节　中国企业 OFDI 综合指数

本节通过构建中国企业 OFDI 综合指数、中国企业对外直接投资的项目数量指数和金额指数，对 2005—2021 年中国企业对外直接投资进行整体上的描述性统计分析。

### 一、中国企业对外直接投资概况

2005—2021 年间，中国企业 OFDI 项目数量和金额呈波动上升态势，且二者的波幅并不完全同步，如 2015 年项目数量同比增长 36.05%，而项目金额却同比下降 40.76%。从项目数量上看，中国企业 OFDI 在经历 2012 年、2013 年的连续下跌后，2014 年实现 28.82%的同比增长，项目数量达到 1104 件，随后除 2017 年在政府对非理性海外直接投资限制的影响下出现 5.1%的下降外，OFDI 项目数量持续增长，2018 年达到峰值 2245 件；

① 中国企业对外直接投资指数体系与序章第一节中的中国民营企业海外直接投资指数体系的构建方法一致，只需要将统计样本由民营转化为全部中国企业即可，因此，本报告后续关于中国企业 OFDI 综合指数、中国企业海外直接投资项目数量和金额指数等一系列指数的测算方法均可参照序章第一节中的指数测算方法。

从金额上看，2014 年中国企业 OFDI 金额实现 306.43%的跳跃式增长，但 2015 年投资金额回落，2016 至 2017 年间保持在 8.88%的平均增长水平。2018 年 OFDI 金额大幅下降 37.02%至 3000.86 亿美元。在国际局势变化多端、国际贸易环境不确定性较高的 2019 年，国内经济下行给企业融资约束带来压力，国外复杂的投资环境抑制了企业海外投资的积极性，中国企业 OFDI 项目数量和金额分别同比下降 20.45%、24.41%。

2020 年，由于新冠肺炎疫情在全球蔓延，国家间产品、资本和人员的流动受到影响，海内外企业经营生产面临困难，大多数国内企业延缓对外投资进度。中国企业 OFDI 项目数量和金额分别跌至 1295 件、1997.40 亿美元，分别同比下降 27.49%、11.94%。

2021 年，虽然新冠肺炎疫情以及国际贸易局势不确定性的冲击仍在，但由于各国疫情管控观念及措施力度的不同，导致在后疫情时代各国经济复苏存在先后之别，加速了国际格局的调整。而中国及时的防控措施，也为中国企业“走出去”提供了机遇，在一定程度上缓解了中国企业 OFDI 的下降速度。中国企业 OFDI 项目数量和金额相比于 2020 年而言只出现微幅下降，分别为 1.93%、5.89%。

**表 1-1-1 2005—2021 年中国企业对外直接投资项目数量和金额汇总表**

| 年份 | 项目数量（件） | 同比增长（%） | 金额（亿美元） | 同比增长（%） |
|---|---|---|---|---|
| 2005 | 353 | — | 237.16 | — |
| 2006 | 398 | 12.75 | 505.48 | 113.14 |
| 2007 | 551 | 38.44 | 935.00 | 84.97 |
| 2008 | 697 | 26.50 | 925.65 | -1.00 |
| 2009 | 814 | 16.79 | 1239.66 | 33.92 |
| 2010 | 793 | -2.58 | 1195.10 | -3.59 |
| 2011 | 949 | 19.67 | 1624.83 | 35.96 |
| 2012 | 859 | -9.48 | 1183.38 | -27.17 |

续表

| 年份 | 项目数量（件） | 同比增长（%） | 金额（亿美元） | 同比增长（%） |
|---|---|---|---|---|
| 2013 | 857 | -0. 23 | 1671. 33 | 41. 23 |
| 2014 | 1104 | 28. 82 | 6792. 73 | 306. 43 |
| 2015 | 1502 | 36. 05 | 4023. 78 | -40. 76 |
| 2016 | 1964 | 30. 76 | 4232. 59 | 5. 19 |
| 2017 | 1863 | -5. 14 | 4764. 58 | 12. 57 |
| 2018 | 2245 | 20. 50 | 3000. 86 | -37. 02 |
| 2019 | 1786 | -20. 45 | 2268. 24 | -24. 41 |
| 2020 | 1295 | -27. 49 | 1997. 40 | -11. 94 |
| 2021 | 1270 | -1. 93 | 1879. 83 | -5. 89 |
| 合计 | 19300 | — | 38477. 60 | — |

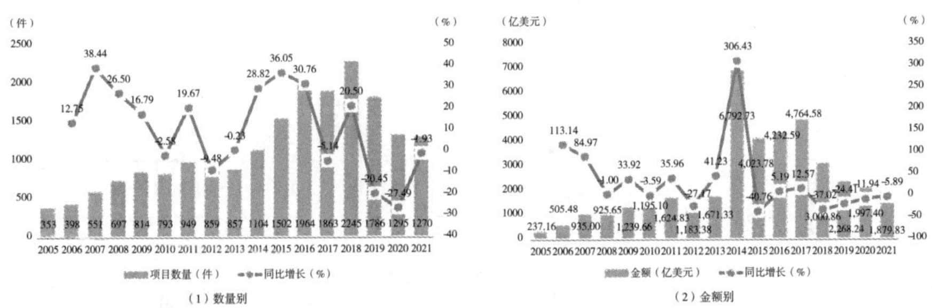

（1）数量别　（2）金额别

**图 1-1-1　2005—2021 年中国企业对外直接投资项目数量和金额的增长变化图**

## 二、中国企业 OFDI 综合指数

中国企业 OFDI 综合指数包含了企业对外直接投资项目数量和金额两方面信息，相对综合地描述了中国企业“走出去”的变化。从整体趋势上看，2005—2021 年中国企业 OFDI 综合指数呈上升趋势，其中 2005—2013 年稳步提高，2014 年在政府对企业“走出去”的大力支持以及全球经济逐步复苏的影响下，中国企业 OFDI 综合指数较 2013 年同比跳跃式增长

140.4%，之后呈现上下波动的走向。特别是受到2017年政府限制性投资政策的出台以及以中美贸易战为代表的贸易保护主义盛行等诸多不确定因素的影响，中国企业OFDI综合指数在达到2017年峰值水平后，近4年一直处于持续下降的状态，2018年、2019年、2020、2021年分别同比下降6.44%、21.7%、22.76%、3.30%。

**表1-1-2　2005—2021年中国企业OFDI综合指数及其同比增长率**

| 年份 | 中国企业OFDI综合指数 | 同比增长（%） |
|---|---|---|
| 2005 | 20.62 | — |
| 2006 | 27.14 | 31.62 |
| 2007 | 41.42 | 52.61 |
| 2008 | 48.19 | 16.35 |
| 2009 | 58.87 | 22.17 |
| 2010 | 57.14 | -2.93 |
| 2011 | 71.57 | 25.24 |
| 2012 | 60.08 | -16.05 |
| 2013 | 67.96 | 13.12 |
| 2014 | 163.38 | 140.40 |
| 2015 | 137.00 | -16.15 |
| 2016 | 162.33 | 18.48 |
| 2017 | 166.23 | 2.41 |
| 2018 | 155.53 | -6.44 |
| 2019 | 121.78 | -21.70 |
| 2020 | 94.07 | -22.76 |
| 2021 | 90.96 | -3.30 |

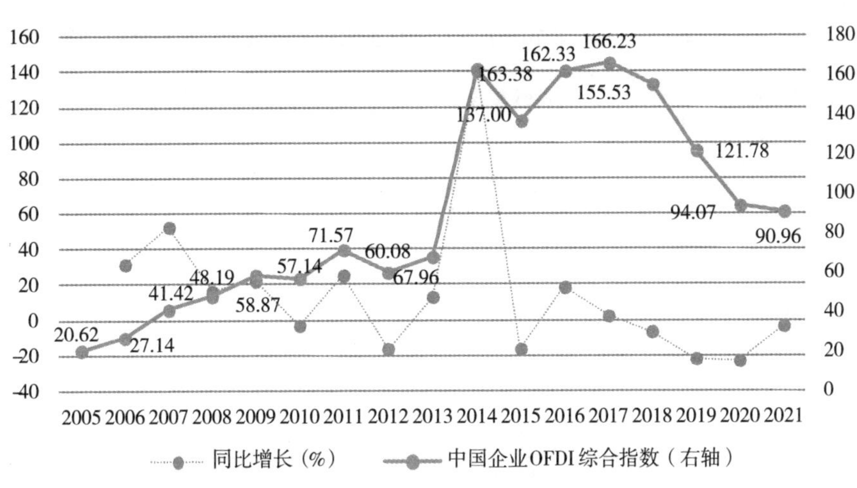


**图 1-1-2　2005—2021 年中国企业 OFDI 综合指数变化图**

## 三、中国企业对外直接投资项目数量指数和金额指数

从中国企业 OFDI 项目数量指数和金额指数在 2005—2021 年的变化中可看出，2017 年前 OFDI 数量和金额指数呈现出较快的扩张趋势，但在经历 2017 年的投资政策限制后，OFDI 规模在数量（2017 年）和金额上（2018 年）均出现一定程度缩减。2019 年世界经济增长动能放缓，部分发达经济体试图通过经贸摩擦、竞争中性、国家安全审查等新手段重塑全球贸易投资规则①，中国企业“走出去”的过程面临着更为严格的审查，在国内外经济环境变动的影响下，中国企业 OFDI 的项目数量指数和金额指数都较 2018 年大幅下降。2020 年，受逆全球化和贸易保护主义的影响，叠加新冠肺炎疫情的冲击，全球投资环境恶化，中国对外直接投资遭受直接负面冲击，中国企业 OFDI 项目数量指数和金额指数分别同比下降 27.49%、11.94%。2021 年，在后疫情时代，国际格局深刻调整，国际投资合作总体呈复苏态势，中国企业 OFDI 项目数量指数和金额指数的下降幅度变缓，分别同比下降 1.93%、5.89%。

① 杨挺、陈兆源、韩向童：《2019 年中国对外直接投资特征、趋势与展望》，《国际经济合作》2020 年第 1 期。

表 1-1-3　2005—2021 年中国企业对外直接投资项目数量指数和金额指数

| 年份 | 项目数量指数 | 金额指数 |
|---|---|---|
| 2005 | 33. 49 | 7. 75 |
| 2006 | 37. 75 | 16. 52 |
| 2007 | 52. 27 | 30. 56 |
| 2008 | 66. 12 | 30. 26 |
| 2009 | 77. 21 | 40. 52 |
| 2010 | 75. 22 | 39. 07 |
| 2011 | 90. 02 | 53. 11 |
| 2012 | 81. 48 | 38. 68 |
| 2013 | 81. 29 | 54. 63 |
| 2014 | 104. 72 | 222. 04 |
| 2015 | 142. 48 | 131. 53 |
| 2016 | 186. 30 | 138. 36 |
| 2017 | 176. 72 | 155. 75 |
| 2018 | 212. 96 | 98. 09 |
| 2019 | 169. 42 | 74. 14 |
| 2020 | 122. 84 | 65. 29 |
| 2021 | 120. 47 | 61. 45 |

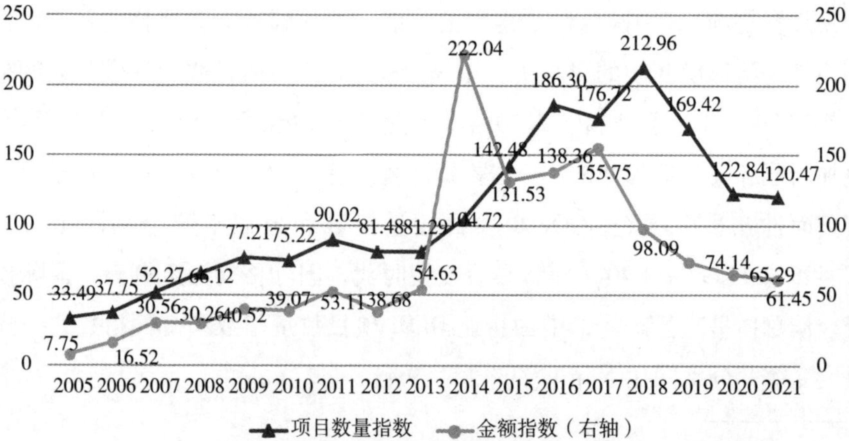


图 1-1-3　2005—2021 年中国企业对外直接投资项目数量指数及金额指数变化图

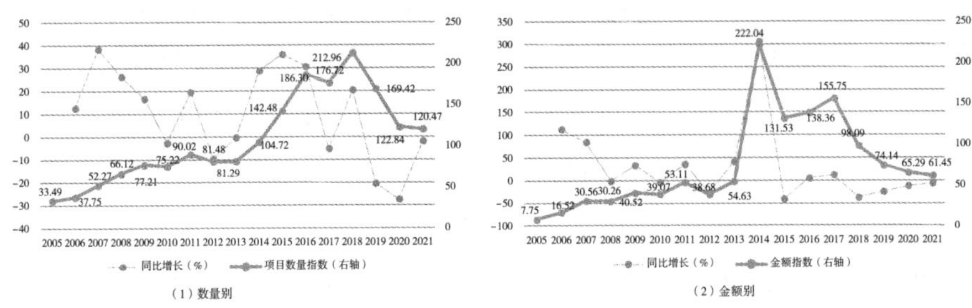


**图 1-1-4　2005—2021 年中国企业对外直接投资项目数量指数和金额指数及其同比增长率变化图**

# 第二节　中国不同所有制企业对外直接投资综合指数

本节将参与对外直接投资的企业按照所有制的不同划分为国有、民营、港澳台资和外资四种类型，通过测算不同所有制企业 OFDI 综合指数及其对应的项目数量指数、金额指数，从所有制角度分析中国企业对外直接投资的特征①。

## 一、中国不同所有制企业 OFDI 综合指数

在 2005—2013 年间，四种不同所有制企业的 OFDI 综合指数变化趋势大致相同，稳中有小幅上升。2014 年后国有企业与其他所有制走势出现分化，国有企业 OFDI 综合指数在 2014 年达到峰值水平后呈现下降趋势，2015—2018 年综合指数变化方向与其他综合指数相反；民营企业、港澳台资企业和外资企业均在 2014 年后开启快速增长模式，并于 2016 年达到峰值，之后波动下降。从不同所有制企业 OFDI 综合指数的变化图中发现

① 中国国有、港澳台资、外资企业对外直接投资指数体系与序章第一节中的中国民营企业对外直接投资指数体系的构建方法一致，只需要将统计样本由民营分别转化为其他三种形式的企业即可，因此本书后续关于其他所有制企业 OFDI 综合指数、项目数量指数和金额指数等一系列指数的测算方法均可参照序章第一节中的指数测算方法。

2017 年政府出台的针对民企非理性 OFDI 的限制政策后，国企及港澳台资和外资企业的海外投资活动也出现了同步下降趋势；2018 年虽然除了国有企业之外的三类所有制企业均出现了不同程度的反弹，但并未阻止 2019 年下降趋势，2019 年四种所有制企业 OFDI 综合指数同步下降。2020 年，港澳台资企业和外资企业 OFDI 综合指数均开始回升，分别同比上升 31.36%、6.23%；民营企业和国有企业 OFDI 综合指数持续下降。2021 年，港澳台资企业和外资企业 OFDI 综合指数持续回升，且后者上升速度反超前者，分别同比上升 12.96%、34.22%；民营企业和国有企业 OFDI 综合指数仍保持下降态势，但幅度变小，分别同比下降 8.49%、9.30%。

**表 1-2-1 2005—2021 年中国不同所有制企业 OFDI 综合指数**

| 年份 | OFDI 综合指数 | | | |
|---|---|---|---|---|
| | 民营企业 | 国有企业 | 港澳台资企业 | 外资企业 |
| 2005 | 14.96 | 24.57 | 41.57 | 19.29 |
| 2006 | 18.89 | 33.77 | 30.02 | 79.93 |
| 2007 | 32.16 | 47.85 | 47.75 | 36.66 |
| 2008 | 38.37 | 56.28 | 67.94 | 40.60 |
| 2009 | 32.56 | 74.12 | 139.68 | 45.56 |
| 2010 | 48.31 | 58.72 | 100.93 | 193.89 |
| 2011 | 53.99 | 83.32 | 90.96 | 70.51 |
| 2012 | 50.48 | 63.90 | 68.85 | 51.74 |
| 2013 | 77.90 | 63.01 | 58.12 | 93.96 |
| 2014 | 117.84 | 176.76 | 76.32 | 104.75 |
| 2015 | 199.78 | 113.01 | 205.75 | 179.04 |
| 2016 | 252.42 | 105.39 | 372.46 | 281.13 |
| 2017 | 204.78 | 126.76 | 200.07 | 190.62 |
| 2018 | 214.61 | 99.41 | 270.08 | 233.64 |
| 2019 | 174.53 | 72.85 | 157.10 | 176.04 |
| 2020 | 148.93 | 48.86 | 206.37 | 187.07 |
| 2021 | 136.29 | 44.32 | 233.11 | 251.08 |

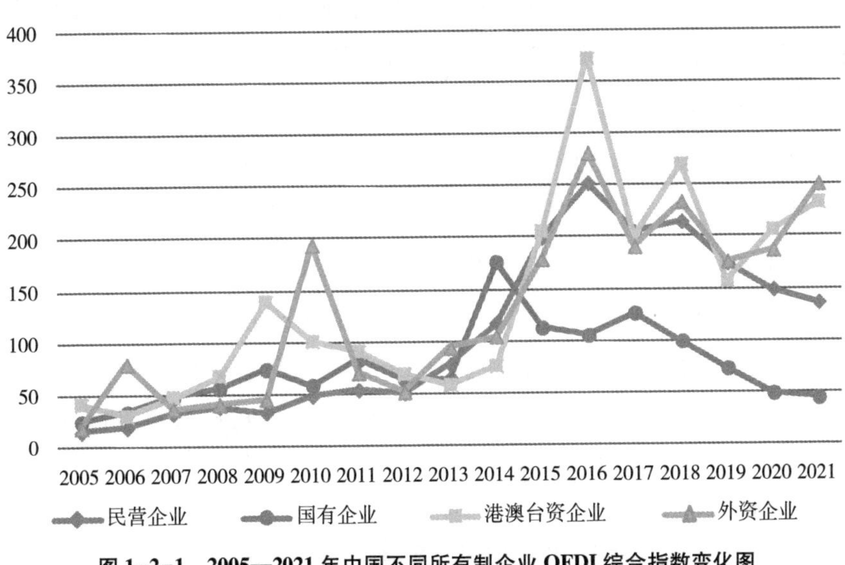


**图 1-2-1　2005—2021 年中国不同所有制企业 OFDI 综合指数变化图**

## 二、中国不同所有制企业对外直接投资项目数量指数和金额指数

从 OFDI 项目数量指数的变化可看出，四种所有制企业 OFDI 项目数量指数变化趋势基本一致，总体上都呈现波动上升态势，其中民企 OFDI 项目数量指数在经历 2014—2016 年持续高速增长后，2017—2019 年显著高于其他所有制企业。在 2020 年总体投资项目数量下降的背景下，国有、民营、外资企业均降低，港澳台资企业 OFDI 项目数量指数实现 22. 50%的同比增长。2021 年，国企仍持续下降趋势，同比下降 18. 15%，而民企、港澳台资企业与外资企业呈现不同程度的复苏迹象，分别同比增长 1. 99%、13. 27%、8. 70%。不同于项目数量指数，四种所有制企业的 OFDI 金额指数的变化趋势自 2014 年后呈现出明显的差异：国企金额指数在经历 2014 年的高幅增长后开始波动下降；其余三种所有制企业投资金额指数在 2015—2016 年间先出现快速扩张后才逐步回落，其中港澳台资企业投资金额指数在 2015 和 2016 年分别同比增长 419. 54%和 97. 57%，外资企业在这

两年中同比增长 153.76%、75.16%，两类企业的投资金额指数增幅均高于民企 OFDI 金额指数。进入 2019 年，四种所有制企业的 OFDI 项目金额指数同步下跌，港澳台资企业和外资企业下降尤为显著，较 2018 年同比下降超过 40%。2020 年国企 OFDI 金额指数持续下降，其他三种所有制企业投资金额指数开始出现不同程度的回升。中国的一些重要合作伙伴如德国、法国等欧洲发达国家跟随美国步伐，对中国企业的投资更加谨慎，收紧了对中国投资项目尤其是涉及关键技术的项目的审查政策，国有企业投资发达国家的阻力增大。2021 年，国企 OFDI 金额指数扭转了连续 3 年的下降趋势，同比上升 13.05%，港澳台资企业和外资企业投资金额指数仍保持上升态势，而民企却同比下降 19.67%。

**表 1-2-2　2005—2021 年中国不同所有制企业对外直接投资项目数量指数汇总表**

| 年份 | 对外直接投资项目数量指数 | | | |
| --- | --- | --- | --- | --- |
| | 民营企业 | 国有企业 | 港澳台资企业 | 外资企业 |
| 2005 | 25.48 | 40.81 | 61.71 | 31.25 |
| 2006 | 28.71 | 50.00 | 44.30 | 50.78 |
| 2007 | 42.47 | 63.78 | 66.46 | 56.64 |
| 2008 | 57.59 | 80.27 | 68.04 | 50.78 |
| 2009 | 59.12 | 98.11 | 118.67 | 74.22 |
| 2010 | 67.96 | 80.27 | 88.61 | 99.61 |
| 2011 | 75.60 | 109.19 | 104.43 | 85.94 |
| 2012 | 78.83 | 84.86 | 85.44 | 74.22 |
| 2013 | 82.23 | 78.11 | 83.86 | 78.13 |
| 2014 | 106.86 | 99.19 | 98.10 | 123.05 |
| 2015 | 156.47 | 128.65 | 128.16 | 138.67 |
| 2016 | 226.30 | 129.19 | 185.13 | 175.78 |
| 2017 | 214.41 | 123.51 | 161.39 | 150.39 |
| 2018 | 267.41 | 135.68 | 208.86 | 171.88 |

续表

| 年份 | 对外直接投资项目数量指数 | | | |
|---|---|---|---|---|
| | 民营企业 | 国有企业 | 港澳台资企业 | 外资企业 |
| 2019 | 217.64 | 100.81 | 126.58 | 181.64 |
| 2020 | 153.75 | 70.00 | 155.06 | 134.77 |
| 2021 | 156.81 | 57.30 | 175.63 | 146.48 |

**表 1-2-3　2005—2021 年中国不同所有制企业对外直接投资金额指数汇总表**

| 年份 | 对外直接投资金额指数 | | | |
|---|---|---|---|---|
| | 民营企业 | 国有企业 | 港澳台资企业 | 外资企业 |
| 2005 | 4.44 | 8.33 | 21.42 | 7.33 |
| 2006 | 9.07 | 17.55 | 15.73 | 109.08 |
| 2007 | 21.85 | 31.91 | 29.04 | 16.67 |
| 2008 | 19.14 | 32.30 | 67.84 | 30.42 |
| 2009 | 5.99 | 50.13 | 160.69 | 16.91 |
| 2010 | 28.66 | 37.17 | 113.26 | 288.17 |
| 2011 | 32.38 | 57.45 | 77.48 | 55.08 |
| 2012 | 22.14 | 42.94 | 52.26 | 29.26 |
| 2013 | 73.57 | 47.91 | 32.38 | 109.79 |
| 2014 | 128.82 | 254.34 | 54.54 | 86.46 |
| 2015 | 243.10 | 97.36 | 283.34 | 219.40 |
| 2016 | 278.54 | 81.59 | 559.79 | 386.48 |
| 2017 | 195.16 | 130.01 | 238.75 | 230.85 |
| 2018 | 161.80 | 63.14 | 331.31 | 295.40 |
| 2019 | 131.43 | 44.88 | 187.63 | 170.43 |
| 2020 | 144.11 | 27.72 | 257.67 | 239.37 |
| 2021 | 115.77 | 31.34 | 290.58 | 355.68 |

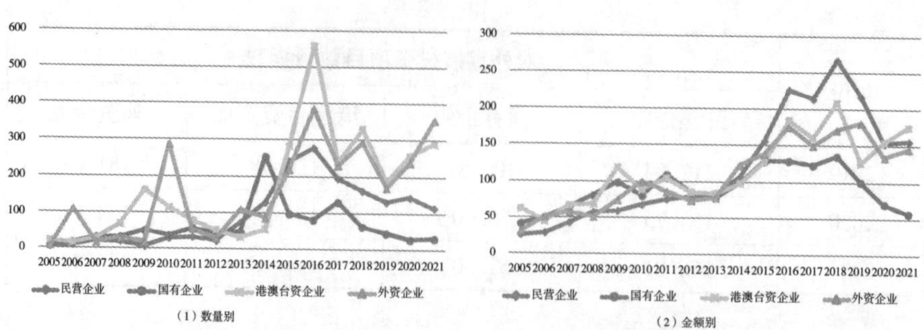


**图 1-2-2　2005—2021 年中国不同所有制企业对外直接投资项目数量指数和金额指数变化图**

# 第三节　不同视角下的中国企业对外直接投资指数

本节从投资模式、投资来源地、投资标的区域和投资标的行业四个视角分析中国企业对外直接投资特征。

## 一、不同投资模式下中国企业对外直接投资指数

本节按照企业对外直接投资模式的不同将中国企业对外直接投资划分为并购投资和绿地投资两种类型。

在中国企业的对外并购投资中，企业 OFDI 并购项目数量指数和金额指数在 2005—2013 年间稳步上升，变化趋势较为一致，2014 年起两个指数出现显著分化：并购金额指数在 2014 年较上年增长 306.21%，达到峰值后开始逐步回落，2020 年跌至 56.47，接近 2013 年水平，但在 2021 年有所回升，同比增长 2.12%；并购数量指数从 2014 年开始大幅增长，2018 年达到峰值，2019—2021 年持续下降。

相比于并购投资而言，中国企业绿地投资项目数量指数和金额指数变化基本一致，整体呈现波动上升的趋势，绿地金额指数于 2016 年达到峰值，数量指数于 2018 年达到峰值。2016 年年底以来，中国政府收紧对外投资政策、加强对企业对外投资的合规性审查，2017 年绿地投资项目数量和金额均出现不同程度的下滑，2020 年受变幻莫测的国际经济局势影响，

绿地数量指数下降至 97. 91，金额指数下降至 135. 58。2021 年，全球投资保护主义抬头、新冠肺炎疫情、大国博弈、债务违约等风险增大中国企业对外投资利益保护难度，绿地数量指数与金额指数仍保持下降趋势，分别同比下降 3. 38%、32. 45%。

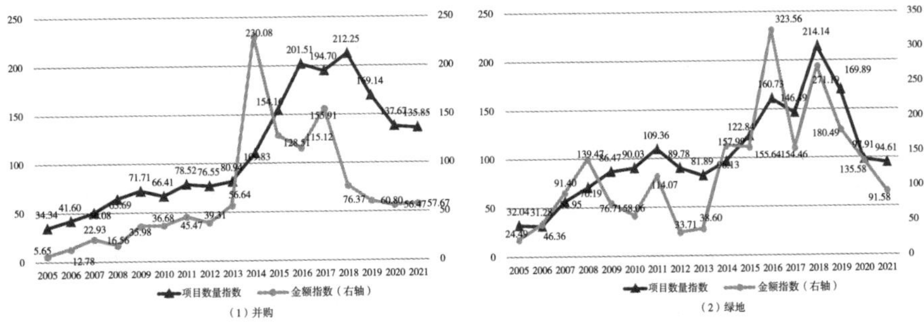


**图 1-3-1　2005—2021 年中国企业对外并购和绿地投资项目数量指数及金额指数变化图**

**表 1-3-1　2005—2021 年不同模式下中国企业对外直接投资项目数量指数和金额指数汇总表**

| 年份 | 项目数量指数 | | 金额指数 | |
|---|---|---|---|---|
| | 并购投资项目数量指数 | 绿地投资项目数量指数 | 并购投资金额指数 | 绿地投资金额指数 |
| 2005 | 34. 34 | 32. 04 | 5. 65 | 24. 49 |
| 2006 | 41. 60 | 31. 28 | 12. 78 | 46. 36 |
| 2007 | 50. 08 | 55. 95 | 22. 93 | 91. 40 |
| 2008 | 63. 69 | 70. 19 | 16. 56 | 139. 47 |
| 2009 | 71. 71 | 86. 47 | 35. 98 | 76. 71 |
| 2010 | 66. 41 | 90. 03 | 36. 68 | 58. 06 |
| 2011 | 78. 52 | 109. 36 | 45. 47 | 114. 07 |
| 2012 | 76. 55 | 89. 78 | 39. 31 | 33. 71 |
| 2013 | 80. 94 | 81. 89 | 56. 64 | 38. 60 |
| 2014 | 109. 83 | 96. 13 | 230. 08 | 157. 99 |
| 2015 | 154. 16 | 122. 84 | 128. 51 | 155. 64 |
| 2016 | 201. 51 | 160. 73 | 115. 12 | 323. 56 |

续表

| 年份 | 项目数量指数 | | 金额指数 | |
|---|---|---|---|---|
| | 并购投资项目数量指数 | 绿地投资项目数量指数 | 并购投资金额指数 | 绿地投资金额指数 |
| 2017 | 194.70 | 146.49 | 155.91 | 154.46 |
| 2018 | 212.25 | 214.14 | 76.37 | 271.19 |
| 2019 | 169.14 | 169.89 | 60.80 | 180.49 |
| 2020 | 137.67 | 97.91 | 56.47 | 135.58 |
| 2021 | 135.85 | 94.61 | 57.67 | 91.58 |

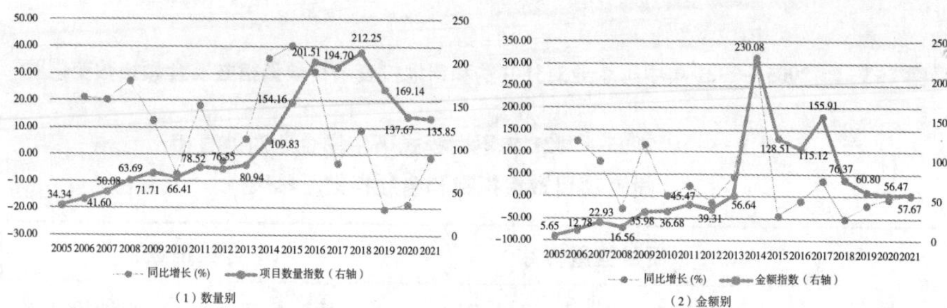


图 1-3-2　2005—2021 年中国企业对外并购投资项目数量指数、金额指数及同比增长率变化图

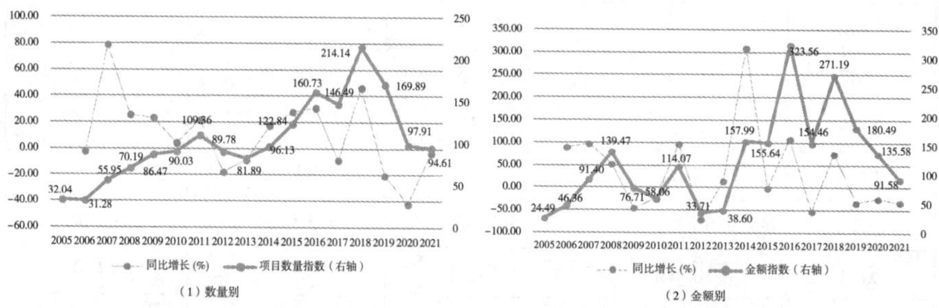


图 1-3-3　2005—2021 年中国企业对外绿地投资项目数量指数、金额指数及同比增长率变化图

## 二、不同投资方来源地企业对外直接投资指数

本书按投资方来源地的不同将中国企业对外直接投资划分为环渤海地

区投资、长三角地区投资、珠三角地区投资、中部地区投资和西部地区投资五类。

从项目数量角度来看，2005—2018 年环渤海地区一直是五大区域中进行对外投资最多的区域，但自 2014 年起以上海为核心的长三角地区企业参与对外投资活动的积极性出现显著提高，2019 年反超环渤海地区，成为当年度投资项目数量最多的区域。长三角地区企业较高的投资潜力还可以从企业投资项目数量指数变化图中看出，2014 年后，长三角地区数量指数增幅显著高于环渤海地区，并于 2018 年达到峰值。尽管珠三角地区的 OFDI 项目数量还不及环渤海和长三角地区，但珠三角地区项目数量占比较高的增长趋势表明珠三角地区企业“走出去”的活跃度日益增强，未来在项目数量上可能出现环渤海、长三角、珠三角“三足鼎立”的局面。2021 年，长三角地区 OFDI 项目数量占比仍保持增长态势；环渤海地区扭转了下降趋势，有所回升；而珠三角地区出现下降。

从金额角度来看，在五大投资方来源地中，在 2020 年之前环渤海地区投资金额规模凭借首都优势始终位居第一位，远超其他四个地区；长三角地区排名第二，近年来波动剧烈，在 2020 年反超环渤海地区，投资金额规模同比上升 132. 67%；珠三角地区虽然排名第三，但 2015—2020 年的波动平稳。在 2021 年，环渤海地区重回主导地位，其投资金额占比为 50. 08%，而长三角地区出现明显下降，占比由 42. 37%降至 24. 39%，珠三角地区变动幅度仍较平稳。

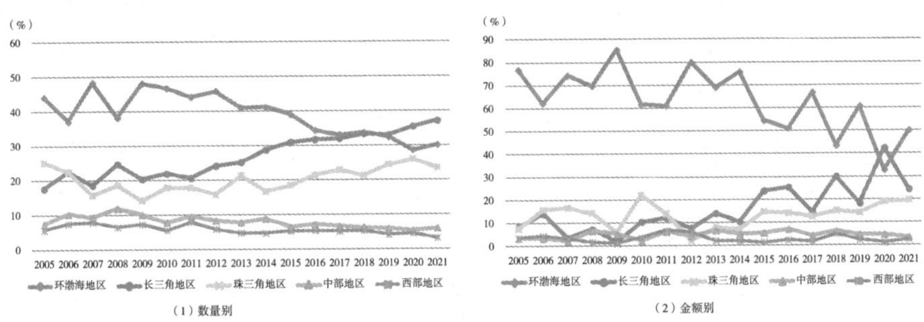


**图 1-3-4　2005—2021 年不同投资方来源地对外直接投资项目数量、金额占比变化图**

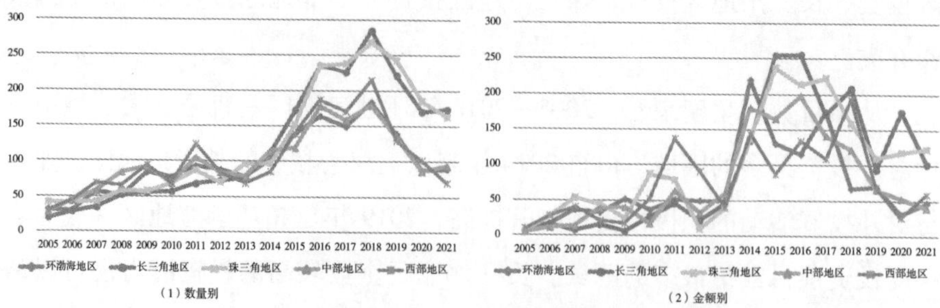


**图 1-3-5　2005—2021 年不同投资方来源地对外直接投资项目数量指数、金额指数变化图**

**表 1-3-2　2005—2021 年中国企业不同来源地对外直接投资项目数量指数汇总表**

| 年份 | 项目数量 | | | | | | | | | |
|---|---|---|---|---|---|---|---|---|---|---|
| | 环渤海地区 | | 长三角地区 | | 珠三角地区 | | 中部地区 | | 西部地区 | |
| | 占比（%） | 指数 | 占比（%） | 指数 | 占比（%） | 指数 | 占比（%） | 指数 | 占比（%） | 指数 |
| 2005 | 44. 17 | 31. 14 | 17. 67 | 19. 49 | 25. 09 | 41. 04 | 7. 42 | 27. 42 | 5. 65 | 29. 63 |
| 2006 | 37. 19 | 29. 65 | 22. 50 | 28. 06 | 22. 50 | 41. 62 | 10. 31 | 43. 08 | 7. 50 | 44. 44 |
| 2007 | 48. 39 | 56. 30 | 18. 63 | 33. 90 | 15. 63 | 42. 20 | 9. 42 | 57. 44 | 7. 92 | 68. 52 |
| 2008 | 38. 29 | 51. 32 | 24. 72 | 51. 83 | 18. 59 | 57. 80 | 11. 90 | 83. 55 | 6. 51 | 64. 81 |
| 2009 | 48. 14 | 83. 71 | 20. 34 | 55. 34 | 14. 18 | 57. 23 | 10. 03 | 91. 38 | 7. 31 | 94. 44 |
| 2010 | 46. 75 | 76. 98 | 21. 94 | 56. 51 | 17. 85 | 68. 21 | 7. 87 | 67. 89 | 5. 60 | 68. 52 |
| 2011 | 44. 13 | 92. 68 | 20. 64 | 67. 81 | 17. 79 | 86. 71 | 9. 49 | 104. 44 | 7. 95 | 124. 07 |
| 2012 | 45. 82 | 87. 44 | 24. 15 | 72. 10 | 15. 80 | 69. 94 | 8. 36 | 83. 55 | 5. 87 | 83. 33 |
| 2013 | 40. 96 | 78. 97 | 25. 19 | 75. 99 | 21. 32 | 95. 38 | 7. 75 | 78. 33 | 4. 78 | 68. 52 |
| 2014 | 41. 10 | 102. 39 | 28. 80 | 112. 24 | 16. 70 | 96. 53 | 8. 80 | 114. 88 | 4. 60 | 85. 19 |
| 2015 | 39. 02 | 138. 52 | 30. 95 | 171. 86 | 18. 39 | 151. 45 | 6. 39 | 118. 80 | 5. 26 | 138. 89 |
| 2016 | 34. 44 | 163. 43 | 31. 76 | 235. 78 | 21. 36 | 235. 26 | 7. 14 | 177. 55 | 5. 30 | 187. 04 |
| 2017 | 33. 19 | 148. 98 | 32. 13 | 225. 64 | 22. 86 | 238. 15 | 6. 71 | 157. 96 | 5. 11 | 170. 37 |
| 2018 | 33. 72 | 183. 36 | 33. 44 | 284. 49 | 21. 26 | 268. 21 | 6. 28 | 178. 85 | 5. 31 | 214. 81 |
| 2019 | 32. 48 | 139. 01 | 33. 00 | 220. 97 | 24. 45 | 242. 77 | 6. 00 | 134. 46 | 4. 07 | 129. 63 |

续表

| 年份 | 项目数量 | | | | | | | | | |
|---|---|---|---|---|---|---|---|---|---|---|
| | 环渤海地区 | | 长三角地区 | | 珠三角地区 | | 中部地区 | | 西部地区 | |
| | 占比（%） | 指数 | 占比（%） | 指数 | 占比（%） | 指数 | 占比（%） | 指数 | 占比（%） | 指数 |
| 2020 | 28.68 | 87.94 | 35.50 | 170.30 | 26.00 | 184.97 | 5.36 | 86.16 | 4.47 | 101.85 |
| 2021 | 30.13 | 89.94 | 37.15 | 173.42 | 23.54 | 163.01 | 6.01 | 93.99 | 3.17 | 70.37 |

**表 1-3-3　2005—2021 年中国企业不同投资方来源地对外直接投资金额指数汇总表**

| 年份 | 金额 | | | | | | | | | |
|---|---|---|---|---|---|---|---|---|---|---|
| | 环渤海地区 | | 长三角地区 | | 珠三角地区 | | 中部地区 | | 西部地区 | |
| | 占比（%） | 指数 | 占比（%） | 指数 | 占比（%） | 指数 | 占比（%） | 指数 | 占比（%） | 指数 |
| 2005 | 76.83 | 8.28 | 8.45 | 4.06 | 7.51 | 5.44 | 3.51 | 4.70 | 3.70 | 9.74 |
| 2006 | 62.34 | 15.76 | 14.03 | 15.83 | 15.73 | 26.76 | 3.41 | 10.72 | 4.49 | 27.80 |
| 2007 | 74.30 | 35.76 | 3.56 | 7.65 | 16.50 | 53.42 | 2.20 | 13.13 | 3.44 | 40.55 |
| 2008 | 69.83 | 32.20 | 7.36 | 15.14 | 14.32 | 44.43 | 6.67 | 38.21 | 1.82 | 20.51 |
| 2009 | 85.49 | 51.17 | 2.01 | 5.37 | 6.04 | 24.32 | 5.31 | 39.53 | 1.15 | 16.83 |
| 2010 | 61.59 | 36.16 | 10.42 | 27.30 | 22.08 | 87.22 | 2.28 | 16.65 | 3.62 | 52.01 |
| 2011 | 61.08 | 50.99 | 12.11 | 45.10 | 14.00 | 78.65 | 6.10 | 63.26 | 6.72 | 137.30 |
| 2012 | 79.89 | 49.23 | 7.67 | 21.08 | 2.27 | 9.41 | 4.13 | 31.66 | 6.04 | 91.14 |
| 2013 | 69.05 | 49.47 | 14.11 | 45.12 | 7.89 | 38.03 | 6.67 | 59.40 | 2.29 | 40.08 |
| 2014 | 75.62 | 219.72 | 10.36 | 134.32 | 7.00 | 136.84 | 4.99 | 180.19 | 2.03 | 144.50 |
| 2015 | 54.48 | 130.58 | 23.78 | 254.37 | 14.70 | 237.07 | 5.56 | 165.48 | 1.48 | 86.98 |
| 2016 | 51.15 | 115.62 | 25.33 | 255.46 | 14.05 | 213.73 | 7.04 | 197.80 | 2.43 | 134.38 |
| 2017 | 66.73 | 175.28 | 14.62 | 171.33 | 12.60 | 222.65 | 4.35 | 141.89 | 1.70 | 109.58 |
| 2018 | 43.44 | 67.59 | 29.98 | 208.17 | 15.19 | 159.00 | 6.31 | 122.10 | 5.07 | 193.09 |
| 2019 | 60.58 | 70.02 | 18.21 | 93.90 | 14.16 | 110.09 | 4.61 | 66.24 | 2.44 | 69.09 |
| 2020 | 32.92 | 30.51 | 42.37 | 175.25 | 18.96 | 118.22 | 4.58 | 52.81 | 1.16 | 26.37 |
| 2021 | 50.08 | 46.84 | 24.39 | 101.78 | 19.54 | 122.97 | 3.42 | 39.73 | 2.58 | 59.07 |

## 三、中国企业在不同标的区域的对外直接投资指数

不论从项目数量角度还是金额角度看，发达经济体都是中国企业对外直接投资的最主要的投资标的区域。

从项目数量角度看，中国 OFDI 的标的区域主要集中于发达经济体，2005 至 2021 年间平均占比 73.62%，发展中经济体次之，转型经济体占比最少。在 2019 年以前，三个标的区域的项目数量指数长期均呈现大幅上升态势。2019 年、2020 年、2021 年均出现不同程度的下降。特别是在 2020 年，发达经济体、发展中经济体、转型经济体的项目数量指数分别同比下降 19.63%、42.92%、56.79%。

从金额角度看，自 2014 年中国企业对发达经济体的投资金额达到峰值以后，2015—2019 年总体下降。2020 年，发达国家海外直接投资金额指数从 50.68 提升至 57.08，而在 2021 年，再次出现下降，为 43.05。与此同时，2015—2017 年发展中经济体、转型经济体投资金额指数大幅增长，2018—2021 年，虽然发展中国家的海外投资金额指数在持续下降，但占比总体呈波动上升态势。与对发达经济体的投资趋势相反。中国企业对发展中经济体的投资项目数量指数和金额指数上的变化，反映了在中国经济结构优化升级、“一带一路”倡议等影响下，中国企业在发展中国家（地区）的投资活动日益增多，中国企业的对外投资有向发展中经济体转移的趋势。

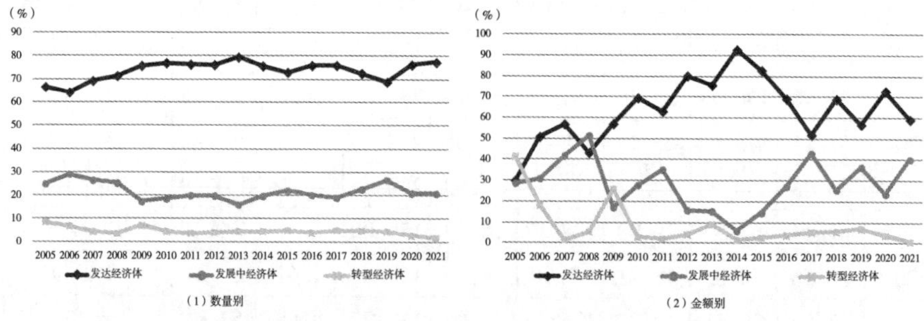


**图 1-3-6　2005—2021 年不同标的区域对外直接投资项目数量、金额占比变化图**

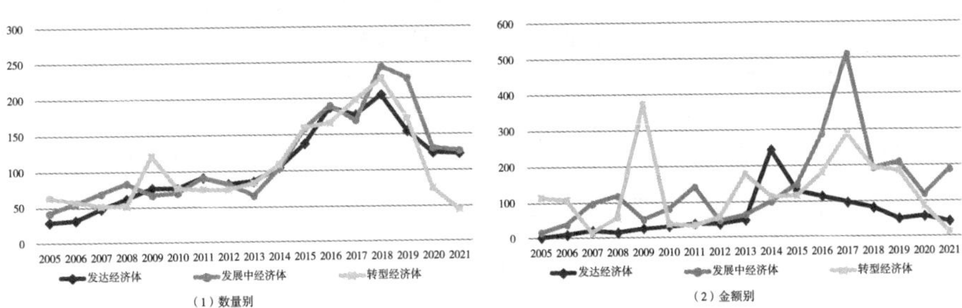


**图 1-3-7　2005—2021 年不同标的区域对外直接投资项目数量指数、金额指数变化图**

**表 1-3-4　2005—2021 年中国企业不同标的区域对外直接投资项目数量指数汇总表**

| 年份 | 项目数量 | | | | | |
|---|---|---|---|---|---|---|
| | 发达经济体 | | 发展中经济体 | | 转型经济体 | |
| | 占比（%） | 指数 | 占比（%） | 指数 | 占比（%） | 指数 |
| 2005 | 66.57 | 29.25 | 24.93 | 41.79 | 8.50 | 63.83 |
| 2006 | 64.16 | 31.86 | 29.07 | 55.08 | 6.77 | 57.45 |
| 2007 | 69.20 | 47.55 | 26.45 | 69.33 | 4.35 | 51.06 |
| 2008 | 71.35 | 61.99 | 25.21 | 83.57 | 3.44 | 51.06 |
| 2009 | 75.71 | 76.80 | 17.30 | 66.95 | 6.99 | 121.28 |
| 2010 | 76.95 | 76.05 | 18.51 | 69.80 | 4.53 | 76.60 |
| 2011 | 76.36 | 90.86 | 19.98 | 90.69 | 3.66 | 74.47 |
| 2012 | 76.12 | 82.15 | 19.84 | 81.67 | 4.04 | 74.47 |
| 2013 | 79.44 | 85.14 | 16.03 | 65.53 | 4.53 | 82.98 |
| 2014 | 75.70 | 104.31 | 19.69 | 103.51 | 4.61 | 108.51 |
| 2015 | 72.99 | 137.54 | 22.06 | 158.59 | 4.95 | 159.57 |
| 2016 | 75.88 | 187.20 | 20.18 | 189.93 | 3.94 | 165.96 |
| 2017 | 76.01 | 177.50 | 19.03 | 169.52 | 4.96 | 197.87 |
| 2018 | 72.62 | 205.00 | 22.66 | 244.06 | 4.72 | 227.66 |
| 2019 | 68.82 | 154.10 | 26.68 | 227.92 | 4.50 | 172.34 |
| 2020 | 76.30 | 123.85 | 21.01 | 130.10 | 2.68 | 74.47 |
| 2021 | 77.41 | 122.85 | 20.94 | 126.78 | 1.65 | 44.68 |

**表 1-3-5 2005—2021 年中国企业不同标的国（地区）对外直接投资金额指数汇总表**

| 年份 | 金额 | | | | | |
|---|---|---|---|---|---|---|
| | 发达经济体 | | 发展中经济体 | | 转型经济体 | |
| | 占比（%） | 指数 | 占比（%） | 指数 | 占比（%） | 指数 |
| 2005 | 29.95 | 2.74 | 28.62 | 16.77 | 41.43 | 114.18 |
| 2006 | 50.82 | 9.89 | 30.89 | 38.57 | 18.30 | 107.49 |
| 2007 | 56.84 | 20.51 | 41.78 | 96.70 | 1.37 | 14.96 |
| 2008 | 43.17 | 15.39 | 51.47 | 117.68 | 5.36 | 57.71 |
| 2009 | 57.00 | 27.22 | 17.11 | 52.40 | 25.89 | 373.05 |
| 2010 | 69.43 | 31.97 | 27.78 | 82.04 | 2.79 | 38.75 |
| 2011 | 62.99 | 39.58 | 35.14 | 141.59 | 1.87 | 35.46 |
| 2012 | 80.16 | 38.24 | 15.82 | 48.40 | 4.02 | 57.84 |
| 2013 | 75.62 | 49.06 | 15.35 | 63.86 | 9.03 | 176.85 |
| 2014 | 92.68 | 244.21 | 5.90 | 99.66 | 1.43 | 113.46 |
| 2015 | 82.84 | 128.92 | 14.68 | 146.49 | 2.48 | 116.38 |
| 2016 | 69.11 | 113.84 | 27.26 | 288.00 | 3.63 | 180.67 |
| 2017 | 51.91 | 96.28 | 42.97 | 511.14 | 5.12 | 286.64 |
| 2018 | 68.94 | 80.83 | 25.59 | 192.48 | 5.47 | 193.48 |
| 2019 | 56.74 | 50.68 | 36.40 | 208.56 | 6.86 | 184.80 |
| 2020 | 72.75 | 57.08 | 23.61 | 118.82 | 3.63 | 86.03 |
| 2021 | 59.18 | 43.05 | 40.20 | 187.58 | 0.62 | 13.53 |

## 四、中国企业在不同标的行业的对外直接投资指数

中国作为新兴的发展中大国，对外直接投资活动仍以对非制造业的投资为主。图 1-3-8 显示，非制造业在中国企业 OFDI 项目数量和金额中的占比常年高于制造业，其中企业在两种行业的投资项目数量比例大约为 7∶3，投资金额比例则波动较大。

图 1-3-9 显示，从项目数量角度看，制造业和非制造业的走势几乎保持同步，2014 年开始加速上涨，2018 年达到峰值，2019—2021 年均呈现大幅下降趋势。然而从金额角度看，虽然都是从 2014 年开始加速上涨，但两者走势波动较大，其中非制造业在 2018 年和 2019 年降幅均高于制造业。2019 年，受经济环境影响中国企业对非制造业的投资规模显著缩减，数量指数和金额指数分别同比下降 22.59%、32.15%，缩减幅度超过制造业，其中以对电力、热力、燃气及水生产和供应业的投资项目数量和金额的下降幅度最为突出。2020 年，中国企业对制造业的投资规模开始大幅回升，投资金额指数同比上升 29.1%；对非制造业的投资规模持续下降，投资金额指数同比下降 41.13%。与 2020 年相反，2021 年中国企业对非制造业的投资规模大幅上升，投资金额指数同比增长 70.48%，非制造业重回主导地位；对制造业的投资规模则大幅下降，同比下降 58.89%。

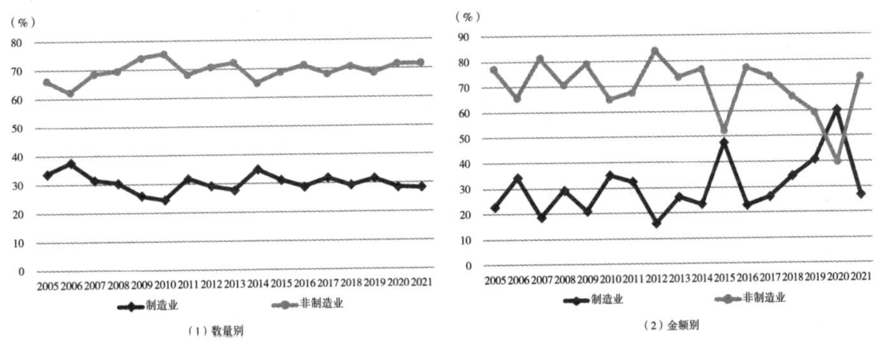


**图 1-3-8　2005—2021 年不同标的行业对外直接投资项目数量、金额占比变化图**

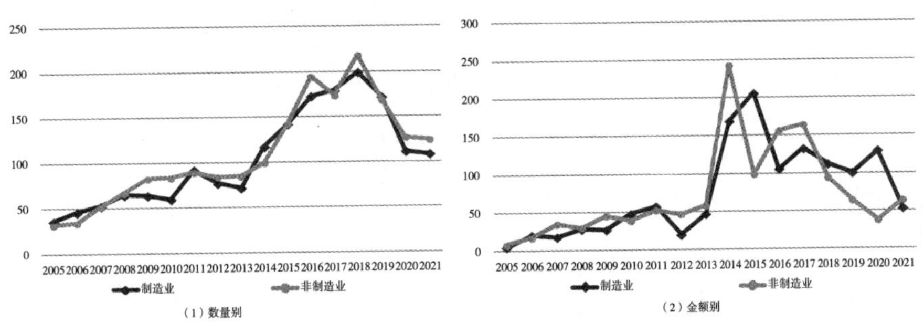


**图 1-3-9　2005—2021 年不同标的行业对外直接投资项目数量指数、金额指数变化图**

表 1-3-6　2005—2021 年中国不同标的行业对外直接投资项目数量指数汇总表

| 年份 | 项目数量 | | | |
|---|---|---|---|---|
| | 制造业 | | 非制造业 | |
| | 占比（%） | 指数 | 占比（%） | 指数 |
| 2005 | 33.71 | 36.30 | 66.29 | 32.29 |
| 2006 | 37.66 | 46.06 | 62.34 | 34.50 |
| 2007 | 31.45 | 52.78 | 68.55 | 52.03 |
| 2008 | 30.37 | 64.67 | 69.63 | 67.07 |
| 2009 | 25.96 | 64.06 | 74.04 | 82.67 |
| 2010 | 24.50 | 59.79 | 75.50 | 83.36 |
| 2011 | 31.75 | 91.82 | 68.25 | 89.29 |
| 2012 | 29.23 | 76.88 | 70.77 | 84.18 |
| 2013 | 27.68 | 71.69 | 72.32 | 84.74 |
| 2014 | 34.87 | 117.45 | 65.13 | 99.23 |
| 2015 | 31.09 | 142.16 | 68.91 | 142.56 |
| 2016 | 28.67 | 172.67 | 71.33 | 194.31 |
| 2017 | 31.81 | 178.77 | 68.19 | 173.34 |
| 2018 | 29.26 | 198.90 | 70.74 | 217.50 |
| 2019 | 31.54 | 171.45 | 68.46 | 168.37 |
| 2020 | 28.43 | 111.35 | 71.57 | 126.83 |
| 2021 | 28.31 | 108.30 | 71.69 | 124.07 |

表 1-3-7　2005—2021 年中国不同标的行业对外直接投资金额指数汇总表

| 年份 | 金额 | | | |
|---|---|---|---|---|
| | 制造业 | | 非制造业 | |
| | 占比（%） | 指数 | 占比（%） | 指数 |
| 2005 | 22.80 | 5.74 | 77.20 | 8.54 |
| 2006 | 34.31 | 21.08 | 65.69 | 17.74 |

续表

| 年份 | 金额 | | | |
|---|---|---|---|---|
| | 制造业 | | 非制造业 | |
| | 占比（%） | 指数 | 占比（%） | 指数 |
| 2007 | 18.63 | 18.52 | 81.37 | 35.56 |
| 2008 | 29.20 | 28.69 | 70.80 | 30.57 |
| 2009 | 20.95 | 27.57 | 79.05 | 45.71 |
| 2010 | 35.02 | 47.83 | 64.98 | 39.00 |
| 2011 | 32.45 | 57.63 | 67.55 | 52.74 |
| 2012 | 16.01 | 20.53 | 83.99 | 47.32 |
| 2013 | 26.33 | 47.36 | 73.67 | 58.25 |
| 2014 | 23.46 | 169.12 | 76.54 | 242.48 |
| 2015 | 47.64 | 205.37 | 52.36 | 99.21 |
| 2016 | 22.92 | 105.92 | 77.08 | 156.56 |
| 2017 | 26.18 | 132.51 | 73.82 | 164.18 |
| 2018 | 34.29 | 112.08 | 65.71 | 94.39 |
| 2019 | 40.81 | 100.45 | 59.19 | 64.04 |
| 2020 | 60.17 | 129.59 | 39.83 | 37.70 |
| 2021 | 26.70 | 53.28 | 73.30 | 64.27 |

## 本章小结

### 一、中国企业 OFDI 综合指数在 2014 年高速增长后增幅有所回落

从总体上看，在 2005—2017 年间中国企业 OFDI 综合指数呈上升趋势，在达到 2017 年峰值水平后，开始呈现 2018—2021 年连续 4 年下降的颓势。2014 年是企业境外投资规模扩张的重要转折点：2014 年以前企业 OFDI 综合指数以年均 17.77%的同比增长率稳步提高，伴随着“一带一

路”倡议的推进和政府对企业“走出去”的鼓励，2014 年中国企业 OFDI 综合指数较 2013 年跳跃式增长 140.4%，且主要体现在中国企业海外直接投资金额的高速增长上。之后，OFDI 综合指数增长趋于平缓，增幅较以前有所回落的趋势。另外，2014 年后的中国企业对外直接投资项目数量指数和金额指数的走势开始逐渐分化。

## 二、2021 年中国企业对外投资规模下降趋势放缓，且在不同视角均有体现

2021 年各国进入后疫情时代，经济整体呈现复苏态势。中国企业对外投资规模下降趋势明显放缓，对外直接投资项目数量由 2020 年的 1295 件同比下降 1.93%至 1270 件，投资金额同比下降 5.98%至 1879.83 亿美元。

2021 年中国企业对外投资规模的小幅回暖在不同投资视角下均有明显体现。其中，从不同所有制角度看，民营企业和国有企业的 OFDI 综合指数下降趋势放缓；在不同投资方来源地视角下，环渤海地区、长三角地区及中部地区企业对外直接投资项目数量均有不同程度的回升，同比增长分别为 2.27%、1.83%、9.09%；从不同投资标的区域视角看，中国企业对发达经济体与发展中经济体的投资项目数量下降趋势放缓，同时，对于发展中经济体的投资金额出现 57.87%的同比增长。从不同投资标的行业角度看，中国企业对外投资规模的上升主要体现在对非制造业的投资上。

# 第二章　中国民营企业对外直接投资指数：综合分析

本章以民营企业对外直接投资活动为研究主体，基于中国民营企业对外直接投资六级指标体系，分别从总投资、投资方来源地、投资标的国（地区）、投资标的行业角度测算中国企业海外直接投资指数，本章最后一节还以“一带一路”沿线国家为主测算出民营企业“一带一路”对外直接投资指数，从多角度描述2005—2021年民营企业对外直接投资的发展特征。

## 第一节　民营企业OFDI综合指数

### 一、民营企业对外直接投资与全国对外直接投资的比较

自加入WTO以来，在“走出去”战略指引下，越来越多的中国企业选择走向海外市场，企业对外直接投资飞速发展，投资规模不断扩大，2005—2021年间总体呈上升趋势，其中作为市场经济运行重要载体的民营企业在全国企业对外直接投资活动中发挥了关键作用。

根据2005—2021年中国民营企业OFDI数量和金额表显示，2021年，中国民营企业对外直接投资项目数量为923件，同比增长1.99%；对外直接投资项目金额为1079.15亿美元，同比下降19.66%。整体来看，中国民营企业对外直接投资在2005年至2021年呈现增长趋势。对外直接投资项目数量从2005年的150件增长到2021年的923件，并在2018年出现峰值1574件；对外投资项目金额从2005年的41.4亿美元增长到2021年的

1079.15 亿美元，并在 2016 年达到最大规模 2596.32 亿美元。

从表 2-1-1 和图 2-1-1 中可看出，自统计年份以来民营企业对外直接投资项目数量持续在中国企业对外投资活动中占据较高比例，2012 年后达到 50%以上，统计显示 2021 年 72.67%的对外直接投资项目数量都来源于民营企业。在金额方面，民企对外投资金额的波动相对全国企业而言较为平缓，波动幅度低于全国企业，近年来伴随着民企投资项目数量的提高，民企投资金额逐步赶超其他类型企业投资，全国企业对外投资金额的波动受民企对外投资金额变化的影响逐渐凸显。2021 年民企对外直接投资金额占全国企业的 57.41%左右。

**表 2-1-1　2005—2021 年中国民营企业对外直接投资项目数量和金额汇总及与全国对外投资的比较**

| 年份 | 中国民营企业对外直接投资 | | | | 全国对外直接投资 | | | |
|---|---|---|---|---|---|---|---|---|
| | 项目数量（件） | 同比增长（%） | 金额（亿美元） | 同比增长（%） | 项目数量（件） | 同比增长（%） | 金额（亿美元） | 同比增长（%） |
| 2005 | 150 | — | 41.40 | — | 353 | — | 237.16 | — |
| 2006 | 169 | 12.67 | 84.59 | 104.30 | 398 | 12.75 | 505.48 | 113.14 |
| 2007 | 250 | 47.93 | 203.69 | 140.80 | 551 | 38.44 | 935.00 | 84.97 |
| 2008 | 339 | 35.60 | 178.38 | -12.43 | 697 | 26.50 | 925.65 | -1.00 |
| 2009 | 348 | 2.65 | 55.88 | -68.67 | 814 | 16.79 | 1239.66 | 33.92 |
| 2010 | 400 | 14.94 | 267.12 | 378.02 | 793 | -2.58 | 1195.10 | -3.59 |
| 2011 | 445 | 11.25 | 301.78 | 12.98 | 949 | 19.67 | 1624.83 | 35.96 |
| 2012 | 464 | 4.27 | 206.34 | -31.63 | 859 | -9.48 | 1183.38 | -27.17 |
| 2013 | 484 | 4.31 | 685.78 | 232.36 | 857 | -0.23 | 1671.33 | 41.23 |
| 2014 | 629 | 29.96 | 1200.74 | 75.09 | 1104 | 28.82 | 6792.73 | 306.43 |
| 2015 | 921 | 46.42 | 2265.92 | 88.71 | 1502 | 36.05 | 4023.78 | -40.76 |
| 2016 | 1332 | 44.63 | 2596.32 | 14.58 | 1964 | 30.76 | 4232.59 | 5.19 |
| 2017 | 1262 | -5.26 | 1819.06 | -29.94 | 1863 | -5.14 | 4764.58 | 12.57 |
| 2018 | 1574 | 24.72 | 1508.20 | -17.09 | 2245 | 20.50 | 3000.86 | -37.02 |
| 2019 | 1281 | -18.61 | 1225.09 | -18.77 | 1786 | -20.45 | 2268.24 | -24.41 |

续表

| 年份 | 中国民营企业对外直接投资 | | | | 全国对外直接投资 | | | |
|---|---|---|---|---|---|---|---|---|
| | 项目数量（件） | 同比增长（%） | 金额（亿美元） | 同比增长（%） | 项目数量（件） | 同比增长（%） | 金额（亿美元） | 同比增长（%） |
| 2020 | 905 | -29.35 | 1343.29 | 9.65 | 1295 | -27.49 | 1997.40 | -11.94 |
| 2021 | 923 | 1.99 | 1079.15 | -19.66 | 1270 | -1.93 | 1879.83 | -5.89 |
| 合计 | 11876 | — | 15062.72 | — | 19300 | — | 38477.60 | — |

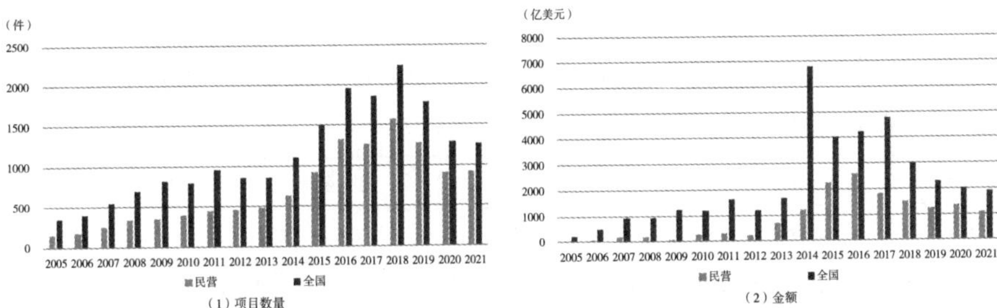


**图 2-1-1　2005—2021 年民营企业与全国企业对外直接投资项目数量、金额对比变化图**

结合表 2-1-2 民企不同模式下的对外直接投资情况看，民企投资规模的大幅变化主要体现在并购投资规模的变化上，不论从投资项目数量还是投资金额上看，民企绿地投资都较并购投资波动幅度小。

**表 2-1-2　2005—2021 年中国民营企业对外直接投资项目数量与金额汇总表**

| 年份 | 项目数量（件） | | | | | 金额（亿美元） | | | | |
|---|---|---|---|---|---|---|---|---|---|---|
| | 并购 | 同比增长（%） | 绿地 | 同比增长（%） | 合计 | 并购 | 同比增长（%） | 绿地 | 同比增长（%） | 合计 |
| 2005 | 98 | — | 52 | — | 150 | 22.86 | — | 18.55 | — | 41.40 |
| 2006 | 123 | 25.51 | 46 | -11.54 | 169 | 47.29 | 106.88 | 37.30 | 101.12 | 84.59 |
| 2007 | 143 | 16.26 | 107 | 132.61 | 250 | 153.18 | 223.92 | 50.51 | 35.42 | 203.69 |
| 2008 | 216 | 51.05 | 123 | 14.95 | 339 | 104.26 | -31.94 | 74.12 | 46.74 | 178.38 |
| 2009 | 190 | -12.04 | 158 | 28.46 | 348 | 31.67 | -69.63 | 24.21 | -67.33 | 55.88 |

续表

| 年份 | 项目数量（件） | | | | | 金额（亿美元） | | | | |
|---|---|---|---|---|---|---|---|---|---|---|
| | 并购 | 同比增长（%） | 绿地 | 同比增长（%） | 合计 | 并购 | 同比增长（%） | 绿地 | 同比增长（%） | 合计 |
| 2010 | 227 | 19.47 | 173 | 9.49 | 400 | 199.71 | 530.68 | 67.41 | 178.38 | 267.12 |
| 2011 | 251 | 10.57 | 194 | 12.14 | 445 | 170.39 | -14.68 | 131.39 | 94.92 | 301.78 |
| 2012 | 279 | 11.16 | 185 | -4.64 | 464 | 138.32 | -18.82 | 68.02 | -48.23 | 206.34 |
| 2013 | 311 | 11.47 | 173 | -6.49 | 484 | 642.05 | 364.17 | 43.73 | -35.71 | 685.78 |
| 2014 | 435 | 39.87 | 194 | 12.14 | 629 | 969.67 | 51.03 | 231.07 | 428.40 | 1200.74 |
| 2015 | 673 | 54.71 | 248 | 27.84 | 921 | 1997.83 | 106.03 | 268.09 | 16.02 | 2265.92 |
| 2016 | 966 | 43.54 | 366 | 47.58 | 1332 | 2002.69 | 0.24 | 593.64 | 121.44 | 2596.32 |
| 2017 | 921 | -4.66 | 341 | -6.83 | 1262 | 1573.24 | -21.44 | 245.82 | -58.59 | 1819.06 |
| 2018 | 1040 | 12.92 | 534 | 56.60 | 1574 | 1110.65 | -29.40 | 397.55 | 61.72 | 1508.20 |
| 2019 | 825 | -20.67 | 456 | -14.61 | 1281 | 803.34 | -27.67 | 421.76 | 6.09 | 1225.09 |
| 2020 | 655 | -20.61 | 250 | -45.18 | 905 | 1032.61 | 28.54 | 310.68 | -26.34 | 1343.29 |
| 2021 | 663 | 1.22 | 260 | 4.00 | 923 | 829.64 | -19.66 | 249.51 | -19.69 | 1079.15 |
| 合计 | 8016 | — | 3860 | — | 11876 | 11829.38 | — | 3233.34 | — | 15062.72 |

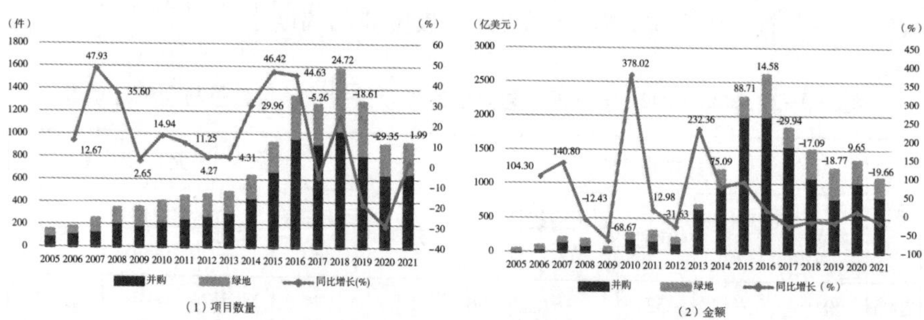


（1）项目数量　　（2）金额

**图 2-1-2　2005—2021 年民营企业对外直接投资项目数量和金额的增长变化图**

## 二、民营企业 OFDI 综合指数

为便于综合分析中国民营企业对外直接投资发展特征，本书使用主成分分析法对民营企业对外直接投资项目数量指数和金额指数进行融合，构建民营企业 OFDI 综合指数①。

在 2005—2016 年间，中国民营企业 OFDI 综合指数的上升趋势较为强劲，但 2017 年民营企业对外直接投资增长趋势变缓，较 2016 年同比下降 18.87%；2018 年指数小幅回升，2019—2021 年民营企业 OFDI 综合指数出现连年下降态势，同比下降分别为：18.67%、14.67%、8.49%。由此可见，自 2018 年起在全球贸易投资保护主义的不断升级，经济下行风险不断增长，国际环境愈加复杂多变，再加上新冠肺炎疫情的影响，尽管民营企业自身实力的增强和战略调整有效改善了其应对政策冲击的能力，民企对外投资活动仍然受到明显的冲击。

**表 2-1-3　2005—2021 年中国民营企业 OFDI 综合指数及其同比增长率**

| 年份 | 民营企业 OFDI 综合指数 | 同比增长率（%） |
|---|---|---|
| 2005 | 14.96 | — |
| 2006 | 18.89 | 26.27 |
| 2007 | 32.16 | 70.23 |
| 2008 | 38.37 | 19.28 |
| 2009 | 32.56 | -15.13 |
| 2010 | 48.31 | 48.37 |
| 2011 | 53.99 | 11.76 |
| 2012 | 50.48 | -6.49 |
| 2013 | 77.90 | 54.31 |
| 2014 | 117.84 | 51.27 |
| 2015 | 199.78 | 69.54 |
| 2016 | 252.42 | 26.35 |
| 2017 | 204.78 | -18.87 |
| 2018 | 214.61 | 4.80 |

① OFDI 综合指数构建方法详见本书序章第一节。

续表

| 年份 | 民营企业 OFDI 综合指数 | 同比增长率（%） |
|---|---|---|
| 2019 | 174. 53 | -18. 67 |
| 2020 | 148. 93 | -14. 67 |
| 2021 | 136. 29 | -8. 49 |

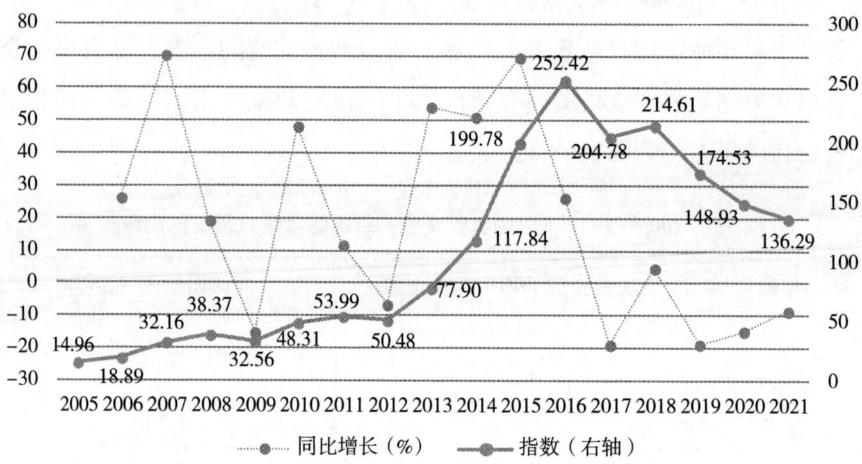


**图 2-1-3　2005—2021 年中国民营企业 OFDI 综合指数变化图**

## 三、民营企业对外直接投资项目数量指数和金额指数

从 2005—2021 年中国民营企业对外直接投资项目的数量指数和金额指数的变化可以看出，中国民营企业对外直接投资项目数量和金额规模总体呈现增长的趋势，但 2017—2018 年两指数分化加剧，民企投资项目数量指数增长，投资金额指数持续下降。在 2019—2021 年，由于项目数量指数和投资金额指数整体均呈现下降趋势，二者差距随之缩小。

在项目数量指数上，2021 年项目数量指数小幅度回升。相对于民企项目数量指数的变化而言，民企对外投资金额指数在 2017—2019 年内连续三年下跌，2020 年虽有所回升，但在 2021 年再度下降。

**表 2-1-4　2005—2021 年民营企业对外直接投资项目数量指数和金额指数**

| 年份 | 项目数量指数 | 金额指数 |
|---|---|---|
| 2005 | 25. 48 | 4. 44 |
| 2006 | 28. 71 | 9. 07 |
| 2007 | 42. 47 | 21. 85 |
| 2008 | 57. 59 | 19. 14 |
| 2009 | 59. 12 | 5. 99 |
| 2010 | 67. 96 | 28. 66 |
| 2011 | 75. 6 | 32. 38 |
| 2012 | 78. 83 | 22. 14 |
| 2013 | 82. 23 | 73. 57 |
| 2014 | 106. 86 | 128. 82 |
| 2015 | 156. 47 | 243. 1 |
| 2016 | 226. 3 | 278. 54 |
| 2017 | 214. 41 | 195. 16 |
| 2018 | 267. 41 | 161. 8 |
| 2019 | 217. 64 | 131. 43 |
| 2020 | 153. 75 | 144. 11 |
| 2021 | 156. 81 | 115. 77 |
| 2011—2015 年均值 | 100. 08 | 98. 20 |

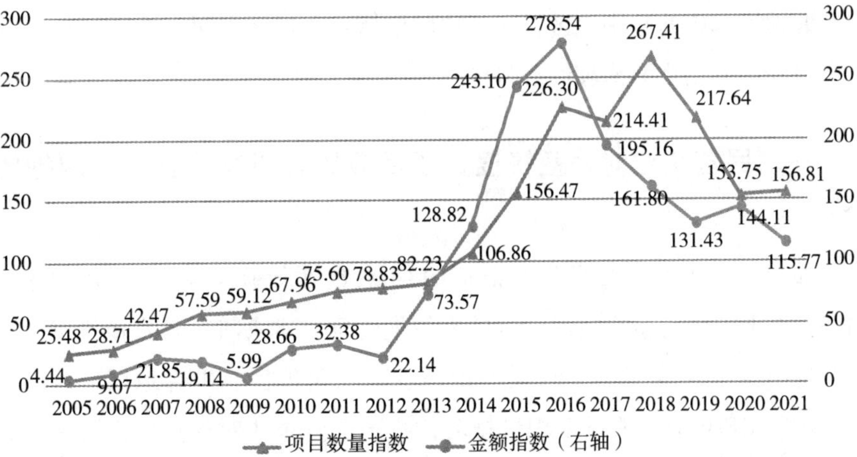


**图 2-1-4　2005—2021 年民营企业对外直接投资项目数量指数和金额指数变化图**

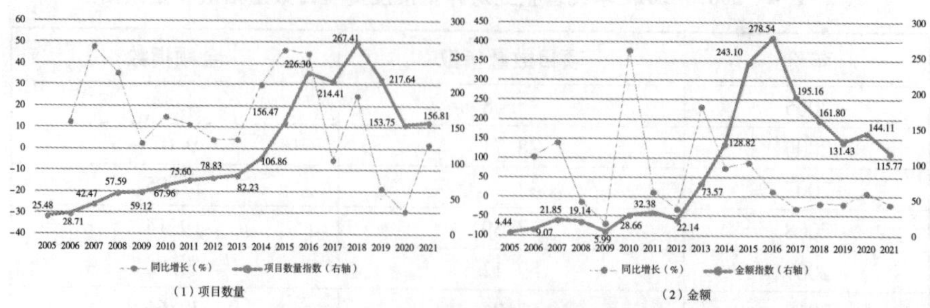


**图 2-1-5　2005—2021 年民营企业对外直接投资项目数量指数和金额指数及其同比增长率变化图**

# 第二节　民营企业对外直接投资方来源地别指数

本节对民营企业对外直接投资的项目数量与金额按照投资方来源地进行统计分析，主要划分为环渤海地区、长三角地区、珠三角地区、中部地区与西部地区五大区域。同时按照各区域特点进一步细分，其中环渤海地区包括京津冀地区和环渤海地区其他区域（辽宁和山东），长三角地区包括上海和长三角地区其他区域（江苏和浙江），珠三角地区包括深圳、广东（不含深圳）与珠三角地区其他区域（福建和海南），中部地区包括华北东北地区和中原华中地区，西部地区包括西北地区和西南地区，涵盖 31 个省自治区直辖市和深圳经济特区①。

## 一、民营企业对外直接投资项目数量在不同投资方来源地的分布

如 2005—2021 年中国民营企业 OFDI 数量表所示，为了进一步明晰中国民营企业对外直接投资活动方的来源地特征，本书将对外直接投资活动来源地分为长三角地区、环渤海地区、珠三角地区、中部地区、西部地区。按照 OFDI 项目数量累积量排名，我国民营企业对外直接投资活动主

① 详见序章第一节“中国民营企业对外直接投资指数”六级指标体系和指数的构成。

要集中在长三角地区，累计对外直接投资项目数量为 3553 件，占比 34.1%；排在第二是环渤海地区，累计对外直接投资项目数量为 2999 件，占比 28.79%；排在第三的是珠三角地区，累计对外直接投资项目数量为 2680 件，占比 25.72%；排在第四的是中部地区，累计对外直接投资项目数量为 673 件，占比 6.46%；排在最后的是西部地区，累计对外直接投资项目数量为 513 件，占比 4.92%。

**表 2-2-1　中国民营企业对外直接投资项目数量在不同投资方来源地的分布及指数汇总表**

（单位：件）

| 年份 | 环渤海地区 | | | | | | | | | | | |
|---|---|---|---|---|---|---|---|---|---|---|---|---|
| | 京津冀 | | | | 其他 | | | | 小计 | | | |
| | 项目数 | 同比增长（%） | 占比（%） | 指数 | 项目数 | 同比增长（%） | 占比（%） | 指数 | 项目数 | 同比增长（%） | 占比（%） | 指数 |
| 2005 | 21 | — | 55.26 | 18.36 | 17 | — | 44.74 | 36.80 | 38 | — | 37.25 | 23.66 |
| 2006 | 13 | -38.10 | 56.52 | 11.36 | 10 | -41.18 | 43.48 | 21.65 | 23 | -39.47 | 21.70 | 14.32 |
| 2007 | 38 | 192.31 | 65.52 | 33.22 | 20 | 100.00 | 34.48 | 43.29 | 58 | 152.17 | 31.18 | 36.11 |
| 2008 | 24 | -36.84 | 72.73 | 20.98 | 9 | -55.00 | 27.27 | 19.48 | 33 | -43.10 | 17.10 | 20.55 |
| 2009 | 44 | 83.33 | 52.38 | 38.46 | 40 | 344.44 | 47.62 | 86.58 | 84 | 154.55 | 32.06 | 52.30 |
| 2010 | 63 | 43.18 | 71.59 | 55.07 | 25 | -37.50 | 28.41 | 54.11 | 88 | 4.76 | 30.66 | 54.79 |
| 2011 | 67 | 6.35 | 60.91 | 58.57 | 43 | 72.00 | 39.09 | 93.07 | 110 | 25.00 | 30.99 | 68.49 |
| 2012 | 79 | 17.91 | 65.29 | 69.06 | 42 | -2.33 | 34.71 | 90.91 | 121 | 10.00 | 32.27 | 75.34 |
| 2013 | 94 | 18.99 | 72.31 | 82.17 | 36 | -14.29 | 27.69 | 77.92 | 130 | 7.44 | 31.78 | 80.95 |
| 2014 | 121 | 28.72 | 68.75 | 105.77 | 55 | 52.78 | 31.25 | 119.05 | 176 | 35.38 | 33.78 | 109.59 |
| 2015 | 211 | 74.38 | 79.32 | 184.44 | 55 | 0.00 | 20.68 | 119.05 | 266 | 51.14 | 32.05 | 165.63 |
| 2016 | 271 | 28.44 | 79.94 | 236.89 | 68 | 23.64 | 20.06 | 147.19 | 339 | 27.44 | 27.12 | 211.08 |
| 2017 | 256 | -5.54 | 76.19 | 223.78 | 80 | 17.65 | 23.81 | 173.16 | 336 | -0.88 | 28.31 | 209.22 |
| 2018 | 356 | 39.06 | 83.18 | 311.19 | 72 | -10.00 | 16.82 | 155.84 | 428 | 27.38 | 28.61 | 266.50 |
| 2019 | 254 | -28.65 | 76.74 | 222.03 | 77 | 6.94 | 23.26 | 166.67 | 331 | -22.66 | 27.75 | 206.10 |
| 2020 | 177 | -30.31 | 82.71 | 154.72 | 37 | -51.95 | 17.29 | 80.09 | 214 | -35.35 | 25.51 | 133.25 |

续表

| 年份 | 环渤海地区 | | | | | | | | | | | |
|---|---|---|---|---|---|---|---|---|---|---|---|---|
| | 京津冀 | | | | 其他 | | | | 小计 | | | |
| | 项目数 | 同比增长（%） | 占比（%） | 指数 | 项目数 | 同比增长（%） | 占比（%） | 指数 | 项目数 | 同比增长（%） | 占比（%） | 指数 |
| 2021 | 194 | 9.60 | 86.61 | 169.58 | 30 | -18.92 | 13.39 | 64.94 | 224 | 4.67 | 27.09 | 139.48 |
| 合计 | 2283 | — | 76.13 | — | 716 | — | 23.87 | — | 2999 | — | 28.79 | — |
| 2011—2015年均值 | 114.4 | — | — | 100.00 | 46.2 | — | — | 100.00 | 160.6 | — | — | 100.00 |

| 年份 | 长三角地区 | | | | | | | | | | | |
|---|---|---|---|---|---|---|---|---|---|---|---|---|
| | 上海 | | | | 其他 | | | | 小计 | | | |
| | 项目数 | 同比增长（%） | 占比（%） | 指数 | 项目数 | 同比增长（%） | 占比（%） | 指数 | 项目数 | 同比增长（%） | 占比（%） | 指数 |
| 2005 | 8 | — | 44.44 | 12.62 | 10 | — | 55.56 | 10.35 | 18 | — | 17.65 | 11.25 |
| 2006 | 15 | 87.50 | 53.57 | 23.66 | 13 | 30.00 | 46.43 | 13.46 | 28 | 55.56 | 26.42 | 17.50 |
| 2007 | 14 | -6.67 | 26.42 | 22.08 | 39 | 200.00 | 73.58 | 40.37 | 53 | 89.29 | 28.49 | 33.13 |
| 2008 | 14 | 0.00 | 18.42 | 22.08 | 62 | 58.97 | 81.58 | 64.18 | 76 | 43.40 | 39.38 | 47.50 |
| 2009 | 18 | 28.57 | 23.38 | 28.39 | 59 | -4.84 | 76.62 | 61.08 | 77 | 1.32 | 29.39 | 48.13 |
| 2010 | 23 | 27.78 | 26.44 | 36.28 | 64 | 8.47 | 73.56 | 66.25 | 87 | 12.99 | 30.31 | 54.38 |
| 2011 | 27 | 17.39 | 26.47 | 42.59 | 75 | 17.19 | 73.53 | 77.64 | 102 | 17.24 | 28.73 | 63.75 |
| 2012 | 43 | 59.26 | 35.83 | 67.82 | 77 | 2.67 | 64.17 | 79.71 | 120 | 17.65 | 32.00 | 75.00 |
| 2013 | 34 | -20.93 | 29.06 | 53.63 | 83 | 7.79 | 70.94 | 85.92 | 117 | -2.50 | 28.61 | 73.13 |
| 2014 | 81 | 138.24 | 49.69 | 127.76 | 82 | -1.20 | 50.31 | 84.89 | 163 | 39.32 | 31.29 | 101.88 |
| 2015 | 132 | 62.96 | 44.30 | 208.20 | 166 | 102.44 | 55.70 | 171.84 | 298 | 82.82 | 35.90 | 186.25 |
| 2016 | 190 | 43.94 | 44.08 | 299.68 | 241 | 45.18 | 55.92 | 249.48 | 431 | 44.63 | 34.48 | 269.38 |
| 2017 | 165 | -13.16 | 40.05 | 260.25 | 247 | 2.49 | 59.95 | 255.69 | 412 | -4.41 | 34.71 | 257.50 |
| 2018 | 202 | 22.42 | 38.04 | 318.61 | 329 | 33.20 | 61.96 | 340.58 | 531 | 28.88 | 35.49 | 331.88 |
| 2019 | 159 | -21.29 | 38.04 | 250.79 | 259 | -21.28 | 61.96 | 268.12 | 418 | -21.28 | 35.04 | 261.25 |
| 2020 | 117 | -26.42 | 38.87 | 184.54 | 184 | -28.96 | 61.13 | 190.48 | 301 | -27.99 | 35.88 | 188.13 |

续表

| 年份 | 长三角地区 | | | | | | | | | | | |
|---|---|---|---|---|---|---|---|---|---|---|---|---|
| | 上海 | | | | 其他 | | | | 小计 | | | |
| | 项目数 | 同比增长（%） | 占比（%） | 指数 | 项目数 | 同比增长（%） | 占比（%） | 指数 | 项目数 | 同比增长（%） | 占比（%） | 指数 |
| 2021 | 138 | 17.95 | 42.99 | 217.67 | 183 | -0.54 | 57.01 | 189.44 | 321 | 6.64 | 38.81 | 200.63 |
| 合计 | 1380 | — | 38.84 | — | 2173 | — | 61.16 | — | 3553 | — | 34.1 | — |
| 2011—2015年均值 | 63.4 | — | — | 100.00 | 96.6 | — | — | 100.00 | 160 | — | — | 100.00 |

| 年份 | 珠三角地区 | | | | | | | | | | | |
|---|---|---|---|---|---|---|---|---|---|---|---|---|
| | 广东 | | | | 其他 | | | | 小计 | | | |
| | 项目数 | 同比增长（%） | 占比（%） | 指数 | 项目数 | 同比增长（%） | 占比（%） | 指数 | 项目数 | 同比增长（%） | 占比（%） | 指数 |
| 2005 | 27 | — | 84.38 | 27.84 | 5 | — | 15.63 | 24.51 | 32 | — | 31.37 | 27.26 |
| 2006 | 35 | 29.63 | 87.50 | 36.08 | 5 | 0.00 | 12.50 | 24.51 | 40 | 25.00 | 37.74 | 34.07 |
| 2007 | 43 | 22.86 | 84.31 | 44.33 | 8 | 60.00 | 15.69 | 39.22 | 51 | 27.50 | 27.42 | 43.44 |
| 2008 | 44 | 2.33 | 93.62 | 45.36 | 3 | -62.50 | 6.38 | 14.71 | 47 | -7.84 | 24.35 | 40.03 |
| 2009 | 50 | 13.64 | 83.33 | 51.55 | 10 | 233.33 | 16.67 | 49.02 | 60 | 27.66 | 22.90 | 51.11 |
| 2010 | 69 | 38.00 | 87.34 | 71.13 | 10 | 0.00 | 12.66 | 49.02 | 79 | 31.67 | 27.53 | 67.29 |
| 2011 | 73 | 5.80 | 80.22 | 75.26 | 18 | 80.00 | 19.78 | 88.24 | 91 | 15.19 | 25.63 | 77.51 |
| 2012 | 64 | -12.33 | 83.12 | 65.98 | 13 | -27.78 | 16.88 | 63.73 | 77 | -15.38 | 20.53 | 65.59 |
| 2013 | 103 | 60.94 | 82.40 | 106.19 | 22 | 69.23 | 17.60 | 107.84 | 125 | 62.34 | 30.56 | 106.47 |
| 2014 | 102 | -0.97 | 87.18 | 105.15 | 15 | -31.82 | 12.82 | 73.53 | 117 | -6.40 | 22.46 | 99.66 |
| 2015 | 143 | 40.20 | 80.79 | 147.42 | 34 | 126.67 | 19.21 | 166.67 | 177 | 51.28 | 21.33 | 150.77 |
| 2016 | 264 | 84.62 | 83.02 | 272.16 | 54 | 58.82 | 16.98 | 264.71 | 318 | 79.66 | 25.44 | 270.87 |
| 2017 | 252 | -4.55 | 84.56 | 259.79 | 46 | -14.81 | 15.44 | 225.49 | 298 | -6.29 | 25.11 | 253.83 |
| 2018 | 302 | 19.84 | 83.20 | 311.34 | 61 | 32.61 | 16.80 | 299.02 | 363 | 21.81 | 24.26 | 309.20 |
| 2019 | 294 | -2.65 | 86.22 | 303.09 | 47 | -22.95 | 13.78 | 230.39 | 341 | -6.06 | 28.58 | 290.46 |
| 2020 | 204 | -30.61 | 80.95 | 210.31 | 48 | 2.13 | 19.05 | 235.29 | 252 | -26.10 | 30.04 | 214.65 |

续表

| 年份 | 珠三角地区 | | | | | | | | | | | |
|---|---|---|---|---|---|---|---|---|---|---|---|---|
| | 广东 | | | | 其他 | | | | 小计 | | | |
| | 项目数 | 同比增长（%） | 占比（%） | 指数 | 项目数 | 同比增长（%） | 占比（%） | 指数 | 项目数 | 同比增长（%） | 占比（%） | 指数 |
| 2021 | 173 | -15.20 | 81.60 | 178.35 | 39 | -18.75 | 18.40 | 191.18 | 212 | -15.87 | 25.63 | 180.58 |
| 合计 | 2242 | — | 83.66 | — | 438 | — | 16.34 | — | 2680 | — | 25.72 | — |
| 2011—2015年均值 | 97 | — | — | 100.00 | 20.4 | — | — | 100.00 | 117.4 | — | — | 100.00 |

| 年份 | 中部地区 | | | | | | | | | | | |
|---|---|---|---|---|---|---|---|---|---|---|---|---|
| | 华北东北 | | | | 中原华中 | | | | 小计 | | | |
| | 项目数 | 同比增长（%） | 占比（%） | 指数 | 项目数 | 同比增长（%） | 占比（%） | 指数 | 项目数 | 同比增长（%） | 占比（%） | 指数 |
| 2005 | 2 | — | 25.00 | 25.64 | 6 | — | 75.00 | 22.22 | 8 | — | 7.84 | 22.99 |
| 2006 | 1 | -50.00 | 16.67 | 12.82 | 5 | -16.67 | 83.33 | 18.52 | 6 | -25.00 | 5.66 | 17.24 |
| 2007 | 5 | 400.00 | 31.25 | 64.10 | 11 | 120.00 | 68.75 | 40.74 | 16 | 166.67 | 8.60 | 45.98 |
| 2008 | 4 | -20.00 | 17.39 | 51.28 | 19 | 72.73 | 82.61 | 70.37 | 23 | 43.75 | 11.92 | 66.09 |
| 2009 | 4 | 0.00 | 25.00 | 51.28 | 12 | -36.84 | 75.00 | 44.44 | 16 | -30.43 | 6.11 | 45.98 |
| 2010 | 6 | 50.00 | 26.09 | 76.92 | 17 | 41.67 | 73.91 | 62.96 | 23 | 43.75 | 8.01 | 66.09 |
| 2011 | 3 | -50.00 | 13.04 | 38.46 | 20 | 17.65 | 86.96 | 74.07 | 23 | 0.00 | 6.48 | 66.09 |
| 2012 | 12 | 300.00 | 30.77 | 153.85 | 27 | 35.00 | 69.23 | 100.00 | 39 | 69.57 | 10.40 | 112.07 |
| 2013 | 6 | -50.00 | 33.33 | 76.92 | 12 | -55.56 | 66.67 | 44.44 | 18 | -53.85 | 4.40 | 51.72 |
| 2014 | 8 | 33.33 | 18.18 | 102.56 | 36 | 200.00 | 81.82 | 133.33 | 44 | 144.44 | 8.45 | 126.44 |
| 2015 | 10 | 25.00 | 20.00 | 128.21 | 40 | 11.11 | 80.00 | 148.15 | 50 | 13.64 | 6.02 | 143.68 |
| 2016 | 20 | 100.00 | 21.98 | 256.41 | 71 | 77.50 | 78.02 | 262.96 | 91 | 82.00 | 7.28 | 261.49 |
| 2017 | 16 | -20.00 | 20.00 | 205.13 | 64 | -9.86 | 80.00 | 237.04 | 80 | -12.09 | 6.74 | 229.89 |
| 2018 | 22 | 37.50 | 23.16 | 282.05 | 73 | 14.06 | 76.84 | 270.37 | 95 | 18.75 | 6.35 | 272.99 |
| 2019 | 10 | -54.55 | 17.24 | 128.21 | 48 | -34.25 | 82.76 | 177.78 | 58 | -38.95 | 4.86 | 166.67 |

续表

| 年份 | 中部地区 | | | | | | | | | | | |
|---|---|---|---|---|---|---|---|---|---|---|---|---|
| | 华北东北 | | | | 中原华中 | | | | 小计 | | | |
| | 项目数 | 同比增长(%) | 占比(%) | 指数 | 项目数 | 同比增长(%) | 占比(%) | 指数 | 项目数 | 同比增长(%) | 占比(%) | 指数 |
| 2020 | 4 | -60.00 | 11.11 | 51.28 | 32 | -33.33 | 88.89 | 118.52 | 36 | -37.93 | 4.29 | 103.45 |
| 2021 | 11 | 175.00 | 23.40 | 141.03 | 36 | 12.50 | 76.60 | 133.33 | 47 | 30.56 | 5.68 | 135.06 |
| 合计 | 144 | — | 21.40 | — | 529 | — | 78.60 | — | 673 | — | 6.46 | — |
| 2011—2015年均值 | 7.8 | — | — | 100.00 | 27 | — | — | 100.00 | 34.8 | — | — | 100.00 |

| 年份 | 西部地区 | | | | | | | | | | | |
|---|---|---|---|---|---|---|---|---|---|---|---|---|
| | 西北 | | | | 西南 | | | | 小计 | | | |
| | 项目数 | 同比增长(%) | 占比(%) | 指数 | 项目数 | 同比增长(%) | 占比(%) | 指数 | 项目数 | 同比增长(%) | 占比(%) | 指数 |
| 2005 | 4 | — | 66.67 | 54.05 | 2 | — | 33.33 | 11.24 | 6 | — | 5.88 | 23.81 |
| 2006 | 2 | -50.00 | 22.22 | 27.03 | 7 | 250.00 | 77.78 | 39.33 | 9 | 50.00 | 8.49 | 35.71 |
| 2007 | 0 | -100.00 | 0.00 | 0.00 | 8 | 14.29 | 100.00 | 44.94 | 8 | -11.11 | 4.30 | 31.75 |
| 2008 | 3 | — | 21.43 | 40.54 | 11 | 37.50 | 78.57 | 61.80 | 14 | 75.00 | 7.25 | 55.56 |
| 2009 | 8 | 166.67 | 32.00 | 108.11 | 17 | 54.55 | 68.00 | 95.51 | 25 | 78.57 | 9.54 | 99.21 |
| 2010 | 0 | -100.00 | 0.00 | 0.00 | 10 | -41.18 | 100.00 | 56.18 | 10 | -60.00 | 3.48 | 39.68 |
| 2011 | 7 | — | 24.14 | 94.59 | 22 | 120.00 | 75.86 | 123.60 | 29 | 190.00 | 8.17 | 115.08 |
| 2012 | 5 | -28.57 | 27.78 | 67.57 | 13 | -40.91 | 72.22 | 73.03 | 18 | -37.93 | 4.80 | 71.43 |
| 2013 | 5 | 0.00 | 26.32 | 67.57 | 14 | 7.69 | 73.68 | 78.65 | 19 | 5.56 | 4.65 | 75.40 |
| 2014 | 6 | 20.00 | 28.57 | 81.08 | 15 | 7.14 | 71.43 | 84.27 | 21 | 10.53 | 4.03 | 83.33 |
| 2015 | 14 | 133.33 | 35.90 | 189.19 | 25 | 66.67 | 64.10 | 140.45 | 39 | 85.71 | 4.70 | 154.76 |
| 2016 | 26 | 85.71 | 36.62 | 351.35 | 45 | 80.00 | 63.38 | 252.81 | 71 | 82.05 | 5.68 | 281.75 |
| 2017 | 21 | -19.23 | 34.43 | 283.78 | 40 | -11.11 | 65.57 | 224.72 | 61 | -14.08 | 5.14 | 242.06 |
| 2018 | 28 | 33.33 | 35.44 | 378.38 | 51 | 27.50 | 64.56 | 286.52 | 79 | 29.51 | 5.28 | 313.49 |

续表

| 年份 | 西部地区 | | | | | | | | | | | |
|---|---|---|---|---|---|---|---|---|---|---|---|---|
| | 西北 | | | | 西南 | | | | 小计 | | | |
| | 项目数 | 同比增长（%） | 占比（%） | 指数 | 项目数 | 同比增长（%） | 占比（%） | 指数 | 项目数 | 同比增长（%） | 占比（%） | 指数 |
| 2019 | 12 | -57.14 | 26.67 | 162.16 | 33 | -35.29 | 73.33 | 185.39 | 45 | -43.04 | 3.77 | 178.57 |
| 2020 | 10 | -16.67 | 27.78 | 135.14 | 26 | -21.21 | 72.22 | 146.07 | 36 | -20.00 | 4.29 | 142.86 |
| 2021 | 3 | -70.00 | 13.04 | 40.54 | 20 | -23.08 | 86.96 | 112.36 | 23 | -36.11 | 2.78 | 91.27 |
| 合计 | 154 | — | 30.02 | — | 359 | — | 69.98 | — | 513 | — | 4.92 | — |
| 2011—2015年均值 | 7.4 | — | — | 100.00 | 17.8 | — | — | 100.00 | 25.2 | — | — | 100.00 |

| 年份 | 总计 | | | |
|---|---|---|---|---|
| | 项目数 | 同比增长（%） | 占比（%） | 指数 |
| 2005 | 102 | — | 100.00 | 20.48 |
| 2006 | 106 | 3.92 | 100.00 | 21.29 |
| 2007 | 186 | 75.47 | 100.00 | 37.35 |
| 2008 | 193 | 3.76 | 100.00 | 38.76 |
| 2009 | 262 | 35.75 | 100.00 | 52.61 |
| 2010 | 287 | 9.54 | 100.00 | 57.63 |
| 2011 | 355 | 23.69 | 100.00 | 71.29 |
| 2012 | 375 | 5.63 | 100.00 | 75.30 |
| 2013 | 409 | 9.07 | 100.00 | 82.13 |
| 2014 | 521 | 27.38 | 100.00 | 104.62 |
| 2015 | 830 | 59.31 | 100.00 | 166.67 |
| 2016 | 1250 | 50.60 | 100.00 | 251.00 |
| 2017 | 1187 | -5.04 | 100.00 | 238.35 |
| 2018 | 1496 | 26.03 | 100.00 | 300.40 |
| 2019 | 1193 | -20.25 | 100.00 | 239.56 |

续表

| 年份 | 总计 | | | |
|---|---|---|---|---|
| | 项目数 | 同比增长（%） | 占比（%） | 指数 |
| 2020 | 839 | -29.67 | 100.00 | 168.47 |
| 2021 | 827 | -1.43 | 100.00 | 166.06 |
| 合计 | 10418 | — | 100.00 | — |
| 2011—2015 年均值 | 498 | — | — | 100.00 |

注：此处存在重复统计问题，故总计部分与表 2-1-1、表 2-1-2 所示不一致①

## 二、民营企业对外直接投资金额在不同投资方来源地的分布

根据 2005—2021 年中国民营企业 OFDI 金额表显示，从 OFDI 项目金额看，在 2005 年至 2021 年间，中国民营企业对外直接投资活动主要集中在环渤海地区，累计对外直接投资项目金额为 4865.09 亿美元，占比 36.53%；其次是长三角地区，累计对外直接投资项目金额为 4262.77 亿美元，占比 32.01%；再次是珠三角地区，累计对外直接投资项目金额为 3018.97 亿美元，占比 22.67%；复次是中部地区，累计对外直接投资项目金额为 713.39 亿美元，占比 5.36%；最后是西部地区，累计对外直接投资项目金额为 458.10 亿美元，占比 3.44%。

① 在本书所使用的 BvD-Zephyr 数据库中，一件并购交易可能存在多个并购投资方，若这些投资方所在地位于不同省份或者投资标的国（地区）不同、投资标的行业不同，本书在对投资方来源地、标的国（地区）、标的行业进行分类的时候会重复统计这件交易。如现有一件并购交易是由两家企业共同出资完成，但两个企业分别位于北京和河北，那么当对投资来源地进行划分时候，这件交易将会既被统计到来源地为北京的并购投资交易中，又会在河北类别中再被统计一次。投资标的国（地区）、投资标的行业出现重复统计的原因及处理办法与投资方来源地的处理一致。另外，此处还需要说明的是，在本书的表 2-1-1、表 2-1-2、表 3-1-1、表 3-1-2 所示总计数据以及第四章绿地投资部分数据不存在重复统计问题，重复统计只出现在第二章、第三章分类别汇总表中。

**表 2-2-2 中国民营企业对外直接投资金额在不同投资来源地的分布及指数汇总表**

（单位：百万美元）

| 年份 | 环渤海地区 | | | | | | | | | | | |
|---|---|---|---|---|---|---|---|---|---|---|---|---|
| | 京津冀 | | | | 其他 | | | | 小计 | | | |
| | 金额 | 同比增长（%） | 占比（%） | 指数 | 金额 | 同比增长（%） | 占比（%） | 指数 | 金额 | 同比增长（%） | 占比（%） | 指数 |
| 2005 | 254.12 | — | 71.27 | 0.87 | 102.46 | — | 28.73 | 2.28 | 356.58 | — | 24.28 | 1.06 |
| 2006 | 1040.53 | 309.46 | 92.92 | 3.58 | 79.30 | -22.60 | 7.08 | 1.77 | 1119.83 | 214.05 | 16.79 | 3.34 |
| 2007 | 1251.85 | 20.31 | 64.66 | 4.31 | 684.08 | 762.65 | 35.34 | 15.24 | 1935.93 | 72.88 | 9.72 | 5.77 |
| 2008 | 3543.23 | 183.04 | 87.40 | 12.19 | 510.93 | -25.31 | 12.60 | 11.39 | 4054.16 | 109.42 | 27.83 | 12.08 |
| 2009 | 1024.27 | -71.09 | 44.83 | 3.52 | 1260.47 | 146.70 | 55.17 | 28.09 | 2284.74 | -43.64 | 45.61 | 6.81 |
| 2010 | 1747.82 | 70.64 | 55.23 | 6.01 | 1416.67 | 12.39 | 44.77 | 31.57 | 3164.49 | 38.51 | 13.03 | 9.43 |
| 2011 | 5264.22 | 201.19 | 74.43 | 18.10 | 1808.35 | 27.65 | 25.57 | 40.30 | 7072.57 | 123.50 | 25.89 | 21.07 |
| 2012 | 6885.33 | 30.79 | 82.07 | 23.68 | 1504.24 | -16.82 | 17.93 | 33.52 | 8389.57 | 18.62 | 47.32 | 25.00 |
| 2013 | 15237.07 | 121.30 | 91.07 | 52.40 | 1493.55 | -0.71 | 8.93 | 33.28 | 16730.62 | 99.42 | 39.56 | 49.85 |
| 2014 | 31914.55 | 109.45 | 75.45 | 109.76 | 10387.10 | 595.46 | 24.55 | 231.46 | 42301.66 | 152.84 | 41.26 | 126.03 |
| 2015 | 86085.39 | 169.74 | 92.24 | 296.06 | 7244.87 | -30.25 | 7.76 | 161.44 | 93330.26 | 120.63 | 45.99 | 278.06 |
| 2016 | 79797.46 | -7.30 | 87.96 | 274.43 | 10927.75 | 50.83 | 12.04 | 243.51 | 90725.21 | -2.79 | 40.39 | 270.30 |
| 2017 | 68381.34 | -14.31 | 86.69 | 235.17 | 10499.41 | -3.92 | 13.31 | 233.96 | 78880.75 | -13.06 | 42.69 | 235.01 |
| 2018 | 28308.72 | -58.60 | 74.41 | 97.36 | 9733.31 | -7.30 | 25.59 | 216.89 | 38042.03 | -51.77 | 26.05 | 113.34 |
| 2019 | 41868.49 | 47.90 | 83.27 | 143.99 | 8413.85 | -13.56 | 16.73 | 187.49 | 50282.34 | 32.18 | 45.64 | 149.81 |
| 2020 | 6932.26 | -83.44 | 34.48 | 23.84 | 13170.70 | 56.54 | 65.52 | 293.49 | 20102.96 | -60.02 | 18.29 | 59.89 |
| 2021 | 22142.99 | 219.42 | 79.84 | 76.15 | 5592.19 | -57.54 | 20.16 | 124.61 | 27735.18 | 37.97 | 30.27 | 82.63 |
| 合计 | 401679.65 | — | 82.56 | — | 84829.24 | — | 17.44 | — | 486508.88 | — | 36.53 | — |
| 2011—2015年均值 | 29077.31 | — | — | 100.00 | 4487.62 | — | — | 100.00 | 33564.94 | — | — | 100.00 |

续表

| 年份 | 长三角地区 | | | | | | | | | | | |
|---|---|---|---|---|---|---|---|---|---|---|---|---|
| | 上海 | | | | 其他 | | | | 小计 | | | |
| | 金额 | 同比增长(%) | 占比(%) | 指数 | 金额 | 同比增长(%) | 占比(%) | 指数 | 金额 | 同比增长(%) | 占比(%) | 指数 |
| 2005 | 56.10 | — | 37.32 | 0.64 | 94.22 | — | 62.68 | 0.70 | 150.32 | — | 10.24 | 0.68 |
| 2006 | 228.05 | 306.51 | 34.22 | 2.62 | 438.29 | 365.18 | 65.78 | 3.27 | 666.34 | 343.28 | 9.99 | 3.02 |
| 2007 | 906.14 | 297.34 | 31.30 | 10.41 | 1988.42 | 353.68 | 68.70 | 14.85 | 2894.56 | 334.40 | 14.54 | 13.10 |
| 2008 | 705.31 | -22.16 | 27.62 | 8.11 | 1848.25 | -7.05 | 72.38 | 13.80 | 2553.56 | -11.78 | 17.53 | 11.56 |
| 2009 | 143.81 | -79.61 | 15.19 | 1.65 | 802.64 | -56.57 | 84.81 | 6.00 | 946.45 | -62.94 | 18.89 | 4.28 |
| 2010 | 332.48 | 131.19 | 9.29 | 3.82 | 3244.96 | 304.29 | 90.71 | 24.24 | 3577.44 | 277.98 | 14.73 | 16.20 |
| 2011 | 2713.78 | 716.22 | 26.23 | 31.19 | 7633.99 | 135.26 | 73.77 | 57.02 | 10347.77 | 189.25 | 37.87 | 46.85 |
| 2012 | 850.02 | -68.68 | 19.37 | 9.77 | 3538.78 | -53.64 | 80.63 | 26.43 | 4388.80 | -57.59 | 24.75 | 19.87 |
| 2013 | 9062.13 | 966.11 | 61.38 | 104.16 | 5702.44 | 61.14 | 38.62 | 42.59 | 14764.56 | 236.41 | 34.91 | 66.84 |
| 2014 | 12323.14 | 35.99 | 64.42 | 141.64 | 6805.04 | 19.34 | 35.58 | 50.83 | 19128.18 | 29.55 | 18.66 | 86.60 |
| 2015 | 18553.02 | 50.55 | 30.01 | 213.24 | 43261.19 | 535.72 | 69.99 | 323.13 | 61814.21 | 223.16 | 30.46 | 279.85 |
| 2016 | 37020.48 | 99.54 | 54.31 | 425.50 | 31143.83 | -28.01 | 45.69 | 232.62 | 68164.31 | 10.27 | 30.35 | 308.59 |
| 2017 | 33618.14 | -9.19 | 59.13 | 386.40 | 23232.92 | -25.40 | 40.87 | 173.53 | 56851.06 | -16.60 | 30.77 | 257.38 |
| 2018 | 25122.71 | -25.27 | 42.07 | 288.75 | 34592.99 | 48.90 | 57.93 | 258.38 | 59715.70 | 5.04 | 40.89 | 270.34 |
| 2019 | 16722.03 | -33.44 | 56.98 | 192.20 | 12626.65 | -63.50 | 43.02 | 94.31 | 29348.67 | -50.85 | 26.64 | 132.87 |
| 2020 | 6236.40 | -62.71 | 10.18 | 71.68 | 55041.86 | 335.92 | 89.82 | 411.12 | 61278.26 | 108.79 | 55.74 | 277.42 |
| 2021 | 9385.89 | 50.50 | 31.62 | 107.88 | 20301.03 | -63.12 | 68.38 | 151.63 | 29686.92 | -51.55 | 32.40 | 134.40 |
| 合计 | 173979.63 | — | 40.81 | — | 252297.49 | — | 59.19 | — | 426277.11 | — | 32.01 | — |
| 2011—2015年均值 | 8700.42 | — | — | 100.00 | 13388.29 | — | — | 100.00 | 22088.70 | — | — | 100.00 |

| 年份 | 珠三角地区 | | | | | | | | | | | |
|---|---|---|---|---|---|---|---|---|---|---|---|---|
| | 广东 | | | | 其他 | | | | 小计 | | | |
| | 金额 | 同比增长(%) | 占比(%) | 指数 | 金额 | 同比增长(%) | 占比(%) | 指数 | 金额 | 同比增长(%) | 占比(%) | 指数 |
| 2005 | 333.31 | — | 99.70 | 3.59 | 1.00 | — | 0.30 | 0.01 | 334.31 | — | 22.77 | 2.01 |
| 2006 | 4408.63 | 1222.68 | 98.23 | 47.47 | 79.30 | 7830.00 | 1.77 | 1.07 | 4487.93 | 1242.45 | 67.29 | 26.92 |

续表

| 年份 | 珠三角地区 | | | | | | | | | | | |
|---|---|---|---|---|---|---|---|---|---|---|---|---|
| | 广东 | | | | 其他 | | | | 小计 | | | |
| | 金额 | 同比增长（%） | 占比（%） | 指数 | 金额 | 同比增长（%） | 占比（%） | 指数 | 金额 | 同比增长（%） | 占比（%） | 指数 |
| 2007 | 14431.66 | 227.35 | 100.00 | 155.41 | 0.40 | -99.50 | 0.00 | 0.01 | 14432.06 | 221.57 | 72.49 | 86.56 |
| 2008 | 6047.47 | -58.10 | 95.18 | 65.12 | 306.15 | 76437.50 | 4.82 | 4.15 | 6353.62 | -55.98 | 43.62 | 38.11 |
| 2009 | 859.51 | -85.79 | 93.39 | 9.26 | 60.82 | -80.13 | 6.61 | 0.82 | 920.33 | -85.51 | 18.37 | 5.52 |
| 2010 | 16268.91 | 1792.81 | 99.37 | 175.19 | 102.50 | 68.53 | 0.63 | 1.39 | 16371.41 | 1678.86 | 67.40 | 98.20 |
| 2011 | 3395.69 | -79.13 | 40.86 | 36.57 | 4915.68 | 4695.79 | 59.14 | 66.55 | 8311.37 | -49.23 | 30.42 | 49.85 |
| 2012 | 1270.25 | -62.59 | 87.52 | 13.68 | 181.14 | -96.32 | 12.48 | 2.45 | 1451.39 | -82.54 | 8.19 | 8.71 |
| 2013 | 5772.34 | 354.43 | 59.75 | 62.16 | 3888.20 | 2046.52 | 40.25 | 52.64 | 9660.54 | 565.61 | 22.84 | 57.94 |
| 2014 | 8115.67 | 40.60 | 29.16 | 87.39 | 19716.41 | 407.08 | 70.84 | 266.94 | 27832.08 | 188.10 | 27.15 | 166.94 |
| 2015 | 27877.24 | 243.50 | 77.21 | 300.20 | 8228.31 | -58.27 | 22.79 | 111.40 | 36105.55 | 29.73 | 17.79 | 216.56 |
| 2016 | 20469.28 | -26.57 | 49.01 | 220.43 | 21297.58 | 158.83 | 50.99 | 288.35 | 41766.86 | 15.68 | 18.59 | 250.52 |
| 2017 | 15646.09 | -23.56 | 55.61 | 168.49 | 12489.50 | -41.36 | 44.39 | 169.10 | 28135.59 | -32.64 | 15.23 | 168.76 |
| 2018 | 24057.16 | 53.76 | 85.03 | 259.06 | 4235.82 | -66.08 | 14.97 | 57.35 | 28292.98 | 0.56 | 19.38 | 169.70 |
| 2019 | 19112.40 | -20.55 | 85.66 | 205.81 | 3199.69 | -24.46 | 14.34 | 43.32 | 22312.09 | -21.14 | 20.25 | 133.83 |
| 2020 | 18695.40 | -2.18 | 71.28 | 201.32 | 7531.16 | 135.37 | 28.72 | 101.97 | 26226.56 | 17.54 | 23.86 | 157.31 |
| 2021 | 26024.45 | 39.20 | 90.04 | 280.25 | 2878.23 | -61.78 | 9.96 | 38.97 | 28902.68 | 10.20 | 31.55 | 173.36 |
| 合计 | 212785.47 | — | 70.48 | — | 89111.89 | — | 29.52 | — | 301897.36 | — | 22.67 | — |
| 2011—2015年均值 | 9286.24 | — | — | 100.00 | 7385.95 | — | — | 100.00 | 16672.19 | — | — | 100.00 |

| 年份 | 中部地区 | | | | | | | | | | | |
|---|---|---|---|---|---|---|---|---|---|---|---|---|
| | 华北东北 | | | | 中原华中 | | | | 小计 | | | |
| | 金额 | 同比增长（%） | 占比（%） | 指数 | 金额 | 同比增长（%） | 占比（%） | 指数 | 金额 | 同比增长（%） | 占比（%） | 指数 |
| 2005 | 250.00 | — | 79.40 | 51.99 | 64.86 | — | 20.60 | 2.60 | 314.86 | — | 21.44 | 10.57 |
| 2006 | 6.70 | -97.32 | 4.90 | 1.39 | 130.00 | 100.43 | 95.10 | 5.20 | 136.70 | -56.58 | 2.05 | 4.59 |

续表

| 年份 | 中部地区 | | | | | | | | | | | |
|---|---|---|---|---|---|---|---|---|---|---|---|---|
| | 华北东北 | | | | 中原华中 | | | | 小计 | | | |
| | 金额 | 同比增长（%） | 占比（%） | 指数 | 金额 | 同比增长（%） | 占比（%） | 指数 | 金额 | 同比增长（%） | 占比（%） | 指数 |
| 2007 | 53.88 | 704.18 | 13.44 | 11.20 | 347.16 | 167.05 | 86.56 | 13.89 | 401.04 | 193.37 | 2.01 | 13.46 |
| 2008 | 36.31 | -32.61 | 10.14 | 7.55 | 321.76 | -7.32 | 89.86 | 12.88 | 358.07 | -10.71 | 2.46 | 12.02 |
| 2009 | 20.92 | -42.39 | 8.13 | 4.35 | 236.28 | -26.57 | 91.87 | 9.46 | 257.20 | -28.17 | 5.13 | 8.63 |
| 2010 | 46.67 | 123.09 | 6.64 | 9.70 | 656.05 | 177.65 | 93.36 | 26.25 | 702.72 | 173.22 | 2.89 | 23.58 |
| 2011 | 177.35 | 280.01 | 39.20 | 36.88 | 275.05 | -58.07 | 60.80 | 11.01 | 452.40 | -35.62 | 1.66 | 15.18 |
| 2012 | 725.00 | 308.80 | 56.94 | 150.76 | 548.38 | 99.37 | 43.06 | 21.94 | 1273.38 | 181.47 | 7.18 | 42.73 |
| 2013 | 257.03 | -64.55 | 34.66 | 53.45 | 484.51 | -11.65 | 65.34 | 19.39 | 741.55 | -41.77 | 1.75 | 24.89 |
| 2014 | 983.96 | 282.81 | 32.17 | 204.61 | 2074.49 | 328.16 | 67.83 | 83.01 | 3058.45 | 312.44 | 2.98 | 102.64 |
| 2015 | 261.17 | -73.46 | 2.79 | 54.31 | 9112.43 | 339.26 | 97.21 | 364.65 | 9373.60 | 206.48 | 4.62 | 314.56 |
| 2016 | 5500.08 | 2005.94 | 28.28 | 1143.70 | 13951.84 | 53.11 | 71.72 | 558.30 | 19451.92 | 107.52 | 8.66 | 652.78 |
| 2017 | 1654.68 | -69.92 | 11.15 | 344.08 | 13179.41 | -5.54 | 88.85 | 527.39 | 14834.09 | -23.74 | 8.03 | 497.81 |
| 2018 | 2007.29 | 21.31 | 21.30 | 417.40 | 7415.14 | -43.74 | 78.70 | 296.73 | 9422.43 | -36.48 | 6.45 | 316.20 |
| 2019 | 2134.85 | 6.35 | 41.67 | 443.93 | 2988.24 | -59.70 | 58.33 | 119.58 | 5123.09 | -45.63 | 4.65 | 171.92 |
| 2020 | 320.96 | -84.97 | 22.91 | 66.74 | 1079.92 | -63.86 | 77.09 | 43.21 | 1400.88 | -72.66 | 1.27 | 47.01 |
| 2021 | 812.22 | 153.06 | 20.12 | 168.89 | 3224.59 | 198.60 | 79.88 | 129.04 | 4036.81 | 188.16 | 4.41 | 135.47 |
| 合计 | 15249.08 | — | 21.38 | — | 56090.12 | — | 78.62 | — | 71339.20 | — | 5.36 | — |
| 2011—2015年均值 | 480.90 | — | — | 100.00 | 2498.97 | — | — | 100.00 | 2979.88 | — | — | 100.00 |

| 年份 | 西部地区 | | | | | | | | | | | |
|---|---|---|---|---|---|---|---|---|---|---|---|---|
| | 西北 | | | | 西南 | | | | 小计 | | | |
| | 金额 | 同比增长（%） | 占比（%） | 指数 | 金额 | 同比增长（%） | 占比（%） | 指数 | 金额 | 同比增长（%） | 占比（%） | 指数 |
| 2005 | 298.89 | — | 95.71 | 86.91 | 13.39 | — | 4.29 | 0.46 | 312.28 | — | 21.27 | 9.60 |
| 2006 | 185.80 | -37.84 | 71.75 | 54.02 | 73.14 | 446.23 | 28.25 | 2.51 | 258.94 | -17.08 | 3.88 | 7.96 |
| 2007 | 0.00 | -100.00 | 0.00 | 0.00 | 245.02 | 235.00 | 100.00 | 8.42 | 245.02 | -5.38 | 1.23 | 7.53 |

续表

| 年份 | 西部地区 | | | | | | | | | | | |
|---|---|---|---|---|---|---|---|---|---|---|---|---|
| | 西北 | | | | 西南 | | | | 小计 | | | |
| | 金额 | 同比增长（%） | 占比（%） | 指数 | 金额 | 同比增长（%） | 占比（%） | 指数 | 金额 | 同比增长（%） | 占比（%） | 指数 |
| 2008 | 17.40 | — | 1.40 | 5.06 | 1228.96 | 401.58 | 98.60 | 42.25 | 1246.36 | 408.68 | 8.56 | 38.32 |
| 2009 | 158.42 | 810.46 | 26.38 | 46.06 | 442.17 | -64.02 | 73.62 | 15.20 | 600.59 | -51.81 | 11.99 | 18.46 |
| 2010 | 0.00 | -100.00 | 0.00 | 0.00 | 473.63 | 7.11 | 100.00 | 16.28 | 473.63 | -21.14 | 1.95 | 14.56 |
| 2011 | 449.47 | — | 39.51 | 130.69 | 688.10 | 45.28 | 60.49 | 23.66 | 1137.57 | 140.18 | 4.16 | 34.97 |
| 2012 | 120.63 | -73.16 | 5.42 | 35.08 | 2105.89 | 206.04 | 94.58 | 72.40 | 2226.52 | 95.73 | 12.56 | 68.45 |
| 2013 | 78.34 | -35.06 | 20.02 | 22.78 | 312.90 | -85.14 | 79.98 | 10.76 | 391.24 | -82.43 | 0.93 | 12.03 |
| 2014 | 151.43 | 93.30 | 1.48 | 44.03 | 10053.99 | 3113.19 | 98.52 | 345.63 | 10205.42 | 2508.49 | 9.95 | 313.74 |
| 2015 | 919.73 | 507.36 | 39.93 | 267.43 | 1383.40 | -86.24 | 60.07 | 47.56 | 2303.13 | -77.43 | 1.13 | 70.81 |
| 2016 | 1164.87 | 26.65 | 25.85 | 338.70 | 3341.46 | 141.54 | 74.15 | 114.87 | 4506.33 | 95.66 | 2.01 | 138.54 |
| 2017 | 939.56 | -19.34 | 15.45 | 273.19 | 5139.82 | 53.82 | 84.55 | 176.70 | 6079.38 | 34.91 | 3.29 | 186.90 |
| 2018 | 4118.35 | 338.33 | 39.03 | 1197.47 | 6432.06 | 25.14 | 60.97 | 221.12 | 10550.41 | 73.54 | 7.23 | 324.35 |
| 2019 | 2721.45 | -33.92 | 87.95 | 791.30 | 373.04 | -94.20 | 12.05 | 12.82 | 3094.49 | -70.67 | 2.81 | 95.13 |
| 2020 | 223.19 | -91.80 | 24.06 | 64.90 | 704.49 | 88.85 | 75.94 | 24.22 | 927.68 | -70.02 | 0.84 | 28.52 |
| 2021 | 612.00 | 174.21 | 48.93 | 177.95 | 638.75 | -9.33 | 51.07 | 21.96 | 1250.75 | 34.83 | 1.37 | 38.45 |
| 合计 | 12159.53 | — | 26.54 | — | 33650.21 | — | 73.46 | — | 45809.74 | — | 3.44 | — |
| 2011—2015年均值 | 343.92 | — | — | 100.00 | 2908.86 | — | — | 100.00 | 3252.78 | — | — | 100.00 |

| 年份 | 总计 | | | |
|---|---|---|---|---|
| | 金额 | 同比增长（%） | 占比（%） | 指数 |
| 2005 | 1468.35 | — | 100.00 | 1.87 |
| 2006 | 6669.74 | 354.23 | 100.00 | 8.49 |
| 2007 | 19908.61 | 198.49 | 100.00 | 25.34 |
| 2008 | 14565.76 | -26.84 | 100.00 | 18.54 |
| 2009 | 5009.32 | -65.61 | 100.00 | 6.38 |
| 2010 | 24289.69 | 384.89 | 100.00 | 30.92 |

续表

<table>
<tr><th rowspan="2">年份</th><th colspan="4">总计</th></tr>
<tr><th>金额</th><th>同比增长（%）</th><th>占比（%）</th><th>指数</th></tr>
<tr><td>2011</td><td>27321.68</td><td>12.48</td><td>100.00</td><td>34.78</td></tr>
<tr><td>2012</td><td>17729.66</td><td>-35.11</td><td>100.00</td><td>22.57</td></tr>
<tr><td>2013</td><td>42288.52</td><td>138.52</td><td>100.00</td><td>53.83</td></tr>
<tr><td>2014</td><td>102525.79</td><td>142.44</td><td>100.00</td><td>130.51</td></tr>
<tr><td>2015</td><td>202926.75</td><td>97.93</td><td>100.00</td><td>258.31</td></tr>
<tr><td>2016</td><td>224614.63</td><td>10.69</td><td>100.00</td><td>285.92</td></tr>
<tr><td>2017</td><td>184780.87</td><td>-17.73</td><td>100.00</td><td>235.21</td></tr>
<tr><td>2018</td><td>146023.55</td><td>-20.97</td><td>100.00</td><td>185.88</td></tr>
<tr><td>2019</td><td>110160.69</td><td>-24.56</td><td>100.00</td><td>140.23</td></tr>
<tr><td>2020</td><td>109936.34</td><td>-0.20</td><td>100.00</td><td>139.94</td></tr>
<tr><td>2021</td><td>91612.34</td><td>-16.67</td><td>100.00</td><td>116.62</td></tr>
<tr><td>合计</td><td>1331832.29</td><td>—</td><td>100.00</td><td>1695.34</td></tr>
<tr><td>2011—2015年均值</td><td>78558.48</td><td>—</td><td>—</td><td>—</td></tr>
</table>

注：此处存在重复统计问题，故总计部分与表2-1-1、表2-1-2所示不一致，重复统计的处理方式与投资项目数量的处理一致，详见表2-2-1脚注。

对应以上数据表格，将其制成如下折线图。

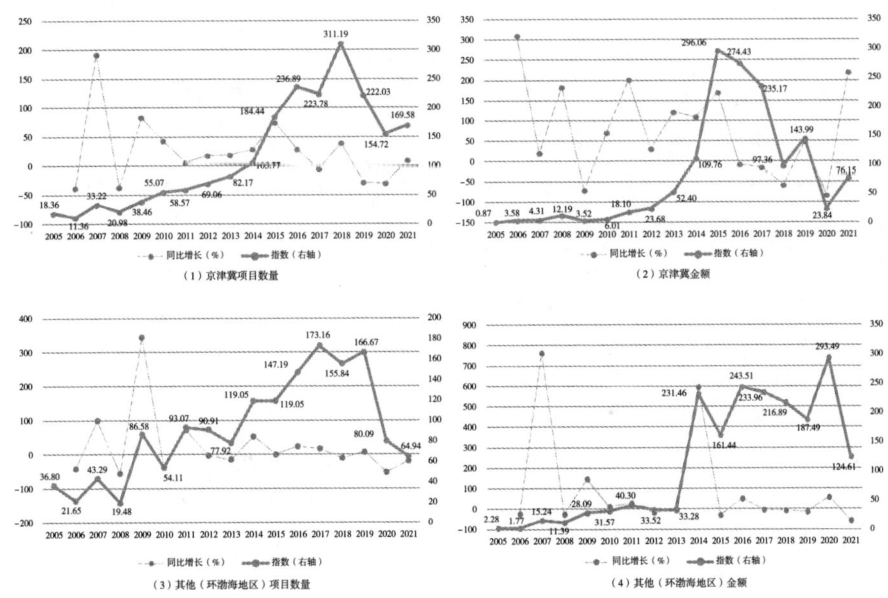


（1）京津冀项目数量

（2）京津冀金额

（3）其他（环渤海地区）项目数量

（4）其他（环渤海地区）金额

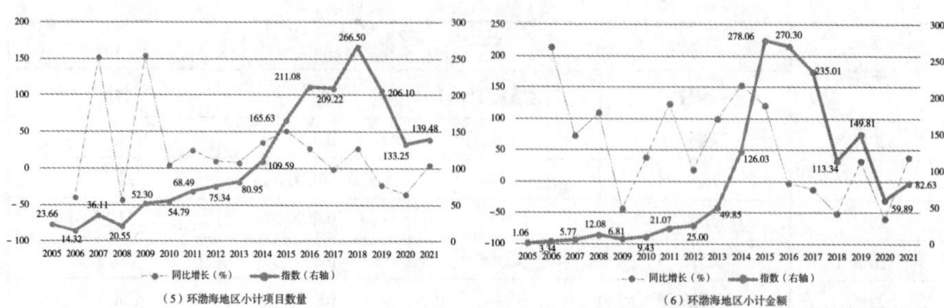


**图 2-2-1 2005—2021 年环渤海地区民营企业对外直接投资项目数量指数和金额指数变化图**

如 2005—2021 年中国民营企业 OFDI 数量来源地别图表所示：来自珠三角地区的广东的 OFDI 数量在 2016 年出现最显著的增长，从 143 件增长到 264 件；来自环渤海地区中的京津冀的 OFDI 在 2008 年至 2016 年实现了民营企业对外直接投资项目数量连续 7 年的增长。总体来看，来自长三角地区的民营企业对外直接投资数量集中来自其他地区，2005 年至 2021 年的平均占比为 61.16%；来自珠三角地区的民营企业对外直接投资数量集中来自广东地区，2005 年至 2021 年的平均占比为 83.66%。

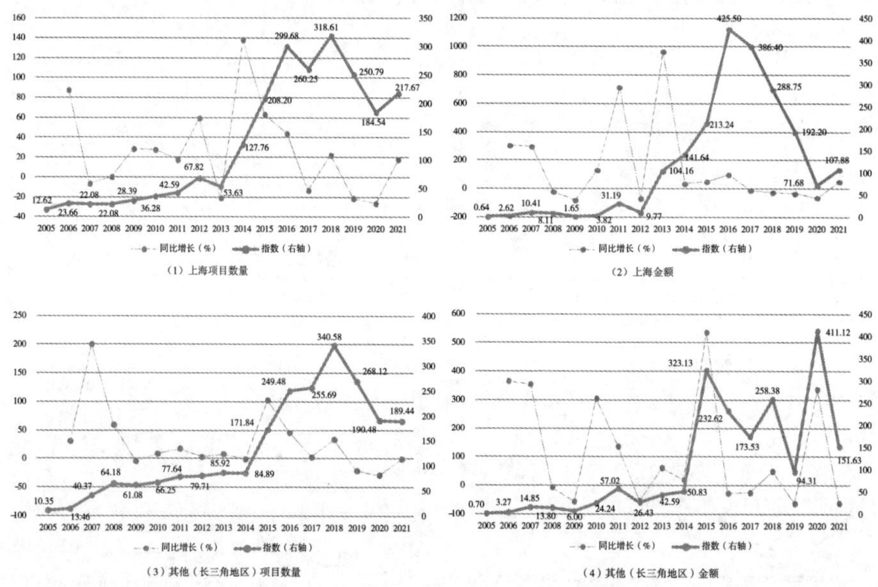

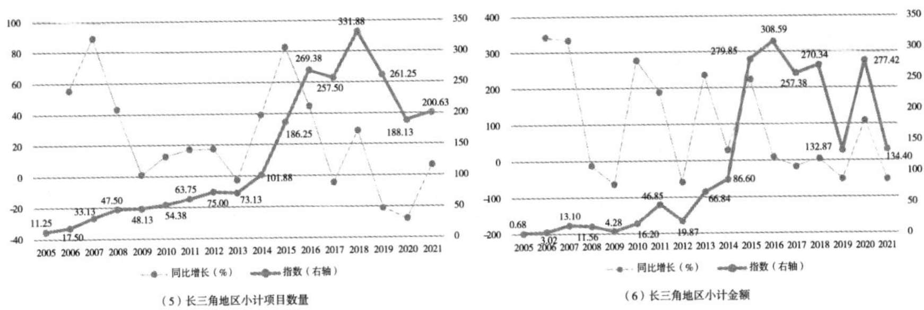


**图 2-2-2　2005—2021 年长三角地区民营企业对外直接投资项目数量指数和金额指数变化图**

同比增长（%）　指数（右轴）

（1）广东项目数量

（2）广东金额

（3）其他（珠三角地区）项目数量

（4）其他（珠三角地区）金额

（5）珠三角地区小计项目数量

（6）珠三角地区小计金额

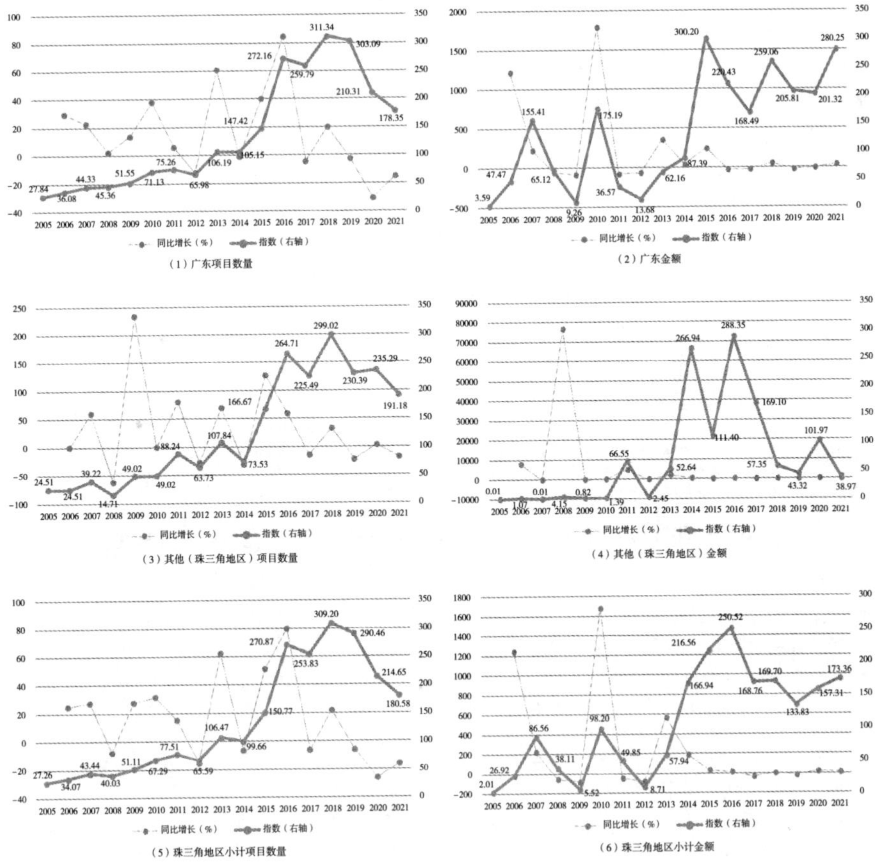

**图 2-2-3　2005—2021 年珠三角地区民营企业对外直接投资项目数量指数和金额指数变化图**

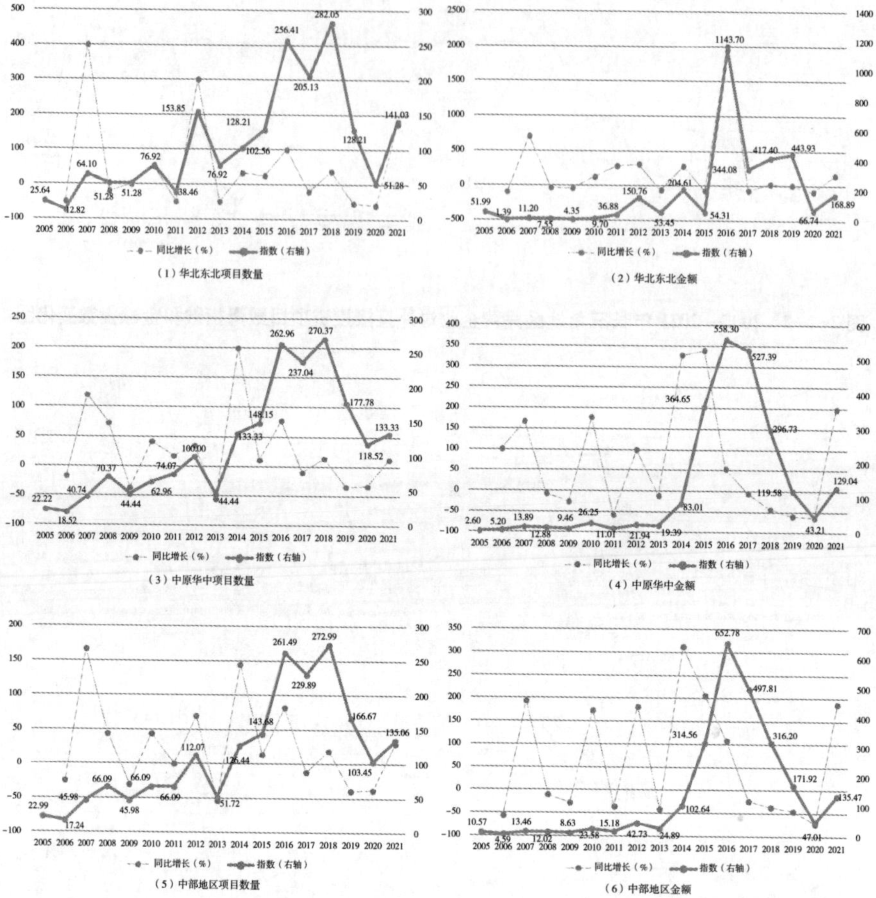

（1）华北东北项目数量

（2）华北东北金额

（3）中原华中项目数量

（4）中原华中金额

（5）中部地区项目数量

（6）中部地区金额

**图 2-2-4　2005—2021 年中部地区民营企业对外直接投资项目数量指数和金额指数变化图**

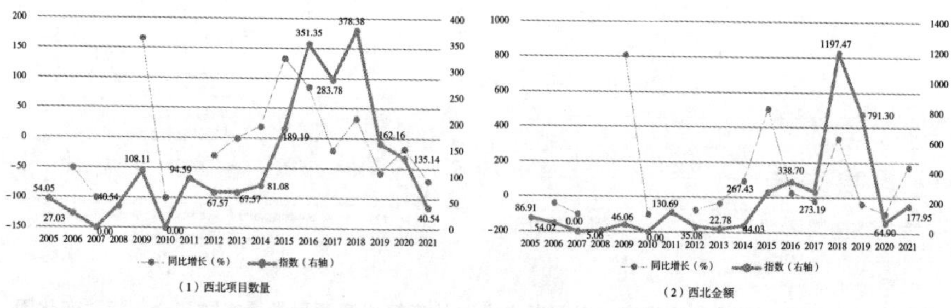


（1）西北项目数量

（2）西北金额

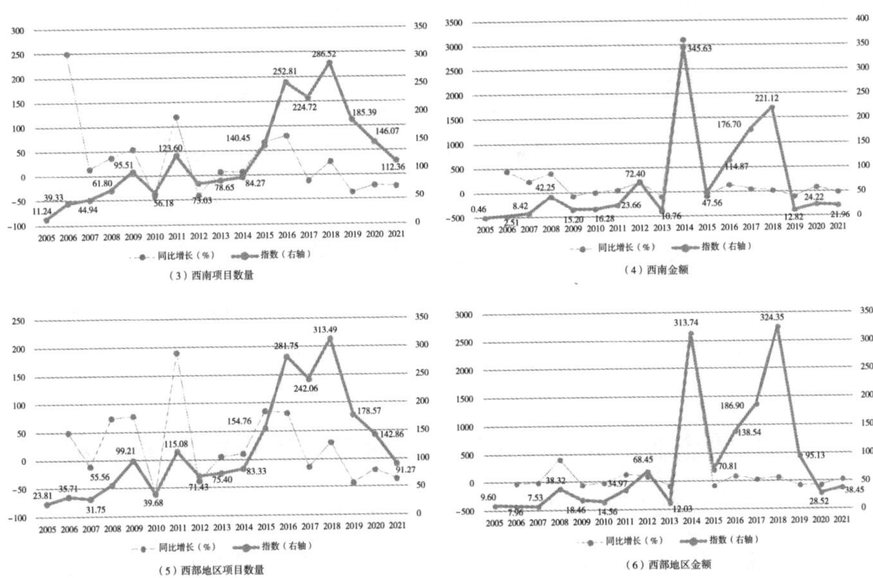


**图 2-2-5　2005—2021 年西部地区民营企业对外直接投资项目数量指数和金额指数变化图**

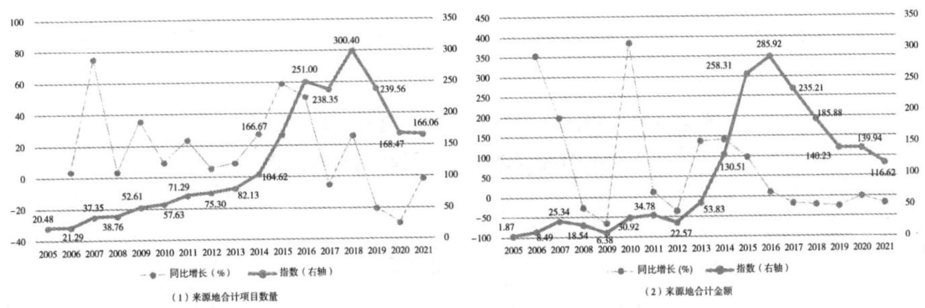


**图 2-2-6　2005—2021 年来源地民营企业对外直接投资项目数量指数和金额指数变化图**

从 2005—2021 年中国民营企业 OFDI 金额来源地别图表可以看出：在 2005 年至 2021 年，来自珠三角地区中的广东的 OFDI 项目金额增长最为显著，从 2005 年的 3. 33 亿美元增加到 260. 24 亿美元，复合增长率为年均 31. 31%；来自环渤海地区的京津冀的 OFDI 金额在 2015 年出现显著的增长，从 319. 15 亿美元增长到 860. 85 亿美元。总体来看，来自环渤海地区的民营企业对外直接投资金额集中来自京津冀地区，2005 年至 2021 年的平均占比为 82. 56%；来自珠三角地区的民营企业对外直接投资金额集中来自广东地区，2005 年至 2021 年的平均占比为 70.48%。

## 第三节 民营企业对外直接投资标的国（地区）别指数

本节对中国民营企业对外直接投资项目数量与金额规模按照投资标的国（地区）进行划分，其中根据标的国（地区）的经济发展水平不同，将标的国（地区）分为发达经济体、发展中经济体和转型经济体三大类型。

### 一、民营企业对外直接投资项目数量在不同经济体的分布

根据 2005—2021 年中国民营企业 OFDI 数量表显示，从 OFDI 项目数量看，在 2005 年至 2021 年间，我国民营企业对外直接投资活动主要集中在发达经济体，累计对外直接投资项目数量为 9333 件，占比 78.02%；其次是发展中经济体，累计对外直接投资项目数量为 2259 件，占比 18.88%；再次是转型经济体，累计对外直接投资项目数量为 370 件，占比 3.09%。

**表 2-3-1 中国民营企业对外直接投资项目数量在不同经济体的分布及其指数汇总表**

（单位：件）

| 年份 | 发达经济体 | | | | | | | |
|---|---|---|---|---|---|---|---|---|
| | 欧洲 | | | | 北美洲 | | | |
| | 项目数 | 同比增长（%） | 占比（%） | 指数 | 项目数 | 同比增长（%） | 占比（%） | 指数 |
| 2005 | 38 | — | 35.51 | 25.50 | 11 | — | 10.28 | 10.74 |
| 2006 | 22 | -42.11 | 18.18 | 14.77 | 23 | 109.09 | 19.01 | 22.46 |
| 2007 | 59 | 168.18 | 31.55 | 39.60 | 34 | 47.83 | 18.18 | 33.20 |
| 2008 | 68 | 15.25 | 25.56 | 45.64 | 26 | -23.53 | 9.77 | 25.39 |
| 2009 | 101 | 48.53 | 34.71 | 67.79 | 39 | 50.00 | 13.40 | 38.09 |
| 2010 | 102 | 0.99 | 30.36 | 68.46 | 43 | 10.26 | 12.80 | 41.99 |
| 2011 | 133 | 30.39 | 35.85 | 89.26 | 60 | 39.53 | 16.17 | 58.59 |

续表

| 年份 | 发达经济体 | | | | | | | |
|---|---|---|---|---|---|---|---|---|
| | 欧洲 | | | | 北美洲 | | | |
| | 项目数 | 同比增长（%） | 占比（%） | 指数 | 项目数 | 同比增长（%） | 占比（%） | 指数 |
| 2012 | 149 | 12.03 | 38.90 | 100.00 | 62 | 3.33 | 16.19 | 60.55 |
| 2013 | 142 | -4.70 | 33.73 | 95.30 | 77 | 24.19 | 18.29 | 75.20 |
| 2014 | 143 | 0.70 | 28.43 | 95.97 | 142 | 84.42 | 28.23 | 138.67 |
| 2015 | 178 | 24.48 | 24.59 | 119.46 | 171 | 20.42 | 23.62 | 166.99 |
| 2016 | 273 | 53.37 | 25.47 | 183.22 | 261 | 52.63 | 24.35 | 254.88 |
| 2017 | 261 | -4.40 | 26.00 | 175.17 | 223 | -14.56 | 22.21 | 217.77 |
| 2018 | 296 | 13.41 | 24.69 | 198.66 | 272 | 21.97 | 22.69 | 265.63 |
| 2019 | 250 | -15.54 | 27.81 | 167.79 | 177 | -34.93 | 19.69 | 172.85 |
| 2020 | 173 | -30.80 | 24.20 | 116.11 | 153 | -13.56 | 21.40 | 149.41 |
| 2021 | 209 | 20.81 | 28.47 | 140.27 | 136 | -11.11 | 18.53 | 132.81 |
| 合计 | 2597 | — | 27.83 | — | 1910 | — | 20.47 | — |
| 2011—2015年均值 | 149 | — | — | 100.00 | 102.4 | — | — | 100.00 |

| 年份 | 发达经济体 | | | | | | | |
|---|---|---|---|---|---|---|---|---|
| | 其他发达经济体 | | | | 小计 | | | |
| | 项目数 | 同比增长（%） | 占比（%） | 指数 | 项目数 | 同比增长（%） | 占比（%） | 指数 |
| 2005 | 58 | — | 54.21 | 25.33 | 107 | — | 71.33 | 22.27 |
| 2006 | 76 | 31.03 | 62.81 | 33.19 | 121 | 13.08 | 71.18 | 25.19 |
| 2007 | 94 | 23.68 | 50.27 | 41.05 | 187 | 54.55 | 74.80 | 38.93 |
| 2008 | 172 | 82.98 | 64.66 | 75.11 | 266 | 42.25 | 78.47 | 55.37 |
| 2009 | 151 | -12.21 | 51.89 | 65.94 | 291 | 9.40 | 83.62 | 60.57 |
| 2010 | 191 | 26.49 | 56.85 | 83.41 | 336 | 15.46 | 84.00 | 69.94 |
| 2011 | 178 | -6.81 | 47.98 | 77.73 | 371 | 10.42 | 82.26 | 77.23 |
| 2012 | 172 | -3.37 | 44.91 | 75.11 | 383 | 3.23 | 81.66 | 79.73 |
| 2013 | 202 | 17.44 | 47.98 | 88.21 | 421 | 9.92 | 86.98 | 87.64 |

续表

| 年份 | 发达经济体 | | | | | | | |
|---|---|---|---|---|---|---|---|---|
| | 其他发达经济体 | | | | 小计 | | | |
| | 项目数 | 同比增长（%） | 占比（%） | 指数 | 项目数 | 同比增长（%） | 占比（%） | 指数 |
| 2014 | 218 | 7.92 | 43.34 | 95.20 | 503 | 19.48 | 79.84 | 104.70 |
| 2015 | 375 | 72.02 | 51.80 | 163.76 | 724 | 43.94 | 78.10 | 150.71 |
| 2016 | 538 | 43.47 | 50.19 | 234.93 | 1072 | 48.07 | 79.64 | 223.15 |
| 2017 | 520 | -3.35 | 51.79 | 227.07 | 1004 | -6.34 | 78.87 | 208.99 |
| 2018 | 631 | 21.35 | 52.63 | 275.55 | 1199 | 19.42 | 75.22 | 249.58 |
| 2019 | 472 | -25.20 | 52.50 | 206.11 | 899 | -25.02 | 69.80 | 187.14 |
| 2020 | 389 | -17.58 | 54.41 | 169.87 | 715 | -20.47 | 78.14 | 148.83 |
| 2021 | 389 | 0.00 | 53.00 | 169.87 | 734 | 2.66 | 79.09 | 152.79 |
| 合计 | 4826 | — | 51.71 | — | 9333 | — | 78.02 | — |
| 2011—2015年均值 | 229 | — | — | 100.00 | 480.4 | — | — | 100.00 |

| 年份 | 发展中经济体 | | | | | | | |
|---|---|---|---|---|---|---|---|---|
| | 非洲 | | | | 亚洲 | | | |
| | 项目数 | 同比增长（%） | 占比（%） | 指数 | 项目数 | 同比增长（%） | 占比（%） | 指数 |
| 2005 | 4 | — | 13.33 | 28.17 | 21 | — | 70.00 | 37.50 |
| 2006 | 7 | 75.00 | 18.42 | 49.30 | 25 | 19.05 | 65.79 | 44.64 |
| 2007 | 10 | 42.86 | 17.86 | 70.42 | 33 | 32.00 | 58.93 | 58.93 |
| 2008 | 16 | 60.00 | 23.88 | 112.68 | 41 | 24.24 | 61.19 | 73.21 |
| 2009 | 8 | -50.00 | 20.00 | 56.34 | 24 | -41.46 | 60.00 | 42.86 |
| 2010 | 9 | 12.50 | 17.65 | 63.38 | 26 | 8.33 | 50.98 | 46.43 |
| 2011 | 8 | -11.11 | 12.90 | 56.34 | 34 | 30.77 | 54.84 | 60.71 |
| 2012 | 14 | 75.00 | 19.18 | 98.59 | 40 | 17.65 | 54.79 | 71.43 |
| 2013 | 8 | -42.86 | 16.67 | 56.34 | 28 | -30.00 | 58.33 | 50.00 |
| 2014 | 19 | 137.50 | 17.27 | 133.80 | 65 | 132.14 | 59.09 | 116.07 |

续表

| 年份 | 发展中经济体 | | | | | | | |
|---|---|---|---|---|---|---|---|---|
| | 非洲 | | | | 亚洲 | | | |
| | 项目数 | 同比增长（%） | 占比（%） | 指数 | 项目数 | 同比增长（%） | 占比（%） | 指数 |
| 2015 | 22 | 15.79 | 13.02 | 154.93 | 113 | 73.85 | 66.86 | 201.79 |
| 2016 | 46 | 109.09 | 19.25 | 323.94 | 154 | 36.28 | 64.44 | 275.00 |
| 2017 | 43 | -6.52 | 19.28 | 302.82 | 142 | -7.79 | 63.68 | 253.57 |
| 2018 | 62 | 44.19 | 17.97 | 436.62 | 228 | 60.56 | 66.09 | 407.14 |
| 2019 | 53 | -14.52 | 15.54 | 373.24 | 207 | -9.21 | 60.70 | 369.64 |
| 2020 | 31 | -41.51 | 16.94 | 218.31 | 115 | -44.44 | 62.84 | 205.36 |
| 2021 | 28 | -9.68 | 15.22 | 197.18 | 116 | 0.87 | 63.04 | 207.14 |
| 合计 | 388 | — | 17.18 | — | 1412 | — | 62.51 | — |
| 2011—2015年均值 | 14.2 | — | — | 100.00 | 56 | — | — | 100.00 |

| 年份 | 发展中经济体 | | | | | | | | | | | |
|---|---|---|---|---|---|---|---|---|---|---|---|---|
| | 拉丁美洲和加勒比海地区 | | | | 大洋洲 | | | | 小计 | | | |
| | 项目数 | 同比增长（%） | 占比（%） | 指数 | 项目数 | 同比增长（%） | 占比（%） | 指数 | 项目数 | 同比增长（%） | 占比（%） | 指数 |
| 2005 | 4 | — | 13.33 | 19.05 | 1 | — | 3.33 | 83.33 | 30 | — | 20.00 | 32.47 |
| 2006 | 6 | 50.00 | 15.79 | 28.57 | 0 | -100.00 | 0.00 | 0.00 | 38 | 26.67 | 22.35 | 41.13 |
| 2007 | 12 | 100.00 | 21.43 | 57.14 | 1 | — | 1.79 | 83.33 | 56 | 47.37 | 22.40 | 60.61 |
| 2008 | 10 | -16.67 | 14.93 | 47.62 | 0 | -100.00 | 0.00 | 0.00 | 67 | 19.64 | 19.76 | 72.51 |
| 2009 | 8 | -20.00 | 20.00 | 38.10 | 0 | — | 0.00 | 0.00 | 40 | -40.30 | 11.49 | 43.29 |
| 2010 | 13 | 62.50 | 25.49 | 61.90 | 3 | — | 5.88 | 250.00 | 51 | 27.50 | 12.75 | 55.19 |
| 2011 | 20 | 53.85 | 32.26 | 95.24 | 0 | -100.00 | 0.00 | 0.00 | 62 | 21.57 | 13.75 | 67.10 |
| 2012 | 16 | -20.00 | 21.92 | 76.19 | 3 | — | 4.11 | 250.00 | 73 | 17.74 | 15.57 | 79.00 |
| 2013 | 12 | -25.00 | 25.00 | 57.14 | 0 | -100.00 | 0.00 | 0.00 | 48 | -34.25 | 9.92 | 51.95 |
| 2014 | 25 | 108.33 | 22.73 | 119.05 | 1 | — | 0.91 | 83.33 | 110 | 129.17 | 17.46 | 119.05 |

续表

| 年份 | 发展中经济体 | | | | | | | | | | | |
|---|---|---|---|---|---|---|---|---|---|---|---|---|
| | 拉丁美洲和加勒比海地区 | | | | 大洋洲 | | | | 小计 | | | |
| | 项目数 | 同比增长（%） | 占比（%） | 指数 | 项目数 | 同比增长（%） | 占比（%） | 指数 | 项目数 | 同比增长（%） | 占比（%） | 指数 |
| 2015 | 32 | 28.00 | 18.93 | 152.38 | 2 | 100.00 | 1.18 | 166.67 | 169 | 53.64 | 18.23 | 182.90 |
| 2016 | 36 | 12.50 | 15.06 | 171.43 | 3 | 50.00 | 1.26 | 250.00 | 239 | 41.42 | 17.76 | 258.66 |
| 2017 | 35 | -2.78 | 15.70 | 166.67 | 3 | 0.00 | 1.35 | 250.00 | 223 | -6.69 | 17.52 | 241.34 |
| 2018 | 50 | 42.86 | 14.49 | 238.10 | 5 | 66.67 | 1.45 | 416.67 | 345 | 54.71 | 21.64 | 373.38 |
| 2019 | 81 | 62.00 | 23.75 | 385.71 | 0 | -100.00 | 0.00 | 0.00 | 341 | -1.16 | 26.48 | 369.05 |
| 2020 | 31 | -61.73 | 16.94 | 147.62 | 6 | — | 3.28 | 500.00 | 183 | -46.33 | 20.00 | 198.05 |
| 2021 | 38 | 22.58 | 20.65 | 180.95 | 2 | -66.67 | 1.09 | 166.67 | 184 | 0.55 | 19.83 | 199.13 |
| 合计 | 429 | — | 18.99 | — | 30 | — | 1.33 | — | 2259 | — | 18.88 | — |
| 2011—2015年均值 | 21 | — | — | 100.00 | 1.2 | — | — | 100.00 | 92.4 | — | — | 100.00 |

| 年份 | 转型经济体 | | | | | | | | | | | |
|---|---|---|---|---|---|---|---|---|---|---|---|---|
| | 东南欧 | | | | 独联体国家 | | | | 小计 | | | |
| | 项目数 | 同比增长（%） | 占比（%） | 指数 | 项目数 | 同比增长（%） | 占比（%） | 指数 | 项目数 | 同比增长（%） | 占比（%） | 指数 |
| 2005 | 0 | — | 0.00 | 0.00 | 13 | — | 100.00 | 72.22 | 13 | — | 8.67 | 67.01 |
| 2006 | 0 | — | 0.00 | 0.00 | 11 | -15.38 | 100.00 | 61.11 | 11 | -15.38 | 6.47 | 56.70 |
| 2007 | 0 | — | 0.00 | 0.00 | 7 | -36.36 | 100.00 | 38.89 | 7 | -36.36 | 2.80 | 36.08 |
| 2008 | 0 | — | 0.00 | 0.00 | 6 | -14.29 | 100.00 | 33.33 | 6 | -14.29 | 1.77 | 30.93 |
| 2009 | 2 | — | 11.76 | 142.86 | 15 | 150.00 | 88.24 | 83.33 | 17 | 183.33 | 4.89 | 87.63 |
| 2010 | 1 | -50.00 | 7.69 | 71.43 | 12 | -20.00 | 92.31 | 66.67 | 13 | -23.53 | 3.25 | 67.01 |
| 2011 | 1 | 0.00 | 5.56 | 71.43 | 17 | 41.67 | 94.44 | 94.44 | 18 | 38.46 | 3.99 | 92.78 |
| 2012 | 1 | 0.00 | 7.69 | 71.43 | 12 | -29.41 | 92.31 | 66.67 | 13 | -27.78 | 2.77 | 67.01 |
| 2013 | 1 | 0.00 | 6.67 | 71.43 | 14 | 16.67 | 93.33 | 77.78 | 15 | 15.38 | 3.10 | 77.32 |

续表

| 年份 | 转型经济体 | | | | | | | | | | | |
|---|---|---|---|---|---|---|---|---|---|---|---|---|
| | 东南欧 | | | | 独联体国家 | | | | 小计 | | | |
| | 项目数 | 同比增长（%） | 占比（%） | 指数 | 项目数 | 同比增长（%） | 占比（%） | 指数 | 项目数 | 同比增长（%） | 占比（%） | 指数 |
| 2014 | 3 | 200.00 | 17.65 | 214.29 | 14 | 0.00 | 82.35 | 77.78 | 17 | 13.33 | 2.70 | 87.63 |
| 2015 | 1 | -66.67 | 2.94 | 71.43 | 33 | 135.71 | 97.06 | 183.33 | 34 | 100.00 | 3.67 | 175.26 |
| 2016 | 2 | 100.00 | 5.71 | 142.86 | 33 | 0.00 | 94.29 | 183.33 | 35 | 2.94 | 2.60 | 180.41 |
| 2017 | 4 | 100.00 | 8.70 | 285.71 | 42 | 27.27 | 91.30 | 233.33 | 46 | 31.43 | 3.61 | 237.11 |
| 2018 | 5 | 25.00 | 10.00 | 357.14 | 45 | 7.14 | 90.00 | 250.00 | 50 | 8.70 | 3.14 | 257.73 |
| 2019 | 13 | 160.00 | 27.08 | 928.57 | 35 | -22.22 | 72.92 | 194.44 | 48 | -4.00 | 3.73 | 247.42 |
| 2020 | 1 | -92.31 | 5.88 | 71.43 | 16 | -54.29 | 94.12 | 88.89 | 17 | -64.58 | 1.86 | 87.63 |
| 2021 | 1 | 0.00 | 10.00 | 71.43 | 9 | -43.75 | 90.00 | 50.00 | 10 | -41.18 | 1.08 | 51.55 |
| 合计 | 36 | — | 9.73 | — | 334 | — | 90.27 | — | 370 | — | 3.09 | — |
| 2011—2015年均值 | 1.4 | — | — | 100.00 | 18 | — | — | 100.00 | 19.4 | — | — | 100.00 |

| 年份 | 总计 | | | |
|---|---|---|---|---|
| | 项目数 | 同比增长（%） | 占比（%） | 指数 |
| 2005 | 150 | — | 100.00 | 25.33 |
| 2006 | 170 | 13.33 | 100.00 | 28.71 |
| 2007 | 250 | 47.06 | 100.00 | 42.22 |
| 2008 | 339 | 35.60 | 100.00 | 57.24 |
| 2009 | 348 | 2.65 | 100.00 | 58.76 |
| 2010 | 400 | 14.94 | 100.00 | 67.54 |
| 2011 | 451 | 12.75 | 100.00 | 76.16 |
| 2012 | 469 | 3.99 | 100.00 | 79.20 |
| 2013 | 484 | 3.20 | 100.00 | 81.73 |
| 2014 | 630 | 30.17 | 100.00 | 106.38 |

续表

| 年份 | 总计 | | | |
|---|---|---|---|---|
| | 项目数 | 同比增长（%） | 占比（%） | 指数 |
| 2015 | 927 | 47.14 | 100.00 | 156.53 |
| 2016 | 1346 | 45.20 | 100.00 | 227.29 |
| 2017 | 1273 | -5.42 | 100.00 | 214.96 |
| 2018 | 1594 | 25.22 | 100.00 | 269.17 |
| 2019 | 1288 | -19.20 | 100.00 | 217.49 |
| 2020 | 915 | -28.96 | 100.00 | 154.51 |
| 2021 | 928 | 1.42 | 100.00 | 156.70 |
| 合计 | 11962 | — | — | 2019.92 |
| 2011—2015年均值 | 592.2 | — | — | — |

注：此处存在重复统计问题，故总计部分与表2-1-1、表2-1-2所示不一致，重复统计的处理方式与投资来源地部分的处理一致，详见表2-2-1脚注。

## 二、民营企业对外直接投资金额在不同经济体的分布

如2005—2021年中国民营企业OFDI金额表所示，为了进一步明晰我国民营企业对外直接投资活动的来源地特征，本书将对外直接投资活动标的国（地区）分为发达经济体、发展中经济体、转型经济体。按照OFDI项目金额累积量排名，我国民营企业对外直接投资活动主要集中在发达经济体，累计对外直接投资项目金额为11856.73亿美元，占比77.84%；排在第二是发展中经济体，累计对外直接投资项目金额为2804.33亿美元，占比18.41%；排在第三的是转型经济体，累计对外直接投资项目金额为571.26亿美元，占比3.75%。

**表 2-3-2　中国民营企业对外直接投资金额在不同经济体的分布及其指数汇总表**

（单位：百万美元）

| 年份 | 发达经济体 | | | | | | | |
|---|---|---|---|---|---|---|---|---|
| | 欧洲 | | | | 北美洲 | | | |
| | 金额 | 同比增长（%） | 占比（%） | 指数 | 金额 | 同比增长（%） | 占比（%） | 指数 |
| 2005 | 990.78 | — | 41.05 | 2.79 | 29.25 | — | 1.21 | 0.20 |
| 2006 | 1347.50 | 36.00 | 26.43 | 3.79 | 2942.12 | 9958.53 | 57.70 | 20.42 |
| 2007 | 11719.51 | 769.72 | 73.84 | 32.98 | 2663.30 | -9.48 | 16.78 | 18.49 |
| 2008 | 8176.04 | -30.24 | 79.44 | 23.01 | 503.01 | -81.11 | 4.89 | 3.49 |
| 2009 | 724.89 | -91.13 | 18.59 | 2.04 | 718.73 | 42.89 | 18.43 | 4.99 |
| 2010 | 16485.56 | 2174.23 | 79.68 | 46.39 | 886.04 | 23.28 | 4.28 | 6.15 |
| 2011 | 8014.60 | -51.38 | 42.09 | 22.55 | 3778.96 | 326.50 | 19.84 | 26.23 |
| 2012 | 4679.06 | -41.62 | 29.23 | 13.17 | 5854.93 | 54.93 | 36.58 | 40.64 |
| 2013 | 22301.05 | 376.61 | 37.09 | 62.75 | 7952.48 | 35.83 | 13.22 | 55.20 |
| 2014 | 65994.89 | 195.93 | 61.79 | 185.70 | 9762.20 | 22.76 | 9.14 | 67.76 |
| 2015 | 76704.01 | 16.23 | 39.21 | 215.83 | 44684.51 | 357.73 | 22.84 | 310.17 |
| 2016 | 88681.12 | 15.61 | 43.90 | 249.53 | 45420.16 | 1.65 | 22.48 | 315.27 |
| 2017 | 68944.57 | -22.26 | 49.32 | 194.00 | 28153.63 | -38.02 | 20.14 | 195.42 |
| 2018 | 29500.41 | -57.21 | 25.95 | 83.01 | 16577.51 | -41.12 | 14.58 | 115.07 |
| 2019 | 16358.77 | -44.55 | 19.38 | 46.03 | 18180.97 | 9.67 | 21.54 | 126.20 |
| 2020 | 77501.67 | 373.76 | 72.78 | 218.08 | 6353.89 | -65.05 | 5.97 | 44.10 |
| 2021 | 20987.49 | -72.92 | 25.15 | 59.06 | 9983.26 | 57.12 | 11.96 | 69.30 |
| 合计 | 519111.93 | — | 43.78 | — | 204444.95 | — | 17.24 | — |
| 2011—2015年均值 | 35538.72 | — | — | 100.00 | 14406.62 | — | — | 100.00 |

| 年份 | 发达经济体 | | | | | | | |
|---|---|---|---|---|---|---|---|---|
| | 其他发达经济体 | | | | 小计 | | | |
| | 金额 | 同比增长（%） | 占比（%） | 指数 | 金额 | 同比增长（%） | 占比（%） | 指数 |
| 2005 | 1393.39 | — | 57.74 | 4.71 | 2413.42 | — | 58.29 | 3.03 |
| 2006 | 808.98 | -41.94 | 15.87 | 2.74 | 5098.60 | 111.26 | 60.25 | 6.41 |

续表

| 年份 | 发达经济体 | | | | | | | |
|---|---|---|---|---|---|---|---|---|
| | 其他发达经济体 | | | | 小计 | | | |
| | 金额 | 同比增长（%） | 占比（%） | 指数 | 金额 | 同比增长（%） | 占比（%） | 指数 |
| 2007 | 1488.77 | 84.03 | 9.38 | 5.03 | 15871.58 | 211.29 | 77.92 | 19.96 |
| 2008 | 1613.63 | 8.39 | 15.68 | 5.46 | 10292.68 | -35.15 | 57.70 | 12.94 |
| 2009 | 2455.85 | 52.19 | 62.98 | 8.30 | 3899.47 | -62.11 | 69.78 | 4.90 |
| 2010 | 3317.27 | 35.08 | 16.03 | 11.22 | 20688.87 | 430.56 | 77.45 | 26.02 |
| 2011 | 7249.84 | 118.55 | 38.07 | 24.51 | 19043.40 | -7.95 | 61.81 | 23.95 |
| 2012 | 5472.27 | -24.52 | 34.19 | 18.50 | 16006.26 | -15.95 | 75.36 | 20.13 |
| 2013 | 29880.50 | 446.03 | 49.69 | 101.03 | 60134.03 | 275.69 | 87.69 | 75.62 |
| 2014 | 31048.97 | 3.91 | 29.07 | 104.98 | 106806.06 | 77.61 | 88.95 | 134.31 |
| 2015 | 74230.55 | 139.08 | 37.95 | 250.98 | 195619.07 | 83.15 | 86.17 | 245.99 |
| 2016 | 67908.30 | -8.52 | 33.62 | 229.60 | 202009.58 | 3.27 | 77.16 | 254.03 |
| 2017 | 42685.67 | -37.14 | 30.54 | 144.32 | 139783.87 | -30.80 | 75.06 | 175.78 |
| 2018 | 67591.15 | 58.35 | 59.46 | 228.53 | 113669.06 | -18.68 | 73.62 | 142.94 |
| 2019 | 49864.15 | -26.23 | 59.08 | 168.59 | 84403.89 | -25.75 | 68.36 | 106.14 |
| 2020 | 22626.61 | -54.62 | 21.25 | 76.50 | 106482.17 | 26.16 | 77.34 | 133.90 |
| 2021 | 52480.37 | 131.94 | 62.89 | 177.44 | 83451.12 | -21.63 | 76.69 | 104.94 |
| 合计 | 462116.26 | — | 38.98 | — | 1185673.14 | — | 77.84 | — |
| 2011—2015年均值 | 29576.43 | — | — | 100.00 | 79521.76 | — | — | 100.00 |

| 年份 | 发展中经济体 | | | | | | | |
|---|---|---|---|---|---|---|---|---|
| | 非洲 | | | | 亚洲 | | | |
| | 金额 | 同比增长（%） | 占比（%） | 指数 | 金额 | 同比增长（%） | 占比（%） | 指数 |
| 2005 | 22.90 | — | 5.50 | 4.44 | 377.90 | — | 90.75 | 4.90 |
| 2006 | 1530.00 | 6581.22 | 76.14 | 296.91 | 382.44 | 1.20 | 19.03 | 4.96 |
| 2007 | 1330.35 | -13.05 | 33.88 | 258.16 | 2181.59 | 470.44 | 55.55 | 28.31 |
| 2008 | 3611.66 | 171.48 | 48.82 | 700.87 | 1768.87 | -18.92 | 23.91 | 22.96 |
| 2009 | 303.91 | -91.59 | 24.10 | 58.98 | 808.13 | -54.31 | 64.08 | 10.49 |
| 2010 | 466.50 | 53.50 | 8.80 | 90.53 | 3620.80 | 348.05 | 68.32 | 46.99 |

续表

| 年份 | 发展中经济体 | | | | | | | |
|---|---|---|---|---|---|---|---|---|
| | 非洲 | | | | 亚洲 | | | |
| | 金额 | 同比增长（%） | 占比（%） | 指数 | 金额 | 同比增长（%） | 占比（%） | 指数 |
| 2011 | 140.70 | -69.84 | 1.43 | 27.30 | 8874.71 | 145.10 | 89.89 | 115.18 |
| 2012 | 238.26 | 69.34 | 5.14 | 46.24 | 3694.53 | -58.37 | 79.67 | 47.95 |
| 2013 | 161.97 | -32.02 | 16.22 | 31.43 | 421.51 | -88.59 | 42.22 | 5.47 |
| 2014 | 1329.35 | 720.74 | 13.65 | 257.97 | 3739.30 | 787.12 | 38.39 | 48.53 |
| 2015 | 706.27 | -46.87 | 2.45 | 137.06 | 21794.97 | 482.86 | 75.71 | 282.87 |
| 2016 | 23438.13 | 3218.58 | 40.68 | 4548.35 | 27469.52 | 26.04 | 47.68 | 356.52 |
| 2017 | 3985.08 | -83.00 | 13.40 | 773.34 | 17147.32 | -37.58 | 57.65 | 222.55 |
| 2018 | 6853.94 | 71.99 | 18.23 | 1330.06 | 21539.49 | 25.61 | 57.28 | 279.55 |
| 2019 | 7819.57 | 14.09 | 29.95 | 1517.45 | 13148.91 | -38.95 | 50.36 | 170.65 |
| 2020 | 934.99 | -88.04 | 3.06 | 181.44 | 23422.32 | 78.13 | 76.66 | 303.99 |
| 2021 | 1059.91 | 13.36 | 4.33 | 205.68 | 15514.07 | -33.76 | 63.43 | 201.35 |
| 合计 | 53933.49 | — | 19.23 | — | 165906.38 | — | 59.16 | — |
| 2011—2015年均值 | 515.31 | — | — | 100.00 | 7705.01 | — | — | 100.00 |

| 年份 | 发展中经济体 | | | | | | | | | | | |
|---|---|---|---|---|---|---|---|---|---|---|---|---|
| | 拉丁美洲和加勒比海地区 | | | | 大洋洲 | | | | 小计 | | | |
| | 金额 | 同比增长（%） | 占比（%） | 指数 | 金额 | 同比增长（%） | 占比（%） | 指数 | 金额 | 同比增长（%） | 占比（%） | 指数 |
| 2005 | 14.60 | — | 3.51 | 0.56 | 1.00 | — | 0.24 | 102.67 | 416.40 | — | 10.06 | 3.85 |
| 2006 | 96.89 | 563.63 | 4.82 | 3.75 | 0.00 | -100.00 | 0.00 | 0.00 | 2009.33 | 382.55 | 23.74 | 18.59 |
| 2007 | 414.54 | 327.85 | 10.56 | 16.03 | 0.48 | — | 0.01 | 49.28 | 3926.96 | 95.44 | 19.28 | 36.34 |
| 2008 | 2017.99 | 386.80 | 27.28 | 78.03 | 0.00 | -100.00 | 0.00 | 0.00 | 7398.52 | 88.40 | 41.48 | 68.46 |
| 2009 | 149.14 | -92.61 | 11.83 | 5.77 | 0.00 | — | 0.00 | 0.00 | 1261.18 | -82.95 | 22.57 | 11.67 |
| 2010 | 1200.32 | 704.83 | 22.65 | 46.42 | 11.95 | — | 0.23 | 1226.90 | 5299.57 | 320.21 | 19.84 | 49.04 |
| 2011 | 857.70 | -28.54 | 8.69 | 33.17 | 0.00 | -100.00 | 0.00 | 0.00 | 9873.11 | 86.30 | 32.05 | 91.36 |

续表

| 年份 | 发展中经济体 | | | | | | | | | | | |
|---|---|---|---|---|---|---|---|---|---|---|---|---|
| | 拉丁美洲和加勒比海地区 | | | | 大洋洲 | | | | 小计 | | | |
| | 金额 | 同比增长（%） | 占比（%） | 指数 | 金额 | 同比增长（%） | 占比（%） | 指数 | 金额 | 同比增长（%） | 占比（%） | 指数 |
| 2012 | 700.40 | -18.34 | 15.10 | 27.08 | 4.10 | — | 0.09 | 420.94 | 4637.29 | -53.03 | 21.83 | 42.91 |
| 2013 | 414.90 | -40.76 | 41.56 | 16.04 | 0.00 | -100.00 | 0.00 | 0.00 | 998.38 | -78.47 | 1.46 | 9.24 |
| 2014 | 4671.11 | 1025.84 | 47.96 | 180.63 | 0.77 | — | 0.01 | 79.06 | 9740.53 | 875.63 | 8.11 | 90.13 |
| 2015 | 6286.05 | 34.57 | 21.84 | 243.08 | 0.00 | -100.00 | 0.00 | 0.00 | 28787.29 | 195.54 | 12.68 | 266.37 |
| 2016 | 6587.98 | 4.80 | 11.43 | 254.75 | 120.33 | — | 0.21 | 12354.21 | 57615.96 | 100.14 | 22.01 | 533.12 |
| 2017 | 8601.77 | 30.57 | 28.92 | 332.62 | 8.40 | -93.02 | 0.03 | 862.42 | 29742.57 | -48.38 | 15.97 | 275.21 |
| 2018 | 9075.63 | 5.51 | 24.13 | 350.95 | 137.27 | 1534.17 | 0.37 | 14093.43 | 37606.33 | 26.44 | 24.36 | 347.97 |
| 2019 | 5140.03 | -43.36 | 19.69 | 198.76 | 0.00 | -100.00 | 0.00 | 0.00 | 26108.50 | -30.57 | 21.15 | 241.58 |
| 2020 | 3116.36 | -39.37 | 10.20 | 120.51 | 3081.00 | — | 10.08 | 316324.44 | 30554.67 | 17.03 | 22.19 | 282.72 |
| 2021 | 7871.51 | 152.59 | 32.19 | 304.39 | 11.18 | -99.64 | 0.05 | 1147.84 | 24456.67 | -19.96 | 22.47 | 226.30 |
| 合计 | 57216.91 | — | 20.40 | — | 3376.48 | — | 1.20 | — | 280433.27 | — | 18.41 | — |
| 2011—2015年均值 | 2586.03 | — | — | 100.00 | 0.97 | — | — | 100.00 | 10807.32 | — | — | 100.00 |

| 年份 | 转型经济体 | | | | | | | | | | | |
|---|---|---|---|---|---|---|---|---|---|---|---|---|
| | 东南欧 | | | | 独联体国家 | | | | 小计 | | | |
| | 金额 | 同比增长（%） | 占比（%） | 指数 | 金额 | 同比增长（%） | 占比（%） | 指数 | 金额 | 同比增长（%） | 占比（%） | 指数 |
| 2005 | 0.00 | — | 0.00 | 0.00 | 1310.55 | — | 100.00 | 43.70 | 1310.55 | — | 31.65 | 40.74 |
| 2006 | 0.00 | — | 0.00 | 0.00 | 1355.00 | 3.39 | 100.00 | 45.18 | 1355.00 | 3.39 | 16.01 | 42.12 |
| 2007 | 0.00 | — | 0.00 | 0.00 | 570.16 | -57.92 | 100.00 | 19.01 | 570.16 | -57.92 | 2.80 | 17.72 |
| 2008 | 0.00 | — | 0.00 | 0.00 | 146.30 | -74.34 | 100.00 | 4.88 | 146.30 | -74.34 | 0.82 | 4.55 |
| 2009 | 0.00 | — | 0.00 | 0.00 | 427.30 | 192.07 | 100.00 | 14.25 | 427.30 | 192.07 | 7.65 | 13.28 |
| 2010 | 0.00 | — | 0.00 | 0.00 | 723.10 | 69.23 | 100.00 | 24.11 | 723.10 | 69.23 | 2.71 | 22.48 |
| 2011 | 0.00 | — | 0.00 | 0.00 | 1892.84 | 161.77 | 100.00 | 63.12 | 1892.84 | 161.77 | 6.14 | 58.84 |

续表

| 年份 | 转型经济体 | | | | | | | | | | | |
|---|---|---|---|---|---|---|---|---|---|---|---|---|
| | 东南欧 | | | | 独联体国家 | | | | 小计 | | | |
| | 金额 | 同比增长（%） | 占比（%） | 指数 | 金额 | 同比增长（%） | 占比（%） | 指数 | 金额 | 同比增长（%） | 占比（%） | 指数 |
| 2012 | 0.00 | — | 0.00 | 0.00 | 596.50 | -68.49 | 100.00 | 19.89 | 596.50 | -68.49 | 2.81 | 18.54 |
| 2013 | 0.00 | — | 0.00 | 0.00 | 7445.45 | 1148.19 | 100.00 | 248.27 | 7445.45 | 1148.19 | 10.86 | 231.46 |
| 2014 | 1035.59 | — | 29.36 | 475.36 | 2491.87 | -66.53 | 70.64 | 83.09 | 3527.46 | -52.62 | 2.94 | 109.66 |
| 2015 | 53.67 | -94.82 | 2.05 | 24.64 | 2567.84 | 3.05 | 97.95 | 85.63 | 2621.51 | -25.68 | 1.15 | 81.50 |
| 2016 | 55.15 | 2.76 | 2.54 | 25.32 | 2115.04 | -17.63 | 97.46 | 70.53 | 2170.19 | -17.22 | 0.83 | 67.47 |
| 2017 | 128.93 | 133.78 | 0.77 | 59.18 | 16583.73 | 684.08 | 99.23 | 552.99 | 16712.66 | 670.10 | 8.97 | 519.55 |
| 2018 | 1080.15 | 737.78 | 34.62 | 495.82 | 2039.69 | -87.70 | 65.38 | 68.01 | 3119.84 | -81.33 | 2.02 | 96.99 |
| 2019 | 441.26 | -59.15 | 3.41 | 202.55 | 12507.53 | 513.21 | 96.59 | 417.07 | 12948.79 | 315.05 | 10.49 | 402.54 |
| 2020 | 0.54 | -99.88 | 0.08 | 0.25 | 647.22 | -94.83 | 99.92 | 21.58 | 647.76 | -95.00 | 0.47 | 20.14 |
| 2021 | 0.01 | -98.15 | 0.00 | 0.00 | 910.08 | 40.61 | 100.00 | 30.35 | 910.09 | 40.50 | 0.84 | 28.29 |
| 合计 | 2795.30 | — | 4.89 | — | 54330.20 | — | 95.11 | — | 57125.51 | — | 3.75 | — |
| 2011—2015年均值 | 217.85 | — | — | 100.00 | 2998.90 | — | — | 100.00 | 3216.75 | — | — | 100.00 |

| 年份 | 总计 | | | |
|---|---|---|---|---|
| | 金额 | 同比增长（%） | 占比（%） | 指数 |
| 2005 | 4140.37 | — | 100.00 | 4.43 |
| 2006 | 8462.93 | 104.40 | 100.00 | 9.05 |
| 2007 | 20368.70 | 140.68 | 100.00 | 21.77 |
| 2008 | 17837.50 | -12.43 | 100.00 | 19.07 |
| 2009 | 5587.95 | -68.67 | 100.00 | 5.97 |
| 2010 | 26711.54 | 378.02 | 100.00 | 28.55 |
| 2011 | 30809.35 | 15.34 | 100.00 | 32.94 |
| 2012 | 21240.05 | -31.06 | 100.00 | 22.71 |
| 2013 | 68577.86 | 222.87 | 100.00 | 73.31 |

续表

| 年份 | 总计 | | | |
|---|---|---|---|---|
| | 金额 | 同比增长（%） | 占比（%） | 指数 |
| 2014 | 120074.05 | 75.09 | 100.00 | 128.36 |
| 2015 | 227027.87 | 89.07 | 100.00 | 242.69 |
| 2016 | 261795.73 | 15.31 | 100.00 | 279.86 |
| 2017 | 186239.10 | -28.86 | 100.00 | 199.09 |
| 2018 | 154395.24 | -17.10 | 100.00 | 165.05 |
| 2019 | 123461.19 | -20.04 | 100.00 | 131.98 |
| 2020 | 137684.60 | 11.52 | 100.00 | 147.18 |
| 2021 | 108817.88 | -20.97 | 100.00 | 116.33 |
| 合计 | 1523231.91 | — | 100.00 | 1628.34 |
| 2011—2015年均值 | 93545.84 | — | — | — |

注：此处存在重复统计问题，故总计部分与表2-1-1、表2-1-2所示不一致，重复统计的处理方式与投资来源地部分的处理一致，详见表2-2-1脚注。

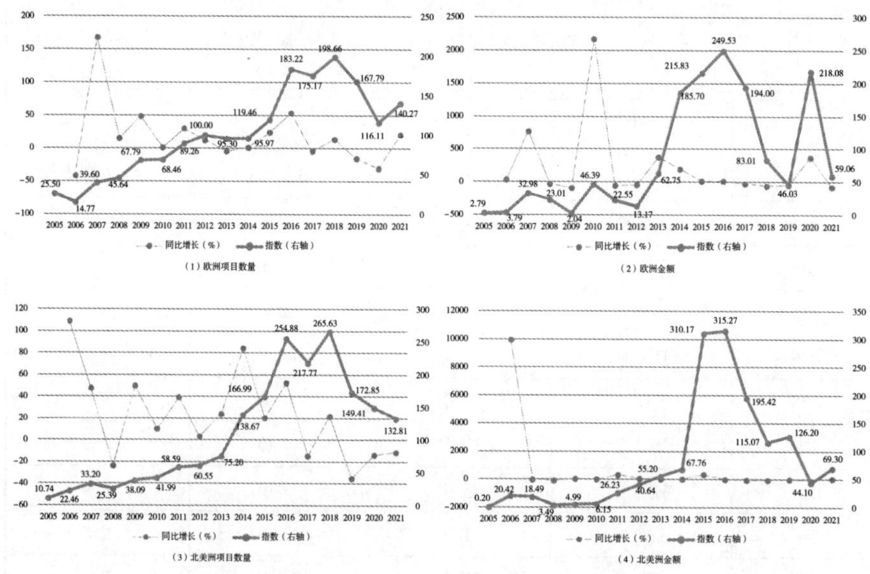

（1）欧洲项目数量　（2）欧洲金额
（3）北美洲项目数量　（4）北美洲金额

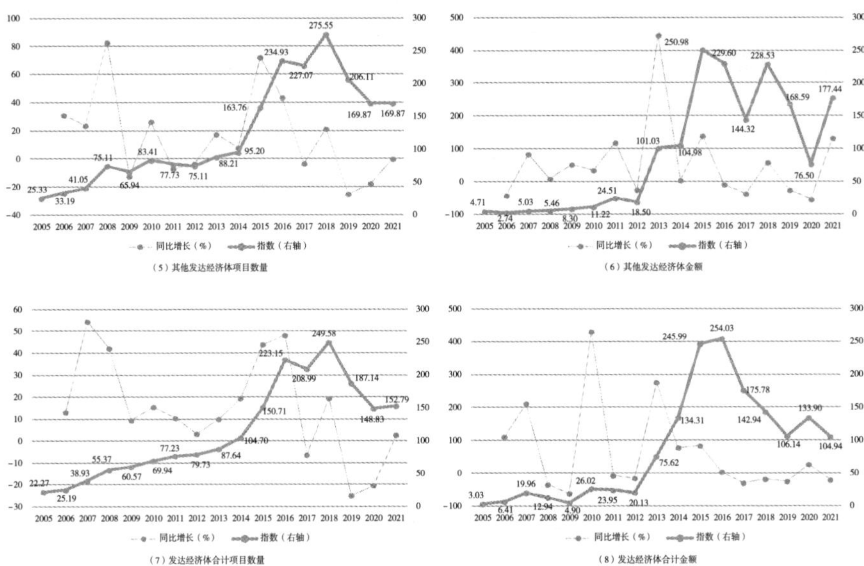


**图 2-3-1　2005—2021 年民营企业对外直接投资发达经济体项目数量指数和金额指数变化图**

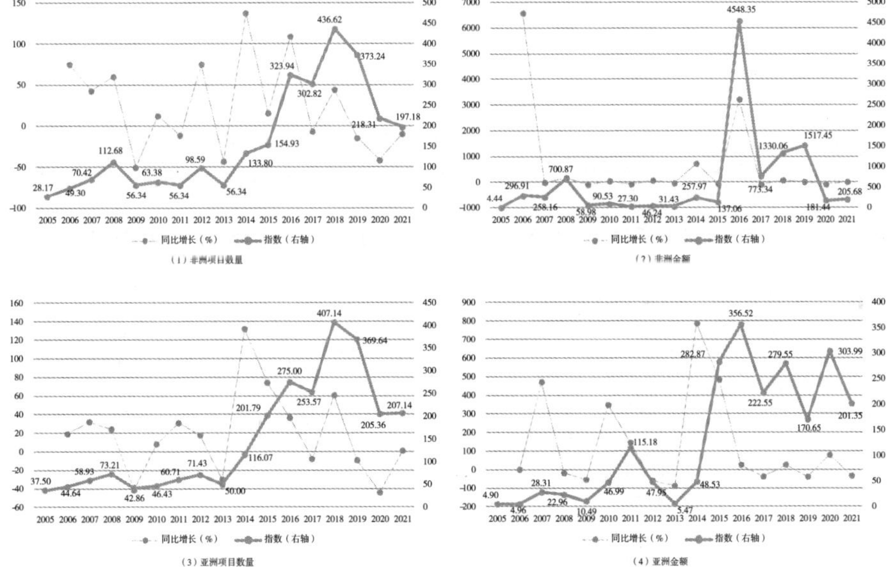

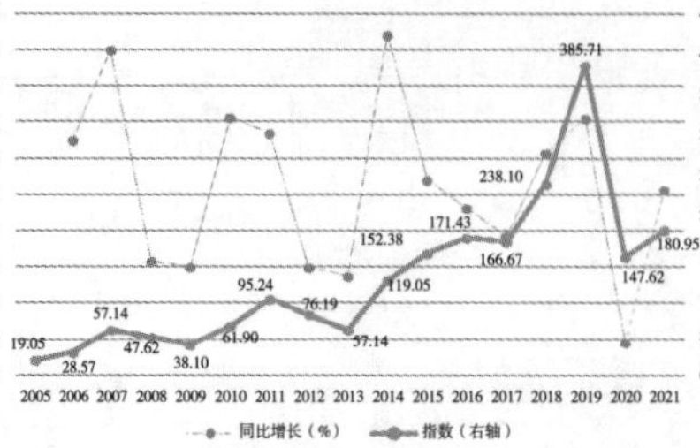

（5）拉丁美洲和加勒比海地区项目数量

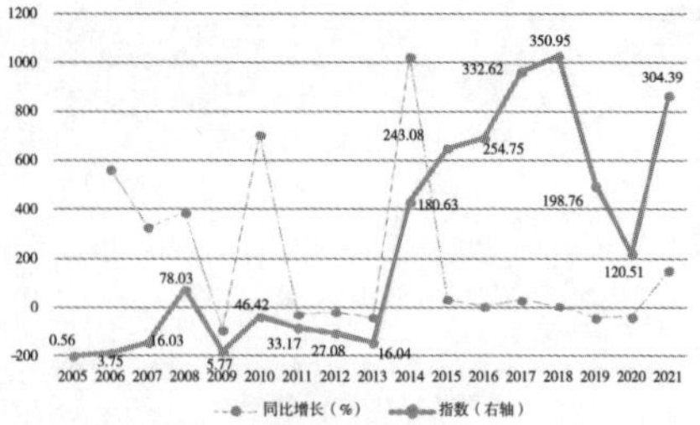

（6）拉丁美洲和加勒比海地区金额

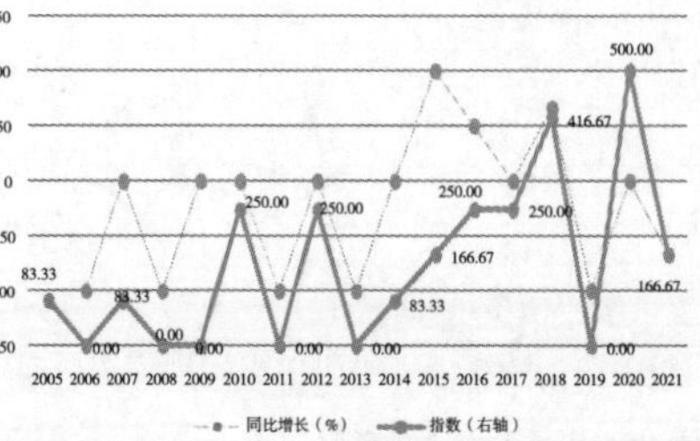

（7）大洋洲项目数量

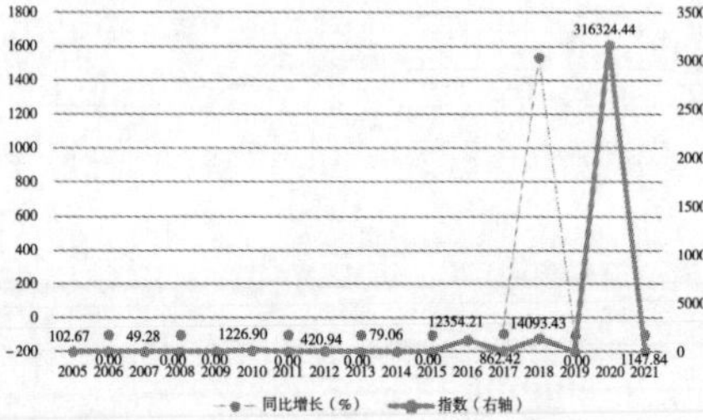

（8）大洋洲金额

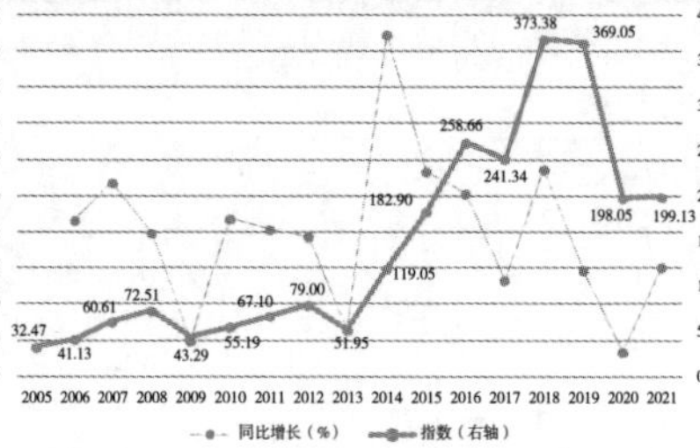

（9）发展中经济体合计项目数量

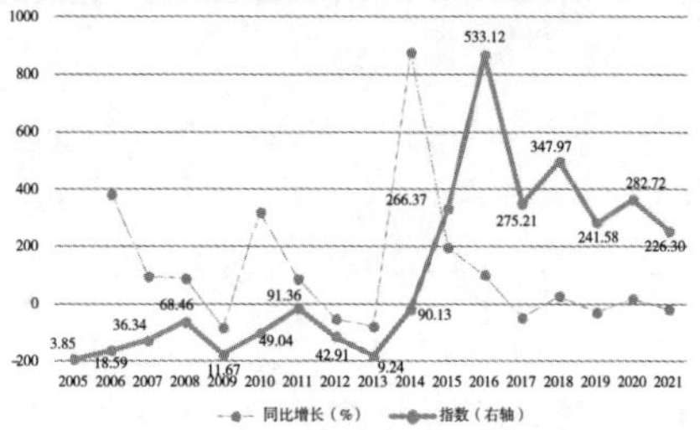

（10）发展中经济体合计金额

**图 2-3-2 2005—2021 年民营企业对外直接投资发展中经济体项目数量指数和金额指数变化图**

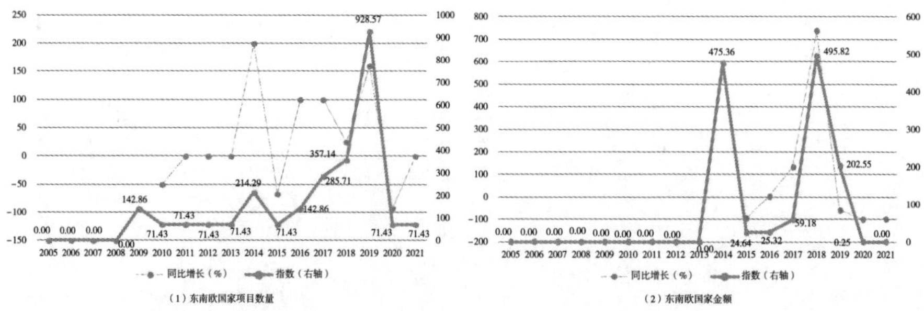


（1）东南欧国家项目数量

（2）东南欧国家金额

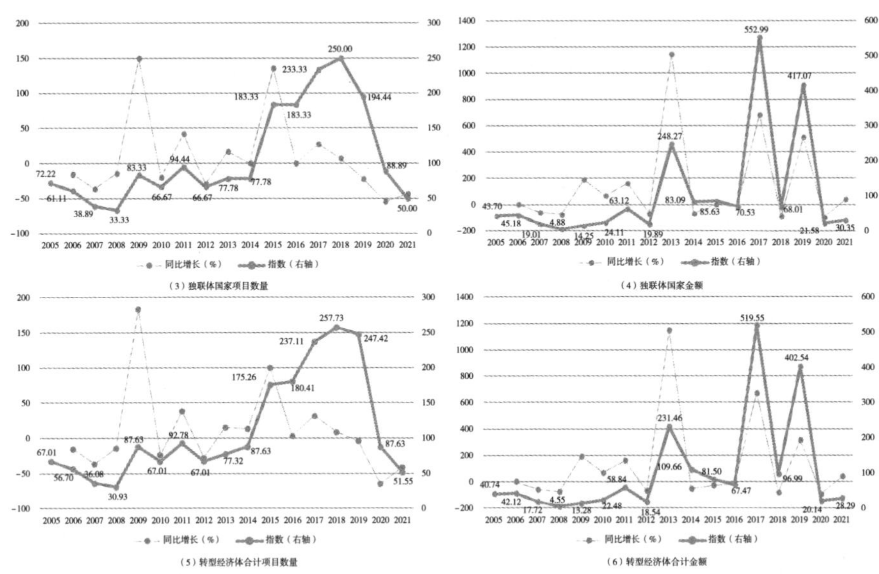


**图 2-3-3　2005—2021 年民营企业对外直接投资转型经济体项目数量指数和金额指数变化图**

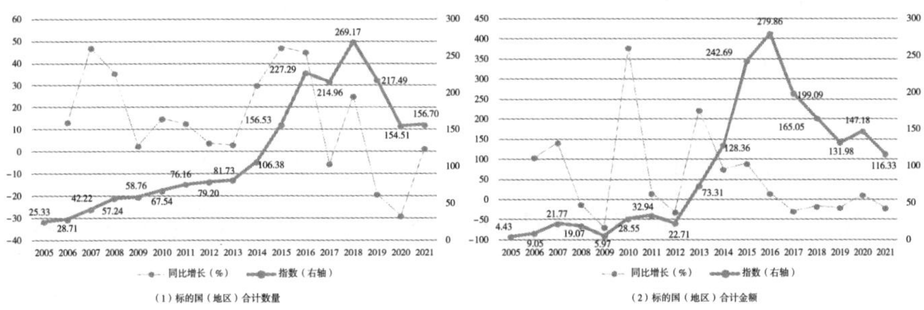


**图 2-3-4　2005—2021 年民营企业对外直接投资标的国（地区）项目数量指数和金额指数变化图**

根据 2005—2021 年中国民营企业 OFDI 数量标的国别（地区）图表显示：在 2005 年至 2021 年，流向发达经济体的其他发达经济体的 OFDI 数量在 2019 年出现最显著的缩减，从 631 件缩减到 472 件；流向发达经济体中的北美洲的 OFDI 在 2008 年至 2016 年实现了民营企业对外直接投资项目数量连续 7 年的增长。总体来看，流向发达经济体的民营企业对外直接投资数量主要集中在其他发达经济体地区，2005 年至 2021 年的平均占比为 51.71%；流向发展中经济体的民营企业对外直接投资数量主要集中在亚洲地区，2005 年至 2021 年的平均占比为 62. 51%。

从 2005—2021 年中国民营企业 OFDI 金额标的国别（地区）图表可以看出：在 2005 年至 2021 年，流向发达经济体中的其他发达经济体的 OFDI 项目金额增长最为显著，从 2005 年的 13. 93 亿美元增加到 524. 8 亿美元，复合增长率为年均 25. 46%；流向发达经济体中的欧洲的 OFDI 在 2005 年至 2021 年 17 年间民营企业对外直接投资项目金额指数波动程度最大。总体来看，流向发达经济体的民营企业对外直接投资金额主要集中在欧洲地区，2005 年至 2021 年的平均占比为 43. 78%；流向发展中经济体的民营企业对外直接投资金额主要集中在亚洲地区，2005 年至 2021 年的平均占比为 59. 16%。

## 第四节　民营企业对外直接投资行业别指数

本节按照投资标的行业的不同对中国民营企业对外直接投资项目数量和金额分布情况进行分析，将投资标的行业分为制造业和非制造业两大部分。其中制造业按照 OECD 技术划分标准分为 4 大类，分别是高技术、中高技术、中低技术和低技术制造业；非制造业则划分为服务业，农、林、牧、渔业，采矿业，电力、热力、燃气及水生产及供应业，建筑业五大部类。

### 一、民营企业对外直接投资项目数量在标的行业的分布

如 2005—2021 年中国民营企业 OFDI 数量表所示，为了进一步明晰中国民营企业对外直接投资活动的来源地特征，本书将对外直接投资活动行业分为非制造业、制造业。按照 OFDI 项目数量累积量排名，中国民营企业对外直接投资活动主要集中在非制造业，累计对外直接投资项目数量为 8264 件，占比 69. 94%；排在第二是制造业，累计对外直接投资项目数量为 3551 件，占比 30. 06%。

**表 2-4-1　中国民营企业对外直接投资项目数量在标的行业的分布及指数汇总表**

（单位：件）

| 年份 | 制造业 | | | | | | | | | | | |
|---|---|---|---|---|---|---|---|---|---|---|---|---|
| | 高技术 | | | | 中高技术 | | | | 中低技术 | | | |
| | 项目数 | 同比增长（%） | 占比（%） | 指数 | 项目数 | 同比增长（%） | 占比（%） | 指数 | 项目数 | 同比增长（%） | 占比（%） | 指数 |
| 2005 | 13 | — | 24.07 | 23.47 | 20 | — | 37.04 | 29.07 | 8 | — | 14.81 | 26.14 |
| 2006 | 17 | 30.77 | 28.33 | 30.69 | 28 | 40.00 | 46.67 | 40.70 | 6 | -25.00 | 10.00 | 19.61 |
| 2007 | 17 | 0.00 | 20.00 | 30.69 | 37 | 32.14 | 43.53 | 53.78 | 13 | 116.67 | 15.29 | 42.48 |
| 2008 | 8 | -52.94 | 8.16 | 14.44 | 43 | 16.22 | 43.88 | 62.50 | 16 | 23.08 | 16.33 | 52.29 |
| 2009 | 17 | 112.50 | 18.48 | 30.69 | 39 | -9.30 | 42.39 | 56.69 | 12 | -25.00 | 13.04 | 39.22 |
| 2010 | 22 | 29.41 | 23.40 | 39.71 | 43 | 10.26 | 45.74 | 62.50 | 13 | 8.33 | 13.83 | 42.48 |
| 2011 | 37 | 68.18 | 26.81 | 66.79 | 61 | 41.86 | 44.20 | 88.66 | 27 | 107.69 | 19.57 | 88.24 |
| 2012 | 34 | -8.11 | 24.46 | 61.37 | 53 | -13.11 | 38.13 | 77.03 | 27 | 0.00 | 19.42 | 88.24 |
| 2013 | 50 | 47.06 | 40.65 | 90.25 | 36 | -32.08 | 29.27 | 52.33 | 13 | -51.85 | 10.57 | 42.48 |
| 2014 | 63 | 26.00 | 28.25 | 113.72 | 81 | 125.00 | 36.32 | 117.73 | 38 | 192.31 | 17.04 | 124.18 |
| 2015 | 93 | 47.62 | 31.10 | 167.87 | 113 | 39.51 | 37.79 | 164.24 | 48 | 26.32 | 16.05 | 156.86 |
| 2016 | 122 | 31.18 | 31.77 | 220.22 | 153 | 35.40 | 39.84 | 222.38 | 53 | 10.42 | 13.80 | 173.20 |
| 2017 | 110 | -9.84 | 28.06 | 198.56 | 168 | 9.80 | 42.86 | 244.19 | 55 | 3.77 | 14.03 | 179.74 |
| 2018 | 145 | 31.82 | 32.08 | 261.73 | 158 | -5.95 | 34.96 | 229.65 | 70 | 27.27 | 15.49 | 228.76 |
| 2019 | 114 | -21.38 | 29.31 | 205.78 | 142 | -10.13 | 36.50 | 206.40 | 56 | -20.00 | 14.40 | 183.01 |
| 2020 | 89 | -21.93 | 32.96 | 160.65 | 90 | -36.62 | 33.33 | 130.81 | 44 | -21.43 | 16.30 | 143.79 |
| 2021 | 88 | -1.12 | 33.98 | 158.84 | 82 | -8.89 | 31.66 | 119.19 | 42 | -4.55 | 16.22 | 137.25 |
| 合计 | 1039 | — | 29.26 | — | 1347 | — | 37.93 | — | 541 | — | 15.24 | — |
| 2011—2015 年均值 | 55.4 | — | — | 100.00 | 68.8 | — | — | 100.00 | 30.6 | — | — | 100.00 |

| 年份 | 制造业 | | | | | | | |
|---|---|---|---|---|---|---|---|---|
| | 低技术 | | | | 小计 | | | |
| | 项目数 | 同比增长（%） | 占比（%） | 指数 | 项目数 | 同比增长（%） | 占比（%） | 指数 |
| 2005 | 13 | — | 24.07 | 43.92 | 54 | — | 36.00 | 29.28 |
| 2006 | 9 | -30.77 | 15.00 | 30.41 | 60 | 11.11 | 35.71 | 32.54 |

续表

| 年份 | 制造业 | | | | | | | |
|---|---|---|---|---|---|---|---|---|
| | 低技术 | | | | 小计 | | | |
| | 项目数 | 同比增长（%） | 占比（%） | 指数 | 项目数 | 同比增长（%） | 占比（%） | 指数 |
| 2007 | 18 | 100.00 | 21.18 | 60.81 | 85 | 41.67 | 34.14 | 46.10 |
| 2008 | 31 | 72.22 | 31.63 | 104.73 | 98 | 15.29 | 28.91 | 53.15 |
| 2009 | 24 | −22.58 | 26.09 | 81.08 | 92 | −6.12 | 26.59 | 49.89 |
| 2010 | 16 | −33.33 | 17.02 | 54.05 | 94 | 2.17 | 23.44 | 50.98 |
| 2011 | 13 | −18.75 | 9.42 | 43.92 | 138 | 46.81 | 31.15 | 74.84 |
| 2012 | 25 | 92.31 | 17.99 | 84.46 | 139 | 0.72 | 30.22 | 75.38 |
| 2013 | 24 | −4.00 | 19.51 | 81.08 | 123 | −11.51 | 25.79 | 66.70 |
| 2014 | 41 | 70.83 | 18.39 | 138.51 | 223 | 81.30 | 35.51 | 120.93 |
| 2015 | 45 | 9.76 | 15.05 | 152.03 | 299 | 34.08 | 32.08 | 162.15 |
| 2016 | 56 | 24.44 | 14.58 | 189.19 | 384 | 28.43 | 28.72 | 208.24 |
| 2017 | 59 | 5.36 | 15.05 | 199.32 | 392 | 2.08 | 31.21 | 212.58 |
| 2018 | 79 | 33.90 | 17.48 | 266.89 | 452 | 15.31 | 29.05 | 245.12 |
| 2019 | 77 | −2.53 | 19.79 | 260.14 | 389 | −13.94 | 30.56 | 210.95 |
| 2020 | 47 | −38.96 | 17.41 | 158.78 | 270 | −30.59 | 30.34 | 146.42 |
| 2021 | 47 | 0.00 | 18.15 | 158.78 | 259 | −4.07 | 28.46 | 140.46 |
| 合计 | 624 | — | 17.57 | — | 3551 | — | 30.06 | — |
| 2011—2015年均值 | 29.6 | — | — | 100.00 | 184.4 | — | — | 100.00 |

| 年份 | 非制造业 | | | | | | | |
|---|---|---|---|---|---|---|---|---|
| | 服务业 | | | | 农、林、牧、渔业 | | | |
| | 项目数 | 同比增长（%） | 占比（%） | 指数 | 项目数 | 同比增长（%） | 占比（%） | 指数 |
| 2005 | 88 | — | 91.67 | 25.21 | 1 | — | 1.04 | 21.74 |
| 2006 | 95 | 7.95 | 87.96 | 27.22 | 0 | −100.00 | 0.00 | 0.00 |
| 2007 | 145 | 52.63 | 88.41 | 41.55 | 1 | — | 0.61 | 21.74 |
| 2008 | 211 | 45.52 | 87.55 | 60.46 | 0 | −100.00 | 0.00 | 0.00 |
| 2009 | 221 | 4.74 | 87.01 | 63.32 | 3 | — | 1.18 | 65.22 |

续表

| 年份 | 非制造业 | | | | | | | |
|---|---|---|---|---|---|---|---|---|
| | 服务业 | | | | 农、林、牧、渔业 | | | |
| | 项目数 | 同比增长（%） | 占比（%） | 指数 | 项目数 | 同比增长（%） | 占比（%） | 指数 |
| 2010 | 271 | 22. 62 | 88. 27 | 77. 65 | 1 | -66. 67 | 0. 33 | 21. 74 |
| 2011 | 271 | 0. 00 | 88. 85 | 77. 65 | 1 | 0. 00 | 0. 33 | 21. 74 |
| 2012 | 277 | 2. 21 | 86. 29 | 79. 37 | 3 | 200. 00 | 0. 93 | 65. 22 |
| 2013 | 301 | 8. 66 | 85. 03 | 86. 25 | 1 | -66. 67 | 0. 28 | 21. 74 |
| 2014 | 343 | 13. 95 | 84. 69 | 98. 28 | 13 | 1200. 00 | 3. 21 | 282. 61 |
| 2015 | 553 | 61. 22 | 87. 36 | 158. 45 | 5 | -61. 54 | 0. 79 | 108. 70 |
| 2016 | 851 | 53. 89 | 89. 30 | 243. 84 | 11 | 120. 00 | 1. 15 | 239. 13 |
| 2017 | 794 | -6. 70 | 91. 90 | 227. 51 | 8 | -27. 27 | 0. 93 | 173. 91 |
| 2018 | 1011 | 27. 33 | 91. 58 | 289. 68 | 9 | 12. 50 | 0. 82 | 195. 65 |
| 2019 | 818 | -19. 09 | 92. 53 | 234. 38 | 7 | -22. 22 | 0. 79 | 152. 17 |
| 2020 | 578 | -29. 34 | 93. 23 | 165. 62 | 5 | -28. 57 | 0. 81 | 108. 70 |
| 2021 | 613 | 6. 06 | 94. 16 | 175. 64 | 4 | -20. 00 | 0. 61 | 86. 96 |
| 合计 | 7441 | — | 90. 04 | — | 73 | — | 0. 88 | — |
| 2011—2015 年均值 | 349 | — | — | 100. 00 | 4. 6 | — | — | 100. 00 |

| 年份 | 非制造业 | | | | | | | |
|---|---|---|---|---|---|---|---|---|
| | 采矿业 | | | | 电力、热力、燃气及水生产和供应业 | | | |
| | 项目数 | 同比增长（%） | 占比（%） | 指数 | 项目数 | 同比增长（%） | 占比（%） | 指数 |
| 2005 | 1 | — | 1. 04 | 4. 67 | 3 | — | 3. 13 | 16. 48 |
| 2006 | 9 | 800. 00 | 8. 33 | 42. 06 | 0 | -100. 00 | 0. 00 | 0. 00 |
| 2007 | 11 | 22. 22 | 6. 71 | 51. 40 | 3 | — | 1. 83 | 16. 48 |
| 2008 | 16 | 45. 45 | 6. 64 | 74. 77 | 11 | 266. 67 | 4. 56 | 60. 44 |
| 2009 | 19 | 18. 75 | 7. 48 | 88. 79 | 7 | -36. 36 | 2. 76 | 38. 46 |
| 2010 | 25 | 31. 58 | 8. 14 | 116. 82 | 5 | -28. 57 | 1. 63 | 27. 47 |
| 2011 | 16 | -36. 00 | 5. 25 | 74. 77 | 14 | 180. 00 | 4. 59 | 76. 92 |
| 2012 | 25 | 56. 25 | 7. 79 | 116. 82 | 9 | -35. 71 | 2. 80 | 49. 45 |

续表

| 年份 | 非制造业 | | | | | | | |
|---|---|---|---|---|---|---|---|---|
| | 采矿业 | | | | 电力、热力、燃气及水生产和供应业 | | | |
| | 项目数 | 同比增长（%） | 占比（%） | 指数 | 项目数 | 同比增长（%） | 占比（%） | 指数 |
| 2013 | 24 | -4.00 | 6.78 | 112.15 | 19 | 111.11 | 5.37 | 104.40 |
| 2014 | 13 | -45.83 | 3.21 | 60.75 | 22 | 15.79 | 5.43 | 120.88 |
| 2015 | 29 | 123.08 | 4.58 | 135.51 | 27 | 22.73 | 4.27 | 148.35 |
| 2016 | 24 | -17.24 | 2.52 | 112.15 | 30 | 11.11 | 3.15 | 164.84 |
| 2017 | 27 | 12.50 | 3.13 | 126.17 | 21 | -30.00 | 2.43 | 115.38 |
| 2018 | 28 | 3.70 | 2.54 | 130.84 | 27 | 28.57 | 2.45 | 148.35 |
| 2019 | 22 | -21.43 | 2.49 | 102.80 | 9 | -66.67 | 1.02 | 49.45 |
| 2020 | 15 | -31.82 | 2.42 | 70.09 | 11 | 22.22 | 1.77 | 60.44 |
| 2021 | 18 | 20.00 | 2.76 | 84.11 | 7 | -36.36 | 1.08 | 38.46 |
| 合计 | 322 | — | 3.90 | — | 225 | — | 2.72 | — |
| 2011—2015年均值 | 21.4 | — | — | 100.00 | 18.2 | — | — | 100.00 |

| 年份 | 非制造业 | | | | | | | | | | | |
|---|---|---|---|---|---|---|---|---|---|---|---|---|
| | 建筑业 | | | | 小计 | | | | 总计 | | | |
| | 项目数 | 同比增长（%） | 占比（%） | 指数 | 项目数 | 同比增长（%） | 占比（%） | 指数 | 项目数 | 同比增长（%） | 占比（%） | 指数 |
| 2005 | 3 | — | 3.13 | 28.85 | 96 | — | 64.00 | 23.79 | 150 | — | 100.00 | 25.51 |
| 2006 | 4 | 33.33 | 3.70 | 38.46 | 108 | 12.50 | 64.29 | 26.76 | 168 | 12.00 | 100.00 | 28.57 |
| 2007 | 4 | 0.00 | 2.44 | 38.46 | 164 | 51.85 | 65.86 | 40.63 | 249 | 48.21 | 100.00 | 42.35 |
| 2008 | 3 | -25.00 | 1.24 | 28.85 | 241 | 46.95 | 71.09 | 59.71 | 339 | 36.14 | 100.00 | 57.65 |
| 2009 | 4 | 33.33 | 1.57 | 38.46 | 254 | 5.39 | 73.41 | 62.93 | 346 | 2.06 | 100.00 | 58.84 |
| 2010 | 5 | 25.00 | 1.63 | 48.08 | 307 | 20.87 | 76.56 | 76.07 | 401 | 15.90 | 100.00 | 68.20 |
| 2011 | 3 | -40.00 | 0.98 | 28.85 | 305 | -0.65 | 68.85 | 75.57 | 443 | 10.47 | 100.00 | 75.34 |
| 2012 | 7 | 133.33 | 2.18 | 67.31 | 321 | 5.25 | 69.78 | 79.53 | 460 | 3.84 | 100.00 | 78.23 |

续表

| 年份 | 非制造业 | | | | | | | | | | | |
|---|---|---|---|---|---|---|---|---|---|---|---|---|
| | 建筑业 | | | | 小计 | | | | 总计 | | | |
| | 项目数 | 同比增长（%） | 占比（%） | 指数 | 项目数 | 同比增长（%） | 占比（%） | 指数 | 项目数 | 同比增长（%） | 占比（%） | 指数 |
| 2013 | 9 | 28.57 | 2.54 | 86.54 | 354 | 10.28 | 74.21 | 87.71 | 477 | 3.70 | 100.00 | 81.12 |
| 2014 | 14 | 55.56 | 3.46 | 134.62 | 405 | 14.41 | 64.49 | 100.35 | 628 | 31.66 | 100.00 | 106.80 |
| 2015 | 19 | 35.71 | 3.00 | 182.69 | 633 | 56.30 | 67.92 | 156.84 | 932 | 48.41 | 100.00 | 158.50 |
| 2016 | 37 | 94.74 | 3.88 | 355.77 | 953 | 50.55 | 71.28 | 236.12 | 1337 | 43.45 | 100.00 | 227.38 |
| 2017 | 14 | -62.16 | 1.62 | 134.62 | 864 | -9.34 | 68.79 | 214.07 | 1256 | -6.06 | 100.00 | 213.61 |
| 2018 | 29 | 107.14 | 2.63 | 278.85 | 1104 | 27.78 | 70.95 | 273.54 | 1556 | 23.89 | 100.00 | 264.63 |
| 2019 | 28 | -3.45 | 3.17 | 269.23 | 884 | -19.93 | 69.44 | 219.03 | 1273 | -18.19 | 100.00 | 216.50 |
| 2020 | 11 | -60.71 | 1.77 | 105.77 | 620 | -29.86 | 69.66 | 153.62 | 890 | -30.09 | 100.00 | 151.36 |
| 2021 | 9 | -18.18 | 1.38 | 86.54 | 651 | 5.00 | 71.54 | 161.30 | 910 | 2.25 | 100.00 | 154.76 |
| 合计 | 203 | — | 2.46 | — | 8264 | — | 69.94 | — | 11815 | — | 100.00 | — |
| 2011—2015年均值 | 10.4 | — | — | 100.00 | 403.6 | — | — | 100.00 | 588 | — | — | 100.00 |

## 二、民营企业对外直接投资金额在标的行业的分布

根据2005—2021年中国民营企业OFDI金额表显示，从OFDI项目金额看，在2005年至2021年间，中国民营企业对外直接投资活动主要集中在非制造业，累计对外直接投资项目金额为9018.86亿美元，占比59.28%；其次是制造业，累计对外直接投资项目金额为6194.02亿美元，占比40.72%。

**表 2-4-2　中国民营企业对外直接投资金额在标的行业的分布及指数汇总表**

（单位：百万美元）

| 年份 | 制造业 | | | | | | | | | | | |
|---|---|---|---|---|---|---|---|---|---|---|---|---|
| | 高技术 | | | | 中高技术 | | | | 中低技术 | | | |
| | 金额 | 同比增长（%） | 占比（%） | 指数 | 金额 | 同比增长（%） | 占比（%） | 指数 | 金额 | 同比增长（%） | 占比（%） | 指数 |
| 2005 | 127.19 | — | 8.97 | 0.84 | 284.43 | — | 20.06 | 3.11 | 313.82 | — | 22.14 | 5.57 |
| 2006 | 418.94 | 229.38 | 25.35 | 2.77 | 1171.04 | 311.71 | 70.86 | 12.79 | 23.16 | -92.62 | 1.40 | 0.41 |
| 2007 | 220.63 | -47.34 | 5.02 | 1.46 | 1364.19 | 16.49 | 31.04 | 14.90 | 2517.87 | 10771.63 | 57.30 | 44.72 |
| 2008 | 114.97 | -47.89 | 2.58 | 0.76 | 1926.94 | 41.25 | 43.22 | 21.05 | 2079.58 | -17.41 | 46.64 | 36.93 |
| 2009 | 317.68 | 176.32 | 11.82 | 2.10 | 1838.24 | -4.60 | 68.39 | 20.08 | 210.00 | -89.90 | 7.81 | 3.73 |
| 2010 | 641.65 | 101.98 | 8.62 | 4.24 | 6373.26 | 246.70 | 85.60 | 69.63 | 202.59 | -3.53 | 2.72 | 3.60 |
| 2011 | 2556.26 | 298.39 | 16.56 | 16.89 | 3587.16 | -43.72 | 23.24 | 39.19 | 9095.24 | 4389.48 | 58.93 | 161.53 |
| 2012 | 512.40 | -79.96 | 6.91 | 3.38 | 3691.36 | 2.90 | 49.77 | 40.33 | 2495.65 | -72.56 | 33.65 | 44.32 |
| 2013 | 5054.09 | 886.36 | 24.30 | 33.39 | 1114.96 | -69.80 | 5.36 | 12.18 | 741.84 | -70.27 | 3.57 | 13.17 |
| 2014 | 13863.26 | 174.30 | 33.07 | 91.58 | 6374.73 | 471.74 | 15.21 | 69.65 | 3091.04 | 316.67 | 7.37 | 54.90 |
| 2015 | 53706.41 | 287.40 | 53.32 | 354.77 | 30996.12 | 386.23 | 30.77 | 338.65 | 12729.97 | 311.83 | 12.64 | 226.08 |
| 2016 | 21624.56 | -59.74 | 37.83 | 142.84 | 22790.14 | -26.47 | 39.87 | 248.99 | 5885.58 | -53.77 | 10.30 | 104.53 |
| 2017 | 11979.89 | -44.60 | 14.03 | 79.14 | 59764.61 | 162.24 | 69.99 | 652.96 | 7321.81 | 24.40 | 8.57 | 130.03 |
| 2018 | 15845.10 | 32.26 | 24.33 | 104.67 | 25407.08 | -57.49 | 39.00 | 277.59 | 18543.81 | 153.27 | 28.47 | 329.33 |
| 2019 | 15882.13 | 0.23 | 28.83 | 104.91 | 18727.23 | -26.29 | 34.00 | 204.61 | 14570.39 | -21.43 | 26.45 | 258.76 |
| 2020 | 2912.44 | -81.66 | 2.69 | 19.24 | 87350.90 | 366.44 | 80.60 | 954.36 | 16410.45 | 12.63 | 15.14 | 291.44 |
| 2021 | 7248.05 | 148.87 | 18.17 | 47.88 | 26970.58 | -69.12 | 67.61 | 294.67 | 3849.35 | -76.54 | 9.65 | 68.36 |
| 合计 | 153025.65 | — | 24.71 | — | 299732.97 | — | 48.39 | — | 100082.15 | — | 16.16 | — |
| 2011—2015 年均值 | 15138.48 | — | — | 100.00 | 9152.87 | — | — | 100.00 | 5630.75 | — | — | 100.00 |

| 年份 | 制造业 | | | | | | | |
|---|---|---|---|---|---|---|---|---|
| | 低技术 | | | | 小计 | | | |
| | 金额 | 同比增长（%） | 占比（%） | 指数 | 金额 | 同比增长（%） | 占比（%） | 指数 |
| 2005 | 692.22 | — | 48.83 | 9.43 | 1417.66 | — | 34.24 | 3.80 |
| 2006 | 39.36 | -94.31 | 2.38 | 0.54 | 1652.50 | 16.57 | 19.78 | 4.44 |
| 2007 | 291.67 | 641.03 | 6.64 | 3.98 | 4394.36 | 165.92 | 21.59 | 11.79 |

续表

| 年份 | 制造业 | | | | | | | |
|---|---|---|---|---|---|---|---|---|
| | 低技术 | | | | 小计 | | | |
| | 金额 | 同比增长（%） | 占比（%） | 指数 | 金额 | 同比增长（%） | 占比（%） | 指数 |
| 2008 | 337.38 | 15.67 | 7.57 | 4.60 | 4458.87 | 1.47 | 25.00 | 11.97 |
| 2009 | 322.01 | -4.56 | 11.98 | 4.39 | 2687.93 | -39.72 | 48.10 | 7.21 |
| 2010 | 228.19 | -29.14 | 3.06 | 3.11 | 7445.69 | 177.00 | 27.87 | 19.98 |
| 2011 | 194.65 | -14.70 | 1.26 | 2.65 | 15433.31 | 107.28 | 50.97 | 41.42 |
| 2012 | 717.70 | 268.71 | 9.68 | 9.78 | 7417.11 | -51.94 | 36.85 | 19.91 |
| 2013 | 13890.48 | 1835.42 | 66.78 | 189.32 | 20801.37 | 180.45 | 30.39 | 55.83 |
| 2014 | 18593.70 | 33.86 | 44.35 | 253.43 | 41922.73 | 101.54 | 35.08 | 112.52 |
| 2015 | 3288.24 | -82.32 | 3.26 | 44.82 | 100720.74 | 140.25 | 44.23 | 270.33 |
| 2016 | 6867.47 | 108.85 | 12.01 | 93.60 | 57167.75 | -43.24 | 21.65 | 153.43 |
| 2017 | 6324.09 | -7.91 | 7.41 | 86.20 | 85390.40 | 49.37 | 46.93 | 229.18 |
| 2018 | 5342.08 | -15.53 | 8.20 | 72.81 | 65138.07 | -23.72 | 41.22 | 174.82 |
| 2019 | 5905.25 | 10.54 | 10.72 | 80.49 | 55084.99 | -15.43 | 43.97 | 147.84 |
| 2020 | 1700.84 | -71.20 | 1.57 | 23.18 | 108374.63 | 96.74 | 80.22 | 290.87 |
| 2021 | 1825.84 | 7.35 | 4.58 | 24.89 | 39893.82 | -63.19 | 36.98 | 107.07 |
| 合计 | 66561.17 | — | 10.75 | — | 619401.93 | — | 40.72 | — |
| 2011—2015年均值 | 7336.95 | — | — | 100.00 | 37259.05 | — | — | 100.00 |

| 年份 | 非制造业 | | | | | | | |
|---|---|---|---|---|---|---|---|---|
| | 服务业 | | | | 农、林、牧、渔业 | | | |
| | 金额 | 同比增长（%） | 占比（%） | 指数 | 金额 | 同比增长（%） | 占比（%） | 指数 |
| 2005 | 1667.71 | — | 61.25 | 3.69 | 0.00 | — | 0.00 | 0.00 |
| 2006 | 5312.35 | 218.54 | 79.25 | 11.77 | 0.00 | — | 0.00 | 0.00 |
| 2007 | 15196.89 | 186.07 | 95.21 | 33.66 | 0.19 | — | 0.00 | 0.05 |
| 2008 | 7750.67 | -49.00 | 57.93 | 17.17 | 0.00 | -100.00 | 0.00 | 0.00 |
| 2009 | 2151.35 | -72.24 | 74.18 | 4.76 | 14.97 | — | 0.52 | 3.67 |
| 2010 | 18446.19 | 757.43 | 95.74 | 40.85 | 4.29 | -71.34 | 0.02 | 1.05 |
| 2011 | 12412.10 | -32.71 | 83.60 | 27.49 | 10.49 | 144.52 | 0.07 | 2.57 |

续表

| 年份 | 非制造业 | | | | | | | |
|---|---|---|---|---|---|---|---|---|
| | 服务业 | | | | 农、林、牧、渔业 | | | |
| | 金额 | 同比增长（%） | 占比（%） | 指数 | 金额 | 同比增长（%） | 占比（%） | 指数 |
| 2012 | 8239.49 | -33.62 | 64.81 | 18.25 | 500.00 | 4666.44 | 3.93 | 122.51 |
| 2013 | 29576.66 | 258.96 | 62.08 | 65.51 | 50.00 | -90.00 | 0.10 | 12.25 |
| 2014 | 66740.44 | 125.65 | 86.03 | 147.81 | 1364.04 | 2628.08 | 1.76 | 334.20 |
| 2015 | 108789.01 | 63.00 | 85.66 | 240.94 | 116.20 | -91.48 | 0.09 | 28.47 |
| 2016 | 149658.85 | 37.57 | 72.36 | 331.46 | 202.81 | 74.54 | 0.10 | 49.69 |
| 2017 | 76754.90 | -48.71 | 79.50 | 169.99 | 253.33 | 24.91 | 0.26 | 62.07 |
| 2018 | 73843.60 | -3.79 | 79.50 | 163.55 | 152.05 | -39.98 | 0.16 | 37.25 |
| 2019 | 49215.32 | -33.35 | 70.11 | 109.00 | 304.69 | 100.39 | 0.43 | 74.65 |
| 2020 | 25405.98 | -48.38 | 95.08 | 56.27 | 42.18 | -86.16 | 0.16 | 10.33 |
| 2021 | 65950.33 | 159.59 | 97.02 | 146.06 | 192.07 | 355.36 | 0.28 | 47.06 |
| 合计 | 717111.84 | — | 79.51 | — | 3207.31 | — | 0.36 | — |
| 2011—2015年均值 | 45151.54 | — | — | 100.00 | 408.15 | — | — | 100.00 |

| 年份 | 非制造业 | | | | | | | |
|---|---|---|---|---|---|---|---|---|
| | 采矿业 | | | | 电力、热力、燃气及水生产和供应业 | | | |
| | 金额 | 同比增长（%） | 占比（%） | 指数 | 金额 | 同比增长（%） | 占比（%） | 指数 |
| 2005 | 4.00 | — | 0.15 | 0.15 | 800.34 | — | 29.39 | 16.74 |
| 2006 | 954.78 | 23769.50 | 14.24 | 36.59 | 0.00 | -100.00 | 0.00 | 0.00 |
| 2007 | 651.82 | -31.73 | 4.08 | 24.98 | 47.15 | — | 0.30 | 0.99 |
| 2008 | 4812.46 | 638.31 | 35.97 | 184.44 | 614.73 | 1203.78 | 4.59 | 12.86 |
| 2009 | 597.50 | -87.58 | 20.60 | 22.90 | 85.89 | -86.03 | 2.96 | 1.80 |
| 2010 | 345.91 | -42.11 | 1.80 | 13.26 | 190.75 | 122.09 | 0.99 | 3.99 |
| 2011 | 932.00 | 169.43 | 6.28 | 35.72 | 1441.29 | 655.59 | 9.71 | 30.15 |
| 2012 | 1291.37 | 38.56 | 10.16 | 49.49 | 1887.94 | 30.99 | 14.85 | 39.49 |
| 2013 | 5270.26 | 308.11 | 11.06 | 201.99 | 8292.85 | 339.25 | 17.41 | 173.47 |
| 2014 | 532.40 | -89.90 | 0.69 | 20.40 | 2929.43 | -64.68 | 3.78 | 61.28 |

续表

| 年份 | 非制造业 | | | | | | | |
|---|---|---|---|---|---|---|---|---|
| | 采矿业 | | | | 电力、热力、燃气及水生产和供应业 | | | |
| | 金额 | 同比增长（%） | 占比（%） | 指数 | 金额 | 同比增长（%） | 占比（%） | 指数 |
| 2015 | 5019.86 | 842.87 | 3.95 | 192.39 | 9350.77 | 219.20 | 7.36 | 195.60 |
| 2016 | 7910.03 | 57.57 | 3.82 | 303.16 | 5586.11 | -40.26 | 2.70 | 116.85 |
| 2017 | 2659.29 | -66.38 | 2.75 | 101.92 | 14912.75 | 166.96 | 15.45 | 311.95 |
| 2018 | 4438.95 | 66.92 | 4.78 | 170.13 | 6171.65 | -58.61 | 6.64 | 129.10 |
| 2019 | 11672.63 | 162.96 | 16.63 | 447.37 | 4114.76 | -33.33 | 5.86 | 86.07 |
| 2020 | 84.51 | -99.28 | 0.32 | 3.24 | 939.67 | -77.16 | 3.52 | 19.66 |
| 2021 | 1308.65 | 1448.51 | 1.93 | 50.16 | 299.53 | -68.12 | 0.44 | 6.27 |
| 合计 | 48486.42 | — | 5.38 | — | 57665.61 | — | 6.39 | — |
| 2011—2015年均值 | 2609.18 | — | — | 100.00 | 4780.46 | — | — | 100.00 |

| 年份 | 非制造业 | | | | | | | | | | | |
|---|---|---|---|---|---|---|---|---|---|---|---|---|
| | 建筑业 | | | | 小计 | | | | 总计 | | | |
| | 金额 | 同比增长（%） | 占比（%） | 指数 | 金额 | 同比增长（%） | 占比（%） | 指数 | 金额 | 同比增长（%） | 占比（%） | 指数 |
| 2005 | 250.66 | — | 9.21 | 8.33 | 2722.71 | — | 65.76 | 4.87 | 4140.37 | — | 100.00 | 4.44 |
| 2006 | 435.80 | 73.86 | 6.50 | 14.49 | 6702.93 | 146.19 | 80.22 | 11.98 | 8355.43 | 101.80 | 100.00 | 8.96 |
| 2007 | 66.04 | -84.85 | 0.41 | 2.20 | 15962.09 | 138.14 | 78.41 | 28.53 | 20356.45 | 143.63 | 100.00 | 21.84 |
| 2008 | 200.77 | 204.01 | 1.50 | 6.67 | 13378.63 | -16.18 | 75.00 | 23.91 | 17837.50 | -12.37 | 100.00 | 19.14 |
| 2009 | 50.31 | -74.94 | 1.73 | 1.67 | 2900.02 | -78.32 | 51.90 | 5.18 | 5587.95 | -68.67 | 100.00 | 5.99 |
| 2010 | 280.26 | 457.07 | 1.45 | 9.32 | 19267.40 | 564.39 | 72.13 | 34.43 | 26713.09 | 378.05 | 100.00 | 28.66 |
| 2011 | 50.44 | -82.00 | 0.34 | 1.68 | 14846.32 | -22.95 | 49.03 | 26.53 | 30279.63 | 13.35 | 100.00 | 32.48 |
| 2012 | 794.62 | 1475.38 | 6.25 | 26.42 | 12713.42 | -14.37 | 63.15 | 22.72 | 20130.53 | -33.52 | 100.00 | 21.60 |
| 2013 | 4451.98 | 460.26 | 9.34 | 148.01 | 47641.75 | 274.74 | 69.61 | 85.14 | 68443.12 | 240.00 | 100.00 | 73.42 |
| 2014 | 6012.59 | 35.05 | 7.75 | 199.89 | 77578.90 | 62.84 | 64.92 | 138.64 | 119501.62 | 74.60 | 100.00 | 128.20 |
| 2015 | 3729.91 | -37.97 | 2.94 | 124.00 | 127005.75 | 63.71 | 55.77 | 226.97 | 227726.49 | 90.56 | 100.00 | 244.30 |

续表

| 年份 | 非制造业 | | | | | | | | | | | |
|---|---|---|---|---|---|---|---|---|---|---|---|---|
| | 建筑业 | | | | 小计 | | | | 总计 | | | |
| | 金额 | 同比增长（%） | 占比（%） | 指数 | 金额 | 同比增长（%） | 占比（%） | 指数 | 金额 | 同比增长（%） | 占比（%） | 指数 |
| 2016 | 43478.62 | 1065.67 | 21.02 | 1445.48 | 206836.42 | 62.86 | 78.35 | 369.63 | 264004.17 | 15.93 | 100.00 | 283.22 |
| 2017 | 1970.87 | -95.47 | 2.04 | 65.52 | 96551.14 | -53.32 | 53.07 | 172.54 | 181941.54 | -31.08 | 100.00 | 195.18 |
| 2018 | 8280.72 | 320.16 | 8.91 | 275.30 | 92886.97 | -3.80 | 58.78 | 166.00 | 158025.04 | -13.15 | 100.00 | 169.53 |
| 2019 | 4889.16 | -40.96 | 6.96 | 162.54 | 70196.56 | -24.43 | 56.03 | 125.45 | 125281.56 | -20.72 | 100.00 | 134.40 |
| 2020 | 249.33 | -94.90 | 0.93 | 8.29 | 26721.67 | -61.93 | 19.78 | 47.75 | 135096.30 | 7.83 | 100.00 | 144.93 |
| 2021 | 222.61 | -10.72 | 0.33 | 7.40 | 67973.19 | 154.37 | 63.02 | 121.47 | 107867.01 | -20.16 | 100.00 | 115.72 |
| 合计 | 75414.69 | — | 8.36 | — | 901885.87 | — | 59.28 | — | 1521287.80 | — | 100.00 | — |
| 2011—2015年均值 | 3007.91 | — | — | 100.00 | 55957.23 | — | — | 100.00 | 93216.28 | — | — | 100.00 |

注：此处存在重复统计问题，故总计部分与表2-1-1、表2-1-2所示不一致，重复统计的处理方式与投资来源地部分的处理一致，详见表2-2-1脚注。

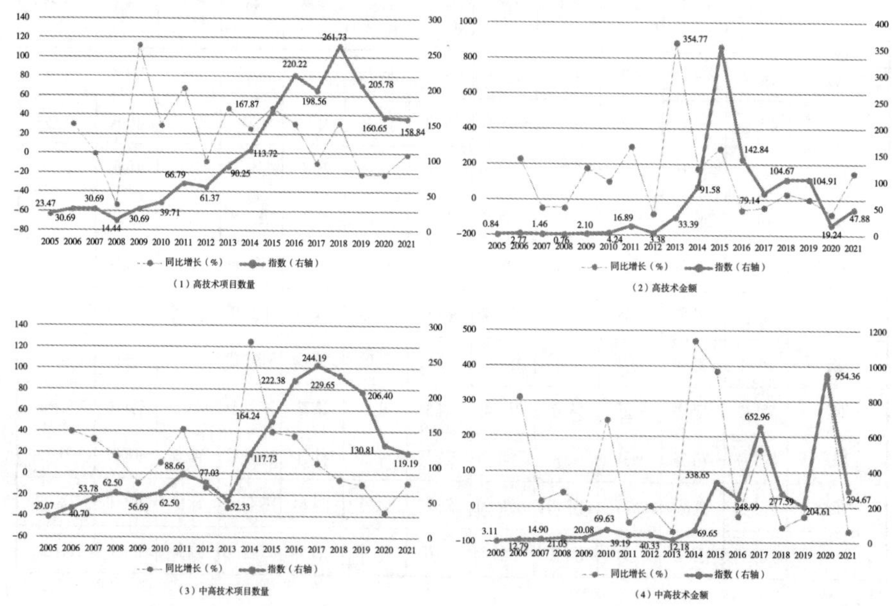


（1）高技术项目数量

（2）高技术金额

（3）中高技术项目数量

（4）中高技术金额

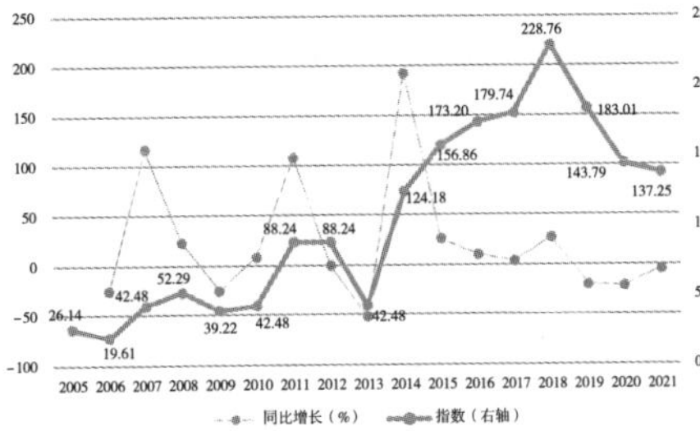

同比增长（%） 指数（右轴）

（5）中低技术项目数量（

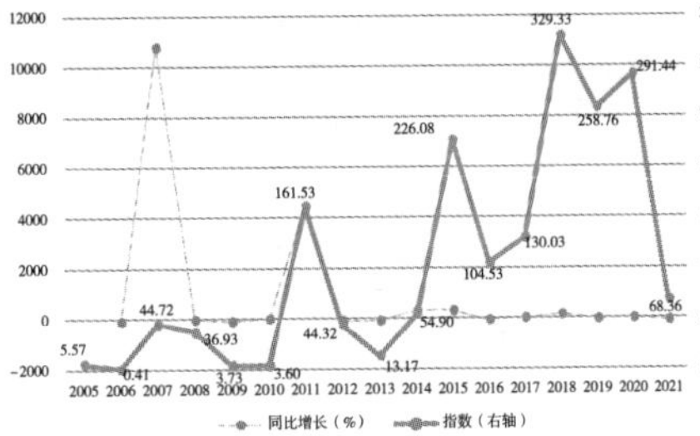

同比增长（%） 指数（右轴）

6）中低技术金额

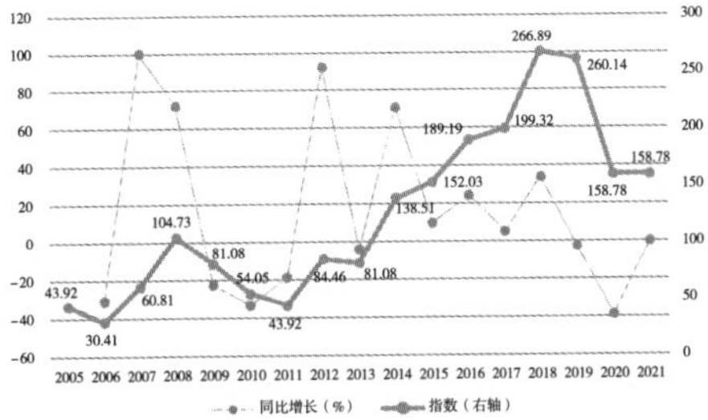

同比增长（%） 指数（右轴）

（7）低技术项目数量

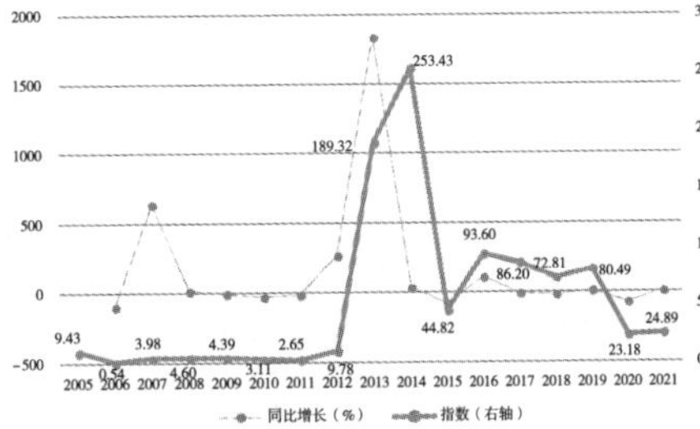

同比增长（%） 指数（右轴）

（8）低技术金额

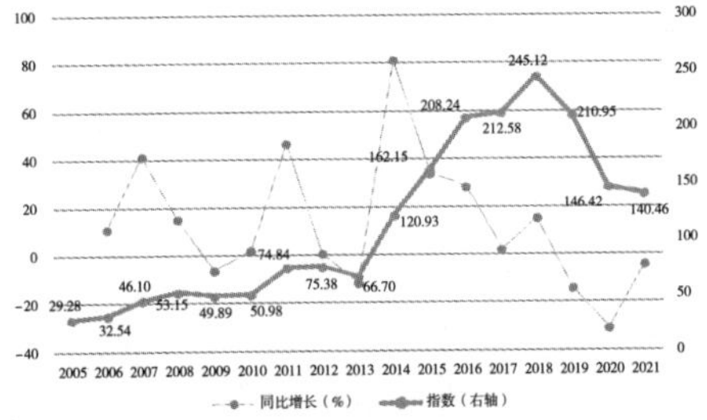

同比增长（%） 指数（右轴）

（9）制造业合计项目数量

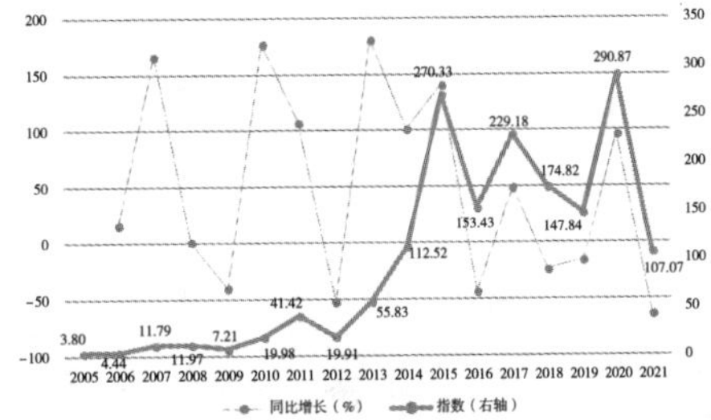

同比增长（%） 指数（右轴）

（10）制造业合计金额

**图 2-4-1 2005—2021 年民营企业对外直接投资制造业项目数量指数和金额指数变化图**

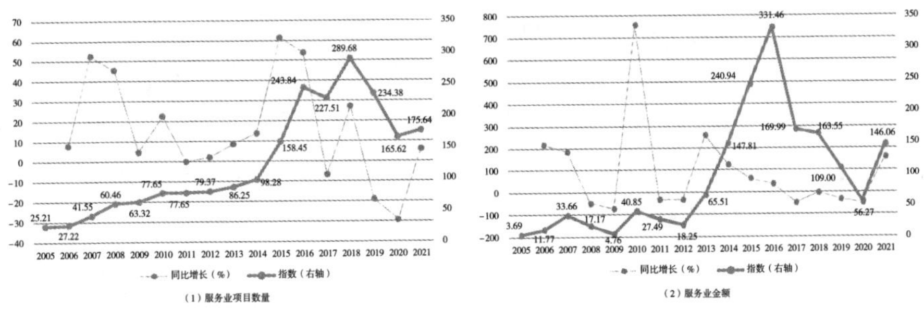


（1）服务业项目数量

（2）服务业金额

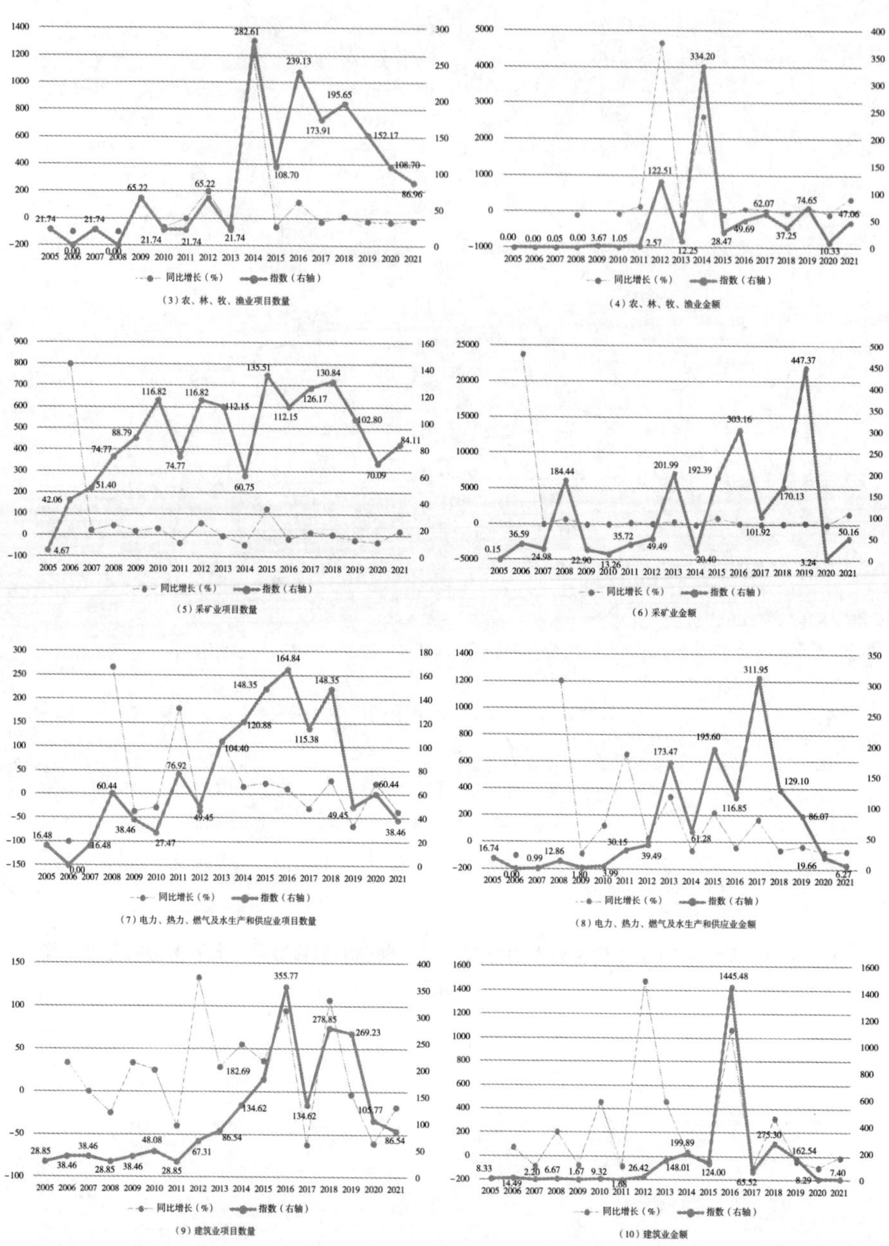


（3）农、林、牧、渔业项目数量

（4）农、林、牧、渔业金额

（5）采矿业项目数量

（6）采矿业金额

（7）电力、热力、燃气及水生产和供应业项目数量

（8）电力、热力、燃气及水生产和供应业金额

（9）建筑业项目数量

（10）建筑业金额

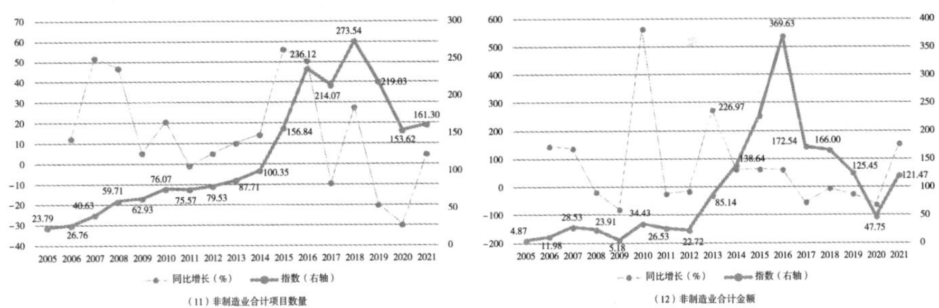


**图 2-4-2　2005—2021 年民营企业对外直接投资非制造业项目数量指数和金额指数变化图**

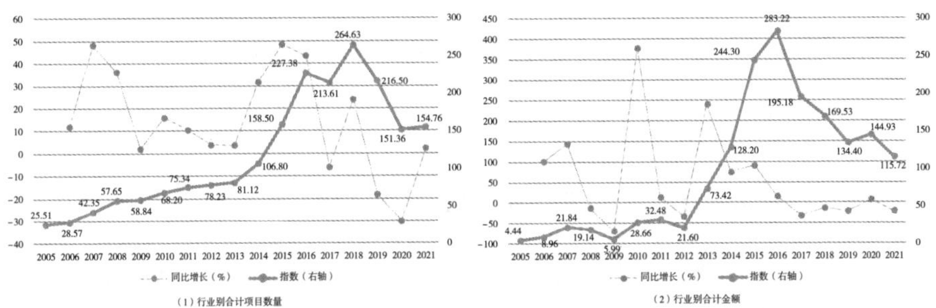


**图 2-4-3　2005—2021 年民营企业对外直接投资行业别项目数量指数和金额指数变化图**

根据 2005—2021 年中国民营企业 OFDI 数量行业别图表显示：在 2005 年至 2021 年，流向非制造业中的服务业的 OFDI 项目数量增长最为显著，从 2005 年的 88 件增加到 613 件，复合增长率为年均 12.9%；流向制造业中的中高技术的 OFDI 在 2017 年至 2021 年实现了民营企业对外直接投资项目数量连续 3 年的下降。总体来看，流向制造业的民营企业对外直接投资数量主要集中在中高技术，2005 年至 2021 年的平均占比为 37.93%；流向非制造业的民营企业对外直接投资数量主要集中在服务业，2005 年至 2021 年的平均占比为 90.04%。

从 2005—2021 年中国民营企业 OFDI 金额行业别图表可以看出：在 2005 年至 2021 年，流向制造业的中高技术的 OFDI 金额在 2020 年出现最显著的增长，从 187.27 亿美元增长到 873.51 亿美元；流向非制造业的服务业的 OFDI 金额在 2017 年出现最显著的缩减，从 1496.59 亿美元缩减到

767.55 亿美元。总体来看，流向制造业的民营企业对外直接投资金额主要集中在中高技术，2005 年至 2021 年的平均占比为 48.39%，流向非制造业的民营企业对外直接投资金额主要集中在服务业，2005 年至 2021 年的平均占比为 79.51%。

## 第五节　民营企业“一带一路”投资指数

本节以对“一带一路”沿线国家进行对外直接投资的民营企业为样本，通过将“一带一路”沿线国家划分为东北亚、东南亚、南亚、西亚北非、中东欧和中亚 6 个地区，对民企在“一带一路”沿线国家的投资特征进行统计描述。

### 一、“一带一路”沿线国家的区域划分标准

本节中所列举的“一带一路”沿线国家来自中国一带一路官方网站①，依据网站基础数据的划分标准将区域分布主要按照国家地理位置、经济体制以及其发展状况进行划分，“一带一路”沿线共 64 个国家，2021 年版报告中涉及的“一带一路”标的国家（地区）共计 54 个，具体情况如表 2-5-1 所示。

**表 2-5-1　中国民营企业对外直接投资所涉及的“一带一路”沿线国家区域划分**

| 所属区域 | “一带一路”沿线所涉及国家 | 本书所涉及国家 | 本书国家个数 |
| --- | --- | --- | --- |
| 东北亚 | 蒙古、俄罗斯 | 蒙古、俄罗斯 | 2 |
| 东南亚 | 新加坡、印度尼西亚、马来西亚、泰国、越南、菲律宾、柬埔寨、缅甸、老挝、文莱、东帝汶 | 新加坡、印度尼西亚、马来西亚、泰国、越南、菲律宾、柬埔寨、老挝、缅甸、文莱 | 10 |

① 来自中国一带一路官方网站：https：//www. yidaiyilu. gov. cn/。

续表

| 所属区域 | "一带一路"沿线所涉及国家 | 本书所涉及国家 | 本书国家个数 |
|---|---|---|---|
| 南亚 | 印度、巴基斯坦、斯里兰卡、孟加拉国、尼泊尔、马尔代夫、不丹 | 印度、巴基斯坦、斯里兰卡、孟加拉国、尼泊尔、马尔代夫 | 6 |
| 西亚北非 | 阿联酋、科威特、土耳其、卡塔尔、阿曼、黎巴嫩、沙特、巴林、以色列、也门、埃及、伊朗、约旦、叙利亚、伊拉克、阿富汗、巴勒斯坦、阿塞拜疆、格鲁吉亚、亚美尼亚 | 阿联酋、科威特、土耳其、卡塔尔、阿曼、黎巴嫩、沙特、巴林、以色列、埃及、伊朗、约旦、伊拉克、阿塞拜疆、格鲁吉亚、亚美尼亚 | 16 |
| 中东欧 | 波兰、阿尔巴尼亚、爱沙尼亚、立陶宛、斯洛文尼亚、保加利亚、捷克、匈牙利、马其顿、塞尔维亚、罗马尼亚、斯洛伐克、克罗地亚、拉脱维亚、波黑、黑山、乌克兰、白俄罗斯、摩尔多瓦 | 波兰、爱沙尼亚、立陶宛、斯洛文尼亚、保加利亚、捷克、匈牙利、塞尔维亚、罗马尼亚、斯洛伐克、克罗地亚、拉脱维亚、乌克兰、白俄罗斯、阿尔巴尼亚、波黑、马其顿、白俄罗斯 | 18 |
| 中亚 | 哈萨克斯坦、吉尔吉斯斯坦、土库曼斯坦、塔吉克斯坦、乌兹别克斯坦 | 哈萨克斯坦、乌兹别克斯坦、吉尔吉斯斯坦、塔吉克斯坦 | 4 |

资料来源："一带一路"沿线所涉及国家根据中国一带一路官方网站 https：//www. yidaiyilu. gov. cn/整理。

## 二、民营企业在"一带一路"沿线国家投资概况

自"一带一路"倡议提出以来，中国民营企业与"一带一路"沿线国家的投资合作愈发紧密，民企对"一带一路"国家的投资无论是项目数量还是金额都在其总投资中占有重要地位。总体占比呈现出上升趋势，其中项目数量占比由 2013 年的 16. 12%增长至 2021 年的 23. 19 %，投资金额占比由 2013 年的 12. 66%增长至 17. 95%。2020 年受新冠肺炎疫情影响，民企对"一带一路"沿线国家的投资项目数量和金额都出现了较大幅度的缩减。2021 年进入后疫情时代，各国建立相应的风险应对机制，民企对"一带一路"沿线国家的投资项目数量有所回升，且投资金额的下降速度也有所放缓。在 2014—2021 年的七年中，中国企业对"一带一路"沿线国家

的投资项目数量50%以上来自于民营企业，民营企业逐步成为中国“一带一路”投资中的主力军。

**表 2-5-2　2005—2021 年民营企业“一带一路”投资项目数量、金额及占比汇总表**

| 年份 | 民企“一带一路”投资项目数量 | | | 民企“一带一路”投资金额 | | |
|---|---|---|---|---|---|---|
| | 项目数量（件） | 在“一带一路”总投资中占比（%） | 在民企总投资中占比（%） | 金额（亿美元） | 在“一带一路”总投资中占比（%） | 在民企总投资中占比（%） |
| 2005 | 50 | 42.74 | 33.33 | 18.61 | 12.29 | 44.95 |
| 2006 | 45 | 38.14 | 26.63 | 18.33 | 8.56 | 21.67 |
| 2007 | 51 | 35.17 | 20.40 | 27.35 | 10.32 | 13.43 |
| 2008 | 62 | 39.49 | 18.29 | 25.27 | 8.82 | 14.17 |
| 2009 | 63 | 36.21 | 18.10 | 14.68 | 3.06 | 26.27 |
| 2010 | 73 | 43.20 | 18.25 | 49.40 | 24.52 | 18.49 |
| 2011 | 73 | 39.25 | 16.40 | 108.70 | 36.80 | 36.02 |
| 2012 | 81 | 48.21 | 17.46 | 43.91 | 40.11 | 21.28 |
| 2013 | 78 | 44.83 | 16.12 | 86.79 | 33.53 | 12.66 |
| 2014 | 122 | 53.74 | 19.40 | 85.90 | 27.10 | 7.15 |
| 2015 | 217 | 57.11 | 23.56 | 296.31 | 40.58 | 13.08 |
| 2016 | 295 | 61.08 | 22.15 | 549.33 | 50.29 | 21.16 |
| 2017 | 292 | 66.97 | 23.14 | 408.10 | 18.89 | 22.43 |
| 2018 | 399 | 64.25 | 25.35 | 359.48 | 40.47 | 23.84 |
| 2019 | 339 | 69.04 | 26.46 | 416.10 | 69.17 | 33.96 |
| 2020 | 197 | 70.11 | 21.77 | 263.69 | 64.27 | 19.63 |
| 2021 | 214 | 69.93 | 23.19 | 193.71 | 29.63 | 17.95 |
| 合计 | 2651 | 57.22 | 22.32 | 2965.65 | 32.54 | 19.69 |

在民营企业对“一带一路”投资项目数量和金额分布中，并购投资和绿地投资规模相差不大，且民企“一带一路”绿地投资规模呈现出高于并购的情况。绿地投资在民企开展“一带一路”对外投资活动中发挥重要作用，尤其是在投资金额方面，2020 年其金额达到 215.37 亿美元，在当年度全国企业“一带一路”投资中贡献了 52.50%。2021 年绿地投资项目金额大幅减少，而数量方面则存在小幅上升。

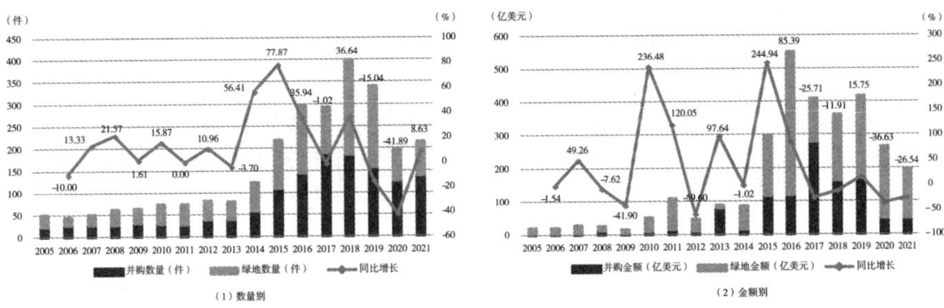


**图 2-5-1　2005—2021 年民营企业“一带一路”对外直接投资项目数量和金额增长变化图**

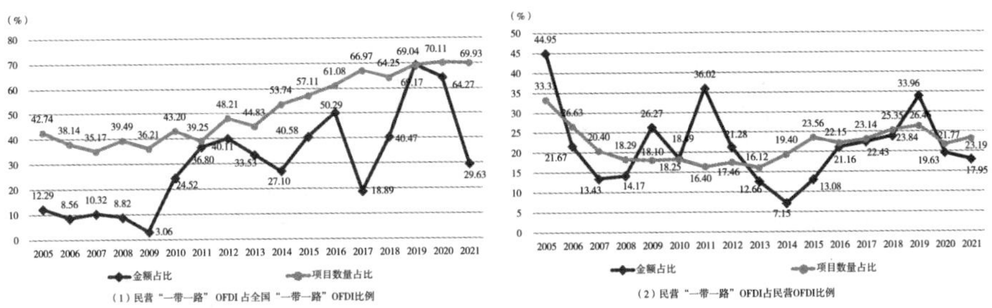


**图 2-5-2　历年民营企业“一带一路”对外直接投资在全国企业“一带一路”总投资、民企总投资的占比变化图**

**表 2-5-3　2005—2021 年不同投资模式下民营企业“一带一路”项目数量、金额及占比汇总表**

| 年份 | 民企“一带一路”并购投资 | | | | 民企“一带一路”绿地投资 | | | |
|---|---|---|---|---|---|---|---|---|
| | 并购数量（件） | 在“一带一路”总投资中占比（%） | 并购金额（亿美元） | 在“一带一路”总投资中占比（%） | 绿地数量（件） | 在“一带一路”总投资中占比（%） | 绿地金额（亿美元） | 在“一带一路”总投资中占比（%） |
| 2005 | 23 | 19.66 | 1.59 | 1.05 | 27 | 23.08 | 17.02 | 11.24 |
| 2006 | 27 | 22.88 | 1.60 | 0.75 | 18 | 15.25 | 16.73 | 7.82 |
| 2007 | 27 | 18.62 | 4.91 | 1.85 | 24 | 16.55 | 22.44 | 8.47 |
| 2008 | 27 | 17.20 | 12.82 | 4.47 | 35 | 22.29 | 12.45 | 4.34 |
| 2009 | 32 | 18.39 | 3.64 | 0.76 | 31 | 17.82 | 11.04 | 2.30 |
| 2010 | 30 | 17.75 | 9.07 | 4.50 | 43 | 25.44 | 40.32 | 20.02 |

续表

| 年份 | 民企“一带一路”并购投资 | | | | 民企“一带一路”绿地投资 | | | |
|---|---|---|---|---|---|---|---|---|
| | 并购数量（件） | 在“一带一路”总投资中占比（%） | 并购金额（亿美元） | 在“一带一路”总投资中占比（%） | 绿地数量（件） | 在“一带一路”总投资中占比（%） | 绿地金额（亿美元） | 在“一带一路”总投资中占比（%） |
| 2011 | 27 | 14.52 | 13.21 | 4.47 | 46 | 24.73 | 95.49 | 32.33 |
| 2012 | 39 | 23.21 | 9.15 | 8.35 | 42 | 25.00 | 34.77 | 31.76 |
| 2013 | 39 | 22.41 | 81.32 | 31.42 | 39 | 22.41 | 5.47 | 2.11 |
| 2014 | 58 | 25.55 | 14.37 | 4.53 | 64 | 28.19 | 71.53 | 22.57 |
| 2015 | 110 | 28.95 | 115.10 | 15.76 | 107 | 28.16 | 181.20 | 24.82 |
| 2016 | 143 | 29.61 | 119.37 | 10.93 | 152 | 31.47 | 429.96 | 39.36 |
| 2017 | 189 | 43.35 | 278.14 | 12.88 | 103 | 23.62 | 129.96 | 6.02 |
| 2018 | 186 | 29.95 | 160.98 | 18.12 | 213 | 34.30 | 198.50 | 22.35 |
| 2019 | 157 | 31.98 | 170.68 | 28.37 | 182 | 37.07 | 245.41 | 40.80 |
| 2020 | 126 | 44.84 | 48.32 | 11.78 | 71 | 25.27 | 215.37 | 52.50 |
| 2021 | 137 | 44.77 | 47.07 | 7.20 | 77 | 25.16 | 146.64 | 22.43 |
| 合计 | 1377 | 29.72 | 1091.34 | 11.97 | 1274 | 27.50 | 1874.31 | 20.56 |

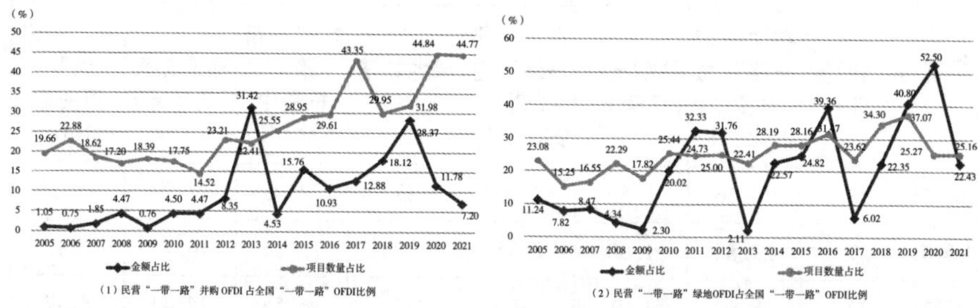


**图 2-5-3　民营企业“一带一路”并购、绿地投资在“一带一路”总投资的占比变化图**

## 三、民营企业“一带一路”对外直接投资指数

从民营企业“一带一路”对外直接投资项目数量指数和金额指数变化

来看，自2013年“一带一路”倡议提出以来，项目数量指数和金额指数总体呈现上升趋势，尤其在2014—2016年间表现突出。但是在2017—2020年间，项目数量指数和金额指数均波动下降，特别是在2020年民企“一带一路”对外直接投资项目数量指数同比下降41.89%，金额指数同比下降36.63%。在2021年，民企“一带一路”对外直接投资项目数量指数扭转了持续下降局势，同比增长8.63%，金额指数则同比下降26.54%。

**表2-5-4 2005—2021年民营企业“一带一路”对外直接投资项目数量、金额汇总表**

| 年份 | 民企“一带一路”对外直接投资项目数量指数 | 同比增长（%） | 民企“一带一路”对外直接投资金额指数 | 同比增长（%） |
|---|---|---|---|---|
| 2005 | 43.78 | — | 14.97 | — |
| 2006 | 39.40 | -10.00 | 14.74 | -1.54 |
| 2007 | 44.66 | 13.33 | 22.00 | 49.26 |
| 2008 | 54.29 | 21.57 | 20.33 | -7.62 |
| 2009 | 55.17 | 1.61 | 11.81 | -41.90 |
| 2010 | 63.92 | 15.87 | 39.73 | 236.48 |
| 2011 | 63.92 | 0.00 | 87.43 | 120.05 |
| 2012 | 70.93 | 10.96 | 35.32 | -59.60 |
| 2013 | 68.30 | -3.70 | 69.81 | 97.64 |
| 2014 | 106.83 | 56.41 | 69.10 | -1.02 |
| 2015 | 190.02 | 77.87 | 238.34 | 244.94 |
| 2016 | 258.32 | 35.94 | 441.86 | 85.39 |
| 2017 | 255.69 | -1.02 | 328.26 | -25.71 |
| 2018 | 349.39 | 36.64 | 289.15 | -11.91 |
| 2019 | 296.85 | -15.04 | 334.69 | 15.75 |
| 2020 | 172.50 | -41.89 | 212.10 | -36.63 |
| 2021 | 187.39 | 8.63 | 155.81 | -26.54 |

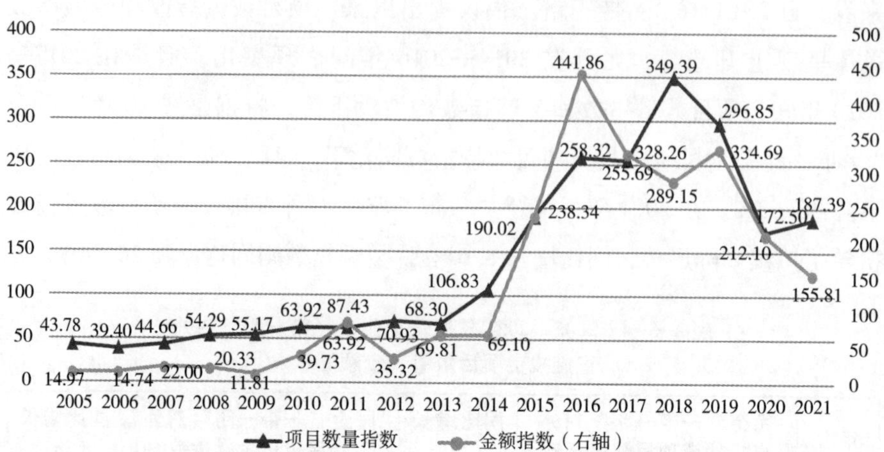


**图 2-5-4　2005—2021 年民营企业“一带一路”对外直接投资项目数量指数和金额指数变化图**

民营企业“一带一路”并购投资、绿地投资项目数量的增长变化相对一致，自 2013 年呈现出高速增长趋势，直到 2017 年民企“一带一路”并购投资继续高速增长达到十五年来的峰值水平，但绿地投资项目数量却大幅下降。综合民企“一带一路”并购、绿地投资规模（表 2-5-3）和指数变化（表 2-5-5）来看，尽管绿地是民企在“一带一路”沿线国家投资主要模式，但是近年来在外部政策和国际经济局势变动的影响下，并购较绿地增长更为稳定。2021 年并购金额指数出现 2. 58%的同比下降，而绿地则同比下降 31. 92%。

**表 2-5-5　2005—2021 年民营企业“一带一路”对外并购投资指数、绿地投资指数汇总表**

| 年份 | 民企“一带一路”对外并购投资 | | | | 民企“一带一路”对外绿地投资 | | | |
|---|---|---|---|---|---|---|---|---|
| | 并购数量指数 | 同比增长（%） | 并购金额指数 | 同比增长（%） | 绿地数量指数 | 同比增长（%） | 绿地金额指数 | 同比增长（%） |
| 2005 | 42. 12 | — | 3. 41 | — | 45. 30 | — | 21. 91 | — |
| 2006 | 49. 45 | 17. 39 | 3. 43 | 0. 48 | 30. 20 | -33. 33 | 21. 53 | -1. 73 |
| 2007 | 49. 45 | 0. 00 | 10. 53 | 207. 44 | 40. 27 | 33. 33 | 28. 89 | 34. 16 |
| 2008 | 49. 45 | 0. 00 | 27. 50 | 161. 12 | 58. 72 | 45. 83 | 16. 02 | -44. 54 |

续表

| 年份 | 民企“一带一路”对外并购投资 | | | | 民企“一带一路”对外绿地投资 | | | |
|---|---|---|---|---|---|---|---|---|
| | 并购数量指数 | 同比增长（%） | 并购金额指数 | 同比增长（%） | 绿地数量指数 | 同比增长（%） | 绿地金额指数 | 同比增长（%） |
| 2009 | 58.61 | 18.52 | 7.81 | -71.58 | 52.01 | -11.43 | 14.21 | -11.33 |
| 2010 | 54.95 | -6.25 | 19.46 | 149.00 | 72.15 | 38.71 | 51.90 | 265.36 |
| 2011 | 49.45 | -10.00 | 28.33 | 45.59 | 77.18 | 6.98 | 122.91 | 136.80 |
| 2012 | 71.43 | 44.44 | 19.61 | -30.77 | 70.47 | -8.70 | 44.75 | -63.59 |
| 2013 | 71.43 | 0.00 | 174.40 | 789.25 | 65.44 | -7.14 | 7.04 | -84.28 |
| 2014 | 106.23 | 48.72 | 30.81 | -82.33 | 107.38 | 64.10 | 92.07 | 1208.56 |
| 2015 | 201.47 | 89.66 | 246.84 | 701.06 | 179.53 | 67.19 | 233.23 | 153.32 |
| 2016 | 261.90 | 30.00 | 255.99 | 3.71 | 255.03 | 42.06 | 553.42 | 137.28 |
| 2017 | 346.15 | 32.17 | 596.48 | 133.01 | 172.82 | -32.24 | 167.28 | -69.77 |
| 2018 | 340.66 | -1.59 | 345.23 | -42.12 | 357.38 | 106.80 | 255.49 | 52.74 |
| 2019 | 287.55 | -15.59 | 366.04 | 6.03 | 305.37 | -14.55 | 315.88 | 23.63 |
| 2020 | 230.77 | -19.75 | 103.61 | -71.69 | 119.13 | -60.99 | 277.22 | -12.24 |
| 2021 | 250.92 | 8.73 | 100.94 | -2.58 | 129.19 | 8.45 | 188.74 | -31.92 |

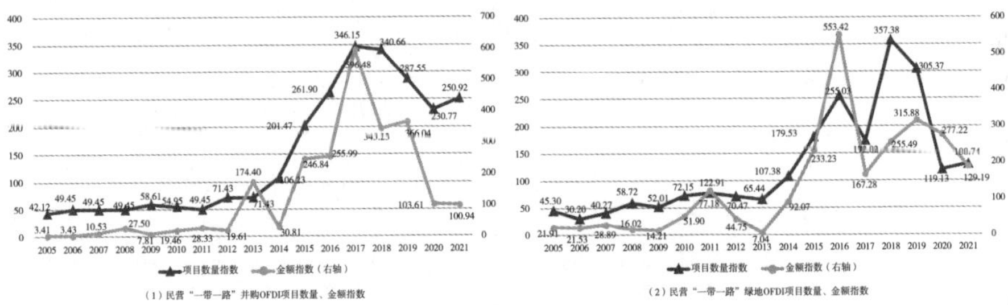


**图 2-5-5　2005—2021 年民营企业“一带一路”对外并购、绿地投资项目数量指数和金额指数变化图**

## 四、民营企业对外直接投资项目数量和金额在“一带一路”沿线国家的区域分布

从民营企业对“一带一路”沿线国家的整体投资情况来看，自“一带

一路”倡议提出以来，民企投资项目数量和金额增长明显。民企在地域选择上更青睐东南亚地区，其次是南亚和西亚北非地区。

民营企业对“一带一路”沿线国家投资的项目数量以东南亚和南亚为主，在2005—2021年间，民企在两地区的投资项目数量在“一带一路”总投资项目数量中的占比达到62.69%。其中，东南亚地区投资项目数量在“一带一路”总投资中的占比远高于其他地区，2018年达到峰值水平181件，2021年则为126件。

民营企业在“一带一路”沿线国家的投资金额以东北亚、东南亚、南亚和西亚北非四个地区为主，分布较为均匀。总体来看，民企投资金额分布最多的“一带一路”沿线区域仍然是东南亚，2005—2021年间其在“一带一路”总投资金额中占比为42.09%。

**表2-5-6　中国民营企业对外直接投资“一带一路”标的区域的项目数量及指数汇总表**

（单位：件）

| 年份 | | 东北亚 | 东南亚 | 南亚 | 西亚北非 | 中东欧 | 中亚 | 合计 |
|---|---|---|---|---|---|---|---|---|
| 2005 | 数量 | 8 | 17 | 8 | 7 | 7 | 3 | 50 |
| | 比例（%） | 16.00 | 34.00 | 16.00 | 14.00 | 14.00 | 6.00 | 100.00 |
| | 指数 | 102.56 | 37.61 | 41.24 | 45.45 | 36.84 | 40.54 | 43.78 |
| 2006 | 数量 | 10 | 16 | 7 | 8 | 2 | 2 | 45 |
| | 比例（%） | 22.22 | 35.56 | 15.56 | 17.78 | 4.44 | 4.44 | 100.00 |
| | 指数 | 128.21 | 35.40 | 36.08 | 51.95 | 10.53 | 27.03 | 39.40 |
| 2007 | 数量 | 5 | 27 | 8 | 4 | 6 | 1 | 51 |
| | 比例（%） | 9.80 | 52.94 | 15.69 | 7.84 | 11.76 | 1.96 | 100.00 |
| | 指数 | 64.10 | 59.73 | 41.24 | 25.97 | 31.58 | 13.51 | 44.66 |
| 2008 | 数量 | 6 | 29 | 12 | 10 | 5 | 0 | 62 |
| | 比例（%） | 9.68 | 46.77 | 19.35 | 16.13 | 8.06 | 0.00 | 100.00 |
| | 指数 | 76.92 | 64.16 | 61.86 | 64.94 | 26.32 | 0.00 | 54.29 |

续表

| 年份 | | 东北亚 | 东南亚 | 南亚 | 西亚北非 | 中东欧 | 中亚 | 合计 |
|---|---|---|---|---|---|---|---|---|
| 2009 | 数量 | 5 | 35 | 3 | 4 | 9 | 7 | 63 |
| | 比例（%） | 7.94 | 55.56 | 4.76 | 6.35 | 14.29 | 11.11 | 100.00 |
| | 指数 | 64.10 | 77.43 | 15.46 | 25.97 | 47.37 | 94.59 | 55.17 |
| 2010 | 数量 | 8 | 33 | 11 | 7 | 13 | 1 | 73 |
| | 比例（%） | 10.96 | 45.21 | 15.07 | 9.59 | 17.81 | 1.37 | 100.00 |
| | 指数 | 102.56 | 73.01 | 56.70 | 45.45 | 68.42 | 13.51 | 63.92 |
| 2011 | 数量 | 6 | 30 | 9 | 5 | 18 | 5 | 73 |
| | 比例（%） | 8.22 | 41.10 | 12.33 | 6.85 | 24.66 | 6.85 | 100.00 |
| | 指数 | 76.92 | 66.37 | 46.39 | 32.47 | 94.74 | 67.57 | 63.92 |
| 2012 | 数量 | 5 | 36 | 10 | 11 | 16 | 3 | 81 |
| | 比例（%） | 6.17 | 44.44 | 12.35 | 13.58 | 19.75 | 3.70 | 100.00 |
| | 指数 | 64.10 | 79.65 | 51.55 | 71.43 | 84.21 | 40.54 | 70.93 |
| 2013 | 数量 | 7 | 35 | 7 | 7 | 16 | 6 | 78 |
| | 比例（%） | 8.97 | 44.87 | 8.97 | 8.97 | 20.51 | 7.69 | 100.00 |
| | 指数 | 89.74 | 77.43 | 36.08 | 45.45 | 84.21 | 81.08 | 68.30 |
| 2014 | 数量 | 6 | 50 | 18 | 24 | 18 | 6 | 122 |
| | 比例（%） | 4.92 | 40.98 | 14.75 | 19.67 | 14.75 | 4.92 | 100.00 |
| | 指数 | 76.92 | 110.62 | 92.78 | 155.84 | 94.74 | 81.08 | 106.83 |
| 2015 | 数量 | 15 | 75 | 53 | 30 | 27 | 17 | 217 |
| | 比例（%） | 6.91 | 34.56 | 24.42 | 13.82 | 12.44 | 7.83 | 100.00 |
| | 指数 | 192.31 | 165.93 | 273.20 | 194.81 | 142.11 | 229.73 | 190.02 |
| 2016 | 数量 | 15 | 108 | 70 | 57 | 33 | 12 | 295 |
| | 比例（%） | 5.08 | 36.61 | 23.73 | 19.32 | 11.19 | 4.07 | 100.00 |
| | 指数 | 192.31 | 238.94 | 360.82 | 370.13 | 173.68 | 162.16 | 258.32 |
| 2017 | 数量 | 25 | 119 | 58 | 50 | 30 | 10 | 292 |
| | 比例（%） | 8.56 | 40.75 | 19.86 | 17.12 | 10.27 | 3.42 | 100.00 |
| | 指数 | 320.51 | 263.27 | 298.97 | 324.68 | 157.89 | 135.14 | 255.69 |

续表

| 年份 | | 东北亚 | 东南亚 | 南亚 | 西亚北非 | 中东欧 | 中亚 | 合计 |
|---|---|---|---|---|---|---|---|---|
| 2018 | 数量 | 18 | 181 | 89 | 54 | 37 | 20 | 399 |
| | 比例（%） | 4.51 | 45.36 | 22.31 | 13.53 | 9.27 | 5.01 | 100.00 |
| | 指数 | 230.77 | 400.44 | 458.76 | 350.65 | 194.74 | 270.27 | 349.39 |
| 2019 | 数量 | 24 | 137 | 88 | 40 | 40 | 10 | 339 |
| | 比例（%） | 7.08 | 40.41 | 25.96 | 11.80 | 11.80 | 2.95 | 100.00 |
| | 指数 | 307.69 | 303.10 | 453.61 | 259.74 | 210.53 | 135.14 | 296.85 |
| 2020 | 数量 | 12 | 113 | 23 | 33 | 14 | 2 | 197 |
| | 比例（%） | 6.09 | 57.36 | 11.68 | 16.75 | 7.11 | 1.02 | 100.00 |
| | 指数 | 153.85 | 250.00 | 118.56 | 214.29 | 73.68 | 27.03 | 172.50 |
| 2021 | 数量 | 7 | 126 | 21 | 37 | 20 | 3 | 214 |
| | 比例（%） | 3.27 | 58.88 | 9.81 | 17.29 | 9.35 | 1.40 | 100.00 |
| | 指数 | 89.74 | 278.76 | 108.25 | 240.26 | 105.26 | 40.54 | 187.39 |
| 合计 | 数量 | 182 | 1167 | 495 | 388 | 311 | 108 | 2651 |
| | 比例（%） | 6.87 | 44.02 | 18.67 | 14.64 | 11.73 | 4.07 | 100.00 |
| 2011—2015年均值 | | 7.80 | 45.20 | 19.40 | 15.40 | 19.00 | 7.40 | 114.20 |

**表2-5-7　中国民营企业对外直接投资“一带一路”标的区域的金额及指数汇总表**

（单位：百万美元）

| 年份 | | 东北亚 | 东南亚 | 南亚 | 西亚北非 | 中东欧 | 中亚 | 合计 |
|---|---|---|---|---|---|---|---|---|
| 2005 | 金额 | 1026.82 | 259.26 | 122.65 | 113.03 | 55.90 | 283.60 | 1861.26 |
| | 比例（%） | 55.17 | 13.93 | 6.59 | 6.07 | 3.00 | 15.24 | 100.00 |
| | 指数 | 46.77 | 5.42 | 4.82 | 10.38 | 5.52 | 34.96 | 14.97 |
| 2006 | 金额 | 1367.32 | 112.09 | 185.20 | 109.50 | 56.20 | 2.30 | 1832.61 |
| | 比例（%） | 74.61 | 6.12 | 10.11 | 5.98 | 3.07 | 0.13 | 100.00 |
| | 指数 | 62.28 | 2.34 | 7.28 | 10.06 | 5.55 | 0.28 | 14.74 |
| 2007 | 金额 | 570.16 | 1871.56 | 104.90 | 73.49 | 115.20 | 0.00 | 2735.31 |
| | 比例（%） | 20.84 | 68.42 | 3.84 | 2.69 | 4.21 | 0.00 | 100.00 |
| | 指数 | 25.97 | 39.14 | 4.13 | 6.75 | 11.37 | 0.00 | 22.00 |

续表

| 年份 | | 东北亚 | 东南亚 | 南亚 | 西亚北非 | 中东欧 | 中亚 | 合计 |
|---|---|---|---|---|---|---|---|---|
| 2008 | 金额 | 121.22 | 821.20 | 965.38 | 73.40 | 545.70 | 0.00 | 2526.90 |
| | 比例（%） | 4.80 | 32.50 | 38.20 | 2.90 | 21.60 | 0.00 | 100.00 |
| | 指数 | 5.52 | 17.17 | 37.97 | 6.74 | 53.88 | 0.00 | 20.33 |
| 2009 | 金额 | 324.10 | 711.79 | 30.00 | 42.70 | 262.01 | 97.50 | 1468.10 |
| | 比例（%） | 22.08 | 48.48 | 2.04 | 2.91 | 17.85 | 6.64 | 100.00 |
| | 指数 | 14.76 | 14.88 | 1.18 | 3.92 | 25.87 | 12.02 | 11.81 |
| 2010 | 金额 | 456.70 | 1210.47 | 2501.70 | 368.50 | 402.45 | 0.00 | 4939.82 |
| | 比例（%） | 9.25 | 24.50 | 50.64 | 7.46 | 8.15 | 0.00 | 100.00 |
| | 指数 | 20.80 | 25.31 | 98.40 | 33.86 | 39.74 | 0.00 | 39.73 |
| 2011 | 金额 | 800.30 | 6410.86 | 532.93 | 1812.70 | 329.31 | 983.84 | 10869.94 |
| | 比例（%） | 7.36 | 58.98 | 4.90 | 16.68 | 3.03 | 9.05 | 100.00 |
| | 指数 | 36.45 | 134.06 | 20.96 | 166.55 | 32.52 | 121.27 | 87.43 |
| 2012 | 金额 | 18.45 | 1436.74 | 1187.78 | 805.57 | 474.74 | 468.04 | 4391.32 |
| | 比例（%） | 0.42 | 32.72 | 27.05 | 18.34 | 10.81 | 10.66 | 100.00 |
| | 指数 | 0.84 | 30.04 | 46.72 | 74.01 | 46.88 | 57.69 | 35.32 |
| 2013 | 金额 | 6173.95 | 938.00 | 70.71 | 51.55 | 172.85 | 1271.78 | 8678.84 |
| | 比例（%） | 71.14 | 10.81 | 0.81 | 0.59 | 1.99 | 14.65 | 100.00 |
| | 指数 | 281.23 | 19.61 | 2.78 | 4.74 | 17.07 | 156.77 | 69.81 |
| 2014 | 金额 | 2270.00 | 4004.79 | 552.47 | 268.82 | 1272.18 | 221.86 | 8590.12 |
| | 比例（%） | 26.43 | 46.62 | 6.43 | 3.13 | 14.81 | 2.58 | 100.00 |
| | 指数 | 103.40 | 83.75 | 21.73 | 24.70 | 125.62 | 27.35 | 69.10 |
| 2015 | 金额 | 1713.97 | 11120.08 | 10367.75 | 2503.41 | 2814.72 | 1110.78 | 29630.71 |
| | 比例（%） | 5.78 | 37.53 | 34.99 | 8.45 | 9.50 | 3.75 | 100.00 |
| | 指数 | 78.07 | 232.54 | 407.81 | 230.01 | 277.93 | 136.92 | 238.34 |
| 2016 | 金额 | 1206.48 | 11739.84 | 14205.74 | 24942.25 | 2443.41 | 395.36 | 54933.08 |
| | 比例（%） | 2.20 | 21.37 | 25.86 | 45.40 | 4.45 | 0.72 | 100.00 |
| | 指数 | 54.96 | 245.50 | 558.77 | 2291.62 | 241.26 | 48.73 | 441.86 |

续表

| 年份 | | 东北亚 | 东南亚 | 南亚 | 西亚北非 | 中东欧 | 中亚 | 合计 |
|---|---|---|---|---|---|---|---|---|
| 2017 | 金额 | 14810.77 | 10683.27 | 8193.80 | 4221.62 | 1723.93 | 1176.76 | 40810.15 |
| | 比例（%） | 36.29 | 26.18 | 20.08 | 10.34 | 4.22 | 2.88 | 100.00 |
| | 指数 | 674.65 | 223.40 | 322.29 | 387.87 | 170.22 | 145.05 | 328.26 |
| 2018 | 金额 | 435.49 | 20564.44 | 6366.20 | 4875.01 | 2192.46 | 1514.40 | 35948.00 |
| | 比例（%） | 1.21 | 57.21 | 17.71 | 13.56 | 6.10 | 4.21 | 100.00 |
| | 指数 | 19.84 | 430.03 | 250.41 | 447.90 | 216.48 | 186.67 | 289.15 |
| 2019 | 金额 | 12278.48 | 14936.63 | 6062.14 | 4764.50 | 3343.01 | 224.77 | 41609.53 |
| | 比例（%） | 29.51 | 35.90 | 14.57 | 11.45 | 8.03 | 0.54 | 100.00 |
| | 指数 | 559.30 | 312.34 | 238.45 | 437.75 | 330.09 | 27.71 | 334.69 |
| 2020 | 金额 | 589.77 | 21868.11 | 1216.41 | 2264.15 | 375.47 | 55.00 | 26368.91 |
| | 比例（%） | 2.24 | 82.93 | 4.61 | 8.59 | 1.42 | 0.21 | 100.00 |
| | 指数 | 26.86 | 457.29 | 47.85 | 208.02 | 37.07 | 6.78 | 212.10 |
| 2021 | 金额 | 870.21 | 16146.17 | 649.99 | 1302.04 | 361.19 | 40.95 | 19370.55 |
| | 比例（%） | 4.49 | 83.35 | 3.36 | 6.72 | 1.86 | 0.21 | 100.00 |
| | 指数 | 39.64 | 337.64 | 25.57 | 119.63 | 35.66 | 5.05 | 155.81 |
| 合计 | 金额 | 45034.19 | 124835.30 | 53315.76 | 48592.24 | 16940.73 | 7846.94 | 296565.16 |
| | 比例（%） | 15.19 | 42.09 | 17.98 | 16.39 | 5.71 | 2.65 | 100.00 |
| 2011—2015 年均值 | | 2195.33 | 4782.09 | 2542.33 | 1088.41 | 1012.76 | 811.26 | 12432.19 |

民营企业对“一带一路”沿线国家并购投资项目数量最多的是东南亚，2005 年至 2021 年平均占比达到 52.58%；其次是南亚、西亚北非和中东欧，并且在“一带一路”倡议提出后有较大幅度的增长；东北亚和中亚则占比较小，增幅不明显。并购投资金额则在区域分布上相对平均，2013 年后各个区域投资金额都有明显的增长，综上可见，民营企业对“一带一路”沿线国家的并购投资项目数量和金额在 2005—2021 年间都有较大幅度的增长，东南亚地区优势明显，但其他地区的占比也在逐步提升中。

**表 2-5-8　中国民营企业并购投资“一带一路”标的区域的项目数量及指数汇总表**

（单位：件）

| 年份 | | 东北亚 | 东南亚 | 南亚 | 西亚北非 | 中东欧 | 中亚 | 合计 |
|---|---|---|---|---|---|---|---|---|
| 2005 | 数量 | 0 | 12 | 4 | 3 | 2 | 2 | 23 |
| | 比例（%） | 0.00 | 52.17 | 17.39 | 13.04 | 8.70 | 8.70 | 100.00 |
| | 指数 | 0.00 | 48.00 | 71.43 | 34.88 | 25.00 | 38.46 | 42.12 |
| 2006 | 数量 | 4 | 12 | 3 | 5 | 1 | 2 | 27 |
| | 比例（%） | 14.81 | 44.44 | 11.11 | 18.52 | 3.70 | 7.41 | 100.00 |
| | 指数 | 181.82 | 48.00 | 53.57 | 58.14 | 12.50 | 38.46 | 49.45 |
| 2007 | 数量 | 2 | 17 | 4 | 2 | 1 | 1 | 27 |
| | 比例（%） | 7.41 | 62.96 | 14.81 | 7.41 | 3.70 | 3.70 | 100.00 |
| | 指数 | 90.91 | 68.00 | 71.43 | 23.26 | 12.50 | 19.23 | 49.45 |
| 2008 | 数量 | 3 | 13 | 5 | 3 | 3 | 0 | 27 |
| | 比例（%） | 11.11 | 48.15 | 18.52 | 11.11 | 11.11 | 0.00 | 100.00 |
| | 指数 | 136.36 | 52.00 | 89.29 | 34.88 | 37.50 | 0.00 | 49.45 |
| 2009 | 数量 | 0 | 18 | 1 | 2 | 5 | 6 | 32 |
| | 比例（%） | 0.00 | 56.25 | 3.13 | 6.25 | 15.63 | 18.75 | 100.00 |
| | 指数 | 0.00 | 72.00 | 17.86 | 23.26 | 62.50 | 115.38 | 58.61 |
| 2010 | 数量 | 1 | 20 | 2 | 3 | 3 | 1 | 30 |
| | 比例（%） | 3.33 | 66.67 | 6.67 | 10.00 | 10.00 | 3.33 | 100.00 |
| | 指数 | 45.45 | 80.00 | 35.71 | 34.88 | 37.50 | 19.23 | 54.95 |
| 2011 | 数量 | 2 | 13 | 2 | 2 | 3 | 5 | 27 |
| | 比例（%） | 7.41 | 48.15 | 7.41 | 7.41 | 11.11 | 18.52 | 100.00 |
| | 指数 | 90.91 | 52.00 | 35.71 | 23.26 | 37.50 | 96.15 | 49.45 |
| 2012 | 数量 | 1 | 26 | 1 | 5 | 3 | 3 | 39 |
| | 比例（%） | 2.56 | 66.67 | 2.56 | 12.82 | 7.69 | 7.69 | 100.00 |
| | 指数 | 45.45 | 104.00 | 17.86 | 58.14 | 37.50 | 57.69 | 71.43 |
| 2013 | 数量 | 3 | 20 | 4 | 4 | 5 | 3 | 39 |
| | 比例（%） | 7.69 | 51.28 | 10.26 | 10.26 | 12.82 | 7.69 | 100.00 |
| | 指数 | 136.36 | 80.00 | 71.43 | 46.51 | 62.50 | 57.69 | 71.43 |

续表

| 年份 | | 东北亚 | 东南亚 | 南亚 | 西亚北非 | 中东欧 | 中亚 | 合计 |
|---|---|---|---|---|---|---|---|---|
| 2014 | 数量 | 2 | 28 | 4 | 11 | 8 | 5 | 58 |
| | 比例（%） | 3.45 | 48.28 | 6.90 | 18.97 | 13.79 | 8.62 | 100.00 |
| | 指数 | 90.91 | 112.00 | 71.43 | 127.91 | 100.00 | 96.15 | 106.23 |
| 2015 | 数量 | 3 | 38 | 17 | 21 | 21 | 10 | 110 |
| | 比例（%） | 2.73 | 34.55 | 15.45 | 19.09 | 19.09 | 9.09 | 100.00 |
| | 指数 | 136.36 | 152.00 | 303.57 | 244.19 | 262.50 | 192.31 | 201.47 |
| 2016 | 数量 | 1 | 59 | 28 | 31 | 16 | 8 | 143 |
| | 比例（%） | 0.70 | 41.26 | 19.58 | 21.68 | 11.19 | 5.59 | 100.00 |
| | 指数 | 45.45 | 236.00 | 500.00 | 360.47 | 200.00 | 153.85 | 261.90 |
| 2017 | 数量 | 10 | 82 | 36 | 35 | 17 | 9 | 189 |
| | 比例（%） | 5.29 | 43.39 | 19.05 | 18.52 | 8.99 | 4.76 | 100.00 |
| | 指数 | 454.55 | 328.00 | 642.86 | 406.98 | 212.50 | 173.08 | 346.15 |
| 2018 | 数量 | 2 | 102 | 42 | 27 | 9 | 4 | 186 |
| | 比例（%） | 1.08 | 54.84 | 22.58 | 14.52 | 4.84 | 2.15 | 100.00 |
| | 指数 | 90.91 | 408.00 | 750.00 | 313.95 | 112.50 | 76.92 | 340.66 |
| 2019 | 数量 | 4 | 85 | 32 | 18 | 12 | 6 | 157 |
| | 比例（%） | 2.55 | 54.14 | 20.38 | 11.46 | 7.64 | 3.82 | 100.00 |
| | 指数 | 181.82 | 340.00 | 571.43 | 209.30 | 150.00 | 115.38 | 287.55 |
| 2020 | 数量 | 3 | 85 | 15 | 19 | 4 | 0 | 126 |
| | 比例（%） | 2.38 | 67.46 | 11.90 | 15.08 | 3.17 | 0.00 | 100.00 |
| | 指数 | 136.36 | 340.00 | 267.86 | 220.93 | 50.00 | 0.00 | 230.77 |
| 2021 | 数量 | 2 | 94 | 16 | 17 | 6 | 2 | 137 |
| | 比例（%） | 1.46 | 68.61 | 11.68 | 12.41 | 4.38 | 1.46 | 100.00 |
| | 指数 | 90.91 | 376.00 | 285.71 | 197.67 | 75.00 | 38.46 | 250.92 |
| 合计 | 数量 | 43 | 724 | 216 | 208 | 119 | 67 | 1377 |
| | 比例（%） | 3.12 | 52.58 | 15.69 | 15.11 | 8.64 | 4.87 | 100.00 |
| 2011—2015 年均值 | | 2.20 | 25.00 | 5.60 | 8.60 | 8.00 | 5.20 | 54.60 |

**表 2-5-9　中国民营企业并购投资“一带一路”标的区域的金额及指数汇总表**

（单位：百万美元）

| 年份 | | 东北亚 | 东南亚 | 南亚 | 西亚北非 | 中东欧 | 中亚 | 合计 |
|---|---|---|---|---|---|---|---|---|
| 2005 | 金额 | 0.00 | 146.26 | 12.55 | 0.13 | 0.00 | 0.00 | 158.94 |
| | 比例（%） | 0.00 | 92.02 | 7.90 | 0.08 | 0.00 | 0.00 | 100.00 |
| | 指数 | 0.00 | 16.23 | 2.40 | 0.03 | 0.00 | 0.00 | 3.41 |
| 2006 | 金额 | 84.62 | 41.79 | 0.00 | 31.00 | 0.00 | 2.30 | 159.71 |
| | 比例（%） | 52.98 | 26.17 | 0.00 | 19.41 | 0.00 | 1.44 | 100.00 |
| | 指数 | 5.60 | 4.64 | 0.00 | 6.84 | 0.00 | 0.33 | 3.43 |
| 2007 | 金额 | 154.96 | 306.06 | 0.00 | 30.00 | 0.00 | 0.00 | 491.02 |
| | 比例（%） | 31.56 | 62.33 | 0.00 | 6.11 | 0.00 | 0.00 | 100.00 |
| | 指数 | 10.26 | 33.95 | 0.00 | 6.62 | 0.00 | 0.00 | 10.53 |
| 2008 | 金额 | 14.62 | 117.08 | 720.43 | 30.00 | 400.00 | 0.00 | 1282.13 |
| | 比例（%） | 1.14 | 9.13 | 56.19 | 2.34 | 31.20 | 0.00 | 100.00 |
| | 指数 | 0.97 | 12.99 | 137.67 | 6.62 | 70.42 | 0.00 | 27.50 |
| 2009 | 金额 | 0.00 | 116.67 | 0.00 | 30.00 | 150.23 | 67.50 | 364.40 |
| | 比例（%） | 0.00 | 32.02 | 0.00 | 8.23 | 41.23 | 18.52 | 100.00 |
| | 指数 | 0.00 | 12.94 | 0.00 | 6.62 | 26.45 | 9.56 | 7.81 |
| 2010 | 金额 | 0.00 | 72.47 | 754.90 | 80.00 | 0.00 | 0.00 | 907.37 |
| | 比例（%） | 0.00 | 7.99 | 83.20 | 8.82 | 0.00 | 0.00 | 100.00 |
| | 指数 | 0.00 | 8.04 | 144.25 | 17.65 | 0.00 | 0.00 | 19.46 |
| 2011 | 金额 | 0.00 | 287.77 | 49.43 | 0.00 | 0.00 | 983.84 | 1321.04 |
| | 比例（%） | 0.00 | 21.78 | 3.74 | 0.00 | 0.00 | 74.47 | 100.00 |
| | 指数 | 0.00 | 31.92 | 9.45 | 0.00 | 0.00 | 139.35 | 28.33 |
| 2012 | 金额 | 0.00 | 213.04 | 0.00 | 122.87 | 110.55 | 468.04 | 914.50 |
| | 比例（%） | 0.00 | 23.30 | 0.00 | 13.44 | 12.09 | 51.18 | 100.00 |
| | 指数 | 0.00 | 23.63 | 0.00 | 27.11 | 19.46 | 66.29 | 19.61 |
| 2013 | 金额 | 6173.95 | 611.00 | 70.71 | 31.55 | 0.00 | 1244.98 | 8132.19 |
| | 比例（%） | 75.92 | 7.51 | 0.87 | 0.39 | 0.00 | 15.31 | 100.00 |
| | 指数 | 408.61 | 67.78 | 13.51 | 6.96 | 0.00 | 176.33 | 174.40 |

续表

| 年份 | | 东北亚 | 东南亚 | 南亚 | 西亚北非 | 中东欧 | 中亚 | 合计 |
|---|---|---|---|---|---|---|---|---|
| 2014 | 金额 | 0.00 | 1029.80 | 38.52 | 210.87 | 5.84 | 151.86 | 1436.89 |
| | 比例（%） | 0.00 | 71.67 | 2.68 | 14.68 | 0.41 | 10.57 | 100.00 |
| | 指数 | 0.00 | 114.24 | 7.36 | 46.53 | 1.03 | 21.51 | 30.81 |
| 2015 | 金额 | 1380.81 | 2365.57 | 2457.93 | 1900.71 | 2723.85 | 681.45 | 11510.32 |
| | 比例（%） | 12.00 | 20.55 | 21.35 | 16.51 | 23.66 | 5.92 | 100.00 |
| | 指数 | 91.39 | 262.42 | 469.68 | 419.40 | 479.51 | 96.52 | 246.84 |
| 2016 | 金额 | 886.90 | 3730.52 | 3012.54 | 2410.44 | 1660.72 | 235.76 | 11936.88 |
| | 比例（%） | 7.43 | 31.25 | 25.24 | 20.19 | 13.91 | 1.98 | 100.00 |
| | 指数 | 58.70 | 413.84 | 575.66 | 531.87 | 292.36 | 33.39 | 255.99 |
| 2017 | 金额 | 13247.87 | 5862.57 | 5441.57 | 1301.12 | 1055.90 | 904.86 | 27813.89 |
| | 比例（%） | 47.63 | 21.08 | 19.56 | 4.68 | 3.80 | 3.25 | 100.00 |
| | 指数 | 876.79 | 650.36 | 1039.82 | 287.10 | 185.88 | 128.16 | 596.48 |
| 2018 | 金额 | 5.10 | 8998.90 | 3115.39 | 3360.24 | 517.39 | 101.10 | 16098.12 |
| | 比例（%） | 0.03 | 55.90 | 19.35 | 20.87 | 3.21 | 0.63 | 100.00 |
| | 指数 | 0.34 | 998.28 | 595.31 | 741.45 | 91.08 | 14.32 | 345.23 |
| 2019 | 金额 | 41.87 | 10785.85 | 2646.46 | 912.55 | 2595.81 | 85.67 | 17068.21 |
| | 比例（%） | 0.25 | 63.19 | 15.51 | 5.35 | 15.21 | 0.50 | 100.00 |
| | 指数 | 2.77 | 1196.52 | 505.71 | 201.36 | 456.97 | 12.13 | 366.04 |
| 2020 | 金额 | 15.60 | 2105.00 | 910.01 | 1539.75 | 261.14 | 0.00 | 4831.50 |
| | 比例（%） | 0.32 | 43.57 | 18.83 | 31.87 | 5.40 | 0.00 | 100.00 |
| | 指数 | 1.03 | 233.52 | 173.89 | 339.75 | 45.97 | 0.00 | 103.61 |
| 2021 | 金额 | 1.74 | 3374.57 | 565.49 | 704.15 | 53.93 | 6.95 | 4706.83 |
| | 比例（%） | 0.04 | 71.70 | 12.01 | 14.96 | 1.15 | 0.15 | 100.00 |
| | 指数 | 0.12 | 374.35 | 108.06 | 155.37 | 9.49 | 0.98 | 100.94 |
| 合计 | 金额 | 22008.04 | 40164.92 | 19795.93 | 12695.38 | 9535.36 | 4934.31 | 109133.94 |
| | 比例（%） | 20.17 | 36.80 | 18.14 | 11.63 | 8.74 | 4.52 | 100.00 |
| 2011—2015 年均值 | | 1510.95 | 901.44 | 523.32 | 453.20 | 568.05 | 706.03 | 4662.99 |

绿地投资项目数量则以东南亚和南亚为首，自 2013 年“一带一路”倡议提出以来，东南亚和南亚增长态势明显，2005 年至 2021 年间共计占比为 56.67%。其余四个地区投资项目数量占比较小，但 2013 年后波动上涨。从绿地投资金额角度来看，东南亚、南亚和西亚北非在 2013 年后呈现波动上升的趋势，中东欧和中亚稳定中小幅上升。2021 年民企对“一带一路”沿线地区绿地投资持续受新冠肺炎疫情影响，投资金额再次减少，但东北亚和中东欧地区却出现显著增长。综合可见，民企“一带一路”绿地投资项目数量和金额都有增长，金额的地域分布相对分散，除了中亚的增势不太明显外，其余地区都有较大的增长潜力。

**表 2-5-10　中国民营企业绿地投资“一带一路”标的区域的项目数量及指数汇总表**

（单位：件）

| 年份 | | 东北亚 | 东南亚 | 南亚 | 西亚北非 | 中东欧 | 中亚 | 合计 |
|---|---|---|---|---|---|---|---|---|
| 2005 | 数量 | 8 | 5 | 4 | 4 | 5 | 1 | 27 |
| | 比例（%） | 29.63 | 18.52 | 14.81 | 14.81 | 18.52 | 3.70 | 100.00 |
| | 指数 | 142.86 | 24.75 | 28.99 | 58.82 | 45.45 | 45.45 | 45.30 |
| 2006 | 数量 | 6 | 4 | 4 | 3 | 1 | 0 | 18 |
| | 比例（%） | 33.33 | 22.22 | 22.22 | 16.67 | 5.56 | 0.00 | 100.00 |
| | 指数 | 107.14 | 19.80 | 28.99 | 44.12 | 9.09 | 0.00 | 30.20 |
| 2007 | 数量 | 3 | 10 | 4 | 2 | 5 | 0 | 24 |
| | 比例（%） | 12.50 | 41.67 | 16.67 | 8.33 | 20.83 | 0.00 | 100.00 |
| | 指数 | 53.57 | 49.50 | 28.99 | 29.41 | 45.45 | 0.00 | 40.27 |
| 2008 | 数量 | 3 | 16 | 7 | 7 | 2 | 0 | 35 |
| | 比例（%） | 8.57 | 45.71 | 20.00 | 20.00 | 5.71 | 0.00 | 100.00 |
| | 指数 | 53.57 | 79.21 | 50.72 | 102.94 | 18.18 | 0.00 | 58.72 |
| 2009 | 数量 | 5 | 17 | 2 | 2 | 4 | 1 | 31 |
| | 比例（%） | 16.13 | 54.84 | 6.45 | 6.45 | 12.90 | 3.23 | 100.00 |
| | 指数 | 89.29 | 84.16 | 14.49 | 29.41 | 36.36 | 45.45 | 52.01 |

续表

| 年份 | | 东北亚 | 东南亚 | 南亚 | 西亚北非 | 中东欧 | 中亚 | 合计 |
|---|---|---|---|---|---|---|---|---|
| 2010 | 数量 | 7 | 13 | 9 | 4 | 10 | 0 | 43 |
| | 比例（%） | 16.28 | 30.23 | 20.93 | 9.30 | 23.26 | 0.00 | 100.00 |
| | 指数 | 125.00 | 64.36 | 65.22 | 58.82 | 90.91 | 0.00 | 72.15 |
| 2011 | 数量 | 4 | 17 | 7 | 3 | 15 | 0 | 46 |
| | 比例（%） | 8.70 | 36.96 | 15.22 | 6.52 | 32.61 | 0.00 | 100.00 |
| | 指数 | 71.43 | 84.16 | 50.72 | 44.12 | 136.36 | 0.00 | 77.18 |
| 2012 | 数量 | 4 | 10 | 9 | 6 | 13 | 0 | 42 |
| | 比例（%） | 9.52 | 23.81 | 21.43 | 14.29 | 30.95 | 0.00 | 100.00 |
| | 指数 | 71.43 | 49.50 | 65.22 | 88.24 | 118.18 | 0.00 | 70.47 |
| 2013 | 数量 | 4 | 15 | 3 | 3 | 11 | 3 | 39 |
| | 比例（%） | 10.26 | 38.46 | 7.69 | 7.69 | 28.21 | 7.69 | 100.00 |
| | 指数 | 71.43 | 74.26 | 21.74 | 44.12 | 100.00 | 136.36 | 65.44 |
| 2014 | 数量 | 4 | 22 | 14 | 13 | 10 | 1 | 64 |
| | 比例（%） | 6.25 | 34.38 | 21.88 | 20.31 | 15.63 | 1.56 | 100.00 |
| | 指数 | 71.43 | 108.91 | 101.45 | 191.18 | 90.91 | 45.45 | 107.38 |
| 2015 | 数量 | 12 | 37 | 36 | 9 | 6 | 7 | 107 |
| | 比例（%） | 11.21 | 34.58 | 33.64 | 8.41 | 5.61 | 6.54 | 100.00 |
| | 指数 | 214.29 | 183.17 | 260.87 | 132.35 | 54.55 | 318.18 | 179.53 |
| 2016 | 数量 | 14 | 49 | 42 | 26 | 17 | 4 | 152 |
| | 比例（%） | 9.21 | 32.24 | 27.63 | 17.11 | 11.18 | 2.63 | 100.00 |
| | 指数 | 250.00 | 242.57 | 304.35 | 382.35 | 154.55 | 181.82 | 255.03 |
| 2017 | 数量 | 15 | 37 | 22 | 15 | 13 | 1 | 103 |
| | 比例（%） | 14.56 | 35.92 | 21.36 | 14.56 | 12.62 | 0.97 | 100.00 |
| | 指数 | 267.86 | 183.17 | 159.42 | 220.59 | 118.18 | 45.45 | 172.82 |
| 2018 | 数量 | 16 | 79 | 47 | 27 | 28 | 16 | 213 |
| | 比例（%） | 7.51 | 37.09 | 22.07 | 12.68 | 13.15 | 7.51 | 100.00 |
| | 指数 | 285.71 | 391.09 | 340.58 | 397.06 | 254.55 | 727.27 | 357.38 |

续表

| 年份 | | 东北亚 | 东南亚 | 南亚 | 西亚北非 | 中东欧 | 中亚 | 合计 |
|---|---|---|---|---|---|---|---|---|
| 2019 | 数量 | 20 | 52 | 56 | 22 | 28 | 4 | 182 |
| | 比例（%） | 10.99 | 28.57 | 30.77 | 12.09 | 15.38 | 2.20 | 100.00 |
| | 指数 | 357.14 | 257.43 | 405.80 | 323.53 | 254.55 | 181.82 | 305.37 |
| 2020 | 数量 | 9 | 28 | 8 | 14 | 10 | 2 | 71 |
| | 比例（%） | 12.68 | 39.44 | 11.27 | 19.72 | 14.08 | 2.82 | 100.00 |
| | 指数 | 160.71 | 138.61 | 57.97 | 205.88 | 90.91 | 90.91 | 119.13 |
| 2021 | 数量 | 5 | 32 | 5 | 20 | 14 | 1 | 77 |
| | 比例（%） | 6.49 | 41.56 | 6.49 | 25.97 | 18.18 | 1.30 | 100.00 |
| | 指数 | 89.29 | 158.42 | 36.23 | 294.12 | 127.27 | 45.45 | 129.19 |
| 合计 | 数量 | 139 | 443 | 279 | 180 | 192 | 41 | 1274 |
| | 比例（%） | 10.91 | 34.77 | 21.90 | 14.13 | 15.07 | 3.22 | 100.00 |
| 2011—2015 年均值 | | 5.60 | 20.20 | 13.80 | 6.80 | 11.00 | 2.20 | 59.60 |

**表 2-5-11　中国民营企业绿地投资“一带一路”标的区域的金额及指数汇总表**

（单位：百万美元）

| 年份 | | 东北亚 | 东南亚 | 南亚 | 西亚北非 | 中东欧 | 中亚 | 合计 |
|---|---|---|---|---|---|---|---|---|
| 2005 | 金额 | 1026.82 | 113.00 | 110.10 | 112.90 | 55.90 | 283.60 | 1702.32 |
| | 比例（%） | 60.32 | 6.64 | 6.47 | 6.63 | 3.28 | 16.66 | 100.00 |
| | 指数 | 150.04 | 2.91 | 5.45 | 17.77 | 12.57 | 269.52 | 21.91 |
| 2006 | 金额 | 1282.70 | 70.30 | 185.20 | 78.50 | 56.20 | 0.00 | 1672.90 |
| | 比例（%） | 76.68 | 4.20 | 11.07 | 4.69 | 3.36 | 0.00 | 100.00 |
| | 指数 | 187.42 | 1.81 | 9.17 | 12.36 | 12.64 | 0.00 | 21.53 |
| 2007 | 金额 | 415.20 | 1565.50 | 104.90 | 43.49 | 115.20 | 0.00 | 2244.29 |
| | 比例（%） | 18.50 | 69.75 | 4.67 | 1.94 | 5.13 | 0.00 | 100.00 |
| | 指数 | 60.67 | 40.34 | 5.20 | 6.85 | 25.90 | 0.00 | 28.89 |
| 2008 | 金额 | 106.60 | 704.12 | 244.95 | 43.40 | 145.70 | 0.00 | 1244.77 |
| | 比例（%） | 8.56 | 56.57 | 19.68 | 3.49 | 11.70 | 0.00 | 100.00 |
| | 指数 | 15.58 | 18.14 | 12.13 | 6.83 | 32.76 | 0.00 | 16.02 |

续表

| 年份 | | 东北亚 | 东南亚 | 南亚 | 西亚北非 | 中东欧 | 中亚 | 合计 |
|---|---|---|---|---|---|---|---|---|
| 2009 | 金额 | 324.10 | 595.12 | 30.00 | 12.70 | 111.78 | 30.00 | 1103.70 |
| | 比例（%） | 29.36 | 53.92 | 2.72 | 1.15 | 10.13 | 2.72 | 100.00 |
| | 指数 | 47.36 | 15.34 | 1.49 | 2.00 | 25.14 | 28.51 | 14.21 |
| 2010 | 金额 | 456.70 | 1138.00 | 1746.80 | 288.50 | 402.45 | 0.00 | 4032.45 |
| | 比例（%） | 11.33 | 28.22 | 43.32 | 7.15 | 9.98 | 0.00 | 100.00 |
| | 指数 | 66.73 | 29.32 | 86.52 | 45.42 | 90.50 | 0.00 | 51.90 |
| 2011 | 金额 | 800.30 | 6123.09 | 483.50 | 1812.70 | 329.31 | 0.00 | 9548.90 |
| | 比例（%） | 8.38 | 64.12 | 5.06 | 18.98 | 3.45 | 0.00 | 100.00 |
| | 指数 | 116.94 | 157.78 | 23.95 | 285.37 | 74.05 | 0.00 | 122.91 |
| 2012 | 金额 | 18.45 | 1223.70 | 1187.78 | 682.70 | 364.19 | 0.00 | 3476.82 |
| | 比例（%） | 0.53 | 35.20 | 34.16 | 19.64 | 10.47 | 0.00 | 100.00 |
| | 指数 | 2.70 | 31.53 | 58.83 | 107.48 | 81.89 | 0.00 | 44.75 |
| 2013 | 金额 | 0.00 | 327.00 | 0.00 | 20.00 | 172.85 | 26.80 | 546.65 |
| | 比例（%） | 0.00 | 59.82 | 0.00 | 3.66 | 31.62 | 4.90 | 100.00 |
| | 指数 | 0.00 | 8.43 | 0.00 | 3.15 | 38.87 | 25.47 | 7.04 |
| 2014 | 金额 | 2270.00 | 2974.99 | 513.95 | 57.95 | 1266.34 | 70.00 | 7153.23 |
| | 比例（%） | 31.73 | 41.59 | 7.18 | 0.81 | 17.70 | 0.98 | 100.00 |
| | 指数 | 331.69 | 76.66 | 25.46 | 9.12 | 284.75 | 66.52 | 92.07 |
| 2015 | 金额 | 333.16 | 8754.51 | 7909.82 | 602.70 | 90.87 | 429.33 | 18120.39 |
| | 比例（%） | 1.84 | 48.31 | 43.65 | 3.33 | 0.50 | 2.37 | 100.00 |
| | 指数 | 48.68 | 225.59 | 391.77 | 94.88 | 20.43 | 408.01 | 233.23 |
| 2016 | 金额 | 319.58 | 8009.32 | 11193.20 | 22531.81 | 782.69 | 159.60 | 42996.20 |
| | 比例（%） | 0.74 | 18.63 | 26.03 | 52.40 | 1.82 | 0.37 | 100.00 |
| | 指数 | 46.70 | 206.39 | 554.39 | 3547.14 | 176.00 | 151.67 | 553.42 |
| 2017 | 金额 | 1562.90 | 4820.70 | 2752.23 | 2920.50 | 668.03 | 271.90 | 12996.26 |
| | 比例（%） | 12.03 | 37.09 | 21.18 | 22.47 | 5.14 | 2.09 | 100.00 |
| | 指数 | 228.37 | 124.22 | 136.32 | 459.77 | 150.22 | 258.40 | 167.28 |

续表

| 年份 | | 东北亚 | 东南亚 | 南亚 | 西亚北非 | 中东欧 | 中亚 | 合计 |
|---|---|---|---|---|---|---|---|---|
| 2018 | 金额 | 430.39 | 11565.54 | 3250.81 | 1514.77 | 1675.07 | 1413.30 | 19849.88 |
| | 比例（%） | 2.17 | 58.27 | 16.38 | 7.63 | 8.44 | 7.12 | 100.00 |
| | 指数 | 62.89 | 298.03 | 161.01 | 238.47 | 376.66 | 1343.11 | 255.49 |
| 2019 | 金额 | 12236.61 | 4150.78 | 3415.68 | 3851.95 | 747.20 | 139.10 | 24541.32 |
| | 比例（%） | 49.86 | 16.91 | 13.92 | 15.70 | 3.04 | 0.57 | 100.00 |
| | 指数 | 1787.98 | 106.96 | 169.18 | 606.41 | 168.02 | 132.19 | 315.88 |
| 2020 | 金额 | 574.17 | 19763.11 | 306.40 | 724.40 | 114.33 | 55.00 | 21537.41 |
| | 比例（%） | 2.67 | 91.76 | 1.42 | 3.36 | 0.53 | 0.26 | 100.00 |
| | 指数 | 83.90 | 509.27 | 15.18 | 114.04 | 25.71 | 52.27 | 277.22 |
| 2021 | 金额 | 868.47 | 12771.60 | 84.50 | 597.89 | 307.26 | 34.00 | 14663.72 |
| | 比例（%） | 5.92 | 87.10 | 0.58 | 4.08 | 2.10 | 0.23 | 100.00 |
| | 指数 | 126.90 | 329.11 | 4.19 | 94.12 | 69.09 | 32.31 | 188.74 |
| 合计 | 金额 | 23026.15 | 84670.38 | 33519.83 | 35896.86 | 7405.37 | 2912.63 | 187431.22 |
| | 比例（%） | 12.29 | 45.17 | 17.88 | 19.15 | 3.95 | 1.55 | 100.00 |
| 2011—2015 年均值 | | 684.38 | 3880.66 | 2019.01 | 635.21 | 444.71 | 105.23 | 7769.20 |

# 本章小结

## 一、2021 年民营企业对外直接投资活动下降速度放缓

2020 年民营企业 OFDI 综合指数出现 14.67%的下降，而 2021 年下降速度放缓，同比下降 8.49%。2021 年，中国民营企业对外直接投资项目数量为 923 件，同比上升 1.99%；对外直接投资项目金额为 1079.15 亿美元，同比下降 19.66%。

## 二、长三角地区与环渤海地区民营企业对外直接投资仍占据重要地位

按照累积量排名，中国民营企业对外直接投资活动主要集中在长三角

地区与环渤海地区，其中在对外直接投资项目数量方面，主要集中在长三角地区，累计项目数量为3553件，占比34.1%，在对外投资项目金额方面，主要集中在环渤海地区，累计投资项目金额为4865.09亿美元，占比36.53%。

## 三、民营企业对外直接投资重点投向发达经济体

在2005年至2021年间，中国民营企业对外直接投资活动主要集中在发达经济体，累计对外直接投资项目数量为9333件，占比78.02%；累计对外直接投资项目金额为11856.73亿美元，占比77.84%。

## 四、民营企业对外直接投资集中分布于非制造业

从民企对于制造业和非制造业的对外直接投资规模分布来看，2005—2021年非制造业的对外直接投资项目数量始终领先于制造业，并基本维持在7∶3的比例；投资金额也主要集中于非制造业，2005—2021年间对非制造业的投资金额在民企总投资中占比达到59.28%。

## 五、在“一带一路”沿线国家，民营企业更倾向于绿地投资，但近年来增长较为波动

绿地投资在民企开展“一带一路”对外投资活动中发挥重要作用，尤其是在投资金额方面，2020年其金额达到215.37亿美元，当年占比为52.50%，但在2021年则出现大幅下降，其金额为146.64亿美元，占比为22.43%。而同阶段并购投资金额只是小幅下降，即由2020年的48.32亿美元下降至47.07亿美元。因此尽管绿地是民企在“一带一路”沿线国家投资主要模式，但是近年来在外部政策和国际经济局势变动的影响下，并购投资较绿地增长更为稳定。

# 第三章　中国民营企业对外直接投资指数：并购投资分析

本章以民营企业对外并购投资活动为研究主体，基于中国民营企业对外直接投资六级指标体系，分别从总投资、投资来源地、投资标的国（地区）、投资标的行业角度测算中国企业对外并购投资指数，从多角度描述2005—2021年民营企业对外并购投资的发展特征。

## 第一节　民营企业对外并购投资指数

本节对民营企业对外并购投资作总体分析。

### 一、民营企业对外并购投资与全国对外并购投资的比较

根据2005—2021年中国民营企业并购OFDI数量和金额表显示，2005年至2021年中国民营企业并购对外直接投资活动整体呈现增长趋势。并购对外直接投资项目数量从2005年的98件增长到2021年的663件，并购对外投资项目金额从2005年的22.86亿美元增长到2021年的829.64亿美元。其中，2021年，中国民营企业并购OFDI项目数量为663件，同比增长1.22%；并购OFDI项目金额为829.64亿美元，同比下降19.66%。

民营企业与全国对外并购投资在2005—2021年间呈现大体相同的发展趋势。受新冠肺炎疫情影响，2021年全国对外并购投资金额仅为1567.51亿美元，同比增长2.12%，项目数量为898件，同比下降1.32%。但2021年民企并购投资项目数量占全国并投资的73.83%，金额则占比52.93%。可见，民营企业在全国对外并购投资中占据重要的地位。

**表 3-1-1　2005—2021 年中国民营企业对外并购投资项目数量和金额汇总及与全国对外并购的比较**

| 年份 | 民营企业对外并购投资 | | | | 全国对外并购投资 | | | |
|---|---|---|---|---|---|---|---|---|
| | 项目数量（件） | 同比增长（%） | 金额（亿美元） | 同比增长（%） | 项目数量（件） | 同比增长（%） | 金额（亿美元） | 同比增长（%） |
| 2005 | 98 | — | 22. 86 | | 227 | — | 153. 65 | |
| 2006 | 123 | 25. 51 | 47. 29 | 106. 88 | 275 | 21. 15 | 347. 37 | 126. 09 |
| 2007 | 143 | 16. 26 | 153. 18 | 223. 92 | 331 | 20. 36 | 623. 30 | 79. 43 |
| 2008 | 216 | 51. 05 | 104. 26 | -31. 94 | 421 | 27. 19 | 450. 02 | -27. 80 |
| 2009 | 190 | -12. 04 | 31. 67 | -69. 63 | 474 | 12. 59 | 978. 04 | 117. 33 |
| 2010 | 227 | 19. 47 | 199. 71 | 530. 68 | 439 | -7. 38 | 997. 10 | 1. 95 |
| 2011 | 251 | 10. 57 | 170. 39 | -14. 68 | 519 | 18. 22 | 1235. 83 | 23. 94 |
| 2012 | 279 | 11. 16 | 138. 32 | -18. 82 | 506 | -2. 50 | 1068. 42 | -13. 55 |
| 2013 | 311 | 11. 47 | 642. 05 | 364. 17 | 535 | 5. 73 | 1539. 70 | 44. 11 |
| 2014 | 435 | 39. 87 | 969. 67 | 51. 03 | 726 | 35. 70 | 6253. 94 | 306. 18 |
| 2015 | 673 | 54. 71 | 1997. 83 | 106. 03 | 1019 | 40. 36 | 3493. 01 | -44. 15 |
| 2016 | 966 | 43. 54 | 2002. 69 | 0. 24 | 1332 | 30. 72 | 3129. 13 | -10. 42 |
| 2017 | 921 | -4. 66 | 1573. 24 | -21. 44 | 1287 | -3. 38 | 4237. 81 | 35. 43 |
| 2018 | 1040 | 12. 92 | 1110. 65 | -29. 40 | 1403 | 9. 01 | 2076. 00 | -51. 01 |
| 2019 | 825 | -20. 67 | 803. 34 | -27. 67 | 1118 | -20. 31 | 1652. 70 | -20. 39 |
| 2020 | 655 | -20. 61 | 1032. 61 | 28. 54 | 910 | -18. 60 | 1535. 02 | -7. 12 |
| 2021 | 663 | 1. 22 | 829. 64 | -19. 66 | 898 | -1. 32 | 1567. 51 | 2. 12 |
| 合计 | 8016 | | 11829. 38 | | 12420 | | 31338. 55 | |

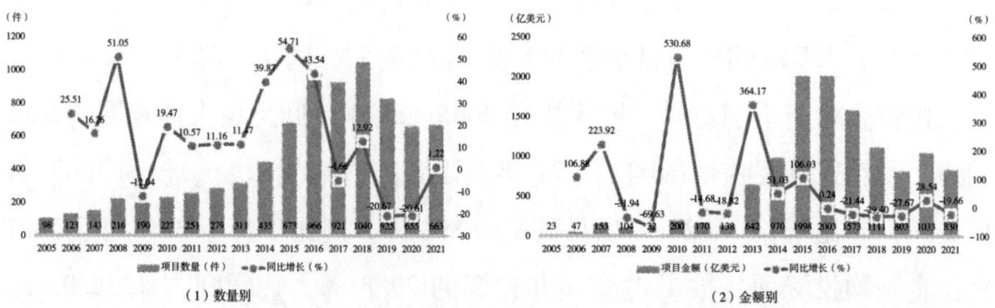


（1）数量别　　（2）金额别

**图 3-1-1　2005—2021 年中国民营企业对外并购投资项目数量和金额的增长变化图**

## 二、民营企业对外并购项目数量指数和金额指数

由表 3-1-2 和图 3-1-2 可知，近年来中国民营企业对外并购投资项目数量指数与金额指数变化趋势呈现出显著差异。其中，民营企业对外并购投资项目数量指数在 2018 年前逐步提升并达到历史最高值 266.80，随后出现较大幅度下降至 2021 年的 170.09；并购投资金额指数在 2016 年达到峰值 255.56 后即出现持续下降的态势，至 2021 年并购投资金额指数下降至 105.87。综合来看，民营企业对外并购投资项目数量指数增长趋缓，并购投资金额指数大幅下降，可见近年来受国内外政策调整、投资环境变动以及新冠肺炎疫情的影响，民营企业对于对外并购投资表现更加理性。

**表 3-1-2　2005—2021 年中国民营企业对外并购投资项目数量指数及金额指数**

| 年份 | 项目数量指数 | 金额指数 |
| --- | --- | --- |
| 2005 | 25.14 | 2.92 |
| 2006 | 31.55 | 6.03 |
| 2007 | 36.69 | 19.55 |
| 2008 | 55.41 | 13.30 |
| 2009 | 48.74 | 4.04 |
| 2010 | 58.23 | 25.48 |
| 2011 | 64.39 | 21.74 |
| 2012 | 71.58 | 17.65 |
| 2013 | 79.78 | 81.93 |
| 2014 | 111.60 | 123.74 |
| 2015 | 172.65 | 254.94 |
| 2016 | 247.82 | 255.56 |
| 2017 | 236.28 | 200.76 |
| 2018 | 266.80 | 141.73 |
| 2019 | 211.65 | 102.51 |
| 2020 | 168.03 | 131.77 |
| 2021 | 170.09 | 105.87 |

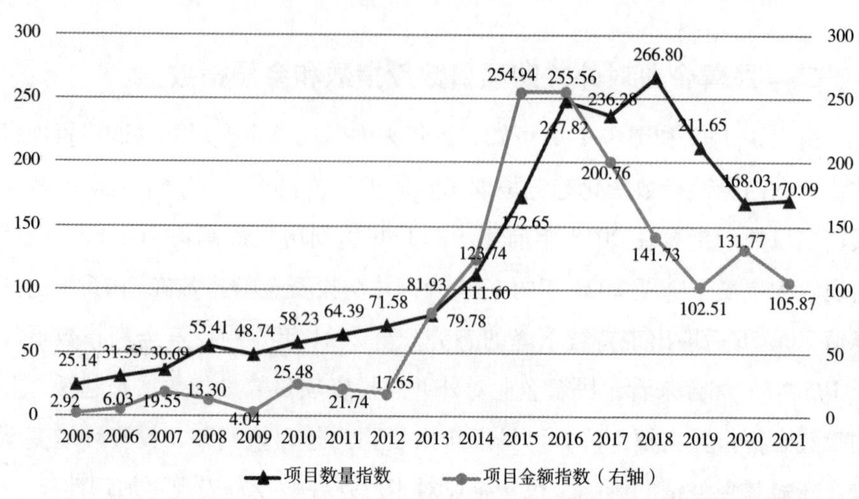


**图 3-1-2　2005—2021 年中国民营企业对外并购投资项目数量指数及金额指数变化图**

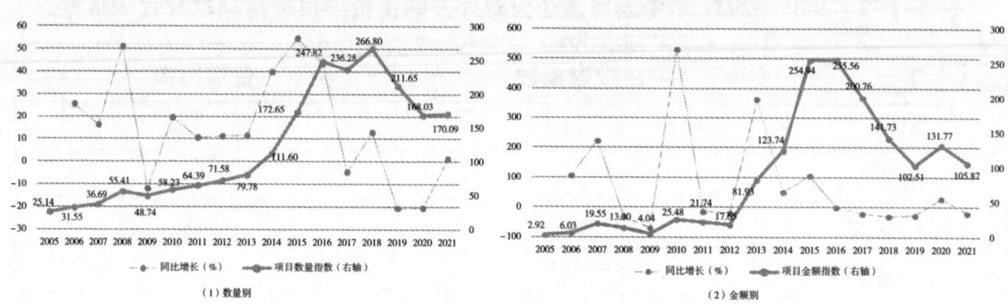


**图 3-1-3　2005—2021 年中国民营企业对外并购投资项目数量指数和金额指数及同比增长率变化图**

## 第二节　民营企业对外并购投资方来源地别指数

本节对中国民营企业对外并购投资的项目数量与金额按照投资方来源地进行统计分析，主要划分为环渤海地区、长三角地区、珠三角地区、中部地区与西部地区五大区域。

### 一、民营企业对外并购投资项目数量在不同投资方来源地的分布

根据 2005—2021 年中国民营企业并购 OFDI 数量表显示，从并购 OFDI

项目数量看，在2005年至2021年间，中国民营企业对外并购直接投资活动主要集中在长三角地区，累计对外直接投资项目数量为2344件，占比35.61%；其次是环渤海地区，累计对外直接投资项目数量为1944件，占比29.53%；再次是珠三角地区，累计对外直接投资项目数量为1494件，占比22.69%；复次是中部地区，累计对外直接投资项目数量为442件，占比6.71%；最后是西部地区，累计对外直接投资项目数量为359件，占比5.45%。

从2005—2021年中国民营企业并购OFDI数量来源地别图表可以看出，在2005年至2021年间，来自长三角地区的其他的OFDI数量在2015年出现最显著的增长，从46件增长到92件；来自中部地区中的中原华中的OFDI在2016年至2020年实现了民营企业对外直接投资项目数量连续3年的下降。来自西部地区中的西北的OFDI在2017年至2021年实现了民营企业对外直接投资项目数量连续3年的下降。总体来看，来自环渤海地区的民营企业对外直接投资数量集中来自京津冀地区，2005年至2021年的平均占比为77.98%；来自中部地区的民营企业对外直接投资数量集中来自中原华中地区，2005年至2021年的平均占比为77.6%。

**表3-2-1　中国民营企业并购投资项目数量在不同投资方来源地的分布及指数汇总表**

（单位：件）

| 年份 | 环渤海地区 | | | | | | | | | | | |
|---|---|---|---|---|---|---|---|---|---|---|---|---|
| | 京津冀 | | | | 其他 | | | | 小计 | | | |
| | 项目数 | 同比增长（%） | 占比（%） | 指数 | 项目数 | 同比增长（%） | 占比（%） | 指数 | 项目数 | 同比增长（%） | 占比（%） | 指数 |
| 2005 | 12 | — | 70.59 | 15.04 | 5 | — | 29.41 | 19.69 | 17 | — | 32.69 | 16.16 |
| 2006 | 8 | -33.33 | 53.33 | 10.03 | 7 | 40.00 | 46.67 | 27.56 | 15 | -11.76 | 24.59 | 14.26 |
| 2007 | 26 | 225.00 | 74.29 | 32.58 | 9 | 28.57 | 25.71 | 35.43 | 35 | 133.33 | 43.21 | 33.27 |
| 2008 | 14 | -46.15 | 70.00 | 17.54 | 6 | -33.33 | 30.00 | 23.62 | 20 | -42.86 | 28.57 | 19.01 |
| 2009 | 19 | 35.71 | 45.24 | 23.81 | 23 | 283.33 | 54.76 | 90.55 | 42 | 110.00 | 39.62 | 39.92 |
| 2010 | 25 | 31.58 | 69.44 | 31.33 | 11 | -52.17 | 30.56 | 43.31 | 36 | -14.29 | 31.58 | 34.22 |

续表

| 年份 | 环渤海地区 | | | | | | | | | | | |
|---|---|---|---|---|---|---|---|---|---|---|---|---|
| | 京津冀 | | | | 其他 | | | | 小计 | | | |
| | 项目数 | 同比增长（%） | 占比（%） | 指数 | 项目数 | 同比增长（%） | 占比（%） | 指数 | 项目数 | 同比增长（%） | 占比（%） | 指数 |
| 2011 | 33 | 32.00 | 57.89 | 41.35 | 24 | 118.18 | 42.11 | 94.49 | 57 | 58.33 | 35.19 | 54.18 |
| 2012 | 41 | 24.24 | 66.13 | 51.38 | 21 | -12.50 | 33.87 | 82.68 | 62 | 8.77 | 32.63 | 58.94 |
| 2013 | 60 | 46.34 | 71.43 | 75.19 | 24 | 14.29 | 28.57 | 94.49 | 84 | 35.48 | 35.59 | 79.85 |
| 2014 | 96 | 60.00 | 79.34 | 120.30 | 25 | 4.17 | 20.66 | 98.43 | 121 | 44.05 | 37.00 | 115.02 |
| 2015 | 169 | 76.04 | 83.66 | 211.78 | 33 | 32.00 | 16.34 | 129.92 | 202 | 66.94 | 34.59 | 192.02 |
| 2016 | 214 | 26.63 | 81.99 | 268.17 | 47 | 42.42 | 18.01 | 185.04 | 261 | 29.21 | 29.49 | 248.10 |
| 2017 | 191 | -10.75 | 77.64 | 239.35 | 55 | 17.02 | 22.36 | 216.54 | 246 | -5.75 | 29.01 | 233.84 |
| 2018 | 219 | 14.66 | 83.91 | 274.44 | 42 | -23.64 | 16.09 | 165.35 | 261 | 6.10 | 27.10 | 248.10 |
| 2019 | 142 | -35.16 | 74.35 | 177.94 | 49 | 16.67 | 25.65 | 192.91 | 191 | -26.82 | 25.74 | 181.56 |
| 2020 | 120 | -15.49 | 81.63 | 150.38 | 27 | -44.90 | 18.37 | 106.30 | 147 | -23.04 | 24.96 | 139.73 |
| 2021 | 127 | 5.83 | 86.39 | 159.15 | 20 | -25.93 | 13.61 | 78.74 | 147 | 0.00 | 25.65 | 139.73 |
| 合计 | 1516 | — | 77.98 | — | 428 | — | 22.02 | — | 1944 | — | 29.53 | — |
| 2011—2015年均值 | 79.8 | — | — | 100.00 | 25.4 | — | — | 100.00 | 105.2 | — | — | 100.00 |

| 年份 | 长三角地区 | | | | | | | | | | | |
|---|---|---|---|---|---|---|---|---|---|---|---|---|
| | 上海 | | | | 其他 | | | | 小计 | | | |
| | 项目数 | 同比增长（%） | 占比（%） | 指数 | 项目数 | 同比增长（%） | 占比（%） | 指数 | 项目数 | 同比增长（%） | 占比（%） | 指数 |
| 2005 | 5 | — | 50.00 | 11.21 | 5 | — | 50.00 | 9.88 | 10 | — | 19.23 | 10.50 |
| 2006 | 11 | 120.00 | 64.71 | 24.66 | 6 | 20.00 | 35.29 | 11.86 | 17 | 70.00 | 27.87 | 17.86 |
| 2007 | 5 | -54.55 | 38.46 | 11.21 | 8 | 33.33 | 61.54 | 15.81 | 13 | -23.53 | 16.05 | 13.66 |
| 2008 | 5 | 0.00 | 27.78 | 11.21 | 13 | 62.50 | 72.22 | 25.69 | 18 | 38.46 | 25.71 | 18.91 |
| 2009 | 6 | 20.00 | 21.43 | 13.45 | 22 | 69.23 | 78.57 | 43.48 | 28 | 55.56 | 26.42 | 29.41 |
| 2010 | 9 | 50.00 | 28.13 | 20.18 | 23 | 4.55 | 71.88 | 45.45 | 32 | 14.29 | 28.07 | 33.61 |
| 2011 | 16 | 77.78 | 34.04 | 35.87 | 31 | 34.78 | 65.96 | 61.26 | 47 | 46.88 | 29.01 | 49.37 |

续表

| 年份 | 长三角地区 | | | | | | | | | | | |
|---|---|---|---|---|---|---|---|---|---|---|---|---|
| | 上海 | | | | 其他 | | | | 小计 | | | |
| | 项目数 | 同比增长（%） | 占比（%） | 指数 | 项目数 | 同比增长（%） | 占比（%） | 指数 | 项目数 | 同比增长（%） | 占比（%） | 指数 |
| 2012 | 16 | 0.00 | 30.19 | 35.87 | 37 | 19.35 | 69.81 | 73.12 | 53 | 12.77 | 27.89 | 55.67 |
| 2013 | 20 | 25.00 | 29.85 | 44.84 | 47 | 27.03 | 70.15 | 92.89 | 67 | 26.42 | 28.39 | 70.38 |
| 2014 | 58 | 190.00 | 55.77 | 130.04 | 46 | -2.13 | 44.23 | 90.91 | 104 | 55.22 | 31.80 | 109.24 |
| 2015 | 113 | 94.83 | 55.12 | 253.36 | 92 | 100.00 | 44.88 | 181.82 | 205 | 97.12 | 35.10 | 215.34 |
| 2016 | 152 | 34.51 | 46.63 | 340.81 | 174 | 89.13 | 53.37 | 343.87 | 326 | 59.02 | 36.84 | 342.44 |
| 2017 | 135 | -11.18 | 44.41 | 302.69 | 169 | -2.87 | 55.59 | 333.99 | 304 | -6.75 | 35.85 | 319.33 |
| 2018 | 169 | 25.19 | 46.17 | 378.92 | 197 | 16.57 | 53.83 | 389.33 | 366 | 20.39 | 38.01 | 384.45 |
| 2019 | 122 | -27.81 | 40.94 | 273.54 | 176 | -10.66 | 59.06 | 347.83 | 298 | -18.58 | 40.16 | 313.03 |
| 2020 | 94 | -22.95 | 42.53 | 210.76 | 127 | -27.84 | 57.47 | 250.99 | 221 | -25.84 | 37.52 | 232.14 |
| 2021 | 109 | 15.96 | 46.38 | 244.39 | 126 | -0.79 | 53.62 | 249.01 | 235 | 6.33 | 41.01 | 246.85 |
| 合计 | 1045 | — | 44.58 | — | 1299 | — | 55.42 | — | 2344 | — | 35.61 | — |
| 2011—2015年均值 | 44.6 | — | — | 100.00 | 50.6 | — | — | 100.00 | 95.2 | — | — | 100.00 |

| 年份 | 珠三角地区 | | | | | | | | | | | |
|---|---|---|---|---|---|---|---|---|---|---|---|---|
| | 广东 | | | | 其他 | | | | 小计 | | | |
| | 项目数 | 同比增长（%） | 占比（%） | 指数 | 项目数 | 同比增长（%） | 占比（%） | 指数 | 项目数 | 同比增长（%） | 占比（%） | 指数 |
| 2005 | 11 | — | 73.33 | 23.91 | 4 | — | 26.67 | 23.26 | 15 | — | 28.85 | 23.73 |
| 2006 | 15 | 36.36 | 88.24 | 32.61 | 2 | -50.00 | 11.76 | 11.63 | 17 | 13.33 | 27.87 | 26.90 |
| 2007 | 12 | -20.00 | 63.16 | 26.09 | 7 | 250.00 | 36.84 | 40.70 | 19 | 11.76 | 23.46 | 30.06 |
| 2008 | 17 | 41.67 | 94.44 | 36.96 | 1 | -85.71 | 5.56 | 5.81 | 18 | -5.26 | 25.71 | 28.48 |
| 2009 | 8 | -52.94 | 50.00 | 17.39 | 8 | 700.00 | 50.00 | 46.51 | 16 | -11.11 | 15.09 | 25.32 |
| 2010 | 21 | 162.50 | 72.41 | 45.65 | 8 | 0.00 | 27.59 | 46.51 | 29 | 81.25 | 25.44 | 45.89 |
| 2011 | 21 | 0.00 | 58.33 | 45.65 | 15 | 87.50 | 41.67 | 87.21 | 36 | 24.14 | 22.22 | 56.96 |
| 2012 | 29 | 38.10 | 74.36 | 63.04 | 10 | -33.33 | 25.64 | 58.14 | 39 | 8.33 | 20.53 | 61.71 |

续表

| 年份 | 珠三角地区 | | | | | | | | | | | |
|---|---|---|---|---|---|---|---|---|---|---|---|---|
| | 广东 | | | | 其他 | | | | 小计 | | | |
| | 项目数 | 同比增长（%） | 占比（%） | 指数 | 项目数 | 同比增长（%） | 占比（%） | 指数 | 项目数 | 同比增长（%） | 占比（%） | 指数 |
| 2013 | 41 | 41.38 | 68.33 | 89.13 | 19 | 90.00 | 31.67 | 110.47 | 60 | 53.85 | 25.42 | 94.94 |
| 2014 | 50 | 21.95 | 79.37 | 108.70 | 13 | -31.58 | 20.63 | 75.58 | 63 | 5.00 | 19.27 | 99.68 |
| 2015 | 89 | 78.00 | 75.42 | 193.48 | 29 | 123.08 | 24.58 | 168.60 | 118 | 87.30 | 20.21 | 186.71 |
| 2016 | 140 | 57.30 | 74.47 | 304.35 | 48 | 65.52 | 25.53 | 279.07 | 188 | 59.32 | 21.24 | 297.47 |
| 2017 | 155 | 10.71 | 82.89 | 336.96 | 32 | -33.33 | 17.11 | 186.05 | 187 | -0.53 | 22.05 | 295.89 |
| 2018 | 175 | 12.90 | 78.13 | 380.43 | 49 | 53.13 | 21.88 | 284.88 | 224 | 19.79 | 23.26 | 354.43 |
| 2019 | 143 | -18.29 | 83.63 | 310.87 | 28 | -42.86 | 16.37 | 162.79 | 171 | -23.66 | 23.05 | 270.57 |
| 2020 | 128 | -10.49 | 78.53 | 278.26 | 35 | 25.00 | 21.47 | 203.49 | 163 | -4.68 | 27.67 | 257.91 |
| 2021 | 99 | -22.66 | 75.57 | 215.22 | 32 | -8.57 | 24.43 | 186.05 | 131 | -19.63 | 22.86 | 207.28 |
| 合计 | 1054 | — | 77.24 | — | 340 | — | 22.76 | — | 1494 | — | 22.69 | — |
| 2011—2015年均值 | 46 | — | — | 100.00 | 17.2 | — | — | 100.00 | 63.2 | — | — | 100.00 |

| 年份 | 中部地区 | | | | | | | | | | | |
|---|---|---|---|---|---|---|---|---|---|---|---|---|
| | 华北东北 | | | | 中原华中 | | | | 小计 | | | |
| | 项目数 | 同比增长（%） | 占比（%） | 指数 | 项目数 | 同比增长（%） | 占比（%） | 指数 | 项目数 | 同比增长（%） | 占比（%） | 指数 |
| 2005 | 1 | — | 16.67 | 22.73 | 5 | — | 83.33 | 29.41 | 6 | — | 11.54 | 28.04 |
| 2006 | 1 | 0.00 | 25.00 | 22.73 | 3 | -40.00 | 75.00 | 17.65 | 4 | -33.33 | 6.56 | 18.69 |
| 2007 | 3 | 200.00 | 30.00 | 68.18 | 7 | 133.33 | 70.00 | 41.18 | 10 | 150.00 | 12.35 | 46.73 |
| 2008 | 2 | -33.33 | 40.00 | 45.45 | 3 | -57.14 | 60.00 | 17.65 | 5 | -50.00 | 7.14 | 23.36 |
| 2009 | 2 | 0.00 | 25.00 | 45.45 | 6 | 100.00 | 75.00 | 35.29 | 8 | 60.00 | 7.55 | 37.38 |
| 2010 | 4 | 100.00 | 40.00 | 90.91 | 6 | 0.00 | 60.00 | 35.29 | 10 | 25.00 | 8.77 | 46.73 |
| 2011 | 0 | -100.00 | 0.00 | 0.00 | 10 | 66.67 | 100.00 | 58.82 | 10 | 0.00 | 6.17 | 46.73 |
| 2012 | 9 | — | 34.62 | 204.55 | 17 | 70.00 | 65.38 | 100.00 | 26 | 160.00 | 13.68 | 121.50 |
| 2013 | 4 | -55.56 | 33.33 | 90.91 | 8 | -52.94 | 66.67 | 47.06 | 12 | -53.85 | 5.08 | 56.07 |

续表

| 年份 | 中部地区 | | | | | | | | | | | |
|---|---|---|---|---|---|---|---|---|---|---|---|---|
| | 华北东北 | | | | 中原华中 | | | | 小计 | | | |
| | 项目数 | 同比增长（%） | 占比（%） | 指数 | 项目数 | 同比增长（%） | 占比（%） | 指数 | 项目数 | 同比增长（%） | 占比（%） | 指数 |
| 2014 | 3 | -25.00 | 11.11 | 68.18 | 24 | 200.00 | 88.89 | 141.18 | 27 | 125.00 | 8.26 | 126.17 |
| 2015 | 6 | 100.00 | 18.75 | 136.36 | 26 | 8.33 | 81.25 | 152.94 | 32 | 18.52 | 5.48 | 149.53 |
| 2016 | 17 | 183.33 | 25.76 | 386.36 | 49 | 88.46 | 74.24 | 288.24 | 66 | 106.25 | 7.46 | 308.41 |
| 2017 | 13 | -23.53 | 21.31 | 295.45 | 48 | -2.04 | 78.69 | 282.35 | 61 | -7.58 | 7.19 | 285.05 |
| 2018 | 15 | 15.38 | 25.00 | 340.91 | 45 | -6.25 | 75.00 | 264.71 | 60 | -1.64 | 6.23 | 280.37 |
| 2019 | 7 | -53.33 | 15.91 | 159.09 | 37 | -17.78 | 84.09 | 217.65 | 44 | -26.67 | 5.93 | 205.61 |
| 2020 | 3 | -57.14 | 12.50 | 68.18 | 21 | -43.24 | 87.50 | 123.53 | 24 | -45.45 | 4.07 | 112.15 |
| 2021 | 9 | 200.00 | 24.32 | 204.55 | 28 | 33.33 | 75.68 | 164.71 | 37 | 54.17 | 6.46 | 172.90 |
| 合计 | 99 | — | 22.40 | — | 343 | — | 77.60 | — | 442 | — | 6.71 | — |
| 2011—2015年均值 | 4.4 | — | — | 100.00 | 17 | — | — | 100.00 | 21.4 | — | — | 100.00 |

| 年份 | 西部地区 | | | | | | | | | | | |
|---|---|---|---|---|---|---|---|---|---|---|---|---|
| | 西北 | | | | 西南 | | | | 小计 | | | |
| | 项目数 | 同比增长（%） | 占比（%） | 指数 | 项目数 | 同比增长（%） | 占比（%） | 指数 | 项目数 | 同比增长（%） | 占比（%） | 指数 |
| 2005 | 2 | — | 50.00 | 38.46 | 2 | — | 50.00 | 20.83 | 4 | — | 7.69 | 27.03 |
| 2006 | 1 | -50.00 | 12.50 | 19.23 | 7 | 250.00 | 87.50 | 72.92 | 8 | 100.00 | 13.11 | 54.05 |
| 2007 | 0 | -100.00 | 0.00 | 0.00 | 4 | -42.86 | 100.00 | 41.67 | 4 | -50.00 | 4.94 | 27.03 |
| 2008 | 2 | — | 22.22 | 38.46 | 7 | 75.00 | 77.78 | 72.92 | 9 | 125.00 | 12.86 | 60.81 |
| 2009 | 4 | 100.00 | 33.33 | 76.92 | 8 | 14.29 | 66.67 | 83.33 | 12 | 33.33 | 11.32 | 81.08 |
| 2010 | 0 | -100.00 | 0.00 | 0.00 | 7 | -12.50 | 100.00 | 72.92 | 7 | -41.67 | 6.14 | 47.30 |
| 2011 | 4 | — | 33.33 | 76.92 | 8 | 14.29 | 66.67 | 83.33 | 12 | 71.43 | 7.41 | 81.08 |
| 2012 | 3 | -25.00 | 30.00 | 57.69 | 7 | -12.50 | 70.00 | 72.92 | 10 | -16.67 | 5.26 | 67.57 |
| 2013 | 4 | 33.33 | 30.77 | 76.92 | 9 | 28.57 | 69.23 | 93.75 | 13 | 30.00 | 5.51 | 87.84 |
| 2014 | 5 | 25.00 | 41.67 | 96.15 | 7 | -22.22 | 58.33 | 72.92 | 12 | -7.69 | 3.67 | 81.08 |

续表

| 年份 | 西部地区 | | | | | | | | | | | |
|---|---|---|---|---|---|---|---|---|---|---|---|---|
| | 西北 | | | | 西南 | | | | 小计 | | | |
| | 项目数 | 同比增长（%） | 占比（%） | 指数 | 项目数 | 同比增长（%） | 占比（%） | 指数 | 项目数 | 同比增长（%） | 占比（%） | 指数 |
| 2015 | 10 | 100.00 | 37.04 | 192.31 | 17 | 142.86 | 62.96 | 177.08 | 27 | 125.00 | 4.62 | 182.43 |
| 2016 | 16 | 60.00 | 36.36 | 307.69 | 28 | 64.71 | 63.64 | 291.67 | 44 | 62.96 | 4.97 | 297.30 |
| 2017 | 18 | 12.50 | 36.00 | 346.15 | 32 | 14.29 | 64.00 | 333.33 | 50 | 13.64 | 5.90 | 337.84 |
| 2018 | 14 | −22.22 | 26.92 | 269.23 | 38 | 18.75 | 73.08 | 395.83 | 52 | 4.00 | 5.40 | 351.35 |
| 2019 | 9 | −35.71 | 23.68 | 173.08 | 29 | −23.68 | 76.32 | 302.08 | 38 | −26.92 | 5.12 | 256.76 |
| 2020 | 8 | −11.11 | 23.53 | 153.85 | 26 | −10.34 | 76.47 | 270.83 | 34 | −10.53 | 5.77 | 229.73 |
| 2021 | 3 | −62.50 | 13.04 | 57.69 | 20 | −23.08 | 86.96 | 208.33 | 23 | −32.35 | 4.01 | 155.41 |
| 合计 | 103 | — | 28.69 | — | 256 | — | 71.31 | — | 359 | — | 5.45 | — |
| 2011—2015年均值 | 5.2 | — | — | 100.00 | 9.6 | — | — | 100.00 | 14.8 | — | — | 100.00 |

| 年份 | 总计 | | | |
|---|---|---|---|---|
| | 项目数 | 同比增长（%） | 占比（%） | 指数 |
| 2005 | 52 | | 100.00 | 17.34 |
| 2006 | 61 | 17.31 | 100.00 | 20.35 |
| 2007 | 81 | 32.79 | 100.00 | 27.02 |
| 2008 | 70 | −13.58 | 100.00 | 23.35 |
| 2009 | 106 | 51.43 | 100.00 | 35.36 |
| 2010 | 114 | 7.55 | 100.00 | 38.03 |
| 2011 | 162 | 42.11 | 100.00 | 54.04 |
| 2012 | 190 | 17.28 | 100.00 | 63.38 |
| 2013 | 236 | 24.21 | 100.00 | 78.72 |
| 2014 | 327 | 38.56 | 100.00 | 109.07 |
| 2015 | 584 | 78.59 | 100.00 | 194.80 |
| 2016 | 885 | 51.54 | 100.00 | 295.20 |
| 2017 | 848 | −4.18 | 100.00 | 282.86 |

续表

| 年份 | 总计 | | | |
|---|---|---|---|---|
| | 项目数 | 同比增长（%） | 占比（%） | 指数 |
| 2018 | 963 | 13.56 | 100.00 | 321.21 |
| 2019 | 742 | -22.95 | 100.00 | 247.50 |
| 2020 | 589 | -20.62 | 100 | 196.46 |
| 2021 | 573 | -2.72 | 100 | 191.13 |
| 合计 | 6583 | -20.62 | 100.00 | 196.46 |
| 2011—2015 年均值 | 299.8 | — | 100.00 | — |

注：此处存在重复统计问题，故总计部分与表 3-1-1、表 3-1-2 所示不一致，重复统计的处理方式与第二章相应部分的处理一致，详见表 2-2-1 脚注。

## 二、民营企业对外并购投资金额在不同投资方来源地的分布

如 2005—2021 年中国民营企业并购 OFDI 金额表所示，为了进一步明晰中国民营企业对外并购直接投资活动的来源地特征，本书将对外并购直接投资活动来源地分为环渤海地区、长三角地区、珠三角地区、中部地区、西部地区。按照并购 OFDI 项目金额累积量排名，中国民营企业对外直接投资活动主要集中在环渤海地区，累计海外直接投资项目金额为 3755.14 亿美元，占比 37.1%；排在第二是长三角地区，累计海外直接投资项目金额为 3286.89 亿美元，占比 32.47%；排在第三的是珠三角地区，累计海外直接投资项目金额为 2335.84 亿美元，占比 23.08%；排在第四的是中部地区，累计海外直接投资项目金额为 455.14 亿美元，占比 4.5%；排在最后的是西部地区，累计海外直接投资项目金额为 288.34 亿美元，占比 2.85%。

从 2005—2021 年中国民营企业并购 OFDI 金额来源地别图表可以看出，在 2005 年至 2021 年间，来自长三角地区中的其他的 OFDI 在 2005 年至 2010 年实现了民营企业对外直接投资项目金额连续 5 年的增长；来自环渤海地区中的京津冀的 OFDI 在 2005 年至 2021 年 17 年间民营企业对外直接投资项目金额指数波动程度最大。总体来看，来自珠三角地区的民营企

业对外直接投资金额集中来自广东地区，2005 年至 2021 年的平均占比为 67.15%；总体来看，来自西部地区的民营企业海外直接投资金额集中来自西南地区，2005 年至 2021 年的平均占比为 87.9%。

**表 3-2-2　中国民营企业并购投资金额在不同投资方来源地的分布及指数汇总表**

（单位：百万美元）

| 年份 | 环渤海地区 | | | | | | | | | | | |
|---|---|---|---|---|---|---|---|---|---|---|---|---|
| | 京津冀 | | | | 其他 | | | | 小计 | | | |
| | 金额 | 同比增长（%） | 占比（%） | 指数 | 金额 | 同比增长（%） | 占比（%） | 指数 | 金额 | 同比增长（%） | 占比（%） | 指数 |
| 2005 | 101.82 | — | 99.36 | 0.38 | 0.66 | — | 0.64 | 0.05 | 102.48 | — | 45.42 | 0.36 |
| 2006 | 895.23 | 779.23 | 96.71 | 3.32 | 30.50 | 4521.21 | 3.29 | 2.20 | 925.73 | 803.33 | 26.15 | 3.26 |
| 2007 | 542.35 | -39.42 | 51.22 | 2.01 | 516.58 | 1593.70 | 48.78 | 37.33 | 1058.93 | 14.39 | 7.12 | 3.73 |
| 2008 | 424.82 | -21.67 | 45.89 | 1.57 | 500.83 | -3.05 | 54.11 | 36.19 | 925.65 | -12.59 | 12.94 | 3.26 |
| 2009 | 791.23 | 86.25 | 61.26 | 2.93 | 500.42 | -0.08 | 38.74 | 36.16 | 1291.65 | 39.54 | 49.53 | 4.55 |
| 2010 | 486.94 | -38.46 | 48.30 | 1.81 | 521.32 | 4.18 | 51.70 | 37.67 | 1008.26 | -21.94 | 5.75 | 3.56 |
| 2011 | 4556.60 | 835.76 | 87.59 | 16.89 | 645.73 | 23.86 | 12.41 | 46.66 | 5202.33 | 415.97 | 33.95 | 18.35 |
| 2012 | 4733.62 | 3.88 | 83.70 | 17.55 | 921.72 | 42.74 | 16.30 | 66.61 | 5655.34 | 8.71 | 51.75 | 19.94 |
| 2013 | 13316.12 | 181.31 | 98.19 | 49.37 | 245.77 | -73.34 | 1.81 | 17.76 | 13561.89 | 139.81 | 35.77 | 47.82 |
| 2014 | 27523.17 | 106.69 | 95.67 | 102.04 | 1244.32 | 406.29 | 4.33 | 89.92 | 28767.49 | 112.12 | 36.22 | 101.44 |
| 2015 | 84740.14 | 207.89 | 95.64 | 314.16 | 3861.73 | 210.35 | 4.36 | 279.06 | 88601.87 | 207.99 | 50.29 | 312.44 |
| 2016 | 52024.05 | -38.61 | 90.64 | 192.87 | 5374.51 | 39.17 | 9.36 | 388.37 | 57398.56 | -35.22 | 34.72 | 202.41 |
| 2017 | 61950.59 | 19.08 | 91.04 | 229.67 | 6093.51 | 13.38 | 8.96 | 440.33 | 68044.10 | 18.55 | 42.44 | 239.95 |
| 2018 | 23122.93 | -62.68 | 80.62 | 85.72 | 5557.49 | -8.80 | 19.38 | 401.60 | 28680.42 | -57.85 | 26.98 | 101.14 |
| 2019 | 23989.29 | 3.75 | 75.72 | 88.94 | 7690.75 | 38.39 | 24.28 | 555.75 | 31680.04 | 10.46 | 46.56 | 111.72 |
| 2020 | 4608.04 | -80.79 | 26.40 | 17.08 | 12845.96 | 67.03 | 73.60 | 928.27 | 17454.00 | -44.91 | 22.13 | 61.55 |
| 2021 | 20783.05 | 351.02 | 82.62 | 77.05 | 4371.89 | -65.97 | 17.38 | 315.92 | 25154.94 | 44.12 | 37.23 | 88.71 |
| 合计 | 324589.99 | — | 86.44 | — | 50923.69 | — | 13.56 | — | 375513.68 | — | 37.10 | — |
| 2011—2015 年均值 | 26973.93 | — | — | 100.00 | 1383.85 | — | — | 100.00 | 28357.78 | — | — | 100.00 |

续表

| 年份 | 长三角地区 | | | | | | | | | | | |
|---|---|---|---|---|---|---|---|---|---|---|---|---|
| | 上海 | | | | 其他 | | | | 小计 | | | |
| | 金额 | 同比增长（%） | 占比（%） | 指数 | 金额 | 同比增长（%） | 占比（%） | 指数 | 金额 | 同比增长（%） | 占比（%） | 指数 |
| 2005 | 0.00 | — | 0.00 | 0.00 | 4.00 | — | 100.00 | 0.04 | 4.00 | — | 1.77 | 0.02 |
| 2006 | 85.85 | — | 92.57 | 1.08 | 6.89 | 72.25 | 7.43 | 0.07 | 92.74 | 2218.50 | 2.62 | 0.54 |
| 2007 | 26.50 | -69.13 | 14.60 | 0.33 | 155.02 | 2149.93 | 85.40 | 1.69 | 181.52 | 95.73 | 1.22 | 1.06 |
| 2008 | 38.56 | 45.51 | 9.67 | 0.49 | 360.39 | 132.48 | 90.33 | 3.92 | 398.95 | 119.78 | 5.58 | 2.33 |
| 2009 | 62.23 | 61.38 | 11.37 | 0.78 | 485.32 | 34.67 | 88.63 | 5.28 | 547.55 | 37.25 | 21.00 | 3.19 |
| 2010 | 157.52 | 153.13 | 7.35 | 1.98 | 1986.56 | 309.33 | 92.65 | 21.60 | 2144.08 | 291.58 | 12.22 | 12.50 |
| 2011 | 2658.45 | 1587.69 | 58.62 | 33.44 | 1876.98 | -5.52 | 41.38 | 20.41 | 4535.43 | 111.53 | 29.60 | 26.45 |
| 2012 | 800.19 | -69.90 | 27.22 | 10.07 | 2139.71 | 14.00 | 72.78 | 23.26 | 2939.90 | -35.18 | 26.90 | 17.14 |
| 2013 | 9040.43 | 1029.79 | 62.75 | 113.72 | 5366.99 | 150.83 | 37.25 | 58.35 | 14407.42 | 390.06 | 38.00 | 84.02 |
| 2014 | 11984.14 | 32.56 | 77.58 | 150.75 | 3462.74 | -35.48 | 22.42 | 37.64 | 15446.88 | 7.21 | 19.45 | 90.08 |
| 2015 | 15266.39 | 27.39 | 31.53 | 192.03 | 33146.65 | 857.24 | 68.47 | 360.34 | 48413.04 | 213.42 | 27.48 | 282.32 |
| 2016 | 31723.23 | 107.80 | 53.60 | 399.04 | 27463.90 | -17.14 | 46.40 | 298.57 | 59187.13 | 22.25 | 35.80 | 345.14 |
| 2017 | 32726.44 | 3.16 | 61.45 | 411.66 | 20530.52 | -25.25 | 38.55 | 223.19 | 53256.96 | -10.02 | 33.22 | 310.56 |
| 2018 | 23365.59 | -28.60 | 51.41 | 293.91 | 22081.00 | 7.55 | 48.59 | 240.05 | 45446.59 | -14.67 | 42.75 | 265.02 |
| 2019 | 14806.38 | -36.63 | 63.55 | 186.25 | 8493.95 | -61.53 | 36.45 | 92.34 | 23300.33 | -48.73 | 34.24 | 135.87 |
| 2020 | 4726.70 | -68.08 | 11.33 | 59.46 | 36978.67 | 335.35 | 88.67 | 402.00 | 41705.37 | 78.99 | 52.88 | 243.20 |
| 2021 | 8628.48 | 82.55 | 51.73 | 108.54 | 8052.91 | -78.22 | 48.27 | 87.54 | 16681.39 | -60.00 | 24.69 | 97.28 |
| 合计 | 156097.08 | — | 47.49 | — | 172592.20 | — | 52.51 | — | 328689.28 | — | 32.47 | — |
| 2011—2015年均值 | 7949.92 | — | — | 100.00 | 9198.61 | — | — | 100.00 | 17148.53 | — | — | 100.00 |

| 年份 | 珠三角地区 | | | | | | | | | | | |
|---|---|---|---|---|---|---|---|---|---|---|---|---|
| | 广东 | | | | 其他 | | | | 小计 | | | |
| | 金额 | 同比增长（%） | 占比（%） | 指数 | 金额 | 同比增长（%） | 占比（%） | 指数 | 金额 | 同比增长（%） | 占比（%） | 指数 |
| 2005 | 27.61 | — | 100.00 | 0.37 | 0.00 | — | 0.00 | 0.00 | 27.61 | — | 12.24 | 0.19 |
| 2006 | 2441.53 | 8742.92 | 100.00 | 32.70 | 0.00 | — | 0.00 | 0.00 | 2441.53 | 8742.92 | 68.97 | 16.82 |

续表

| 年份 | 珠三角地区 | | | | | | | | | | | |
|---|---|---|---|---|---|---|---|---|---|---|---|---|
| | 广东 | | | | 其他 | | | | 小计 | | | |
| | 金额 | 同比增长（%） | 占比（%） | 指数 | 金额 | 同比增长（%） | 占比（%） | 指数 | 金额 | 同比增长（%） | 占比（%） | 指数 |
| 2007 | 13383.21 | 448.15 | 100.00 | 179.25 | 0.00 | — | 0.00 | 0.00 | 13383.21 | 448.15 | 90.00 | 92.22 |
| 2008 | 5487.17 | -59.00 | 100.00 | 73.49 | 0.00 | — | 0.00 | 0.00 | 5487.17 | -59.00 | 76.70 | 37.81 |
| 2009 | 290.79 | -94.70 | 85.52 | 3.89 | 49.22 | — | 14.48 | 0.70 | 340.01 | -93.80 | 13.04 | 2.34 |
| 2010 | 14040.44 | 4728.38 | 99.43 | 188.05 | 80.80 | 64.16 | 0.57 | 1.15 | 14121.24 | 4053.18 | 80.47 | 97.30 |
| 2011 | 369.16 | -97.37 | 7.28 | 4.94 | 4699.08 | 5715.69 | 92.72 | 66.68 | 5068.24 | -64.11 | 33.08 | 34.92 |
| 2012 | 608.57 | 64.85 | 77.09 | 8.15 | 180.82 | -96.15 | 22.91 | 2.57 | 789.39 | -84.42 | 7.22 | 5.44 |
| 2013 | 5521.84 | 807.35 | 60.24 | 73.96 | 3644.40 | 1915.49 | 39.76 | 51.72 | 9166.24 | 1061.18 | 24.18 | 63.16 |
| 2014 | 4755.15 | -13.88 | 19.45 | 63.69 | 19694.11 | 440.39 | 80.55 | 279.48 | 24449.26 | 166.73 | 30.79 | 168.46 |
| 2015 | 26076.31 | 448.38 | 78.80 | 349.26 | 7015.61 | -64.38 | 21.20 | 99.56 | 33091.92 | 35.35 | 18.78 | 228.02 |
| 2016 | 13885.02 | -46.75 | 40.01 | 185.97 | 20817.18 | 196.73 | 59.99 | 295.41 | 34702.20 | 4.87 | 20.99 | 239.11 |
| 2017 | 10230.33 | -26.32 | 45.72 | 137.02 | 12143.30 | -41.67 | 54.28 | 172.32 | 22373.63 | -35.53 | 13.96 | 154.16 |
| 2018 | 15494.27 | 51.45 | 82.62 | 207.53 | 3259.71 | -73.16 | 17.38 | 46.26 | 18753.98 | -16.18 | 17.64 | 129.22 |
| 2019 | 9235.08 | -40.40 | 93.16 | 123.69 | 678.38 | -79.19 | 6.84 | 9.63 | 9913.46 | -47.14 | 14.57 | 68.31 |
| 2020 | 16081.59 | 74.14 | 89.24 | 215.39 | 1938.86 | 185.81 | 10.76 | 27.51 | 18020.45 | 81.78 | 22.85 | 124.17 |
| 2021 | 18931.12 | 17.72 | 88.24 | 253.56 | 2523.48 | 30.15 | 11.76 | 35.81 | 21454.60 | 19.06 | 31.76 | 147.83 |
| 合计 | 156859.19 | — | 67.15 | — | 76724.95 | — | 32.85 | — | 233584.14 | — | 23.68 | — |
| 2011—2015年均值 | 7466.21 | — | — | 100.00 | 7046.80 | — | — | 100.00 | 14513.01 | — | — | 100.00 |

| 年份 | 中部地区 | | | | | | | | | | | |
|---|---|---|---|---|---|---|---|---|---|---|---|---|
| | 华北东北 | | | | 中原华中 | | | | 小计 | | | |
| | 金额 | 同比增长（%） | 占比（%） | 指数 | 金额 | 同比增长（%） | 占比（%） | 指数 | 金额 | 同比增长（%） | 占比（%） | 指数 |
| 2005 | 0.00 | — | 0.00 | 0.00 | 64.56 | — | 100.00 | 4.69 | 64.56 | — | 28.61 | 4.05 |
| 2006 | 6.70 | — | 100.00 | 3.04 | 0.00 | -100.00 | 0.00 | 0.00 | 6.70 | -89.62 | 0.19 | 0.42 |
| 2007 | 27.68 | 313.13 | 11.83 | 12.56 | 206.26 | — | 88.17 | 15.00 | 233.94 | 3391.64 | 1.57 | 14.66 |

续表

| 年份 | 中部地区 | | | | | | | | | | | |
|---|---|---|---|---|---|---|---|---|---|---|---|---|
| | 华北东北 | | | | 中原华中 | | | | 小计 | | | |
| | 金额 | 同比增长(%) | 占比(%) | 指数 | 金额 | 同比增长(%) | 占比(%) | 指数 | 金额 | 同比增长(%) | 占比(%) | 指数 |
| 2008 | 16.01 | -42.16 | 13.52 | 7.27 | 102.45 | -50.33 | 86.48 | 7.45 | 118.46 | -49.36 | 1.66 | 7.42 |
| 2009 | 15.00 | -6.31 | 14.83 | 6.81 | 86.18 | -15.88 | 85.17 | 6.27 | 101.18 | -14.59 | 3.88 | 6.34 |
| 2010 | 43.43 | 189.53 | 31.07 | 19.71 | 96.33 | 11.78 | 68.93 | 7.00 | 139.76 | 38.13 | 0.80 | 8.76 |
| 2011 | 0.00 | -100.00 | 0.00 | 0.00 | 157.16 | 63.15 | 100.00 | 11.43 | 157.16 | 12.45 | 1.03 | 9.85 |
| 2012 | 673.45 | — | 83.20 | 305.69 | 136.00 | -13.46 | 16.80 | 9.89 | 809.45 | 415.05 | 7.41 | 50.73 |
| 2013 | 256.76 | -61.87 | 62.36 | 116.55 | 154.98 | 13.96 | 37.64 | 11.27 | 411.74 | -49.13 | 1.09 | 25.80 |
| 2014 | 9.75 | -96.20 | 0.74 | 4.43 | 1301.91 | 740.05 | 99.26 | 94.67 | 1311.66 | 218.57 | 1.65 | 82.21 |
| 2015 | 161.57 | 1557.13 | 3.06 | 73.34 | 5126.35 | 293.76 | 96.94 | 372.75 | 5287.92 | 303.15 | 3.00 | 331.41 |
| 2016 | 4474.65 | 2669.48 | 38.14 | 2031.11 | 7257.30 | 41.57 | 61.86 | 527.70 | 11731.95 | 121.86 | 7.10 | 735.28 |
| 2017 | 1650.16 | -63.12 | 14.49 | 749.03 | 9734.41 | 34.13 | 85.51 | 707.81 | 11384.57 | -2.96 | 7.10 | 713.50 |
| 2018 | 1835.59 | 11.24 | 25.46 | 833.20 | 5374.41 | -44.79 | 74.54 | 390.79 | 7210.00 | -36.67 | 6.78 | 451.87 |
| 2019 | 114.05 | -93.79 | 4.29 | 51.77 | 2541.47 | -52.71 | 95.71 | 184.80 | 2655.52 | -63.17 | 3.90 | 166.43 |
| 2020 | 265.88 | 133.13 | 30.55 | 120.69 | 604.53 | -76.21 | 69.45 | 43.96 | 870.41 | -67.22 | 1.10 | 54.55 |
| 2021 | 672.95 | 153.10 | 22.29 | 305.46 | 2345.80 | 288.04 | 77.71 | 170.57 | 3018.75 | 246.82 | 4.47 | 189.19 |
| 合计 | 10223.63 | — | 22.46 | — | 35290.10 | — | 77.54 | — | 45513.73 | — | 4.50 | — |
| 2011—2015年均值 | 220.31 | — | — | 100.00 | 1375.28 | — | — | 100.00 | 1595.59 | — | — | 100.00 |

| 年份 | 西部地区 | | | | | | | | | | | |
|---|---|---|---|---|---|---|---|---|---|---|---|---|
| | 西北 | | | | 西南 | | | | 小计 | | | |
| | 金额 | 同比增长(%) | 占比(%) | 指数 | 金额 | 同比增长(%) | 占比(%) | 指数 | 金额 | 同比增长(%) | 占比(%) | 指数 |
| 2005 | 13.59 | — | 50.37 | 6.42 | 13.39 | — | 49.63 | 0.63 | 26.98 | — | 11.96 | 1.15 |
| 2006 | 0.00 | -100.00 | 0.00 | 0.00 | 73.14 | 446.23 | 100.00 | 3.43 | 73.14 | 171.09 | 2.07 | 3.12 |
| 2007 | 0.00 | — | 0.00 | 0.00 | 13.39 | -81.69 | 100.00 | 0.63 | 13.39 | -81.69 | 0.09 | 0.57 |
| 2008 | 0.00 | — | 0.00 | 0.00 | 223.58 | 1569.75 | 100.00 | 10.50 | 223.58 | 1569.75 | 3.13 | 9.55 |

续表

| 年份 | 西部地区 | | | | | | | | | | | |
|---|---|---|---|---|---|---|---|---|---|---|---|---|
| | 西北 | | | | 西南 | | | | 小计 | | | |
| | 金额 | 同比增长（%） | 占比（%） | 指数 | 金额 | 同比增长（%） | 占比（%） | 指数 | 金额 | 同比增长（%） | 占比（%） | 指数 |
| 2009 | 58.12 | — | 17.74 | 27.44 | 269.47 | 20.53 | 82.26 | 12.65 | 327.59 | 46.52 | 12.56 | 13.99 |
| 2010 | 0.00 | -100.00 | 0.00 | 0.00 | 135.63 | -49.67 | 100.00 | 6.37 | 135.63 | -58.60 | 0.77 | 5.79 |
| 2011 | 272.04 | — | 75.72 | 128.44 | 87.24 | -35.68 | 24.28 | 4.10 | 359.28 | 164.90 | 2.34 | 15.35 |
| 2012 | 100.89 | -62.91 | 13.75 | 47.63 | 633.09 | 625.69 | 86.25 | 29.73 | 733.98 | 104.29 | 6.72 | 31.35 |
| 2013 | 78.34 | -22.35 | 21.28 | 36.99 | 289.85 | -54.22 | 78.72 | 13.61 | 368.19 | -49.84 | 0.97 | 15.73 |
| 2014 | 51.43 | -34.35 | 0.54 | 24.28 | 9392.07 | 3140.32 | 99.46 | 441.07 | 9443.50 | 2464.84 | 11.89 | 403.37 |
| 2015 | 556.31 | 981.68 | 69.46 | 262.66 | 244.55 | -97.40 | 30.54 | 11.48 | 800.86 | -91.52 | 0.45 | 34.21 |
| 2016 | 367.55 | -33.93 | 16.06 | 173.53 | 1921.45 | 685.71 | 83.94 | 90.24 | 2289.00 | 185.82 | 1.38 | 97.77 |
| 2017 | 386.56 | 5.17 | 7.35 | 182.51 | 4874.72 | 153.70 | 92.65 | 228.93 | 5261.28 | 129.85 | 3.28 | 224.73 |
| 2018 | 669.15 | 73.10 | 10.76 | 315.93 | 5548.10 | 13.81 | 89.24 | 260.55 | 6217.25 | 18.17 | 5.85 | 265.56 |
| 2019 | 209.73 | -68.66 | 42.67 | 99.02 | 281.84 | -94.92 | 57.33 | 13.24 | 491.57 | -92.09 | 0.72 | 21.00 |
| 2020 | 113.59 | -45.84 | 13.88 | 53.63 | 704.49 | 149.96 | 86.12 | 33.08 | 818.08 | 66.42 | 1.04 | 34.94 |
| 2021 | 612.00 | 438.78 | 48.93 | 288.95 | 638.75 | -9.33 | 51.07 | 30.00 | 1250.75 | 52.89 | 1.85 | 53.42 |
| 合计 | 3489.30 | — | 12.10 | — | 25344.75 | — | 87.90 | — | 28834.05 | — | 2.85 | — |
| 2011—2015年均值 | 211.80 | — | — | 100.00 | 2129.36 | — | — | 100.00 | 2341.16 | — | — | 100.00 |

| 年份 | 总计 | | | |
|---|---|---|---|---|
| | 金额 | 同比增长（%） | 占比（%） | 指数 |
| 2005 | 225.63 | — | 100.00 | 0.35 |
| 2006 | 3539.84 | 1468.87 | 100.00 | 5.53 |
| 2007 | 14870.99 | 320.10 | 100.00 | 23.25 |
| 2008 | 7153.81 | -51.89 | 100.00 | 11.19 |
| 2009 | 2607.98 | -63.54 | 100.00 | 4.08 |
| 2010 | 17548.97 | 572.90 | 100.00 | 27.44 |
| 2011 | 15322.44 | -12.69 | 100.00 | 23.96 |

续表

| 年份 | 总计 | | | |
|---|---|---|---|---|
| | 金额 | 同比增长（%） | 占比（%） | 指数 |
| 2012 | 10928.06 | -28.68 | 100.00 | 17.09 |
| 2013 | 37915.48 | 246.96 | 100.00 | 59.28 |
| 2014 | 79418.79 | 109.46 | 100.00 | 124.18 |
| 2015 | 176195.61 | 121.86 | 100.00 | 275.49 |
| 2016 | 165308.84 | -6.18 | 100.00 | 258.47 |
| 2017 | 160320.54 | -3.02 | 100.00 | 250.67 |
| 2018 | 106308.24 | -33.69 | 100.00 | 166.22 |
| 2019 | 68040.92 | -36.00 | 100.00 | 106.39 |
| 2020 | 78868.31 | 15.91 | 100.00 | 123.32 |
| 2021 | 67560.43 | -14.34 | 100.00 | 105.64 |
| 合计 | 1012134.88 | — | 100.00 | — |
| 2011—2015年均值 | 63956.08 | — | — | 100.00 |

注：此处存在重复统计问题，故总计部分与表3-1-1、表3-1-2所示不一致，重复统计的处理方式与第二章相应部分的处理一致，详见表2-2-1脚注。

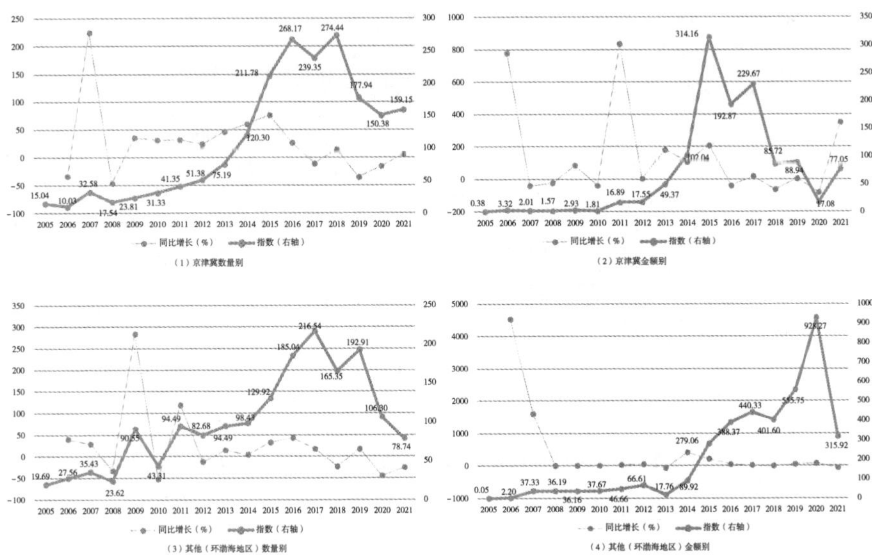

（1）京津冀数量别
（2）京津冀金额别
（3）其他（环渤海地区）数量别
（4）其他（环渤海地区）金额别

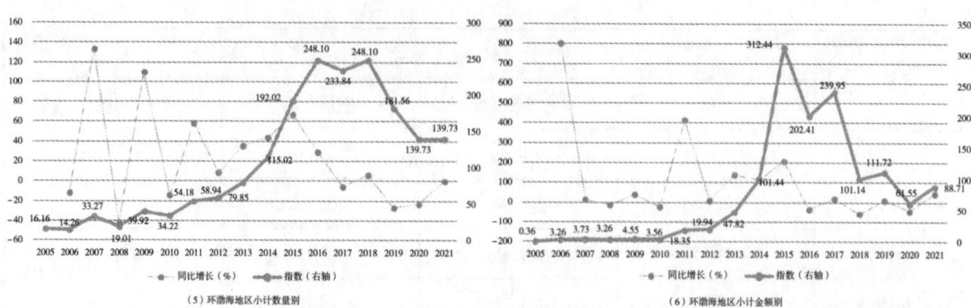


（5）环渤海地区小计数量别

（6）环渤海地区小计金额别

**图 3-2-1　2005—2021 年环渤海地区民营企业并购投资项目数量指数和金额指数变化图**

（1）上海数量别

（2）上海金额别

（3）其他（长三角地区）数量别

（4）其他（长三角地区）金额别

（5）长三角地区小计数量别

（6）长三角地区小计金额别

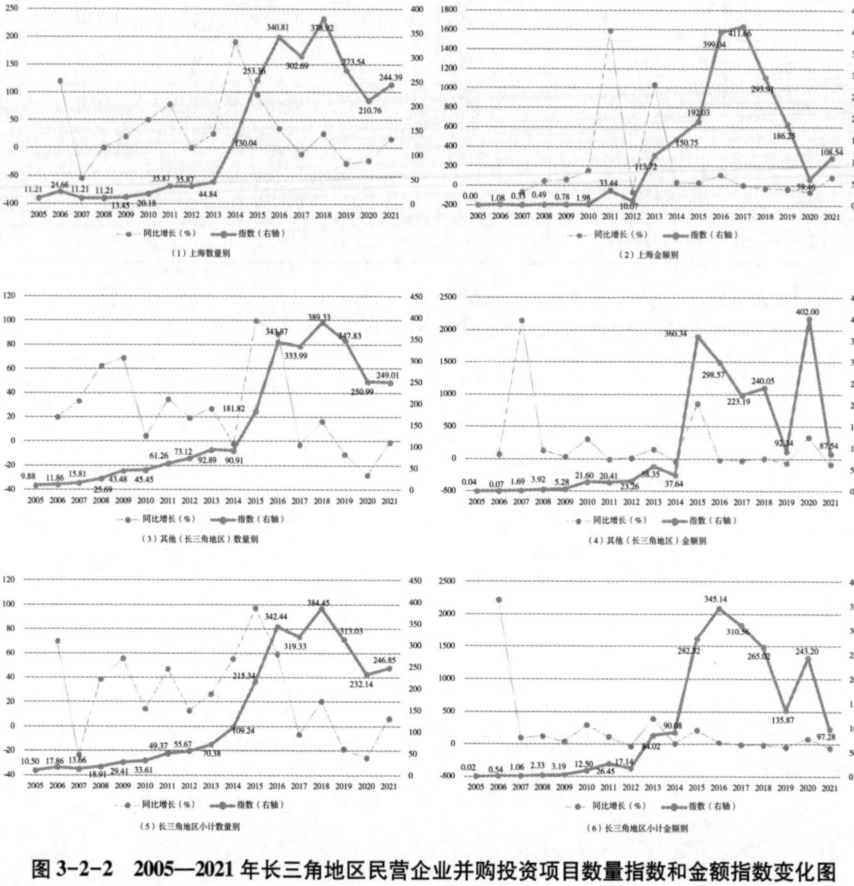

**图 3-2-2　2005—2021 年长三角地区民营企业并购投资项目数量指数和金额指数变化图**

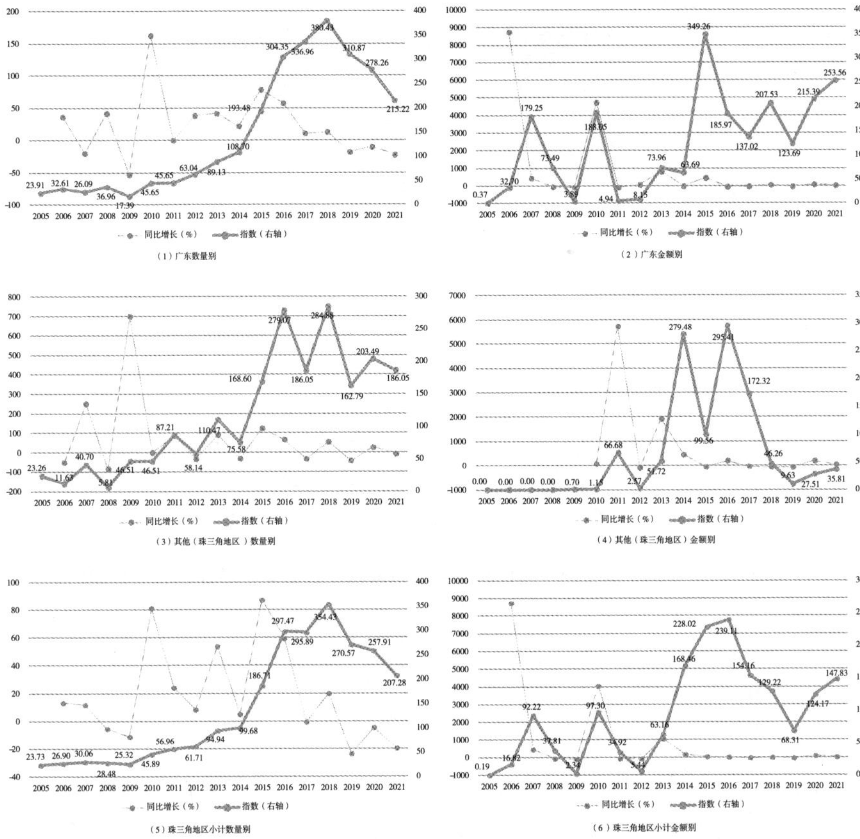

（1）广东数量别

（2）广东金额别

（3）其他（珠三角地区）数量别

（4）其他（珠三角地区）金额别

（5）珠三角地区小计数量别

（6）珠三角地区小计金额别

**图 3-2-3　2005—2021 年珠三角地区民营企业并购投资项目数量指数和金额指数变化图**

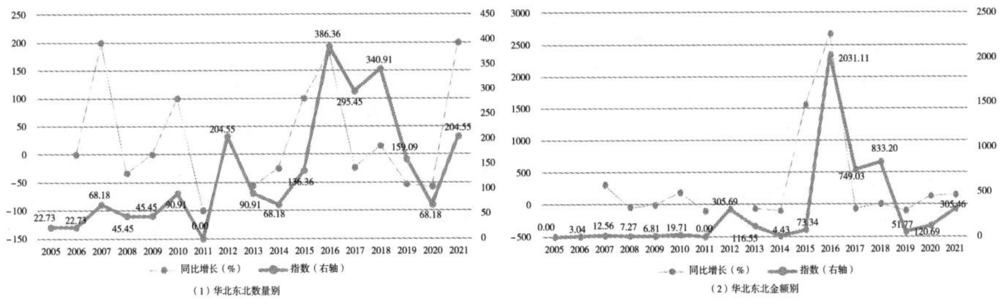


（1）华北东北数量别

（2）华北东北金额别

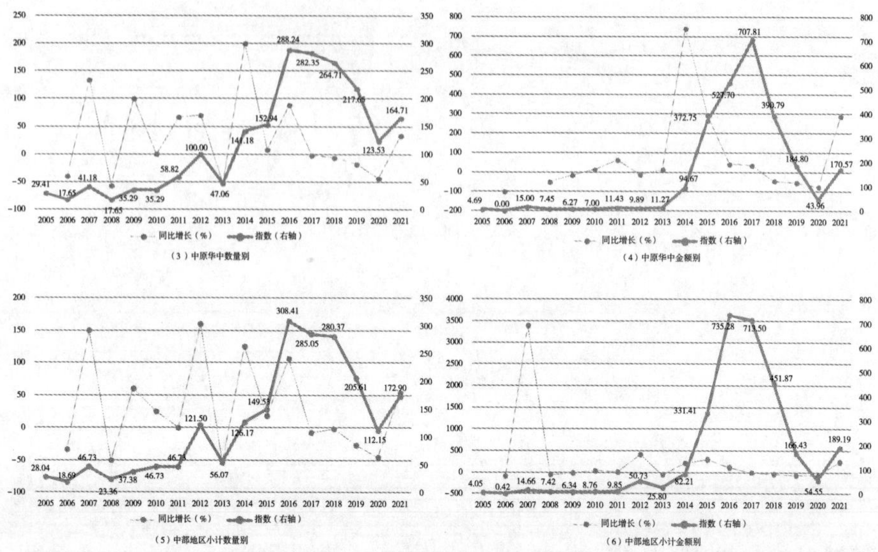


**图 3-2-4 2005—2021 年中部地区民营企业并购投资项目数量指数和金额指数变化图**

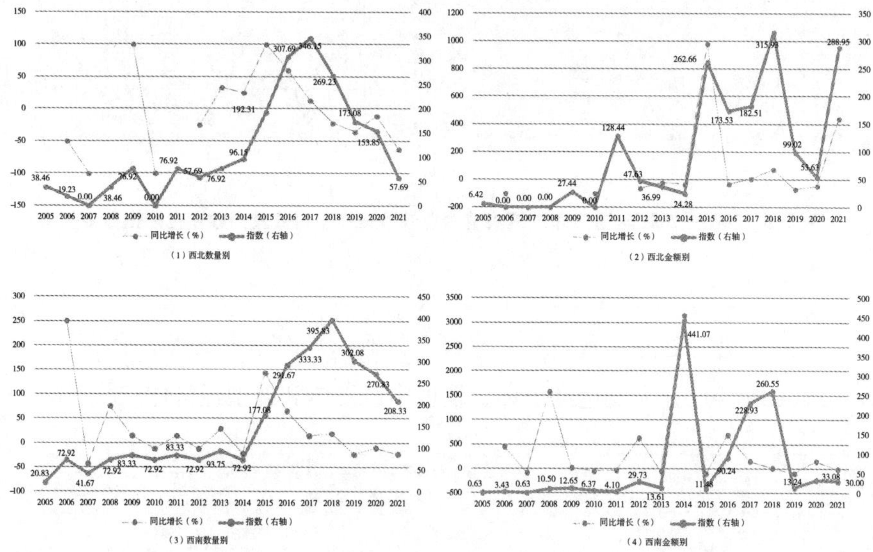

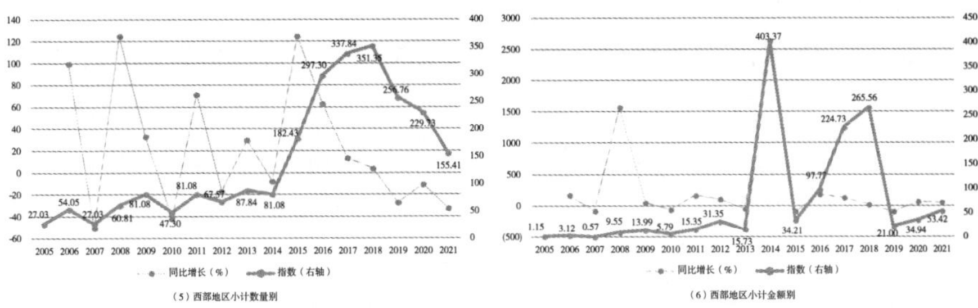


**图 3-2-5　2005—2021 年西部地区民营企业并购投资项目数量指数和金额指数变化图**

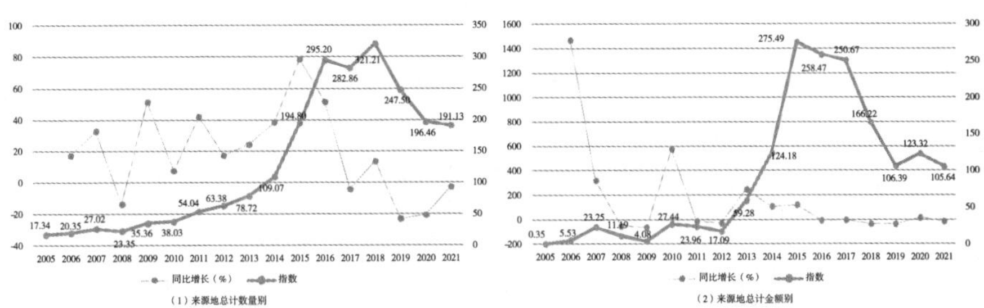


**图 3-2-6　2005—2021 年来源地民营企业并购投资项目数量指数和金额指数变化图**

# 第三节　民营企业对外并购投资标的国（地区）别指数

本节对中国民营企业对外并购投资项目数量与金额规模按照投资标的国（地区）进行划分，其中根据标的国（地区）的经济发展水平不同，将标的国（地区）分为发达经济体、发展中经济体和转型经济体三大类型。

## 一、民营企业对外并购投资项目数量在标的国（地区）的分布

如 2005—2021 年中国民营企业并购 OFDI 数量表所示，为了进一步明晰我国民营企业对外并购直接投资活动的来源地特征，本书将对外并购直接投资活动标的国（地区）分为发达经济体、发展中经济体、转型经济

体。按照并购 OFDI 项目数量累积量排名，中国民营企业对外并购直接投资活动主要集中在发达经济体，累计对外直接投资项目数量为 6955 件，占比 85.84%；其次是发展中经济体，累计对外直接投资项目数量为 1005 件，占比 12.4%；再次是转型经济体，累计对外直接投资项目数量为 142 件，占比 1.75%。

**表 3-3-1 中国民营企业并购投资项目数量在不同经济体的分布及指数汇总表**

（单位：件）

| 年份 | 发达经济体 | | | | | | | |
|---|---|---|---|---|---|---|---|---|
| | 欧洲 | | | | 北美洲 | | | |
| | 项目数 | 同比增长（%） | 占比（%） | 指数 | 项目数 | 同比增长（%） | 占比（%） | 指数 |
| 2005 | 16 | — | 20.78 | 20.94 | 7 | — | 9.09 | 9.92 |
| 2006 | 10 | -37.50 | 10.42 | 13.09 | 17 | 142.86 | 17.71 | 24.08 |
| 2007 | 14 | 40.00 | 11.86 | 18.32 | 21 | 23.53 | 17.80 | 29.75 |
| 2008 | 21 | 50.00 | 11.05 | 27.49 | 14 | -33.33 | 7.37 | 19.83 |
| 2009 | 18 | -14.29 | 10.98 | 23.56 | 20 | 42.86 | 12.20 | 28.33 |
| 2010 | 14 | -22.22 | 6.73 | 18.32 | 25 | 25.00 | 12.02 | 35.41 |
| 2011 | 36 | 157.14 | 16.07 | 47.12 | 34 | 36.00 | 15.18 | 48.16 |
| 2012 | 63 | 75.00 | 25.82 | 82.46 | 40 | 17.65 | 16.39 | 56.66 |
| 2013 | 60 | -4.76 | 21.20 | 78.53 | 51 | 27.50 | 18.02 | 72.24 |
| 2014 | 96 | 60.00 | 24.49 | 125.65 | 101 | 98.04 | 25.77 | 143.06 |
| 2015 | 127 | 32.29 | 21.24 | 166.23 | 127 | 25.74 | 21.24 | 179.89 |
| 2016 | 178 | 40.16 | 20.48 | 232.98 | 199 | 56.69 | 22.90 | 281.87 |
| 2017 | 160 | -10.11 | 20.36 | 209.42 | 170 | -14.57 | 21.63 | 240.79 |
| 2018 | 149 | -6.88 | 16.67 | 195.03 | 196 | 15.29 | 21.92 | 277.62 |
| 2019 | 128 | -14.09 | 18.44 | 167.54 | 131 | -33.16 | 18.88 | 185.55 |
| 2020 | 86 | -32.81 | 15.50 | 112.57 | 106 | -19.08 | 19.10 | 150.14 |
| 2021 | 97 | 12.79 | 17.23 | 126.96 | 102 | -3.77 | 18.12 | 144.48 |
| 合计 | 1273 | — | 18.30 | — | 1361 | — | 19.57 | — |
| 2011—2015 年均值 | 76.4 | — | — | 100.00 | 70.6 | — | — | 100.00 |

续表

| 年份 | 发达经济体 | | | | | | | |
|---|---|---|---|---|---|---|---|---|
| | 其他发达经济体 | | | | 小计 | | | |
| | 项目数 | 同比增长（%） | 占比（%） | 指数 | 项目数 | 同比增长（%） | 占比（%） | 指数 |
| 2005 | 54 | — | 70.13 | 26.84 | 77 | — | 78.57 | 22.11 |
| 2006 | 69 | 27.78 | 71.88 | 34.29 | 96 | 24.68 | 77.42 | 27.57 |
| 2007 | 83 | 20.29 | 70.34 | 41.25 | 118 | 22.92 | 82.52 | 33.89 |
| 2008 | 155 | 86.75 | 81.58 | 77.04 | 190 | 61.02 | 87.96 | 54.57 |
| 2009 | 126 | -18.71 | 76.83 | 62.62 | 164 | -13.68 | 86.32 | 47.10 |
| 2010 | 169 | 34.13 | 81.25 | 84.00 | 208 | 26.83 | 91.63 | 59.74 |
| 2011 | 154 | -8.88 | 68.75 | 76.54 | 224 | 7.69 | 87.16 | 64.33 |
| 2012 | 141 | -8.44 | 57.79 | 70.08 | 244 | 8.93 | 85.92 | 70.07 |
| 2013 | 172 | 21.99 | 60.78 | 85.49 | 283 | 15.98 | 91.00 | 81.28 |
| 2014 | 195 | 13.37 | 49.74 | 96.92 | 392 | 38.52 | 89.91 | 112.58 |
| 2015 | 344 | 76.41 | 57.53 | 170.97 | 598 | 52.55 | 88.07 | 171.74 |
| 2016 | 492 | 43.02 | 56.62 | 244.53 | 869 | 45.32 | 88.67 | 249.57 |
| 2017 | 456 | -7.32 | 58.02 | 226.64 | 786 | -9.55 | 84.33 | 225.73 |
| 2018 | 549 | 20.39 | 61.41 | 272.86 | 894 | 13.74 | 84.34 | 256.75 |
| 2019 | 435 | -20.77 | 62.68 | 216.20 | 694 | -22.37 | 83.41 | 199.31 |
| 2020 | 363 | -16.55 | 65.41 | 180.42 | 555 | -20.03 | 83.46 | 159.39 |
| 2021 | 364 | 0.28 | 64.65 | 180.91 | 563 | 1.44 | 84.28 | 161.69 |
| 合计 | 4321 | — | 62.13 | — | 6955 | — | 85.84 | — |
| 2011—2015年均值 | 201.2 | — | — | 100.00 | 348.2 | — | — | 100.00 |

| 年份 | 发展中经济体 | | | | | | | |
|---|---|---|---|---|---|---|---|---|
| | 非洲 | | | | 亚洲 | | | |
| | 项目数 | 同比增长（%） | 占比（%） | 指数 | 项目数 | 同比增长（%） | 占比（%） | 指数 |
| 2005 | 2 | — | 11.76 | 28.57 | 11 | — | 64.71 | 53.40 |
| 2006 | 6 | 200.00 | 26.09 | 85.71 | 14 | 27.27 | 60.87 | 67.96 |

续表

| 年份 | 发展中经济体 | | | | | | | |
|---|---|---|---|---|---|---|---|---|
| | 非洲 | | | | 亚洲 | | | |
| | 项目数 | 同比增长（%） | 占比（%） | 指数 | 项目数 | 同比增长（%） | 占比（%） | 指数 |
| 2007 | 1 | -83.33 | 4.76 | 14.29 | 15 | 7.14 | 71.43 | 72.82 |
| 2008 | 7 | 600.00 | 29.17 | 100.00 | 14 | -6.67 | 58.33 | 67.96 |
| 2009 | 1 | -85.71 | 6.25 | 14.29 | 8 | -42.86 | 50.00 | 38.83 |
| 2010 | 4 | 300.00 | 26.67 | 57.14 | 4 | -50.00 | 26.67 | 19.42 |
| 2011 | 4 | 0.00 | 17.39 | 57.14 | 12 | 200.00 | 52.17 | 58.25 |
| 2012 | 4 | 0.00 | 12.50 | 57.14 | 21 | 75.00 | 65.63 | 101.94 |
| 2013 | 3 | -25.00 | 14.29 | 42.86 | 12 | -42.86 | 57.14 | 58.25 |
| 2014 | 10 | 233.33 | 29.41 | 142.86 | 19 | 58.33 | 55.88 | 92.23 |
| 2015 | 14 | 40.00 | 20.59 | 200.00 | 39 | 105.26 | 57.35 | 189.32 |
| 2016 | 15 | 7.14 | 14.85 | 214.29 | 64 | 64.10 | 63.37 | 310.68 |
| 2017 | 17 | 13.33 | 13.82 | 242.86 | 90 | 40.63 | 73.17 | 436.89 |
| 2018 | 22 | 29.41 | 14.10 | 314.29 | 105 | 16.67 | 67.31 | 509.71 |
| 2019 | 16 | -27.27 | 12.80 | 228.57 | 91 | -13.33 | 72.80 | 441.75 |
| 2020 | 13 | -18.75 | 12.38 | 185.71 | 76 | -16.48 | 72.38 | 368.93 |
| 2021 | 17 | 30.77 | 16.83 | 242.86 | 70 | -7.89 | 69.31 | 339.81 |
| 合计 | 156 | — | 15.52 | — | 665 | — | 66.17 | — |
| 2011—2015年均值 | 7 | — | — | 100.00 | 20.6 | — | — | 100.00 |

| 年份 | 发展中经济体 | | | | | | | | | | | |
|---|---|---|---|---|---|---|---|---|---|---|---|---|
| | 拉丁美洲和加勒比海地区 | | | | 大洋洲 | | | | 小计 | | | |
| | 项目数 | 同比增长（%） | 占比（%） | 指数 | 项目数 | 同比增长（%） | 占比（%） | 指数 | 项目数 | 同比增长（%） | 占比（%） | 指数 |
| 2005 | 3 | — | 17.65 | 44.12 | 1 | — | 5.88 | 83.33 | 17 | — | 17.35 | 47.75 |
| 2006 | 3 | 0.00 | 13.04 | 44.12 | 0 | -100.00 | 0.00 | 0.00 | 23 | 35.29 | 18.55 | 64.61 |
| 2007 | 4 | 33.33 | 19.05 | 58.82 | 1 | — | 4.76 | 83.33 | 21 | -8.70 | 14.69 | 58.99 |

续表

| 年份 | 发展中经济体 | | | | | | | | | | | |
|---|---|---|---|---|---|---|---|---|---|---|---|---|
| | 拉丁美洲和加勒比海地区 | | | | 大洋洲 | | | | 小计 | | | |
| | 项目数 | 同比增长（%） | 占比（%） | 指数 | 项目数 | 同比增长（%） | 占比（%） | 指数 | 项目数 | 同比增长（%） | 占比（%） | 指数 |
| 2008 | 3 | -25.00 | 12.50 | 44.12 | 0 | -100.00 | 0.00 | 0.00 | 24 | 14.29 | 11.11 | 67.42 |
| 2009 | 7 | 133.33 | 43.75 | 102.94 | 0 | — | 0.00 | 0.00 | 16 | -33.33 | 8.42 | 44.94 |
| 2010 | 4 | -42.86 | 26.67 | 58.82 | 3 | — | 20.00 | 250.00 | 15 | -6.25 | 6.61 | 42.13 |
| 2011 | 7 | 75.00 | 30.43 | 102.94 | 0 | -100.00 | 0.00 | 0.00 | 23 | 53.33 | 8.95 | 64.61 |
| 2012 | 4 | -42.86 | 12.50 | 58.82 | 3 | — | 9.38 | 250.00 | 32 | 39.13 | 11.27 | 89.89 |
| 2013 | 6 | 50.00 | 28.57 | 88.24 | 0 | -100.00 | 0.00 | 0.00 | 21 | -34.38 | 6.75 | 58.99 |
| 2014 | 4 | -33.33 | 11.76 | 58.82 | 1 | — | 2.94 | 83.33 | 34 | 61.90 | 7.80 | 95.51 |
| 2015 | 13 | 225.00 | 19.12 | 191.18 | 2 | 100.00 | 2.94 | 166.67 | 68 | 100.00 | 10.01 | 191.01 |
| 2016 | 19 | 46.15 | 18.81 | 279.41 | 3 | 50.00 | 2.97 | 250.00 | 101 | 48.53 | 10.31 | 283.71 |
| 2017 | 14 | -26.32 | 11.38 | 205.88 | 2 | -33.33 | 1.63 | 166.67 | 123 | 21.78 | 13.20 | 345.51 |
| 2018 | 24 | 71.43 | 15.38 | 352.94 | 5 | 150.00 | 3.21 | 416.67 | 156 | 26.83 | 14.72 | 438.20 |
| 2019 | 18 | -25.00 | 14.40 | 264.71 | 0 | -100.00 | 0.00 | 0.00 | 125 | -19.87 | 15.02 | 351.12 |
| 2020 | 10 | -44.44 | 9.52 | 147.06 | 6 | — | 5.71 | 500.00 | 105 | -16.00 | 15.79 | 294.94 |
| 2021 | 12 | 20.00 | 11.88 | 176.47 | 2 | -66.67 | 1.98 | 166.67 | 101 | -3.81 | 15.12 | 283.71 |
| 合计 | 155 | — | 15.42 | — | 29 | — | 2.89 | — | 1005 | — | 12.40 | — |
| 2011—2015年均值 | 6.8 | — | — | 100.00 | 1.2 | | — | 100.00 | 35.6 | — | — | 100.00 |

| 年份 | 转型经济体 | | | | | | | | | | | |
|---|---|---|---|---|---|---|---|---|---|---|---|---|
| | 东南欧 | | | | 独联体国家 | | | | 小计 | | | |
| | 项目数 | 同比增长（%） | 占比（%） | 指数 | 项目数 | 同比增长（%） | 占比（%） | 指数 | 项目数 | 同比增长（%） | 占比（%） | 指数 |
| 2005 | 0 | — | 0.00 | 0.00 | 4 | — | 100.00 | 44.44 | 4 | — | 4.08 | 41.67 |
| 2006 | 0 | — | 0.00 | 0.00 | 5 | 25.00 | 100.00 | 55.56 | 5 | 25.00 | 4.03 | 52.08 |
| 2007 | 0 | — | 0.00 | 0.00 | 4 | -20.00 | 100.00 | 44.44 | 4 | -20.00 | 2.80 | 41.67 |

续表

| 年份 | 转型经济体 | | | | | | | | | | | |
|---|---|---|---|---|---|---|---|---|---|---|---|---|
| | 东南欧 | | | | 独联体国家 | | | | 小计 | | | |
| | 项目数 | 同比增长（%） | 占比（%） | 指数 | 项目数 | 同比增长（%） | 占比（%） | 指数 | 项目数 | 同比增长（%） | 占比（%） | 指数 |
| 2008 | 0 | — | 0.00 | 0.00 | 2 | -50.00 | 100.00 | 22.22 | 2 | -50.00 | 0.93 | 20.83 |
| 2009 | 2 | — | 20.00 | 333.33 | 8 | 300.00 | 80.00 | 88.89 | 10 | 400.00 | 5.26 | 104.17 |
| 2010 | 1 | -50.00 | 25.00 | 166.67 | 3 | -62.50 | 75.00 | 33.33 | 4 | -60.00 | 1.76 | 41.67 |
| 2011 | 0 | -100.00 | 0.00 | 0.00 | 10 | 233.33 | 100.00 | 111.11 | 10 | 150.00 | 3.89 | 104.17 |
| 2012 | 1 | — | 12.50 | 166.67 | 7 | -30.00 | 87.50 | 77.78 | 8 | -20.00 | 2.82 | 83.33 |
| 2013 | 1 | 0.00 | 14.29 | 166.67 | 6 | -14.29 | 85.71 | 66.67 | 7 | -12.50 | 2.25 | 72.92 |
| 2014 | 1 | 0.00 | 10.00 | 166.67 | 9 | 50.00 | 90.00 | 100.00 | 10 | 42.86 | 2.29 | 104.17 |
| 2015 | 0 | -100.00 | 0.00 | 0.00 | 13 | 44.44 | 100.00 | 144.44 | 13 | 30.00 | 1.91 | 135.42 |
| 2016 | 1 | — | 10.00 | 166.67 | 9 | -30.77 | 90.00 | 100.00 | 10 | -23.08 | 1.02 | 104.17 |
| 2017 | 1 | 0.00 | 4.35 | 166.67 | 22 | 144.44 | 95.65 | 244.44 | 23 | 130.00 | 2.47 | 239.58 |
| 2018 | 1 | 0.00 | 10.00 | 166.67 | 9 | -59.09 | 90.00 | 100.00 | 10 | -56.52 | 0.94 | 104.17 |
| 2019 | 3 | 200.00 | 23.08 | 500.00 | 10 | 11.11 | 76.92 | 111.11 | 13 | 30.00 | 1.56 | 135.42 |
| 2020 | 1 | -66.67 | 20.00 | 166.67 | 4 | -60.00 | 80.00 | 44.44 | 5 | -61.54 | 0.75 | 52.08 |
| 2021 | 1 | 0.00 | 25 | 166.67 | 3 | -25.00 | 75 | 33.33 | 4 | -20.00 | 0.60 | 41.67 |
| 合计 | 14 | — | 9.86 | — | 128 | — | 90.14 | — | 142 | — | 1.75 | — |
| 2011—2015年均值 | 0.6 | — | — | 100.00 | 9 | — | — | 100.00 | 9.6 | — | — | 100.00 |

| 年份 | 总计 | | | |
|---|---|---|---|---|
| | 项目数 | 同比增长（%） | 占比（%） | 指数 |
| 2005 | 98 | — | 100.00 | 24.91 |
| 2006 | 124 | 26.53 | 100.00 | 31.52 |
| 2007 | 143 | 15.32 | 100.00 | 36.35 |
| 2008 | 216 | 51.05 | 100.00 | 54.91 |
| 2009 | 190 | -12.04 | 100.00 | 48.30 |
| 2010 | 227 | 19.47 | 100.00 | 57.70 |

续表

| 年份 | 总计 | | | |
|---|---|---|---|---|
| | 项目数 | 同比增长（%） | 占比（%） | 指数 |
| 2011 | 257 | 13.22 | 100.00 | 65.33 |
| 2012 | 284 | 10.51 | 100.00 | 72.19 |
| 2013 | 311 | 9.51 | 100.00 | 79.05 |
| 2014 | 436 | 40.19 | 100.00 | 110.83 |
| 2015 | 679 | 55.73 | 100.00 | 172.60 |
| 2016 | 980 | 44.33 | 100.00 | 249.11 |
| 2017 | 932 | -4.90 | 100.00 | 236.91 |
| 2018 | 1060 | 13.73 | 100.00 | 269.45 |
| 2019 | 832 | -21.51 | 100.00 | 211.49 |
| 2020 | 665 | -20.07 | 100.00 | 169.04 |
| 2021 | 668 | 0.45 | 100.00 | 169.80 |
| 合计 | 8102 | — | 100.00 | — |
| 2011—2015年均值 | 393.4 | — | — | 100.00 |

注：1. 此处存在重复统计问题，故总计部分与表3-1-1、表3-1-2所示不一致，重复统计的处理方式与第二章相应部分的处理一致，详见表2-2-1脚注。

## 二、民营企业对外并购投资金额在标的国（地区）的分布

根据2005—2021年中国民营企业并购OFDI金额表显示，从并购OFDI项目金额看，在2005年至2021年间，中国民营企业对外直接投资活动主要集中在发达经济体，累计对外直接投资项目金额为10946.11亿美元，占比91.23%；排在第二是发展中经济体，累计对外直接投资项目金额为784.75亿美元，占比6.54%；排在第三的是转型经济体，累计对外直接投资项目金额为268.12亿美元，占比2.23%。

**表 3-3-2　中国民营企业并购投资金额在不同经济体的分布及指数汇总表**

（单位：百万美元）

| 年份 | 发达经济体 | | | | | | | |
|---|---|---|---|---|---|---|---|---|
| | 欧洲 | | | | 北美洲 | | | |
| | 金额 | 同比增长（%） | 占比（%） | 指数 | 金额 | 同比增长（%） | 占比（%） | 指数 |
| 2005 | 843.98 | — | 38.28 | 2.46 | 17.55 | — | 0.80 | 0.15 |
| 2006 | 1039.10 | 23.12 | 22.93 | 3.03 | 2829.32 | 16021.48 | 62.42 | 24.94 |
| 2007 | 11207.53 | 978.58 | 75.08 | 32.64 | 2498.40 | -11.70 | 16.74 | 22.02 |
| 2008 | 6970.75 | -37.80 | 78.47 | 20.30 | 406.51 | -83.73 | 4.58 | 3.58 |
| 2009 | 298.62 | -95.72 | 10.10 | 0.87 | 478.02 | 17.59 | 16.17 | 4.21 |
| 2010 | 15411.22 | 5060.81 | 82.68 | 44.88 | 362.34 | -24.20 | 1.94 | 3.19 |
| 2011 | 6735.59 | -56.29 | 42.40 | 19.61 | 2410.59 | 565.28 | 15.17 | 21.25 |
| 2012 | 4077.04 | -39.47 | 31.09 | 11.87 | 4008.93 | 66.30 | 30.57 | 35.34 |
| 2013 | 20721.94 | 408.26 | 36.69 | 60.34 | 5944.88 | 48.29 | 10.53 | 52.41 |
| 2014 | 63906.67 | 208.40 | 66.51 | 186.09 | 2810.10 | -52.73 | 2.92 | 24.77 |
| 2015 | 76264.10 | 19.34 | 40.22 | 222.08 | 41543.24 | 1378.35 | 21.91 | 366.23 |
| 2016 | 80717.20 | 5.84 | 43.05 | 235.05 | 42035.96 | 1.19 | 22.42 | 370.57 |
| 2017 | 65923.67 | -18.33 | 49.86 | 191.97 | 25586.52 | -39.13 | 19.35 | 225.56 |
| 2018 | 25560.28 | -61.23 | 25.90 | 74.43 | 11944.56 | -53.32 | 12.10 | 105.30 |
| 2019 | 12316.76 | -51.81 | 16.08 | 35.87 | 15191.37 | 27.18 | 19.84 | 133.92 |
| 2020 | 71877.52 | 483.57 | 73.42 | 209.30 | 4653.29 | -69.37 | 4.75 | 41.02 |
| 2021 | 17986.20 | -74.98 | 22.95 | 52.38 | 8558.96 | 83.93 | 10.92 | 75.45 |
| 合计 | 481858.17 | — | 44.02 | — | 171280.54 | — | 15.65 | — |
| 2011—2015年均值 | 34341.07 | — | — | 100.00 | 11343.55 | — | — | 100.00 |

| 年份 | 发达经济体 | | | | | | | |
|---|---|---|---|---|---|---|---|---|
| | 其他发达经济体 | | | | 小计 | | | |
| | 金额 | 同比增长（%） | 占比（%） | 指数 | 金额 | 同比增长（%） | 占比（%） | 指数 |
| 2005 | 1342.99 | — | 60.92 | 4.70 | 2204.52 | — | 96.44 | 2.97 |
| 2006 | 664.18 | -50.54 | 14.65 | 2.33 | 4532.60 | 105.60 | 95.77 | 6.11 |
| 2007 | 1221.47 | 83.91 | 8.18 | 4.28 | 14927.40 | 229.33 | 97.45 | 20.11 |

续表

| 年份 | 发达经济体 | | | | | | | |
|---|---|---|---|---|---|---|---|---|
| | 其他发达经济体 | | | | 小计 | | | |
| | 金额 | 同比增长（%） | 占比（%） | 指数 | 金额 | 同比增长（%） | 占比（%） | 指数 |
| 2008 | 1505.65 | 23.27 | 16.95 | 5.27 | 8882.91 | -40.49 | 85.20 | 11.97 |
| 2009 | 2179.95 | 44.78 | 73.73 | 7.64 | 2956.59 | -66.72 | 93.37 | 3.98 |
| 2010 | 2866.02 | 31.47 | 15.38 | 10.04 | 18639.58 | 530.44 | 93.33 | 25.11 |
| 2011 | 6740.47 | 135.19 | 42.43 | 23.61 | 15886.65 | -14.77 | 89.91 | 21.40 |
| 2012 | 5026.47 | -25.43 | 38.33 | 17.61 | 13112.44 | -17.46 | 90.82 | 17.66 |
| 2013 | 29806.89 | 493.00 | 52.78 | 104.40 | 56473.71 | 330.69 | 87.96 | 76.08 |
| 2014 | 29376.06 | -1.45 | 30.57 | 102.90 | 96092.83 | 70.15 | 99.10 | 129.45 |
| 2015 | 71797.05 | 144.41 | 37.87 | 251.48 | 189604.39 | 97.31 | 94.70 | 255.41 |
| 2016 | 64755.85 | -9.81 | 34.53 | 226.82 | 187509.01 | -1.11 | 92.63 | 252.59 |
| 2017 | 40704.87 | -37.14 | 30.79 | 142.58 | 132215.06 | -29.49 | 81.79 | 178.11 |
| 2018 | 61196.07 | 50.34 | 62.00 | 214.35 | 98700.91 | -25.35 | 86.10 | 132.96 |
| 2019 | 49071.57 | -19.81 | 64.08 | 171.88 | 76579.70 | -22.41 | 94.21 | 103.16 |
| 2020 | 21374.01 | -56.44 | 21.83 | 74.87 | 97904.82 | 27.85 | 91.83 | 131.89 |
| 2021 | 51842.47 | 142.55 | 66.14 | 181.59 | 78387.63 | -19.93 | 93.47 | 105.60 |
| 合计 | 441472.04 | — | 40.33 | — | 1094610.75 | — | 91.23 | — |
| 2011—2015年均值 | 28549.39 | — | — | 100.00 | 74234.00 | — | — | 100.00 |

| 年份 | 发展中经济体 | | | | | | | |
|---|---|---|---|---|---|---|---|---|
| | 非洲 | | | | 亚洲 | | | |
| | 金额 | 同比增长（%） | 占比（%） | 指数 | 金额 | 同比增长（%） | 占比（%） | 指数 |
| 2005 | 0.00 | — | 0.00 | 0.00 | 80.20 | — | 98.77 | 6.26 |
| 2006 | 30.00 | — | 23.41 | 14.17 | 48.44 | -39.60 | 37.81 | 3.78 |
| 2007 | 0.00 | -100.00 | 0.00 | 0.00 | 221.70 | 357.68 | 94.21 | 17.30 |
| 2008 | 346.15 | — | 22.44 | 163.46 | 788.10 | 255.48 | 51.09 | 61.50 |
| 2009 | 0.00 | -100.00 | 0.00 | 0.00 | 53.31 | -93.24 | 37.42 | 4.16 |

续表

| 年份 | 发展中经济体 | | | | | | | |
|---|---|---|---|---|---|---|---|---|
| | 非洲 | | | | 亚洲 | | | |
| | 金额 | 同比增长（%） | 占比（%） | 指数 | 金额 | 同比增长（%） | 占比（%） | 指数 |
| 2010 | 125.00 | — | 9.39 | 59.03 | 789.90 | 1381.71 | 59.34 | 61.64 |
| 2011 | 1.50 | -98.80 | 0.19 | 0.71 | 744.32 | -5.77 | 93.08 | 58.08 |
| 2012 | 66.36 | 4324.00 | 8.76 | 31.34 | 683.45 | -8.18 | 90.17 | 53.33 |
| 2013 | 143.05 | 115.57 | 45.78 | 67.55 | 94.51 | -86.17 | 30.25 | 7.38 |
| 2014 | 458.13 | 220.26 | 63.42 | 216.34 | 213.91 | 126.34 | 29.61 | 16.69 |
| 2015 | 389.77 | -14.92 | 4.41 | 184.06 | 4671.24 | 2083.74 | 52.88 | 364.52 |
| 2016 | 230.92 | -40.75 | 1.68 | 109.05 | 8128.69 | 74.02 | 59.08 | 634.32 |
| 2017 | 116.18 | -49.69 | 0.76 | 54.86 | 7443.89 | -8.42 | 48.70 | 580.88 |
| 2018 | 262.90 | 126.29 | 1.66 | 124.15 | 7248.14 | -2.63 | 45.84 | 565.60 |
| 2019 | 541.23 | 105.87 | 11.86 | 255.58 | 3755.10 | -48.19 | 82.25 | 293.03 |
| 2020 | 205.29 | -62.07 | 2.36 | 96.94 | 3125.31 | -16.77 | 35.94 | 243.88 |
| 2021 | 654.01 | 218.58 | 11.95 | 308.84 | 2277.48 | -27.13 | 41.62 | 177.72 |
| 合计 | 3570.49 | — | 4.55 | — | 40367.69 | — | 51.44 | — |
| 2011—2015年均值 | 211.76 | — | — | 100.00 | 1281.49 | — | — | 100.00 |

| 年份 | 发展中经济体 | | | | | | | | | | | |
|---|---|---|---|---|---|---|---|---|---|---|---|---|
| | 拉丁美洲和加勒比海地区 | | | | 大洋洲 | | | | 小计 | | | |
| | 金额 | 同比增长（%） | 占比（%） | 指数 | 金额 | 同比增长（%） | 占比（%） | 指数 | 金额 | 同比增长（%） | 占比（%） | 指数 |
| 2005 | 0.00 | — | 0.00 | 0.00 | 1.00 | — | 1.23 | 102.67 | 81.20 | — | 3.55 | 3.55 |
| 2006 | 49.69 | — | 38.78 | 6.28 | 0.00 | -100.00 | 0.00 | 0.00 | 128.13 | 57.80 | 2.71 | 5.61 |
| 2007 | 13.14 | -73.56 | 5.58 | 1.66 | 0.48 | — | 0.20 | 49.28 | 235.32 | 83.66 | 1.54 | 10.30 |
| 2008 | 408.39 | 3007.99 | 26.47 | 51.63 | 0.00 | -100.00 | 0.00 | 0.00 | 1542.64 | 555.55 | 14.80 | 67.51 |
| 2009 | 89.14 | -78.17 | 62.58 | 11.27 | 0.00 | — | 0.00 | 0.00 | 142.45 | -90.77 | 4.50 | 6.23 |
| 2010 | 404.39 | 353.66 | 30.38 | 51.13 | 11.95 | — | 0.90 | 1226.90 | 1331.24 | 834.53 | 6.67 | 58.26 |

续表

| 年份 | 发展中经济体 | | | | | | | | | | | |
|---|---|---|---|---|---|---|---|---|---|---|---|---|
| | 拉丁美洲和加勒比海地区 | | | | 大洋洲 | | | | 小计 | | | |
| | 金额 | 同比增长（%） | 占比（%） | 指数 | 金额 | 同比增长（%） | 占比（%） | 指数 | 金额 | 同比增长（%） | 占比（%） | 指数 |
| 2011 | 53.80 | -86.70 | 6.73 | 6.80 | 0.00 | -100.00 | 0.00 | 0.00 | 799.62 | -39.93 | 4.53 | 34.99 |
| 2012 | 4.05 | -92.47 | 0.53 | 0.51 | 4.10 | — | 0.54 | 420.94 | 757.96 | -5.21 | 5.25 | 33.17 |
| 2013 | 74.90 | 1749.38 | 23.97 | 9.47 | 0.00 | -100.00 | 0.00 | 0.00 | 312.46 | -58.78 | 0.49 | 13.67 |
| 2014 | 49.54 | -33.86 | 6.86 | 6.26 | 0.77 | — | 0.11 | 79.06 | 722.35 | 131.18 | 0.74 | 31.61 |
| 2015 | 3772.38 | 7514.82 | 42.71 | 476.95 | 0.00 | -100.00 | 0.00 | 0.00 | 8833.39 | 1122.87 | 4.41 | 386.56 |
| 2016 | 5278.18 | 39.92 | 38.36 | 667.34 | 120.33 | — | 0.87 | 12354.21 | 13758.12 | 55.75 | 6.80 | 602.06 |
| 2017 | 7725.98 | 46.38 | 50.54 | 976.82 | 0.00 | -100.00 | 0.00 | 0.00 | 15286.05 | 11.11 | 9.46 | 668.93 |
| 2018 | 8163.44 | 5.66 | 51.63 | 1032.13 | 137.27 | — | 0.87 | 14093.43 | 15811.75 | 3.44 | 13.79 | 691.93 |
| 2019 | 268.96 | -96.71 | 5.89 | 34.01 | 0.00 | -100.00 | 0.00 | 0.00 | 4565.29 | -71.13 | 5.62 | 199.78 |
| 2020 | 2283.56 | 749.03 | 26.26 | 288.72 | 3081.00 | — | 35.43 | 316324.44 | 8695.16 | 90.46 | 8.16 | 380.51 |
| 2021 | 2529.15 | 10.75 | 46.22 | 319.77 | 11.18 | -99.64 | 0.20 | 1147.84 | 5471.82 | -37.07 | 6.52 | 239.45 |
| 合计 | 31168.69 | — | 39.72 | — | 3368.08 | — | 4.29 | — | 78474.95 | — | 6.54 | — |
| 2011—2015年均值 | 790.93 | — | — | 100.00 | 0.97 | — | — | 100.00 | 2285.16 | — | — | 100.00 |

| 年份 | 转型经济体 | | | | | | | | | | | |
|---|---|---|---|---|---|---|---|---|---|---|---|---|
| | 东南欧 | | | | 独联体国家 | | | | 小计 | | | |
| | 金额 | 同比增长（%） | 占比（%） | 指数 | 金额 | 同比增长（%） | 占比（%） | 指数 | 金额 | 同比增长（%） | 占比（%） | 指数 |
| 2005 | 0.00 | — | 0.00 | — | 0.13 | — | 100.00 | 0.01 | 0.13 | — | 0.01 | 0.01 |
| 2006 | 0.00 | — | 0.00 | — | 72.30 | 55515.38 | 100.00 | 3.32 | 72.30 | 55515.38 | 1.53 | 3.32 |
| 2007 | 0.00 | — | 0.00 | — | 154.96 | 114.33 | 100.00 | 7.11 | 154.96 | 114.33 | 1.01 | 7.11 |
| 2008 | 0.00 | — | — | — | 0.00 | -100.00 | — | 0.00 | 0.00 | -100.00 | 0.00 | 0.00 |
| 2009 | 0.00 | — | 0.00 | — | 67.50 | — | 100.00 | 3.10 | 67.50 | — | 2.13 | 3.10 |
| 2010 | 0.00 | — | — | — | 0.00 | -100.00 | — | 0.00 | 0.00 | -100.00 | 0.00 | 0.00 |

续表

| 年份 | 转型经济体 | | | | | | | | | | | |
|---|---|---|---|---|---|---|---|---|---|---|---|---|
| | 东南欧 | | | | 独联体国家 | | | | 小计 | | | |
| | 金额 | 同比增长（%） | 占比（%） | 指数 | 金额 | 同比增长（%） | 占比（%） | 指数 | 金额 | 同比增长（%） | 占比（%） | 指数 |
| 2011 | 0.00 | — | 0.00 | — | 983.84 | — | 100.00 | 45.11 | 983.84 | — | 5.57 | 45.11 |
| 2012 | 0.00 | — | 0.00 | — | 568.05 | -42.26 | 100.00 | 26.05 | 568.05 | -42.26 | 3.93 | 26.05 |
| 2013 | 0.00 | — | 0.00 | — | 7418.65 | 1205.99 | 100.00 | 340.18 | 7418.65 | 1205.99 | 11.55 | 340.18 |
| 2014 | 0.00 | — | 0.00 | — | 151.87 | -97.95 | 100.00 | 6.96 | 151.87 | -97.95 | 0.16 | 6.96 |
| 2015 | 0.00 | — | 0.00 | — | 1781.45 | 1073.01 | 100.00 | 81.69 | 1781.45 | 1073.01 | 0.89 | 81.69 |
| 2016 | 42.15 | — | 3.62 | — | 1122.66 | -36.98 | 96.38 | 51.48 | 1164.81 | -34.61 | 0.58 | 53.41 |
| 2017 | 3.30 | -92.17 | 0.02 | — | 14152.73 | 1160.64 | 99.98 | 648.98 | 14156.03 | 1115.31 | 8.76 | 649.13 |
| 2018 | 20.84 | 531.52 | 16.33 | — | 106.80 | -99.25 | 83.67 | 4.90 | 127.64 | -99.10 | 0.11 | 5.85 |
| 2019 | 14.02 | -32.73 | 9.98 | — | 126.52 | 18.46 | 90.02 | 5.80 | 140.54 | 10.11 | 0.17 | 6.44 |
| 2020 | 0.54 | -96.15 | 3.25 | — | 16.05 | -87.31 | 96.75 | 0.74 | 16.59 | -88.20 | 0.02 | 0.76 |
| 2021 | 0.01 | -98.15 | 0.13 | — | 7.61 | -52.59 | 99.87 | 0.35 | 7.62 | -54.07 | 0.01 | 0.35 |
| 合计 | 80.86 | — | 0.30 | — | 26731.12 | — | 99.70 | — | 26811.98 | — | 2.23 | — |
| 2011—2015年均值 | 0.00 | — | — | 100.00 | 2180.77 | — | — | 100.00 | 2180.77 | — | — | 100.00 |

| 年份 | 总计 | | | |
|---|---|---|---|---|
| | 项目数 | 同比增长（%） | 占比（%） | 指数 |
| 2005 | 2285.85 | — | 100.00 | 2.90 |
| 2006 | 4733.03 | 107.06 | 100.00 | 6.01 |
| 2007 | 15317.68 | 223.63 | 100.00 | 19.46 |
| 2008 | 10425.55 | -31.94 | 100.00 | 13.25 |
| 2009 | 3166.54 | -69.63 | 100.00 | 4.02 |
| 2010 | 19970.82 | 530.68 | 100.00 | 25.38 |
| 2011 | 17670.11 | -11.52 | 100.00 | 22.45 |
| 2012 | 14438.45 | -18.29 | 100.00 | 18.35 |
| 2013 | 64204.82 | 344.68 | 100.00 | 81.58 |

续表

| 年份 | 总计 | | | |
|---|---|---|---|---|
| | 项目数 | 同比增长（%） | 占比（%） | 指数 |
| 2014 | 96967.05 | 51.03 | 100.00 | 123.21 |
| 2015 | 200219.23 | 106.48 | 100.00 | 254.41 |
| 2016 | 202431.94 | 1.11 | 100.00 | 257.22 |
| 2017 | 161657.14 | -20.14 | 100.00 | 205.41 |
| 2018 | 114640.30 | -29.08 | 100.00 | 145.67 |
| 2019 | 81285.53 | -29.10 | 100.00 | 103.29 |
| 2020 | 106616.57 | 31.16 | 100.00 | 135.47 |
| 2021 | 83867.07 | -21.34 | 100.00 | 106.57 |
| 合计 | 1199897.68 | — | 100.00 | — |
| 2011—2015年均值 | 78699.93 | — | — | 100.00 |

注：1. 此处存在重复统计问题，故总计部分与表 3-1-1、表 3-1-2 所示不一致，重复统计的处理方式与第二章相应部分的处理一致，详见表 2-2-1 脚注。

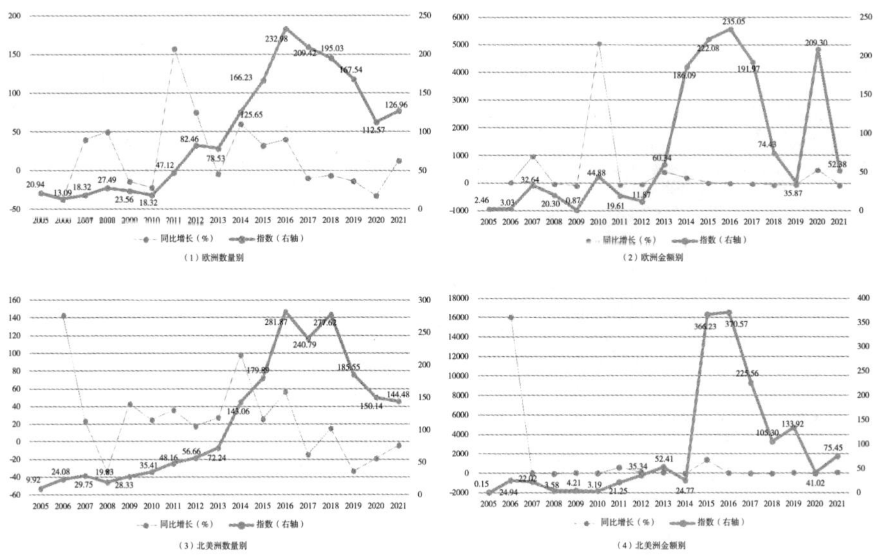

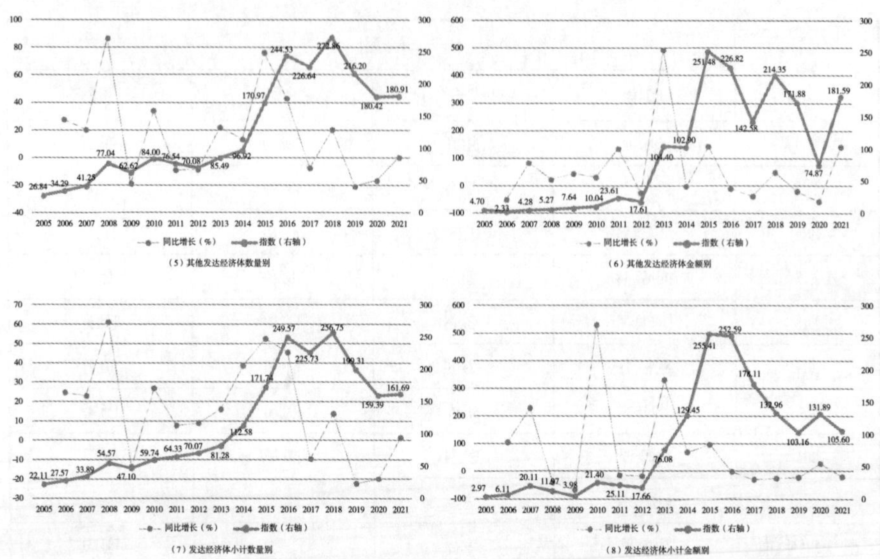


**图 3-3-1　2005—2021 年民营企业并购投资发达经济体项目数量指数与金额指数变化图**

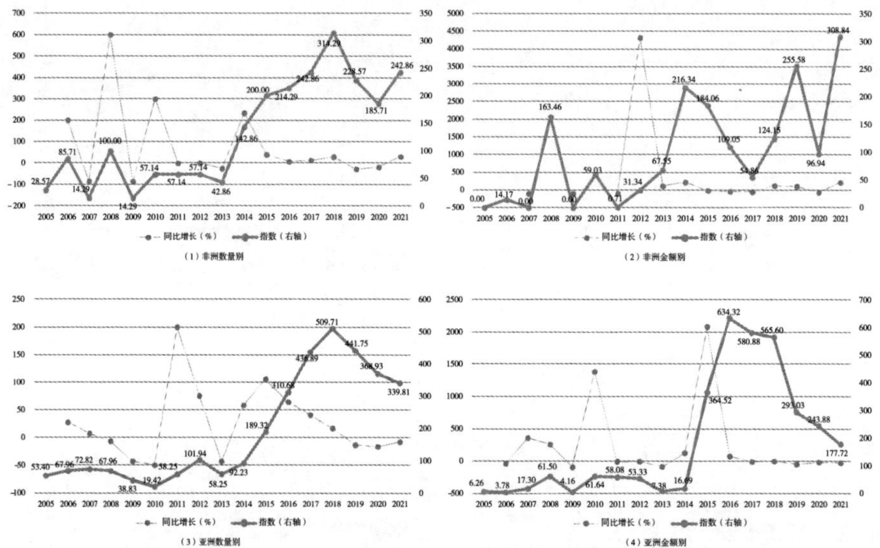

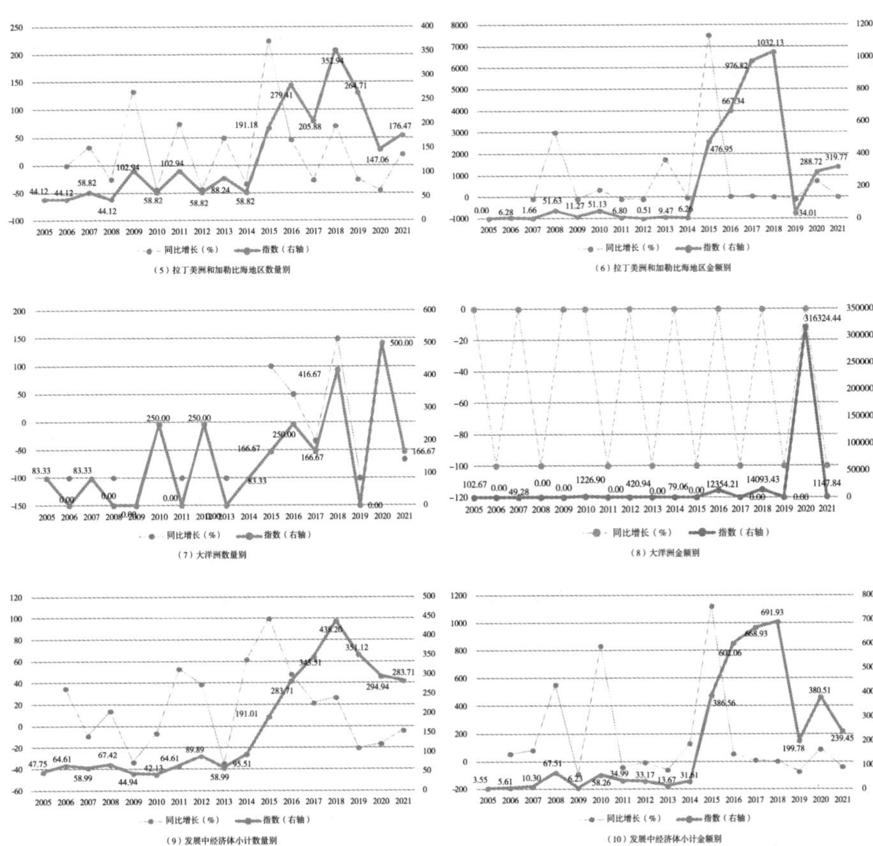


**图 3-3-2　2005—2021 年民营企业并购投资发展中经济体项目数量指数与金额指数变化图**

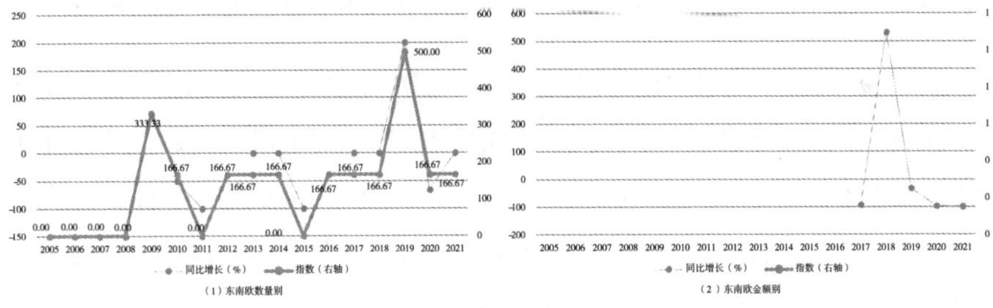

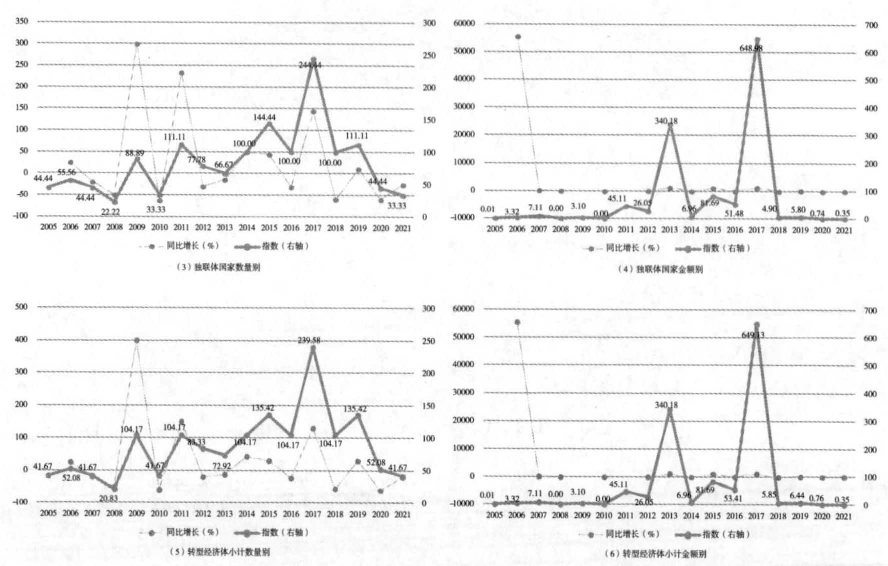


**图 3-3-3　2005—2021 年民营企业并购投资转型经济体项目数量指数与金额指数变化图**

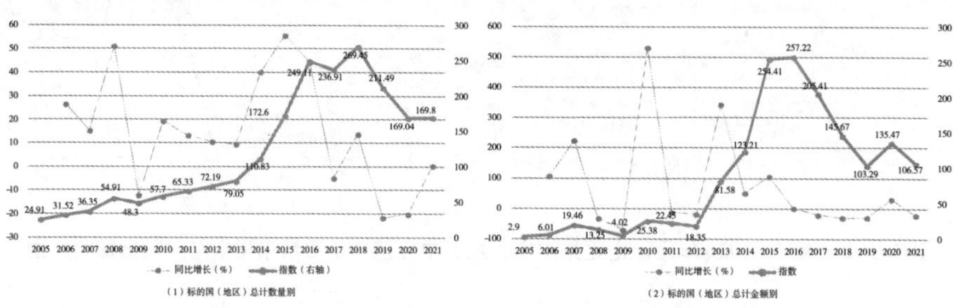


**图 3-3-4　2005—2021 年民营企业并购投资标的国（地区）项目数量指数与金额指数变化图**

从 2005—2021 年中国民营企业并购 OFDI 数量标的国（地区）别图表可以看出，在 2005 年至 2021 年，流向发达经济体的其他发达经济体的 OFDI 数量在 2019 年出现最显著的缩减，从 549 件缩减到 435 件；流向发达经济体中的北美洲的 OFDI 在 2008 年至 2016 年实现了民营企业对外直接投资项目数量连续 7 年的增长。总体来看，流向发达经济体的民营企业对外直接投资数量主要集中在其他发达经济体地区，2005 年至 2021 年的平均占比为 62. 13%；流向转型经济体的民营企业对外直接投资数量主要集中在独联体国家地区，2005 年至 2021 年的平均占比为 90. 14%。

如2005—2021年中国民营企业并购OFDI金额标的国（地区）别图表所示，在2005年至2021年，流向发达经济体的欧洲的OFDI金额在2020年出现最显著的增长，从123.17亿美元增长到718.78亿美元；流向发展中经济体中的亚洲的OFDI在2016年至2021年实现了民营企业对外直接投资项目金额连续4年的下降。总体来看，流向发达经济体的民营企业对外直接投资金额主要集中在欧洲地区，2005年至2021年的平均占比为44.02%；流向转型经济体的民营企业对外直接投资金额主要集中在独联体国家地区，2005年至2021年的平均占比为99.7%。

## 第四节　民营企业对外并购投资行业别指数

本节按照投资标的行业的不同，对中国民营企业对外并购投资项目数量和金额分布情况进行分析，将投资标的行业分为制造业和非制造业两大部分。其中制造业按照OECD技术划分标准分为4大类，分别是高技术、中高技术、中低技术和低技术制造业；非制造业则划分为服务业，农、林、牧、渔业，采矿业，电力、热力、燃气及水生产及供应业，建筑业五大部类。

### 一、民营企业对外并购投资项目数量在标的行业的分布

根据2005—2021年中国民营企业并购OFDI数量表显示，从并购OFDI项目数量看，在2005年至2021年间，中国民营企业对外并购直接投资活动主要集中在非制造业，累计对外直接投资项目数量为5374件，占比67.55%；其次是制造业，累计对外直接投资项目数量为2581件，占比32.45%。

根据2005—2021年中国民营企业并购OFDI数量行业别图表显示，流向非制造业的服务业的OFDI数量在2016年出现最显著的增长，从418件增长到628件；流向非制造业的服务业的OFDI数量在2019年出现最显著的缩减，从643件缩减到501件。总体来看，流向制造业的民营企业对外

直接投资数量主要集中在中高技术，2005 年至 2021 年的平均占比为 34.75%；流向非制造业的民营企业对外直接投资数量主要集中在服务业，2005 年至 2021 年的平均占比为 88.93%。

**表 3-4-1　中国民营企业并购投资项目数量在标的行业的分布及指数汇总表**

（单位：件）

| 年份 | 制造业 | | | | | | | | | | | |
|---|---|---|---|---|---|---|---|---|---|---|---|---|
| | 高技术 | | | | 中高技术 | | | | 中低技术 | | | |
| | 项目数 | 同比增长（%） | 占比（%） | 指数 | 项目数 | 同比增长（%） | 占比（%） | 指数 | 项目数 | 同比增长（%） | 占比（%） | 指数 |
| 2005 | 9 | — | 23.08 | 18.52 | 13 | — | 33.33 | 27.66 | 6 | — | 15.38 | 33.71 |
| 2006 | 11 | 22.22 | 25.58 | 22.63 | 18 | 38.46 | 41.86 | 38.30 | 5 | -16.67 | 11.63 | 28.09 |
| 2007 | 12 | 9.09 | 24.49 | 24.69 | 21 | 16.67 | 42.86 | 44.68 | 5 | 0.00 | 10.20 | 28.09 |
| 2008 | 8 | -33.33 | 11.27 | 16.46 | 29 | 38.10 | 40.85 | 61.70 | 6 | 20.00 | 8.45 | 33.71 |
| 2009 | 12 | 50.00 | 18.18 | 24.69 | 24 | -17.24 | 36.36 | 51.06 | 11 | 83.33 | 16.67 | 61.80 |
| 2010 | 17 | 41.67 | 30.36 | 34.98 | 13 | -45.83 | 23.21 | 27.66 | 11 | 0.00 | 19.64 | 61.80 |
| 2011 | 33 | 94.12 | 35.48 | 67.90 | 44 | 238.46 | 47.31 | 93.62 | 10 | -9.09 | 10.75 | 56.18 |
| 2012 | 29 | -12.12 | 28.71 | 59.67 | 36 | -18.18 | 35.64 | 76.60 | 14 | 40.00 | 13.86 | 78.65 |
| 2013 | 45 | 55.17 | 45.45 | 92.59 | 27 | -25.00 | 27.27 | 57.45 | 11 | -21.43 | 11.11 | 61.80 |
| 2014 | 58 | 28.89 | 35.15 | 119.34 | 52 | 92.59 | 31.52 | 110.64 | 29 | 163.64 | 17.58 | 162.92 |
| 2015 | 78 | 34.48 | 37.14 | 160.49 | 76 | 46.15 | 36.19 | 161.70 | 25 | -13.79 | 11.90 | 140.45 |
| 2016 | 105 | 34.62 | 36.71 | 216.05 | 106 | 39.47 | 37.06 | 225.53 | 36 | 44.00 | 12.59 | 202.25 |
| 2017 | 100 | -4.76 | 33.33 | 205.76 | 120 | 13.21 | 40.00 | 255.32 | 35 | -2.78 | 11.67 | 196.63 |
| 2018 | 123 | 23.00 | 37.96 | 253.09 | 109 | -9.17 | 33.64 | 231.91 | 43 | 22.86 | 13.27 | 241.57 |
| 2019 | 91 | -26.02 | 34.34 | 187.24 | 88 | -19.27 | 33.21 | 187.23 | 40 | -6.98 | 15.09 | 224.72 |
| 2020 | 78 | -14.29 | 37.32 | 160.49 | 67 | -23.86 | 32.06 | 142.55 | 27 | -32.50 | 12.92 | 151.69 |
| 2021 | 78 | 0.00 | 38.05 | 160.49 | 54 | -19.40 | 26.34 | 114.89 | 32 | 18.52 | 15.61 | 179.78 |
| 合计 | 887 | — | 34.37 | — | 897 | — | 34.75 | — | 346 | — | 13.41 | — |
| 2011—2015 年均值 | 48.6 | — | — | 100.00 | 47 | — | — | 100.00 | 17.8 | — | — | 100.00 |

续表

| 年份 | 制造业 | | | | | | | |
|---|---|---|---|---|---|---|---|---|
| | 低技术 | | | | 小计 | | | |
| | 项目数 | 同比增长（%） | 占比（%） | 指数 | 项目数 | 同比增长（%） | 占比（%） | 指数 |
| 2005 | 11 | — | 28.21 | 54.46 | 39 | — | 39.80 | 29.19 |
| 2006 | 9 | -18.18 | 20.93 | 44.55 | 43 | 10.26 | 35.25 | 32.19 |
| 2007 | 11 | 22.22 | 22.45 | 54.46 | 49 | 13.95 | 34.51 | 36.68 |
| 2008 | 28 | 154.55 | 39.44 | 138.61 | 71 | 44.90 | 32.87 | 53.14 |
| 2009 | 19 | -32.14 | 28.79 | 94.06 | 66 | -7.04 | 35.11 | 49.40 |
| 2010 | 15 | -21.05 | 26.79 | 74.26 | 56 | -15.15 | 24.56 | 41.92 |
| 2011 | 6 | -60.00 | 6.45 | 29.70 | 93 | 66.07 | 37.35 | 69.61 |
| 2012 | 22 | 266.67 | 21.78 | 108.91 | 101 | 8.60 | 36.73 | 75.60 |
| 2013 | 16 | -27.27 | 16.16 | 79.21 | 99 | -1.98 | 32.57 | 74.10 |
| 2014 | 26 | 62.50 | 15.76 | 128.71 | 165 | 66.67 | 38.02 | 123.50 |
| 2015 | 31 | 19.23 | 14.76 | 153.47 | 210 | 27.27 | 30.70 | 157.19 |
| 2016 | 39 | 25.81 | 13.64 | 193.07 | 286 | 36.19 | 29.45 | 214.07 |
| 2017 | 45 | 15.38 | 15.00 | 222.77 | 300 | 4.90 | 32.79 | 224.55 |
| 2018 | 49 | 8.89 | 15.12 | 242.57 | 324 | 8.00 | 31.70 | 242.51 |
| 2019 | 46 | -6.12 | 17.36 | 227.72 | 265 | -18.21 | 32.44 | 198.35 |
| 2020 | 37 | -19.57 | 17.70 | 183.17 | 209 | -21.13 | 32.66 | 156.44 |
| 2021 | 41 | 10.81 | 20.00 | 202.97 | 205 | -1.91 | 31.54 | 153.44 |
| 合计 | 451 | — | 17.47 | — | 2581 | — | 32.45 | — |
| 2011—2015年均值 | 20.2 | — | — | 100.00 | 133.6 | — | — | 100.00 |

| 年份 | 非制造业 | | | | | | | |
|---|---|---|---|---|---|---|---|---|
| | 服务业 | | | | 农、林、牧、渔业 | | | |
| | 项目数 | 同比增长（%） | 占比（%） | 指数 | 项目数 | 同比增长（%） | 占比（%） | 指数 |
| 2005 | 52 | — | 88.14 | 23.99 | 1 | — | 1.69 | 21.74 |
| 2006 | 70 | 34.62 | 88.61 | 32.29 | 0 | -100.00 | 0.00 | 0.00 |

续表

| 年份 | 非制造业 | | | | | | | |
|---|---|---|---|---|---|---|---|---|
| | 服务业 | | | | 农、林、牧、渔业 | | | |
| | 项目数 | 同比增长（%） | 占比（%） | 指数 | 项目数 | 同比增长（%） | 占比（%） | 指数 |
| 2007 | 79 | 12.86 | 84.95 | 36.44 | 1 | — | 1.08 | 21.74 |
| 2008 | 124 | 56.96 | 85.52 | 57.20 | 0 | -100.00 | 0.00 | 0.00 |
| 2009 | 95 | -23.39 | 77.87 | 43.82 | 3 | — | 2.46 | 65.22 |
| 2010 | 138 | 45.26 | 80.23 | 63.65 | 1 | -66.67 | 0.58 | 21.74 |
| 2011 | 132 | -4.35 | 84.62 | 60.89 | 1 | 0.00 | 0.64 | 21.74 |
| 2012 | 140 | 6.06 | 80.46 | 64.58 | 3 | 200.00 | 1.72 | 65.22 |
| 2013 | 167 | 19.29 | 81.46 | 77.03 | 1 | -66.67 | 0.49 | 21.74 |
| 2014 | 227 | 35.93 | 84.39 | 104.70 | 13 | 1200.00 | 4.83 | 282.61 |
| 2015 | 418 | 84.14 | 88.19 | 192.80 | 5 | -61.54 | 1.05 | 108.70 |
| 2016 | 628 | 50.24 | 91.68 | 289.67 | 11 | 120.00 | 1.61 | 239.13 |
| 2017 | 557 | -11.31 | 90.57 | 256.92 | 8 | -27.27 | 1.30 | 173.91 |
| 2018 | 643 | 15.44 | 92.12 | 296.59 | 9 | 12.50 | 1.29 | 195.65 |
| 2019 | 501 | -22.08 | 90.76 | 231.09 | 7 | -22.22 | 1.27 | 152.17 |
| 2020 | 397 | -20.76 | 92.11 | 183.12 | 5 | -28.57 | 1.16 | 108.70 |
| 2021 | 411 | 3.53 | 92.36 | 189.58 | 4 | -20.00 | 0.90 | 86.96 |
| 合计 | 4779 | — | 88.93 | — | 73 | — | 1.36 | — |
| 2011—2015 年均值 | 216.8 | — | — | 100.00 | 4.6 | — | — | 100.00 |

| 年份 | 非制造业 | | | | | | | |
|---|---|---|---|---|---|---|---|---|
| | 采矿业 | | | | 电力、热力、燃气及水生产和供应业 | | | |
| | 项目数 | 同比增长（%） | 占比（%） | 指数 | 项目数 | 同比增长（%） | 占比（%） | 指数 |
| 2005 | 1 | — | 1.69 | 4.95 | 3 | — | 5.08 | 34.09 |
| 2006 | 7 | 600.00 | 8.86 | 34.65 | 0 | -100.00 | 0.00 | 0.00 |
| 2007 | 7 | 0.00 | 7.53 | 34.65 | 3 | — | 3.23 | 34.09 |
| 2008 | 15 | 114.29 | 10.34 | 74.26 | 4 | 33.33 | 2.76 | 45.45 |

续表

| 年份 | 非制造业 | | | | | | | |
|---|---|---|---|---|---|---|---|---|
| | 采矿业 | | | | 电力、热力、燃气及水生产和供应业 | | | |
| | 项目数 | 同比增长（%） | 占比（%） | 指数 | 项目数 | 同比增长（%） | 占比（%） | 指数 |
| 2009 | 17 | 13.33 | 13.93 | 84.16 | 4 | 0.00 | 3.28 | 45.45 |
| 2010 | 25 | 47.06 | 14.53 | 123.76 | 4 | 0.00 | 2.33 | 45.45 |
| 2011 | 16 | -36.00 | 10.26 | 79.21 | 5 | 25.00 | 3.21 | 56.82 |
| 2012 | 24 | 50.00 | 13.79 | 118.81 | 3 | -40.00 | 1.72 | 34.09 |
| 2013 | 22 | -8.33 | 10.73 | 108.91 | 11 | 266.67 | 5.37 | 125.00 |
| 2014 | 12 | -45.45 | 4.46 | 59.41 | 11 | 0.00 | 4.09 | 125.00 |
| 2015 | 27 | 125.00 | 5.70 | 133.66 | 14 | 27.27 | 2.95 | 159.09 |
| 2016 | 22 | -18.52 | 3.21 | 108.91 | 15 | 7.14 | 2.19 | 170.45 |
| 2017 | 27 | 22.73 | 4.39 | 133.66 | 14 | -6.67 | 2.28 | 159.09 |
| 2018 | 23 | -14.81 | 3.30 | 113.86 | 10 | -28.57 | 1.43 | 113.64 |
| 2019 | 21 | -8.70 | 3.80 | 103.96 | 4 | -60.00 | 0.72 | 45.45 |
| 2020 | 15 | -28.57 | 3.48 | 74.26 | 4 | 0.00 | 0.93 | 45.45 |
| 2021 | 18 | 20.00 | 4.04 | 89.11 | 4 | 0.00 | 0.90 | 45.45 |
| 合计 | 299 | — | 5.56 | — | 113 | — | 2.10 | — |
| 2011—2015年均值 | 20.00 | | | 100.00 | 8.60 | | | 100.00 |

| 年份 | 非制造业 | | | | | | | | 总计 | | | |
|---|---|---|---|---|---|---|---|---|---|---|---|---|
| | 建筑业 | | | | 小计 | | | | | | | |
| | 项目数 | 同比增长（%） | 占比（%） | 指数 | 项目数 | 同比增长（%） | 占比（%） | 指数 | 项目数 | 同比增长（%） | 占比（%） | 指数 |
| 2005 | 2 | — | 3.39 | 38.46 | 59 | — | 60.20 | 23.08 | 98 | — | 100.00 | 25.18 |
| 2006 | 2 | 0.00 | 2.53 | 38.46 | 79 | 33.90 | 64.75 | 30.91 | 122 | 24.49 | 100.00 | 31.35 |
| 2007 | 3 | 50.00 | 3.23 | 57.69 | 93 | 17.72 | 65.49 | 36.38 | 142 | 16.39 | 100.00 | 36.49 |
| 2008 | 2 | -33.33 | 1.38 | 38.46 | 145 | 55.91 | 67.13 | 56.73 | 216 | 52.11 | 100.00 | 55.50 |
| 2009 | 3 | 50.00 | 2.46 | 57.69 | 122 | -15.86 | 64.89 | 47.73 | 188 | -12.96 | 100.00 | 48.30 |
| 2010 | 4 | 33.33 | 2.33 | 76.92 | 172 | 40.98 | 75.44 | 67.29 | 228 | 21.28 | 100.00 | 58.58 |

续表

| 年份 | 非制造业 | | | | | | | | 总计 | | | |
|---|---|---|---|---|---|---|---|---|---|---|---|---|
| | 建筑业 | | | | 小计 | | | | | | | |
| | 项目数 | 同比增长（%） | 占比（%） | 指数 | 项目数 | 同比增长（%） | 占比（%） | 指数 | 项目数 | 同比增长（%） | 占比（%） | 指数 |
| 2011 | 2 | -50.00 | 1.28 | 38.46 | 156 | -9.30 | 62.65 | 61.03 | 249 | 9.21 | 100.00 | 63.98 |
| 2012 | 4 | 100.00 | 2.30 | 76.92 | 174 | 11.54 | 63.27 | 68.08 | 275 | 10.44 | 100.00 | 70.66 |
| 2013 | 4 | 0.00 | 1.95 | 76.92 | 205 | 17.82 | 67.43 | 80.20 | 304 | 10.55 | 100.00 | 78.11 |
| 2014 | 6 | 50.00 | 2.23 | 115.38 | 269 | 31.22 | 61.98 | 105.24 | 434 | 42.76 | 100.00 | 111.51 |
| 2015 | 10 | 66.67 | 2.11 | 192.31 | 474 | 76.21 | 69.30 | 185.45 | 684 | 57.60 | 100.00 | 175.75 |
| 2016 | 9 | -10.00 | 1.31 | 173.08 | 685 | 44.51 | 70.55 | 268.00 | 971 | 41.96 | 100.00 | 249.49 |
| 2017 | 9 | 0.00 | 1.46 | 173.08 | 615 | -10.22 | 67.21 | 240.61 | 915 | -5.77 | 100.00 | 235.10 |
| 2018 | 13 | 44.44 | 1.86 | 250.00 | 698 | 13.50 | 68.30 | 273.08 | 1022 | 11.69 | 100.00 | 262.59 |
| 2019 | 19 | 46.15 | 3.44 | 365.38 | 552 | -20.92 | 67.56 | 215.96 | 817 | -20.06 | 100.00 | 209.92 |
| 2020 | 10 | -47.37 | 2.32 | 192.31 | 431 | -21.92 | 67.34 | 168.62 | 640 | -21.66 | 100.00 | 164.44 |
| 2021 | 8 | -20.00 | 1.80 | 153.85 | 445 | 3.25 | 68.46 | 174.10 | 650 | 1.56 | 100.00 | 167.01 |
| 合计 | 110 | — | 2.05 | — | 5374 | — | 67.55 | — | 7955 | — | 100.00 | — |
| 2011—2015年均值 | 5.2 | — | — | 100.00 | 255.6 | — | — | 100.00 | 389.2 | — | — | 100.00 |

注：此处存在重复统计问题，故总计部分与表3-1-1、表3-1-2所示不一致，重复统计的处理方式与第二章相应部分的处理一致，详见表2-2-1脚注。

## 二、民营企业对外并购投资金额在标的行业的分布

根据2005—2021年中国民营企业并购OFDI金额表所示，按照并购OFDI项目金额累积量排名，中国民营企业对外直接投资活动主要集中在非制造业，累计对外直接投资项目金额为7408.30亿美元，占比61.84%；排在第二是制造业，累计对外直接投资项目金额为4571.24亿美元，占比38.16%。

如2005—2021年中国民营企业并购OFDI金额行业别图表所示，流向非制造业的服务业的OFDI金额在2017年出现最显著的缩减，从1444.04亿美

元缩减到 723.39 亿美元；流向非制造业中的服务业的 OFDI 在 2016 年至 2020 年实现了民营企业对外直接投资项目金额连续 4 年的下降。总体来看，流向制造业的民营企业对外直接投资金额主要集中在中高技术，2005 年至 2021 年的平均占比为 50.4%；总体来看，流向非制造业的民营企业对外直接投资金额主要集中在服务业，2005 年至 2021 年的平均占比为 89.48%。

**表 3-4-2　中国民营企业并购投资金额在标的行业的分布及指数汇总表**

（单位：百万美元）

| 年份 | 制造业 | | | | | | | | | | | |
|---|---|---|---|---|---|---|---|---|---|---|---|---|
| | 高技术 | | | | 中高技术 | | | | 中低技术 | | | |
| | 金额 | 同比增长（%） | 占比（%） | 指数 | 金额 | 同比增长（%） | 占比（%） | 指数 | 金额 | 同比增长（%） | 占比（%） | 指数 |
| 2005 | 22.59 | — | 14.94 | 0.15 | 48.93 | — | 32.35 | 0.73 | 29.92 | — | 19.78 | 2.26 |
| 2006 | 248.74 | 1001.11 | 54.66 | 1.67 | 154.04 | 214.82 | 33.85 | 2.29 | 12.96 | -56.68 | 2.85 | 0.98 |
| 2007 | 115.33 | -53.63 | 17.41 | 0.77 | 240.10 | 55.87 | 36.23 | 3.57 | 119.52 | 822.22 | 18.04 | 9.05 |
| 2008 | 114.97 | -0.31 | 10.14 | 0.77 | 736.68 | 206.82 | 65.00 | 10.94 | 1.34 | -98.88 | 0.12 | 0.10 |
| 2009 | 123.95 | 7.81 | 8.62 | 0.83 | 1006.39 | 36.61 | 69.99 | 14.95 | 175.00 | 12959.70 | 12.17 | 13.24 |
| 2010 | 129.80 | 4.72 | 4.23 | 0.87 | 2600.66 | 158.41 | 84.69 | 38.63 | 179.19 | 2.39 | 5.84 | 13.56 |
| 2011 | 2420.96 | 1765.15 | 44.70 | 16.26 | 2155.42 | -17.12 | 39.80 | 32.02 | 827.59 | 361.85 | 15.28 | 62.64 |
| 2012 | 434.30 | -82.06 | 12.31 | 2.92 | 1758.03 | -18.44 | 49.85 | 26.12 | 713.64 | -13.77 | 20.23 | 54.01 |
| 2013 | 5040.06 | 1060.50 | 25.54 | 33.86 | 697.27 | -60.34 | 3.53 | 10.36 | 536.61 | -24.81 | 2.72 | 40.61 |
| 2014 | 13703.46 | 171.89 | 45.79 | 92.06 | 1252.54 | 79.63 | 4.19 | 18.61 | 656.54 | 22.35 | 2.19 | 49.69 |
| 2015 | 52828.02 | 285.51 | 61.43 | 354.90 | 27795.17 | 2119.10 | 32.32 | 412.90 | 3871.93 | 489.75 | 4.50 | 293.05 |
| 2016 | 20289.00 | -61.59 | 44.57 | 136.30 | 16773.37 | -39.65 | 36.85 | 249.17 | 3010.09 | -22.26 | 6.61 | 227.82 |
| 2017 | 11664.66 | -42.51 | 16.88 | 78.36 | 52898.27 | 215.37 | 76.55 | 785.81 | 2149.01 | -28.61 | 3.11 | 162.65 |
| 2018 | 14941.59 | 28.09 | 30.90 | 100.38 | 21631.67 | -59.11 | 44.74 | 321.34 | 8771.90 | 308.18 | 18.14 | 663.90 |
| 2019 | 13745.75 | -8.00 | 39.67 | 92.34 | 8193.43 | -62.12 | 23.65 | 121.71 | 11075.76 | 26.26 | 31.96 | 838.27 |
| 2020 | 2395.98 | -82.57 | 2.88 | 16.10 | 77994.76 | 851.92 | 93.68 | 1158.62 | 1898.86 | -82.86 | 2.28 | 143.72 |
| 2021 | 6373.13 | 165.99 | 25.77 | 42.81 | 14466.43 | -81.45 | 58.49 | 214.90 | 2281.28 | 20.14 | 9.22 | 172.66 |
| 合计 | 144592.29 | — | 31.63 | — | 230403.16 | — | 50.40 | — | 35311.14 | — | 7.94 | — |
| 2011—2015 年均值 | 14885.36 | — | — | 100.00 | 6731.69 | — | — | 100.00 | 1321.26 | — | — | 100.00 |

续表

| 年份 | 制造业 | | | | | | | |
|---|---|---|---|---|---|---|---|---|
| | 低技术 | | | | 小计 | | | |
| | 金额 | 同比增长（%） | 占比（%） | 指数 | 金额 | 同比增长（%） | 占比（%） | 指数 |
| 2005 | 49.80 | — | 32.93 | 0.83 | 151.24 | — | 6.62 | 0.52 |
| 2006 | 39.36 | -20.96 | 8.65 | 0.66 | 455.10 | 200.91 | 9.84 | 1.57 |
| 2007 | 187.67 | 376.80 | 28.32 | 3.14 | 662.62 | 45.60 | 4.33 | 2.29 |
| 2008 | 280.38 | 49.40 | 24.74 | 4.69 | 1133.37 | 71.04 | 10.87 | 3.92 |
| 2009 | 132.66 | -52.69 | 9.23 | 2.22 | 1438.00 | 26.88 | 45.41 | 4.97 |
| 2010 | 161.19 | 21.51 | 5.25 | 2.69 | 3070.84 | 113.55 | 15.38 | 10.62 |
| 2011 | 12.29 | -92.38 | 0.23 | 0.21 | 5416.26 | 76.38 | 31.60 | 18.73 |
| 2012 | 620.95 | 4952.48 | 17.61 | 10.38 | 3526.92 | -34.88 | 26.46 | 12.20 |
| 2013 | 13458.48 | 2067.40 | 68.20 | 224.97 | 19732.42 | 459.48 | 30.80 | 68.23 |
| 2014 | 14314.83 | 6.36 | 47.83 | 239.29 | 29927.37 | 51.67 | 31.05 | 103.48 |
| 2015 | 1504.51 | -89.49 | 1.75 | 25.15 | 85999.63 | 187.36 | 42.80 | 297.37 |
| 2016 | 5446.55 | 262.01 | 11.97 | 91.05 | 45519.01 | -47.07 | 22.24 | 157.39 |
| 2017 | 2389.34 | -56.13 | 3.46 | 39.94 | 69101.28 | 51.81 | 43.91 | 238.94 |
| 2018 | 3008.09 | 25.90 | 6.22 | 50.28 | 48353.25 | -30.03 | 40.88 | 167.19 |
| 2019 | 1636.81 | -45.59 | 4.72 | 27.36 | 34651.75 | -28.34 | 41.70 | 119.82 |
| 2020 | 962.85 | -41.18 | 1.16 | 16.10 | 83252.45 | 140.25 | 80.03 | 287.87 |
| 2021 | 1611.64 | 67.38 | 6.52 | 26.94 | 24732.48 | -70.29 | 29.83 | 85.52 |
| 合计 | 45817.40 | — | 10.02 | — | 457123.99 | — | 38.16 | — |
| 2011—2015年均值 | 5982.21 | — | — | 100.00 | 28920.52 | — | — | 100.00 |

| 年份 | 非制造业 | | | | | | | |
|---|---|---|---|---|---|---|---|---|
| | 服务业 | | | | 农、林、牧、渔业 | | | |
| | 金额 | 同比增长（%） | 占比（%） | 指数 | 金额 | 同比增长（%） | 占比（%） | 指数 |
| 2005 | 1329.61 | — | 62.29 | 3.07 | 0.00 | — | 0.00 | 0.00 |
| 2006 | 3312.55 | 149.14 | 79.43 | 7.64 | 0.00 | — | 0.00 | 0.00 |

续表

| 年份 | 非制造业 | | | | | | | |
|---|---|---|---|---|---|---|---|---|
| | 服务业 | | | | 农、林、牧、渔业 | | | |
| | 金额 | 同比增长（%） | 占比（%） | 指数 | 金额 | 同比增长（%） | 占比（%） | 指数 |
| 2007 | 14555.15 | 339.39 | 99.40 | 33.58 | 0.19 | — | 0.00 | 0.05 |
| 2008 | 7056.77 | -51.52 | 75.94 | 16.28 | 0.00 | -100.00 | 0.00 | 0.00 |
| 2009 | 1339.44 | -81.02 | 77.49 | 3.09 | 14.97 | — | 0.87 | 3.67 |
| 2010 | 16328.22 | 1119.03 | 96.61 | 37.68 | 4.29 | -71.34 | 0.03 | 1.05 |
| 2011 | 10420.84 | -36.18 | 88.88 | 24.04 | 10.49 | 144.52 | 0.09 | 2.57 |
| 2012 | 7745.98 | -25.67 | 79.02 | 17.87 | 500.00 | 4666.44 | 5.10 | 122.51 |
| 2013 | 29089.88 | 275.55 | 65.61 | 67.12 | 50.00 | -90.00 | 0.11 | 12.25 |
| 2014 | 63144.57 | 117.07 | 95.00 | 145.70 | 1364.04 | 2628.08 | 2.05 | 334.20 |
| 2015 | 106296.00 | 68.34 | 92.50 | 245.26 | 116.20 | -91.48 | 0.10 | 28.47 |
| 2016 | 144403.86 | 35.85 | 90.75 | 333.19 | 202.81 | 74.54 | 0.13 | 49.69 |
| 2017 | 72338.96 | -49.91 | 81.96 | 166.91 | 253.33 | 24.91 | 0.29 | 62.07 |
| 2018 | 65169.69 | -9.91 | 93.21 | 150.37 | 152.05 | -39.98 | 0.22 | 37.25 |
| 2019 | 43424.79 | -33.37 | 89.62 | 100.20 | 304.69 | 100.39 | 0.63 | 74.65 |
| 2020 | 20449.02 | -52.91 | 98.43 | 47.18 | 42.18 | -86.16 | 0.20 | 10.33 |
| 2021 | 56507.60 | 176.33 | 97.12 | 130.38 | 192.07 | 355.36 | 0.33 | 47.06 |
| 合计 | 662912.93 | — | 89.48 | — | 3207.31 | — | 0.43 | — |
| 2011—2015年均值 | 43339.45 | — | — | 100.00 | 408.15 | — | — | 100.00 |

| 年份 | 非制造业 | | | | | | | |
|---|---|---|---|---|---|---|---|---|
| | 采矿业 | | | | 电力、热力、燃气及水生产和供应业 | | | |
| | 金额 | 同比增长（%） | 占比（%） | 指数 | 金额 | 同比增长（%） | 占比（%） | 指数 |
| 2005 | 4.00 | — | 0.19 | 0.15 | 800.34 | — | 37.49 | 32.20 |
| 2006 | 857.88 | 21347.00 | 20.57 | 33.09 | 0.00 | -100.00 | 0.00 | 0.00 |
| 2007 | 24.08 | -97.19 | 0.16 | 0.93 | 47.15 | — | 0.32 | 1.90 |
| 2008 | 2212.46 | 9087.96 | 23.81 | 85.33 | 22.18 | -52.96 | 0.24 | 0.89 |

续表

| 年份 | 非制造业 | | | | | | | |
|---|---|---|---|---|---|---|---|---|
| | 采矿业 | | | | 电力、热力、燃气及水生产和供应业 | | | |
| | 金额 | 同比增长（%） | 占比（%） | 指数 | 金额 | 同比增长（%） | 占比（%） | 指数 |
| 2009 | 289.80 | -86.90 | 16.77 | 11.18 | 54.02 | 143.55 | 3.13 | 2.17 |
| 2010 | 345.91 | 19.36 | 2.05 | 13.34 | 35.25 | -34.75 | 0.21 | 1.42 |
| 2011 | 932.00 | 169.43 | 7.95 | 35.95 | 360.36 | 922.30 | 3.07 | 14.50 |
| 2012 | 1291.37 | 38.56 | 13.17 | 49.81 | 7.84 | -97.82 | 0.08 | 0.32 |
| 2013 | 5270.26 | 308.11 | 11.89 | 203.27 | 8193.08 | 104403.57 | 18.48 | 329.68 |
| 2014 | 532.40 | -89.90 | 0.80 | 20.53 | 569.73 | -93.05 | 0.86 | 22.92 |
| 2015 | 4937.44 | 827.39 | 4.30 | 190.44 | 3294.95 | 478.34 | 2.87 | 132.58 |
| 2016 | 7820.93 | 58.40 | 4.92 | 301.65 | 3098.39 | -5.97 | 1.95 | 124.67 |
| 2017 | 2659.29 | -66.00 | 3.01 | 102.57 | 12727.45 | 310.78 | 14.42 | 512.13 |
| 2018 | 2677.50 | 0.68 | 3.83 | 103.27 | 1548.13 | -87.84 | 2.21 | 62.29 |
| 2019 | 572.63 | -78.61 | 1.18 | 22.09 | 3636.52 | 134.90 | 7.51 | 146.33 |
| 2020 | 84.51 | -85.24 | 0.41 | 3.26 | 10.88 | -99.70 | 0.05 | 0.44 |
| 2021 | 1308.65 | 1448.51 | 2.25 | 50.47 | 10.99 | 1.01 | 0.02 | 0.44 |
| 合计 | 31821.11 | — | 4.30 | — | 34417.26 | — | 4.65 | — |
| 2011—2015年均值 | 2592.69 | — | — | 100.00 | 2485.19 | — | — | 100.00 |

| 年份 | 非制造业 | | | | | | | | 总计 | | | |
|---|---|---|---|---|---|---|---|---|---|---|---|---|
| | 建筑业 | | | | 小计 | | | | | | | |
| | 金额 | 同比增长（%） | 占比（%） | 指数 | 金额 | 同比增长（%） | 占比（%） | 指数 | 金额 | 同比增长（%） | 占比（%） | 指数 |
| 2005 | 0.66 | — | 0.03 | 0.11 | 2134.61 | — | 93.38 | 4.32 | 2285.85 | — | 100.00 | 2.92 |
| 2006 | 0.00 | -100.00 | 0.00 | 0.00 | 4170.43 | 95.37 | 90.16 | 8.43 | 4625.53 | 102.35 | 100.00 | 5.90 |
| 2007 | 16.24 | — | 0.11 | 2.60 | 14642.81 | 251.11 | 95.67 | 29.61 | 15305.43 | 230.89 | 100.00 | 19.53 |
| 2008 | 0.77 | -95.26 | 0.01 | 0.12 | 9292.18 | -36.54 | 89.13 | 18.79 | 10425.55 | -31.88 | 100.00 | 13.30 |
| 2009 | 30.31 | 3836.36 | 1.75 | 4.85 | 1728.54 | -81.40 | 54.59 | 3.50 | 3166.54 | -69.63 | 100.00 | 4.04 |
| 2010 | 187.86 | 519.80 | 1.11 | 30.09 | 16901.53 | 877.79 | 84.62 | 34.18 | 19972.37 | 530.73 | 100.00 | 25.48 |
| 2011 | 0.44 | -99.77 | 0.00 | 0.07 | 11724.13 | -30.63 | 68.40 | 23.71 | 17140.39 | -14.18 | 100.00 | 21.87 |
| 2012 | 256.82 | 58268.18 | 2.62 | 41.13 | 9802.01 | -16.39 | 73.54 | 19.82 | 13328.93 | -22.24 | 100.00 | 17.01 |

续表

| 年份 | 非制造业 | | | | | | | | 总计 | | | |
|---|---|---|---|---|---|---|---|---|---|---|---|---|
| | 建筑业 | | | | 小计 | | | | | | | |
| | 金额 | 同比增长（%） | 占比（%） | 指数 | 金额 | 同比增长（%） | 占比（%） | 指数 | 金额 | 同比增长（%） | 占比（%） | 指数 |
| 2013 | 1734.44 | 575.35 | 3.91 | 277.79 | 44337.66 | 352.33 | 69.20 | 89.66 | 64070.08 | 380.68 | 100.00 | 81.75 |
| 2014 | 856.51 | -50.62 | 1.29 | 137.18 | 66467.25 | 49.91 | 68.95 | 134.41 | 96394.62 | 50.45 | 100.00 | 123.00 |
| 2015 | 273.63 | -68.05 | 0.24 | 43.83 | 114918.22 | 72.89 | 57.20 | 232.39 | 200917.85 | 108.43 | 100.00 | 256.37 |
| 2016 | 3595.38 | 1213.96 | 2.26 | 575.84 | 159121.37 | 38.46 | 77.76 | 321.78 | 204640.38 | 1.85 | 100.00 | 261.12 |
| 2017 | 279.27 | -92.23 | 0.32 | 44.73 | 88258.30 | -44.53 | 56.09 | 178.48 | 157359.58 | -23.10 | 100.00 | 200.79 |
| 2018 | 369.48 | 32.30 | 0.53 | 59.18 | 69916.85 | -20.78 | 59.12 | 141.39 | 118270.10 | -24.84 | 100.00 | 150.91 |
| 2019 | 515.52 | 39.53 | 1.06 | 82.57 | 48454.15 | -30.70 | 58.30 | 97.99 | 83105.90 | -29.73 | 100.00 | 106.04 |
| 2020 | 189.23 | -63.29 | 0.91 | 30.31 | 20775.82 | -57.12 | 19.97 | 42.01 | 104028.27 | 25.18 | 100.00 | 132.74 |
| 2021 | 164.41 | -13.12 | 0.28 | 26.33 | 58183.72 | 180.05 | 70.17 | 117.66 | 82916.20 | -20.29 | 100.00 | 105.80 |
| 合计 | 8470.97 | — | 1.14 | — | 740829.58 | — | 61.84 | — | 1197953.57 | — | 100.00 | — |
| 2011—2015年均值 | 624.37 | — | — | 100.00 | 49449.85 | — | — | 100.00 | 78370.37 | — | — | 100.00 |

注：此处存在重复统计问题，故总计部分与表3-1-1、表3-1-2所示不一致，重复统计的处理方式与第二章相应部分的处理一致，详见表2-2-1脚注。

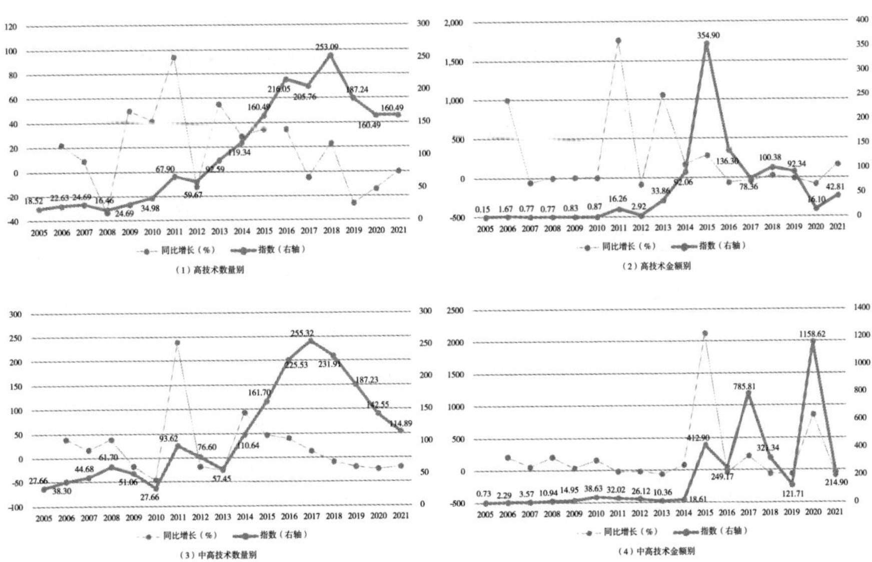

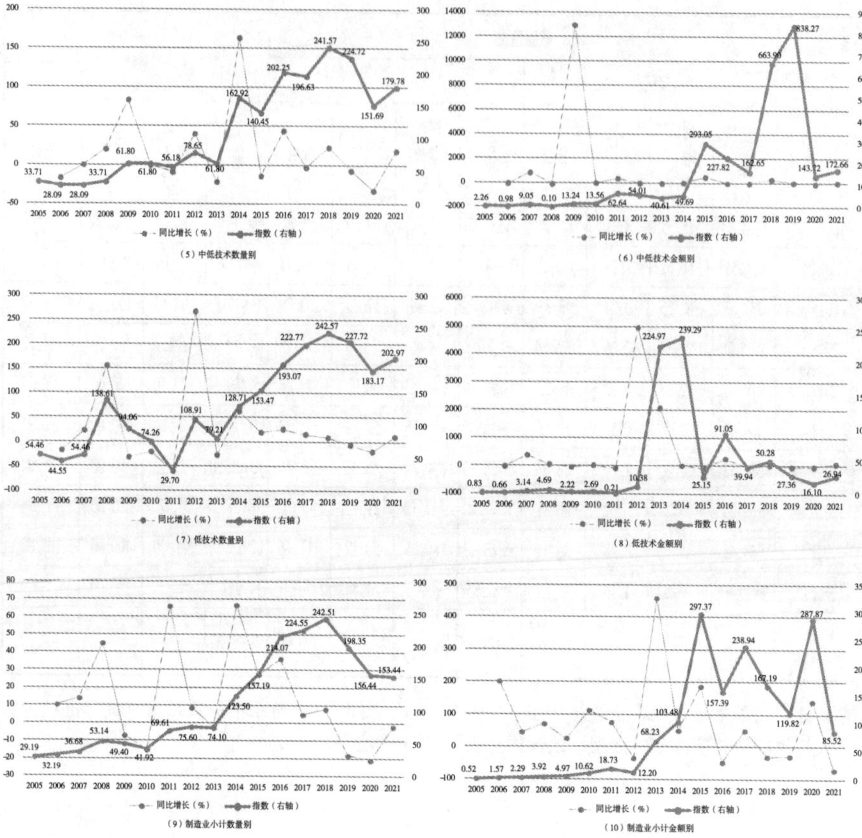

（5）中低技术数量别

（6）中低技术金额别

（7）低技术数量别

（8）低技术金额别

（9）制造业小计数量别

（10）制造业小计金额别

**图 3-4-1　2005—2021 年对外并购投资制造业项目数量指数和金额指数变化图**

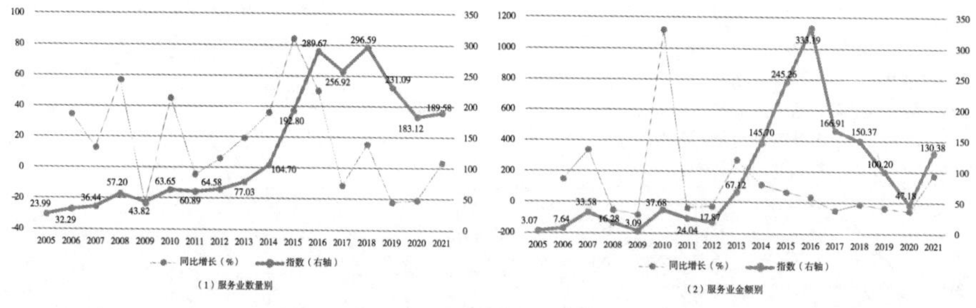


（1）服务业数量别

（2）服务业金额别

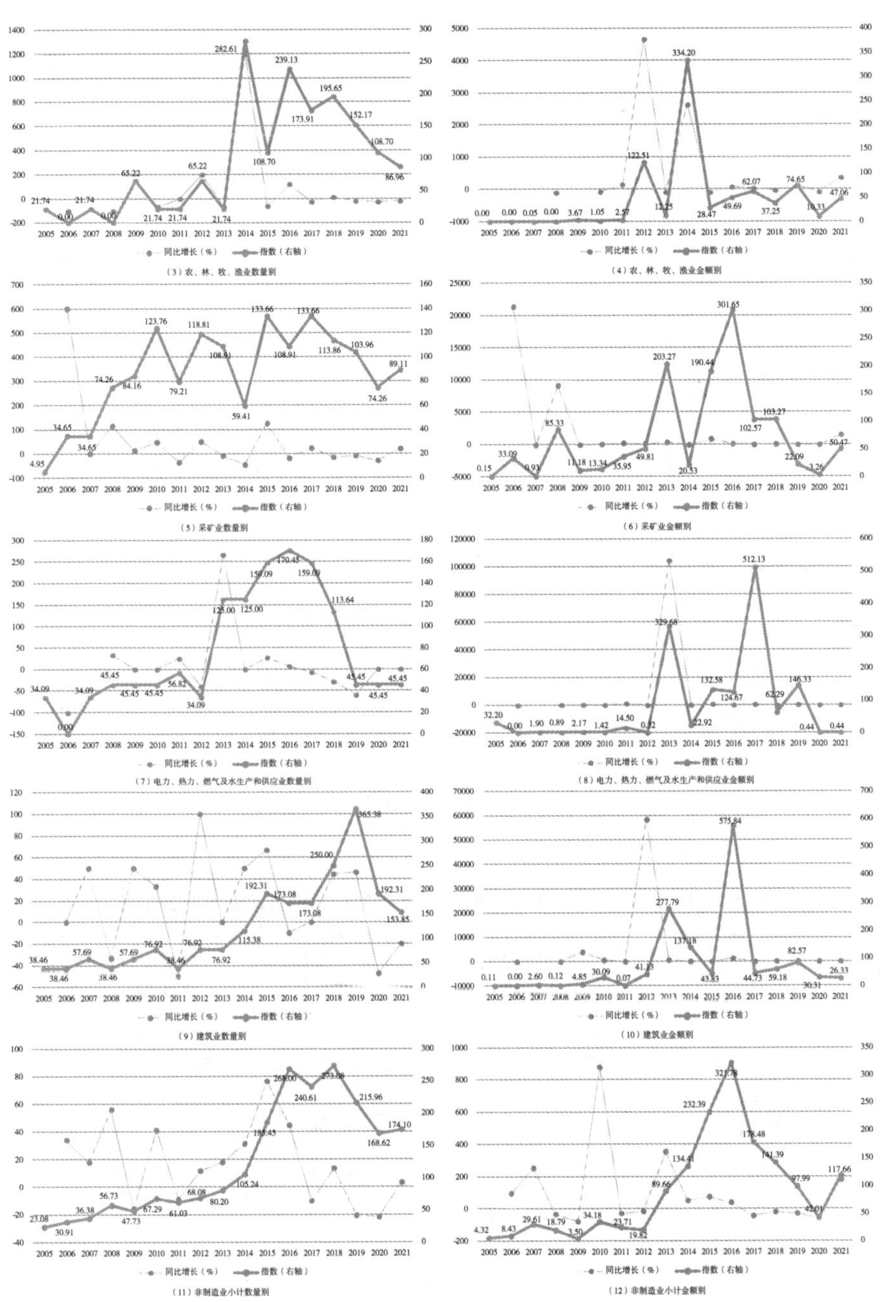

图 3-4-2　2005—2021 年对外并购投资非制造业项目数量指数和金额指数变化图

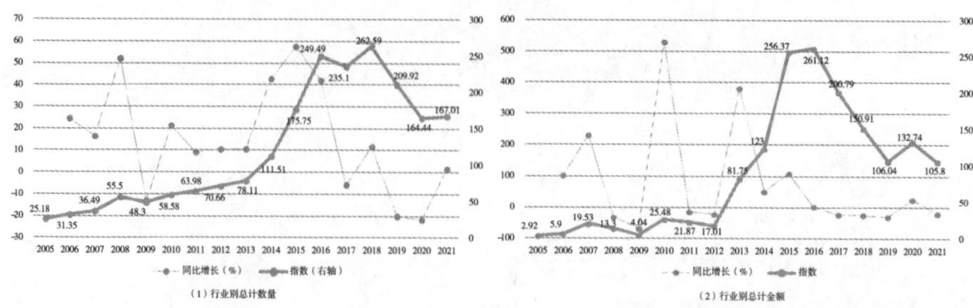


**图 3-4-3 2005—2021 年对外并购投资行业别项目数量指数和金额指数变化图**

# 第五节 民营企业对外并购投资融资模式别指数

本节筛选中国民营企业对外直接投资的并购部分的融资渠道相关数据，分析中国民营企业对外并购融资模式。

按照并购投资时的两种融资类型，本节计算了单一渠道融资指数和多渠道融资指数，以及包含于其中的各种具体融资渠道的指数。

## 一、民营企业对外并购融资渠道的总体情况

**表 3-5-1 2005—2021 年中国民营企业对外并购投资的融资渠道汇总**

| 融资模式 | 并购项目（件） | 并购金额（百万美元） | 并购金额涉及的并购项目（件） |
|---|---|---|---|
| 天使投资 | 349 | 8. 8 | 318 |
| 增资 | 2032 | 1 | 2001 |
| 增资—可转债 | 97 | 3. 74 | 95 |
| 增资—卖方配售 | 213 | 33. 33 | 179 |
| 注资 | 1954 | 1 | 1937 |
| 增资—发行可转债 | 54 | 30. 93 | 52 |
| 企业风险投资 | 824 | 13 | 749 |
| 众筹 | 3 | 2 | 3 |
| 开发资金 | 531 | 109. 16 | 420 |

续表

| 融资模式 | 并购项目（件） | 并购金额（百万美元） | 并购金额涉及的并购项目（件） |
|---|---|---|---|
| 开发资金—第 1 轮-第 8 轮 | 974 | 51 | 885 |
| 开发资金—种子轮 | 223 | 15 | 184 |
| 家族办公室 | 46 | 498.59 | 43 |
| 对冲基金 | 51 | 97 | 51 |
| 杠杆 | 41 | 1800 | 40 |
| 杠杆收购 | 32 | 2643.3 | 29 |
| 夹层融资 | 2 | 316.61 | 1 |
| 新银行信贷便利 | 124 | 0 | 116 |
| 通道融资 | 95 | 19.4 | 94 |
| 增资—配售 | 94 | 7.18 | 91 |
| 私募股权 | 1051 | 146.16 | 900 |
| 增资—私人配售 | 1967 | 1314.69 | 1870 |
| 增资—公募 | 11 | 430.36 | 11 |
| 增资—新股发行 | 22 | 20 | 22 |
| 风险资本 | 1029 | 16 | 872 |
| 总计 | 11819 | 7578.25 | 10963 |

注：存在重复统计的情况，处理方式和行业别统计一致。

对外并购融资渠道，按照国内大多数研究采用的标准，分为内源融资和外源融资，而外源融资又可以分为四类，债务融资方式、股权融资方式、混合融资方式和特殊融资方式[①]。为了保证数据的一致性，本书采用了 BvD-Zephyr 数据库的分类标准，将对外并购融资渠道分为 24 种，分别为：天使投资（Angel Investment）、增资（Capital increase）、增资—可转债（Capital increase—converted debt）、增资—卖方配售（Capital increase—vendor placing）、注资（Capital injection）、增资—发行可转债（Convertible

① 刘坪：《不同类型中国企业的海外并购融资方式研究》，北京交通大学硕士学位论文，2014 年。

bonds）、企业风险投资（Corporate venturing）、众筹（Crowd funding）、开发资金（Development capital）、开发资金—第1轮-第8轮（Development capital-1st round-8th round）、开发资金—种子轮（Development capital-seed）、家族办公室（Family office）、对冲基金（Hedge fund）、杠杆（Leveraged）、杠杆收购（Leveraged buy out）、夹层融资（Mezzanine）、新银行信贷便利（New bank facilities）、通道融资（PIPE）、增资—配售（Placing）、私募股权（Private equity）、增资—私人配售（Private placing）、增资—公募（Public offer）、增资—新股发行（Rights issue）、风险资本（Venture capital）。按照这个标准，本节统计了BvD-Zephyr数据库中有明确融资渠道信息的中国民营对外并购交易样本，共11819件。

通过这些民营企业数据可以看出，中国民营企业对外并购融资模式有三个显著的特征：第一，从并购投资项目数量上看，以增资、注资、私募股权和私人配售四种融资方式为主；第二，从并购投资项目金额上看，杠杆收购、杠杆和增资—私人配售三个融资渠道涉及的资金明显大于其他几种融资渠道；第三，随着国内金融市场的发展，对冲基金、杠杆收购、杠杆、家族办公室、众筹和夹层融资等融资模式开始出现。

**表3-5-2　2005—2021年中国民营企业对外并购融资渠道的数量分布**

（单位：件、%）

| 年份 | 天使投资 | | | | 增资 | | | | 增资—可转债 | | | |
|---|---|---|---|---|---|---|---|---|---|---|---|---|
| | 数量 | 同比增长（%） | 占比（%） | 指数 | 数量 | 同比增长（%） | 占比（%） | 指数 | 数量 | 同比增长（%） | 占比（%） | 指数 |
| 2005 | 0 | — | 0.00 | 0.00 | 2 | — | 3.64 | 2.94 | 2 | — | 3.64 | 58.82 |
| 2006 | 1 | 0 | 0.90 | 6.67 | 8 | 300.00 | 7.21 | 11.76 | 1 | -50.00 | 0.90 | 29.41 |
| 2007 | 1 | 0.00 | 0.72 | 6.67 | 4 | -50.00 | 2.90 | 5.88 | 3 | 200.00 | 2.17 | 88.24 |
| 2008 | 0 | -100.00 | 0.00 | 0.00 | 5 | 25.00 | 3.18 | 7.35 | 1 | -66.67 | 0.64 | 29.41 |
| 2009 | 0 | 0 | 0.00 | 0.00 | 13 | 160.00 | 5.42 | 19.12 | 5 | 400.00 | 2.08 | 147.06 |
| 2010 | 2 | 0 | 0.78 | 13.33 | 22 | 69.23 | 8.59 | 32.35 | 4 | -20.00 | 1.56 | 117.65 |
| 2011 | 1 | -50.00 | 0.30 | 6.67 | 55 | 150.00 | 16.47 | 80.88 | 4 | 0.00 | 1.20 | 117.65 |

续表

| 年份 | 天使投资 | | | | 增资 | | | | 增资—可转债 | | | |
|---|---|---|---|---|---|---|---|---|---|---|---|---|
| | 数量 | 同比增长（%） | 占比（%） | 指数 | 数量 | 同比增长（%） | 占比（%） | 指数 | 数量 | 同比增长（%） | 占比（%） | 指数 |
| 2012 | 6 | 500.00 | 1.97 | 40.00 | 50 | -9.09 | 16.39 | 73.53 | 3 | -25.00 | 0.98 | 88.24 |
| 2013 | 12 | 100.00 | 3.05 | 80.00 | 67 | 34.00 | 17.01 | 98.53 | 4 | 33.33 | 1.02 | 117.65 |
| 2014 | 27 | 125.00 | 4.63 | 180.00 | 69 | 2.99 | 11.84 | 101.47 | 3 | -25.00 | 0.51 | 88.24 |
| 2015 | 29 | 7.41 | 3.13 | 193.33 | 99 | 43.48 | 10.67 | 145.59 | 3 | 0.00 | 0.32 | 88.24 |
| 2016 | 44 | 51.72 | 3.49 | 293.33 | 240 | 142.42 | 19.02 | 352.94 | 11 | 266.67 | 0.87 | 323.53 |
| 2017 | 35 | -20.45 | 2.63 | 233.33 | 248 | 3.33 | 18.65 | 364.71 | 7 | -36.36 | 0.53 | 205.88 |
| 2018 | 45 | 28.57 | 2.63 | 300.00 | 363 | 46.37 | 21.23 | 533.82 | 11 | 57.14 | 0.64 | 323.53 |
| 2019 | 43 | -4.44 | 3.01 | 286.67 | 315 | -13.22 | 22.03 | 463.24 | 15 | 36.36 | 1.05 | 441.18 |
| 2020 | 31 | -27.91 | 2.61 | 206.67 | 253 | -19.68 | 21.28 | 372.06 | 9 | -40.00 | 0.76 | 264.71 |
| 2021 | 72 | 132.26 | 5.15 | 480.00 | 219 | -13.44 | 15.68 | 322.06 | 11 | 22.22 | 0.79 | 323.53 |

| 年份 | 增资—卖方配售 | | | | 注资 | | | | 增资—发行可转债 | | | |
|---|---|---|---|---|---|---|---|---|---|---|---|---|
| | 数量 | 同比增长（%） | 占比（%） | 指数 | 数量 | 同比增长（%） | 占比（%） | 指数 | 数量 | 同比增长（%） | 占比（%） | 指数 |
| 2005 | 4 | — | 7.27 | 45.45 | 2 | — | 3.64 | 3.38 | 2 | — | 3.64 | 52.63 |
| 2006 | 8 | 100.00 | 7.21 | 90.91 | 7 | 250.00 | 6.31 | 11.82 | 3 | 50.00 | 2.70 | 78.95 |
| 2007 | 9 | 12.50 | 6.52 | 102.27 | 5 | -28.57 | 3.62 | 8.45 | 1 | -66.67 | 0.72 | 26.32 |
| 2008 | 4 | -55.56 | 2.55 | 45.45 | 10 | 100.00 | 6.37 | 16.89 | 5 | 400.00 | 3.18 | 131.58 |
| 2009 | 5 | 25.00 | 2.08 | 56.82 | 16 | 60.00 | 6.67 | 27.03 | 4 | -20.00 | 1.67 | 105.26 |
| 2010 | 3 | -40.00 | 1.17 | 34.09 | 25 | 56.25 | 9.77 | 42.23 | 1 | -75.00 | 0.39 | 26.32 |
| 2011 | 5 | 66.67 | 1.50 | 56.82 | 47 | 88.00 | 14.07 | 79.39 | 4 | 300.00 | 1.20 | 105.26 |
| 2012 | 5 | 0.00 | 1.64 | 56.82 | 45 | -4.26 | 14.75 | 76.01 | 2 | -50.00 | 0.66 | 52.63 |
| 2013 | 11 | 120.00 | 2.79 | 125.00 | 59 | 31.11 | 14.97 | 99.66 | 5 | 150.00 | 1.27 | 131.58 |
| 2014 | 4 | -63.64 | 0.69 | 45.45 | 59 | 0.00 | 10.12 | 99.66 | 4 | -20.00 | 0.69 | 105.26 |
| 2015 | 19 | 375.00 | 2.05 | 215.91 | 86 | 45.76 | 9.27 | 145.27 | 4 | 0.00 | 0.43 | 105.26 |
| 2016 | 25 | 31.58 | 1.98 | 284.09 | 222 | 158.14 | 17.59 | 375.00 | 5 | 25.00 | 0.40 | 131.58 |
| 2017 | 38 | 52.00 | 2.86 | 431.82 | 241 | 8.56 | 18.12 | 407.09 | 5 | 0.00 | 0.38 | 131.58 |

续表

| 年份 | 增资—卖方配售 | | | | 注资 | | | | 增资—发行可转债 | | | |
|---|---|---|---|---|---|---|---|---|---|---|---|---|
| | 数量 | 同比增长（%） | 占比（%） | 指数 | 数量 | 同比增长（%） | 占比（%） | 指数 | 数量 | 同比增长（%） | 占比（%） | 指数 |
| 2018 | 35 | -7.89 | 2.05 | 397.73 | 357 | 48.13 | 20.88 | 603.04 | 4 | -20.00 | 0.23 | 105.26 |
| 2019 | 15 | -57.14 | 1.05 | 170.45 | 307 | -14.01 | 21.47 | 518.58 | 1 | -75.00 | 0.07 | 26.32 |
| 2020 | 16 | 6.67 | 1.35 | 181.82 | 250 | -18.57 | 21.03 | 422.30 | 2 | 100.00 | 0.17 | 52.63 |
| 2021 | 7 | -56.25 | 0.50 | 79.55 | 216 | -13.60 | 15.46 | 364.86 | 2 | 0.00 | 0.14 | 52.63 |

| 年份 | 企业风险投资 | | | | 众筹 | | | | 开发资金 | | | |
|---|---|---|---|---|---|---|---|---|---|---|---|---|
| | 数量 | 同比增长（%） | 占比（%） | 指数 | 数量 | 同比增长（%） | 占比（%） | 指数 | 数量 | 同比增长（%） | 占比（%） | 指数 |
| 2005 | 1 | — | 1.82 | 3.82 | 0 | — | 0.00 | 0.00 | 4 | — | 7.27 | 15.87 |
| 2006 | 5 | 400.00 | 4.50 | 19.08 | 0 | 0 | 0.00 | 0.00 | 3 | -25.00 | 2.70 | 11.90 |
| 2007 | 5 | 0.00 | 3.62 | 19.08 | 0 | 0 | 0.00 | 0.00 | 6 | 100.00 | 4.35 | 23.81 |
| 2008 | 4 | -20.00 | 2.55 | 15.27 | 0 | 0 | 0.00 | 0.00 | 7 | 16.67 | 4.46 | 27.78 |
| 2009 | 5 | 25.00 | 2.08 | 19.08 | 0 | 0 | 0.00 | 0.00 | 13 | 85.71 | 5.42 | 51.59 |
| 2010 | 9 | 80.00 | 3.52 | 34.35 | 0 | 0 | 0.00 | 0.00 | 12 | -7.69 | 4.69 | 47.62 |
| 2011 | 7 | -22.22 | 2.10 | 26.72 | 0 | 0 | 0.00 | 0.00 | 21 | 75.00 | 6.29 | 83.33 |
| 2012 | 8 | 14.29 | 2.62 | 30.53 | 0 | 0 | 0.00 | 0.00 | 12 | -42.86 | 3.93 | 47.62 |
| 2013 | 11 | 37.50 | 2.79 | 41.98 | 0 | 0 | 0.00 | 0.00 | 17 | 41.67 | 4.31 | 67.46 |
| 2014 | 26 | 136.36 | 4.46 | 99.24 | 0 | 0 | 0.00 | 0.00 | 26 | 52.94 | 4.46 | 103.17 |
| 2015 | 79 | 203.85 | 8.51 | 301.53 | 1 | 0 | 0.11 | 500.00 | 50 | 92.31 | 5.39 | 198.41 |
| 2016 | 72 | -8.86 | 5.71 | 274.81 | 0 | -100.00 | 0.00 | 0.00 | 49 | -2.00 | 3.88 | 194.44 |
| 2017 | 90 | 25.00 | 6.77 | 343.51 | 0 | 0 | 0.00 | 0.00 | 56 | 14.29 | 4.21 | 222.22 |
| 2018 | 142 | 57.78 | 8.30 | 541.98 | 0 | 0 | 0.00 | 0.00 | 73 | 30.36 | 4.27 | 289.68 |
| 2019 | 114 | -19.72 | 7.97 | 435.11 | 1 | 0 | 0.07 | 500.00 | 66 | -9.59 | 4.62 | 261.90 |
| 2020 | 100 | -12.28 | 8.41 | 381.68 | 0 | -100.00 | 0.00 | 0.00 | 44 | -33.33 | 3.70 | 174.60 |
| 2021 | 146 | 46.00 | 10.45 | 557.25 | 1 | 0 | 0.07 | 500.00 | 72 | 63.64 | 5.15 | 285.71 |

续表

| 年份 | 开发资金—第 1 轮-第 8 轮 | | | | 开发资金—种子轮 | | | | 家族办公室 | | | |
|---|---|---|---|---|---|---|---|---|---|---|---|---|
| | 数量 | 同比增长（%） | 占比（%） | 指数 | 数量 | 同比增长（%） | 占比（%） | 指数 | 数量 | 同比增长（%） | 占比（%） | 指数 |
| 2005 | 4 | — | 7.27 | 10.00 | 0 | — | 0.00 | 0.00 | 0 | — | 0.00 | 0.00 |
| 2006 | 14 | 250.00 | 12.61 | 35.00 | 0 | 0 | 0.00 | 0.00 | 0 | 0 | 0.00 | 0.00 |
| 2007 | 13 | -7.14 | 9.42 | 32.50 | 1 | 0 | 0.72 | 10.20 | 0 | 0 | 0.00 | 0.00 |
| 2008 | 11 | -15.38 | 7.01 | 27.50 | 0 | -100.00 | 0.00 | 0.00 | 0 | 0 | 0.00 | 0.00 |
| 2009 | 15 | 36.36 | 6.25 | 37.50 | 0 | 0 | 0.00 | 0.00 | 0 | 0 | 0.00 | 0.00 |
| 2010 | 15 | 0.00 | 5.86 | 37.50 | 1 | 0 | 0.39 | 10.20 | 0 | 0 | 0.00 | 0.00 |
| 2011 | 15 | 0.00 | 4.49 | 37.50 | 1 | 0.00 | 0.30 | 10.20 | 0 | 0 | 0.00 | 0.00 |
| 2012 | 10 | -33.33 | 3.28 | 25.00 | 3 | 200.00 | 0.98 | 30.61 | 1 | 0 | 0.33 | 166.67 |
| 2013 | 20 | 100.00 | 5.08 | 50.00 | 7 | 133.33 | 1.78 | 71.43 | 1 | 0.00 | 0.25 | 166.67 |
| 2014 | 61 | 205.00 | 10.46 | 152.50 | 15 | 114.29 | 2.57 | 153.06 | 0 | -100.00 | 0.00 | 0.00 |
| 2015 | 94 | 54.10 | 10.13 | 235.00 | 23 | 53.33 | 2.48 | 234.69 | 1 | 0 | 0.11 | 166.67 |
| 2016 | 82 | -12.77 | 6.50 | 205.00 | 32 | 39.13 | 2.54 | 326.53 | 2 | 100.00 | 0.16 | 333.33 |
| 2017 | 104 | 26.83 | 7.82 | 260.00 | 24 | -25.00 | 1.80 | 244.90 | 1 | -50.00 | 0.08 | 166.67 |
| 2018 | 144 | 38.46 | 8.42 | 360.00 | 36 | 50.00 | 2.11 | 367.35 | 7 | 600.00 | 0.41 | 1166.67 |
| 2019 | 119 | -17.36 | 8.32 | 297.50 | 21 | -41.67 | 1.47 | 214.29 | 5 | -28.57 | 0.35 | 833.33 |
| 2020 | 106 | -10.92 | 8.92 | 265.00 | 23 | 9.52 | 1.93 | 234.69 | 10 | 100.00 | 0.84 | 1666.67 |
| 2021 | 147 | 38.68 | 10.52 | 367.50 | 36 | 56.52 | 2.58 | 367.35 | 18 | 80.00 | 1.29 | 3000.00 |

| 年份 | 对冲基金 | | | | 杠杆 | | | | 杠杆收购 | | | |
|---|---|---|---|---|---|---|---|---|---|---|---|---|
| | 数量 | 同比增长（%） | 占比（%） | 指数 | 数量 | 同比增长（%） | 占比（%） | 指数 | 数量 | 同比增长（%） | 占比（%） | 指数 |
| 2005 | 0 | — | 0.00 | 0.00 | 0 | — | 0.00 | 0.00 | 0 | — | 0.00 | 0.00 |
| 2006 | 0 | 0 | 0.00 | 0.00 | 0 | 0 | 0.00 | 0.00 | 0 | 0 | 0.00 | 0.00 |
| 2007 | 0 | 0 | 0.00 | 0.00 | 0 | 0 | 0.00 | 0.00 | 0 | 0 | 0.00 | 0.00 |
| 2008 | 0 | 0 | 0.00 | 0.00 | 0 | 0 | 0.00 | 0.00 | 0 | 0 | 0.00 | 0.00 |
| 2009 | 0 | 0 | 0.00 | 0.00 | 0 | 0 | 0.00 | 0.00 | 0 | 0 | 0.00 | 0.00 |
| 2010 | 0 | 0 | 0.00 | 0.00 | 0 | 0 | 0.00 | 0.00 | 0 | 0 | 0.00 | 0.00 |

续表

| 年份 | 对冲基金 | | | | 杠杆 | | | | 杠杆收购 | | | |
|---|---|---|---|---|---|---|---|---|---|---|---|---|
| | 数量 | 同比增长（%） | 占比（%） | 指数 | 数量 | 同比增长（%） | 占比（%） | 指数 | 数量 | 同比增长（%） | 占比（%） | 指数 |
| 2011 | 0 | 0 | 0.00 | 0.00 | 0 | 0 | 0.00 | 0.00 | 0 | 0 | 0.00 | 0.00 |
| 2012 | 0 | 0 | 0.00 | 0.00 | 0 | 0 | 0.00 | 0.00 | 0 | 0 | 0.00 | 0.00 |
| 2013 | 0 | 0 | 0.00 | 0.00 | 0 | 0 | 0.00 | 0.00 | 0 | 0 | 0.00 | 0.00 |
| 2014 | 0 | 0 | 0.00 | 0.00 | 0 | 0 | 0.00 | 0.00 | 1 | 0 | 0.17 | 62.50 |
| 2015 | 1 | 0 | 0.11 | 500.00 | 1 | 0 | 0.11 | 500.00 | 7 | 600.00 | 0.75 | 437.50 |
| 2016 | 0 | -100.00 | 0.00 | 0.00 | 5 | 400.00 | 0.40 | 2500.00 | 11 | 57.14 | 0.87 | 687.50 |
| 2017 | 1 | 0 | 0.08 | 500.00 | 8 | 60.00 | 0.60 | 4000.00 | 7 | -36.36 | 0.53 | 437.50 |
| 2018 | 7 | 600.00 | 0.41 | 3500.00 | 8 | 0.00 | 0.47 | 4000.00 | 2 | -71.43 | 0.12 | 125.00 |
| 2019 | 5 | -28.57 | 0.35 | 2500.00 | 5 | -37.50 | 0.35 | 2500.00 | 2 | 0.00 | 0.14 | 125.00 |
| 2020 | 11 | 120.00 | 0.93 | 5500.00 | 7 | 40.00 | 0.59 | 3500.00 | 0 | -100.00 | 0.00 | 0.00 |
| 2021 | 26 | 136.36 | 1.86 | 13000.00 | 7 | 0.00 | 0.50 | 3500.00 | 2 | 0 | 0.14 | 125.00 |

| 年份 | 夹层融资 | | | | 新银行信贷便利 | | | | 通道融资 | | | |
|---|---|---|---|---|---|---|---|---|---|---|---|---|
| | 数量 | 同比增长（%） | 占比（%） | 指数 | 数量 | 同比增长（%） | 占比（%） | 指数 | 数量 | 同比增长（%） | 占比（%） | 指数 |
| 2005 | 0 | — | 0.00 | 0.00 | 0 | — | 0.00 | 0.00 | 1 | — | 1.82 | 19.23 |
| 2006 | 0 | 0 | 0.00 | 0.00 | 1 | 0 | 0.90 | 13.89 | 1 | 0.00 | 0.90 | 19.23 |
| 2007 | 0 | 0 | 0.00 | 0.00 | 3 | 200.00 | 2.17 | 41.67 | 2 | 100.00 | 1.45 | 38.46 |
| 2008 | 0 | 0 | 0.00 | 0.00 | 3 | 0.00 | 1.91 | 41.67 | 1 | -50.00 | 0.64 | 19.23 |
| 2009 | 0 | 0 | 0.00 | 0.00 | 7 | 133.33 | 2.92 | 97.22 | 8 | 700.00 | 3.33 | 153.85 |
| 2010 | 0 | 0 | 0.00 | 0.00 | 2 | -71.43 | 0.78 | 27.78 | 1 | -87.50 | 0.39 | 19.23 |
| 2011 | 0 | 0 | 0.00 | 0.00 | 7 | 250.00 | 2.10 | 97.22 | 4 | 300.00 | 1.20 | 76.92 |
| 2012 | 0 | 0 | 0.00 | 0.00 | 3 | -57.14 | 0.98 | 41.67 | 1 | -75.00 | 0.33 | 19.23 |
| 2013 | 1 | 0 | 0.25 | 500.00 | 7 | 133.33 | 1.78 | 97.22 | 2 | 100.00 | 0.51 | 38.46 |
| 2014 | 0 | -100.00 | 0.00 | 0.00 | 7 | 0.00 | 1.20 | 97.22 | 10 | 400.00 | 1.72 | 192.31 |
| 2015 | 0 | 0 | 0.00 | 0.00 | 12 | 71.43 | 1.29 | 166.67 | 9 | -10.00 | 0.97 | 173.08 |
| 2016 | 1 | 0 | 0.08 | 500.00 | 18 | 50.00 | 1.43 | 250.00 | 9 | 0.00 | 0.71 | 173.08 |

续表

| 年份 | 夹层融资 | | | | 新银行信贷便利 | | | | 通道融资 | | | |
|---|---|---|---|---|---|---|---|---|---|---|---|---|
| | 数量 | 同比增长（%） | 占比（%） | 指数 | 数量 | 同比增长（%） | 占比（%） | 指数 | 数量 | 同比增长（%） | 占比（%） | 指数 |
| 2017 | 0 | -100.00 | 0.00 | 0.00 | 17 | -5.56 | 1.28 | 236.11 | 12 | 33.33 | 0.90 | 230.77 |
| 2018 | 0 | 0 | 0.00 | 0.00 | 11 | -35.29 | 0.64 | 152.78 | 15 | 25.00 | 0.88 | 288.46 |
| 2019 | 0 | 0 | 0.00 | 0.00 | 7 | -36.36 | 0.49 | 97.22 | 1 | -93.33 | 0.07 | 19.23 |
| 2020 | 0 | 0 | 0.00 | 0.00 | 9 | 28.57 | 0.76 | 125.00 | 7 | 600.00 | 0.59 | 134.62 |
| 2021 | 0 | 0 | 0.00 | 0.00 | 10 | 11.11 | 0.72 | 138.89 | 11 | 57.14 | 0.79 | 211.54 |
| 年份 | 增资—配售 | | | | 私募股权 | | | | 增资—私人配售 | | | |
| | 数量 | 同比增长（%） | 占比（%） | 指数 | 数量 | 同比增长（%） | 占比（%） | 指数 | 数量 | 同比增长（%） | 占比（%） | 指数 |
| 2005 | 1 | — | 1.82 | 26.32 | 9 | — | 16.36 | 19.48 | 21 | — | 38.18 | 16.01 |
| 2006 | 2 | 100.00 | 1.80 | 52.63 | 12 | 33.33 | 10.81 | 25.97 | 35 | 66.67 | 31.53 | 26.68 |
| 2007 | 6 | 200.00 | 4.35 | 157.89 | 11 | -8.33 | 7.97 | 23.81 | 54 | 54.29 | 39.13 | 41.16 |
| 2008 | 10 | 66.67 | 6.37 | 263.16 | 22 | 100.00 | 14.01 | 47.62 | 66 | 22.22 | 42.04 | 50.30 |
| 2009 | 2 | -80.00 | 0.83 | 52.63 | 15 | -31.82 | 6.25 | 32.47 | 110 | 66.67 | 45.83 | 83.84 |
| 2010 | 8 | 300.00 | 3.13 | 210.53 | 20 | 33.33 | 7.81 | 43.29 | 117 | 6.36 | 45.70 | 89.18 |
| 2011 | 1 | -87.50 | 0.30 | 26.32 | 27 | 35.00 | 8.08 | 58.44 | 108 | -7.69 | 32.34 | 82.32 |
| 2012 | 4 | 300.00 | 1.31 | 105.26 | 21 | -22.22 | 6.89 | 45.45 | 113 | 4.63 | 37.05 | 86.13 |
| 2013 | 2 | -50.00 | 0.51 | 52.63 | 29 | 38.10 | 7.36 | 62.77 | 103 | -8.85 | 26.14 | 78.51 |
| 2014 | 6 | 200.00 | 1.03 | 157.89 | 56 | 93.10 | 9.61 | 121.21 | 137 | 33.01 | 23.50 | 104.42 |
| 2015 | 6 | 0.00 | 0.65 | 157.89 | 98 | 75.00 | 10.56 | 212.12 | 195 | 42.34 | 21.01 | 148.63 |
| 2016 | 5 | -16.67 | 0.40 | 131.58 | 132 | 34.69 | 10.46 | 285.71 | 202 | 3.59 | 16.01 | 153.96 |
| 2017 | 10 | 100.00 | 0.75 | 263.16 | 99 | -25.00 | 7.44 | 214.29 | 194 | -3.96 | 14.59 | 147.87 |
| 2018 | 9 | -10.00 | 0.53 | 236.84 | 129 | 30.30 | 7.54 | 279.22 | 155 | -20.10 | 9.06 | 118.14 |
| 2019 | 12 | 33.33 | 0.84 | 315.79 | 135 | 4.65 | 9.44 | 292.21 | 130 | -16.13 | 9.09 | 99.09 |
| 2020 | 4 | -66.67 | 0.34 | 105.26 | 89 | -34.07 | 7.49 | 192.64 | 117 | -10.00 | 9.84 | 89.18 |
| 2021 | 6 | 50.00 | 0.43 | 157.89 | 147 | 65.17 | 10.52 | 318.18 | 110 | -5.98 | 7.87 | 83.84 |

续表

| 年份 | 增资—公募 | | | | 增资—新股发行 | | | |
|---|---|---|---|---|---|---|---|---|
| | 数量 | 同比增长（%） | 占比（%） | 指数 | 数量 | 同比增长（%） | 占比（%） | 指数 |
| 2005 | 0 | — | 0.00 | 0.00 | 0 | — | 0.00 | 0.00 |
| 2006 | 0 | 0 | 0.00 | 0.00 | 1 | 0 | 0.90 | 41.67 |
| 2007 | 0 | 0 | 0.00 | 0.00 | 0 | -100.00 | 0.00 | 0.00 |
| 2008 | 1 | 0 | 0.64 | 166.67 | 1 | 0 | 0.64 | 41.67 |
| 2009 | 3 | 200.00 | 1.25 | 500.00 | 4 | 300.00 | 1.67 | 166.67 |
| 2010 | 1 | -66.67 | 0.39 | 166.67 | 0 | -100.00 | 0.00 | 0.00 |
| 2011 | 1 | 0.00 | 0.30 | 166.67 | 5 | 0 | 1.50 | 208.33 |
| 2012 | 0 | -100.00 | 0.00 | 0.00 | 0 | -100.00 | 0.00 | 0.00 |
| 2013 | 1 | 0 | 0.25 | 166.67 | 5 | 0 | 1.27 | 208.33 |
| 2014 | 0 | -100.00 | 0.00 | 0.00 | 2 | -60.00 | 0.34 | 83.33 |
| 2015 | 1 | 0 | 0.11 | 166.67 | 0 | -100.00 | 0.00 | 0.00 |
| 2016 | 0 | -100.00 | 0.00 | 0.00 | 2 | 0 | 0.16 | 83.33 |
| 2017 | 1 | 0 | 0.08 | 166.67 | 2 | 0.00 | 0.15 | 83.33 |
| 2018 | 1 | 0.00 | 0.06 | 166.67 | 0 | -100.00 | 0.00 | 0.00 |
| 2019 | 0 | -100.00 | 0.00 | 0.00 | 0 | 0 | 0.00 | 0.00 |
| 2020 | 0 | 0 | 0.00 | 0.00 | 0 | 0 | 0.00 | 0.00 |
| 2021 | 1 | 0 | 0.07 | 166.67 | 0 | 0 | 0.00 | 0.00 |

| 年份 | 风险资本 | | | | 小计 | | | |
|---|---|---|---|---|---|---|---|---|
| | 数量 | 同比增长（%） | 占比（%） | 指数 | 数量 | 同比增长（%） | 占比（%） | 指数 |
| 2005 | 2 | — | 3.64 | 4.02 | 55 | — | 100.00 | 10.81 |
| 2006 | 9 | 350.00 | 8.11 | 18.07 | 111 | 101.82 | 100.00 | 21.82 |
| 2007 | 14 | 55.56 | 10.14 | 28.11 | 138 | 24.32 | 100.00 | 27.12 |
| 2008 | 6 | -57.14 | 3.82 | 12.05 | 157 | 13.77 | 100.00 | 30.86 |
| 2009 | 15 | 150.00 | 6.25 | 30.12 | 240 | 52.87 | 100.00 | 47.17 |
| 2010 | 13 | -13.33 | 5.08 | 26.10 | 256 | 6.67 | 100.00 | 50.31 |

续表

| 年份 | 风险资本 | | | | 小计 | | | |
|---|---|---|---|---|---|---|---|---|
| | 数量 | 同比增长（%） | 占比（%） | 指数 | 数量 | 同比增长（%） | 占比（%） | 指数 |
| 2011 | 21 | 61.54 | 6.29 | 42.17 | 334 | 30.47 | 100.00 | 65.64 |
| 2012 | 18 | -14.29 | 5.90 | 36.14 | 305 | -8.68 | 100.00 | 59.94 |
| 2013 | 30 | 66.67 | 7.61 | 60.24 | 394 | 29.18 | 100.00 | 77.44 |
| 2014 | 70 | 133.33 | 12.01 | 140.56 | 583 | 47.97 | 100.00 | 114.58 |
| 2015 | 110 | 57.14 | 11.85 | 220.88 | 928 | 59.18 | 100.00 | 182.39 |
| 2016 | 93 | -15.45 | 7.37 | 186.75 | 1262 | 35.99 | 100.00 | 248.03 |
| 2017 | 130 | 39.78 | 9.77 | 261.04 | 1330 | 5.39 | 100.00 | 261.40 |
| 2018 | 156 | 20.00 | 9.12 | 313.25 | 1710 | 28.57 | 100.00 | 336.08 |
| 2019 | 111 | -28.85 | 7.76 | 222.89 | 1430 | -16.37 | 100.00 | 281.05 |
| 2020 | 101 | -9.01 | 8.49 | 202.81 | 1189 | -16.85 | 100.00 | 233.69 |
| 2021 | 130 | 28.71 | 9.31 | 261.04 | 1397 | 17.49 | 100.00 | 274.57 |

注：存在重复统计的情况，处理方式和行业别统计一致。

**表 3-5-3　2005—2021 年中国民营企业对外并购融资渠道的金额分布**

（单位：百万美元、%）

| 年份 | 天使投资 | | | | 增资 | | | | 增资—可转债 | | | |
|---|---|---|---|---|---|---|---|---|---|---|---|---|
| | 金额 | 同比增长（%） | 占比（%） | 指数 | 金额 | 同比增长（%） | 占比（%） | 指数 | 金额 | 同比增长（%） | 占比（%） | 指数 |
| 2005 | 0.00 | — | 0.00 | 0.00 | 1.00 | — | 0.06 | 0.02 | 3.74 | — | 0.21 | 0.43 |
| 2006 | 8.80 | 0 | 0.14 | 3.31 | 331.42 | 33042.00 | 5.18 | 7.54 | 1.27 | -66.04 | 0.02 | 0.15 |
| 2007 | 1.37 | -84.43 | 0.00 | 0.51 | 100.66 | -69.63 | 0.31 | 2.29 | 6.39 | 403.15 | 0.02 | 0.74 |
| 2008 | 0.00 | -100.00 | 0.00 | 0.00 | 102.12 | 1.45 | 0.64 | 2.32 | 5.00 | -21.75 | 0.03 | 0.58 |
| 2009 | 0.00 | 0 | 0.00 | 0.00 | 824.85 | 707.73 | 2.43 | 18.78 | 60.70 | 1114.00 | 0.18 | 6.99 |
| 2010 | 0.00 | 0 | 0.00 | 0.00 | 3498.14 | 324.09 | 9.86 | 79.63 | 20.07 | -66.94 | 0.06 | 2.31 |
| 2011 | 2.50 | 0 | 0.01 | 0.94 | 3277.44 | -6.31 | 8.08 | 74.60 | 166.32 | 728.70 | 0.41 | 19.14 |
| 2012 | 61.15 | 2346.00 | 0.13 | 22.98 | 2762.18 | -15.72 | 5.95 | 62.87 | 16.66 | -89.98 | 0.04 | 1.92 |

续表

| 年份 | 天使投资 | | | | 增资 | | | | 增资—可转债 | | | |
|---|---|---|---|---|---|---|---|---|---|---|---|---|
| | 金额 | 同比增长（%） | 占比（%） | 指数 | 金额 | 同比增长（%） | 占比（%） | 指数 | 金额 | 同比增长（%） | 占比（%） | 指数 |
| 2013 | 52.97 | -13.38 | 0.07 | 19.91 | 2377.21 | -13.94 | 3.31 | 54.11 | 2260.88 | 13470.71 | 3.15 | 260.21 |
| 2014 | 427.00 | 706.12 | 0.41 | 160.48 | 3997.22 | 68.15 | 3.83 | 90.99 | 959.79 | -57.55 | 0.92 | 110.47 |
| 2015 | 786.74 | 84.25 | 0.38 | 295.69 | 9551.70 | 138.96 | 4.66 | 217.42 | 940.63 | -2.00 | 0.46 | 108.26 |
| 2016 | 767.65 | -2.43 | 0.37 | 288.51 | 17269.02 | 80.80 | 8.25 | 393.09 | 3763.59 | 300.11 | 1.80 | 433.17 |
| 2017 | 498.25 | -35.09 | 0.29 | 187.26 | 11404.44 | -33.96 | 6.60 | 259.60 | 1358.38 | -63.91 | 0.79 | 156.34 |
| 2018 | 1329.96 | 166.93 | 0.71 | 499.85 | 15297.71 | 34.14 | 8.19 | 348.22 | 3812.94 | 180.70 | 2.04 | 438.85 |
| 2019 | 774.00 | -41.80 | 0.51 | 290.90 | 13766.03 | -10.01 | 9.03 | 313.35 | 1323.54 | -65.29 | 0.87 | 152.33 |
| 2020 | 245.59 | -68.27 | 0.26 | 92.30 | 15380.73 | 11.73 | 16.33 | 350.11 | 3259.02 | 146.24 | 3.46 | 375.09 |
| 2021 | 3269.19 | 1231.16 | 1.70 | 1228.69 | 13762.01 | -10.52 | 7.17 | 313.26 | 448.98 | -86.22 | 0.23 | 51.67 |

| 年份 | 增资—卖方配售 | | | | 注资 | | | | 增资—发行可转债 | | | |
|---|---|---|---|---|---|---|---|---|---|---|---|---|
| | 金额 | 同比增长（%） | 占比（%） | 指数 | 金额 | 同比增长（%） | 占比（%） | 指数 | 金额 | 同比增长（%） | 占比（%） | 指数 |
| 2005 | 33.33 | — | 1.91 | 1.12 | 1.00 | — | 0.06 | 0.03 | 30.93 | — | 1.77 | 15.68 |
| 2006 | 2766.86 | 8201.41 | 43.26 | 92.72 | 60.06 | 5906.00 | 0.94 | 1.78 | 6.29 | -79.66 | 0.10 | 3.19 |
| 2007 | 2703.24 | -2.30 | 8.40 | 90.59 | 553.17 | 821.03 | 1.72 | 16.39 | 5600.00 | 88930.21 | 17.41 | 2838.32 |
| 2008 | 522.65 | -80.67 | 3.28 | 17.51 | 321.93 | -41.80 | 2.02 | 9.54 | 1602.65 | -71.38 | 10.05 | 812.29 |
| 2009 | 363.87 | -30.38 | 1.07 | 12.19 | 1407.66 | 337.26 | 4.15 | 41.71 | 3220.53 | 100.95 | 9.50 | 1632.30 |
| 2010 | 7242.21 | 1890.33 | 20.41 | 242.69 | 943.68 | -32.96 | 2.66 | 27.96 | 12.00 | -99.63 | 0.03 | 6.08 |
| 2011 | 775.54 | -89.29 | 1.91 | 25.99 | 3157.14 | 234.56 | 7.78 | 93.54 | 565.86 | 4615.50 | 1.39 | 286.80 |
| 2012 | 874.14 | 12.71 | 1.88 | 29.29 | 2541.70 | -19.49 | 5.48 | 75.31 | 18.10 | -96.80 | 0.04 | 9.17 |
| 2013 | 2214.03 | 153.28 | 3.09 | 74.19 | 2198.21 | -13.51 | 3.06 | 65.13 | 157.44 | 769.83 | 0.22 | 79.80 |
| 2014 | 2117.98 | -4.34 | 2.03 | 70.98 | 3642.46 | 65.70 | 3.49 | 107.92 | 55.72 | -64.61 | 0.05 | 28.24 |
| 2015 | 8938.81 | 322.04 | 4.36 | 299.55 | 5336.35 | 46.50 | 2.60 | 158.11 | 189.38 | 239.88 | 0.09 | 95.99 |
| 2016 | 6908.15 | -22.72 | 3.30 | 231.50 | 15950.00 | 198.89 | 7.62 | 472.57 | 187.87 | -0.80 | 0.09 | 95.22 |
| 2017 | 17216.63 | 149.22 | 9.96 | 576.95 | 11080.04 | -30.53 | 6.41 | 328.28 | 114.16 | -39.23 | 0.07 | 57.86 |
| 2018 | 21380.35 | 24.18 | 11.45 | 716.48 | 15952.11 | 43.97 | 8.54 | 472.63 | 156.90 | 37.44 | 0.08 | 79.52 |

续表

| 年份 | 增资—卖方配售 | | | | 注资 | | | | 增资—发行可转债 | | | |
|---|---|---|---|---|---|---|---|---|---|---|---|---|
| | 金额 | 同比增长（%） | 占比（%） | 指数 | 金额 | 同比增长（%） | 占比（%） | 指数 | 金额 | 同比增长（%） | 占比（%） | 指数 |
| 2019 | 15632.19 | -26.89 | 10.26 | 523.85 | 14259.13 | -10.61 | 9.36 | 422.47 | 7.46 | -95.25 | 0.00 | 3.78 |
| 2020 | 12957.07 | -17.11 | 13.76 | 434.20 | 16875.48 | 18.35 | 17.92 | 499.99 | 31.23 | 318.63 | 0.03 | 15.83 |
| 2021 | 686.55 | -94.70 | 0.36 | 23.01 | 13782.39 | -18.33 | 7.18 | 408.35 | 53.00 | 69.71 | 0.03 | 26.86 |

| 年份 | 企业风险投资 | | | | 众筹 | | | | 开发资金 | | | |
|---|---|---|---|---|---|---|---|---|---|---|---|---|
| | 金额 | 同比增长（%） | 占比（%） | 指数 | 金额 | 同比增长（%） | 占比（%） | 指数 | 金额 | 同比增长（%） | 占比（%） | 指数 |
| 2005 | 13.00 | — | 0.74 | 0.50 | 0.00 | — | 0.00 | 0.00 | 109.16 | — | 6.25 | 4.14 |
| 2006 | 85.80 | 560.00 | 1.34 | 3.33 | 0.00 | 0 | 0.00 | 0.00 | 18.00 | -83.51 | 0.28 | 0.68 |
| 2007 | 80.50 | -6.18 | 0.25 | 3.12 | 0.00 | 0 | 0.00 | 0.00 | 79.37 | 340.94 | 0.25 | 3.01 |
| 2008 | 776.28 | 864.32 | 4.87 | 30.11 | 0.00 | 0 | 0.00 | 0.00 | 874.70 | 1002.05 | 5.49 | 33.14 |
| 2009 | 38.92 | -94.99 | 0.11 | 1.51 | 0.00 | 0 | 0.00 | 0.00 | 233.27 | -73.33 | 0.69 | 8.84 |
| 2010 | 287.63 | 639.03 | 0.81 | 11.16 | 0.00 | 0 | 0.00 | 0.00 | 350.54 | 50.27 | 0.99 | 13.28 |
| 2011 | 1191.50 | 314.25 | 2.94 | 46.22 | 0.00 | 0 | 0.00 | 0.00 | 1349.14 | 284.87 | 3.33 | 51.11 |
| 2012 | 2166.25 | 81.81 | 4.67 | 84.03 | 0.00 | 0 | 0.00 | 0.00 | 2230.54 | 65.33 | 4.81 | 84.50 |
| 2013 | 143.61 | -93.37 | 0.20 | 5.57 | 0.00 | 0 | 0.00 | 0.00 | 270.07 | -87.89 | 0.38 | 10.23 |
| 2014 | 1010.52 | 603.66 | 0.97 | 39.20 | 0.00 | 0 | 0.00 | 0.00 | 3252.16 | 1104.19 | 3.12 | 123.20 |
| 2015 | 8377.17 | 729.00 | 4.09 | 324.97 | 2.00 | 0 | 0.00 | 500.00 | 6097.10 | 87.48 | 2.98 | 230.97 |
| 2016 | 15972.42 | 90.67 | 7.63 | 619.61 | 0.00 | -100.00 | 0.00 | 0.00 | 7987.79 | 31.01 | 3.82 | 302.59 |
| 2017 | 9828.96 | -38.46 | 5.69 | 381.29 | 0.00 | 0 | 0.00 | 0.00 | 4189.58 | -47.55 | 2.42 | 158.71 |
| 2018 | 20409.88 | 107.65 | 10.93 | 791.75 | 0.00 | 0 | 0.00 | 0.00 | 8861.20 | 111.51 | 4.75 | 335.68 |
| 2019 | 20421.62 | 0.06 | 13.40 | 792.21 | 1.69 | 0 | 0.00 | 422.50 | 8651.76 | -2.36 | 5.68 | 327.74 |
| 2020 | 4237.63 | -79.25 | 4.50 | 164.39 | 0.00 | -100.00 | 0.00 | 0.00 | 1940.55 | -77.57 | 2.06 | 73.51 |
| 2021 | 19640.10 | 363.47 | 10.23 | 761.89 | 1.82 | 0 | 0.00 | 455.00 | 5656.06 | 191.47 | 2.95 | 214.26 |

续表

| 年份 | 开发资金—第1轮-第8轮 | | | | 开发资金—种子轮 | | | | 家族办公室 | | | |
|---|---|---|---|---|---|---|---|---|---|---|---|---|
| | 金额 | 同比增长（%） | 占比（%） | 指数 | 金额 | 同比增长（%） | 占比（%） | 指数 | 金额 | 同比增长（%） | 占比（%） | 指数 |
| 2005 | 51.00 | — | 2.92 | 4.12 | 0.00 | — | 0.00 | 0.00 | 0.00 | — | 0.00 | 0.00 |
| 2006 | 159.30 | 212.35 | 2.49 | 12.87 | 0.00 | 0 | 0.00 | 0.00 | 0.00 | 0 | 0.00 | 0.00 |
| 2007 | 181.20 | 13.75 | 0.56 | 14.64 | 15.00 | 0 | 0.05 | 94.00 | 0.00 | 0 | 0.00 | 0.00 |
| 2008 | 231.78 | 27.91 | 1.45 | 18.72 | 0.00 | -100.00 | 0.00 | 0.00 | 0.00 | 0 | 0.00 | 0.00 |
| 2009 | 167.32 | -27.81 | 0.49 | 13.52 | 0.00 | 0 | 0.00 | 0.00 | 0.00 | 0 | 0.00 | 0.00 |
| 2010 | 279.45 | 67.02 | 0.79 | 22.58 | 0.00 | 0 | 0.00 | 0.00 | 0.00 | 0 | 0.00 | 0.00 |
| 2011 | 364.70 | 30.51 | 0.90 | 29.46 | 1.00 | 0 | 0.00 | 6.27 | 0.00 | 0 | 0.00 | 0.00 |
| 2012 | 238.50 | -34.60 | 0.51 | 19.27 | 1.55 | 55.00 | 0.00 | 9.71 | 498.59 | 0 | 1.07 | 227.84 |
| 2013 | 382.37 | 60.32 | 0.53 | 30.89 | 7.97 | 414.19 | 0.01 | 49.94 | 498.59 | 0.00 | 0.70 | 227.84 |
| 2014 | 1347.66 | 252.45 | 1.29 | 108.87 | 22.59 | 183.44 | 0.02 | 141.56 | 0.00 | -100.00 | 0.00 | 0.00 |
| 2015 | 3856.06 | 186.13 | 1.88 | 311.51 | 46.68 | 106.64 | 0.02 | 292.52 | 97.00 | 0 | 0.05 | 44.33 |
| 2016 | 10203.34 | 164.61 | 4.87 | 824.27 | 80.85 | 73.20 | 0.04 | 506.64 | 42.00 | -56.70 | 0.02 | 19.19 |
| 2017 | 7489.67 | -26.60 | 4.33 | 605.05 | 34.40 | -57.45 | 0.02 | 215.57 | 28.00 | -33.33 | 0.02 | 12.79 |
| 2018 | 14265.55 | 90.47 | 7.64 | 1152.44 | 232.26 | 575.17 | 0.12 | 1455.45 | 246.19 | 779.25 | 0.13 | 112.50 |
| 2019 | 15188.42 | 6.47 | 9.97 | 1226.99 | 76.12 | -67.23 | 0.05 | 477.00 | 1595.81 | 548.20 | 1.05 | 729.23 |
| 2020 | 5216.13 | -65.66 | 5.54 | 421.38 | 77.32 | 1.58 | 0.08 | 484.52 | 498.34 | -68.77 | 0.53 | 227.72 |
| 2021 | 19124.11 | 266.63 | 9.96 | 1544.94 | 213.93 | 176.68 | 0.11 | 1340.58 | 2279.27 | 357.37 | 1.19 | 1041.54 |

| 年份 | 对冲基金 | | | | 杠杆 | | | | 杠杆收购 | | | |
|---|---|---|---|---|---|---|---|---|---|---|---|---|
| | 金额 | 同比增长（%） | 占比（%） | 指数 | 金额 | 同比增长（%） | 占比（%） | 指数 | 金额 | 同比增长（%） | 占比（%） | 指数 |
| 2005 | 0.00 | — | 0.00 | 0.00 | 0.00 | — | 0.00 | 0.00 | 0.00 | — | 0.00 | 0.00 |
| 2006 | 0.00 | 0 | 0.00 | 0.00 | 0.00 | 0 | 0.00 | 0.00 | 0.00 | 0 | 0.00 | 0.00 |
| 2007 | 0.00 | 0 | 0.00 | 0.00 | 0.00 | 0 | 0.00 | 0.00 | 0.00 | 0 | 0.00 | 0.00 |
| 2008 | 0.00 | 0 | 0.00 | 0.00 | 0.00 | 0 | 0.00 | 0.00 | 0.00 | 0 | 0.00 | 0.00 |
| 2009 | 0.00 | 0 | 0.00 | 0.00 | 0.00 | 0 | 0.00 | 0.00 | 0.00 | 0 | 0.00 | 0.00 |
| 2010 | 0.00 | 0 | 0.00 | 0.00 | 0.00 | 0 | 0.00 | 0.00 | 0.00 | 0 | 0.00 | 0.00 |

续表

| 年份 | 对冲基金 | | | | 杠杆 | | | | 杠杆收购 | | | |
|---|---|---|---|---|---|---|---|---|---|---|---|---|
| | 金额 | 同比增长（%） | 占比（%） | 指数 | 金额 | 同比增长（%） | 占比（%） | 指数 | 金额 | 同比增长（%） | 占比（%） | 指数 |
| 2011 | 0.00 | 0 | 0.00 | 0.00 | 0.00 | 0 | 0.00 | 0.00 | 0.00 | 0 | 0.00 | 0.00 |
| 2012 | 0.00 | 0 | 0.00 | 0.00 | 0.00 | 0 | 0.00 | 0.00 | 0.00 | 0 | 0.00 | 0.00 |
| 2013 | 0.00 | 0 | 0.00 | 0.00 | 0.00 | 0 | 0.00 | 0.00 | 0.00 | 0 | 0.00 | 0.00 |
| 2014 | 0.00 | 0 | 0.00 | 0.00 | 0.00 | 0 | 0.00 | 0.00 | 2643.30 | 0 | 2.53 | 46.95 |
| 2015 | 97.00 | 0 | 0.05 | 500.00 | 1800.00 | 0 | 0.88 | 500.00 | 25509.02 | 865.04 | 12.45 | 453.05 |
| 2016 | 0.00 | -100.00 | 0.00 | 0.00 | 12739.11 | 607.73 | 6.09 | 3538.64 | 3449.06 | -86.48 | 1.65 | 61.26 |
| 2017 | 67.00 | 0 | 0.04 | 345.36 | 15835.40 | 24.31 | 9.16 | 4398.72 | 4252.55 | 23.30 | 2.46 | 75.53 |
| 2018 | 563.13 | 740.49 | 0.30 | 2902.73 | 4694.65 | -70.35 | 2.51 | 1304.07 | 1238.29 | -70.88 | 0.66 | 21.99 |
| 2019 | 539.00 | -4.28 | 0.35 | 2778.35 | 1825.67 | -61.11 | 1.20 | 507.13 | 944.07 | -23.76 | 0.62 | 16.77 |
| 2020 | 2056.50 | 281.54 | 2.18 | 10600.52 | 3401.00 | 86.29 | 3.61 | 944.72 | 0.00 | -100.00 | 0.00 | 0.00 |
| 2021 | 5429.94 | 164.04 | 2.83 | 27989.38 | 5688.44 | 67.26 | 2.96 | 1580.12 | 4226.40 | 0 | 2.20 | 75.06 |

| 年份 | 夹层融资 | | | | 新银行信贷便利 | | | | 通道融资 | | | |
|---|---|---|---|---|---|---|---|---|---|---|---|---|
| | 金额 | 同比增长（%） | 占比（%） | 指数 | 金额 | 同比增长（%） | 占比（%） | 指数 | 金额 | 同比增长（%） | 占比（%） | 指数 |
| 2005 | 0.00 | — | 0.00 | 0.00 | 0.00 | — | 0.00 | 0.00 | 19.40 | — | 1.11 | 0.66 |
| 2006 | 0.00 | 0 | 0.00 | 0.00 | 0.00 | 0 | 0.00 | 0.00 | 18.05 | -6.96 | 0.28 | 0.62 |
| 2007 | 0.00 | 0 | 0.00 | 0.00 | 237.65 | 0 | 0.74 | 1.79 | 8.80 | -51.25 | 0.03 | 0.30 |
| 2008 | 0.00 | 0 | 0.00 | 0.00 | 1208.29 | 408.43 | 7.58 | 9.11 | 9.16 | 4.09 | 0.06 | 0.31 |
| 2009 | 0.00 | 0 | 0.00 | 0.00 | 3827.03 | 216.73 | 11.28 | 28.87 | 4229.88 | 46077.73 | 12.47 | 144.17 |
| 2010 | 0.00 | 0 | 0.00 | 0.00 | 201.29 | -94.74 | 0.57 | 1.52 | 8.14 | -99.81 | 0.02 | 0.28 |
| 2011 | 0.00 | 0 | 0.00 | 0.00 | 6625.06 | 3191.30 | 16.33 | 49.97 | 154.22 | 1794.59 | 0.38 | 5.26 |
| 2012 | 0.00 | 0 | 0.00 | 0.00 | 762.81 | -88.49 | 1.64 | 5.75 | 34.65 | -77.53 | 0.07 | 1.18 |
| 2013 | 316.61 | 0 | 0.44 | 500.00 | 14905.03 | 1853.96 | 20.78 | 112.42 | 3489.73 | 9971.37 | 4.86 | 118.94 |
| 2014 | 0.00 | -100.00 | 0.00 | 0.00 | 15669.44 | 5.13 | 15.01 | 118.19 | 7536.50 | 115.96 | 7.22 | 256.87 |
| 2015 | 0.00 | 0 | 0.00 | 0.00 | 28326.63 | 80.78 | 13.82 | 213.66 | 3454.74 | -54.16 | 1.69 | 117.75 |
| 2016 | 0.00 | 0 | 0.00 | 0.00 | 16987.46 | -40.03 | 8.12 | 128.13 | 832.56 | -75.90 | 0.40 | 28.38 |
| 2017 | 0.00 | 0 | 0.00 | 0.00 | 20258.21 | 19.25 | 11.72 | 152.80 | 2250.63 | 170.33 | 1.30 | 76.71 |
| 2018 | 0.00 | 0 | 0.00 | 0.00 | 5937.24 | -70.69 | 3.18 | 44.78 | 1427.93 | -36.55 | 0.76 | 48.67 |
| 2019 | 0.00 | 0 | 0.00 | 0.00 | 2769.74 | -53.35 | 1.82 | 20.89 | 218.62 | -84.69 | 0.14 | 7.45 |
| 2020 | 0.00 | 0 | 0.00 | 0.00 | 3677.67 | 32.78 | 3.90 | 27.74 | 433.48 | 98.28 | 0.46 | 14.77 |
| 2021 | 0.00 | 0 | 0.00 | 0.00 | 10162.84 | 176.34 | 5.29 | 76.66 | 1825.57 | 321.14 | 0.95 | 62.22 |

续表

| 年份 | 增资—配售 | | | | 私募股权 | | | | 增资—私人配售 | | | |
|---|---|---|---|---|---|---|---|---|---|---|---|---|
| | 金额 | 同比增长（%） | 占比（%） | 指数 | 金额 | 同比增长（%） | 占比（%） | 指数 | 金额 | 同比增长（%） | 占比（%） | 指数 |
| 2005 | 7.18 | — | 0.41 | 6.23 | 146.16 | — | 8.37 | 0.40 | 1314.69 | — | 75.27 | 9.94 |
| 2006 | 14.97 | 108.50 | 0.23 | 12.98 | 2373.36 | 1523.81 | 37.11 | 6.49 | 402.71 | -69.37 | 6.30 | 3.04 |
| 2007 | 224.14 | 1397.26 | 0.70 | 194.37 | 2718.48 | 14.54 | 8.45 | 7.44 | 19438.85 | 4727.01 | 60.43 | 146.93 |
| 2008 | 636.19 | 183.84 | 3.99 | 551.70 | 2021.37 | -25.64 | 12.68 | 5.53 | 7085.88 | -63.55 | 44.44 | 53.56 |
| 2009 | 7.02 | -98.90 | 0.02 | 6.09 | 2493.40 | 23.35 | 7.35 | 6.82 | 11146.76 | 57.31 | 32.87 | 84.25 |
| 2010 | 1633.13 | 23163.96 | 4.60 | 1416.25 | 4956.74 | 98.79 | 13.97 | 13.56 | 15358.54 | 37.78 | 43.29 | 116.09 |
| 2011 | 2.58 | -99.84 | 0.01 | 2.24 | 9029.78 | 82.17 | 22.26 | 24.70 | 13392.40 | -12.80 | 33.01 | 101.23 |
| 2012 | 145.04 | 5521.71 | 0.31 | 125.78 | 23348.54 | 158.57 | 50.32 | 63.86 | 10430.70 | -22.11 | 22.48 | 78.84 |
| 2013 | 28.75 | -80.18 | 0.04 | 24.93 | 28373.87 | 21.52 | 39.55 | 77.60 | 7664.36 | -26.52 | 10.68 | 57.93 |
| 2014 | 240.21 | 735.51 | 0.23 | 208.31 | 42133.67 | 48.49 | 40.36 | 115.24 | 15190.32 | 98.19 | 14.55 | 114.82 |
| 2015 | 159.99 | -33.40 | 0.08 | 138.74 | 79925.67 | 89.70 | 39.00 | 218.60 | 19472.18 | 28.19 | 9.50 | 147.18 |
| 2016 | 791.09 | 394.46 | 0.38 | 686.03 | 77591.23 | -2.92 | 37.07 | 212.22 | 16321.42 | -16.18 | 7.80 | 123.37 |
| 2017 | 376.82 | -52.37 | 0.22 | 326.78 | 48520.29 | -37.47 | 28.08 | 132.71 | 15176.27 | -7.02 | 8.78 | 114.71 |
| 2018 | 815.48 | 116.41 | 0.44 | 707.18 | 53627.71 | 10.53 | 28.72 | 146.67 | 12493.54 | -17.68 | 6.69 | 94.43 |
| 2019 | 101.14 | -87.60 | 0.07 | 87.71 | 43226.43 | -19.40 | 28.36 | 118.23 | 8743.41 | -30.02 | 5.74 | 66.09 |
| 2020 | 256.81 | 153.92 | 0.27 | 222.70 | 17164.65 | -60.29 | 18.23 | 46.95 | 3924.58 | -55.11 | 4.17 | 29.66 |
| 2021 | 198.59 | -22.67 | 0.10 | 172.22 | 68919.70 | 301.52 | 35.91 | 188.50 | 9726.69 | 147.84 | 5.07 | 73.52 |

| 年份 | 增资—公募 | | | | 增资—新股发行 | | | |
|---|---|---|---|---|---|---|---|---|
| | 金额 | 同比增长（%） | 占比（%） | 指数 | 金额 | 同比增长（%） | 占比（%） | 指数 |
| 2005 | 0.00 | — | 0.00 | 0.00 | 0.00 | — | 0.00 | 0.00 |
| 2006 | 0.00 | 0 | 0.00 | 0.00 | 20.00 | 0 | 0.31 | 1.80 |
| 2007 | 0.00 | 0 | 0.00 | 0.00 | 0.00 | -100.00 | 0.00 | 0.00 |
| 2008 | 430.36 | 0 | 2.70 | 63.39 | 20.00 | 0 | 0.13 | 1.80 |
| 2009 | 5524.70 | 1183.74 | 16.29 | 813.75 | 262.87 | 1214.35 | 0.78 | 23.60 |
| 2010 | 430.36 | -92.21 | 1.21 | 63.39 | 0.00 | -100.00 | 0.00 | 0.00 |
| 2011 | 10.94 | -97.46 | 0.03 | 1.61 | 160.15 | 0 | 0.39 | 14.38 |
| 2012 | 0.00 | -100.00 | 0.00 | 0.00 | 0.00 | -100.00 | 0.00 | 0.00 |
| 2013 | 3281.71 | 0 | 4.57 | 483.37 | 2723.77 | 0 | 3.80 | 244.52 |
| 2014 | 0.00 | -100.00 | 0.00 | 0.00 | 2685.64 | -1.40 | 2.57 | 241.10 |
| 2015 | 101.93 | 0 | 0.05 | 15.01 | 0.00 | -100.00 | 0.00 | 0.00 |

续表

| 年份 | 增资—公募 | | | | 增资—新股发行 | | | |
|---|---|---|---|---|---|---|---|---|
| | 金额 | 同比增长（%） | 占比（%） | 指数 | 金额 | 同比增长（%） | 占比（%） | 指数 |
| 2016 | 0.00 | -100.00 | 0.00 | 0.00 | 86.90 | 0 | 0.04 | 7.80 |
| 2017 | 7.56 | 0 | 0.00 | 1.11 | 270.79 | 211.61 | 0.16 | 24.31 |
| 2018 | 189.33 | 2404.37 | 0.10 | 27.89 | 0.00 | -100.00 | 0.00 | 0.00 |
| 2019 | 0.00 | -100.00 | 0.00 | 0.00 | 0.00 | 0 | 0.00 | 0.00 |
| 2020 | 0.00 | 0 | 0.00 | 0.00 | 0.00 | 0 | 0.00 | 0.00 |
| 2021 | 28.13 | 0 | 0.01 | 4.14 | 0.00 | 0 | 0.00 | 0.00 |

| 年份 | 风险资本 | | | | 小计 | | | |
|---|---|---|---|---|---|---|---|---|
| | 金额 | 同比增长（%） | 占比（%） | 指数 | 金额 | 同比增长（%） | 占比（%） | 指数 |
| 2005 | 16.00 | — | 0.92 | 1.85 | 1746.59 | — | 100.00 | 1.87 |
| 2006 | 128.50 | 703.13 | 2.01 | 14.84 | 6395.39 | 266.16 | 100.00 | 6.83 |
| 2007 | 218.07 | 69.70 | 0.68 | 25.19 | 32166.89 | 402.97 | 100.00 | 34.36 |
| 2008 | 96.00 | -55.98 | 0.60 | 11.09 | 15944.36 | -50.43 | 100.00 | 17.03 |
| 2009 | 107.19 | 11.66 | 0.32 | 12.38 | 33915.97 | 112.71 | 100.00 | 36.23 |
| 2010 | 256.50 | 139.29 | 0.72 | 29.63 | 35478.42 | 4.61 | 100.00 | 37.90 |
| 2011 | 346.84 | 35.22 | 0.85 | 40.07 | 40573.11 | 14.36 | 100.00 | 43.34 |
| 2012 | 273.29 | -21.21 | 0.59 | 31.57 | 46404.39 | 14.37 | 100.00 | 49.57 |
| 2013 | 392.24 | 43.53 | 0.55 | 45.31 | 71739.42 | 54.60 | 100.00 | 76.64 |
| 2014 | 1456.42 | 271.31 | 1.40 | 168.24 | 104388.60 | 45.51 | 100.00 | 111.52 |
| 2015 | 1859.55 | 27.68 | 0.91 | 214.81 | 204926.33 | 96.31 | 100.00 | 218.92 |
| 2016 | 1392.60 | -25.11 | 0.67 | 160.87 | 209324.11 | 2.15 | 100.00 | 223.62 |
| 2017 | 2558.55 | 83.72 | 1.48 | 295.56 | 172816.58 | -17.44 | 100.00 | 184.62 |
| 2018 | 3767.38 | 47.25 | 2.02 | 435.20 | 186699.73 | 8.03 | 100.00 | 199.45 |
| 2019 | 2338.22 | -37.94 | 1.53 | 270.11 | 152404.07 | -18.37 | 100.00 | 162.81 |
| 2020 | 2545.25 | 8.85 | 2.70 | 294.02 | 94179.03 | -38.20 | 100.00 | 100.61 |
| 2021 | 6815.57 | 167.78 | 3.55 | 787.32 | 191939.28 | 103.80 | 100.00 | 205.05 |

注：存在重复统计的情况，处理方式和行业别统计一致。
数据来源：BvD-Zephyr

## 二、单一渠道融资和多种渠道融资的选择

表 3-5-4　2005—2021 年中国民营企业对外并购中单一渠道融资和多种渠道融资的汇总

| 渠道类型 | 融资模式 | 并购项目（件） | 并购金额（百万美元） | 并购金额涉及的并购项目（件） |
|---|---|---|---|---|
| 单一渠道融资 | 增资 | 107 | 11068.25 | 89 |
| | 增资—可转债 | 78 | 13624.33 | 76 |
| | 增资—卖方配售 | 212 | 103145.14 | 178 |
| | 注资 | 1 | 1152.03 | 1 |
| | 增资—发行可转债 | 24 | 9090.34 | 24 |
| | 家族办公室 | 5 | 1198.93 | 4 |
| | 新银行信贷便利 | 36 | 29668.96 | 33 |
| | 通道融资 | 1 | 200 | 1 |
| | 增资—配售 | 58 | 3119.67 | 56 |
| | 私募股权 | 295 | 335002.56 | 230 |
| | 增资—私人配售 | 1776 | 155243.88 | 1685 |
| | 增资—公募 | 2 | 35.69 | 2 |
| | 增资—新股发行 | 12 | 422.53 | 12 |
| | 总计 | 2607 | 662972.31 | 2391 |
| 多种融资渠道 | 天使投资+增资—发行可转债+开发资金—种子轮+风险资本 | 2 | 1.54 | 2 |
| | 天使投资+企业风险投资+开发资金+家族办公室+私募股权 | 1 | 55 | 1 |
| | 天使投资+企业风险投资+开发资金+家族办公室+风险资本 | 1 | 182.5 | 1 |
| | 天使投资+企业风险投资+开发资金+对冲基金+风险资本 | 1 | 12 | 1 |
| | 天使投资+企业风险投资+开发资金+私募股权 | 15 | 490.83 | 14 |
| | 天使投资+企业风险投资+开发资金+风险资本 | 29 | 949.86 | 27 |
| | 天使投资+企业风险投资+开发资金—第 1 轮-第 8 轮+家族办公室+私募股权 | 1 | 18 | 1 |

续表

| 渠道类型 | 融资模式 | 并购项目（件） | 并购金额（百万美元） | 并购金额涉及的并购项目（件） |
|---|---|---|---|---|
| 多种融资渠道 | 天使投资+企业风险投资+开发资金—第1轮-第8轮+家族办公室+风险资本 | 3 | 116.75 | 3 |
| | 天使投资+企业风险投资+开发资金—第1轮-第8轮+对冲基金+私募股权 | 3 | 1062 | 3 |
| | 天使投资+企业风险投资+开发资金—第1轮-第8轮+对冲基金+风险资本 | 2 | 168 | 2 |
| | 天使投资+企业风险投资+开发资金—第1轮-第8轮+私募股权 | 27 | 1594.45 | 25 |
| | 天使投资+企业风险投资+开发资金—第1轮-第8轮+风险资本 | 49 | 1170.86 | 46 |
| | 天使投资+企业风险投资+开发资金—种子轮+家族办公室+风险资本 | 2 | 11.8 | 2 |
| | 天使投资+企业风险投资+开发资金—种子轮+对冲基金+风险资本 | 1 | 6.8 | 1 |
| | 天使投资+企业风险投资+开发资金—种子轮+私募股权 | 1 | 6.5 | 1 |
| | 天使投资+企业风险投资+开发资金—种子轮+风险资本 | 24 | 91.07 | 23 |
| | 天使投资+众筹+开发资金+风险资本 | 2 | 3.51 | 2 |
| | 天使投资+众筹+开发资金—种子轮+风险资本 | 1 | 2 | 1 |
| | 天使投资+开发资金+私募股权 | 13 | 238.68 | 11 |
| | 天使投资+开发资金+风险资本 | 38 | 408.19 | 29 |
| | 天使投资+开发资金—第1轮-第8轮+家族办公室+风险资本 | 1 | 6.39 | 1 |
| | 天使投资+开发资金—第1轮-第8轮+对冲基金+私募股权 | 1 | 150 | 1 |
| | 天使投资+开发资金—第1轮-第8轮+私募股权 | 15 | 570.85 | 15 |
| | 天使投资+开发资金—第1轮-第8轮+风险资本 | 41 | 680.14 | 38 |
| | 天使投资+开发资金—种子轮+私募股权 | 2 | 6.3 | 2 |
| | 天使投资+开发资金—种子轮+风险资本 | 73 | 221.15 | 65 |
| | 增资+增资—可转债+注资 | 4 | 202.95 | 4 |
| | 增资+注资 | 1889 | 99268.55 | 1876 |

续表

| 渠道类型 | 融资模式 | 并购项目（件） | 并购金额（百万美元） | 并购金额涉及的并购项目（件） |
|---|---|---|---|---|
| 多种融资渠道 | 增资+注资+杠杆+新银行信贷便利 | 5 | 353.77 | 5 |
| | 增资+注资+杠杆收购+新银行信贷便利 | 2 | 136 | 2 |
| | 增资+注资+新银行信贷便利 | 1 | 80.08 | 1 |
| | 增资+注资+私募股权 | 6 | 1248.17 | 6 |
| | 增资+注资+增资—私人配售 | 2 | 160 | 2 |
| | 增资+开发资金—种子轮+风险资本 | 1 | 10 | 1 |
| | 增资+通道融资 | 1 | 12.57 | 1 |
| | 增资+增资—配售+增资—公募 | 1 | 101.93 | 1 |
| | 增资+增资—配售+增资—新股发行 | 1 | 266.45 | 1 |
| | 增资+私募股权 | 1 | 350 | 1 |
| | 增资+增资—私人配售 | 11 | 445.16 | 11 |
| | 增资—可转债+注资 | 7 | 2963.8 | 7 |
| | 增资—可转债+企业风险投资+开发资金—第1轮-第8轮+对冲基金+私募股权 | 1 | 130 | 1 |
| | 增资—可转债+开发资金+风险资本 | 1 | 7 | 1 |
| | 增资—可转债+对冲基金 | 1 | 19.64 | 1 |
| | 增资—可转债+通道融资 | 1 | 8.65 | 1 |
| | 增资—可转债+私募股权 | 1 | 1221.4 | 1 |
| | 增资—可转债+增资—私人配售 | 3 | 230.13 | 3 |
| | 增资—卖方配售+杠杆+新银行信贷便利+私募股权 | 1 | 188.46 | 1 |
| | 注资+增资—配售 | 2 | 70 | 2 |
| | 注资+增资—私人配售 | 35 | 2427.16 | 31 |
| | 增资—发行可转债+企业风险投资+开发资金+私募股权 | 3 | 105.9 | 3 |
| | 增资—发行可转债+开发资金+私募股权 | 3 | 34 | 2 |
| | 增资—发行可转债+开发资金+风险资本 | 3 | 30 | 2 |
| | 增资—发行可转债+通道融资 | 2 | 211.94 | 2 |

续表

| 渠道类型 | 融资模式 | 并购项目（件） | 并购金额（百万美元） | 并购金额涉及的并购项目（件） |
|---|---|---|---|---|
| 多种融资渠道 | 增资—发行可转债+通道融资+增资—私人配售 | 6 | 116.33 | 6 |
| | 增资—发行可转债+私募股权 | 2 | 2200.1 | 2 |
| | 增资—发行可转债+私募股权+增资—私人配售 | 1 | 12 | 1 |
| | 增资—发行可转债+增资—私人配售 | 8 | 207.37 | 8 |
| | 企业风险投资+开发资金+家族办公室+私募股权 | 4 | 454.07 | 4 |
| | 企业风险投资+开发资金+对冲基金+私募股权 | 2 | 685 | 2 |
| | 企业风险投资+开发资金+私募股权 | 104 | 37294.98 | 89 |
| | 企业风险投资+开发资金+风险资本 | 86 | 2385.78 | 67 |
| | 企业风险投资+开发资金—第1轮-第8轮 | 1 | 1 | 1 |
| | 企业风险投资+开发资金—第1轮-第8轮+家族办公室+对冲基金+风险资本 | 2 | 157.5 | 2 |
| | 企业风险投资+开发资金—第1轮-第8轮+家族办公室+私募股权 | 5 | 1056.54 | 4 |
| | 企业风险投资+开发资金—第1轮-第8轮+家族办公室+风险资本 | 4 | 79.5 | 4 |
| | 企业风险投资+开发资金—第1轮-第8轮+对冲基金+私募股权 | 12 | 3090.13 | 12 |
| | 企业风险投资+开发资金—第1轮-第8轮+对冲基金+风险资本 | 8 | 996 | 8 |
| | 企业风险投资+开发资金—第1轮-第8轮+新银行信贷便利+风险资本 | 2 | 8.6 | 2 |
| | 企业风险投资+开发资金—第1轮-第8轮+私募股权 | 199 | 44420.31 | 189 |
| | 企业风险投资+开发资金—第1轮-第8轮+风险资本 | 192 | 7354.83 | 174 |
| | 企业风险投资+开发资金—种子轮+风险资本 | 37 | 269.6 | 34 |
| | 企业风险投资+私募股权 | 1 | 55.63 | 1 |
| | 企业风险投资+私募股权+增资—私人配售 | 1 | 200 | 1 |
| | 开发资金+家族办公室+私募股权 | 1 | 200 | 1 |
| | 开发资金+对冲基金+风险资本 | 1 | 550.5 | 1 |
| | 开发资金+新银行信贷便利+私募股权 | 2 | 276.67 | 2 |

续表

| 渠道类型 | 融资模式 | 并购项目（件） | 并购金额（百万美元） | 并购金额涉及的并购项目（件） |
|---|---|---|---|---|
| 多种融资渠道 | 开发资金+私募股权 | 118 | 6397.23 | 90 |
| | 开发资金+风险资本 | 103 | 1389.29 | 70 |
| | 开发资金—第1轮-第8轮+家族办公室+对冲基金+私募股权 | 1 | 172 | 1 |
| | 开发资金—第1轮-第8轮+家族办公室+对冲基金+风险资本 | 3 | 342 | 3 |
| | 开发资金—第1轮-第8轮+家族办公室+私募股权 | 3 | 166 | 2 |
| | 开发资金—第1轮-第8轮+家族办公室+风险资本 | 6 | 224 | 6 |
| | 开发资金—第1轮-第8轮+对冲基金+私募股权 | 5 | 389 | 5 |
| | 开发资金—第1轮-第8轮+对冲基金+风险资本 | 5 | 701 | 5 |
| | 开发资金—第1轮-第8轮+私募股权 | 154 | 8066.61 | 134 |
| | 开发资金—第1轮-第8轮+风险资本 | 228 | 5854.1 | 197 |
| | 开发资金—种子轮+私募股权 | 2 | 7 | 1 |
| | 开发资金—种子轮+风险资本 | 77 | 175.91 | 51 |
| | 家族办公室+通道融资+增资—私人配售 | 2 | 225 | 2 |
| | 家族办公室+私募股权 | 1 | 1117.81 | 1 |
| | 对冲基金+通道融资+增资—私人配售 | 2 | 121 | 2 |
| | 杠杆+新银行信贷便利 | 31 | 38986.44 | 30 |
| | 杠杆+新银行信贷便利+私募股权 | 4 | 6455.6 | 4 |
| | 杠杆收购+夹层融资+新银行信贷便利+私募股权 | 1 | 0 | — |
| | 杠杆收购+新银行信贷便利 | 10 | 4283.9 | 10 |
| | 杠杆收购+新银行信贷便利+私募股权 | 19 | 37842.79 | 17 |
| | 夹层融资+私募股权 | 1 | 316.61 | 1 |
| | 新银行信贷便利+私募股权 | 9 | 11043.07 | 8 |
| | 新银行信贷便利+增资—公募 | 1 | 2232.05 | 1 |
| | 通道融资+增资—配售 | 3 | 430.98 | 3 |
| | 通道融资+私募股权+增资—私人配售 | 1 | 18.05 | 1 |

续表

| 渠道类型 | 融资模式 | 并购项目（件） | 并购金额（百万美元） | 并购金额涉及的并购项目（件） |
|---|---|---|---|---|
| 多种融资渠道 | 通道融资+增资—私人配售 | 74 | 18044. 12 | 73 |
| | 通道融资+增资—公募 | 2 | 6563. 42 | 2 |
| | 增资—配售+私募股权 | 2 | 106. 08 | 2 |
| | 增资—配售+增资—私人配售 | 26 | 1354. 69 | 25 |
| | 增资—配售+增资—公募 | 1 | 189. 33 | 1 |
| | 私募股权+增资—私人配售 | 6 | 2054. 67 | 6 |
| | 增资—私人配售+增资—公募 | 4 | 882. 6 | 4 |
| | 增资—私人配售+增资—新股发行 | 9 | 5541. 14 | 9 |
| | 总计 | 3933 | 382274. 81 | 3670 |

2005 年至 2021 年中国民营企业通过各种渠道融资的并购对外直接投资整体呈现增长趋势。通过各种渠道融资的并购对外直接投资项目数量从 2005 年的 55 件增长到 2021 年的 1397 件，金额从 2005 年的 17. 47 亿美元增长到 2021 年的 1919. 39 亿美元。其中，2021 年，中国民营企业通过各种渠道融资的并购 OFDI 项目数量为 1397 件，同比上升 17. 49%；通过各种渠道融资并购 OFDI 金额为 1919. 39 亿美元，同比上升 103. 80%。

通过进一步地展开分析，可以发现很多特点，以下列举其中四个特点：第一，从 OFDI 项目数量看，在民营企业跨国并购的融资渠道方面，单一渠道和多种渠道的使用上并没有太大的偏向性，单一渠道的为 2607 件并购项目，多种渠道的为 3933 件并购案件（涉及年份的重复统计，处理方式和本书前文一致）。第二，从并购 OFDI 项目金额看，在 2005 年至 2021 年间，我国民营企业对外并购直接投资活动主要集中在单一渠道融资，累计对外直接投资项目金额为 6629. 72 亿美元，占比 63. 43%；其次是多种渠道融资，累计对外直接投资项目金额为 3822. 75 亿美元，占比 36. 57%。第三，流向多种渠道融资中的“杠杆+新银行信贷便利”的并购

OFDI 在 2005 年至 2021 年 17 年间民营企业对外直接投资项目金额波动程度最大。第四，流向单一渠道融资的增资—私人配售的 OFDI 数量在 2006 年出现最显著的缩减，从 20 件缩减到 0 件。流向多种渠道融资的“杠杆+新银行信贷便利”的 OFDI 金额在 2016 年出现最显著的增长，从 0 亿美元增长到 92.73 亿美元。

**表 3-5-5　2005—2021 年中国民营企业对外并购投资中单一渠道融资的数量分布**

（单位：件、%）

| 年份 | 天使投资 | | | | 增资 | | | | 增资—可转债 | | | |
|---|---|---|---|---|---|---|---|---|---|---|---|---|
| | 数量 | 同比增长（%） | 占比（%） | 指数 | 数量 | 同比增长（%） | 占比（%） | 指数 | 数量 | 同比增长（%） | 占比（%） | 指数 |
| 2005 | 0 | — | 0.00 | — | 2 | — | 6.45 | — | 4 | — | 12.90 | — |
| 2006 | 2 | — | 50.00 | — | 0 | -100.00 | 0.00 | — | 0 | -100.00 | 0.00 | — |
| 2007 | 0 | -100.00 | — | — | 0 | — | — | — | 0 | — | — | — |
| 2008 | 0 | — | — | — | 0 | — | — | — | 0 | — | — | — |
| 2009 | 0 | — | — | — | 0 | — | — | — | 0 | — | — | — |
| 2010 | 0 | — | — | — | 0 | — | — | — | 0 | — | — | — |
| 2011 | 0 | — | — | — | 0 | — | — | — | 0 | — | — | — |
| 2012 | 0 | — | 0.00 | — | 0 | — | 0.00 | — | 0 | — | 0.00 | — |
| 2013 | 0 | — | — | — | 0 | — | — | — | 0 | — | — | — |
| 2014 | 0 | — | — | — | 0 | — | — | — | 0 | — | — | — |
| 2015 | 0 | — | — | — | 0 | — | — | — | 0 | — | — | — |
| 2016 | 0 | — | — | — | 0 | — | — | — | 0 | — | — | — |
| 2017 | 0 | — | 0.00 | — | 0 | — | 0.00 | — | 0 | — | 0.00 | — |
| 2018 | 0 | — | — | — | 0 | — | — | — | 0 | — | — | — |
| 2019 | 0 | — | — | — | 0 | — | — | — | 0 | — | — | — |
| 2020 | 0 | — | 0.00 | — | 0 | — | 0.00 | — | 0 | — | 0.00 | — |
| 2021 | 0 | — | 0.00 | — | 0 | — | 0.00 | — | 0 | — | 0.00 | — |

续表

| 年份 | 增资—卖方配售 | | | | 注资 | | | | 增资—发行可转债 | | | |
|---|---|---|---|---|---|---|---|---|---|---|---|---|
| | 数量 | 同比增长（%） | 占比（%） | 指数 | 数量 | 同比增长（%） | 占比（%） | 指数 | 数量 | 同比增长（%） | 占比（%） | 指数 |
| 2005 | 0 | — | 0.00 | — | 1 | — | 3.23 | — | 0 | — | 0.00 | 0.00 |
| 2006 | 0 | — | 0.00 | — | 0 | -100.00 | 0.00 | — | 0 | — | 0.00 | 0.00 |
| 2007 | 0 | — | — | — | 0 | — | — | — | 0 | — | — | 0.00 |
| 2008 | 0 | — | — | — | 0 | — | — | — | 0 | — | — | 0.00 |
| 2009 | 0 | — | — | — | 0 | — | — | — | 0 | — | — | 0.00 |
| 2010 | 0 | — | — | — | 0 | — | — | — | 0 | — | — | 0.00 |
| 2011 | 0 | — | — | — | 0 | — | — | — | 0 | — | — | 0.00 |
| 2012 | 0 | — | 0.00 | — | 0 | — | 0.00 | — | 1 | — | 100.00 | 500.00 |
| 2013 | 0 | — | — | — | 0 | — | — | — | 0 | -100.00 | — | 0.00 |
| 2014 | 0 | — | — | — | 0 | — | — | — | 0 | — | — | 0.00 |
| 2015 | 0 | — | — | — | 0 | — | — | — | 0 | — | — | 0.00 |
| 2016 | 0 | — | — | — | 0 | — | — | — | 0 | — | — | 0.00 |
| 2017 | 0 | — | 0.00 | — | 0 | — | 0.00 | — | 0 | — | 0.00 | 0.00 |
| 2018 | 0 | — | — | — | 0 | — | — | — | 0 | — | — | 0.00 |
| 2019 | 0 | — | — | — | 0 | — | — | — | 0 | — | — | 0.00 |
| 2020 | 1 | — | 100.00 | — | 0 | — | 0.00 | — | 0 | — | 0.00 | 0.00 |
| 2021 | 0 | -100.00 | 0.00 | — | 0 | — | 0.00 | — | 0 | — | 0.00 | 0.00 |

| 年份 | 家族办公室 | | | | 新银行信贷便利 | | | | 通道融资 | | | |
|---|---|---|---|---|---|---|---|---|---|---|---|---|
| | 数量 | 同比增长（%） | 占比（%） | 指数 | 数量 | 同比增长（%） | 占比（%） | 指数 | 数量 | 同比增长（%） | 占比（%） | 指数 |
| 2005 | 0 | — | 0.00 | 0.00 | 0 | — | 0.00 | — | 0 | — | 0.00 | — |
| 2006 | 0 | — | 0.00 | 0.00 | 1 | — | 25.00 | — | 0 | — | 0.00 | — |
| 2007 | 0 | — | — | 0.00 | 0 | -100.00 | — | — | 0 | — | — | — |
| 2008 | 0 | — | — | 0.00 | 0 | — | — | — | 0 | — | — | — |
| 2009 | 0 | — | — | 0.00 | 0 | — | — | — | 0 | — | — | — |
| 2010 | 0 | — | — | 0.00 | 0 | — | — | — | 0 | — | — | — |

续表

| 年份 | 家族办公室 | | | | 新银行信贷便利 | | | | 通道融资 | | | |
|---|---|---|---|---|---|---|---|---|---|---|---|---|
| | 数量 | 同比增长（%） | 占比（%） | 指数 | 数量 | 同比增长（%） | 占比（%） | 指数 | 数量 | 同比增长（%） | 占比（%） | 指数 |
| 2011 | 0 | — | — | 0.00 | 0 | — | — | — | 0 | — | — | — |
| 2012 | 1 | — | 100.00 | 500.00 | 0 | — | 0.00 | — | 0 | — | 0.00 | — |
| 2013 | 0 | -100.00 | — | 0.00 | 0 | — | — | — | 0 | — | — | — |
| 2014 | 0 | — | — | 0.00 | 0 | — | — | — | 0 | — | — | — |
| 2015 | 0 | — | — | 0.00 | 0 | — | — | — | 0 | — | — | — |
| 2016 | 0 | — | — | 0.00 | 0 | — | — | — | 0 | — | — | — |
| 2017 | 0 | — | 0.00 | 0.00 | 0 | — | 0.00 | — | 0 | — | 0.00 | — |
| 2018 | 0 | — | — | 0.00 | 0 | — | — | — | 0 | — | — | — |
| 2019 | 0 | — | — | 0.00 | 0 | — | — | — | 0 | — | — | — |
| 2020 | 0 | — | 0.00 | 0.00 | 0 | — | 0.00 | — | 0 | — | 0.00 | — |
| 2021 | 0 | — | 0.00 | 0.00 | 0 | — | 0.00 | — | 1 | — | 100.00 | — |

| 年份 | 增资—配售 | | | | 私募股权 | | | |
|---|---|---|---|---|---|---|---|---|
| | 数量 | 同比增长（%） | 占比（%） | 指数 | 数量 | 同比增长（%） | 占比（%） | 指数 |
| 2005 | 1 | — | 3.23 | — | 3 | — | 9.68 | — |
| 2006 | 0 | -100.00 | 0.00 | — | 0 | -100.00 | 0.00 | — |
| 2007 | 0 | — | — | — | 0 | — | — | — |
| 2008 | 0 | — | — | — | 0 | — | — | — |
| 2009 | 0 | — | — | — | 0 | — | — | — |
| 2010 | 0 | — | — | — | 0 | — | — | — |
| 2011 | 0 | — | — | — | 0 | — | — | — |
| 2012 | 0 | — | 0.00 | — | 0 | — | 0.00 | — |
| 2013 | 0 | — | — | — | 0 | — | — | — |
| 2014 | 0 | — | — | — | 0 | — | — | — |
| 2015 | 0 | — | — | — | 0 | — | — | — |
| 2016 | 0 | — | — | — | 0 | — | — | — |

续表

| 年份 | 增资—配售 | | | | 私募股权 | | | |
|---|---|---|---|---|---|---|---|---|
| | 数量 | 同比增长（%） | 占比（%） | 指数 | 数量 | 同比增长（%） | 占比（%） | 指数 |
| 2017 | 0 | — | 0.00 | — | 0 | — | 0.00 | — |
| 2018 | 0 | — | — | — | 0 | — | — | — |
| 2019 | 0 | — | — | — | 0 | — | — | — |
| 2020 | 0 | — | 0.00 | — | 0 | — | 0.00 | — |
| 2021 | 0 | — | 0.00 | — | 0 | — | 0.00 | — |

| 年份 | 增资—私人配售 | | | | 增资—公募 | | | |
|---|---|---|---|---|---|---|---|---|
| | 数量 | 同比增长（%） | 占比（%） | 指数 | 数量 | 同比增长（%） | 占比（%） | 指数 |
| 2005 | 20 | — | 64.52 | — | 0 | — | 0.00 | — |
| 2006 | 0 | -100.00 | 0.00 | — | 0 | — | 0.00 | — |
| 2007 | 0 | — | — | — | 0 | — | — | — |
| 2008 | 0 | — | — | — | 0 | — | — | — |
| 2009 | 0 | — | — | — | 0 | — | — | — |
| 2010 | 0 | — | — | — | 0 | — | — | — |
| 2011 | 0 | — | — | — | 0 | — | — | — |
| 2012 | 0 | — | 0.00 | — | 0 | — | 0.00 | — |
| 2013 | 0 | — | — | — | 0 | — | — | — |
| 2014 | 0 | — | — | — | 0 | — | — | — |
| 2015 | 0 | — | — | — | 0 | — | — | — |
| 2016 | 0 | — | — | — | 0 | — | — | — |
| 2017 | 0 | — | 0.00 | — | 1 | — | 100.00 | — |
| 2018 | 0 | — | — | — | 0 | -100.00 | — | — |
| 2019 | 0 | — | — | — | 0 | — | — | — |
| 2020 | 0 | — | 0.00 | — | 0 | — | 0.00 | — |
| 2021 | 0 | — | 0.00 | — | 0 | — | 0.00 | — |

续表

| 年份 | 增资—新股发行 | | | | 小计 | | | |
|---|---|---|---|---|---|---|---|---|
| | 数量 | 同比增长（%） | 占比（%） | 指数 | 数量 | 同比增长（%） | 占比（%） | 指数 |
| 2005 | 0 | — | 0.00 | — | 31 | — | 100.00 | 15500.00 |
| 2006 | 1 | — | 25.00 | — | 4 | -87.10 | 100.00 | 2000.00 |
| 2007 | 0 | -100.00 | — | — | 0 | -100.00 | — | 0.00 |
| 2008 | 0 | — | — | — | 0 | — | — | 0.00 |
| 2009 | 0 | — | — | — | 0 | — | — | 0.00 |
| 2010 | 0 | — | — | — | 0 | — | — | 0.00 |
| 2011 | 0 | — | — | — | 0 | — | — | 0.00 |
| 2012 | 0 | — | 0.00 | — | 1 | — | 100.00 | 500.00 |
| 2013 | 0 | — | — | — | 0 | -100.00 | — | 0.00 |
| 2014 | 0 | — | — | — | 0 | — | — | 0.00 |
| 2015 | 0 | — | — | — | 0 | — | — | 0.00 |
| 2016 | 0 | — | — | — | 0 | — | — | 0.00 |
| 2017 | 0 | — | 0.00 | — | 1 | — | 100.00 | 500.00 |
| 2018 | 0 | — | — | — | 0 | -100.00 | — | 0.00 |
| 2019 | 0 | — | — | — | 0 | — | — | 0.00 |
| 2020 | 0 | — | 0.00 | — | 1 | — | 100.00 | 500.00 |
| 2021 | 0 | — | 0.00 | — | 1 | 0.00 | 100.00 | 500.00 |

注：存在重复统计的情况，处理方式和行业别统计一致。

**表 3-5-6　2005—2021 年中国民营企业对外并购投资中单一渠道融资的金额分布**

（单位：百万美元、%）

| 年份 | 增资 | | | | 增资—可转债 | | | | 增资—卖方配售 | | | |
|---|---|---|---|---|---|---|---|---|---|---|---|---|
| | 金额 | 同比增长（%） | 占比（%） | 指数 | 金额 | 同比增长（%） | 占比（%） | 指数 | 金额 | 同比增长（%） | 占比（%） | 指数 |
| 2005 | 0.00 | — | 0.00 | — | 3.74 | — | 0.28 | — | 33.33 | — | 2.48 | — |
| 2006 | 321.36 | — | 94.14 | — | 0.00 | -100.00 | 0.00 | — | 0.00 | -100.00 | 0.00 | — |
| 2007 | 0.00 | -100.00 | — | — | 0.00 | — | — | — | 0.00 | — | — | — |

续表

| 年份 | 增资 | | | | 增资—可转债 | | | | 增资—卖方配售 | | | |
|---|---|---|---|---|---|---|---|---|---|---|---|---|
| | 金额 | 同比增长（%） | 占比（%） | 指数 | 金额 | 同比增长（%） | 占比（%） | 指数 | 金额 | 同比增长（%） | 占比（%） | 指数 |
| 2008 | 0.00 | — | — | — | 0.00 | — | — | — | 0.00 | — | — | — |
| 2009 | 0.00 | — | — | — | 0.00 | — | — | — | 0.00 | — | — | — |
| 2010 | 0.00 | — | — | — | 0.00 | — | — | — | 0.00 | — | — | — |
| 2011 | 0.00 | — | — | — | 0.00 | — | — | — | 0.00 | — | — | — |
| 2012 | 0.00 | — | 0.00 | — | 0.00 | — | 0.00 | — | 0.00 | — | 0.00 | — |
| 2013 | 0.00 | — | — | — | 0.00 | — | — | — | 0.00 | — | — | — |
| 2014 | 0.00 | — | — | — | 0.00 | — | — | — | 0.00 | — | — | — |
| 2015 | 0.00 | — | — | — | 0.00 | — | — | — | 0.00 | — | — | — |
| 2016 | 0.00 | — | — | — | 0.00 | — | — | — | 0.00 | — | — | — |
| 2017 | 0.00 | — | 0.00 | — | 0.00 | — | 0.00 | — | 0.00 | — | 0.00 | — |
| 2018 | 0.00 | — | — | — | 0.00 | — | — | — | 0.00 | — | — | — |
| 2019 | 0.00 | — | — | — | 0.00 | — | — | — | 0.00 | — | — | — |
| 2020 | 0.00 | — | 0.00 | — | 0.00 | — | 0.00 | — | 0.00 | — | 0.00 | — |
| 2021 | 0.00 | — | 0.00 | — | 0.00 | — | 0.00 | — | 0.00 | — | 0.00 | — |

| 年份 | 注资 | | | | 增资—发行可转债 | | | | 家族办公室 | | | |
|---|---|---|---|---|---|---|---|---|---|---|---|---|
| | 金额 | 同比增长（%） | 占比（%） | 指数 | 金额 | 同比增长（%） | 占比（%） | 指数 | 金额 | 同比增长（%） | 占比（%） | 指数 |
| 2005 | 0.00 | — | 0.00 | — | 1.93 | — | 0.14 | — | 0.00 | — | 0.00 | 0.00 |
| 2006 | 0.00 | — | 0.00 | — | 0.00 | -100.00 | 0.00 | — | 0.00 | — | 0.00 | 0.00 |
| 2007 | 0.00 | — | — | — | 0.00 | — | — | — | 0.00 | — | — | 0.00 |
| 2008 | 0.00 | — | — | — | 0.00 | — | — | — | 0.00 | — | — | 0.00 |
| 2009 | 0.00 | — | — | — | 0.00 | — | — | — | 0.00 | — | — | 0.00 |
| 2010 | 0.00 | — | — | — | 0.00 | — | — | — | 0.00 | — | — | 0.00 |
| 2011 | 0.00 | — | — | — | 0.00 | — | — | — | 0.00 | — | — | 0.00 |
| 2012 | 0.00 | — | 0.00 | — | 0.00 | — | 0.00 | — | 498.59 | — | 100.00 | 500.00 |
| 2013 | 0.00 | — | — | — | 0.00 | — | — | — | 0.00 | -100.00 | — | 0.00 |

续表

| 年份 | 注资 | | | | 增资—发行可转债 | | | | 家族办公室 | | | |
|---|---|---|---|---|---|---|---|---|---|---|---|---|
| | 金额 | 同比增长（%） | 占比（%） | 指数 | 金额 | 同比增长（%） | 占比（%） | 指数 | 金额 | 同比增长（%） | 占比（%） | 指数 |
| 2014 | 0.00 | — | — | — | 0.00 | — | — | — | 0.00 | — | — | 0.00 |
| 2015 | 0.00 | — | — | — | 0.00 | — | — | — | 0.00 | — | — | 0.00 |
| 2016 | 0.00 | — | — | — | 0.00 | — | — | — | 0.00 | — | — | 0.00 |
| 2017 | 0.00 | — | 0.00 | — | 0.00 | — | 0.00 | — | 0.00 | — | 0.00 | 0.00 |
| 2018 | 0.00 | — | — | — | 0.00 | — | — | — | 0.00 | — | — | 0.00 |
| 2019 | 0.00 | — | — | — | 0.00 | — | — | — | 0.00 | — | — | 0.00 |
| 2020 | 1152.03 | — | 100.00 | — | 0.00 | — | 0.00 | — | 0.00 | — | 0.00 | 0.00 |
| 2021 | 0 | -100.00 | 0.00 | — | 0.00 | — | 0.00 | — | 0.00 | — | 0.00 | 0.00 |

| 年份 | 新银行信贷便利 | | | | 增资—配售 | | | | 私募股权 | | | |
|---|---|---|---|---|---|---|---|---|---|---|---|---|
| | 金额 | 同比增长（%） | 占比（%） | 指数 | 金额 | 同比增长（%） | 占比（%） | 指数 | 金额 | 同比增长（%） | 占比（%） | 指数 |
| 2005 | 0.00 | — | 0.00 | — | 0 | — | 0 | — | 7.18 | — | 0.53 | — |
| 2006 | 0.00 | — | 0.00 | — | 0 | — | 0 | — | 0.00 | -100.00 | 0.00 | — |
| 2007 | 0.00 | — | — | — | 0 | — | — | — | 0.00 | — | — | — |
| 2008 | 0.00 | — | — | — | 0 | — | — | — | 0.00 | — | — | — |
| 2009 | 0.00 | — | — | — | 0 | — | — | — | 0.00 | — | — | — |
| 2010 | 0.00 | — | — | — | 0 | — | — | — | 0.00 | — | — | — |
| 2011 | 0.00 | — | — | — | 0 | — | — | — | 0.00 | — | — | — |
| 2012 | 0.00 | — | 0.00 | — | 0 | — | 0 | — | 0.00 | — | 0.00 | — |
| 2013 | 0.00 | — | — | — | 0 | — | — | — | 0.00 | — | — | — |
| 2014 | 0.00 | — | — | — | 0 | — | — | — | 0.00 | — | — | — |
| 2015 | 0.00 | — | — | — | 0 | — | — | — | 0.00 | — | — | — |
| 2016 | 0.00 | — | — | — | 0 | — | — | — | 0.00 | — | — | — |
| 2017 | 0.00 | — | 0.00 | — | 0 | — | 0 | — | 0.00 | — | 0.00 | — |
| 2018 | 0.00 | — | — | — | 0 | — | — | — | 0.00 | — | — | — |
| 2019 | 0.00 | — | — | — | 0 | — | — | — | 0.00 | — | — | — |
| 2020 | 0.00 | — | 0.00 | — | 0 | — | 0 | — | 0.00 | — | 0.00 | — |
| 2021 | 0.00 | — | 0.00 | — | 200 | — | 100 | — | 0.00 | — | 0.00 | — |

续表

| 年份 | 私募股权 | | | | 增资—私人配售 | | | | 增资—公募 | | | |
|---|---|---|---|---|---|---|---|---|---|---|---|---|
| | 金额 | 同比增长（%） | 占比（%） | 指数 | 金额 | 同比增长（%） | 占比（%） | 指数 | 金额 | 同比增长（%） | 占比（%） | 指数 |
| 2005 | 2.00 | — | 0.15 | — | 1295.29 | — | 96.41 | — | 0.00 | — | 0.00 | — |
| 2006 | 0.00 | -100.00 | 0.00 | — | 0.00 | -100.00 | 0.00 | — | 0.00 | — | 0.00 | — |
| 2007 | 0.00 | — | — | — | 0.00 | — | — | — | 0.00 | — | — | — |
| 2008 | 0.00 | — | — | — | 0.00 | — | — | — | 0.00 | — | — | — |
| 2009 | 0.00 | — | — | — | 0.00 | — | — | — | 0.00 | — | — | — |
| 2010 | 0.00 | — | — | — | 0.00 | — | — | — | 0.00 | — | — | — |
| 2011 | 0.00 | — | — | — | 0.00 | — | — | — | 0.00 | — | — | — |
| 2012 | 0.00 | — | 0.00 | — | 0.00 | — | 0.00 | — | 0.00 | — | 0.00 | — |
| 2013 | 0.00 | — | — | — | 0.00 | — | — | — | 0.00 | — | — | — |
| 2014 | 0.00 | — | — | — | 0.00 | — | — | — | 0.00 | — | — | — |
| 2015 | 0.00 | — | — | — | 0.00 | — | — | — | 0.00 | — | — | — |
| 2016 | 0.00 | — | — | — | 0.00 | — | — | — | 0.00 | — | — | — |
| 2017 | 0.00 | — | 0.00 | — | 0.00 | — | 0.00 | — | 7.56 | — | 100.00 | — |
| 2018 | 0.00 | — | — | — | 0.00 | — | — | — | 0.00 | -100.00 | — | — |
| 2019 | 0.00 | — | — | — | 0.00 | — | — | — | 0.00 | — | — | — |
| 2020 | 0.00 | — | 0.00 | — | 0.00 | — | 0.00 | — | 0.00 | — | 0.00 | — |
| 2021 | 0.00 | — | 0.00 | — | 0.00 | — | 0.00 | — | 0.00 | — | 0.00 | — |

| 年份 | 增资—新股发行 | | | | 小计 | | | |
|---|---|---|---|---|---|---|---|---|
| | 金额 | 同比增长（%） | 占比（%） | 指数 | 金额 | 同比增长（%） | 占比（%） | 指数 |
| 2005 | 0.00 | — | 0.00 | — | 1343.47 | — | 100.00 | 1347.27 |
| 2006 | 20.00 | — | 5.86 | — | 341.36 | -74.59 | 100.00 | 342.33 |
| 2007 | 0.00 | -100.00 | — | — | 0.00 | -100.00 | — | 0.00 |
| 2008 | 0.00 | — | — | — | 0.00 | — | — | 0.00 |
| 2009 | 0.00 | — | — | — | 0.00 | — | — | 0.00 |
| 2010 | 0.00 | — | — | — | 0.00 | — | — | 0.00 |

续表

| 年份 | 增资—新股发行 | | | | 小计 | | | |
|---|---|---|---|---|---|---|---|---|
| | 金额 | 同比增长（%） | 占比（%） | 指数 | 金额 | 同比增长（%） | 占比（%） | 指数 |
| 2011 | 0.00 | — | — | — | 0.00 | — | — | 0.00 |
| 2012 | 0.00 | — | 0.00 | — | 498.59 | — | 100.00 | 500.00 |
| 2013 | 0.00 | — | — | — | 0.00 | -100.00 | — | 0.00 |
| 2014 | 0.00 | — | — | — | 0.00 | — | — | 0.00 |
| 2015 | 0.00 | — | — | — | 0.00 | — | — | 0.00 |
| 2016 | 0.00 | — | — | — | 0.00 | — | — | 0.00 |
| 2017 | 0.00 | — | 0.00 | — | 7.56 | — | 100.00 | 7.58 |
| 2018 | 0.00 | — | — | — | 0.00 | -100.00 | — | 0.00 |
| 2019 | 0.00 | — | — | — | 0.00 | — | — | 0.00 |
| 2020 | 0.00 | — | 0.00 | — | 1152.03 | — | 100.00 | 1155.29 |
| 2021 | 0.00 | — | 0.00 | — | 200 | -82.64 | 100 | 200.57 |

注：存在重复统计的情况，处理方式和行业别统计一致。

**表 3-5-7　2005—2021 年中国民营企业对外并购投资中多种渠道融资的数量分布**

（单位：件、%）

| 年份 | 天使投资+增资—发行可转债+开发资金—种子轮+风险资本 | | | | 天使投资+企业风险投资+开发资金+家族办公室+风险资本 | | | | 天使投资+企业风险投资+开发资金+私募股权 | | | |
|---|---|---|---|---|---|---|---|---|---|---|---|---|
| | 数量 | 同比增长（%） | 占比（%） | 指数 | 数量 | 同比增长（%） | 占比（%） | 指数 | 数量 | 同比增长（%） | 占比（%） | 指数 |
| 2005 | 0 | — | 0.00 | 0.00 | 0 | — | 0.00 | — | 0 | — | 0.00 | 0.00 |
| 2006 | 0 | — | 0.00 | 0.00 | 0 | — | 0.00 | — | 0 | — | 0.00 | 0.00 |
| 2007 | 0 | — | 0.00 | 0.00 | 0 | — | 0.00 | — | 0 | — | 0.00 | 0.00 |
| 2008 | 0 | — | 0.00 | 0.00 | 0 | — | 0.00 | — | 0 | — | 0.00 | 0.00 |
| 2009 | 0 | — | 0.00 | 0.00 | 0 | — | 0.00 | — | 0 | — | 0.00 | 0.00 |
| 2010 | 0 | — | 0.00 | 0.00 | 0 | — | 0.00 | — | 0 | — | 0.00 | 0.00 |
| 2011 | 0 | — | 0.00 | 0.00 | 0 | — | 0.00 | — | 0 | — | 0.00 | 0.00 |
| 2012 | 0 | — | 0.00 | 0.00 | 0 | — | 0.00 | — | 0 | — | 0.00 | 0.00 |

续表

| 年份 | 天使投资+增资—发行可转债+开发资金—种子轮+风险资本 | | | | 天使投资+企业风险投资+开发资金+家族办公室+风险资本 | | | | 天使投资+企业风险投资+开发资金+私募股权 | | | |
|---|---|---|---|---|---|---|---|---|---|---|---|---|
| | 数量 | 同比增长（%） | 占比（%） | 指数 | 数量 | 同比增长（%） | 占比（%） | 指数 | 数量 | 同比增长（%） | 占比（%） | 指数 |
| 2013 | 1 | — | 16.67 | 500.00 | 0 | — | 0.00 | — | 0 | — | 0.00 | 0.00 |
| 2014 | 0 | -100.00 | 0.00 | 0.00 | 0 | — | 0.00 | — | 0 | — | 0.00 | 0.00 |
| 2015 | 0 | — | 0.00 | 0.00 | 0 | — | 0.00 | — | 2 | — | 16.67 | 500.00 |
| 2016 | 0 | — | 0.00 | 0.00 | 0 | — | 0.00 | — | 0 | -100 | 0.00 | 0.00 |
| 2017 | 0 | — | 0.00 | 0.00 | 0 | — | 0.00 | — | 0 | — | 0.00 | 0.00 |
| 2018 | 0 | — | 0.00 | 0.00 | 0 | — | 0.00 | — | 0 | — | 0.00 | 0.00 |
| 2019 | 0 | — | 0.00 | 0.00 | 1 | — | 12.50 | — | 0 | — | 0.00 | 0.00 |
| 2020 | 0 | — | 0.00 | 0.00 | 0 | -100.00 | 0.00 | — | 0 | — | 0.00 | 0.00 |
| 2021 | 0 | — | 0.00 | 0.00 | 0 | — | 0 | — | 0 | — | 0.00 | 0.00 |

| 年份 | 天使投资+企业风险投资+开发资金+风险资本 | | | | 天使投资+企业风险投资+开发资金—第1轮-第8轮+家族办公室+风险资本 | | | | 天使投资+企业风险投资+开发资金—第1轮-第8轮+对冲基金+私募股权 | | | |
|---|---|---|---|---|---|---|---|---|---|---|---|---|
| | 数量 | 同比增长（%） | 占比（%） | 指数 | 数量 | 同比增长（%） | 占比（%） | 指数 | 数量 | 同比增长（%） | 占比（%） | 指数 |
| 2005 | 0 | — | 0.00 | — | 0 | — | 0.00 | — | 0 | — | 0.00 | — |
| 2006 | 0 | — | 0.00 | — | 0 | — | 0.00 | — | 0 | — | 0.00 | — |
| 2007 | 0 | — | 0.00 | — | 0 | — | 0.00 | — | 0 | — | 0.00 | — |
| 2008 | 0 | — | 0.00 | — | 0 | — | 0.00 | — | 0 | — | 0.00 | — |
| 2009 | 0 | — | 0.00 | — | 0 | — | 0.00 | — | 0 | — | 0.00 | — |
| 2010 | 0 | — | 0.00 | — | 0 | — | 0.00 | — | 0 | — | 0.00 | — |
| 2011 | 0 | — | 0.00 | — | 0 | — | 0.00 | — | 0 | — | 0.00 | — |
| 2012 | 0 | — | 0.00 | — | 0 | — | 0.00 | — | 0 | — | 0.00 | — |
| 2013 | 0 | — | 0.00 | — | 0 | — | 0.00 | — | 1 | — | 16.67 | 500.00 |
| 2014 | 0 | — | 0.00 | — | 0 | — | 0.00 | — | 0 | -100 | 0.00 | — |
| 2015 | 0 | — | 0.00 | — | 2 | — | 16.67 | 500.00 | 0 | — | 0.00 | — |
| 2016 | 0 | — | 0.00 | — | 0 | -100 | 0.00 | — | 0 | — | 0.00 | — |

续表

| 年份 | 天使投资+企业风险投资+开发资金+风险资本 | | | | 天使投资+企业风险投资+开发资金—第1轮-第8轮+家族办公室+风险资本 | | | | 天使投资+企业风险投资+开发资金—第1轮-第8轮+对冲基金+私募股权 | | | |
|---|---|---|---|---|---|---|---|---|---|---|---|---|
| | 数量 | 同比增长（%） | 占比（%） | 指数 | 数量 | 同比增长（%） | 占比（%） | 指数 | 数量 | 同比增长（%） | 占比（%） | 指数 |
| 2017 | 0 | — | 0.00 | — | 0 | — | 0.00 | — | 0 | — | 0.00 | — |
| 2018 | 0 | — | 0.00 | — | 0 | — | 0.00 | — | 0 | — | 0.00 | — |
| 2019 | 0 | — | 0.00 | — | 0 | — | 0.00 | — | 0 | — | 0.00 | — |
| 2020 | 0 | — | 0.00 | — | 0 | — | 0.00 | — | 0 | — | 0.00 | — |
| 2021 | 1 | — | 6.25 | — | 0 | — | 0.00 | — | 0 | — | 0.00 | — |

| 年份 | 天使投资+企业风险投资+开发资金—第1轮-第8轮+私募股权 | | | | 天使投资+企业风险投资+开发资金—第1轮-第8轮+风险资本 | | | | 天使投资+企业风险投资+开发资金—种子轮+家族办公室+风险资本 | | | |
|---|---|---|---|---|---|---|---|---|---|---|---|---|
| | 数量 | 同比增长（%） | 占比（%） | 指数 | 数量 | 同比增长（%） | 占比（%） | 指数 | 数量 | 同比增长（%） | 占比（%） | 指数 |
| 2005 | 0 | — | 0.00 | — | 0 | — | 0.00 | — | 0 | — | 0.00 | — |
| 2006 | 0 | — | 0.00 | — | 0 | — | 0.00 | — | 0 | — | 0.00 | — |
| 2007 | 0 | — | 0.00 | — | 0 | — | 0.00 | — | 0 | — | 0.00 | — |
| 2008 | 0 | — | 0.00 | — | 0 | — | 0.00 | — | 0 | — | 0.00 | — |
| 2009 | 0 | — | 0.00 | — | 0 | — | 0.00 | — | 0 | — | 0.00 | — |
| 2010 | 0 | — | 0.00 | — | 0 | — | 0.00 | — | 0 | — | 0.00 | — |
| 2011 | 0 | — | 0.00 | — | 0 | — | 0.00 | — | 0 | — | 0.00 | — |
| 2012 | 0 | — | 0.00 | — | 0 | — | 0.00 | — | 0 | — | 0.00 | — |
| 2013 | 0 | — | 0.00 | — | 0 | — | 0.00 | — | 0 | — | 0.00 | — |
| 2014 | 0 | — | 0.00 | — | 0 | — | 0.00 | — | 0 | — | 0.00 | — |
| 2015 | 0 | — | 0.00 | — | 0 | — | 0.00 | — | 0 | — | 0.00 | — |
| 2016 | 0 | — | 0.00 | — | 0 | — | 0.00 | — | 0 | — | 0.00 | — |
| 2017 | 0 | — | 0.00 | — | 1 | — | 11.11 | — | 0 | — | 0.00 | — |
| 2018 | 0 | — | 0.00 | — | 0 | -100 | 0.00 | — | 0 | — | 0.00 | — |
| 2019 | 0 | — | 0.00 | — | 0 | — | 0.00 | — | 1 | — | 12.50 | — |
| 2020 | 0 | — | 0.00 | — | 0 | — | 0.00 | — | 0 | -100 | 0.00 | — |
| 2021 | 1 | — | 6.25 | — | 0 | — | 0.00 | — | 0 | — | 0.00 | — |

续表

| 年份 | 天使投资+企业风险投资+开发资金—种子轮+风险资本 | | | | 天使投资+众筹+开发资金+风险资本 | | | | 天使投资+众筹+开发资金—种子轮+风险资本 | | | |
|---|---|---|---|---|---|---|---|---|---|---|---|---|
| | 数量 | 同比增长（%） | 占比（%） | 指数 | 数量 | 同比增长（%） | 占比（%） | 指数 | 数量 | 同比增长（%） | 占比（%） | 指数 |
| 2005 | 0 | — | 0.00 | — | 0 | — | 0.00 | — | 0 | — | 0.00 | — |
| 2006 | 0 | — | 0.00 | — | 1 | — | 16.67 | — | 0 | — | 0.00 | — |
| 2007 | 0 | — | 0.00 | — | 0 | -100 | 0.00 | — | 0 | — | 0.00 | — |
| 2008 | 0 | — | 0.00 | — | 0 | — | 0.00 | — | 0 | — | 0.00 | — |
| 2009 | 0 | — | 0.00 | — | 0 | — | 0.00 | — | 0 | — | 0.00 | — |
| 2010 | 0 | — | 0.00 | — | 0 | — | 0.00 | — | 0 | — | 0.00 | — |
| 2011 | 0 | — | 0.00 | — | 0 | — | 0.00 | — | 0 | — | 0.00 | — |
| 2012 | 0 | — | 0.00 | — | 0 | — | 0.00 | — | 0 | — | 0.00 | — |
| 2013 | 0 | — | 0.00 | — | 0 | — | 0.00 | — | 0 | — | 0.00 | — |
| 2014 | 0 | — | 0.00 | — | 0 | — | 0.00 | — | 3 | — | 33.33 | 500.00 |
| 2015 | 0 | — | 0.00 | — | 0 | — | 0.00 | — | 0 | -100 | 0.00 | — |
| 2016 | 0 | — | 0.00 | — | 0 | — | 0.00 | — | 0 | — | 0.00 | — |
| 2017 | 0 | — | 0.00 | — | 0 | — | 0.00 | — | 0 | — | 0.00 | — |
| 2018 | 0 | — | 0.00 | — | 0 | — | 0.00 | — | 0 | — | 0.00 | — |
| 2019 | 0 | — | 0.00 | — | 0 | — | 0.00 | — | 0 | — | 0.00 | — |
| 2020 | 0 | — | 0.00 | — | 0 | — | 0.00 | — | 0 | — | 0.00 | — |
| 2021 | 2 | — | 12.50 | — | 0 | — | 0.00 | — | 0 | — | 0.00 | — |

| 年份 | 天使投资+企业风险投资+开发资金—种子轮+家族办公室+风险资本 | | | | 天使投资+企业风险投资+开发资金—种子轮+对冲基金+风险资本 | | | | 天使投资+企业风险投资+开发资金—种子轮+私募股权 | | | |
|---|---|---|---|---|---|---|---|---|---|---|---|---|
| | 数量 | 同比增长（%） | 占比（%） | 指数 | 数量 | 同比增长（%） | 占比（%） | 指数 | 数量 | 同比增长（%） | 占比（%） | 指数 |
| 2005 | 0 | — | 0.00 | — | 0 | — | 0.00 | — | 0 | — | 0.00 | — |
| 2006 | 0 | — | 0.00 | — | 0 | — | 0.00 | — | 0 | — | 0.00 | — |
| 2007 | 0 | — | 0.00 | — | 0 | — | 0.00 | — | 0 | — | 0.00 | — |
| 2008 | 0 | — | 0.00 | — | 0 | — | 0.00 | — | 0 | — | 0.00 | — |

续表

| 年份 | 天使投资+企业风险投资+开发资金—种子轮+家族办公室+风险资本 | | | | 天使投资+企业风险投资+开发资金—种子轮+对冲基金+风险资本 | | | | 天使投资+企业风险投资+开发资金—种子轮+私募股权 | | | |
|---|---|---|---|---|---|---|---|---|---|---|---|---|
| | 数量 | 同比增长（%） | 占比（%） | 指数 | 数量 | 同比增长（%） | 占比（%） | 指数 | 数量 | 同比增长（%） | 占比（%） | 指数 |
| 2009 | 0 | — | 0.00 | — | 0 | — | 0.00 | — | 0 | — | 0.00 | — |
| 2010 | 0 | — | 0.00 | — | 0 | — | 0.00 | — | 0 | — | 0.00 | — |
| 2011 | 0 | — | 0.00 | — | 0 | — | 0.00 | — | 0 | — | 0.00 | — |
| 2012 | 0 | — | 0.00 | — | 0 | — | 0.00 | — | 0 | — | 0.00 | — |
| 2013 | 0 | — | 0.00 | — | 0 | — | 0.00 | — | 0 | — | 0.00 | — |
| 2014 | 0 | — | 0.00 | — | 0 | — | 0.00 | — | 0 | — | 0.00 | — |
| 2015 | 0 | — | 0.00 | — | 0 | — | 0.00 | — | 0 | — | 0.00 | — |
| 2016 | 0 | — | 0.00 | — | 0 | — | 0.00 | — | 0 | — | 0.00 | — |
| 2017 | 0 | — | 0.00 | — | 0 | — | 0.00 | — | 0 | — | 0.00 | — |
| 2018 | 0 | — | 0.00 | — | 0 | — | 0.00 | — | 0 | — | 0.00 | — |
| 2019 | 0 | — | 0.00 | — | 0 | — | 0.00 | — | 1 | — | 12.50 | — |
| 2020 | 1 | — | 14.29 | — | 0 | — | 0.00 | — | 0 | -100 | 0.00 | — |
| 2021 | 0 | -100 | 0.00 | — | 1 | — | 6.25 | — | 0 | — | 0.00 | — |

| 年份 | 天使投资+企业风险投资+开发资金—种子轮+风险资本 | | | | 天使投资+众筹+开发资金+风险资本 | | | | 天使投资+众筹+开发资金—种子轮+风险资本 | | | |
|---|---|---|---|---|---|---|---|---|---|---|---|---|
| | 数量 | 同比增长（%） | 占比（%） | 指数 | 数量 | 同比增长（%） | 占比（%） | 指数 | 数量 | 同比增长（%） | 占比（%） | 指数 |
| 2005 | 0 | — | 0.00 | — | 0 | — | 0.00 | — | 0 | — | 0.00 | — |
| 2006 | 0 | — | 0.00 | — | 0 | — | 0.00 | — | 0 | — | 0.00 | — |
| 2007 | 0 | — | 0.00 | — | 0 | — | 0.00 | — | 0 | — | 0.00 | — |
| 2008 | 0 | — | 0.00 | — | 0 | — | 0.00 | — | 0 | — | 0.00 | — |
| 2009 | 0 | — | 0.00 | — | 0 | — | 0.00 | — | 0 | — | 0.00 | — |
| 2010 | 0 | — | 0.00 | — | 0 | — | 0.00 | — | 0 | — | 0.00 | — |
| 2011 | 0 | — | 0.00 | — | 0 | — | 0.00 | — | 0 | — | 0.00 | — |
| 2012 | 0 | — | 0.00 | — | 0 | — | 0.00 | — | 0 | — | 0.00 | — |

续表

| 年份 | 天使投资+企业风险投资+开发资金—种子轮+风险资本 | | | | 天使投资+众筹+开发资金+风险资本 | | | | 天使投资+众筹+开发资金—种子轮+风险资本 | | | |
|---|---|---|---|---|---|---|---|---|---|---|---|---|
| | 数量 | 同比增长（%） | 占比（%） | 指数 | 数量 | 同比增长（%） | 占比（%） | 指数 | 数量 | 同比增长（%） | 占比（%） | 指数 |
| 2013 | 1 | — | 16.67 | 500.00 | 0 | — | 0.00 | — | 0 | — | 0.00 | — |
| 2014 | 0 | -100 | 0.00 | — | 0 | — | 0.00 | — | 0 | — | 0.00 | — |
| 2015 | 0 | — | 0.00 | — | 0 | — | 0.00 | — | 1 | — | 8.33 | 500.00 |
| 2016 | 0 | — | 0.00 | — | 0 | — | 0.00 | — | 0 | -100 | 0.00 | — |
| 2017 | 0 | — | 0.00 | — | 0 | — | 0.00 | — | 0 | — | 0.00 | — |
| 2018 | 0 | — | 0.00 | — | 0 | — | 0.00 | — | 0 | — | 0.00 | — |
| 2019 | 0 | — | 0.00 | — | 1 | — | 12.50 | — | 0 | — | 0.00 | — |
| 2020 | 0 | — | 0.00 | — | 0 | -100 | 0.00 | — | 0 | — | 0.00 | — |
| 2021 | 0 | — | 0.00 | — | 0 | — | 0.00 | — | 0 | — | 0.00 | — |

| 年份 | 天使投资+开发资金+私募股权 | | | | 天使投资+开发资金+风险资本 | | | | 天使投资+开发资金—第1轮-第8轮+家族办公室+风险资本 | | | |
|---|---|---|---|---|---|---|---|---|---|---|---|---|
| | 数量 | 同比增长（%） | 占比（%） | 指数 | 数量 | 同比增长（%） | 占比（%） | 指数 | 数量 | 同比增长（%） | 占比（%） | 指数 |
| 2005 | 0 | — | 0.00 | — | 0 | — | 0.00 | — | 0 | — | 0.00 | — |
| 2006 | 0 | — | 0.00 | — | 0 | — | 0.00 | — | 0 | — | 0.00 | — |
| 2007 | 0 | — | 0.00 | — | 1 | — | 16.67 | — | 0 | — | 0.00 | — |
| 2008 | 0 | — | 0.00 | — | 0 | -100 | 0.00 | — | 0 | — | 0.00 | — |
| 2009 | 0 | — | 0.00 | — | 0 | — | 0.00 | — | 0 | — | 0.00 | — |
| 2010 | 0 | — | 0.00 | — | 0 | — | 0.00 | — | 0 | — | 0.00 | — |
| 2011 | 0 | — | 0.00 | — | 0 | — | 0.00 | — | 0 | — | 0.00 | — |
| 2012 | 0 | — | 0.00 | — | 0 | — | 0.00 | — | 0 | — | 0.00 | — |
| 2013 | 0 | — | 0.00 | — | 0 | — | 0.00 | — | 0 | — | 0.00 | — |
| 2014 | 0 | — | 0.00 | — | 0 | — | 0.00 | — | 0 | — | 0.00 | — |
| 2015 | 0 | — | 0.00 | — | 0 | — | 0.00 | — | 0 | — | 0.00 | — |
| 2016 | 2 | — | 13.33 | — | 0 | — | 0.00 | — | 0 | — | 0.00 | — |
| 2017 | 0 | -100 | 0.00 | — | 0 | — | 0.00 | — | 0 | — | 0.00 | — |

续表

| 年份 | 天使投资+开发资金+私募股权 | | | | 天使投资+开发资金+风险资本 | | | | 天使投资+开发资金—第1轮–第8轮+家族办公室+风险资本 | | | |
|---|---|---|---|---|---|---|---|---|---|---|---|---|
| | 数量 | 同比增长（%） | 占比（%） | 指数 | 数量 | 同比增长（%） | 占比（%） | 指数 | 数量 | 同比增长（%） | 占比（%） | 指数 |
| 2018 | 0 | — | 0.00 | — | 0 | — | 0.00 | — | 0 | — | 0.00 | — |
| 2019 | 0 | — | 0.00 | — | 0 | — | 0.00 | — | 0 | — | 0.00 | — |
| 2020 | 0 | — | 0.00 | — | 0 | — | 0.00 | — | 0 | — | 0.00 | — |
| 2021 | 0 | — | 0.00 | — | 0 | — | 0.00 | — | 1 | — | 6.25 | — |

| 年份 | 天使投资+开发资金—第1轮–第8轮+对冲基金+私募股权 | | | | 天使投资+开发资金—第1轮–第8轮+私募股权 | | | | 天使投资+开发资金—第1轮–第8轮+风险资本 | | | |
|---|---|---|---|---|---|---|---|---|---|---|---|---|
| | 数量 | 同比增长（%） | 占比（%） | 指数 | 数量 | 同比增长（%） | 占比（%） | 指数 | 数量 | 同比增长（%） | 占比（%） | 指数 |
| 2005 | 0 | — | 0.00 | — | 0 | — | 0.00 | 0.00 | 0 | — | 0.00 | — |
| 2006 | 0 | — | 0.00 | — | 0 | — | 0.00 | 0.00 | 0 | — | 0.00 | — |
| 2007 | 0 | — | 0.00 | — | 0 | — | 0.00 | 0.00 | 0 | — | 0.00 | — |
| 2008 | 0 | — | 0.00 | — | 0 | — | 0.00 | 0.00 | 0 | — | 0.00 | — |
| 2009 | 0 | — | 0.00 | — | 0 | — | 0.00 | 0.00 | 0 | — | 0.00 | — |
| 2010 | 0 | — | 0.00 | — | 0 | — | 0.00 | 0.00 | 1 | — | 16.67 | — |
| 2011 | 0 | — | 0.00 | — | 0 | — | 0.00 | 0.00 | 0 | -100 | 0.00 | — |
| 2012 | 0 | — | 0.00 | — | 0 | — | 0.00 | 0.00 | 0 | — | 0.00 | — |
| 2013 | 0 | — | 0.00 | — | 0 | — | 0.00 | 0.00 | 0 | — | 0.00 | — |
| 2014 | 0 | — | 0.00 | — | 1 | — | 11.11 | 500.00 | 0 | — | 0.00 | — |
| 2015 | 0 | — | 0.00 | — | 0 | -100 | 0.00 | 0.00 | 0 | — | 0.00 | — |
| 2016 | 0 | — | 0.00 | — | 0 | — | 0.00 | 0.00 | 0 | — | 0.00 | — |
| 2017 | 0 | — | 0.00 | — | 0 | — | 0.00 | 0.00 | 0 | — | 0.00 | — |
| 2018 | 0 | — | 0.00 | — | 0 | — | 0.00 | 0.00 | 0 | — | 0.00 | — |
| 2019 | 0 | — | 0.00 | — | 0 | — | 0.00 | 0.00 | 0 | — | 0.00 | — |
| 2020 | 0 | — | 0.00 | — | 0 | — | 0.00 | 0.00 | 0 | — | 0.00 | — |
| 2021 | 1 | — | 6.25 | — | 0 | — | 0.00 | 0.00 | 0 | — | 0.00 | — |

续表

| 年份 | 天使投资+开发资金一种子轮+私募股权 | | | | 天使投资+开发资金一种子轮+风险资本 | | | | 增资+增资—可转债+注资 | | | |
|---|---|---|---|---|---|---|---|---|---|---|---|---|
| | 数量 | 同比增长（%） | 占比（%） | 指数 | 数量 | 同比增长（%） | 占比（%） | 指数 | 数量 | 同比增长（%） | 占比（%） | 指数 |
| 2005 | 0 | — | 0.00 | 0.00 | 0 | — | 0.00 | — | 0 | — | 0.00 | — |
| 2006 | 0 | — | 0.00 | 0.00 | 0 | — | 0.00 | — | 0 | — | 0.00 | — |
| 2007 | 0 | — | 0.00 | 0.00 | 0 | — | 0.00 | — | 0 | — | 0.00 | — |
| 2008 | 0 | — | 0.00 | 0.00 | 0 | — | 0.00 | — | 0 | — | 0.00 | — |
| 2009 | 0 | — | 0.00 | 0.00 | 0 | — | 0.00 | — | 0 | — | 0.00 | — |
| 2010 | 0 | — | 0.00 | 0.00 | 1 | — | 16.67 | — | 0 | — | 0.00 | — |
| 2011 | 0 | — | 0.00 | 0.00 | 0 | -100 | 0.00 | — | 0 | — | 0.00 | — |
| 2012 | 0 | — | 0.00 | 0.00 | 0 | — | 0.00 | — | 0 | — | 0.00 | — |
| 2013 | 0 | — | 0.00 | 0.00 | 0 | — | 0.00 | — | 0 | — | 0.00 | — |
| 2014 | 0 | — | 0.00 | 0.00 | 0 | — | 0.00 | — | 0 | — | 0.00 | — |
| 2015 | 1 | — | 8.33 | 500.00 | 0 | — | 0.00 | — | 0 | — | 0.00 | — |
| 2016 | 0 | -100 | 0.00 | 0.00 | 0 | — | 0.00 | — | 1 | — | 6.67 | — |
| 2017 | 0 | — | 0.00 | 0.00 | 0 | — | 0.00 | — | 0 | -100 | 0.00 | — |
| 2018 | 0 | — | 0.00 | 0.00 | 0 | — | 0.00 | — | 0 | — | 0.00 | — |
| 2019 | 0 | — | 0.00 | 0.00 | 0 | — | 0.00 | — | 0 | — | 0.00 | — |
| 2020 | 0 | — | 0.00 | 0.00 | 0 | — | 0.00 | — | 0 | — | 0.00 | — |
| 2021 | 0 | — | 0.00 | 0.00 | 0 | — | 0.00 | — | 0 | — | 0.00 | — |

| 年份 | 增资+注资 | | | | 增资+注资+杠杆+新银行信贷便利 | | | | 增资+注资+杠杆收购+新银行信贷便利 | | | |
|---|---|---|---|---|---|---|---|---|---|---|---|---|
| | 数量 | 同比增长（%） | 占比（%） | 指数 | 数量 | 同比增长（%） | 占比（%） | 指数 | 数量 | 同比增长（%） | 占比（%） | 指数 |
| 2005 | 2 | — | 18.18 | — | 0 | — | 0.00 | — | 0 | — | 0.00 | — |
| 2006 | 0 | -100 | 0.00 | — | 0 | — | 0.00 | — | 0 | — | 0.00 | — |
| 2007 | 0 | — | 0.00 | — | 0 | — | 0.00 | — | 0 | — | 0.00 | — |
| 2008 | 0 | — | 0.00 | — | 0 | — | 0.00 | — | 0 | — | 0.00 | — |
| 2009 | 0 | — | 0.00 | — | 0 | — | 0.00 | — | 0 | — | 0.00 | — |

续表

| 年份 | 增资+注资 | | | | 增资+注资+杠杆+新银行信贷便利 | | | | 增资+注资+杠杆收购+新银行信贷便利 | | | |
|---|---|---|---|---|---|---|---|---|---|---|---|---|
| | 数量 | 同比增长（%） | 占比（%） | 指数 | 数量 | 同比增长（%） | 占比（%） | 指数 | 数量 | 同比增长（%） | 占比（%） | 指数 |
| 2010 | 0 | — | 0.00 | — | 0 | — | 0.00 | — | 0 | — | 0.00 | — |
| 2011 | 0 | — | 0.00 | — | 0 | — | 0.00 | — | 0 | — | 0.00 | — |
| 2012 | 0 | — | 0.00 | — | 0 | — | 0.00 | — | 0 | — | 0.00 | — |
| 2013 | 0 | — | 0.00 | — | 0 | — | 0.00 | — | 0 | — | 0.00 | — |
| 2014 | 0 | — | 0.00 | — | 0 | — | 0.00 | — | 0 | — | 0.00 | — |
| 2015 | 0 | — | 0.00 | — | 0 | — | 0.00 | — | 0 | — | 0.00 | — |
| 2016 | 0 | — | 0.00 | — | 0 | — | 0.00 | — | 1 | — | 6.67 | — |
| 2017 | 0 | — | 0.00 | — | 0 | — | 0.00 | — | 0 | -100 | 0.00 | — |
| 2018 | 0 | — | 0.00 | — | 0 | — | 0.00 | — | 0 | — | 0.00 | — |
| 2019 | 0 | — | 0.00 | — | 2 | — | 25.00 | — | 0 | — | 0.00 | — |
| 2020 | 0 | — | 0.00 | — | 0 | -100 | 0.00 | — | 0 | — | 0.00 | — |
| 2021 | 0 | — | 0.00 | — | 0 | — | 0.00 | — | 0 | — | 0.00 | — |

| 年份 | 增资+注资+新银行信贷便利 | | | | 增资+注资+私募股权 | | | | 增资+注资+增资—私人配售 | | | |
|---|---|---|---|---|---|---|---|---|---|---|---|---|
| | 数量 | 同比增长（%） | 占比（%） | 指数 | 数量 | 同比增长（%） | 占比（%） | 指数 | 数量 | 同比增长（%） | 占比（%） | 指数 |
| 2005 | 0 | — | 0.00 | — | 0 | — | 0.00 | — | 0 | — | 0.00 | — |
| 2006 | 0 | — | 0.00 | — | 0 | — | 0.00 | — | 0 | — | 0.00 | — |
| 2007 | 0 | — | 0.00 | — | 0 | — | 0.00 | — | 0 | — | 0.00 | — |
| 2008 | 0 | — | 0.00 | — | 0 | — | 0.00 | — | 0 | — | 0.00 | — |
| 2009 | 0 | — | 0.00 | — | 0 | — | 0.00 | — | 0 | — | 0.00 | — |
| 2010 | 0 | — | 0.00 | — | 0 | — | 0.00 | — | 0 | — | 0.00 | — |
| 2011 | 0 | — | 0.00 | — | 0 | — | 0.00 | — | 0 | — | 0.00 | — |
| 2012 | 0 | — | 0.00 | — | 0 | — | 0.00 | — | 0 | — | 0.00 | — |
| 2013 | 1 | — | 16.67 | 500.00 | 0 | — | 0.00 | — | 0 | — | 0.00 | — |
| 2014 | 0 | -100 | 0.00 | — | 0 | — | 0.00 | — | 0 | — | 0.00 | — |

续表

| 年份 | 增资+注资+新银行信贷便利 | | | | 增资+注资+私募股权 | | | | 增资+注资+增资—私人配售 | | | |
|---|---|---|---|---|---|---|---|---|---|---|---|---|
| | 数量 | 同比增长（%） | 占比（%） | 指数 | 数量 | 同比增长（%） | 占比（%） | 指数 | 数量 | 同比增长（%） | 占比（%） | 指数 |
| 2015 | 0 | — | 0.00 | — | 1 | — | 8.33 | 500.00 | 0 | — | 0.00 | — |
| 2016 | 0 | — | 0.00 | — | 0 | -100 | 0.00 | — | 0 | — | 0.00 | — |
| 2017 | 0 | — | 0.00 | — | 0 | — | 0.00 | — | 0 | — | 0.00 | — |
| 2018 | 0 | — | 0.00 | — | 0 | — | 0.00 | — | 1 | — | 7.14 | — |
| 2019 | 0 | — | 0.00 | — | 0 | — | 0.00 | — | 0 | -100 | 0.00 | — |
| 2020 | 0 | — | 0.00 | — | 0 | — | 0.00 | — | 0 | — | 0.00 | — |
| 2021 | 0 | — | 0.00 | — | 0 | — | 0.00 | — | 0 | — | 0.00 | — |

| 年份 | 增资+开发资金—种子轮+风险资本 | | | | 增资+通道融资 | | | | 增资+增资—配售+增资—公募 | | | |
|---|---|---|---|---|---|---|---|---|---|---|---|---|
| | 数量 | 同比增长（%） | 占比（%） | 指数 | 数量 | 同比增长（%） | 占比（%） | 指数 | 数量 | 同比增长（%） | 占比（%） | 指数 |
| 2005 | 0 | — | 0.00 | — | 0 | — | 0.00 | — | 0 | — | 0.00 | — |
| 2006 | 0 | — | 0.00 | — | 0 | — | 0.00 | — | 0 | — | 0.00 | — |
| 2007 | 0 | — | 0.00 | — | 0 | — | 0.00 | — | 0 | — | 0.00 | — |
| 2008 | 0 | — | 0.00 | — | 0 | — | 0.00 | — | 0 | — | 0.00 | — |
| 2009 | 0 | — | 0.00 | — | 0 | — | 0.00 | — | 0 | — | 0.00 | — |
| 2010 | 0 | — | 0.00 | — | 0 | — | 0.00 | — | 0 | — | 0.00 | — |
| 2011 | 0 | — | 0.00 | — | 0 | — | 0.00 | — | 0 | — | 0.00 | — |
| 2012 | 0 | — | 0.00 | — | 0 | — | 0.00 | — | 0 | — | 0.00 | — |
| 2013 | 0 | — | 0.00 | — | 0 | — | 0.00 | — | 0 | — | 0.00 | — |
| 2014 | 0 | — | 0.00 | — | 0 | — | 0.00 | — | 0 | — | 0.00 | — |
| 2015 | 0 | — | 0.00 | — | 0 | — | 0.00 | — | 1 | — | 8.33 | 500.00 |
| 2016 | 0 | — | 0.00 | — | 0 | — | 0.00 | — | 0 | -100 | 0.00 | — |
| 2017 | 0 | — | 0.00 | — | 0 | — | 0.00 | — | 0 | — | 0.00 | — |
| 2018 | 1 | — | 7.14 | — | 1 | — | 7.14 | — | 0 | — | 0.00 | — |
| 2019 | 0 | -100 | 0.00 | — | 0 | -100 | 0.00 | — | 0 | — | 0.00 | — |
| 2020 | 0 | — | 0.00 | — | 0 | — | 0.00 | — | 0 | — | 0.00 | — |
| 2021 | 0 | — | 0.00 | — | 0 | — | 0.00 | — | 0 | — | 0.00 | — |

续表

| 年份 | 增资+增资—配售+增资—新股发行 | | | | 增资+私募股权 | | | | 增资+增资—私人配售 | | | |
|---|---|---|---|---|---|---|---|---|---|---|---|---|
| | 数量 | 同比增长（%） | 占比（%） | 指数 | 数量 | 同比增长（%） | 占比（%） | 指数 | 数量 | 同比增长（%） | 占比（%） | 指数 |
| 2005 | 0 | — | 0.00 | — | 0 | — | 0.00 | — | 0 | — | 0.00 | 0.00 |
| 2006 | 0 | — | 0.00 | — | 0 | — | 0.00 | — | 0 | — | 0.00 | 0.00 |
| 2007 | 0 | — | 0.00 | — | 0 | — | 0.00 | — | 0 | — | 0.00 | 0.00 |
| 2008 | 0 | — | 0.00 | — | 0 | — | 0.00 | — | 0 | — | 0.00 | 0.00 |
| 2009 | 0 | — | 0.00 | — | 0 | — | 0.00 | — | 0 | — | 0.00 | 0.00 |
| 2010 | 0 | — | 0.00 | — | 0 | — | 0.00 | — | 0 | — | 0.00 | 0.00 |
| 2011 | 0 | — | 0.00 | — | 0 | — | 0.00 | — | 1 | — | 100.00 | 500.00 |
| 2012 | 0 | — | 0.00 | — | 0 | — | 0.00 | — | 0 | -100 | 0.00 | 0.00 |
| 2013 | 0 | — | 0.00 | — | 0 | — | 0.00 | — | 0 | — | 0.00 | 0.00 |
| 2014 | 0 | — | 0.00 | — | 0 | — | 0.00 | — | 0 | — | 0.00 | 0.00 |
| 2015 | 0 | — | 0.00 | — | 0 | — | 0.00 | — | 0 | — | 0.00 | 0.00 |
| 2016 | 0 | — | 0.00 | — | 1 | — | 6.67 | — | 0 | — | 0.00 | 0.00 |
| 2017 | 1 | — | 11.11 | — | 0 | -100 | 0.00 | — | 0 | — | 0.00 | 0.00 |
| 2018 | 0 | -100 | 0.00 | — | 0 | — | 0.00 | — | 0 | — | 0.00 | 0.00 |
| 2019 | 0 | — | 0.00 | — | 0 | — | 0.00 | — | 0 | — | 0.00 | 0.00 |
| 2020 | 0 | — | 0.00 | — | 0 | — | 0.00 | — | 0 | — | 0.00 | 0.00 |
| 2021 | 0 | — | 0.00 | — | 0 | — | 0.00 | — | 0 | — | 0.00 | 0.00 |

| 年份 | 增资—可转债+注资 | | | | 增资—可转债+企业风险投资+开发资金—第1轮-第8轮+对冲基金+私募股权 | | | | 增资—可转债+开发资金+风险资本 | | | |
|---|---|---|---|---|---|---|---|---|---|---|---|---|
| | 数量 | 同比增长（%） | 占比（%） | 指数 | 数量 | 同比增长（%） | 占比（%） | 指数 | 数量 | 同比增长（%） | 占比（%） | 指数 |
| 2005 | 0 | — | 0.00 | — | 0 | — | 0.00 | — | 0 | — | 0.00 | 0.00 |
| 2006 | 0 | — | 0.00 | — | 0 | — | 0.00 | — | 0 | — | 0.00 | 0.00 |
| 2007 | 0 | — | 0.00 | — | 0 | — | 0.00 | — | 0 | — | 0.00 | 0.00 |
| 2008 | 0 | — | 0.00 | — | 0 | — | 0.00 | — | 0 | — | 0.00 | 0.00 |

续表

| 年份 | 增资—可转债+注资 | | | | 增资—可转债+企业风险投资+开发资金—第1轮-第8轮+对冲基金+私募股权 | | | | 增资—可转债+开发资金+风险资本 | | | |
|---|---|---|---|---|---|---|---|---|---|---|---|---|
| | 数量 | 同比增长(%) | 占比(%) | 指数 | 数量 | 同比增长(%) | 占比(%) | 指数 | 数量 | 同比增长(%) | 占比(%) | 指数 |
| 2009 | 0 | — | 0.00 | — | 0 | — | 0.00 | — | 0 | — | 0.00 | 0.00 |
| 2010 | 0 | — | 0.00 | — | 0 | — | 0.00 | — | 0 | — | 0.00 | 0.00 |
| 2011 | 0 | — | 0.00 | — | 0 | — | 0.00 | — | 0 | — | 0.00 | 0.00 |
| 2012 | 0 | — | 0.00 | — | 0 | — | 0.00 | — | 0 | — | 0.00 | 0.00 |
| 2013 | 0 | — | 0.00 | — | 0 | — | 0.00 | — | 1 | — | 16.67 | 500.00 |
| 2014 | 0 | — | 0.00 | — | 0 | — | 0.00 | — | 0 | -100 | 0.00 | 0.00 |
| 2015 | 0 | — | 0.00 | — | 0 | — | 0.00 | — | 0 | — | 0.00 | 0.00 |
| 2016 | 0 | — | 0.00 | — | 0 | — | 0.00 | — | 0 | — | 0.00 | 0.00 |
| 2017 | 2 | — | 22.22 | — | 0 | — | 0.00 | — | 0 | — | 0.00 | 0.00 |
| 2018 | 0 | -100 | 0.00 | — | 0 | — | 0.00 | — | 0 | — | 0.00 | 0.00 |
| 2019 | 0 | — | 0.00 | — | 0 | — | 0.00 | — | 0 | — | 0.00 | 0.00 |
| 2020 | 0 | — | 0.00 | — | 1 | — | 14.29 | — | 0 | — | 0.00 | 0.00 |
| 2021 | 0 | — | 0.00 | — | 0 | -100 | 0.00 | — | 0 | — | 0.00 | 0.00 |

| 年份 | 增资—可转债+对冲基金 | | | | 增资—可转债+通道融资 | | | | 增资—可转债+私募股权 | | | |
|---|---|---|---|---|---|---|---|---|---|---|---|---|
| | 数量 | 同比增长(%) | 占比(%) | 指数 | 数量 | 同比增长(%) | 占比(%) | 指数 | 数量 | 同比增长(%) | 占比(%) | 指数 |
| 2005 | 0 | — | 0.00 | — | 0 | — | 0.00 | — | 0 | — | 0.00 | — |
| 2006 | 0 | — | 0.00 | — | 0 | — | 0.00 | — | 0 | — | 0.00 | — |
| 2007 | 0 | — | 0.00 | — | 0 | — | 0.00 | — | 0 | — | 0.00 | — |
| 2008 | 0 | — | 0.00 | — | 0 | — | 0.00 | — | 0 | — | 0.00 | — |
| 2009 | 0 | — | 0.00 | — | 0 | — | 0.00 | — | 0 | — | 0.00 | — |
| 2010 | 0 | — | 0.00 | — | 0 | — | 0.00 | — | 0 | — | 0.00 | — |
| 2011 | 0 | — | 0.00 | — | 0 | — | 0.00 | — | 0 | — | 0.00 | — |
| 2012 | 0 | — | 0.00 | — | 0 | — | 0.00 | — | 0 | — | 0.00 | — |

续表

| 年份 | 增资—可转债+对冲基金 | | | | 增资—可转债+通道融资 | | | | 增资—可转债+私募股权 | | | |
|---|---|---|---|---|---|---|---|---|---|---|---|---|
| | 数量 | 同比增长（%） | 占比（%） | 指数 | 数量 | 同比增长（%） | 占比（%） | 指数 | 数量 | 同比增长（%） | 占比（%） | 指数 |
| 2013 | 0 | — | 0.00 | — | 0 | — | 0.00 | — | 0 | — | 0.00 | — |
| 2014 | 0 | — | 0.00 | — | 0 | — | 0.00 | — | 0 | — | 0.00 | — |
| 2015 | 0 | — | 0.00 | — | 0 | — | 0.00 | — | 0 | — | 0.00 | — |
| 2016 | 0 | — | 0.00 | — | 0 | — | 0.00 | — | 1 | — | 6.67 | — |
| 2017 | 0 | — | 0.00 | — | 1 | — | 11.11 | — | 0 | -100 | 0.00 | — |
| 2018 | 0 | — | 0.00 | — | 0 | -100 | 0.00 | — | 0 | — | 0.00 | — |
| 2019 | 0 | — | 0.00 | — | 0 | — | 0.00 | — | 0 | — | 0.00 | — |
| 2020 | 0 | — | 0.00 | — | 0 | — | 0.00 | — | 0 | — | 0.00 | — |
| 2021 | 1 | — | 6.25 | — | 0 | — | 0.00 | — | 0 | — | 0.00 | — |

| 年份 | 增资—可转债+增资—私人配售 | | | | 增资—卖方配售+杠杆+新银行信贷便利+私募股权 | | | | 注资+增资—配售 | | | |
|---|---|---|---|---|---|---|---|---|---|---|---|---|
| | 数量 | 同比增长（%） | 占比（%） | 指数 | 数量 | 同比增长（%） | 占比（%） | 指数 | 数量 | 同比增长（%） | 占比（%） | 指数 |
| 2005 | 0 | — | 0.00 | — | 0 | — | 0.00 | — | 0 | — | 0.00 | — |
| 2006 | 0 | — | 0.00 | — | 0 | — | 0.00 | — | 0 | — | 0.00 | — |
| 2007 | 0 | — | 0.00 | — | 0 | — | 0.00 | — | 0 | — | 0.00 | — |
| 2008 | 0 | — | 0.00 | — | 0 | — | 0.00 | — | 0 | — | 0.00 | — |
| 2009 | 0 | — | 0.00 | — | 0 | — | 0.00 | — | 0 | — | 0.00 | — |
| 2010 | 0 | — | 0.00 | — | 0 | — | 0.00 | — | 1 | — | 16.67 | — |
| 2011 | 0 | — | 0.00 | — | 0 | — | 0.00 | — | 0 | -100 | 0.00 | — |
| 2012 | 0 | — | 0.00 | — | 0 | — | 0.00 | — | 0 | — | 0.00 | — |
| 2013 | 0 | — | 0.00 | — | 0 | — | 0.00 | — | 0 | — | 0.00 | — |
| 2014 | 0 | — | 0.00 | — | 0 | — | 0.00 | — | 0 | — | 0.00 | — |
| 2015 | 0 | — | 0.00 | — | 0 | — | 0.00 | — | 0 | — | 0.00 | — |
| 2016 | 0 | — | 0.00 | — | 0 | — | 0.00 | — | 0 | — | 0.00 | — |
| 2017 | 1 | — | 11.11 | — | 1 | — | 11.11 | — | 0 | — | 0.00 | — |

续表

| 年份 | 增资—可转债+增资—私人配售 | | | | 增资—卖方配售+杠杆+新银行信贷便利+私募股权 | | | | 注资+增资—配售 | | | |
|---|---|---|---|---|---|---|---|---|---|---|---|---|
| | 数量 | 同比增长（%） | 占比（%） | 指数 | 数量 | 同比增长（%） | 占比（%） | 指数 | 数量 | 同比增长（%） | 占比（%） | 指数 |
| 2018 | 0 | -100 | 0.00 | — | 0 | -100 | 0.00 | — | 0 | — | 0.00 | — |
| 2019 | 0 | — | 0.00 | — | 0 | — | 0.00 | — | 0 | — | 0.00 | — |
| 2020 | 0 | — | 0.00 | — | 0 | — | 0.00 | — | 0 | — | 0.00 | — |
| 2021 | 0 | — | 0.00 | — | 0 | — | 0.00 | — | 0 | — | 0.00 | — |

| 年份 | 注资+增资—私人配售 | | | | 增资—发行可转债+企业风险投资+开发资金+私募股权 | | | | 增资—发行可转债+开发资金+私募股权 | | | |
|---|---|---|---|---|---|---|---|---|---|---|---|---|
| | 数量 | 同比增长（%） | 占比（%） | 指数 | 数量 | 同比增长（%） | 占比（%） | 指数 | 数量 | 同比增长（%） | 占比（%） | 指数 |
| 2005 | 0 | — | 0.00 | — | 0 | — | 0.00 | — | 1 | — | 9.09 | — |
| 2006 | 1 | — | 16.67 | — | 0 | — | 0.00 | — | 0 | -100 | 0.00 | — |
| 2007 | 0 | -100 | 0.00 | — | 0 | — | 0.00 | — | 0 | — | 0.00 | — |
| 2008 | 0 | — | 0.00 | — | 0 | — | 0.00 | — | 0 | — | 0.00 | — |
| 2009 | 0 | — | 0.00 | — | 0 | — | 0.00 | — | 0 | — | 0.00 | — |
| 2010 | 0 | — | 0.00 | — | 0 | — | 0.00 | — | 0 | — | 0.00 | — |
| 2011 | 0 | — | 0.00 | — | 0 | — | 0.00 | — | 0 | — | 0.00 | — |
| 2012 | 0 | — | 0.00 | — | 0 | — | 0.00 | — | 0 | — | 0.00 | — |
| 2013 | 0 | — | 0.00 | — | 0 | — | 0.00 | — | 0 | — | 0.00 | — |
| 2014 | 0 | — | 0.00 | — | 0 | — | 0.00 | — | 0 | — | 0.00 | — |
| 2015 | 0 | — | 0.00 | — | 0 | — | 0.00 | — | 0 | — | 0.00 | — |
| 2016 | 0 | — | 0.00 | — | 1 | — | 6.67 | — | 0 | — | 0.00 | — |
| 2017 | 0 | — | 0.00 | — | 0 | -100 | 0.00 | — | 0 | — | 0.00 | — |
| 2018 | 0 | — | 0.00 | — | 0 | — | 0.00 | — | 0 | — | 0.00 | — |
| 2019 | 0 | — | 0.00 | — | 0 | — | 0.00 | — | 0 | — | 0.00 | — |
| 2020 | 0 | — | 0.00 | — | 0 | — | 0.00 | — | 0 | — | 0.00 | — |
| 2021 | 0 | — | 0.00 | — | 0 | — | 0.00 | — | 0 | — | 0.00 | — |

续表

| 年份 | 增资—发行可转债+开发资金+风险资本 | | | | 增资—发行可转债+通道融资 | | | | 企业风险投资+开发资金+风险资本 | | | |
|---|---|---|---|---|---|---|---|---|---|---|---|---|
| | 数量 | 同比增长（%） | 占比（%） | 指数 | 数量 | 同比增长（%） | 占比（%） | 指数 | 数量 | 同比增长（%） | 占比（%） | 指数 |
| 2005 | 0 | — | 0.00 | — | 0 | — | 0.00 | — | 0 | — | 0.00 | — |
| 2006 | 0 | — | 0.00 | — | 0 | — | 0.00 | — | 0 | — | 0.00 | — |
| 2007 | 0 | — | 0.00 | — | 0 | — | 0.00 | — | 0 | — | 0.00 | — |
| 2008 | 0 | — | 0.00 | — | 0 | — | 0.00 | — | 0 | — | 0.00 | — |
| 2009 | 0 | — | 0.00 | — | 0 | — | 0.00 | — | 0 | — | 0.00 | — |
| 2010 | 0 | — | 0.00 | — | 0 | — | 0.00 | — | 0 | — | 0.00 | — |
| 2011 | 0 | — | 0.00 | — | 0 | — | 0.00 | — | 0 | — | 0.00 | — |
| 2012 | 0 | — | 0.00 | — | 0 | — | 0.00 | — | 0 | — | 0.00 | — |
| 2013 | 0 | — | 0.00 | — | 0 | — | 0.00 | — | 0 | — | 0.00 | — |
| 2014 | 1 | — | 11.11 | 500.00 | 0 | — | 0.00 | — | 2 | — | 22.22 | 500.00 |
| 2015 | 0 | -100 | 0.00 | — | 0 | — | 0.00 | — | 0 | -100 | 0.00 | — |
| 2016 | 0 | — | 0.00 | — | 1 | — | 6.67 | — | 0 | — | 0.00 | — |
| 2017 | 0 | — | 0.00 | — | 0 | -100 | 0.00 | — | 0 | — | 0.00 | — |
| 2018 | 0 | — | 0.00 | — | 0 | — | 0.00 | — | 0 | — | 0.00 | — |
| 2019 | 0 | — | 0.00 | — | 0 | — | 0.00 | — | 0 | — | 0.00 | — |
| 2020 | 0 | — | 0.00 | — | 0 | — | 0.00 | — | 0 | — | 0.00 | — |
| 2021 | 0 | — | 0.00 | — | 0 | — | 0.00 | — | 0 | — | 0.00 | — |

| 年份 | 增资—发行可转债+私募股权 | | | | 增资—发行可转债+私募股权+增资—私人配售 | | | | 增资—发行可转债+增资—私人配售 | | | |
|---|---|---|---|---|---|---|---|---|---|---|---|---|
| | 数量 | 同比增长（%） | 占比（%） | 指数 | 数量 | 同比增长（%） | 占比（%） | 指数 | 数量 | 同比增长（%） | 占比（%） | 指数 |
| 2005 | 0 | — | 0.00 | — | 0 | — | 0.00 | — | 0 | — | 0.00 | — |
| 2006 | 0 | — | 0.00 | — | 0 | — | 0.00 | — | 0 | — | 0.00 | — |
| 2007 | 0 | — | 0.00 | — | 0 | — | 0.00 | — | 0 | — | 0.00 | — |
| 2008 | 0 | — | 0.00 | — | 0 | — | 0.00 | — | 1 | — | 25.00 | — |
| 2009 | 1 | — | 25.00 | — | 0 | — | 0.00 | — | 0 | -100 | 0.00 | — |

续表

| 年份 | 增资—发行可转债+私募股权 | | | | 增资—发行可转债+私募股权+增资—私人配售 | | | | 增资—发行可转债+增资—私人配售 | | | |
|---|---|---|---|---|---|---|---|---|---|---|---|---|
| | 数量 | 同比增长（%） | 占比（%） | 指数 | 数量 | 同比增长（%） | 占比（%） | 指数 | 数量 | 同比增长（%） | 占比（%） | 指数 |
| 2010 | 0 | -100 | 0.00 | — | 1 | — | 16.67 | — | 0 | — | 0.00 | — |
| 2011 | 0 | — | 0.00 | — | 0 | -100 | 0.00 | — | 0 | — | 0.00 | — |
| 2012 | 0 | — | 0.00 | — | 0 | — | 0.00 | — | 0 | — | 0.00 | — |
| 2013 | 0 | — | 0.00 | — | 0 | — | 0.00 | — | 0 | — | 0.00 | — |
| 2014 | 0 | — | 0.00 | — | 0 | — | 0.00 | — | 0 | — | 0.00 | — |
| 2015 | 0 | — | 0.00 | — | 0 | — | 0.00 | — | 0 | — | 0.00 | — |
| 2016 | 0 | — | 0.00 | — | 0 | — | 0.00 | — | 0 | — | 0.00 | — |
| 2017 | 0 | — | 0.00 | — | 0 | — | 0.00 | — | 0 | — | 0.00 | — |
| 2018 | 0 | — | 0.00 | — | 0 | — | 0.00 | — | 0 | — | 0.00 | — |
| 2019 | 0 | — | 0.00 | — | 0 | — | 0.00 | — | 0 | — | 0.00 | — |
| 2020 | 0 | — | 0.00 | — | 0 | — | 0.00 | — | 0 | — | 0.00 | — |
| 2021 | 0 | — | 0.00 | — | 0 | — | 0.00 | — | 0 | — | 0.00 | — |

| 年份 | 企业风险投资+开发资金+家族办公室+私募股权 | | | | 企业风险投资+开发资金+对冲基金+私募股权 | | | | 企业风险投资+开发资金+私募股权 | | | |
|---|---|---|---|---|---|---|---|---|---|---|---|---|
| | 数量 | 同比增长（%） | 占比（%） | 指数 | 数量 | 同比增长（%） | 占比（%） | 指数 | 数量 | 同比增长（%） | 占比（%） | 指数 |
| 2005 | 0 | — | 0.00 | — | 0 | — | 0.00 | — | 0 | — | 0.00 | — |
| 2006 | 0 | — | 0.00 | — | 0 | — | 0.00 | — | 1 | — | 16.67 | — |
| 2007 | 0 | — | 0.00 | — | 0 | — | 0.00 | — | 0 | -100 | 0.00 | — |
| 2008 | 0 | — | 0.00 | — | 0 | — | 0.00 | — | 0 | — | 0.00 | — |
| 2009 | 0 | — | 0.00 | — | 0 | — | 0.00 | — | 0 | — | 0.00 | — |
| 2010 | 0 | — | 0.00 | — | 0 | — | 0.00 | — | 0 | — | 0.00 | — |
| 2011 | 0 | — | 0.00 | — | 0 | — | 0.00 | — | 0 | — | 0.00 | — |
| 2012 | 0 | — | 0.00 | — | 0 | — | 0.00 | — | 0 | — | 0.00 | — |
| 2013 | 0 | — | 0.00 | — | 0 | — | 0.00 | — | 0 | — | 0.00 | — |
| 2014 | 0 | — | 0.00 | — | 0 | — | 0.00 | — | 0 | — | 0.00 | — |

续表

| 年份 | 企业风险投资+开发资金+家族办公室+私募股权 | | | | 企业风险投资+开发资金+对冲基金+私募股权 | | | | 企业风险投资+开发资金+私募股权 | | | |
|---|---|---|---|---|---|---|---|---|---|---|---|---|
| | 数量 | 同比增长（%） | 占比（%） | 指数 | 数量 | 同比增长（%） | 占比（%） | 指数 | 数量 | 同比增长（%） | 占比（%） | 指数 |
| 2015 | 0 | — | 0.00 | — | 0 | — | 0.00 | — | 0 | — | 0.00 | — |
| 2016 | 0 | — | 0.00 | — | 0 | — | 0.00 | — | 0 | — | 0.00 | — |
| 2017 | 0 | — | 0.00 | — | 0 | — | 0.00 | — | 0 | — | 0.00 | — |
| 2018 | 1 | — | 7.14 | — | 0 | — | 0.00 | — | 0 | — | 0.00 | — |
| 2019 | 0 | -100 | 0.00 | — | 1 | — | 12.50 | — | 0 | — | 0.00 | — |
| 2020 | 0 | — | 0.00 | — | 0 | -100 | 0.00 | — | 0 | — | 0.00 | — |
| 2021 | 0 | — | 0.00 | — | 0 | — | 0.00 | — | 0 | — | 0.00 | — |

| 年份 | 企业风险投资+开发资金+风险资本 | | | | 企业风险投资+开发资金—第1轮-第8轮 | | | | 企业风险投资+开发资金—第1轮-第8轮+家族办公室+对冲基金+风险资本 | | | |
|---|---|---|---|---|---|---|---|---|---|---|---|---|
| | 数量 | 同比增长（%） | 占比（%） | 指数 | 数量 | 同比增长（%） | 占比（%） | 指数 | 数量 | 同比增长（%） | 占比（%） | 指数 |
| 2005 | 0 | — | 0.00 | — | 0 | — | 0.00 | — | 0 | — | 0.00 | — |
| 2006 | 0 | — | 0.00 | — | 1 | — | 16.67 | — | 0 | — | 0.00 | — |
| 2007 | 0 | — | 0.00 | — | 0 | -100 | 0.00 | — | 0 | — | 0.00 | — |
| 2008 | 1 | — | 25.00 | — | 0 | — | 0.00 | — | 0 | — | 0.00 | — |
| 2009 | 0 | -100 | 0.00 | — | 0 | — | 0.00 | — | 0 | — | 0.00 | — |
| 2010 | 0 | — | 0.00 | — | 0 | — | 0.00 | — | 0 | — | 0.00 | — |
| 2011 | 0 | — | 0.00 | — | 0 | — | 0.00 | — | 0 | — | 0.00 | — |
| 2012 | 0 | — | 0.00 | — | 0 | — | 0.00 | — | 0 | — | 0.00 | — |
| 2013 | 0 | — | 0.00 | — | 0 | — | 0.00 | — | 0 | — | 0.00 | — |
| 2014 | 0 | — | 0.00 | — | 0 | — | 0.00 | — | 0 | — | 0.00 | — |
| 2015 | 0 | — | 0.00 | — | 0 | — | 0.00 | — | 0 | — | 0.00 | — |
| 2016 | 0 | — | 0.00 | — | 0 | — | 0.00 | — | 0 | — | 0.00 | — |
| 2017 | 0 | — | 0.00 | — | 0 | — | 0.00 | — | 0 | — | 0.00 | — |
| 2018 | 0 | — | 0.00 | — | 0 | — | 0.00 | — | 1 | — | 7.14 | — |

续表

| 年份 | 企业风险投资+开发资金+风险资本 | | | | 企业风险投资+开发资金—第1轮-第8轮 | | | | 企业风险投资+开发资金—第1轮-第8轮+家族办公室+对冲基金+风险资本 | | | |
|---|---|---|---|---|---|---|---|---|---|---|---|---|
| | 数量 | 同比增长（%） | 占比（%） | 指数 | 数量 | 同比增长（%） | 占比（%） | 指数 | 数量 | 同比增长（%） | 占比（%） | 指数 |
| 2019 | 0 | — | 0.00 | — | 0 | — | 0.00 | — | 0 | -100 | 0.00 | — |
| 2020 | 0 | — | 0.00 | — | 0 | — | 0.00 | — | 0 | — | 0.00 | — |
| 2021 | 0 | — | 0.00 | — | 0 | — | 0.00 | — | 0 | — | 0.00 | — |

| 年份 | 企业风险投资+开发资金—第1轮—第8轮+家族办公室+私募股权 | | | | 企业风险投资+开发资金—第1轮—第8轮+家族办公室+风险资本 | | | | 企业风险投资+开发资金—第1轮—第8轮+对冲基金+私募股权 | | | |
|---|---|---|---|---|---|---|---|---|---|---|---|---|
| | 数量 | 同比增长（%） | 占比（%） | 指数 | 数量 | 同比增长（%） | 占比（%） | 指数 | 数量 | 同比增长（%） | 占比（%） | 指数 |
| 2005 | 0 | — | 0.00 | — | 0 | — | 0.00 | — | 0 | — | 0.00 | — |
| 2006 | 0 | — | 0.00 | — | 0 | — | 0.00 | — | 0 | — | 0.00 | — |
| 2007 | 0 | — | 0.00 | — | 0 | — | 0.00 | — | 0 | — | 0.00 | — |
| 2008 | 0 | — | 0.00 | — | 0 | — | 0.00 | — | 0 | — | 0.00 | — |
| 2009 | 0 | — | 0.00 | — | 0 | — | 0.00 | — | 0 | — | 0.00 | — |
| 2010 | 0 | — | 0.00 | — | 0 | — | 0.00 | — | 0 | — | 0.00 | — |
| 2011 | 0 | — | 0.00 | — | 0 | — | 0.00 | — | 0 | — | 0.00 | — |
| 2012 | 0 | — | 0.00 | — | 0 | — | 0.00 | — | 0 | — | 0.00 | — |
| 2013 | 0 | — | 0.00 | — | 0 | — | 0.00 | — | 0 | — | 0.00 | — |
| 2014 | 0 | — | 0.00 | — | 0 | — | 0.00 | — | 0 | — | 0.00 | — |
| 2015 | 0 | — | 0.00 | — | 0 | — | 0.00 | — | 0 | — | 0.00 | — |
| 2016 | 0 | — | 0.00 | — | 0 | — | 0.00 | — | 0 | — | 0.00 | — |
| 2017 | 0 | — | 0.00 | — | 0 | — | 0.00 | — | 1 | — | 11.11 | — |
| 2018 | 0 | — | 0.00 | — | 2 | — | 14.29 | — | 0 | -100 | 0.00 | — |
| 2019 | 0 | — | 0.00 | — | 0 | -100 | 0.00 | — | 0 | — | 0.00 | — |
| 2020 | 2 | — | 28.57 | — | 0 | — | 0.00 | — | 0 | — | 0.00 | — |
| 2021 | 0 | -100 | 0.00 | — | 0 | — | 0.00 | — | 0 | — | 0.00 | — |

续表

| 年份 | 企业风险投资+开发资金—第1轮-第8轮+对冲基金+风险资本 | | | | 企业风险投资+开发资金—第1轮-第8轮+新银行信贷便利+风险资本 | | | | 企业风险投资+开发资金—第1轮-第8轮+私募股权 | | | |
|---|---|---|---|---|---|---|---|---|---|---|---|---|
| | 数量 | 同比增长（%） | 占比（%） | 指数 | 数量 | 同比增长（%） | 占比（%） | 指数 | 数量 | 同比增长（%） | 占比（%） | 指数 |
| 2005 | 0 | — | 0.00 | — | 0 | — | 0.00 | — | 0 | — | 0.00 | — |
| 2006 | 0 | — | 0.00 | — | 0 | — | 0.00 | — | 1 | — | 16.67 | — |
| 2007 | 0 | — | 0.00 | — | 0 | — | 0.00 | — | 0 | -100 | 0.00 | — |
| 2008 | 0 | — | 0.00 | — | 0 | — | 0.00 | — | 0 | — | 0.00 | — |
| 2009 | 0 | — | 0.00 | — | 0 | — | 0.00 | — | 0 | — | 0.00 | — |
| 2010 | 0 | — | 0.00 | — | 0 | — | 0.00 | — | 0 | — | 0.00 | — |
| 2011 | 0 | — | 0.00 | — | 0 | — | 0.00 | — | 0 | — | 0.00 | — |
| 2012 | 0 | — | 0.00 | — | 0 | — | 0.00 | — | 0 | — | 0.00 | — |
| 2013 | 0 | — | 0.00 | — | 0 | — | 0.00 | — | 0 | — | 0.00 | — |
| 2014 | 0 | — | 0.00 | — | 0 | — | 0.00 | — | 0 | — | 0.00 | — |
| 2015 | 0 | — | 0.00 | — | 0 | — | 0.00 | — | 0 | — | 0.00 | — |
| 2016 | 0 | — | 0.00 | — | 0 | — | 0.00 | — | 0 | — | 0.00 | — |
| 2017 | 0 | — | 0.00 | — | 1 | — | 11.11 | — | 0 | — | 0.00 | — |
| 2018 | 2 | — | 14.29 | — | 0 | -100 | 0.00 | — | 0 | — | 0.00 | — |
| 2019 | 0 | -100 | 0.00 | — | 0 | — | 0.00 | — | 0 | — | 0.00 | — |
| 2020 | 0 | — | 0.00 | — | 0 | — | 0.00 | — | 0 | — | 0.00 | — |
| 2021 | 0 | — | 0.00 | — | 0 | — | 0.00 | — | 0 | — | 0.00 | — |

| 年份 | 企业风险投资+开发资金—第1轮-第8轮+风险资本 | | | | 企业风险投资+开发资金—种子轮+风险资本 | | | | 企业风险投资+私募股权 | | | |
|---|---|---|---|---|---|---|---|---|---|---|---|---|
| | 数量 | 同比增长（%） | 占比（%） | 指数 | 数量 | 同比增长（%） | 占比（%） | 指数 | 数量 | 同比增长（%） | 占比（%） | 指数 |
| 2005 | 1 | — | 9.09 | — | 0 | — | 0.00 | 0.00 | 0 | — | 0.00 | — |
| 2006 | 0 | -100 | 0.00 | — | 0 | — | 0.00 | 0.00 | 0 | — | 0.00 | — |
| 2007 | 0 | — | 0.00 | — | 0 | — | 0.00 | 0.00 | 0 | — | 0.00 | — |
| 2008 | 0 | — | 0.00 | — | 0 | — | 0.00 | 0.00 | 0 | — | 0.00 | — |

续表

| 年份 | 企业风险投资+开发资金—第1轮-第8轮+风险资本 | | | | 企业风险投资+开发资金—种子轮+风险资本 | | | | 企业风险投资+私募股权 | | | |
|---|---|---|---|---|---|---|---|---|---|---|---|---|
| | 数量 | 同比增长（%） | 占比（%） | 指数 | 数量 | 同比增长（%） | 占比（%） | 指数 | 数量 | 同比增长（%） | 占比（%） | 指数 |
| 2009 | 0 | — | 0.00 | — | 0 | — | 0.00 | 0.00 | 0 | — | 0.00 | — |
| 2010 | 0 | — | 0.00 | — | 0 | — | 0.00 | 0.00 | 1 | — | 16.67 | — |
| 2011 | 0 | — | 0.00 | — | 0 | — | 0.00 | 0.00 | 0 | -100 | 0.00 | — |
| 2012 | 0 | — | 0.00 | — | 1 | — | 100.00 | 500.00 | 0 | — | 0.00 | — |
| 2013 | 0 | — | 0.00 | — | 0 | -100 | 0.00 | 0.00 | 0 | — | 0.00 | — |
| 2014 | 0 | — | 0.00 | — | 0 | — | 0.00 | 0.00 | 0 | — | 0.00 | — |
| 2015 | 0 | — | 0.00 | — | 0 | — | 0.00 | 0.00 | 0 | — | 0.00 | — |
| 2016 | 0 | — | 0.00 | — | 0 | — | 0.00 | 0.00 | 0 | — | 0.00 | — |
| 2017 | 0 | — | 0.00 | — | 0 | — | 0.00 | 0.00 | 0 | — | 0.00 | — |
| 2018 | 0 | — | 0.00 | — | 0 | — | 0.00 | 0.00 | 0 | — | 0.00 | — |
| 2019 | 0 | — | 0.00 | — | 0 | — | 0.00 | 0.00 | 0 | — | 0.00 | — |
| 2020 | 0 | — | 0.00 | — | 0 | — | 0.00 | 0.00 | 0 | — | 0.00 | — |
| 2021 | 0 | — | 0.00 | — | 0 | — | 0.00 | 0.00 | 0 | — | 0.00 | — |

| 年份 | 企业风险投资+私募股权+增资—私人配售 | | | | 开发资金+家族办公室+私募股权 | | | | 开发资金+对冲基金+风险资本 | | | |
|---|---|---|---|---|---|---|---|---|---|---|---|---|
| | 数量 | 同比增长（%） | 占比（%） | 指数 | 数量 | 同比增长（%） | 占比（%） | 指数 | 数量 | 同比增长（%） | 占比（%） | 指数 |
| 2005 | 0 | — | 0.00 | — | 0 | — | 0.00 | — | 0 | — | 0.00 | — |
| 2006 | 0 | — | 0.00 | — | 0 | — | 0.00 | — | 0 | — | 0.00 | — |
| 2007 | 0 | — | 0.00 | — | 0 | — | 0.00 | — | 0 | — | 0.00 | — |
| 2008 | 0 | — | 0.00 | — | 0 | — | 0.00 | — | 0 | — | 0.00 | — |
| 2009 | 0 | — | 0.00 | — | 0 | — | 0.00 | — | 0 | — | 0.00 | — |
| 2010 | 0 | — | 0.00 | — | 0 | — | 0.00 | — | 0 | — | 0.00 | — |
| 2011 | 0 | — | 0.00 | — | 0 | — | 0.00 | — | 0 | — | 0.00 | — |
| 2012 | 0 | — | 0.00 | — | 0 | — | 0.00 | — | 0 | — | 0.00 | — |
| 2013 | 0 | — | 0.00 | — | 0 | — | 0.00 | — | 0 | — | 0.00 | — |

续表

| 年份 | 企业风险投资+私募股权+增资—私人配售 | | | | 开发资金+家族办公室+私募股权 | | | | 开发资金+对冲基金+风险资本 | | | |
|---|---|---|---|---|---|---|---|---|---|---|---|---|
| | 数量 | 同比增长（%） | 占比（%） | 指数 | 数量 | 同比增长（%） | 占比（%） | 指数 | 数量 | 同比增长（%） | 占比（%） | 指数 |
| 2014 | 0 | — | 0.00 | — | 0 | — | 0.00 | — | 0 | — | 0.00 | — |
| 2015 | 0 | — | 0.00 | — | 0 | — | 0.00 | — | 0 | — | 0.00 | — |
| 2016 | 1 | — | 6.67 | — | 0 | — | 0.00 | — | 0 | — | 0.00 | — |
| 2017 | 0 | -100 | 0.00 | — | 0 | — | 0.00 | — | 0 | — | 0.00 | — |
| 2018 | 0 | — | 0.00 | — | 0 | — | 0.00 | — | 0 | — | 0.00 | — |
| 2019 | 0 | — | 0.00 | — | 0 | — | 0.00 | — | 0 | — | 0.00 | — |
| 2020 | 0 | — | 0.00 | — | 0 | — | 0.00 | — | 0 | — | 0.00 | — |
| 2021 | 0 | — | 0.00 | — | 1 | — | 6.25 | — | 1 | — | 6.25 | — |

| 年份 | 开发资金+新银行信贷便利+私募股权 | | | | 开发资金+私募股权 | | | | 开发资金+风险资本 | | | |
|---|---|---|---|---|---|---|---|---|---|---|---|---|
| | 数量 | 同比增长（%） | 占比（%） | 指数 | 数量 | 同比增长（%） | 占比（%） | 指数 | 数量 | 同比增长（%） | 占比（%） | 指数 |
| 2005 | 0 | — | 0.00 | — | 3 | — | 27.27 | — | 0 | — | 0.00 | — |
| 2006 | 0 | — | 0.00 | — | 0 | -100 | 0.00 | — | 0 | — | 0.00 | — |
| 2007 | 0 | — | 0.00 | — | 0 | — | 0.00 | — | 2 | — | 33.33 | — |
| 2008 | 0 | — | 0.00 | — | 0 | — | 0.00 | — | 0 | -100 | 0.00 | — |
| 2009 | 0 | — | 0.00 | — | 0 | — | 0.00 | — | 0 | — | 0.00 | — |
| 2010 | 0 | — | 0.00 | — | 0 | — | 0.00 | — | 0 | — | 0.00 | — |
| 2011 | 0 | — | 0.00 | — | 0 | — | 0.00 | — | 0 | — | 0.00 | — |
| 2012 | 0 | — | 0.00 | — | 0 | — | 0.00 | — | 0 | — | 0.00 | — |
| 2013 | 0 | — | 0.00 | — | 0 | — | 0.00 | — | 0 | — | 0.00 | — |
| 2014 | 1 | — | 11.11 | 500.00 | 0 | — | 0.00 | — | 0 | — | 0.00 | — |
| 2015 | 0 | -100 | 0.00 | — | 0 | — | 0.00 | — | 0 | — | 0.00 | — |
| 2016 | 0 | — | 0.00 | — | 0 | — | 0.00 | — | 0 | — | 0.00 | — |
| 2017 | 0 | — | 0.00 | — | 0 | — | 0.00 | — | 0 | — | 0.00 | — |
| 2018 | 0 | — | 0.00 | — | 0 | — | 0.00 | — | 0 | — | 0.00 | — |

续表

| 年份 | 开发资金+新银行信贷便利+私募股权 | | | | 开发资金+私募股权 | | | | 开发资金+风险资本 | | | |
|---|---|---|---|---|---|---|---|---|---|---|---|---|
| | 数量 | 同比增长（%） | 占比（%） | 指数 | 数量 | 同比增长（%） | 占比（%） | 指数 | 数量 | 同比增长（%） | 占比（%） | 指数 |
| 2019 | 0 | — | 0.00 | — | 0 | — | 0.00 | — | 0 | — | 0.00 | — |
| 2020 | 0 | — | 0.00 | — | 0 | — | 0.00 | — | 0 | — | 0.00 | — |
| 2021 | 0 | — | 0.00 | — | 0 | — | 0.00 | — | 0 | — | 0.00 | — |

| 年份 | 开发资金—第1轮-第8轮+家族办公室+对冲基金+私募股权 | | | | 开发资金—第1轮-第8轮+家族办公室+对冲基金+风险资本 | | | | 开发资金—第1轮-第8轮+家族办公室+私募股权 | | | |
|---|---|---|---|---|---|---|---|---|---|---|---|---|
| | 数量 | 同比增长（%） | 占比（%） | 指数 | 数量 | 同比增长（%） | 占比（%） | 指数 | 数量 | 同比增长（%） | 占比（%） | 指数 |
| 2005 | 0 | — | 0.00 | — | 0 | — | 0.00 | — | 0 | — | 0.00 | — |
| 2006 | 0 | — | 0.00 | — | 0 | — | 0.00 | — | 0 | — | 0.00 | — |
| 2007 | 0 | — | 0.00 | — | 0 | — | 0.00 | — | 0 | — | 0.00 | — |
| 2008 | 0 | — | 0.00 | — | 0 | — | 0.00 | — | 0 | — | 0.00 | — |
| 2009 | 0 | — | 0.00 | — | 0 | — | 0.00 | — | 0 | — | 0.00 | — |
| 2010 | 0 | — | 0.00 | — | 0 | — | 0.00 | — | 0 | — | 0.00 | — |
| 2011 | 0 | — | 0.00 | — | 0 | — | 0.00 | — | 0 | — | 0.00 | — |
| 2012 | 0 | — | 0.00 | — | 0 | — | 0.00 | — | 0 | — | 0.00 | — |
| 2013 | 0 | — | 0.00 | — | 0 | — | 0.00 | — | 0 | — | 0.00 | — |
| 2014 | 0 | — | 0.00 | — | 0 | — | 0.00 | — | 0 | — | 0.00 | — |
| 2015 | 0 | — | 0.00 | — | 1 | — | 8.33 | 500.00 | 0 | — | 0.00 | — |
| 2016 | 0 | — | 0.00 | — | 0 | -100 | 0.00 | — | 0 | — | 0.00 | — |
| 2017 | 0 | — | 0.00 | — | 0 | — | 0.00 | — | 0 | — | 0.00 | — |
| 2018 | 0 | — | 0.00 | — | 0 | — | 0.00 | — | 0 | — | 0.00 | — |
| 2019 | 0 | — | 0.00 | — | 0 | — | 0.00 | — | 0 | — | 0.00 | — |
| 2020 | 0 | — | 0.00 | — | 0 | — | 0.00 | — | 2 | — | 28.57 | — |
| 2021 | 1 | — | 6.25 | — | 0 | — | 0.00 | — | 0 | -100 | 0.00 | — |

续表

| 年份 | 开发资金—第1轮-第8轮+家族办公室+风险资本 | | | | 开发资金—第1轮-第8轮+对冲基金+私募股权 | | | | 开发资金—第1轮-第8轮+对冲基金+风险资本 | | | |
|---|---|---|---|---|---|---|---|---|---|---|---|---|
| | 数量 | 同比增长（%） | 占比（%） | 指数 | 数量 | 同比增长（%） | 占比（%） | 指数 | 数量 | 同比增长（%） | 占比（%） | 指数 |
| 2005 | 0 | — | 0.00 | — | 0 | — | 0.00 | — | 0 | — | 0.00 | — |
| 2006 | 0 | — | 0.00 | — | 0 | — | 0.00 | — | 0 | — | 0.00 | — |
| 2007 | 0 | — | 0.00 | — | 0 | — | 0.00 | — | 0 | — | 0.00 | — |
| 2008 | 0 | — | 0.00 | — | 0 | — | 0.00 | — | 0 | — | 0.00 | — |
| 2009 | 0 | — | 0.00 | — | 0 | — | 0.00 | — | 0 | — | 0.00 | — |
| 2010 | 0 | — | 0.00 | — | 0 | — | 0.00 | — | 0 | — | 0.00 | — |
| 2011 | 0 | — | 0.00 | — | 0 | — | 0.00 | — | 0 | — | 0.00 | — |
| 2012 | 0 | — | 0.00 | — | 0 | — | 0.00 | — | 0 | — | 0.00 | — |
| 2013 | 0 | — | 0.00 | — | 0 | — | 0.00 | — | 0 | — | 0.00 | — |
| 2014 | 0 | — | 0.00 | — | 0 | — | 0.00 | — | 0 | — | 0.00 | — |
| 2015 | 0 | — | 0.00 | — | 0 | — | 0.00 | — | 0 | — | 0.00 | — |
| 2016 | 0 | — | 0.00 | — | 0 | — | 0.00 | — | 0 | — | 0.00 | — |
| 2017 | 0 | — | 0.00 | — | 0 | — | 0.00 | — | 0 | — | 0.00 | — |
| 2018 | 2 | — | 14.29 | — | 0 | — | 0.00 | — | 1 | — | 7.14 | — |
| 2019 | 0 | -100 | 0.00 | — | 0 | — | 0.00 | — | 0 | -100 | 0.00 | — |
| 2020 | 0 | — | 0.00 | — | 1 | — | 14.29 | — | 0 | — | 0.00 | — |
| 2021 | 0 | — | 0.00 | — | 0 | -100 | 0.00 | — | 0 | — | 0.00 | — |

| 年份 | 开发资金—第1轮-第8轮+私募股权 | | | | 开发资金—第1轮-第8轮+风险资本 | | | | 开发资金—种子轮+私募股权 | | | |
|---|---|---|---|---|---|---|---|---|---|---|---|---|
| | 数量 | 同比增长（%） | 占比（%） | 指数 | 数量 | 同比增长（%） | 占比（%） | 指数 | 数量 | 同比增长（%） | 占比（%） | 指数 |
| 2005 | 2 | — | 18.18 | — | 1 | — | 9.09 | — | 0 | — | 0.00 | — |
| 2006 | 0 | -100 | 0.00 | — | 0 | -100 | 0.00 | — | 0 | — | 0.00 | — |
| 2007 | 0 | — | 0.00 | — | 0 | — | 0.00 | — | 0 | — | 0.00 | — |
| 2008 | 0 | — | 0.00 | — | 0 | — | 0.00 | — | 0 | — | 0.00 | — |
| 2009 | 0 | — | 0.00 | — | 0 | — | 0.00 | — | 0 | — | 0.00 | — |

续表

| 年份 | 开发资金—第1轮-第8轮+私募股权 | | | | 开发资金—第1轮-第8轮+风险资本 | | | | 开发资金—种子轮+私募股权 | | | |
|---|---|---|---|---|---|---|---|---|---|---|---|---|
| | 数量 | 同比增长（%） | 占比（%） | 指数 | 数量 | 同比增长（%） | 占比（%） | 指数 | 数量 | 同比增长（%） | 占比（%） | 指数 |
| 2010 | 0 | — | 0.00 | — | 0 | — | 0.00 | — | 0 | — | 0.00 | — |
| 2011 | 0 | — | 0.00 | — | 0 | — | 0.00 | — | 0 | — | 0.00 | — |
| 2012 | 0 | — | 0.00 | — | 0 | — | 0.00 | — | 0 | — | 0.00 | — |
| 2013 | 0 | — | 0.00 | — | 0 | — | 0.00 | — | 0 | — | 0.00 | — |
| 2014 | 0 | — | 0.00 | — | 0 | — | 0.00 | — | 0 | — | 0.00 | — |
| 2015 | 0 | — | 0.00 | — | 0 | — | 0.00 | — | 0 | — | 0.00 | — |
| 2016 | 0 | — | 0.00 | — | 0 | — | 0.00 | — | 0 | — | 0.00 | — |
| 2017 | 0 | — | 0.00 | — | 0 | — | 0.00 | — | 0 | — | 0.00 | — |
| 2018 | 0 | — | 0.00 | — | 0 | — | 0.00 | — | 1 | — | 7.14 | — |
| 2019 | 0 | — | 0.00 | — | 0 | — | 0.00 | — | 0 | -100 | 0.00 | — |
| 2020 | 0 | — | 0.00 | — | 0 | — | 0.00 | — | 0 | — | 0.00 | — |
| 2021 | 0 | — | 0.00 | — | 0 | — | 0.00 | — | 0 | — | 0.00 | — |

| 年份 | 开发资金—种子轮+风险资本 | | | | 家族办公室+通道融资+增资—私人配售 | | | | 家族办公室+私募股权 | | | |
|---|---|---|---|---|---|---|---|---|---|---|---|---|
| | 数量 | 同比增长（%） | 占比（%） | 指数 | 数量 | 同比增长（%） | 占比（%） | 指数 | 数量 | 同比增长（%） | 占比（%） | 指数 |
| 2005 | 0 | — | 0.00 | — | 0 | — | 0.00 | — | 0 | — | 0.00 | — |
| 2006 | 0 | — | 0.00 | — | 0 | — | 0.00 | — | 0 | — | 0.00 | — |
| 2007 | 1 | — | 16.67 | — | 0 | — | 0.00 | — | 0 | — | 0.00 | — |
| 2008 | 0 | -100 | 0.00 | — | 0 | — | 0.00 | — | 0 | — | 0.00 | — |
| 2009 | 0 | — | 0.00 | — | 0 | — | 0.00 | — | 0 | — | 0.00 | — |
| 2010 | 0 | — | 0.00 | — | 0 | — | 0.00 | — | 0 | — | 0.00 | — |
| 2011 | 0 | — | 0.00 | — | 0 | — | 0.00 | — | 0 | — | 0.00 | — |
| 2012 | 0 | — | 0.00 | — | 0 | — | 0.00 | — | 0 | — | 0.00 | — |
| 2013 | 0 | — | 0.00 | — | 0 | — | 0.00 | — | 0 | — | 0.00 | — |
| 2014 | 0 | — | 0.00 | — | 0 | — | 0.00 | — | 0 | — | 0.00 | — |

续表

| 年份 | 开发资金—种子轮+风险资本 | | | | 家族办公室+通道融资+增资—私人配售 | | | | 家族办公室+私募股权 | | | |
|---|---|---|---|---|---|---|---|---|---|---|---|---|
| | 数量 | 同比增长（%） | 占比（%） | 指数 | 数量 | 同比增长（%） | 占比（%） | 指数 | 数量 | 同比增长（%） | 占比（%） | 指数 |
| 2015 | 0 | — | 0.00 | — | 0 | — | 0.00 | — | 0 | — | 0.00 | — |
| 2016 | 0 | — | 0.00 | — | 0 | — | 0.00 | — | 0 | — | 0.00 | — |
| 2017 | 0 | — | 0.00 | — | 0 | — | 0.00 | — | 0 | — | 0.00 | — |
| 2018 | 0 | — | 0.00 | — | 0 | — | 0.00 | — | 0 | — | 0.00 | — |
| 2019 | 0 | — | 0.00 | — | 0 | — | 0.00 | — | 1 | — | 12.50 | — |
| 2020 | 0 | — | 0.00 | — | 0 | — | 0.00 | — | 0 | -100 | 0.00 | — |
| 2021 | 0 | — | 0.00 | — | 2 | — | 12.50 | — | 0 | — | 0.00 | — |

| 年份 | 对冲基金+通道融资+增资—私人配售 | | | | 杠杆+新银行信贷便利 | | | | 杠杆+新银行信贷便利+私募股权 | | | |
|---|---|---|---|---|---|---|---|---|---|---|---|---|
| | 数量 | 同比增长（%） | 占比（%） | 指数 | 数量 | 同比增长（%） | 占比（%） | 指数 | 数量 | 同比增长（%） | 占比（%） | 指数 |
| 2005 | 0 | — | 0.00 | — | 0 | — | 0.00 | — | 0 | — | 0.00 | — |
| 2006 | 0 | — | 0.00 | — | 0 | — | 0.00 | — | 0 | — | 0.00 | — |
| 2007 | 0 | — | 0.00 | — | 0 | — | 0.00 | — | 0 | — | 0.00 | — |
| 2008 | 0 | — | 0.00 | — | 0 | — | 0.00 | — | 0 | — | 0.00 | — |
| 2009 | 0 | — | 0.00 | — | 0 | — | 0.00 | — | 0 | — | 0.00 | — |
| 2010 | 0 | — | 0.00 | — | 0 | — | 0.00 | — | 0 | — | 0.00 | — |
| 2011 | 0 | — | 0.00 | — | 0 | — | 0.00 | — | 0 | — | 0.00 | — |
| 2012 | 0 | — | 0.00 | — | 0 | — | 0.00 | — | 0 | — | 0.00 | — |
| 2013 | 0 | — | 0.00 | — | 0 | — | 0.00 | — | 0 | — | 0.00 | — |
| 2014 | 0 | — | 0.00 | — | 0 | — | 0.00 | — | 0 | — | 0.00 | — |
| 2015 | 0 | — | 0.00 | — | 0 | — | 0.00 | — | 1 | — | 8.33 | 500.00 |
| 2016 | 0 | — | 0.00 | — | 4 | — | 26.67 | — | 0 | -100 | 0.00 | — |
| 2017 | 0 | — | 0.00 | — | 0 | -100 | 0.00 | — | 0 | — | 0.00 | — |
| 2018 | 0 | — | 0.00 | — | 0 | — | 0.00 | — | 0 | — | 0.00 | — |
| 2019 | 0 | — | 0.00 | — | 0 | — | 0.00 | — | 0 | — | 0.00 | — |
| 2020 | 0 | — | 0.00 | — | 0 | — | 0.00 | — | 0 | — | 0.00 | — |
| 2021 | 2 | — | 12.50 | — | 0 | — | 0.00 | — | 0 | — | 0.00 | — |

续表

| 年份 | 杠杆收购+夹层融资+新银行信贷便利+私募股权 | | | | 杠杆收购+新银行信贷便利 | | | | 杠杆收购+新银行信贷便利+私募股权 | | | |
|---|---|---|---|---|---|---|---|---|---|---|---|---|
| | 数量 | 同比增长(%) | 占比(%) | 指数 | 数量 | 同比增长(%) | 占比(%) | 指数 | 数量 | 同比增长(%) | 占比(%) | 指数 |
| 2005 | 0 | — | 0.00 | — | 0 | — | 0.00 | — | 0 | — | 0.00 | — |
| 2006 | 0 | — | 0.00 | — | 0 | — | 0.00 | — | 0 | — | 0.00 | — |
| 2007 | 0 | — | 0.00 | — | 0 | — | 0.00 | — | 0 | — | 0.00 | — |
| 2008 | 0 | — | 0.00 | — | 0 | — | 0.00 | — | 0 | — | 0.00 | — |
| 2009 | 0 | — | 0.00 | — | 0 | — | 0.00 | — | 0 | — | 0.00 | — |
| 2010 | 0 | — | 0.00 | — | 0 | — | 0.00 | — | 0 | — | 0.00 | — |
| 2011 | 0 | — | 0.00 | — | 0 | — | 0.00 | — | 0 | — | 0.00 | — |
| 2012 | 0 | — | 0.00 | — | 0 | — | 0.00 | — | 0 | — | 0.00 | — |
| 2013 | 0 | — | 0.00 | — | 0 | — | 0.00 | — | 0 | — | 0.00 | — |
| 2014 | 0 | — | 0.00 | — | 0 | — | 0.00 | — | 1 | — | 11.11 | 500.00 |
| 2015 | 0 | — | 0.00 | — | 4 | — | 33.33 | 500.00 | 0 | -100 | 0.00 | — |
| 2016 | 1 | — | 6.67 | — | 0 | -100 | 0.00 | — | 0 | — | 0.00 | — |
| 2017 | 0 | -100 | 0.00 | — | 0 | — | 0.00 | — | 0 | — | 0.00 | — |
| 2018 | 0 | — | 0.00 | — | 0 | — | 0.00 | — | 0 | — | 0.00 | — |
| 2019 | 0 | — | 0.00 | — | 0 | — | 0.00 | — | 0 | — | 0.00 | — |
| 2020 | 0 | — | 0.00 | — | 0 | — | 0.00 | — | 0 | — | 0.00 | — |
| 2021 | 0 | — | 0.00 | — | 0 | — | 0.00 | — | 0 | — | 0.00 | — |

| 年份 | 夹层融资+私募股权 | | | | 新银行信贷便利+私募股权 | | | | 新银行信贷便利+增资—公募 | | | |
|---|---|---|---|---|---|---|---|---|---|---|---|---|
| | 数量 | 同比增长(%) | 占比(%) | 指数 | 数量 | 同比增长(%) | 占比(%) | 指数 | 数量 | 同比增长(%) | 占比(%) | 指数 |
| 2005 | 0 | — | 0.00 | — | 0 | — | 0.00 | — | 0 | — | 0.00 | — |
| 2006 | 0 | — | 0.00 | — | 0 | — | 0.00 | — | 0 | — | 0.00 | — |
| 2007 | 0 | — | 0.00 | — | 1 | — | 16.67 | — | 0 | — | 0.00 | — |
| 2008 | 0 | — | 0.00 | — | 0 | -100 | 0.00 | — | 0 | — | 0.00 | — |
| 2009 | 0 | — | 0.00 | — | 0 | — | 0.00 | — | 1 | — | 25.00 | — |

续表

| 年份 | 夹层融资+私募股权 | | | | 新银行信贷便利+私募股权 | | | | 新银行信贷便利+增资—公募 | | | |
|---|---|---|---|---|---|---|---|---|---|---|---|---|
| | 数量 | 同比增长（%） | 占比（%） | 指数 | 数量 | 同比增长（%） | 占比（%） | 指数 | 数量 | 同比增长（%） | 占比（%） | 指数 |
| 2010 | 0 | — | 0.00 | — | 0 | — | 0.00 | — | 0 | -100 | 0.00 | — |
| 2011 | 0 | — | 0.00 | — | 0 | — | 0.00 | — | 0 | — | 0.00 | — |
| 2012 | 0 | — | 0.00 | — | 0 | — | 0.00 | — | 0 | — | 0.00 | — |
| 2013 | 1 | — | 16.67 | 500.00 | 0 | — | 0.00 | — | 0 | — | 0.00 | — |
| 2014 | 0 | -100 | 0.00 | — | 0 | — | 0.00 | — | 0 | — | 0.00 | — |
| 2015 | 0 | — | 0.00 | — | 0 | — | 0.00 | — | 0 | — | 0.00 | — |
| 2016 | 0 | — | 0.00 | — | 0 | — | 0.00 | — | 0 | — | 0.00 | — |
| 2017 | 0 | — | 0.00 | — | 0 | — | 0.00 | — | 0 | — | 0.00 | — |
| 2018 | 0 | — | 0.00 | — | 0 | — | 0.00 | — | 0 | — | 0.00 | — |
| 2019 | 0 | — | 0.00 | — | 0 | — | 0.00 | — | 0 | — | 0.00 | — |
| 2020 | 0 | — | 0.00 | — | 0 | — | 0.00 | — | 0 | — | 0.00 | — |
| 2021 | 0 | — | 0.00 | — | 0 | — | 0.00 | — | 0 | — | 0.00 | — |

| 年份 | 通道融资+增资—配售 | | | | 通道融资+私募股权+增资—私人配售 | | | | 通道融资+增资—私人配售 | | | |
|---|---|---|---|---|---|---|---|---|---|---|---|---|
| | 数量 | 同比增长（%） | 占比（%） | 指数 | 数量 | 同比增长（%） | 占比（%） | 指数 | 数量 | 同比增长（%） | 占比（%） | 指数 |
| 2005 | 0 | — | 0.00 | — | 0 | — | 0.00 | — | 1 | — | 9.09 | — |
| 2006 | 0 | — | 0.00 | — | 1 | — | 16.67 | — | 0 | -100 | 0.00 | — |
| 2007 | 0 | — | 0.00 | — | 0 | -100 | 0.00 | — | 0 | — | 0.00 | — |
| 2008 | 0 | — | 0.00 | — | 0 | — | 0.00 | — | 0 | — | 0.00 | — |
| 2009 | 0 | — | 0.00 | — | 0 | — | 0.00 | — | 0 | — | 0.00 | — |
| 2010 | 0 | — | 0.00 | — | 0 | — | 0.00 | — | 0 | — | 0.00 | — |
| 2011 | 0 | — | 0.00 | — | 0 | — | 0.00 | — | 0 | — | 0.00 | — |
| 2012 | 0 | — | 0.00 | — | 0 | — | 0.00 | — | 0 | — | 0.00 | — |
| 2013 | 0 | — | 0.00 | — | 0 | — | 0.00 | — | 0 | — | 0.00 | — |
| 2014 | 0 | — | 0.00 | — | 0 | — | 0.00 | — | 0 | — | 0.00 | — |

续表

| 年份 | 通道融资+增资—配售 | | | | 通道融资+私募股权+增资—私人配售 | | | | 通道融资+增资—私人配售 | | | |
|---|---|---|---|---|---|---|---|---|---|---|---|---|
| | 数量 | 同比增长（%） | 占比（%） | 指数 | 数量 | 同比增长（%） | 占比（%） | 指数 | 数量 | 同比增长（%） | 占比（%） | 指数 |
| 2015 | 0 | — | 0.00 | — | 0 | — | 0.00 | — | 0 | — | 0.00 | — |
| 2016 | 1 | — | 6.67 | — | 0 | — | 0.00 | — | 0 | — | 0.00 | — |
| 2017 | 0 | -100 | 0.00 | — | 0 | — | 0.00 | — | 0 | — | 0.00 | — |
| 2018 | 0 | — | 0.00 | — | 0 | — | 0.00 | — | 0 | — | 0.00 | — |
| 2019 | 0 | — | 0.00 | — | 0 | — | 0.00 | — | 0 | — | 0.00 | — |
| 2020 | 0 | — | 0.00 | — | 0 | — | 0.00 | — | 0 | — | 0.00 | — |
| 2021 | 0 | — | 0.00 | — | 0 | — | 0.00 | — | 0 | — | 0.00 | — |

| 年份 | 通道融资+增资—公募 | | | | 增资—配售+私募股权 | | | | 增资—配售+增资—私人配售 | | | |
|---|---|---|---|---|---|---|---|---|---|---|---|---|
| | 数量 | 同比增长（%） | 占比（%） | 指数 | 数量 | 同比增长（%） | 占比（%） | 指数 | 数量 | 同比增长（%） | 占比（%） | 指数 |
| 2005 | 0 | — | 0.00 | — | 0 | — | 0.00 | — | 0 | — | 0.00 | — |
| 2006 | 0 | — | 0.00 | — | 0 | — | 0.00 | — | 0 | — | 0.00 | — |
| 2007 | 0 | — | 0.00 | — | 0 | — | 0.00 | — | 1 | — | 16.67 | — |
| 2008 | 0 | — | 0.00 | — | 0 | — | 0.00 | — | 0 | -100 | 0.00 | — |
| 2009 | 1 | — | 25.00 | — | 0 | — | 0.00 | — | 0 | — | 0.00 | — |
| 2010 | 0 | -100 | 0.00 | — | 1 | — | 16.67 | — | 0 | — | 0.00 | — |
| 2011 | 0 | — | 0.00 | — | 0 | -100 | 0.00 | — | 0 | — | 0.00 | — |
| 2012 | 0 | — | 0.00 | — | 0 | — | 0.00 | — | 0 | — | 0.00 | — |
| 2013 | 0 | — | 0.00 | — | 0 | — | 0.00 | — | 0 | — | 0.00 | — |
| 2014 | 0 | — | 0.00 | — | 0 | — | 0.00 | — | 0 | — | 0.00 | — |
| 2015 | 0 | — | 0.00 | — | 0 | — | 0.00 | — | 0 | — | 0.00 | — |
| 2016 | 0 | — | 0.00 | — | 0 | — | 0.00 | — | 0 | — | 0.00 | — |
| 2017 | 0 | — | 0.00 | — | 0 | — | 0.00 | — | 0 | — | 0.00 | — |
| 2018 | 0 | — | 0.00 | — | 0 | — | 0.00 | — | 0 | — | 0.00 | — |
| 2019 | 0 | — | 0.00 | — | 0 | — | 0.00 | — | 0 | — | 0.00 | — |
| 2020 | 0 | — | 0.00 | — | 0 | — | 0.00 | — | 0 | — | 0.00 | — |
| 2021 | 0 | — | 0.00 | — | 0 | — | 0.00 | — | 0 | — | 0.00 | — |

续表

| 年份 | 增资—配售+增资—公募 | | | | 私募股权+增资—私人配售 | | | | 增资—私人配售+增资—公募 | | | |
|---|---|---|---|---|---|---|---|---|---|---|---|---|
| | 数量 | 同比增长（%） | 占比（%） | 指数 | 数量 | 同比增长（%） | 占比（%） | 指数 | 数量 | 同比增长（%） | 占比（%） | 指数 |
| 2005 | 0 | — | 0.00 | — | 0 | — | 0.00 | — | 0 | — | 0.00 | — |
| 2006 | 0 | — | 0.00 | — | 0 | — | 0.00 | — | 0 | — | 0.00 | — |
| 2007 | 0 | — | 0.00 | — | 0 | — | 0.00 | — | 0 | — | 0.00 | — |
| 2008 | 0 | — | 0.00 | — | 1 | — | 25.00 | — | 1 | — | 25.00 | — |
| 2009 | 0 | — | 0.00 | — | 0 | -100 | 0.00 | — | 0 | -100 | 0.00 | — |
| 2010 | 0 | — | 0.00 | — | 0 | — | 0.00 | — | 0 | — | 0.00 | — |
| 2011 | 0 | — | 0.00 | — | 0 | — | 0.00 | — | 0 | — | 0.00 | — |
| 2012 | 0 | — | 0.00 | — | 0 | — | 0.00 | — | 0 | — | 0.00 | — |
| 2013 | 0 | — | 0.00 | — | 0 | — | 0.00 | — | 0 | — | 0.00 | — |
| 2014 | 0 | — | 0.00 | — | 0 | — | 0.00 | — | 0 | — | 0.00 | — |
| 2015 | 0 | — | 0.00 | — | 0 | — | 0.00 | — | 0 | — | 0.00 | — |
| 2016 | 0 | — | 0.00 | — | 0 | — | 0.00 | — | 0 | — | 0.00 | — |
| 2017 | 0 | — | 0.00 | — | 0 | — | 0.00 | — | 0 | — | 0.00 | — |
| 2018 | 1 | — | 7.14 | — | 0 | — | 0.00 | — | 0 | — | 0.00 | — |
| 2019 | 0 | -100 | 0.00 | — | 0 | — | 0.00 | — | 0 | — | 0.00 | — |
| 2020 | 0 | — | 0.00 | — | 0 | — | 0.00 | — | 0 | — | 0.00 | — |
| 2021 | 0 | — | 0.00 | — | 0 | — | 0.00 | — | 0 | — | 0.00 | — |

| 年份 | 增资—私人配售+增资—新股发行 | | | | 小计 | | | |
|---|---|---|---|---|---|---|---|---|
| | 数量 | 同比增长（%） | 占比（%） | 指数 | 数量 | 同比增长（%） | 占比（%） | 指数 |
| 2005 | 0 | — | 0.00 | — | 11 | — | 100.00 | 189.66 |
| 2006 | 0 | — | 0.00 | — | 6 | -45.45 | 100.00 | 103.45 |
| 2007 | 0 | — | 0.00 | — | 6 | 0.00 | 100.00 | 103.45 |
| 2008 | 0 | — | 0.00 | — | 4 | -33.33 | 100.00 | 68.97 |
| 2009 | 1 | — | 25.00 | — | 4 | 0.00 | 100.00 | 68.97 |

续表

| 年份 | 增资—私人配售+增资—新股发行 | | | | 小计 | | | |
|---|---|---|---|---|---|---|---|---|
| | 数量 | 同比增长（%） | 占比（%） | 指数 | 数量 | 同比增长（%） | 占比（%） | 指数 |
| 2010 | 0 | -100 | 0.00 | — | 6 | 50.00 | 100.00 | 103.45 |
| 2011 | 0 | — | 0.00 | — | 1 | -83.33 | 100.00 | 17.24 |
| 2012 | 0 | — | 0.00 | — | 1 | 0.00 | 100.00 | 17.24 |
| 2013 | 0 | — | 0.00 | — | 6 | 500.00 | 100.00 | 103.45 |
| 2014 | 0 | — | 0.00 | — | 9 | 50.00 | 100.00 | 155.17 |
| 2015 | 0 | — | 0.00 | — | 12 | 33.33 | 100.00 | 206.90 |
| 2016 | 0 | — | 0.00 | — | 15 | 25.00 | 100.00 | 258.62 |
| 2017 | 0 | — | 0.00 | — | 9 | -40 | 100.00 | 155.17 |
| 2018 | 0 | — | 0.00 | — | 14 | 55.56 | 100.00 | 241.38 |
| 2019 | 0 | — | 0.00 | — | 8 | -42.86 | 100.00 | 137.93 |
| 2020 | 0 | — | 0.00 | — | 7 | -12.5 | 100.00 | 120.69 |
| 2021 | 0 | — | 0.00 | — | 16 | 128.57 | 100.00 | 275.86 |

注：存在重复统计的情况，处理方式和行业别统计一致。

**表 3-5-8　2005—2021 年中国民营企业海外并购投资中多种渠道融资的金额分布**

（单位：百万美元、%）

| 年份 | 天使投资+增资—发行可转债+开发资金—种子轮+风险资本 | | | | 天使投资+企业风险投资+开发资金+家族办公室+私募股权 | | | | 天使投资+企业风险投资+开发资金+家族办公室+风险资本 | | | |
|---|---|---|---|---|---|---|---|---|---|---|---|---|
| | 金额 | 同比增长（%） | 占比（%） | 指数 | 金额 | 同比增长（%） | 占比（%） | 指数 | 金额 | 同比增长（%） | 占比（%） | 指数 |
| 2005 | 0.00 | — | 0.00 | — | 0.00 | — | 0.00 | — | 0.00 | — | 0.00 | — |
| 2006 | 0.00 | — | 0.00 | — | 0.00 | — | 0.00 | — | 0.00 | — | 0.00 | — |
| 2007 | 0.00 | — | 0.00 | — | 0.00 | — | 0.00 | — | 0.00 | — | 0.00 | — |
| 2008 | 0.00 | — | 0.00 | — | 0.00 | — | 0.00 | — | 0.00 | — | 0.00 | — |
| 2009 | 0.00 | — | 0.00 | — | 0.00 | — | 0.00 | — | 0.00 | — | 0.00 | — |
| 2010 | 0.00 | — | 0.00 | — | 0.00 | — | 0.00 | — | 0.00 | — | 0.00 | — |
| 2011 | 0.00 | — | 0.00 | — | 0.00 | — | 0.00 | — | 0.00 | — | 0.00 | — |

续表

| 年份 | 天使投资+增资—发行可转债+开发资金—种子轮+风险资本 | | | | 天使投资+企业风险投资+开发资金+家族办公室+私募股权 | | | | 天使投资+企业风险投资+开发资金+家族办公室+风险资本 | | | |
|---|---|---|---|---|---|---|---|---|---|---|---|---|
| | 金额 | 同比增长（%） | 占比（%） | 指数 | 金额 | 同比增长（%） | 占比（%） | 指数 | 金额 | 同比增长（%） | 占比（%） | 指数 |
| 2012 | 0.00 | — | — | — | 0.00 | — | 0.00 | — | 0.00 | — | 0.00 | — |
| 2013 | 0.77 | — | 0.19 | 500.00 | 0.00 | — | 0.00 | — | 0.00 | — | 0.00 | — |
| 2014 | 0.00 | -100.00 | 0.00 | — | 0.00 | — | 0.00 | — | 0.00 | — | 0.00 | — |
| 2015 | 0.00 | — | 0.00 | — | 0.00 | — | 0.00 | — | 0.00 | — | 0.00 | — |
| 2016 | 0.00 | — | 0.00 | — | 0.00 | — | 0.00 | — | 0.00 | — | 0.00 | — |
| 2017 | 0.00 | — | 0.00 | — | 0.00 | — | 0.00 | — | 0.00 | — | 0.00 | — |
| 2018 | 0.00 | — | 0.00 | — | 0.00 | — | 0.00 | — | 0.00 | — | 0.00 | — |
| 2019 | 0.00 | — | 0.00 | — | 0.00 | — | 0.00 | — | 182.5 | — | 11.21 | — |
| 2020 | 0.00 | — | 0.00 | — | 0.00 | — | 0.00 | — | 0 | -100 | 0 | — |
| 2021 | 0.00 | — | 0.00 | — | 55 | — | 3.23 | — | 0.00 | — | 0.00 | — |

| 年份 | 天使投资+企业风险投资+开发资金+对冲基金+风险资本 | | | | 天使投资+企业风险投资+开发资金+私募股权 | | | | 天使投资+企业风险投资+开发资金+风险资本 | | | |
|---|---|---|---|---|---|---|---|---|---|---|---|---|
| | 金额 | 同比增长（%） | 占比（%） | 指数 | 金额 | 同比增长（%） | 占比（%） | 指数 | 金额 | 同比增长（%） | 占比（%） | 指数 |
| 2005 | 0.00 | — | 0.00 | — | 0.00 | — | 0.00 | — | 0.00 | — | 0.00 | — |
| 2006 | 0.00 | — | 0.00 | — | 0.00 | — | 0.00 | — | 0.00 | — | 0.00 | — |
| 2007 | 0.00 | — | 0.00 | — | 0.00 | — | 0.00 | — | 0.00 | — | 0.00 | — |
| 2008 | 0.00 | — | 0.00 | — | 0.00 | — | 0.00 | — | 0.00 | — | 0.00 | — |
| 2009 | 0.00 | — | 0.00 | — | 0.00 | — | 0.00 | — | 0.00 | — | 0.00 | — |
| 2010 | 0.00 | — | 0.00 | — | 0.00 | — | 0.00 | — | 0.00 | — | 0.00 | — |
| 2011 | 0.00 | — | 0.00 | — | 0.00 | — | 0.00 | — | 0.00 | — | 0.00 | — |
| 2012 | 0.00 | — | 0.00 | — | 0.00 | — | 0.00 | — | 0.00 | — | 0.00 | — |
| 2013 | 0.00 | — | 0.00 | — | 0.00 | — | 0.00 | — | 0.00 | — | 0.00 | — |
| 2014 | 0.00 | — | 0.00 | — | 0.00 | — | 0.00 | — | 0.00 | — | 0.00 | — |
| 2015 | 0.00 | — | 0.00 | — | 29 | — | 0.71 | 500 | 0.00 | — | 0.00 | — |
| 2016 | 0.00 | — | 0.00 | — | 0.00 | -100 | 0.00 | — | 0.00 | — | 0.00 | — |

续表

| 年份 | 天使投资+企业风险投资+开发资金+对冲基金+风险资本 | | | | 天使投资+企业风险投资+开发资金+私募股权 | | | | 天使投资+企业风险投资+开发资金+风险资本 | | | |
|---|---|---|---|---|---|---|---|---|---|---|---|---|
| | 金额 | 同比增长（%） | 占比（%） | 指数 | 金额 | 同比增长（%） | 占比（%） | 指数 | 金额 | 同比增长（%） | 占比（%） | 指数 |
| 2017 | 0.00 | — | 0.00 | — | 0.00 | — | 0.00 | — | 0.00 | — | 0.00 | — |
| 2018 | 0.00 | — | 0.00 | — | 0.00 | — | 0.00 | — | 0.00 | — | 0.00 | — |
| 2019 | 0.00 | — | 0.00 | — | 0.00 | — | 0.00 | — | 0.00 | — | 0.00 | — |
| 2020 | 0.00 | — | 0.00 | — | 0.00 | — | 0.00 | — | 0.00 | — | 0.00 | — |
| 2021 | 12 | — | 0.7 | — | 0.00 | — | 0.00 | — | 0.00 | — | 0.00 | — |

| 年份 | 天使投资+企业风险投资+开发资金—第1轮-第8轮+家族办公室+私募股权 | | | | 天使投资+企业风险投资+开发资金—第1轮-第8轮+家族办公室+风险资本 | | | | 天使投资+企业风险投资+开发资金—第1轮-第8轮+对冲基金+私募股权 | | | |
|---|---|---|---|---|---|---|---|---|---|---|---|---|
| | 金额 | 同比增长（%） | 占比（%） | 指数 | 金额 | 同比增长（%） | 占比（%） | 指数 | 金额 | 同比增长（%） | 占比（%） | 指数 |
| 2005 | 0.00 | — | 0.00 | — | 0.00 | — | 0.00 | — | 0.00 | — | 0.00 | — |
| 2006 | 0.00 | — | 0.00 | — | 0.00 | — | 0.00 | — | 0.00 | — | 0.00 | — |
| 2007 | 0.00 | — | 0.00 | — | 0.00 | — | 0.00 | — | 0.00 | — | 0.00 | — |
| 2008 | 0.00 | — | 0.00 | — | 0.00 | — | 0.00 | — | 0.00 | — | 0.00 | — |
| 2009 | 0.00 | — | 0.00 | — | 0.00 | — | 0.00 | — | 0.00 | — | 0.00 | — |
| 2010 | 0.00 | — | 0.00 | — | 0.00 | — | 0.00 | — | 0.00 | — | 0.00 | — |
| 2011 | 0.00 | — | 0.00 | — | 0.00 | — | 0.00 | — | 0.00 | — | 0.00 | — |
| 2012 | 0.00 | — | 0.00 | — | 0.00 | — | 0.00 | — | 0.00 | — | 0.00 | — |
| 2013 | 0.00 | — | 0.00 | — | 0.00 | — | 0.00 | — | 0.00 | — | 0.00 | — |
| 2014 | 0.00 | — | 0.00 | — | 0.00 | — | 0.00 | — | 0.00 | — | 0.00 | — |
| 2015 | 0.00 | — | 0.00 | — | 0.00 | — | 0.00 | — | 0.00 | — | 0.00 | — |
| 2016 | 0.00 | — | 0.00 | — | 0.00 | — | 0.00 | — | 0.00 | — | 0.00 | — |
| 2017 | 0.00 | — | 0.00 | — | 28 | — | 1.88 | — | 0.00 | — | 0.00 | — |
| 2018 | 0.00 | — | 0.00 | — | 0.00 | -100 | 0.00 | — | 0.00 | — | 0.00 | — |
| 2019 | 0.00 | — | 0.00 | — | 0.00 | — | 0.00 | — | 62 | — | 3.81 | — |
| 2020 | 0.00 | — | 0.00 | — | 0.00 | — | 0.00 | — | 0.00 | -100 | 0.00 | — |
| 2021 | 18 | — | 1.06 | — | 0.00 | — | 0.00 | — | 0.00 | — | 0.00 | — |

续表

| 年份 | 天使投资+企业风险投资+开发资金—第1轮-第8轮+对冲基金+风险资本 | | | | 天使投资+企业风险投资+开发资金—第1轮-第8轮+私募股权 | | | | 天使投资+企业风险投资+开发资金—第1轮-第8轮+风险资本 | | | |
|---|---|---|---|---|---|---|---|---|---|---|---|---|
| | 金额 | 同比增长（%） | 占比（%） | 指数 | 金额 | 同比增长（%） | 占比（%） | 指数 | 金额 | 同比增长（%） | 占比（%） | 指数 |
| 2005 | 0.00 | — | 0.00 | — | 0.00 | — | 0.00 | — | 0.00 | — | 0.00 | — |
| 2006 | 0.00 | — | 0.00 | — | 8.8 | — | 8.64 | — | 0.00 | — | 0.00 | — |
| 2007 | 0.00 | — | 0.00 | — | 0.00 | -100 | 0.00 | — | 0.00 | — | 0.00 | — |
| 2008 | 0.00 | — | 0.00 | — | 0.00 | — | 0.00 | — | 0.00 | — | 0.00 | — |
| 2009 | 0.00 | — | 0.00 | — | 0.00 | — | 0.00 | — | 0.00 | — | 0.00 | — |
| 2010 | 0.00 | — | 0.00 | — | 0.00 | — | 0.00 | — | 0.00 | — | 0.00 | — |
| 2011 | 0.00 | — | 0.00 | — | 0.00 | — | 0.00 | — | 0.00 | — | 0.00 | — |
| 2012 | 0.00 | — | 0.00 | — | 0.00 | — | 0.00 | — | 0.00 | — | 0.00 | — |
| 2013 | 0.00 | — | 0.00 | — | 0.00 | — | 0.00 | — | 0.00 | — | 0.00 | — |
| 2014 | 0.00 | — | 0.00 | — | 0.00 | — | 0.00 | — | 24.62 | — | 0.90 | 500 |
| 2015 | 0.00 | — | 0.00 | — | 0.00 | — | 0.00 | — | 0.00 | -100 | 0.00 | — |
| 2016 | 0.00 | — | 0.00 | — | 0.00 | — | 0.00 | — | 0.00 | — | 0.00 | — |
| 2017 | 0.00 | — | 0.00 | — | 0.00 | — | 0.00 | — | 0.00 | — | 0.00 | — |
| 2018 | 0.00 | — | 0.00 | — | 0.00 | — | 0.00 | — | 0.00 | — | 0.00 | — |
| 2019 | 0.00 | — | 0.00 | — | 0.00 | — | 0.00 | — | 0.00 | — | 0.00 | — |
| 2020 | 0.00 | — | 0.00 | — | 0.00 | — | 0.00 | — | 0.00 | — | 0.00 | — |
| 2021 | 168 | — | 9.86 | — | 0.00 | — | 0.00 | — | 0.00 | — | 0.00 | — |

| 年份 | 天使投资+企业风险投资+开发资金—种子轮+家族办公室+风险资本 | | | | 天使投资+企业风险投资+开发资金—种子轮+对冲基金+风险资本 | | | | 天使投资+企业风险投资+开发资金—种子轮+私募股权 | | | |
|---|---|---|---|---|---|---|---|---|---|---|---|---|
| | 金额 | 同比增长（%） | 占比（%） | 指数 | 金额 | 同比增长（%） | 占比（%） | 指数 | 金额 | 同比增长（%） | 占比（%） | 指数 |
| 2005 | 0.00 | — | 0.00 | — | 0.00 | — | 0.00 | — | 0.00 | — | 0.00 | — |
| 2006 | 0.00 | — | 0.00 | — | 0.00 | — | 0.00 | — | 0.00 | — | 0.00 | — |
| 2007 | 0.00 | — | 0.00 | — | 0.00 | — | 0.00 | — | 0.00 | — | 0.00 | — |
| 2008 | 0.00 | — | 0.00 | — | 0.00 | — | 0.00 | — | 0.00 | — | 0.00 | — |

续表

| 年份 | 天使投资+企业风险投资+开发资金—种子轮+家族办公室+风险资本 | | | | 天使投资+企业风险投资+开发资金—种子轮+对冲基金+风险资本 | | | | 天使投资+企业风险投资+开发资金—种子轮+私募股权 | | | |
|---|---|---|---|---|---|---|---|---|---|---|---|---|
| | 金额 | 同比增长(%) | 占比(%) | 指数 | 金额 | 同比增长(%) | 占比(%) | 指数 | 金额 | 同比增长(%) | 占比(%) | 指数 |
| 2009 | 0.00 | — | 0.00 | — | 0.00 | — | 0.00 | — | 0.00 | — | 0.00 | — |
| 2010 | 0.00 | — | 0.00 | — | 0.00 | — | 0.00 | — | 0.00 | — | 0.00 | — |
| 2011 | 0.00 | — | 0.00 | — | 0.00 | — | 0.00 | — | 0.00 | — | 0.00 | — |
| 2012 | 0.00 | — | 0.00 | — | 0.00 | — | 0.00 | — | 0.00 | — | — | — |
| 2013 | 0.00 | — | 0.00 | — | 0.00 | — | 0.00 | — | 0.00 | — | 0.00 | — |
| 2014 | 0.00 | — | 0.00 | — | 0.00 | — | 0.00 | — | 0.00 | — | 0.00 | — |
| 2015 | 0.00 | — | 0.00 | — | 0.00 | — | 0.00 | — | 0.00 | — | 0.00 | — |
| 2016 | 0.00 | — | 0.00 | — | 0.00 | — | 0.00 | — | 0.00 | — | 0.00 | — |
| 2017 | 0.00 | — | 0.00 | — | 0.00 | — | 0.00 | — | 0.00 | — | 0.00 | — |
| 2018 | 0.00 | — | 0.00 | — | 0.00 | — | 0.00 | — | 0.00 | — | 0.00 | — |
| 2019 | 0.00 | — | 0.00 | — | 0.00 | — | 0.00 | — | 6.50 | — | 0.40 | — |
| 2020 | 1.8 | — | 0.43 | — | 0.00 | — | 0.00 | — | 0.00 | -100 | 0.00 | — |
| 2021 | 0.00 | -100 | 0.00 | — | 6.8 | — | 0.40 | — | 0.00 | — | 0.00 | — |

| 年份 | 天使投资+企业风险投资+开发资金—种子轮+风险资本 | | | | 天使投资+众筹+开发资金+风险资本 | | | | 天使投资+众筹+开发资金—种子轮+风险资本 | | | |
|---|---|---|---|---|---|---|---|---|---|---|---|---|
| | 金额 | 同比增长(%) | 占比(%) | 指数 | 金额 | 同比增长(%) | 占比(%) | 指数 | 金额 | 同比增长(%) | 占比(%) | 指数 |
| 2005 | 0.00 | — | 0.00 | — | 0.00 | — | 0.00 | — | 0.00 | — | 0.00 | — |
| 2006 | 0.00 | — | 0.00 | — | 0.00 | — | 0.00 | — | 0.00 | — | 0.00 | — |
| 2007 | 0.00 | — | 0.00 | — | 0.00 | — | 0.00 | — | 0.00 | — | 0.00 | — |
| 2008 | 0.00 | — | 0.00 | — | 0.00 | — | 0.00 | — | 0.00 | — | 0.00 | — |
| 2009 | 0.00 | — | 0.00 | — | 0.00 | — | 0.00 | — | 0.00 | — | 0.00 | — |
| 2010 | 0.00 | — | 0.00 | — | 0.00 | — | 0.00 | — | 0.00 | — | 0.00 | — |
| 2011 | 0.00 | — | 0.00 | — | 0.00 | — | 0.00 | — | 0.00 | — | 0.00 | — |
| 2012 | 0.00 | — | — | — | 0.00 | — | — | — | 0.00 | — | — | — |

续表

| 年份 | 天使投资+企业风险投资+开发资金—种子轮+风险资本 | | | | 天使投资+众筹+开发资金+风险资本 | | | | 天使投资+众筹+开发资金—种子轮+风险资本 | | | |
|---|---|---|---|---|---|---|---|---|---|---|---|---|
| | 金额 | 同比增长（%） | 占比（%） | 指数 | 金额 | 同比增长（%） | 占比（%） | 指数 | 金额 | 同比增长（%） | 占比（%） | 指数 |
| 2013 | 0.65 | — | 0.16 | 500.00 | 0.00 | — | 0.00 | — | 0.00 | — | 0.00 | — |
| 2014 | 0.00 | -100 | 0.00 | — | 0.00 | — | 0.00 | — | 0.00 | — | 0.00 | — |
| 2015 | 0.00 | — | 0.00 | — | 0.00 | — | 0.00 | — | 2.00 | — | 0.05 | 500.00 |
| 2016 | 0.00 | — | 0.00 | — | 0.00 | — | 0.00 | — | 0.00 | -100 | 0.00 | — |
| 2017 | 0.00 | — | 0.00 | — | 0.00 | — | 0.00 | — | 0.00 | — | 0.00 | — |
| 2018 | 0.00 | — | 0.00 | — | 0.00 | — | 0.00 | — | 0.00 | — | 0.00 | — |
| 2019 | 0.00 | — | 0.00 | — | 1.69 | — | 0.10 | — | 0.00 | — | 0.00 | — |
| 2020 | 0.00 | — | 0.00 | — | 0.00 | -100 | 0.00 | — | 0.00 | — | 0.00 | — |
| 2021 | 0.00 | — | 0.00 | — | 0.00 | — | 0.00 | — | 0.00 | — | 0.00 | — |

| 年份 | 天使投资+开发资金+私募股权 | | | | 天使投资+开发资金+风险资本 | | | | 天使投资+开发资金—第1轮-第8轮+家族办公室+风险资本 | | | |
|---|---|---|---|---|---|---|---|---|---|---|---|---|
| | 金额 | 同比增长（%） | 占比（%） | 指数 | 金额 | 同比增长（%） | 占比（%） | 指数 | 金额 | 同比增长（%） | 占比（%） | 指数 |
| 2005 | 0.00 | — | 0.00 | — | 0.00 | — | 0.00 | — | 0.00 | — | 0.00 | — |
| 2006 | 0.00 | — | 0.00 | — | 0.00 | — | 0.00 | — | 0.00 | — | 0.00 | — |
| 2007 | 0.00 | — | 0.00 | — | 1.37 | — | 0.50 | — | 0.00 | — | 0.00 | — |
| 2008 | 0.00 | — | 0.00 | — | 0.00 | -100 | 0.00 | — | 0.00 | — | 0.00 | — |
| 2009 | 0.00 | — | 0.00 | — | 0.00 | — | 0.00 | — | 0.00 | — | 0.00 | — |
| 2010 | 0.00 | — | 0.00 | — | 0.00 | — | 0.00 | — | 0.00 | — | 0.00 | — |
| 2011 | 0.00 | — | 0.00 | — | 0.00 | — | 0.00 | — | 0.00 | — | 0.00 | — |
| 2012 | 0.00 | — | — | — | 0.00 | — | — | — | 0.00 | — | — | — |
| 2013 | 0.00 | — | 0.00 | — | 0.00 | — | 0.00 | — | 0.00 | — | 0.00 | — |
| 2014 | 0.00 | — | 0.00 | — | 0.00 | — | 0.00 | — | 0.00 | — | 0.00 | — |
| 2015 | 0.00 | — | 0.00 | — | 0.00 | — | 0.00 | — | 0.00 | — | 0.00 | — |
| 2016 | 10.00 | — | 0.09 | — | 0.00 | — | 0.00 | — | 0.00 | — | 0.00 | — |
| 2017 | 0.00 | -100 | 0.00 | — | 0.00 | — | 0.00 | — | 0.00 | — | 0.00 | — |

续表

| 年份 | 天使投资+开发资金+私募股权 | | | | 天使投资+开发资金+风险资本 | | | | 天使投资+开发资金—第1轮-第8轮+家族办公室+风险资本 | | | |
|---|---|---|---|---|---|---|---|---|---|---|---|---|
| | 金额 | 同比增长（%） | 占比（%） | 指数 | 金额 | 同比增长（%） | 占比（%） | 指数 | 金额 | 同比增长（%） | 占比（%） | 指数 |
| 2018 | 0.00 | — | 0.00 | — | 0.00 | — | 0.00 | — | 0.00 | — | 0.00 | — |
| 2019 | 0.00 | — | 0.00 | — | 0.00 | — | 0.00 | — | 0.00 | — | 0.00 | — |
| 2020 | 0.00 | — | 0.00 | — | 0.00 | — | 0.00 | — | 0.00 | — | 0.00 | — |
| 2021 | 0.00 | — | 0.00 | — | 0.00 | — | 0.00 | — | 6.39 | — | 0.37 | — |

| 年份 | 天使投资+开发资金—第1轮—第8轮+对冲基金+私募股权 | | | | 天使投资+开发资金—第1轮-第8轮+私募股权 | | | | 天使投资+开发资金—第1轮-第8轮+风险资本 | | | |
|---|---|---|---|---|---|---|---|---|---|---|---|---|
| | 金额 | 同比增长（%） | 占比（%） | 指数 | 金额 | 同比增长（%） | 占比（%） | 指数 | 金额 | 同比增长（%） | 占比（%） | 指数 |
| 2005 | 0.00 | — | 0.00 | — | 0.00 | — | 0.00 | — | 0.00 | — | 0.00 | — |
| 2006 | 0.00 | — | 0.00 | — | 0.00 | — | 0.00 | — | 0.00 | — | 0.00 | — |
| 2007 | 0.00 | — | 0.00 | — | 0.00 | — | 0.00 | — | 0.00 | — | 0.00 | — |
| 2008 | 0.00 | — | 0.00 | — | 0.00 | — | 0.00 | — | 0.00 | — | 0.00 | — |
| 2009 | 0.00 | — | 0.00 | — | 0.00 | — | 0.00 | — | 0.00 | — | 0.00 | — |
| 2010 | 0.00 | — | 0.00 | — | 0.00 | — | 0.00 | — | 0.00 | — | 0.00 | — |
| 2011 | 0.00 | — | 0.00 | — | 0.00 | — | 0.00 | — | 0.00 | — | 0.00 | — |
| 2012 | 0.00 | — | 0.00 | — | 0.00 | — | 0.00 | — | 0.00 | — | 0.00 | — |
| 2013 | 0.00 | — | 0.00 | — | 0.00 | — | 0.00 | — | 0.00 | — | 0.00 | — |
| 2014 | 0.00 | — | 0.00 | — | 3.30 | — | 0.12 | 500.00 | 0.00 | — | 0.00 | — |
| 2015 | 0.00 | — | 0.00 | — | 0.00 | -100 | 0.00 | — | 0.00 | — | 0.00 | — |
| 2016 | 0.00 | — | 0.00 | — | 0.00 | — | 0.00 | — | 0.00 | — | 0.00 | — |
| 2017 | 0.00 | — | 0.00 | — | 0.00 | — | 0.00 | — | 0.00 | — | 0.00 | — |
| 2018 | 0.00 | — | 0.00 | — | 0.00 | — | 0.00 | — | 0.00 | — | 0.00 | — |
| 2019 | 0.00 | — | 0.00 | — | 0.00 | — | 0.00 | — | 0.00 | — | 0.00 | — |
| 2020 | 0.00 | — | 0.00 | — | 0.00 | — | 0.00 | — | 0.00 | — | 0.00 | — |
| 2021 | 150.00 | — | 8.80 | — | 0.00 | — | 0.00 | — | 0.00 | — | 0.00 | — |

续表

| 年份 | 天使投资+开发资金—种子轮+私募股权 | | | | 天使投资+开发资金—种子轮+风险资本 | | | | 增资+增资—可转债+注资 | | | |
|---|---|---|---|---|---|---|---|---|---|---|---|---|
| | 金额 | 同比增长（%） | 占比（%） | 指数 | 金额 | 同比增长（%） | 占比（%） | 指数 | 金额 | 同比增长（%） | 占比（%） | 指数 |
| 2005 | 0.00 | — | 0.00 | 0.00 | 0.00 | — | 0.00 | — | 0.00 | — | 0.00 | — |
| 2006 | 0.00 | — | 0.00 | 0.00 | 0.00 | — | 0.00 | — | 0.00 | — | 0.00 | — |
| 2007 | 0.00 | — | 0.00 | 0.00 | 0.00 | — | 0.00 | — | 0.00 | — | 0.00 | — |
| 2008 | 0.00 | — | 0.00 | 0.00 | 0.00 | — | 0.00 | — | 0.00 | — | 0.00 | — |
| 2009 | 0.00 | — | 0.00 | 0.00 | 0.00 | — | 0.00 | — | 0.00 | — | 0.00 | — |
| 2010 | 0.00 | — | 0.00 | 0.00 | 0.00 | — | 0.00 | — | 0.00 | — | 0.00 | — |
| 2011 | 0.00 | — | 0.00 | 0.00 | 0.00 | — | 0.00 | — | 0.00 | — | 0.00 | — |
| 2012 | 0.00 | — | — | 0.00 | 0.00 | — | 0.00 | — | 0.00 | — | — | — |
| 2013 | 0.00 | — | 0.00 | 0.00 | 0.00 | — | 0.00 | — | 0.00 | — | 0.00 | — |
| 2014 | 0.00 | — | 0.00 | 0.00 | 0.00 | — | 0.00 | — | 0.00 | — | 0.00 | — |
| 2015 | 1.30 | — | 0.03 | 500.00 | 0.00 | — | 0.00 | — | 0.00 | — | 0.00 | — |
| 2016 | 0.00 | -100 | 0.00 | 0.00 | 0.00 | — | 0.00 | — | 49.41 | — | 0.43 | — |
| 2017 | 0.00 | — | 0.00 | 0.00 | 0.00 | — | 0.00 | — | 0.00 | -100.00 | 0.00 | — |
| 2018 | 0.00 | — | 0.00 | 0.00 | 0.00 | — | 0.00 | — | 0.00 | — | 0.00 | — |
| 2019 | 0.00 | — | 0.00 | 0.00 | 0.00 | — | 0.00 | — | 0.00 | — | 0.00 | — |
| 2020 | 0.00 | — | 0.00 | 0.00 | 0.00 | — | 0.00 | — | 0.00 | — | 0.00 | — |
| 2021 | 0.00 | — | 0.00 | 0.00 | 0.00 | — | 0.00 | — | 0.00 | — | 0.00 | — |

| 年份 | 增资+注资 | | | | 增资+注资+杠杆+新银行信贷便利 | | | | 增资+注资+杠杆收购+新银行信贷便利 | | | |
|---|---|---|---|---|---|---|---|---|---|---|---|---|
| | 金额 | 同比增长（%） | 占比（%） | 指数 | 金额 | 同比增长（%） | 占比（%） | 指数 | 金额 | 同比增长（%） | 占比（%） | 指数 |
| 2005 | 1.00 | — | 0.55 | — | 0.00 | — | 0.00 | — | 0.00 | — | 0.00 | — |
| 2006 | 0.00 | -100.00 | 0.00 | — | 0.00 | — | 0.00 | — | 0.00 | — | 0.00 | — |
| 2007 | 0.00 | — | 0.00 | — | 0.00 | — | 0.00 | — | 0.00 | — | 0.00 | — |
| 2008 | 0.00 | — | 0.00 | — | 0.00 | — | 0.00 | — | 0.00 | — | 0.00 | — |
| 2009 | 0.00 | — | 0.00 | — | 0.00 | — | 0.00 | — | 0.00 | — | 0.00 | — |

续表

| 年份 | 增资+注资 | | | | 增资+注资+杠杆+新银行信贷便利 | | | | 增资+注资+杠杆收购+新银行信贷便利 | | | |
|---|---|---|---|---|---|---|---|---|---|---|---|---|
| | 金额 | 同比增长（%） | 占比（%） | 指数 | 金额 | 同比增长（%） | 占比（%） | 指数 | 金额 | 同比增长（%） | 占比（%） | 指数 |
| 2010 | 0.00 | — | 0.00 | — | 0.00 | — | 0.00 | — | 0.00 | — | 0.00 | — |
| 2011 | 0.00 | — | 0.00 | — | 0.00 | — | 0.00 | — | 0.00 | — | 0.00 | — |
| 2012 | 0.00 | — | — | — | 0.00 | — | — | — | 0.00 | — | — | — |
| 2013 | 0.00 | — | 0.00 | — | 0.00 | — | 0.00 | — | 0.00 | — | 0.00 | — |
| 2014 | 0.00 | — | 0.00 | — | 0.00 | — | 0.00 | — | 0.00 | — | 0.00 | — |
| 2015 | 0.00 | — | 0.00 | — | 0.00 | — | 0.00 | — | 0.00 | — | 0.00 | — |
| 2016 | 0.00 | — | 0.00 | — | 0.00 | — | 0.00 | — | 68.00 | — | 0.59 | — |
| 2017 | 0.00 | — | 0.00 | — | 0.00 | — | 0.00 | — | 0.00 | -100.00 | 0.00 | — |
| 2018 | 0.00 | — | 0.00 | — | 0.00 | — | 0.00 | — | 0.00 | — | 0.00 | — |
| 2019 | 0.00 | — | 0.00 | — | 172.54 | — | 10.60 | — | 0.00 | — | 0.00 | — |
| 2020 | 0.00 | — | 0.00 | — | 0.00 | -100.00 | 0.00 | — | 0.00 | — | 0.00 | — |
| 2021 | 0.00 | — | 0.00 | — | 0.00 | — | 0.00 | — | 0.00 | — | 0.00 | — |

| 年份 | 增资+注资+新银行信贷便利 | | | | 增资+注资+私募股权 | | | | 增资+注资+增资—私人配售 | | | |
|---|---|---|---|---|---|---|---|---|---|---|---|---|
| | 金额 | 同比增长（%） | 占比（%） | 指数 | 金额 | 同比增长（%） | 占比（%） | 指数 | 金额 | 同比增长（%） | 占比（%） | 指数 |
| 2005 | 0.00 | — | 0.00 | — | 0.00 | — | 0.00 | — | 0.00 | — | 0.00 | — |
| 2006 | 0.00 | — | 0.00 | — | 0.00 | — | 0.00 | — | 0.00 | — | 0.00 | — |
| 2007 | 0.00 | — | 0.00 | — | 0.00 | — | 0.00 | — | 0.00 | — | 0.00 | — |
| 2008 | 0.00 | — | 0.00 | — | 0.00 | — | 0.00 | — | 0.00 | — | 0.00 | — |
| 2009 | 0.00 | — | 0.00 | — | 0.00 | — | 0.00 | — | 0.00 | — | 0.00 | — |
| 2010 | 0.00 | — | 0.00 | — | 0.00 | — | 0.00 | — | 0.00 | — | 0.00 | — |
| 2011 | 0.00 | — | 0.00 | — | 0.00 | — | 0.00 | — | 0.00 | — | 0.00 | — |
| 2012 | 0.00 | — | — | — | 0.00 | — | — | — | 0.00 | — | — | — |
| 2013 | 80.08 | — | 19.77 | 500.00 | 0.00 | — | 0.00 | — | 0.00 | — | 0.00 | — |
| 2014 | 0.00 | -100.00 | 0.00 | — | 0.00 | — | 0.00 | — | 0.00 | — | 0.00 | — |

续表

| 年份 | 增资+注资+新银行信贷便利 | | | | 增资+注资+私募股权 | | | | 增资+注资+增资—私人配售 | | | |
|---|---|---|---|---|---|---|---|---|---|---|---|---|
| | 金额 | 同比增长（%） | 占比（%） | 指数 | 金额 | 同比增长（%） | 占比（%） | 指数 | 金额 | 同比增长（%） | 占比（%） | 指数 |
| 2015 | 0.00 | — | 0.00 | — | 193.42 | — | 4.77 | 500.00 | 0.00 | — | 0.00 | — |
| 2016 | 0.00 | — | 0.00 | — | 0.00 | -100.00 | 0.00 | — | 0.00 | — | 0.00 | — |
| 2017 | 0.00 | — | 0.00 | — | 0.00 | — | 0.00 | — | 0.00 | — | 0.00 | — |
| 2018 | 0.00 | — | 0.00 | — | 0.00 | — | 0.00 | — | 80.00 | — | 11.61 | — |
| 2019 | 0.00 | — | 0.00 | — | 0.00 | — | 0.00 | — | 0.00 | -100.00 | 0.00 | — |
| 2020 | 0.00 | — | 0.00 | — | 0.00 | — | 0.00 | — | 0.00 | — | 0.00 | — |
| 2021 | 0.00 | — | 0.00 | — | 0.00 | — | 0.00 | — | 0.00 | — | 0.00 | — |

| 年份 | 增资+开发资金—种子轮+风险资本 | | | | 增资+通道融资 | | | | 增资+增资—配售+增资—公募 | | | |
|---|---|---|---|---|---|---|---|---|---|---|---|---|
| | 金额 | 同比增长（%） | 占比（%） | 指数 | 金额 | 同比增长（%） | 占比（%） | 指数 | 金额 | 同比增长（%） | 占比（%） | 指数 |
| 2005 | 0.00 | — | 0.00 | — | 0.00 | — | 0.00 | — | 0.00 | — | 0.00 | — |
| 2006 | 0.00 | — | 0.00 | — | 0.00 | — | 0.00 | — | 0.00 | — | 0.00 | — |
| 2007 | 0.00 | — | 0.00 | — | 0.00 | — | 0.00 | — | 0.00 | — | 0.00 | — |
| 2008 | 0.00 | — | 0.00 | — | 0.00 | — | 0.00 | — | 0.00 | — | 0.00 | — |
| 2009 | 0.00 | — | 0.00 | — | 0.00 | — | 0.00 | — | 0.00 | — | 0.00 | — |
| 2010 | 0.00 | — | 0.00 | — | 0.00 | — | 0.00 | — | 0.00 | — | 0.00 | — |
| 2011 | 0.00 | — | 0.00 | — | 0.00 | — | 0.00 | — | 0.00 | — | 0.00 | — |
| 2012 | 0.00 | — | — | — | 0.00 | — | — | — | 0.00 | — | — | — |
| 2013 | 0.00 | — | 0.00 | — | 0.00 | — | 0.00 | — | 0.00 | — | 0.00 | — |
| 2014 | 0.00 | — | 0.00 | — | 0.00 | — | 0.00 | — | 0.00 | — | 0.00 | — |
| 2015 | 0.00 | — | 0.00 | — | 0.00 | — | 0.00 | — | 101.93 | — | 2.51 | 500.00 |
| 2016 | 0.00 | — | 0.00 | — | 0.00 | — | 0.00 | — | 0.00 | -100.00 | 0.00 | — |
| 2017 | 0.00 | — | 0.00 | — | 0.00 | — | 0.00 | — | 0.00 | — | 0.00 | — |
| 2018 | 10.00 | — | 1.45 | — | 12.57 | — | 1.82 | — | 0.00 | — | 0.00 | — |
| 2019 | 0.00 | -100.00 | 0.00 | — | 0.00 | -100.00 | 0.00 | — | 0.00 | — | 0.00 | — |
| 2020 | 0.00 | — | 0.00 | — | 0.00 | — | 0.00 | — | 0.00 | — | 0.00 | — |
| 2021 | 0.00 | — | 0.00 | — | 0.00 | — | 0.00 | — | 0.00 | — | 0.00 | — |

续表

| 年份 | 增资+增资—配售+增资—新股发行 | | | | 增资+私募股权 | | | | 增资+增资—私人配售 | | | |
|---|---|---|---|---|---|---|---|---|---|---|---|---|
| | 金额 | 同比增长（%） | 占比（%） | 指数 | 金额 | 同比增长（%） | 占比（%） | 指数 | 金额 | 同比增长（%） | 占比（%） | 指数 |
| 2005 | 0.00 | — | 0.00 | — | 0.00 | — | 0.00 | — | 0.00 | — | 0.00 | — |
| 2006 | 0.00 | — | 0.00 | — | 0.00 | — | 0.00 | — | 0.00 | — | 0.00 | — |
| 2007 | 0.00 | — | 0.00 | — | 0.00 | — | 0.00 | — | 0.00 | — | 0.00 | — |
| 2008 | 0.00 | — | 0.00 | — | 0.00 | — | 0.00 | — | 0.00 | — | 0.00 | — |
| 2009 | 0.00 | — | 0.00 | — | 0.00 | — | 0.00 | — | 0.00 | — | 0.00 | — |
| 2010 | 0.00 | — | 0.00 | — | 0.00 | — | 0.00 | — | 0.00 | — | 0.00 | — |
| 2011 | 0.00 | — | 0.00 | — | 0.00 | — | 0.00 | — | 0.43 | — | 100.00 | 500.00 |
| 2012 | 0.00 | — | — | — | 0.00 | — | — | — | 0.00 | -100.00 | — | — |
| 2013 | 0.00 | — | 0.00 | — | 0.00 | — | 0.00 | — | 0.00 | — | 0.00 | — |
| 2014 | 0.00 | — | 0.00 | — | 0.00 | — | 0.00 | — | 0.00 | — | 0.00 | — |
| 2015 | 0.00 | — | 0.00 | — | 0.00 | — | 0.00 | — | 0.00 | — | 0.00 | — |
| 2016 | 0.00 | — | 0.00 | — | 350.00 | — | 3.03 | — | 0.00 | — | 0.00 | — |
| 2017 | 266.45 | — | 17.88 | — | 0.00 | -100.00 | 0.00 | — | 0.00 | — | 0.00 | — |
| 2018 | 0.00 | -100.00 | 0.00 | — | 0.00 | — | 0.00 | — | 0.00 | — | 0.00 | — |
| 2019 | 0.00 | — | 0.00 | — | 0.00 | — | 0.00 | — | 0.00 | — | 0.00 | — |
| 2020 | 0.00 | — | 0.00 | — | 0.00 | — | 0.00 | — | 0.00 | — | 0.00 | — |
| 2021 | 0.00 | — | 0.00 | — | 0.00 | — | 0.00 | — | 0.00 | — | 0.00 | — |

| 年份 | 增资—可转债+注资 | | | | 增资—可转债+企业风险投资+开发资金—第1轮-第8轮+对冲基金+私募股权 | | | | 增资—可转债+开发资金+风险资本 | | | |
|---|---|---|---|---|---|---|---|---|---|---|---|---|
| | 金额 | 同比增长（%） | 占比（%） | 指数 | 金额 | 同比增长（%） | 占比（%） | 指数 | 金额 | 同比增长（%） | 占比（%） | 指数 |
| 2005 | 0.00 | — | 0.00 | — | 0.00 | — | 0.00 | — | 0.00 | — | 0.00 | — |
| 2006 | 0.00 | — | 0.00 | — | 0.00 | — | 0.00 | — | 0.00 | — | 0.00 | — |
| 2007 | 0.00 | — | 0.00 | — | 0.00 | — | 0.00 | — | 0.00 | — | 0.00 | — |
| 2008 | 0.00 | — | 0.00 | — | 0.00 | — | 0.00 | — | 0.00 | — | 0.00 | — |

续表

| 年份 | 增资—可转债+注资 | | | | 增资—可转债+企业风险投资+开发资金—第1轮-第8轮+对冲基金+私募股权 | | | | 增资—可转债+开发资金+风险资本 | | | |
|---|---|---|---|---|---|---|---|---|---|---|---|---|
| | 金额 | 同比增长（%） | 占比（%） | 指数 | 金额 | 同比增长（%） | 占比（%） | 指数 | 金额 | 同比增长（%） | 占比（%） | 指数 |
| 2009 | 0.00 | — | 0.00 | — | 0.00 | — | 0.00 | — | 0.00 | — | 0.00 | — |
| 2010 | 0.00 | — | 0.00 | — | 0.00 | — | 0.00 | — | 0.00 | — | 0.00 | — |
| 2011 | 0.00 | — | 0.00 | — | 0.00 | — | 0.00 | — | 0.00 | — | 0.00 | — |
| 2012 | 0.00 | — | — | — | 0.00 | — | — | — | 0.00 | — | 0.00 | — |
| 2013 | 0.00 | — | 0.00 | — | 0.00 | — | 0.00 | — | 7.00 | — | 1.73 | 500.00 |
| 2014 | 0.00 | — | 0.00 | — | 0.00 | — | 0.00 | — | 0.00 | -100.00 | 0.00 | — |
| 2015 | 0.00 | — | 0.00 | — | 0.00 | — | 0.00 | — | 0.00 | — | 0.00 | — |
| 2016 | 0.00 | — | 0.00 | — | 0.00 | — | 0.00 | — | 0.00 | — | 0.00 | — |
| 2017 | 813.94 | — | 54.62 | — | 0.00 | — | 0.00 | — | 0.00 | — | 0.00 | — |
| 2018 | 0.00 | -100.00 | 0.00 | — | 0.00 | — | 0.00 | — | 0.00 | — | 0.00 | — |
| 2019 | 0.00 | — | 0.00 | — | 0.00 | — | 0.00 | — | 0.00 | — | 0.00 | — |
| 2020 | 0.00 | — | 0.00 | — | 130.00 | — | 31.22 | — | 0.00 | — | 0.00 | — |
| 2021 | 0.00 | — | 0.00 | — | 0.00 | -100 | 0.00 | — | 0.00 | — | 0.00 | — |

| 年份 | 增资—可转债+对冲基金 | | | | 增资—可转债+通道融资 | | | | 增资—可转债+私募股权 | | | |
|---|---|---|---|---|---|---|---|---|---|---|---|---|
| | 金额 | 同比增长（%） | 占比（%） | 指数 | 金额 | 同比增长（%） | 占比（%） | 指数 | 金额 | 同比增长（%） | 占比（%） | 指数 |
| 2005 | 0.00 | — | 0.00 | — | 0.00 | — | 0.00 | — | 0.00 | — | 0.00 | — |
| 2006 | 0.00 | — | 0.00 | — | 0.00 | — | 0.00 | — | 0.00 | — | 0.00 | — |
| 2007 | 0.00 | — | 0.00 | — | 0.00 | — | 0.00 | — | 0.00 | — | 0.00 | — |
| 2008 | 0.00 | — | 0.00 | — | 0.00 | — | 0.00 | — | 0.00 | — | 0.00 | — |
| 2009 | 0.00 | — | 0.00 | — | 0.00 | — | 0.00 | — | 0.00 | — | 0.00 | — |
| 2010 | 0.00 | — | 0.00 | — | 0.00 | — | 0.00 | — | 0.00 | — | 0.00 | — |
| 2011 | 0.00 | — | 0.00 | — | 0.00 | — | 0.00 | — | 0.00 | — | 0.00 | — |
| 2012 | 0.00 | — | — | — | 0.00 | — | — | — | 0.00 | — | — | — |

续表

| 年份 | 增资—可转债+对冲基金 | | | | 增资—可转债+通道融资 | | | | 增资—可转债+私募股权 | | | |
|---|---|---|---|---|---|---|---|---|---|---|---|---|
| | 金额 | 同比增长（%） | 占比（%） | 指数 | 金额 | 同比增长（%） | 占比（%） | 指数 | 金额 | 同比增长（%） | 占比（%） | 指数 |
| 2013 | 0.00 | — | 0.00 | — | 0.00 | — | 0.00 | — | 0.00 | — | 0.00 | — |
| 2014 | 0.00 | — | 0.00 | — | 0.00 | — | 0.00 | — | 0.00 | — | 0.00 | — |
| 2015 | 0.00 | — | 0.00 | — | 0.00 | — | 0.00 | — | 0.00 | — | 0.00 | — |
| 2016 | 0.00 | — | 0.00 | — | 0.00 | — | 0.00 | — | 1221.40 | — | 10.59 | — |
| 2017 | 0.00 | — | 0.00 | — | 8.65 | — | 0.58 | — | 0.00 | -100.00 | 0.00 | — |
| 2018 | 0.00 | — | 0.00 | — | 0.00 | -100.00 | 0.00 | — | 0.00 | — | 0.00 | — |
| 2019 | 0.00 | — | 0.00 | — | 0.00 | — | 0.00 | — | 0.00 | — | 0.00 | — |
| 2020 | 0.00 | — | 0.00 | — | 0.00 | — | 0.00 | — | 0.00 | — | 0.00 | — |
| 2021 | 19.64 | — | 1.15 | — | 0.00 | — | 0.00 | — | 0.00 | — | 0.00 | — |

| 年份 | 增资—可转债+增资—私人配售 | | | | 增资—卖方配售+杠杆+新银行信贷便利+私募股权 | | | | 注资+增资—配售 | | | |
|---|---|---|---|---|---|---|---|---|---|---|---|---|
| | 金额 | 同比增长（%） | 占比（%） | 指数 | 金额 | 同比增长（%） | 占比（%） | 指数 | 金额 | 同比增长（%） | 占比（%） | 指数 |
| 2005 | 0.00 | — | 0.00 | — | 0.00 | — | 0.00 | — | 0.00 | — | 0.00 | — |
| 2006 | 0.00 | — | 0.00 | — | 0.00 | — | 0.00 | — | 0.00 | — | 0.00 | — |
| 2007 | 0.00 | — | 0.00 | — | 0.00 | — | 0.00 | — | 0.00 | — | 0.00 | — |
| 2008 | 0.00 | — | 0.00 | — | 0.00 | — | 0.00 | — | 0.00 | — | 0.00 | — |
| 2009 | 0.00 | — | 0.00 | — | 0.00 | — | 0.00 | — | 0.00 | — | 0.00 | — |
| 2010 | 0.00 | — | 0.00 | — | 0.00 | — | 0.00 | — | 0.00 | — | 0.00 | — |
| 2011 | 0.00 | — | 0.00 | — | 0.00 | — | 0.00 | — | 35.00 | — | 22.48 | — |
| 2012 | 0.00 | — | — | — | 0.00 | — | — | — | 0.00 | -100.00 | 0.00 | — |
| 2013 | 0.00 | — | 0.00 | — | 0.00 | — | 0.00 | — | 0.00 | — | — | — |
| 2014 | 0.00 | — | 0.00 | — | 0.00 | — | 0.00 | — | 0.00 | — | 0.00 | — |
| 2015 | 0.00 | — | 0.00 | — | 0.00 | — | 0.00 | — | 0.00 | — | 0.00 | — |
| 2016 | 0.00 | — | 0.00 | — | 0.00 | — | 0.00 | — | 0.00 | — | 0.00 | — |
| 2017 | 113.40 | — | 7.61 | — | 188.46 | — | 12.65 | — | 0.00 | — | 0.00 | — |

续表

| 年份 | 增资—可转债+增资—私人配售 | | | | 增资—卖方配售+杠杆+新银行信贷便利+私募股权 | | | | 注资+增资—配售 | | | |
|---|---|---|---|---|---|---|---|---|---|---|---|---|
| | 金额 | 同比增长（%） | 占比（%） | 指数 | 金额 | 同比增长（%） | 占比（%） | 指数 | 金额 | 同比增长（%） | 占比（%） | 指数 |
| 2018 | 0.00 | -100.00 | 0.00 | — | 0.00 | -100.00 | 0.00 | — | 0.00 | — | 0.00 | — |
| 2019 | 0.00 | — | 0.00 | — | 0.00 | — | 0.00 | — | 0.00 | — | 0.00 | — |
| 2020 | 0.00 | — | 0.00 | — | 0.00 | — | 0.00 | — | 0.00 | — | 0.00 | — |
| 2021 | 0.00 | — | 0.00 | — | 0.00 | — | 0.00 | — | 0.00 | — | 0.00 | — |

| 年份 | 注资+增资—私人配售 | | | | 增资—发行可转债+企业风险投资+开发资金+私募股权 | | | | 增资—发行可转债+开发资金+私募股权 | | | |
|---|---|---|---|---|---|---|---|---|---|---|---|---|
| | 金额 | 同比增长（%） | 占比（%） | 指数 | 金额 | 同比增长（%） | 占比（%） | 指数 | 金额 | 同比增长（%） | 占比（%） | 指数 |
| 2005 | 0.00 | — | 0.00 | — | 0.00 | — | 0.00 | — | 29.00 | — | 16.06 | — |
| 2006 | 0.00 | — | 0.00 | — | 0.00 | — | 0.00 | — | 0.00 | -100.00 | 0.00 | — |
| 2007 | 50.00 | — | 49.09 | — | 0.00 | — | 0.00 | — | 0.00 | — | 0.00 | — |
| 2008 | 0.00 | -100.00 | 0.00 | — | 0.00 | — | 0.00 | — | 0.00 | — | 0.00 | — |
| 2009 | 0.00 | — | 0.00 | — | 0.00 | — | 0.00 | — | 0.00 | — | 0.00 | — |
| 2010 | 0.00 | — | 0.00 | — | 0.00 | — | 0.00 | — | 0.00 | — | 0.00 | — |
| 2011 | 0.00 | — | 0.00 | — | 0.00 | — | 0.00 | — | 0.00 | — | 0.00 | — |
| 2012 | 0.00 | — | 0.00 | — | 0.00 | — | 0.00 | — | 0.00 | — | — | — |
| 2013 | 0.00 | — | — | — | 0.00 | — | — | — | 0.00 | — | 0.00 | — |
| 2014 | 0.00 | — | 0.00 | — | 0.00 | — | 0.00 | — | 0.00 | — | 0.00 | — |
| 2015 | 0.00 | — | 0.00 | — | 0.00 | — | 0.00 | — | 0.00 | — | 0.00 | — |
| 2016 | 0.00 | — | 0.00 | — | 0.00 | — | 0.00 | — | 0.00 | — | 0.00 | — |
| 2017 | 0.00 | — | 0.00 | — | 2.90 | — | 0.03 | — | 0.00 | — | 0.00 | — |
| 2018 | 0.00 | — | 0.00 | — | 0.00 | -100.00 | 0.00 | — | 0.00 | — | 0.00 | — |
| 2019 | 0.00 | — | 0.00 | — | 0.00 | — | 0.00 | — | 0.00 | — | 0.00 | — |
| 2020 | 0.00 | — | 0.00 | — | 0.00 | — | 0.00 | — | 0.00 | — | 0.00 | — |
| 2021 | 0.00 | — | 0.00 | — | 0.00 | — | 0.00 | — | 0.00 | — | 0.00 | — |

续表

| 年份 | 增资—发行可转债+开发资金+风险资本 | | | | 增资—发行可转债+通道融资 | | | | 增资—发行可转债+通道融资+增资—私人配售 | | | |
|---|---|---|---|---|---|---|---|---|---|---|---|---|
| | 金额 | 同比增长（%） | 占比（%） | 指数 | 金额 | 同比增长（%） | 占比（%） | 指数 | 金额 | 同比增长（%） | 占比（%） | 指数 |
| 2005 | 0.00 | — | 0.00 | — | 0.00 | — | 0.00 | — | 0.00 | — | 0.00 | — |
| 2006 | 0.00 | — | 0.00 | — | 0.00 | — | 0.00 | — | 0.00 | — | 0.00 | — |
| 2007 | 0.00 | — | 0.00 | — | 0.00 | — | 0.00 | — | 0.00 | — | 0.00 | — |
| 2008 | 0.00 | — | 0.00 | — | 0.00 | — | 0.00 | — | 0.00 | — | 0.00 | — |
| 2009 | 0.00 | — | 0.00 | — | 0.00 | — | 0.00 | — | 0.00 | — | 0.00 | — |
| 2010 | 0.00 | — | 0.00 | — | 0.00 | — | 0.00 | — | 0.00 | — | 0.00 | — |
| 2011 | 0.00 | — | 0.00 | — | 0.00 | — | 0.00 | — | 0.00 | — | 0.00 | — |
| 2012 | 0.00 | — | 0.00 | — | 0.00 | — | — | — | 0.00 | — | 0.00 | — |
| 2013 | 0.00 | — | 0.00 | — | 0.00 | — | 0.00 | — | 0.00 | — | 0.00 | — |
| 2014 | 15.00 | — | 0.54 | 500.00 | 0.00 | — | 0.00 | — | 39.95 | — | 1.45 | 500.00 |
| 2015 | 0.00 | -100.00 | 0.00 | — | 0.00 | — | 0.00 | — | 0.00 | -100.00 | 0.00 | — |
| 2016 | 0.00 | — | 0.00 | — | 105.97 | — | 0.92 | — | 0.00 | — | 0.00 | — |
| 2017 | 0.00 | — | 0.00 | — | 0.00 | -100.00 | 0.00 | — | 0.00 | — | 0.00 | — |
| 2018 | 0.00 | — | 0.00 | — | 0.00 | — | 0.00 | — | 0.00 | — | 0.00 | — |
| 2019 | 0.00 | — | 0.00 | — | 0.00 | — | 0.00 | — | 0.00 | — | 0.00 | — |
| 2020 | 0.00 | — | 0.00 | — | 0.00 | — | 0.00 | — | 0.00 | — | 0.00 | — |
| 2021 | 0.00 | — | 0.00 | — | 0.00 | — | 0.00 | — | 0.00 | — | 0.00 | — |

| 年份 | 增资—发行可转债+私募股权 | | | | 增资—发行可转债+私募股权+增资—私人配售 | | | | 增资—发行可转债+私募股权+增资—私人配售 | | | |
|---|---|---|---|---|---|---|---|---|---|---|---|---|
| | 金额 | 同比增长（%） | 占比（%） | 指数 | 金额 | 同比增长（%） | 占比（%） | 指数 | 金额 | 同比增长（%） | 占比（%） | 指数 |
| 2005 | 0.00 | — | 0.00 | 0.00 | 0.00 | — | 0.00 | — | 0.00 | — | 0.00 | — |
| 2006 | 0.00 | — | 0.00 | 0.00 | 0.00 | — | 0.00 | — | 0.00 | — | 0.00 | — |
| 2007 | 0.00 | — | 0.00 | 0.00 | 0.00 | — | 0.00 | — | 0.00 | — | 0.00 | — |
| 2008 | 0.00 | — | 0.00 | 0.00 | 0.00 | — | 0.00 | — | 0.00 | — | 0.00 | — |
| 2009 | 0.00 | — | 0.00 | 0.00 | 2200.00 | — | 28.02 | — | 0.00 | — | 0.00 | — |

续表

| 年份 | 增资—发行可转债+私募股权 | | | | 增资—发行可转债+私募股权+增资—私人配售 | | | | 增资—发行可转债+私募股权+增资—私人配售 | | | |
|---|---|---|---|---|---|---|---|---|---|---|---|---|
| | 金额 | 同比增长（%） | 占比（%） | 指数 | 金额 | 同比增长（%） | 占比（%） | 指数 | 金额 | 同比增长（%） | 占比（%） | 指数 |
| 2010 | 0.00 | — | 0.00 | 0.00 | 0.00 | -100.00 | 0.00 | — | 12.00 | — | 7.71 | — |
| 2011 | 0.00 | — | 0.00 | 0.00 | 0.00 | — | 0.00 | — | 0.00 | -100.00 | 0.00 | — |
| 2012 | 0.00 | — | — | 0.00 | 0.00 | — | — | — | 0.00 | — | — | — |
| 2013 | 0.00 | — | 0.00 | 0.00 | 0.00 | — | 0.00 | — | 0.00 | — | 0.00 | — |
| 2014 | 39.95 | — | 1.45 | 500.00 | 0.00 | — | 0.00 | — | 0.00 | — | 0.00 | — |
| 2015 | 0.00 | -100.00 | 0.00 | 0.00 | 0.00 | — | 0.00 | — | 0.00 | — | 0.00 | — |
| 2016 | 0.00 | — | 0.00 | 0.00 | 0.00 | — | 0.00 | — | 0.00 | — | 0.00 | — |
| 2017 | 0.00 | — | 0.00 | 0.00 | 0.00 | — | 0.00 | — | 0.00 | — | 0.00 | — |
| 2018 | 0.00 | — | 0.00 | 0.00 | 0.00 | — | 0.00 | — | 0.00 | — | 0.00 | — |
| 2019 | 0.00 | — | 0.00 | 0.00 | 0.00 | — | 0.00 | — | 0.00 | — | 0.00 | — |
| 2020 | 0.00 | — | 0.00 | 0.00 | 0.00 | — | 0.00 | — | 0.00 | — | 0.00 | — |
| 2021 | 0.00 | — | 0.00 | 0.00 | 0.00 | — | 0.00 | — | 0.00 | — | 0.00 | — |

| 年份 | 增资—发行可转债+增资—私人配售 | | | | 企业风险投资+开发资金+家族办公室+私募股权 | | | | 企业风险投资+开发资金+对冲基金+私募股权 | | | |
|---|---|---|---|---|---|---|---|---|---|---|---|---|
| | 金额 | 同比增长（%） | 占比（%） | 指数 | 金额 | 同比增长（%） | 占比（%） | 指数 | 金额 | 同比增长（%） | 占比（%） | 指数 |
| 2005 | 0.00 | — | 0.00 | — | 0.00 | — | 0.00 | — | 0.00 | — | 0.00 | — |
| 2006 | 0.00 | — | 0.00 | — | 0.00 | — | 0.00 | — | 0.00 | — | 0.00 | — |
| 2007 | 0.00 | — | 0.00 | — | 0.00 | — | 0.00 | — | 0.00 | — | 0.00 | — |
| 2008 | 100.00 | — | 18.70 | — | 0.00 | — | 0.00 | — | 0.00 | — | 0.00 | — |
| 2009 | 0.00 | -100.00 | 0.00 | — | 0.00 | — | 0.00 | — | 0.00 | — | 0.00 | — |
| 2010 | 0.00 | — | 0.00 | — | 0.00 | — | 0.00 | — | 0.00 | — | 0.00 | — |
| 2011 | 0.00 | — | 0.00 | — | 0.00 | — | 0.00 | — | 0.00 | — | 0.00 | — |
| 2012 | 0.00 | — | — | — | 0.00 | — | — | — | 0.00 | — | — | — |
| 2013 | 0.00 | — | 0.00 | — | 0.00 | — | 0.00 | — | 0.00 | — | 0.00 | — |
| 2014 | 0.00 | — | 0.00 | — | 0.00 | — | 0.00 | — | 0.00 | — | 0.00 | — |

续表

| 年份 | 增资—发行可转债+增资—私人配售 | | | | 企业风险投资+开发资金+家族办公室+私募股权 | | | | 企业风险投资+开发资金+对冲基金+私募股权 | | | |
|---|---|---|---|---|---|---|---|---|---|---|---|---|
| | 金额 | 同比增长（%） | 占比（%） | 指数 | 金额 | 同比增长（%） | 占比（%） | 指数 | 金额 | 同比增长（%） | 占比（%） | 指数 |
| 2015 | 0.00 | — | 0.00 | — | 0.00 | — | 0.00 | — | 0.00 | — | 0.00 | — |
| 2016 | 0.00 | — | 0.00 | — | 0.00 | — | 0.00 | — | 0.00 | — | 0.00 | — |
| 2017 | 0.00 | — | 0.00 | — | 0.00 | — | 0.00 | — | 0.00 | — | 0.00 | — |
| 2018 | 0.00 | — | 0.00 | — | 15.19 | — | 2.20 | — | 0.00 | — | 0.00 | — |
| 2019 | 0.00 | — | 0.00 | — | 0.00 | -100.00 | 0.00 | — | 85.00 | — | 5.22 | — |
| 2020 | 0.00 | — | 0.00 | — | 0.00 | — | 0.00 | — | 0.00 | -100 | 0.00 | — |
| 2021 | 0.00 | — | 0.00 | — | 0.00 | — | 0.00 | — | 0.00 | — | 0.00 | — |

| 年份 | 企业风险投资+开发资金+私募股权 | | | | 企业风险投资+开发资金+风险资本 | | | | 企业风险投资+开发资金—第1轮-第8轮 | | | |
|---|---|---|---|---|---|---|---|---|---|---|---|---|
| | 金额 | 同比增长（%） | 占比（%） | 指数 | 金额 | 同比增长（%） | 占比（%） | 指数 | 金额 | 同比增长（%） | 占比（%） | 指数 |
| 2005 | 0.00 | — | 0.00 | — | 0.00 | — | 0.00 | — | 0.00 | — | 0.00 | — |
| 2006 | 15.00 | — | 14.73 | — | 0.00 | — | 0.00 | — | 1.00 | — | 0.98 | — |
| 2007 | 0.00 | -100.00 | 0.00 | — | 0.00 | — | 0.00 | — | 0.00 | -100.00 | 0.00 | — |
| 2008 | 0.00 | — | 0.00 | — | 0.00 | — | 0.00 | — | 0.00 | — | 0.00 | — |
| 2009 | 0.00 | — | 0.00 | — | 0.00 | — | 0.00 | — | 0.00 | — | 0.00 | — |
| 2010 | 0.00 | — | 0.00 | — | 0.00 | — | 0.00 | — | 0.00 | — | 0.00 | — |
| 2011 | 0.00 | — | 0.00 | — | 0.00 | — | 0.00 | — | 0.00 | — | 0.00 | — |
| 2012 | 0.00 | — | — | — | 0.00 | — | — | — | 0.00 | — | — | — |
| 2013 | 0.00 | — | 0.00 | — | 0.00 | — | 0.00 | — | 0.00 | — | 0.00 | — |
| 2014 | 0.00 | — | 0.00 | — | 0.00 | — | 0.00 | — | 0.00 | — | 0.00 | — |
| 2015 | 0.00 | — | 0.00 | — | 0.00 | — | 0.00 | — | 0.00 | — | 0.00 | — |
| 2016 | 0.00 | — | 0.00 | — | 0.00 | — | 0.00 | — | 0.00 | — | 0.00 | — |
| 2017 | 0.00 | — | 0.00 | — | 0.00 | — | 0.00 | — | 0.00 | — | 0.00 | — |
| 2018 | 0.00 | — | 0.00 | — | 0.00 | — | 0.00 | — | 0.00 | — | 0.00 | — |
| 2019 | 0.00 | — | 0.00 | — | 0.00 | — | 0.00 | — | 0.00 | — | 0.00 | — |
| 2020 | 0.00 | — | 0.00 | — | 0.00 | — | 0.00 | — | 0.00 | — | 0.00 | — |
| 2021 | 0.00 | — | 0.00 | — | 0.00 | — | 0.00 | — | 0.00 | — | 0.00 | — |

续表

| 年份 | 企业风险投资+开发资金—第1轮-第8轮+家族办公室+对冲基金+风险资本 | | | | 企业风险投资+开发资金—第1轮-第8轮+家族办公室+私募股权 | | | | 企业风险投资+开发资金—第1轮-第8轮+家族办公室+风险资本 | | | |
|---|---|---|---|---|---|---|---|---|---|---|---|---|
| | 金额 | 同比增长（%） | 占比（%） | 指数 | 金额 | 同比增长（%） | 占比（%） | 指数 | 金额 | 同比增长（%） | 占比（%） | 指数 |
| 2005 | 0.00 | — | 0.00 | — | 0.00 | — | 0.00 | — | 0.00 | — | 0.00 | — |
| 2006 | 0.00 | — | 0.00 | — | 0.00 | — | 0.00 | — | 0.00 | — | 0.00 | — |
| 2007 | 0.00 | — | 0.00 | — | 0.00 | — | 0.00 | — | 0.00 | — | 0.00 | — |
| 2008 | 0.00 | — | 0.00 | — | 0.00 | — | 0.00 | — | 0.00 | — | 0.00 | — |
| 2009 | 0.00 | — | 0.00 | — | 0.00 | — | 0.00 | — | 0.00 | — | 0.00 | — |
| 2010 | 0.00 | — | 0.00 | — | 0.00 | — | 0.00 | — | 0.00 | — | 0.00 | — |
| 2011 | 0.00 | — | 0.00 | — | 0.00 | — | 0.00 | — | 0.00 | — | 0.00 | — |
| 2012 | 0.00 | — | — | — | 0.00 | — | — | — | 0.00 | — | 0.00 | — |
| 2013 | 0.00 | — | 0.00 | — | 0.00 | — | 0.00 | — | 0.00 | — | 0.00 | — |
| 2014 | 0.00 | — | 0.00 | — | 0.00 | — | 0.00 | — | 0.00 | — | 0.00 | — |
| 2015 | 0.00 | — | 0.00 | — | 0.00 | — | 0.00 | — | 0.00 | — | 0.00 | — |
| 2016 | 0.00 | — | 0.00 | — | 0.00 | — | 0.00 | — | 0.00 | — | 0.00 | — |
| 2017 | 0.00 | — | 0.00 | — | 0.00 | — | 0.00 | — | 0.00 | — | 0.00 | — |
| 2018 | 66.00 | — | 9.58 | — | 0.00 | — | 0.00 | — | 22.00 | — | 3.19 | — |
| 2019 | 0.00 | -100 | 0.00 | — | 0.00 | — | 0.00 | — | 0.00 | -100 | 0.00 | — |
| 2020 | 0.00 | — | 0.00 | — | 54.54 | — | 13.10 | — | 0.00 | — | 0.00 | — |
| 2021 | 0.00 | — | 0.00 | — | 0.00 | -100 | 0.00 | — | 0.00 | — | 0.00 | — |

| 年份 | 企业风险投资+开发资金—第1轮-第8轮+对冲基金+私募股权 | | | | 企业风险投资+开发资金—第1轮-第8轮+对冲基金+风险资本 | | | | 企业风险投资+开发资金—第1轮-第8轮+新银行信贷便利+风险资本 | | | |
|---|---|---|---|---|---|---|---|---|---|---|---|---|
| | 金额 | 同比增长（%） | 占比（%） | 指数 | 金额 | 同比增长（%） | 占比（%） | 指数 | 金额 | 同比增长（%） | 占比（%） | 指数 |
| 2005 | 0.00 | — | 0.00 | — | 0.00 | — | 0.00 | — | 0.00 | — | 0.00 | — |
| 2006 | 0.00 | — | 0.00 | — | 0.00 | — | 0.00 | — | 0.00 | — | 0.00 | — |
| 2007 | 0.00 | — | 0.00 | — | 0.00 | — | 0.00 | — | 0.00 | — | 0.00 | — |
| 2008 | 0.00 | — | 0.00 | — | 0.00 | — | 0.00 | — | 0.00 | — | 0.00 | — |

续表

| 年份 | 企业风险投资+开发资金—第1轮-第8轮+对冲基金+私募股权 | | | | 企业风险投资+开发资金—第1轮-第8轮+对冲基金+风险资本 | | | | 企业风险投资+开发资金—第1轮-第8轮+新银行信贷便利+风险资本 | | | |
|---|---|---|---|---|---|---|---|---|---|---|---|---|
| | 金额 | 同比增长(%) | 占比(%) | 指数 | 金额 | 同比增长(%) | 占比(%) | 指数 | 金额 | 同比增长(%) | 占比(%) | 指数 |
| 2009 | 0.00 | — | 0.00 | — | 0.00 | — | 0.00 | — | 0.00 | — | 0.00 | — |
| 2010 | 0.00 | — | 0.00 | — | 0.00 | — | 0.00 | — | 0.00 | — | 0.00 | — |
| 2011 | 0.00 | — | 0.00 | — | 0.00 | — | 0.00 | — | 0.00 | — | 0.00 | — |
| 2012 | 0.00 | — | — | — | 0.00 | — | — | — | 0.00 | — | — | — |
| 2013 | 0.00 | — | 0.00 | — | 0.00 | — | 0.00 | — | 0.00 | — | 0.00 | — |
| 2014 | 0.00 | — | 0.00 | — | 0.00 | — | 0.00 | — | 0.00 | — | 0.00 | — |
| 2015 | 0.00 | — | 0.00 | — | 0.00 | — | 0.00 | — | 0.00 | — | 0.00 | — |
| 2016 | 0.00 | — | 0.00 | — | 0.00 | — | 0.00 | — | 0.00 | — | 0.00 | — |
| 2017 | 67.00 | — | 4.50 | — | 0.00 | — | 0.00 | — | 4.30 | — | 0.29 | — |
| 2018 | 0.00 | -100.00 | 0.00 | — | 105.00 | — | 15.24 | — | 0.00 | -100.00 | 0.00 | — |
| 2019 | 0.00 | — | 0.00 | — | 0.00 | -100.00 | 0.00 | — | 0.00 | — | 0.00 | — |
| 2020 | 0.00 | — | 0.00 | — | 0.00 | — | 0.00 | — | 0.00 | — | 0.00 | — |
| 2021 | 0.00 | — | 0.00 | — | 0.00 | — | 0.00 | — | 0.00 | — | 0.00 | — |

| 年份 | 企业风险投资+开发资金—第1轮-第8轮+私募股权 | | | | 企业风险投资+开发资金—第1轮-第8轮+风险资本 | | | | 企业风险投资+开发资金—种子轮+风险资本 | | | |
|---|---|---|---|---|---|---|---|---|---|---|---|---|
| | 金额 | 同比增长(%) | 占比(%) | 指数 | 金额 | 同比增长(%) | 占比(%) | 指数 | 金额 | 同比增长(%) | 占比(%) | 指数 |
| 2005 | 0.00 | — | 0.00 | — | 13.00 | — | 7.20 | — | 0.00 | — | 0.00 | — |
| 2006 | 9.00 | — | 8.84 | — | 0.00 | -100.00 | 0.00 | — | 0.00 | — | 0.00 | — |
| 2007 | 0.00 | -100.00 | 0.00 | — | 0.00 | — | 0.00 | — | 0.00 | — | 0.00 | — |
| 2008 | 0.00 | — | 0.00 | — | 0.00 | — | 0.00 | — | 0.00 | — | 0.00 | — |
| 2009 | 0.00 | — | 0.00 | — | 0.00 | — | 0.00 | — | 0.00 | — | 0.00 | — |
| 2010 | 0.00 | — | 0.00 | — | 0.00 | — | 0.00 | — | 0.00 | — | 0.00 | — |
| 2011 | 0.00 | — | 0.00 | — | 0.00 | — | 0.00 | — | 0.00 | — | 0.00 | — |
| 2012 | 0.00 | — | 0.00 | — | 0.00 | — | 0.00 | — | 0.00 | — | 0.00 | — |

续表

| 年份 | 企业风险投资+开发资金—第1轮–第8轮+私募股权 | | | | 企业风险投资+开发资金—第1轮–第8轮+风险资本 | | | | 企业风险投资+开发资金—种子轮+风险资本 | | | |
|---|---|---|---|---|---|---|---|---|---|---|---|---|
| | 金额 | 同比增长（%） | 占比（%） | 指数 | 金额 | 同比增长（%） | 占比（%） | 指数 | 金额 | 同比增长（%） | 占比（%） | 指数 |
| 2013 | 0.00 | — | 0.00 | — | 0.00 | — | 0.00 | — | 0.00 | — | 0.00 | — |
| 2014 | 0.00 | — | 0.00 | — | 0.00 | — | 0.00 | — | 0.00 | — | 0.00 | — |
| 2015 | 0.00 | — | 0.00 | — | 0.00 | — | 0.00 | — | 0.00 | — | 0.00 | — |
| 2016 | 0.00 | — | 0.00 | — | 0.00 | — | 0.00 | — | 0.00 | — | 0.00 | — |
| 2017 | 0.00 | — | 0.00 | — | 0.00 | — | 0.00 | — | 0.00 | — | 0.00 | — |
| 2018 | 0.00 | — | 0.00 | — | 0.00 | — | 0.00 | — | 0.00 | — | 0.00 | — |
| 2019 | 0.00 | — | 0.00 | — | 0.00 | — | 0.00 | — | 0.00 | — | 0.00 | — |
| 2020 | 0.00 | — | 0.00 | — | 0.00 | — | 0.00 | — | 0.00 | — | 0.00 | — |
| 2021 | 0.00 | — | 0.00 | — | 0.00 | — | 0.00 | — | 0.00 | — | 0.00 | — |

| 年份 | 企业风险投资+私募股权 | | | | 企业风险投资+私募股权+增资—私人配售 | | | | 开发资金+新银行信贷便利+私募股权 | | | |
|---|---|---|---|---|---|---|---|---|---|---|---|---|
| | 金额 | 同比增长（%） | 占比（%） | 指数 | 金额 | 同比增长（%） | 占比（%） | 指数 | 金额 | 同比增长（%） | 占比（%） | 指数 |
| 2005 | 0.00 | — | 0.00 | — | 0.00 | — | 0.00 | — | 0.00 | — | 0.00 | — |
| 2006 | 0.00 | — | 0.00 | — | 0.00 | — | 0.00 | — | 0.00 | — | 0.00 | — |
| 2007 | 0.00 | — | 0.00 | — | 0.00 | — | 0.00 | — | 0.00 | — | 0.00 | — |
| 2008 | 0.00 | — | 0.00 | — | 0.00 | — | 0.00 | — | 0.00 | — | 0.00 | — |
| 2009 | 0.00 | — | 0.00 | — | 0.00 | — | 0.00 | — | 0.00 | — | 0.00 | — |
| 2010 | 55.63 | — | 35.74 | — | 0.00 | — | 0.00 | — | 0.00 | — | 0.00 | — |
| 2011 | 0.00 | -100.00 | 0.00 | — | 0.00 | — | 0.00 | — | 0.00 | — | 0.00 | — |
| 2012 | 0.00 | — | — | — | 0.00 | — | — | — | 0.00 | — | — | — |
| 2013 | 0.00 | — | 0.00 | — | 0.00 | — | 0.00 | — | 0.00 | — | 0.00 | — |
| 2014 | 0.00 | — | 0.00 | — | 0.00 | — | 0.00 | — | 27.00 | — | 0.98 | 500.00 |
| 2015 | 0.00 | — | 0.00 | — | 0.00 | — | 0.00 | — | 0.00 | -100.00 | 0.00 | — |
| 2016 | 0.00 | — | 0.00 | — | 200.00 | — | 1.73 | — | 0.00 | — | 0.00 | — |
| 2017 | 0.00 | — | 0.00 | — | 0.00 | -100.00 | 0.00 | — | 0.00 | — | 0.00 | — |

续表

| 年份 | 企业风险投资+私募股权 | | | | 企业风险投资+私募股权+增资—私人配售 | | | | 开发资金+新银行信贷便利+私募股权 | | | |
|---|---|---|---|---|---|---|---|---|---|---|---|---|
| | 金额 | 同比增长（%） | 占比（%） | 指数 | 金额 | 同比增长（%） | 占比（%） | 指数 | 金额 | 同比增长（%） | 占比（%） | 指数 |
| 2018 | 0.00 | — | 0.00 | — | 0.00 | — | 0.00 | — | 0.00 | — | 0.00 | — |
| 2019 | 0.00 | — | 0.00 | — | 0.00 | — | 0.00 | — | 0.00 | — | 0.00 | — |
| 2020 | 0.00 | — | 0.00 | — | 0.00 | — | 0.00 | — | 0.00 | — | 0.00 | — |
| 2021 | 0.00 | — | 0.00 | — | 0.00 | — | 0.00 | — | 0.00 | 0.00 | — | — |

| 年份 | 开发资金+家族办公室+私募股权 | | | | 开发资金+对冲基金+风险资本 | | | | 开发资金—第1轮-第8轮+家族办公室+对冲基金+私募股权 | | | |
|---|---|---|---|---|---|---|---|---|---|---|---|---|
| | 金额 | 同比增长（%） | 占比（%） | 指数 | 金额 | 同比增长（%） | 占比（%） | 指数 | 金额 | 同比增长（%） | 占比（%） | 指数 |
| 2005 | 0.00 | — | 0.00 | — | 0.00 | — | 0.00 | — | 0.00 | — | 0.00 | — |
| 2006 | 0.00 | — | 0.00 | — | 0.00 | — | 0.00 | — | 0.00 | — | 0.00 | — |
| 2007 | 0.00 | — | 0.00 | — | 0.00 | — | 0.00 | — | 0.00 | — | 0.00 | — |
| 2008 | 0.00 | — | 0.00 | — | 0.00 | — | 0.00 | — | 0.00 | — | 0.00 | — |
| 2009 | 0.00 | — | 0.00 | — | 0.00 | — | 0.00 | — | 0.00 | — | 0.00 | — |
| 2010 | 0.00 | — | 0.00 | — | 0.00 | — | 0.00 | — | 0.00 | — | 0.00 | — |
| 2011 | 0.00 | — | 0.00 | — | 0.00 | — | 0.00 | — | 0.00 | — | 0.00 | — |
| 2012 | 0.00 | — | — | — | 0.00 | — | — | — | 0.00 | — | — | — |
| 2013 | 0.00 | — | 0.00 | — | 0.00 | — | 0.00 | — | 0.00 | — | 0.00 | — |
| 2014 | 0.00 | — | 0.00 | — | 0.00 | — | 0.00 | — | 0.00 | — | 0.00 | — |
| 2015 | 0.00 | — | 0.00 | — | 0.00 | — | 0.00 | — | 0.00 | — | 0.00 | — |
| 2016 | 0.00 | — | 0.00 | — | 0.00 | — | 0.00 | — | 0.00 | — | 0.00 | — |
| 2017 | 0.00 | — | 0.00 | — | 0.00 | — | 0.00 | — | 0.00 | — | 0.00 | — |
| 2018 | 0.00 | — | 0.00 | — | 0.00 | — | 0.00 | — | 0.00 | — | 0.00 | — |
| 2019 | 0.00 | — | 0.00 | — | 0.00 | — | 0.00 | — | 0.00 | — | 0.00 | — |
| 2020 | 0.00 | — | 0.00 | — | 0.00 | — | 0.00 | — | 0.00 | — | 0.00 | — |
| 2021 | 200.00 | — | 11.73 | — | 550.50 | — | 32.30 | — | 172.00 | — | 10.09 | — |

续表

| 年份 | 开发资金+私募股权 | | | | 开发资金+风险资本 | | | | 开发资金—第1轮-第8轮+家族办公室+对冲基金+风险资本 | | | |
|---|---|---|---|---|---|---|---|---|---|---|---|---|
| | 金额 | 同比增长（%） | 占比（%） | 指数 | 金额 | 同比增长（%） | 占比（%） | 指数 | 金额 | 同比增长（%） | 占比（%） | 指数 |
| 2005 | 80.16 | — | 44.40 | — | 0.00 | — | 0.00 | — | 0.00 | — | 0.00 | — |
| 2006 | 0.00 | -100.00 | 0.00 | — | 0.00 | — | 0.00 | — | 0.00 | — | 0.00 | — |
| 2007 | 0.00 | — | 0.00 | — | 32.00 | — | 11.71 | — | 0.00 | — | 0.00 | — |
| 2008 | 0.00 | — | 0.00 | — | 0.00 | -100.00 | 0.00 | — | 0.00 | — | 0.00 | — |
| 2009 | 0.00 | — | 0.00 | — | 0.00 | — | 0.00 | — | 0.00 | — | 0.00 | — |
| 2010 | 0.00 | — | 0.00 | — | 0.00 | — | 0.00 | — | 0.00 | — | 0.00 | — |
| 2011 | 0.00 | — | 0.00 | — | 0.00 | — | 0.00 | — | 0.00 | — | 0.00 | — |
| 2012 | 0.00 | — | — | — | 0.00 | — | — | — | 0.00 | — | 0.00 | — |
| 2013 | 0.00 | — | 0.00 | — | 0.00 | — | 0.00 | — | 0.00 | — | 0.00 | — |
| 2014 | 0.00 | — | 0.00 | — | 0.00 | — | 0.00 | — | 0.00 | — | 0.00 | — |
| 2015 | 0.00 | — | 0.00 | — | 0.00 | — | 0.00 | — | 97.00 | — | 2.39 | 500.00 |
| 2016 | 0.00 | — | 0.00 | — | 0.00 | — | 0.00 | — | 0.00 | -100.00 | 0.00 | — |
| 2017 | 0.00 | — | 0.00 | — | 0.00 | — | 0.00 | — | 0.00 | — | 0.00 | — |
| 2018 | 0.00 | — | 0.00 | — | 0.00 | — | 0.00 | — | 0.00 | — | 0.00 | — |
| 2019 | 0.00 | — | 0.00 | — | 32.00 | — | 0.00 | — | 0.00 | — | 0.00 | — |
| 2020 | 0.00 | — | 0.00 | — | 0.00 | — | 0.00 | — | 0.00 | — | 0.00 | — |
| 2021 | 0.00 | — | 0.00 | — | 0.00 | — | 0.00 | — | 0.00 | — | 0.00 | — |

| 年份 | 开发资金—第1轮-第8轮+家族办公室+私募股权 | | | | 开发资金—第1轮-第8轮+家族办公室+风险资本 | | | | 开发资金—第1轮-第8轮+对冲基金+私募股权 | | | |
|---|---|---|---|---|---|---|---|---|---|---|---|---|
| | 金额 | 同比增长（%） | 占比（%） | 指数 | 金额 | 同比增长（%） | 占比（%） | 指数 | 金额 | 同比增长（%） | 占比（%） | 指数 |
| 2005 | 0.00 | — | 0.00 | — | 0.00 | — | 0.00 | — | 0.00 | — | 0.00 | — |
| 2006 | 0.00 | — | 0.00 | — | 0.00 | — | 0.00 | — | 0.00 | — | 0.00 | — |
| 2007 | 0.00 | — | 0.00 | — | 0.00 | — | 0.00 | — | 0.00 | — | 0.00 | — |
| 2008 | 0.00 | — | 0.00 | — | 0.00 | — | 0.00 | — | 0.00 | — | 0.00 | — |
| 2009 | 0.00 | — | 0.00 | — | 0.00 | — | 0.00 | — | 0.00 | — | 0.00 | — |

续表

| 年份 | 开发资金—第1轮-第8轮+家族办公室+私募股权 | | | | 开发资金—第1轮-第8轮+家族办公室+风险资本 | | | | 开发资金—第1轮-第8轮+对冲基金+私募股权 | | | |
|---|---|---|---|---|---|---|---|---|---|---|---|---|
| | 金额 | 同比增长(%) | 占比(%) | 指数 | 金额 | 同比增长(%) | 占比(%) | 指数 | 金额 | 同比增长(%) | 占比(%) | 指数 |
| 2010 | 0.00 | — | 0.00 | — | 0.00 | — | 0.00 | — | 0.00 | — | 0.00 | — |
| 2011 | 0.00 | — | 0.00 | — | 0.00 | — | 0.00 | — | 0.00 | — | 0.00 | — |
| 2012 | 0.00 | — | — | — | 0.00 | — | — | — | 0.00 | — | — | — |
| 2013 | 0.00 | — | 0.00 | — | 0.00 | — | 0.00 | — | 0.00 | — | 0.00 | — |
| 2014 | 0.00 | — | 0.00 | — | 0.00 | — | 0.00 | — | 0.00 | — | 0.00 | — |
| 2015 | 0.00 | — | 0.00 | — | 0.00 | — | 0.00 | — | 0.00 | — | 0.00 | — |
| 2016 | 0.00 | — | 0.00 | — | 0.00 | — | 0.00 | — | 0.00 | — | 0.00 | — |
| 2017 | 0.00 | — | 0.00 | — | 0.00 | — | 0.00 | — | 0.00 | — | 0.00 | — |
| 2018 | 0.00 | — | 0.00 | — | 115.00 | — | 16.69 | — | 0.00 | — | 0.00 | — |
| 2019 | 0.00 | — | 0.00 | — | 0.00 | -100 | 0.00 | — | 0.00 | — | 0.00 | — |
| 2020 | 109.00 | — | 26.18 | — | 0.00 | — | 0.00 | — | 121.00 | — | 29.06 | — |
| 2021 | 0.00 | -100 | 0.00 | — | 0.00 | — | 0.00 | — | 0.00 | -100 | 0.00 | — |

| 年份 | 开发资金—第1轮-第8轮+对冲基金+风险资本 | | | | 开发资金—第1轮-第8轮+家族办公室+风险资本 | | | | 开发资金—第1轮-第8轮+对冲基金+私募股权 | | | |
|---|---|---|---|---|---|---|---|---|---|---|---|---|
| | 金额 | 同比增长(%) | 占比(%) | 指数 | 金额 | 同比增长(%) | 占比(%) | 指数 | 金额 | 同比增长(%) | 占比(%) | 指数 |
| 2005 | 0.00 | — | 0.00 | — | 0.00 | — | 0.00 | — | 0.00 | — | 0.00 | — |
| 2006 | 0.00 | — | 0.00 | — | 0.00 | — | 0.00 | — | 0.00 | — | 0.00 | — |
| 2007 | 0.00 | — | 0.00 | — | 0.00 | — | 0.00 | — | 0.00 | — | 0.00 | — |
| 2008 | 0.00 | — | 0.00 | — | 0.00 | — | 0.00 | — | 0.00 | — | 0.00 | — |
| 2009 | 0.00 | — | 0.00 | — | 0.00 | — | 0.00 | — | 0.00 | — | 0.00 | — |
| 2010 | 0.00 | — | 0.00 | — | 0.00 | — | 0.00 | — | 0.00 | — | 0.00 | — |
| 2011 | 0.00 | — | 0.00 | — | 0.00 | — | 0.00 | — | 0.00 | — | 0.00 | — |
| 2012 | 0.00 | — | — | — | 0.00 | — | — | — | 0.00 | — | — | — |
| 2013 | 0.00 | — | 0.00 | — | 0.00 | — | 0.00 | — | 0.00 | — | 0.00 | — |
| 2014 | 0.00 | — | 0.00 | — | 0.00 | — | 0.00 | — | 0.00 | — | 0.00 | — |

续表

| 年份 | 开发资金—第1轮-第8轮+对冲基金+风险资本 | | | | 开发资金—第1轮-第8轮+家族办公室+风险资本 | | | | 开发资金—第1轮-第8轮+对冲基金+私募股权 | | | |
|---|---|---|---|---|---|---|---|---|---|---|---|---|
| | 金额 | 同比增长（%） | 占比（%） | 指数 | 金额 | 同比增长（%） | 占比（%） | 指数 | 金额 | 同比增长（%） | 占比（%） | 指数 |
| 2015 | 0.00 | — | 0.00 | — | 0.00 | — | 0.00 | — | 0.00 | — | 0.00 | — |
| 2016 | 0.00 | — | 0.00 | — | 0.00 | — | 0.00 | — | 0.00 | — | 0.00 | — |
| 2017 | 0.00 | — | 0.00 | — | 0.00 | — | 0.00 | — | 0.00 | — | 0.00 | — |
| 2018 | 67.00 | — | 9.72 | — | 115.00 | — | 16.69 | — | 0.00 | — | 0.00 | — |
| 2019 | 0.00 | -100 | 0.00 | — | 0.00 | -100 | 0.00 | — | 0.00 | — | 0.00 | — |
| 2020 | 0.00 | — | 0.00 | — | 0.00 | — | 0.00 | — | 121.00 | — | 29.06 | — |
| 2021 | 0.00 | — | 0.00 | — | 0.00 | — | 0.00 | — | 0.00 | -100 | 0.00 | — |

| 年份 | 企业风险投资+开发资金—第1轮-第8轮+家族办公室+对冲基金+风险资本 | | | | 企业风险投资+开发资金—第1轮-第8轮+家族办公室+私募股权 | | | | 企业风险投资+开发资金—第1轮-第8轮+家族办公室+风险资本 | | | |
|---|---|---|---|---|---|---|---|---|---|---|---|---|
| | 金额 | 同比增长（%） | 占比（%） | 指数 | 金额 | 同比增长（%） | 占比（%） | 指数 | 金额 | 同比增长（%） | 占比（%） | 指数 |
| 2005 | 0.00 | — | 0.00 | — | 0.00 | — | 0.00 | — | 0.00 | — | 0.00 | — |
| 2006 | 0.00 | — | 0.00 | — | 0.00 | — | 0.00 | — | 0.00 | — | 0.00 | — |
| 2007 | 0.00 | — | 0.00 | — | 0.00 | — | 0.00 | — | 0.00 | — | 0.00 | — |
| 2008 | 0.00 | — | 0.00 | — | 0.00 | — | 0.00 | — | 0.00 | — | 0.00 | — |
| 2009 | 0.00 | — | 0.00 | — | 0.00 | — | 0.00 | — | 0.00 | — | 0.00 | — |
| 2010 | 0.00 | — | 0.00 | — | 0.00 | — | 0.00 | — | 0.00 | — | 0.00 | — |
| 2011 | 0.00 | — | 0.00 | — | 0.00 | — | 0.00 | — | 0.00 | — | 0.00 | — |
| 2012 | 0.00 | — | — | — | 0.00 | — | — | — | 0.00 | — | — | — |
| 2013 | 0.00 | — | 0.00 | — | 0.00 | — | 0.00 | — | 0.00 | — | 0.00 | — |
| 2014 | 0.00 | — | 0.00 | — | 0.00 | — | 0.00 | — | 0.00 | — | 0.00 | — |
| 2015 | 0.00 | — | 0.00 | — | 0.00 | — | 0.00 | — | 0.00 | — | 0.00 | — |
| 2016 | 0.00 | — | 0.00 | — | 0.00 | — | 0.00 | — | 0.00 | — | 0.00 | — |
| 2017 | 0.00 | — | 0.00 | — | 0.00 | — | 0.00 | — | 0.00 | — | 0.00 | — |
| 2018 | 0.00 | — | 0.00 | — | 115.00 | — | 16.69 | — | 0.00 | — | 0.00 | — |

续表

| 年份 | 企业风险投资+开发资金—第1轮-第8轮+家族办公室+对冲基金+风险资本 | | | | 企业风险投资+开发资金—第1轮-第8轮+家族办公室+私募股权 | | | | 企业风险投资+开发资金—第1轮-第8轮+家族办公室+风险资本 | | | |
|---|---|---|---|---|---|---|---|---|---|---|---|---|
| | 金额 | 同比增长(%) | 占比(%) | 指数 | 金额 | 同比增长(%) | 占比(%) | 指数 | 金额 | 同比增长(%) | 占比(%) | 指数 |
| 2019 | 0.00 | — | 0.00 | — | 0.00 | -100.00 | 0.00 | — | 0.00 | — | 0.00 | — |
| 2020 | 109.00 | — | 26.18 | — | 0.00 | — | 0.00 | — | 121.00 | — | 29.06 | — |
| 2021 | 0.00 | -100 | 0.00 | — | 0.00 | — | 0.00 | — | 0.00 | -100 | 0.00 | — |

| 年份 | 开发资金—第1轮-第8轮+家族办公室+私募股权 | | | | 开发资金—第1轮-第8轮+私募股权 | | | | 开发资金—第1轮-第8轮+风险资本 | | | |
|---|---|---|---|---|---|---|---|---|---|---|---|---|
| | 金额 | 同比增长(%) | 占比(%) | 指数 | 金额 | 同比增长(%) | 占比(%) | 指数 | 金额 | 同比增长(%) | 占比(%) | 指数 |
| 2005 | 0.00 | — | 0.00 | — | 35.00 | — | 19.38 | — | 3.00 | — | 1.66 | — |
| 2006 | 0.00 | — | 0.00 | — | 0.00 | -100 | 0.00 | — | 0.00 | -100.00 | 0.00 | — |
| 2007 | 0.00 | — | 0.00 | — | 0.00 | — | 0.00 | — | 0.00 | — | 0.00 | — |
| 2008 | 0.00 | — | 0.00 | — | 0.00 | — | 0.00 | — | 0.00 | — | 0.00 | — |
| 2009 | 0.00 | — | 0.00 | — | 0.00 | — | 0.00 | — | 0.00 | — | 0.00 | — |
| 2010 | 0.00 | — | 0.00 | — | 0.00 | — | 0.00 | — | 0.00 | — | 0.00 | — |
| 2011 | 0.00 | — | 0.00 | — | 0.00 | — | 0.00 | — | 0.00 | — | 0.00 | — |
| 2012 | 0.00 | — | — | — | 0.00 | — | — | — | 0.00 | — | — | — |
| 2013 | 0.00 | — | 0.00 | — | 0.00 | — | 0.00 | — | 0.00 | — | 0.00 | — |
| 2014 | 0.00 | — | 0.00 | — | 0.00 | — | 0.00 | — | 0.00 | — | 0.00 | — |
| 2015 | 0.00 | — | 0.00 | — | 0.00 | — | 0.00 | — | 0.00 | — | 0.00 | — |
| 2016 | 0.00 | — | 0.00 | — | 0.00 | — | 0.00 | — | 0.00 | — | 0.00 | — |
| 2017 | 0.00 | — | 0.00 | — | 0.00 | — | 0.00 | — | 0.00 | — | 0.00 | — |
| 2018 | 67.00 | — | 9.72 | — | 0.00 | — | 0.00 | — | 0.00 | — | 0.00 | — |
| 2019 | 0.00 | -100.00 | 0.00 | — | 0.00 | — | 0.00 | — | 0.00 | — | 0.00 | — |
| 2020 | 0.00 | — | 0.00 | — | 0.00 | — | 0.00 | — | 0.00 | — | 0.00 | — |
| 2021 | 0.00 | — | 0.00 | — | 0.00 | — | 0.00 | — | 0.00 | — | 0.00 | — |

续表

| 年份 | 开发资金—种子轮+私募股权 | | | | 开发资金—种子轮+风险资本 | | | | 家族办公室+私募股权 | | | |
|---|---|---|---|---|---|---|---|---|---|---|---|---|
| | 金额 | 同比增长（%） | 占比（%） | 指数 | 金额 | 同比增长（%） | 占比（%） | 指数 | 金额 | 同比增长（%） | 占比（%） | 指数 |
| 2005 | 0.00 | — | 0.00 | — | 0.00 | — | 0.00 | — | 0.00 | — | 0.00 | — |
| 2006 | 0.00 | — | 0.00 | — | 0.00 | — | 0.00 | — | 0.00 | — | 0.00 | — |
| 2007 | 0.00 | — | 0.00 | — | 15.00 | — | 5.49 | — | 0.00 | — | 0.00 | — |
| 2008 | 0.00 | — | 0.00 | — | 0.00 | -100.00 | 0.00 | — | 0.00 | — | 0.00 | — |
| 2009 | 0.00 | — | 0.00 | — | 0.00 | — | 0.00 | — | 0.00 | — | 0.00 | — |
| 2010 | 0.00 | — | 0.00 | — | 0.00 | — | 0.00 | — | 0.00 | — | 0.00 | — |
| 2011 | 0.00 | — | 0.00 | — | 0.00 | — | 0.00 | — | 0.00 | — | 0.00 | — |
| 2012 | 0.00 | — | — | — | 0.00 | — | — | — | 0.00 | — | — | — |
| 2013 | 0.00 | — | 0.00 | — | 0.00 | — | 0.00 | — | 0.00 | — | 0.00 | — |
| 2014 | 0.00 | — | 0.00 | — | 0.00 | — | 0.00 | — | 0.00 | — | 0.00 | — |
| 2015 | 0.00 | — | 0.00 | — | 0.00 | — | 0.00 | — | 0.00 | — | 0.00 | — |
| 2016 | 0.00 | — | 0.00 | — | 0.00 | — | 0.00 | — | 0.00 | — | 0.00 | — |
| 2017 | 0.00 | — | 0.00 | — | 0.00 | — | 0.00 | — | 0.00 | — | 0.00 | — |
| 2018 | 7.00 | — | 1.02 | — | 0.00 | — | 0.00 | — | 0.00 | — | 0.00 | — |
| 2019 | 0.00 | -100.00 | 0.00 | — | 0.00 | — | 0.00 | — | 1117.81 | — | 68.66 | — |
| 2020 | 0.00 | — | 0.00 | — | 0.00 | — | 0.00 | — | 0.00 | -100.00 | 0.00 | — |
| 2021 | 0.00 | — | 0.00 | — | 0.00 | — | 0.00 | — | 0.00 | — | 0.00 | — |

| 年份 | 家族办公室+通道融资+增资—私人配售 | | | | 对冲基金+通道融资+增资—私人配售 | | | | 增资—私人配售+增资—新股发行 | | | |
|---|---|---|---|---|---|---|---|---|---|---|---|---|
| | 金额 | 同比增长（%） | 占比（%） | 指数 | 金额 | 同比增长（%） | 占比（%） | 指数 | 金额 | 同比增长（%） | 占比（%） | 指数 |
| 2005 | 0.00 | — | 0.00 | — | 0.00 | — | 0.00 | — | 0.00 | — | 0.00 | — |
| 2006 | 0.00 | — | 0.00 | — | 0.00 | — | 0.00 | — | 0.00 | — | 0.00 | — |
| 2007 | 0.00 | — | 0.00 | — | 0.00 | — | 0.00 | — | 0.00 | — | 0.00 | — |
| 2008 | 0.00 | — | 0.00 | — | 0.00 | — | 0.00 | — | 0.00 | — | 0.00 | — |
| 2009 | 0.00 | — | 0.00 | — | 0.00 | — | 0.00 | — | 138.60 | — | 1.77 | — |

续表

| 年份 | 家族办公室+通道融资+增资—私人配售 | | | | 对冲基金+通道融资+增资—私人配售 | | | | 增资—私人配售+增资—新股发行 | | | |
|---|---|---|---|---|---|---|---|---|---|---|---|---|
| | 金额 | 同比增长（%） | 占比（%） | 指数 | 金额 | 同比增长（%） | 占比（%） | 指数 | 金额 | 同比增长（%） | 占比（%） | 指数 |
| 2010 | 0.00 | — | 0.00 | — | 0.00 | — | 0.00 | — | 0.00 | -100.00 | 0.00 | — |
| 2011 | 0.00 | — | 0.00 | — | 0.00 | — | 0.00 | — | 0.00 | — | 0.00 | — |
| 2012 | 0.00 | — | — | — | 0.00 | — | — | — | 0.00 | — | — | — |
| 2013 | 0.00 | — | 0.00 | — | 0.00 | — | 0.00 | — | 0.00 | — | 0.00 | — |
| 2014 | 0.00 | — | 0.00 | — | 0.00 | — | 0.00 | — | 0.00 | — | 0.00 | — |
| 2015 | 0.00 | — | 0.00 | — | 0.00 | — | 0.00 | — | 0.00 | — | 0.00 | — |
| 2016 | 0.00 | — | 0.00 | — | 0.00 | — | 0.00 | — | 0.00 | — | 0.00 | — |
| 2017 | 0.00 | — | 0.00 | — | 0.00 | — | 0.00 | — | 0.00 | — | 0.00 | — |
| 2018 | 0.00 | — | 0.00 | — | 0.00 | — | 0.00 | — | 0.00 | — | 0.00 | — |
| 2019 | 0.00 | — | 0.00 | — | 0.00 | — | 0.00 | — | 0.00 | — | 0.00 | — |
| 2020 | 0.00 | — | 0.00 | — | 0.00 | — | 0.00 | — | 0.00 | — | 0.00 | — |
| 2021 | 225.00 | — | 13.20 | — | 121.00 | — | 7.10 | — | 0.00 | — | 0.00 | — |

| 年份 | 杠杆+新银行信贷便利 | | | | 杠杆+新银行信贷便利+私募股权 | | | | 杠杆收购+夹层融资+新银行信贷便利+私募股权 | | | |
|---|---|---|---|---|---|---|---|---|---|---|---|---|
| | 金额 | 同比增长（%） | 占比（%） | 指数 | 金额 | 同比增长（%） | 占比（%） | 指数 | 金额 | 同比增长（%） | 占比（%） | 指数 |
| 2005 | 0.00 | | 0.00 | — | 0.00 | — | 0.00 | — | 0.00 | — | 0.00 | — |
| 2006 | 0.00 | — | 0.00 | — | 0.00 | — | 0.00 | — | 0.00 | — | 0.00 | — |
| 2007 | 0.00 | — | 0.00 | — | 0.00 | — | 0.00 | — | 0.00 | — | 0.00 | — |
| 2008 | 0.00 | — | 0.00 | — | 0.00 | — | 0.00 | — | 0.00 | — | 0.00 | — |
| 2009 | 0.00 | — | 0.00 | — | 0.00 | — | 0.00 | — | 0.00 | — | 0.00 | — |
| 2010 | 0.00 | — | 0.00 | — | 0.00 | — | 0.00 | — | 0.00 | — | 0.00 | — |
| 2011 | 0.00 | — | 0.00 | — | 0.00 | — | 0.00 | — | 0.00 | — | 0.00 | — |
| 2012 | 0.00 | — | — | — | 0.00 | — | 0.00 | — | 0.00 | — | — | — |
| 2013 | 0.00 | — | 0.00 | — | 0.00 | — | 0.00 | — | 0.00 | — | 0.00 | — |
| 2014 | 0.00 | — | 0.00 | — | 0.00 | — | 0.00 | — | 0.00 | — | 0.00 | — |

续表

| 年份 | 杠杆+新银行信贷便利 | | | | 杠杆+新银行信贷便利+私募股权 | | | | 杠杆收购+夹层融资+新银行信贷便利+私募股权 | | | |
|---|---|---|---|---|---|---|---|---|---|---|---|---|
| | 金额 | 同比增长（%） | 占比（%） | 指数 | 金额 | 同比增长（%） | 占比（%） | 指数 | 金额 | 同比增长（%） | 占比（%） | 指数 |
| 2015 | 0.00 | — | 0.00 | — | 1800.00 | — | 44.36 | 500.00 | 0.00 | — | 0.00 | — |
| 2016 | 9272.64 | — | 80.36 | — | 0.00 | -100.00 | 0.00 | — | 0.00 | — | 0.00 | — |
| 2017 | 0.00 | -100.00 | 0.00 | — | 0.00 | — | 0.00 | — | 0.00 | — | 0.00 | — |
| 2018 | 0.00 | — | 0.00 | — | 0.00 | — | 0.00 | — | 0.00 | — | 0.00 | — |
| 2019 | 0.00 | — | 0.00 | — | 0.00 | — | 0.00 | — | 0.00 | — | 0.00 | — |
| 2020 | 0.00 | — | 0.00 | — | 0.00 | — | 0.00 | — | 0.00 | — | 0.00 | — |
| 2021 | 0.00 | — | 0.00 | — | 0.00 | — | 0.00 | — | 0.00 | — | 0.00 | — |

| 年份 | 杠杆收购+新银行信贷便利 | | | | 杠杆收购+新银行信贷便利+私募股权 | | | | 夹层融资+私募股权 | | | |
|---|---|---|---|---|---|---|---|---|---|---|---|---|
| | 金额 | 同比增长（%） | 占比（%） | 指数 | 金额 | 同比增长（%） | 占比（%） | 指数 | 金额 | 同比增长（%） | 占比（%） | 指数 |
| 2005 | 0.00 | — | 0.00 | — | 0.00 | — | 0.00 | — | 0.00 | — | 0.00 | — |
| 2006 | 0.00 | — | 0.00 | — | 0.00 | — | 0.00 | — | 0.00 | — | 0.00 | — |
| 2007 | 0.00 | — | 0.00 | — | 0.00 | — | 0.00 | — | 0.00 | — | 0.00 | — |
| 2008 | 0.00 | — | 0.00 | — | 0.00 | — | 0.00 | — | 0.00 | — | 0.00 | — |
| 2009 | 0.00 | — | 0.00 | — | 0.00 | — | 0.00 | — | 0.00 | — | 0.00 | — |
| 2010 | 0.00 | — | 0.00 | — | 0.00 | — | 0.00 | — | 0.00 | — | 0.00 | — |
| 2011 | 0.00 | — | 0.00 | — | 0.00 | — | 0.00 | — | 0.00 | — | 0.00 | — |
| 2012 | 0.00 | — | — | — | 0.00 | — | — | — | 0.00 | — | 0.00 | — |
| 2013 | 0.00 | — | 0.00 | — | 0.00 | — | 0.00 | — | 316.61 | — | 78.15 | 500.00 |
| 2014 | 0.00 | — | 0.00 | — | 2643.30 | — | 96.01 | 500.00 | 0.00 | -100.00 | 0.00 | — |
| 2015 | 1832.68 | — | 45.17 | 500.00 | 0.00 | -100.00 | 0.00 | — | 0.00 | — | 0.00 | — |
| 2016 | 0.00 | -100.00 | 0.00 | — | 0.00 | — | 0.00 | — | 0.00 | — | 0.00 | — |
| 2017 | 0.00 | — | 0.00 | — | 0.00 | — | 0.00 | — | 0.00 | — | 0.00 | — |
| 2018 | 0.00 | — | 0.00 | — | 0.00 | — | 0.00 | — | 0.00 | — | 0.00 | — |
| 2019 | 0.00 | — | 0.00 | — | 0.00 | — | 0.00 | — | 0.00 | — | 0.00 | — |
| 2020 | 0.00 | — | 0.00 | — | 0.00 | — | 0.00 | — | 0.00 | — | 0.00 | — |
| 2021 | 0.00 | — | 0.00 | — | 0.00 | — | 0.00 | — | 0.00 | — | 0.00 | — |

续表

| 年份 | 新银行信贷便利+私募股权 | | | | 新银行信贷便利+增资—公募 | | | | 通道融资+增资—配售 | | | |
|---|---|---|---|---|---|---|---|---|---|---|---|---|
| | 金额 | 同比增长(%) | 占比(%) | 指数 | 金额 | 同比增长(%) | 占比(%) | 指数 | 金额 | 同比增长(%) | 占比(%) | 指数 |
| 2005 | 0.00 | — | 0.00 | — | 0.00 | — | 0.00 | — | 0.00 | — | 0.00 | — |
| 2006 | 0.00 | — | 0.00 | — | 0.00 | — | 0.00 | — | 0.00 | — | 0.00 | — |
| 2007 | 217.65 | — | 79.64 | — | 0.00 | — | 0.00 | — | 0.00 | — | 0.00 | — |
| 2008 | 0.00 | -100.00 | 0.00 | — | 0.00 | — | 0.00 | — | 0.00 | — | 0.00 | — |
| 2009 | 0.00 | — | 0.00 | — | 2232.05 | — | 28.43 | — | 0.00 | — | 0.00 | — |
| 2010 | 0.00 | — | 0.00 | — | 0.00 | -100.00 | 0.00 | — | 0.00 | — | 0.00 | — |
| 2011 | 0.00 | — | 0.00 | — | 0.00 | — | 0.00 | — | 0.00 | — | 0.00 | — |
| 2012 | 0.00 | — | — | — | 0.00 | — | — | — | 0.00 | — | — | — |
| 2013 | 0.00 | — | 0.00 | — | 0.00 | — | 0.00 | — | 0.00 | — | 0.00 | — |
| 2014 | 0.00 | — | 0.00 | — | 0.00 | — | 0.00 | — | 0.00 | — | 0.00 | — |
| 2015 | 0.00 | — | 0.00 | — | 0.00 | — | 0.00 | — | 0.00 | — | 0.00 | — |
| 2016 | 0.00 | — | 0.00 | — | 0.00 | — | 0.00 | — | 258.56 | — | 2.24 | — |
| 2017 | 0.00 | — | 0.00 | — | 0.00 | — | 0.00 | — | 0.00 | -100.00 | 0.00 | — |
| 2018 | 0.00 | — | 0.00 | — | 0.00 | — | 0.00 | — | 0.00 | — | 0.00 | — |
| 2019 | 0.00 | — | 0.00 | — | 0.00 | — | 0.00 | — | 0.00 | — | 0.00 | — |
| 2020 | 0.00 | — | 0.00 | — | 0.00 | — | 0.00 | — | 0.00 | — | 0.00 | — |
| 2021 | 0.00 | — | 0.00 | — | 0.00 | — | 0.00 | — | 0.00 | — | 0.00 | — |

| 年份 | 通道融资+私募股权+增资—私人配售 | | | | 通道融资+增资—私人配售 | | | | 通道融资+增资—公募 | | | |
|---|---|---|---|---|---|---|---|---|---|---|---|---|
| | 金额 | 同比增长(%) | 占比(%) | 指数 | 金额 | 同比增长(%) | 占比(%) | 指数 | 金额 | 同比增长(%) | 占比(%) | 指数 |
| 2005 | 0.00 | — | 0.00 | — | 19.40 | — | 10.74 | — | 0.00 | — | 0.00 | — |
| 2006 | 18.05 | — | 17.72 | — | 0.00 | -100.00 | 0.00 | — | 0.00 | — | 0.00 | — |
| 2007 | 0.00 | -100.00 | 0.00 | — | 0.00 | — | 0.00 | — | 0.00 | — | 0.00 | — |
| 2008 | 0.00 | — | 0.00 | — | 0.00 | — | 0.00 | — | 0.00 | — | 0.00 | — |
| 2009 | 0.00 | — | 0.00 | — | 0.00 | — | 0.00 | — | 3281.71 | — | 41.79 | — |

续表

| 年份 | 通道融资+私募股权+增资—私人配售 | | | | 通道融资+增资—私人配售 | | | | 通道融资+增资—公募 | | | |
|---|---|---|---|---|---|---|---|---|---|---|---|---|
| | 金额 | 同比增长（%） | 占比（%） | 指数 | 金额 | 同比增长（%） | 占比（%） | 指数 | 金额 | 同比增长（%） | 占比（%） | 指数 |
| 2010 | 0.00 | — | 0.00 | — | 0.00 | — | 0.00 | — | 0.00 | -100.00 | 0.00 | — |
| 2011 | 0.00 | — | 0.00 | — | 0.00 | — | 0.00 | — | 0.00 | — | 0.00 | — |
| 2012 | 0.00 | — | — | — | 0.00 | — | — | — | 0.00 | — | — | — |
| 2013 | 0.00 | — | 0.00 | — | 0.00 | — | 0.00 | — | 0.00 | — | 0.00 | — |
| 2014 | 0.00 | — | 0.00 | — | 0.00 | — | 0.00 | — | 0.00 | — | 0.00 | — |
| 2015 | 0.00 | — | 0.00 | — | 0.00 | — | 0.00 | — | 0.00 | — | 0.00 | — |
| 2016 | 0.00 | — | 0.00 | — | 0.00 | — | 0.00 | — | 0.00 | — | 0.00 | — |
| 2017 | 0.00 | — | 0.00 | — | 0.00 | — | 0.00 | — | 0.00 | — | 0.00 | — |
| 2018 | 0.00 | — | 0.00 | — | 0.00 | — | 0.00 | — | 0.00 | — | 0.00 | — |
| 2019 | 0.00 | — | 0.00 | — | 0.00 | — | 0.00 | — | 0.00 | — | 0.00 | — |
| 2020 | 0.00 | — | 0.00 | — | 0.00 | — | 0.00 | — | 0.00 | — | 0.00 | — |
| 2021 | 0.00 | — | 0.00 | — | 0.00 | — | 0.00 | — | 0.00 | — | 0.00 | — |

| 年份 | 增资—配售+私募股权 | | | | 增资—配售+增资—私人配售 | | | | 增资—配售+增资—公募 | | | |
|---|---|---|---|---|---|---|---|---|---|---|---|---|
| | 金额 | 同比增长（%） | 占比（%） | 指数 | 金额 | 同比增长（%） | 占比（%） | 指数 | 金额 | 同比增长（%） | 占比（%） | 指数 |
| 2005 | 0.00 | — | 0.00 | — | 0.00 | — | 0.00 | — | 0.00 | — | 0.00 | — |
| 2006 | 0.00 | — | 0.00 | — | 0.00 | — | 0.00 | — | 0.00 | — | 0.00 | — |
| 2007 | 0.00 | — | 0.00 | — | 7.28 | — | 2.66 | — | 0.00 | — | 0.00 | — |
| 2008 | 0.00 | — | 0.00 | — | 0.00 | -100.00 | 0.00 | — | 0.00 | — | 0.00 | — |
| 2009 | 0.00 | — | 0.00 | — | 0.00 | — | 0.00 | — | 0.00 | — | 0.00 | — |
| 2010 | 53.04 | — | 34.07 | — | 0.00 | — | 0.00 | — | 0.00 | — | 0.00 | — |
| 2011 | 0.00 | -100.00 | 0.00 | — | 0.00 | — | 0.00 | — | 0.00 | — | 0.00 | — |
| 2012 | 0.00 | — | — | — | 0.00 | — | — | — | 0.00 | — | — | — |
| 2013 | 0.00 | — | 0.00 | — | 0.00 | — | 0.00 | — | 0.00 | — | 0.00 | — |
| 2014 | 0.00 | — | 0.00 | — | 0.00 | — | 0.00 | — | 0.00 | — | 0.00 | — |

续表

| 年份 | 增资—配售+私募股权 | | | | 增资—配售+增资—私人配售 | | | | 增资—配售+增资—公募 | | | |
|---|---|---|---|---|---|---|---|---|---|---|---|---|
| | 金额 | 同比增长（%） | 占比（%） | 指数 | 金额 | 同比增长（%） | 占比（%） | 指数 | 金额 | 同比增长（%） | 占比（%） | 指数 |
| 2015 | 0.00 | — | 0.00 | — | 0.00 | — | 0.00 | — | 0.00 | — | 0.00 | — |
| 2016 | 0.00 | — | 0.00 | — | 0.00 | — | 0.00 | — | 0.00 | — | 0.00 | — |
| 2017 | 0.00 | — | 0.00 | — | 0.00 | — | 0.00 | — | 0.00 | — | 0.00 | — |
| 2018 | 0.00 | — | 0.00 | — | 0.00 | — | 0.00 | — | 189.33 | — | 27.48 | — |
| 2019 | 0.00 | — | 0.00 | — | 0.00 | — | 0.00 | — | 0.00 | -100.00 | 0.00 | — |
| 2020 | 0.00 | — | 0.00 | — | 0.00 | — | 0.00 | — | 0.00 | — | 0.00 | — |
| 2021 | 0.00 | — | 0.00 | — | 0.00 | — | 0.00 | — | 0.00 | — | 0.00 | — |

| 年份 | 私募股权+增资—私人配售 | | | | 增资—私人配售+增资—公募 | | | | 小计 | | | |
|---|---|---|---|---|---|---|---|---|---|---|---|---|
| | 金额 | 同比增长（%） | 占比（%） | 指数 | 金额 | 同比增长（%） | 占比（%） | 指数 | 金额 | 同比增长（%） | 占比（%） | 指数 |
| 2005 | 0.00 | — | 0.00 | — | 0.00 | — | 0.00 | — | 180.56 | — | 100.00 | 12.51 |
| 2006 | 0.00 | — | 0.00 | — | 0.00 | — | 0.00 | — | 101.85 | -43.59 | 100.00 | 7.06 |
| 2007 | 0.00 | — | 0.00 | — | 0.00 | — | 0.00 | — | 273.30 | 168.34 | 100.00 | 18.94 |
| 2008 | 4.37 | — | 0.82 | — | 430.36 | — | 80.48 | — | 534.73 | 95.66 | 100.00 | 37.05 |
| 2009 | 0.00 | -100.00 | 0.00 | — | 0.00 | -100.00 | 0.00 | — | 7852.36 | 1368.47 | 100.00 | 544.09 |
| 2010 | 0.00 | — | 0.00 | — | 0.00 | — | 0.00 | — | 155.67 | -98.02 | 100.00 | 10.79 |
| 2011 | 0.00 | — | 0.00 | — | 0.00 | — | 0.00 | — | 0.43 | -99.72 | 100.00 | 0.03 |
| 2012 | 0.00 | — | — | — | 0.00 | — | — | — | 0.00 | -100.00 | — | 0.00 |
| 2013 | 0.00 | — | 0.00 | — | 0.00 | — | 0.00 | — | 405.11 | — | 100.00 | 28.07 |
| 2014 | 0.00 | — | 0.00 | — | 0.00 | — | 0.00 | — | 2753.17 | 579.61 | 100.00 | 190.77 |
| 2015 | 0.00 | — | 0.00 | — | 0.00 | — | 0.00 | — | 4057.33 | 47.37 | 100.00 | 281.13 |
| 2016 | 0.00 | — | 0.00 | — | 0.00 | — | 0.00 | — | 11538.88 | 184.40 | 100.00 | 799.53 |
| 2017 | 0.00 | — | 0.00 | — | 0.00 | — | 0.00 | — | 1490.20 | -87.09 | 100.00 | 103.26 |
| 2018 | 0.00 | — | 0.00 | — | 0.00 | — | 0.00 | — | 689.09 | -53.76 | 100.00 | 47.75 |
| 2019 | 0.00 | — | 0.00 | — | 0.00 | — | 0.00 | — | 1628.04 | 136.26 | 100.00 | 112.81 |
| 2020 | 0.00 | — | 0.00 | — | 0.00 | — | 0.00 | — | 416.34 | -74.43 | 100.00 | 28.85 |
| 2021 | 0.00 | — | 0.00 | — | 0.00 | — | 0.00 | — | 1704.33 | 309.36 | 100.00 | 118.09 |

注：存在重复统计的情况，处理方式和行业别统计一致。

## 三、对外并购投资的融资渠道和支付方式指数

**表 3-5-9　2005—2021 中国民营企业对外并购投资的融资指数**

（单位：件、百万美元）

| | 融资指数 | | | | | |
|---|---|---|---|---|---|---|
| | 融资渠道汇总指数 | | 单一渠道融资指数 | | 多种渠道融资指数 | |
| | 数量 | 金额 | 数量 | 金额 | 数量 | 金额 |
| 2005 | 10.81 | 1.87 | 15500.00 | 1347.269 | 189.66 | 12.51 |
| 2006 | 21.82 | 6.83 | 2000.00 | 342.3254 | 103.45 | 7.06 |
| 2007 | 27.12 | 34.36 | 0.00 | 0 | 103.45 | 18.94 |
| 2008 | 30.86 | 17.03 | 0 | 0.00 | 68.97 | 37.05 |
| 2009 | 47.17 | 36.23 | 0 | 0.00 | 68.97 | 544.09 |
| 2010 | 50.31 | 37.90 | 0 | 0.00 | 103.45 | 10.79 |
| 2011 | 65.64 | 43.34 | 0 | 0.00 | 17.24 | 0.03 |
| 2012 | 59.94 | 49.57 | 500 | 500.00 | 17.24 | 0.00 |
| 2013 | 77.44 | 76.64 | 0 | 0.00 | 103.45 | 28.07 |
| 2014 | 114.58 | 111.52 | 0 | 0.00 | 155.17 | 190.77 |
| 2015 | 182.39 | 218.92 | 0 | 0.00 | 206.90 | 281.13 |
| 2016 | 248.03 | 223.62 | 0 | 0.00 | 258.62 | 799.53 |
| 2017 | 261.40 | 184.62 | 500 | 7.58 | 155.17 | 103.26 |
| 2018 | 336.08 | 199.45 | 0 | 0.00 | 241.38 | 47.75 |
| 2019 | 281.05 | 162.81 | 0 | 0.00 | 137.93 | 112.81 |
| 2020 | 233.69 | 100.61 | 500 | 1155.29 | 120.69 | 28.85 |
| 2021 | 274.57 | 205.05 | 500 | 200.57 | 275.86 | 118.09 |

注：指数以 2011—2015 年均值为基期计算得出。

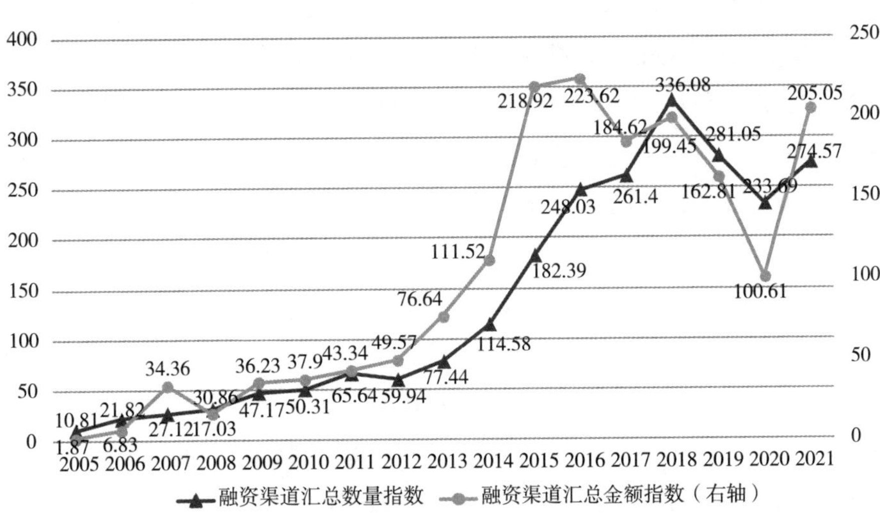


**图 3-5-1 2005—2021 年中国民营企业对外并购投资的融资渠道指数**

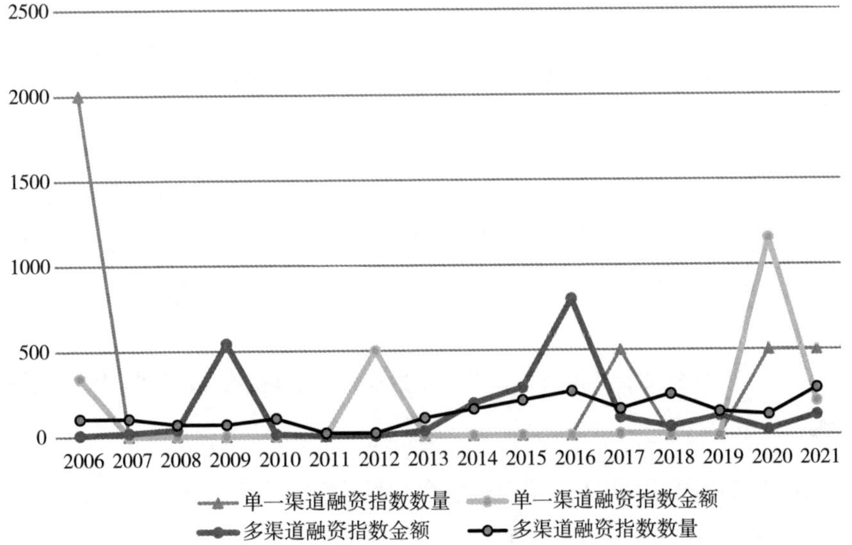


**图 3-5-2 2006—2021 年中国民营企业对外并购投资的单一渠道和多渠道指数①**

① 因为 2005 年单一融资渠道数量指数异常大，图 3-5-2 略去 2005 年的指数。

通过对指数的分析，可以发现：第一，无论是融资渠道汇总数量指数还是融资渠道汇总金额指数，都在 2005 年后保持了 10 多年的持续增长。融资渠道汇总数量指数从 2005 年的 10.81 增长到 2018 年的 336.08，融资渠道汇总金额指数从 2005 年的 1.87 增长到 2016 年的 223.62。第二，在 10 多年的持续增长后，融资渠道汇总数量指数、金额指数的增长都出现了一定程度的放缓甚至衰退。第三，单一融资渠道的数量在 2021 年维持不变，而金额则锐减，单一融资渠道的数量指数从 2019 年的 0 增长到 2020 年的 500，并在 2021 年保持不变。单一融资渠道的金额指数从 2020 年的 1155.29 下降到 2021 年的 200.57。第四，多种融资渠道的数量、金额指数在 2021 年上升，多种融资渠道的数量指数从 2020 年的 120.69 增加到 2021 年的 275.86，多种融资渠道的金额指数从 2020 年的 28.85 上升到 2021 年的 118.09。

## 本章小结

### 一、民营企业对外并购投资增长放缓，趋于理性

2021 年，中国民营企业并购 OFDI 项目数量为 663 件，同比上升 1.22%；并购 OFDI 项目金额为 829.64 亿美元，同比下降 19.66%。综合来看，民营企业对外并购投资项目数量指数增长趋缓，并购投资金额指数大幅下降，可见近年来民营企业对于对外并购投资表现更加理性。

### 二、民营企业针对长三角地区中其他地区的并购投资增长亮眼

在 2005 年至 2021 年，来自长三角地区中的其他的并购 OFDI 项目数量增长最为显著，从 2005 年的 5 件增加到 126 件，复合增长率为年均 24.07%。

### 三、民营企业对外并购投资重点投向发达经济体

按照并购 OFDI 累积量排名，中国民营企业对外直接投资活动主要集

中在发达经济体，累计对外直接投资项目数量为 6955 件，占比 85.84%；累计对外直接投资项目金额为 10946.11 亿美元，占比 91.23%。其中，数量主要集中在其他发达经济体地区，金额则主要集中在欧洲地区。

## 四、民营企业对外并购投资主要集中在非制造业

在 2005 年至 2021 年间，中国民营企业对外并购直接投资活动主要集中在非制造业，累计对外直接投资项目数量为 5374 件，占比 67.55%；累计对外直接投资项目金额为 7408.30 亿美元，占比 61.84%。

## 五、2021 年民营企业对外并购融资指数总体呈上升趋势

2021 年，融资渠道汇总数量指数从 2020 年的 233.69 上升到 274.57，融资渠道汇总金额指数从 2020 年的 100.61 上升到 205.05。从具体融资模式来看，多种融资渠道呈增长趋势，而单一融资渠道则呈下降趋势，即多种融资渠道的数量指数从 2020 年的 120.69 上升到 2021 年的 275.86，多种融资渠道的金额指数从 2020 年的 28.85 增至 2021 年的 118.09；2021 年单一融资渠道的数量指数与 2020 年持平为 500，单一融资渠道的金额指数从 2020 年的 1155.29 降至 2021 年的 200.57。

# 第四章　中国民营企业对外直接投资指数：绿地投资分析

本章以民营企业对外绿地投资活动为研究主体，基于中国民营企业对外直接投资六级指标体系，分别从总投资、投资方来源地、投资标的国（地区）、投资标的行业角度测算中国企业对外绿地投资指数，从多角度描述 2005—2021 年民营企业对外绿地投资的发展特征。

## 第一节　民营企业对外绿地投资指数

本节对民营企业对外绿地投资进行总体分析。

### 一、民营企业对外绿地投资与全国对外绿地投资的比较

根据 2005—2021 年中国民营企业绿地 OFDI 数量和金额表显示，2021 年，中国民营企业绿地对外直接投资项目数量为 260 件，同比增长 4%；绿地对外直接投资项目金额为 249. 51 亿美元，同比下降 19. 69%。整体来看，中国民营企业绿地对外直接投资在 2005 年至 2021 年呈现增长趋势。绿地对外直接投资项目数量从 2005 年的 52 件增长到 2021 年的 260 件，并在 2018 年出现峰值 534 件；绿地对外投资项目金额从 2005 年的 18. 55 亿美元增长到 2021 年的 249. 51 亿美元，并在 2016 年达到最大规模 593. 64 亿美元。

**表 4-1-1　2005—2021 年民营企业对外绿地投资项目数量和金额汇总及与全国对外绿地的比较**

| 年份 | 民营企业对外绿地投资 | | | | 全国对外绿地投资 | | | |
|---|---|---|---|---|---|---|---|---|
| | 项目数量（件） | 同比增长（%） | 金额（亿美元） | 同比增长（%） | 项目数量（件） | 同比增长（%） | 金额（亿美元） | 同比增长（%） |
| 2005 | 52 | | 18.55 | | 126 | | 83.51 | |
| 2006 | 46 | -11.54 | 37.30 | 101.12 | 123 | -2.38 | 158.10 | 89.33 |
| 2007 | 107 | 132.61 | 50.51 | 35.42 | 220 | 78.86 | 311.70 | 97.15 |
| 2008 | 123 | 14.95 | 74.12 | 46.74 | 276 | 25.45 | 475.63 | 52.59 |
| 2009 | 158 | 28.46 | 24.21 | -67.33 | 340 | 23.19 | 261.62 | -45.00 |
| 2010 | 173 | 9.49 | 67.41 | 178.38 | 354 | 4.12 | 198.00 | -24.32 |
| 2011 | 194 | 12.14 | 131.39 | 94.92 | 430 | 21.47 | 389.01 | 96.47 |
| 2012 | 185 | -4.64 | 68.02 | -48.23 | 353 | -17.91 | 114.96 | -70.45 |
| 2013 | 173 | -6.49 | 43.73 | -35.71 | 322 | -8.78 | 131.63 | 14.50 |
| 2014 | 194 | 12.14 | 231.07 | 428.40 | 378 | 17.39 | 538.79 | 309.31 |
| 2015 | 248 | 27.84 | 268.09 | 16.02 | 483 | 27.78 | 530.77 | -1.49 |
| 2016 | 366 | 47.58 | 593.64 | 121.44 | 632 | 30.85 | 1103.46 | 107.90 |
| 2017 | 341 | -6.83 | 245.82 | -58.59 | 576 | -8.86 | 526.77 | -52.26 |
| 2018 | 534 | 56.60 | 397.55 | 61.72 | 842 | 46.18 | 924.86 | 75.57 |
| 2019 | 456 | -14.61 | 421.76 | 6.09 | 668 | -20.67 | 615.54 | -33.44 |
| 2020 | 250 | -45.18 | 310.68 | -26.34 | 385 | -42.37 | 462.38 | -24.88 |
| 2021 | 260 | 4.00 | 249.51 | -19.69 | 372 | -3.38 | 312.32 | -32.45 |
| 2011—2015 年均值 | 199 | | 148.46 | | 393 | | 341.03 | |

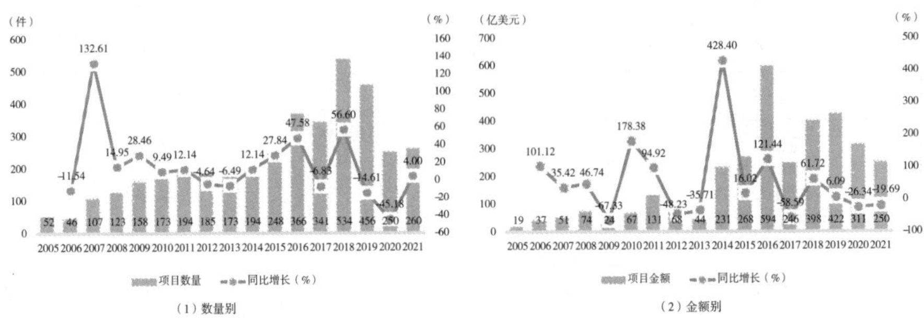


（1）数量别　　（2）金额别

**图 4-1-1　2005—2021 年民营企业绿地项目数量和金额的增长变化图**

## 二、民营企业对外绿地投资项目数量指数和金额指数

从表 4-1-2 和图 4-1-2 可以看出，绿地投资项目数量指数总体呈现稳步上升的态势，在政策限制以及国内外经济环境变动影响下，2018 年开始出现不同程度的下降，2021 年中国民营企业绿地投资项目数量指数有所回升，出现 4%的增长；绿地项目金额指数总体变化趋势与项目数量指数相近，但 2018 年和 2019 年仍保持了上升的趋势，2020 年与 2021 年较上年分别同比下降 26. 34%、19. 69%。

**表 4-1-2　2005—2021 年民营企业对外绿地投资项目数量及金额指数**

| 年份 | 项目数量指数 | 金额指数 |
| --- | --- | --- |
| 2005 | 26. 16 | 12. 49 |
| 2006 | 23. 14 | 25. 12 |
| 2007 | 53. 82 | 34. 02 |
| 2008 | 61. 87 | 49. 93 |
| 2009 | 79. 48 | 16. 31 |
| 2010 | 87. 02 | 45. 40 |
| 2011 | 97. 59 | 88. 50 |
| 2012 | 93. 06 | 45. 81 |
| 2013 | 87. 02 | 29. 46 |
| 2014 | 97. 59 | 155. 65 |
| 2015 | 124. 75 | 180. 58 |
| 2016 | 184. 10 | 399. 87 |
| 2017 | 171. 53 | 165. 58 |
| 2018 | 268. 61 | 267. 78 |
| 2019 | 229. 38 | 284. 09 |
| 2020 | 125. 75 | 209. 27 |
| 2021 | 130. 78 | 168. 07 |
| 2011—2015 年均值 | 100. 00 | 100. 00 |

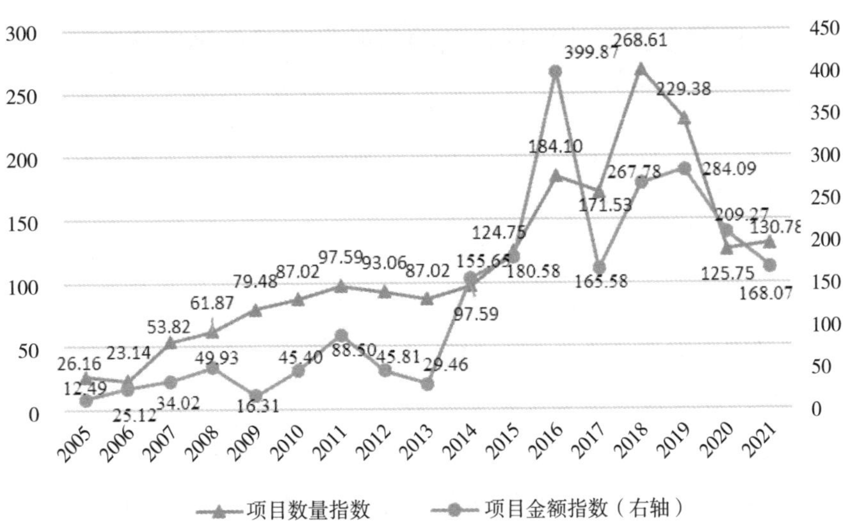


**图 4-1-2　2005—2021 年民营企业对外绿地投资项目数量指数及金额指数变化图**

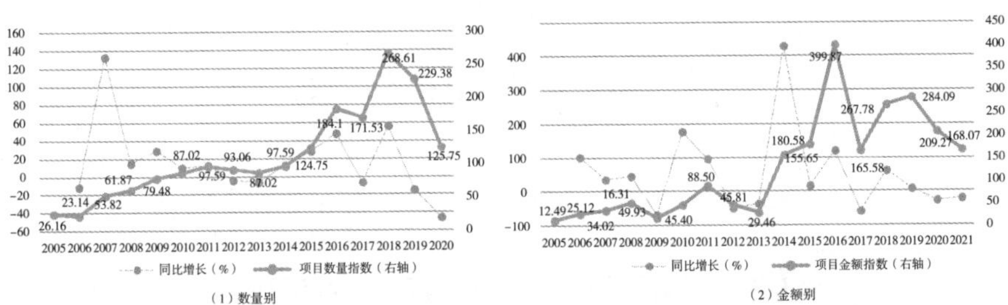


**图 4-1-3　2005—2021 年民营企业对外绿地投资项目数量指数金额指数及同比增长率变化图**

# 第二节　民营企业对外绿地投资方来源地别指数

本节对民营企业对外绿地投资的项目数量与金额按照投资方来源地进行统计分析，主要划分为环渤海地区、长三角地区、珠三角地区、中部地区与西部地区五大区域。

## 一、民营企业对外绿地投资项目数量在来源地的分布

根据2005—2021年中国民营企业绿地OFDI数量表显示，从绿地OFDI项目数量看，在2005年至2021年间，中国民营企业对外绿地直接投资活动主要集中在长三角地区，累计对外直接投资项目数量为1209件，占比31.53%；其次是珠三角地区，累计对外直接投资项目数量为1186件，占比30.93%；再次是环渤海地区，累计对外直接投资项目数量为1055件，占比27.51%；复次是中部地区，累计对外直接投资项目数量为231件，占比6.02%；最后是西部地区，累计对外直接投资项目数量154件，占比4.01%。

从2005—2021年中国民营企业绿地OFDI数量来源地别图表可以看出，在2005年至2021年，来自环渤海地区中的京津冀的绿地OFDI项目数量增长最为显著，从2005年的9件增加到67件；来自环渤海地区的京津冀的OFDI数量在2018年出现最显著的增长，从65件增长到137件。总体来看，来自珠三角地区的民营企业对外直接投资数量集中来自广东地区，2005年至2021年的平均占比为91.74%；来自西部地区的民营企业对外直接投资数量集中来自西南地区，2005年至2021年的平均占比为66.88%。

**表4-2-1 中国民营企业绿地投资项目数量在不同投资方来源地的分布及指数汇总表**

（单位：件）

| 年份 | 环渤海地区 | | | | | | | | | | | |
|---|---|---|---|---|---|---|---|---|---|---|---|---|
| | 京津冀 | | | | 其他 | | | | 小计 | | | |
| | 项目数 | 同比增长（%） | 占比（%） | 指数 | 项目数 | 同比增长（%） | 占比（%） | 指数 | 项目数 | 同比增长（%） | 占比（%） | 指数 |
| 2005 | 9 | — | 42.86 | 26.01 | 12 | — | 57.14 | 57.69 | 21 | — | 42.00 | 37.91 |
| 2006 | 5 | -44.44 | 62.50 | 14.45 | 3 | -75.00 | 37.50 | 14.42 | 8 | -61.90 | 17.78 | 14.44 |
| 2007 | 12 | 140.00 | 52.17 | 34.68 | 11 | 266.67 | 47.83 | 52.88 | 23 | 187.50 | 21.90 | 41.52 |

续表

| 年份 | 环渤海地区 | | | | | | | | | | | |
|---|---|---|---|---|---|---|---|---|---|---|---|---|
| | 京津冀 | | | | 其他 | | | | 小计 | | | |
| | 项目数 | 同比增长（%） | 占比（%） | 指数 | 项目数 | 同比增长（%） | 占比（%） | 指数 | 项目数 | 同比增长（%） | 占比（%） | 指数 |
| 2008 | 10 | -16.67 | 76.92 | 28.90 | 3 | -72.73 | 23.08 | 14.42 | 13 | -43.48 | 10.57 | 23.47 |
| 2009 | 25 | 150.00 | 59.52 | 72.25 | 17 | 466.67 | 40.48 | 81.73 | 42 | 223.08 | 26.92 | 75.81 |
| 2010 | 38 | 52.00 | 73.08 | 109.83 | 14 | -17.65 | 26.92 | 67.31 | 52 | 23.81 | 30.06 | 93.86 |
| 2011 | 34 | -10.53 | 64.15 | 98.27 | 19 | 35.71 | 35.85 | 91.35 | 53 | 1.92 | 27.46 | 95.67 |
| 2012 | 38 | 11.76 | 64.41 | 109.83 | 21 | 10.53 | 35.59 | 100.96 | 59 | 11.32 | 31.89 | 106.50 |
| 2013 | 34 | -10.53 | 73.91 | 98.27 | 12 | -42.86 | 26.09 | 57.69 | 46 | -22.03 | 26.59 | 83.03 |
| 2014 | 25 | -26.47 | 45.45 | 72.25 | 30 | 150.00 | 54.55 | 144.23 | 55 | 19.57 | 28.35 | 99.28 |
| 2015 | 42 | 68.00 | 65.63 | 121.39 | 22 | -26.67 | 34.38 | 105.77 | 64 | 16.36 | 26.02 | 115.52 |
| 2016 | 57 | 35.71 | 73.08 | 164.74 | 21 | -4.55 | 26.92 | 100.96 | 78 | 21.88 | 21.37 | 140.79 |
| 2017 | 65 | 14.04 | 72.22 | 187.86 | 25 | 19.05 | 27.78 | 120.19 | 90 | 15.38 | 26.55 | 162.45 |
| 2018 | 137 | 110.77 | 82.04 | 395.95 | 30 | 20.00 | 17.96 | 144.23 | 167 | 85.56 | 31.33 | 301.44 |
| 2019 | 112 | -18.25 | 80.00 | 323.70 | 28 | -6.67 | 20.00 | 134.62 | 140 | -16.17 | 31.04 | 252.71 |
| 2020 | 57 | -49.11 | 85.07 | 164.74 | 10 | -64.29 | 14.93 | 48.08 | 67 | -52.14 | 26.80 | 120.94 |
| 2021 | 67 | 17.54 | 87.01 | 193.64 | 10 | 0.00 | 12.99 | 48.08 | 77 | 14.93 | 30.31 | 138.99 |
| 合计 | 767 | — | 72.70 | — | 288 | — | 27.30 | — | 1055 | — | 27.51 | — |
| 2011—2015年均值 | 34.6 | — | — | 100.00 | 20.8 | — | — | 100.00 | 55.4 | — | — | 100.00 |

| 年份 | 长三角地区 | | | | | | | | | | | |
|---|---|---|---|---|---|---|---|---|---|---|---|---|
| | 上海 | | | | 其他 | | | | 小计 | | | |
| | 项目数 | 同比增长（%） | 占比（%） | 指数 | 项目数 | 同比增长（%） | 占比（%） | 指数 | 项目数 | 同比增长（%） | 占比（%） | 指数 |
| 2005 | 3 | — | 37.50 | 15.96 | 5 | — | 62.50 | 10.87 | 8 | — | 16.00 | 12.35 |
| 2006 | 4 | 33.33 | 36.36 | 21.28 | 7 | 40.00 | 63.64 | 15.22 | 11 | 37.50 | 24.44 | 16.98 |
| 2007 | 9 | 125.00 | 22.50 | 47.87 | 31 | 342.86 | 77.50 | 67.39 | 40 | 263.64 | 38.10 | 61.73 |
| 2008 | 9 | 0.00 | 15.52 | 47.87 | 49 | 58.06 | 84.48 | 106.52 | 58 | 45.00 | 47.15 | 89.51 |

续表

| 年份 | 长三角地区 | | | | | | | | | | | |
|---|---|---|---|---|---|---|---|---|---|---|---|---|
| | 上海 | | | | 其他 | | | | 小计 | | | |
| | 项目数 | 同比增长（%） | 占比（%） | 指数 | 项目数 | 同比增长（%） | 占比（%） | 指数 | 项目数 | 同比增长（%） | 占比（%） | 指数 |
| 2009 | 12 | 33.33 | 24.49 | 63.83 | 37 | -24.49 | 75.51 | 80.43 | 49 | -15.52 | 31.41 | 75.62 |
| 2010 | 14 | 16.67 | 25.45 | 74.47 | 41 | 10.81 | 74.55 | 89.13 | 55 | 12.24 | 31.79 | 84.88 |
| 2011 | 11 | -21.43 | 20.00 | 58.51 | 44 | 7.32 | 80.00 | 95.65 | 55 | 0.00 | 28.50 | 84.88 |
| 2012 | 27 | 145.45 | 40.30 | 143.62 | 40 | -9.09 | 59.70 | 86.96 | 67 | 21.82 | 36.22 | 103.40 |
| 2013 | 14 | -48.15 | 28.00 | 74.47 | 36 | -10.00 | 72.00 | 78.26 | 50 | -25.37 | 28.90 | 77.16 |
| 2014 | 23 | 64.29 | 38.98 | 122.34 | 36 | 0.00 | 61.02 | 78.26 | 59 | 18.00 | 30.41 | 91.05 |
| 2015 | 19 | -17.39 | 20.43 | 101.06 | 74 | 105.56 | 79.57 | 160.87 | 93 | 57.63 | 37.80 | 143.52 |
| 2016 | 38 | 100.00 | 36.19 | 202.13 | 67 | -9.46 | 63.81 | 145.65 | 105 | 12.90 | 28.77 | 162.04 |
| 2017 | 30 | -21.05 | 27.78 | 159.57 | 78 | 16.42 | 72.22 | 169.57 | 108 | 2.86 | 31.86 | 166.67 |
| 2018 | 33 | 10.00 | 20.00 | 175.53 | 132 | 69.23 | 80.00 | 286.96 | 165 | 52.78 | 30.96 | 254.63 |
| 2019 | 37 | 12.12 | 30.83 | 196.81 | 83 | -37.12 | 69.17 | 180.43 | 120 | -27.27 | 26.61 | 185.19 |
| 2020 | 23 | -37.84 | 28.75 | 122.34 | 57 | -31.33 | 71.25 | 123.91 | 80 | -33.33 | 32.00 | 123.46 |
| 2021 | 29 | 26.09 | 33.72 | 154.26 | 57 | 0.00 | 66.28 | 123.91 | 86 | 7.50 | 33.86 | 132.72 |
| 合计 | 335 | — | 27.71 | — | 874 | — | 72.29 | — | 1209 | — | 31.53 | — |
| 2011—2015年均值 | 18.8 | — | — | 100.00 | 46 | — | — | 100.00 | 64.8 | — | — | 100.00 |

| 年份 | 珠三角地区 | | | | | | | | | | | |
|---|---|---|---|---|---|---|---|---|---|---|---|---|
| | 广东 | | | | 其他 | | | | 小计 | | | |
| | 项目数 | 同比增长（%） | 占比（%） | 指数 | 项目数 | 同比增长（%） | 占比（%） | 指数 | 项目数 | 同比增长（%） | 占比（%） | 指数 |
| 2005 | 16 | — | 94.12 | 31.37 | 1 | — | 5.88 | 31.25 | 17 | — | 34.00 | 31.37 |
| 2006 | 20 | 25.00 | 86.96 | 39.22 | 3 | 200.00 | 13.04 | 93.75 | 23 | 35.29 | 51.11 | 42.44 |
| 2007 | 31 | 55.00 | 96.88 | 60.78 | 1 | -66.67 | 3.13 | 31.25 | 32 | 39.13 | 30.48 | 59.04 |
| 2008 | 27 | -12.90 | 93.10 | 52.94 | 2 | 100.00 | 6.90 | 62.50 | 29 | -9.38 | 23.58 | 53.51 |
| 2009 | 42 | 55.56 | 95.45 | 82.35 | 2 | 0.00 | 4.55 | 62.50 | 44 | 51.72 | 28.21 | 81.18 |

续表

| 年份 | 珠三角地区 | | | | | | | | | | | |
|---|---|---|---|---|---|---|---|---|---|---|---|---|
| | 广东 | | | | 其他 | | | | 小计 | | | |
| | 项目数 | 同比增长（%） | 占比（%） | 指数 | 项目数 | 同比增长（%） | 占比（%） | 指数 | 项目数 | 同比增长（%） | 占比（%） | 指数 |
| 2010 | 48 | 14.29 | 96.00 | 94.12 | 2 | 0.00 | 4.00 | 62.50 | 50 | 13.64 | 28.90 | 92.25 |
| 2011 | 52 | 8.33 | 94.55 | 101.96 | 3 | 50.00 | 5.45 | 93.75 | 55 | 10.00 | 28.50 | 101.48 |
| 2012 | 35 | -32.69 | 92.11 | 68.63 | 3 | 0.00 | 7.89 | 93.75 | 38 | -30.91 | 20.54 | 70.11 |
| 2013 | 62 | 77.14 | 95.38 | 121.57 | 3 | 0.00 | 4.62 | 93.75 | 65 | 71.05 | 37.57 | 119.93 |
| 2014 | 52 | -16.13 | 96.30 | 101.96 | 2 | -33.33 | 3.70 | 62.50 | 54 | -16.92 | 27.84 | 99.63 |
| 2015 | 54 | 3.85 | 91.53 | 105.88 | 5 | 150.00 | 8.47 | 156.25 | 59 | 9.26 | 23.98 | 108.86 |
| 2016 | 124 | 129.63 | 95.38 | 243.14 | 6 | 20.00 | 4.62 | 187.50 | 130 | 120.34 | 35.62 | 239.85 |
| 2017 | 97 | -21.77 | 87.39 | 190.20 | 14 | 133.33 | 12.61 | 437.50 | 111 | -14.62 | 32.74 | 204.80 |
| 2018 | 127 | 30.93 | 91.37 | 249.02 | 12 | -14.29 | 8.63 | 375.00 | 139 | 25.23 | 26.08 | 256.46 |
| 2019 | 151 | 18.90 | 88.82 | 296.08 | 19 | 58.33 | 11.18 | 593.75 | 170 | 22.30 | 37.69 | 313.65 |
| 2020 | 76 | -49.67 | 85.39 | 149.02 | 13 | -31.58 | 14.61 | 406.25 | 89 | -47.65 | 35.60 | 164.21 |
| 2021 | 74 | -2.63 | 91.36 | 145.10 | 7 | -46.15 | 8.64 | 218.75 | 81 | -8.99 | 31.89 | 149.45 |
| 合计 | 1088 | — | 91.74 | — | 98 | — | 8.26 | — | 1186 | — | 30.93 | — |
| 2011—2015年均值 | 51 | — | | 100.00 | 3.2 | — | — | 100.00 | 54.2 | — | — | 100.00 |

| 年份 | 中部地区 | | | | | | | | | | | |
|---|---|---|---|---|---|---|---|---|---|---|---|---|
| | 华北东北 | | | | 中原华中 | | | | 小计 | | | |
| | 项目数 | 同比增长（%） | 占比（%） | 指数 | 项目数 | 同比增长（%） | 占比（%） | 指数 | 项目数 | 同比增长（%） | 占比（%） | 指数 |
| 2005 | 1 | — | 50.00 | 29.41 | 1 | — | 50.00 | 10.00 | 2 | — | 4.00 | 14.93 |
| 2006 | 0 | -100.00 | 0.00 | 0.00 | 2 | 100.00 | 100.00 | 20.00 | 2 | 0.00 | 4.44 | 14.93 |
| 2007 | 2 | — | 33.33 | 58.82 | 4 | 100.00 | 66.67 | 40.00 | 6 | 200.00 | 5.71 | 44.78 |
| 2008 | 2 | 0.00 | 11.11 | 58.82 | 16 | 300.00 | 88.89 | 160.00 | 18 | 200.00 | 14.63 | 134.33 |
| 2009 | 2 | 0.00 | 25.00 | 58.82 | 6 | -62.50 | 75.00 | 60.00 | 8 | -55.56 | 5.13 | 59.70 |
| 2010 | 2 | 0.00 | 15.38 | 58.82 | 11 | 83.33 | 84.62 | 110.00 | 13 | 62.50 | 7.51 | 97.01 |

续表

| 年份 | 中部地区 | | | | | | | | | | | |
|---|---|---|---|---|---|---|---|---|---|---|---|---|
| | 华北东北 | | | | 中原华中 | | | | 小计 | | | |
| | 项目数 | 同比增长（%） | 占比（%） | 指数 | 项目数 | 同比增长（%） | 占比（%） | 指数 | 项目数 | 同比增长（%） | 占比（%） | 指数 |
| 2011 | 3 | 50.00 | 23.08 | 88.24 | 10 | -9.09 | 76.92 | 100.00 | 13 | 0.00 | 6.74 | 97.01 |
| 2012 | 3 | 0.00 | 23.08 | 88.24 | 10 | 0.00 | 76.92 | 100.00 | 13 | 0.00 | 7.03 | 97.01 |
| 2013 | 2 | -33.33 | 33.33 | 58.82 | 4 | -60.00 | 66.67 | 40.00 | 6 | -53.85 | 3.47 | 44.78 |
| 2014 | 5 | 150.00 | 29.41 | 147.06 | 12 | 200.00 | 70.59 | 120.00 | 17 | 183.33 | 8.76 | 126.87 |
| 2015 | 4 | -20.00 | 22.22 | 117.65 | 14 | 16.67 | 77.78 | 140.00 | 18 | 5.88 | 7.32 | 134.33 |
| 2016 | 3 | -25.00 | 12.00 | 88.24 | 22 | 57.14 | 88.00 | 220.00 | 25 | 38.89 | 6.85 | 186.57 |
| 2017 | 3 | 0.00 | 15.79 | 88.24 | 16 | -27.27 | 84.21 | 160.00 | 19 | -24.00 | 5.60 | 141.79 |
| 2018 | 7 | 133.33 | 20.00 | 205.88 | 28 | 75.00 | 80.00 | 280.00 | 35 | 84.21 | 6.57 | 261.19 |
| 2019 | 3 | -57.14 | 21.43 | 88.24 | 11 | -60.71 | 78.57 | 110.00 | 14 | -60.00 | 3.10 | 104.48 |
| 2020 | 1 | -66.67 | 8.33 | 29.41 | 11 | 0.00 | 91.67 | 110.00 | 12 | -14.29 | 4.80 | 89.55 |
| 2021 | 2 | 100.00 | 20.00 | 58.82 | 8 | -27.27 | 80.00 | 80.00 | 10 | -16.67 | 3.94 | 74.63 |
| 合计 | 45 | — | 19.48 | — | 186 | — | 80.52 | — | 231 | — | 6.02 | — |
| 2011—2015年均值 | 3.4 | — | — | 100.00 | 10 | — | — | 100.00 | 13.4 | — | — | 100.00 |

| 年份 | 西部地区 | | | | | | | | | | | |
|---|---|---|---|---|---|---|---|---|---|---|---|---|
| | 西北 | | | | 西南 | | | | 小计 | | | |
| | 项目数 | 同比增长（%） | 占比（%） | 指数 | 项目数 | 同比增长（%） | 占比（%） | 指数 | 项目数 | 同比增长（%） | 占比（%） | 指数 |
| 2005 | 2 | — | 100.00 | 90.91 | 0 | — | 0.00 | 0.00 | 2 | — | 4.00 | 19.23 |
| 2006 | 1 | -50.00 | 100.00 | 45.45 | 0 | — | 0.00 | 0.00 | 1 | -50.00 | 2.22 | 9.62 |
| 2007 | 0 | -100.00 | 0.00 | 0.00 | 4 | — | 100.00 | 48.78 | 4 | 300.00 | 3.81 | 38.46 |
| 2008 | 1 | — | 20.00 | 45.45 | 4 | 0.00 | 80.00 | 48.78 | 5 | 25.00 | 4.07 | 48.08 |
| 2009 | 4 | 300.00 | 30.77 | 181.82 | 9 | 125.00 | 69.23 | 109.76 | 13 | 160.00 | 8.33 | 125.00 |
| 2010 | 0 | -100.00 | 0.00 | 0.00 | 3 | -66.67 | 100.00 | 36.59 | 3 | -76.92 | 1.73 | 28.85 |
| 2011 | 3 | — | 17.65 | 136.36 | 14 | 366.67 | 82.35 | 170.73 | 17 | 466.67 | 8.81 | 163.46 |

续表

| 年份 | 西部地区 | | | | | | | | | | | |
|---|---|---|---|---|---|---|---|---|---|---|---|---|
| | 西北 | | | | 西南 | | | | 小计 | | | |
| | 项目数 | 同比增长（%） | 占比（%） | 指数 | 项目数 | 同比增长（%） | 占比（%） | 指数 | 项目数 | 同比增长（%） | 占比（%） | 指数 |
| 2012 | 2 | -33.33 | 25.00 | 90.91 | 6 | -57.14 | 75.00 | 73.17 | 8 | -52.94 | 4.32 | 76.92 |
| 2013 | 1 | -50.00 | 16.67 | 45.45 | 5 | -16.67 | 83.33 | 60.98 | 6 | -25.00 | 3.47 | 57.69 |
| 2014 | 1 | 0.00 | 11.11 | 45.45 | 8 | 60.00 | 88.89 | 97.56 | 9 | 50.00 | 4.64 | 86.54 |
| 2015 | 4 | 300.00 | 33.33 | 181.82 | 8 | 0.00 | 66.67 | 97.56 | 12 | 33.33 | 4.88 | 115.38 |
| 2016 | 10 | 150.00 | 37.04 | 454.55 | 17 | 112.50 | 62.96 | 207.32 | 27 | 125.00 | 7.40 | 259.62 |
| 2017 | 3 | -70.00 | 27.27 | 136.36 | 8 | -52.94 | 72.73 | 97.56 | 11 | -59.26 | 3.24 | 105.77 |
| 2018 | 14 | 366.67 | 51.85 | 636.36 | 13 | 62.50 | 48.15 | 158.54 | 27 | 145.45 | 5.07 | 259.62 |
| 2019 | 3 | -78.57 | 42.86 | 136.36 | 4 | -69.23 | 57.14 | 48.78 | 7 | -74.07 | 1.55 | 67.31 |
| 2020 | 2 | -33.33 | 100.00 | 90.91 | 0 | -100.00 | 0.00 | 0.00 | 2 | -71.43 | 0.80 | 19.23 |
| 2021 | 0 | — | — | — | 0 | — | — | — | 0 | — | — | — |
| 合计 | 51 | — | 33.12 | — | 103 | — | 66.88 | — | 154 | — | 4.01 | — |
| 2011—2015年均值 | 2.2 | — | — | 100.00 | 8.2 | — | — | 100.00 | 10.4 | — | — | 100.00 |

| 年份 | 总计 | | | |
|---|---|---|---|---|
| | 项目数 | 同比增长（%） | 占比（%） | 指数 |
| 2005 | 50 | — | 100.00 | 25.23 |
| 2006 | 45 | -10.00 | 100.00 | 22.70 |
| 2007 | 105 | 133.33 | 100.00 | 52.98 |
| 2008 | 123 | 17.14 | 100.00 | 62.06 |
| 2009 | 156 | 26.83 | 100.00 | 78.71 |
| 2010 | 173 | 10.90 | 100.00 | 87.29 |
| 2011 | 193 | 11.56 | 100.00 | 97.38 |
| 2012 | 185 | -4.15 | 100.00 | 93.34 |
| 2013 | 173 | -6.49 | 100.00 | 87.29 |
| 2014 | 194 | 12.14 | 100.00 | 97.88 |

续表

| 年份 | 总计 | | | |
| --- | --- | --- | --- | --- |
| | 项目数 | 同比增长（%） | 占比（%） | 指数 |
| 2015 | 246 | 26.80 | 100.00 | 124.12 |
| 2016 | 365 | 48.37 | 100.00 | 184.16 |
| 2017 | 339 | -7.12 | 100.00 | 171.04 |
| 2018 | 533 | 57.23 | 100.00 | 268.92 |
| 2019 | 451 | -15.38 | 100.00 | 227.55 |
| 2020 | 250 | -44.57 | 100.00 | 126.14 |
| 2021 | 254 | 1.60 | 100.00 | 128.15 |
| 合计 | 3835 | — | 100.00 | — |
| 2011—2015年均值 | 198.2 | — | — | 100.00 |

## 二、民营企业对外绿地投资金额在来源地的分布

根据2005—2021年中国民营企业绿地OFDI金额表显示，从绿地OFDI项目金额看，在2005年至2021年间，中国民营企业对外绿地直接投资活动主要集中在环渤海地区，累计对外直接投资项目金额为1109.95亿美元，占比34.72%；其次是长三角地区，累计对外直接投资项目金额为975.88亿美元，占比30.53%；再次是珠三角地区，累计对外直接投资项目金额为683.13亿美元，占比21.37%；复次是中部地区，累计对外直接投资项目金额为258.25亿美元，占比8.08%；最后是西部地区，累计对外直接投资项目金额为169.76亿美元，占比5.31%。

根据2005—2021年中国民营企业绿地OFDI金额来源地别图表显示，在2005年至2021年，来自长三角地区中的其他的绿地OFDI项目金额增长最为显著，从2005年的0.9亿美元增加到2021年的122.48亿美元；来自环渤海地区中的京津冀的OFDI在2005年至2021年17年间，民营企业对外直接投资项目金额指数波动程度最大。总体来看，来自环渤海地区的民营企业对外直接投资金额集中来自京津冀地区，2005年至2021年的平均

占比为 69. 45%；来自珠三角地区的民营企业对外直接投资金额集中来自于广东地区，2005 年至 2021 年的平均占比为 81. 87%。

**表 4-2-2　中国民营企业绿地投资金额在不同投资方来源地的分布及指数汇总表**

（单位：百万美元）

| 年份 | 环渤海地区 | | | | | | | | | | | |
|---|---|---|---|---|---|---|---|---|---|---|---|---|
| | 京津冀 | | | | 其他 | | | | 小计 | | | |
| | 金额 | 同比增长（%） | 占比（%） | 指数 | 金额 | 同比增长（%） | 占比（%） | 指数 | 金额 | 同比增长（%） | 占比（%） | 指数 |
| 2005 | 152. 30 | — | 59. 94 | 7. 24 | 101. 80 | — | 40. 06 | 3. 28 | 254. 10 | — | 20. 45 | 4. 88 |
| 2006 | 145. 30 | -4. 60 | 74. 86 | 6. 91 | 48. 80 | -52. 06 | 25. 14 | 1. 57 | 194. 10 | -23. 61 | 6. 20 | 3. 73 |
| 2007 | 709. 50 | 388. 30 | 80. 90 | 33. 73 | 167. 50 | 243. 24 | 19. 10 | 5. 40 | 877. 00 | 351. 83 | 17. 41 | 16. 84 |
| 2008 | 3118. 41 | 339. 52 | 99. 68 | 148. 26 | 10. 10 | -93. 97 | 0. 32 | 0. 33 | 3128. 51 | 256. 73 | 42. 21 | 60. 08 |
| 2009 | 233. 04 | -92. 53 | 23. 47 | 11. 08 | 760. 05 | 7425. 25 | 76. 53 | 24. 49 | 993. 09 | -68. 26 | 41. 36 | 19. 07 |
| 2010 | 1260. 88 | 441. 05 | 58. 48 | 59. 95 | 895. 35 | 17. 80 | 41. 52 | 28. 85 | 2156. 23 | 117. 12 | 31. 99 | 41. 41 |
| 2011 | 707. 62 | -43. 88 | 37. 84 | 33. 64 | 1162. 62 | 29. 85 | 62. 16 | 37. 46 | 1870. 24 | -13. 26 | 15. 59 | 35. 92 |
| 2012 | 2151. 71 | 204. 08 | 78. 70 | 102. 30 | 582. 52 | -49. 90 | 21. 30 | 18. 77 | 2734. 23 | 46. 20 | 40. 20 | 52. 51 |
| 2013 | 1920. 95 | -10. 72 | 60. 62 | 91. 33 | 1247. 78 | 114. 20 | 39. 38 | 40. 20 | 3168. 73 | 15. 89 | 72. 46 | 60. 85 |
| 2014 | 4391. 38 | 128. 60 | 32. 45 | 208. 78 | 9142. 78 | 632. 72 | 67. 55 | 294. 57 | 13534. 17 | 327. 12 | 58. 57 | 259. 91 |
| 2015 | 1345. 25 | -69. 37 | 28. 45 | 63. 96 | 3383. 14 | -63. 00 | 71. 55 | 109. 00 | 4728. 39 | -65. 06 | 17. 69 | 90. 81 |
| 2016 | 27773. 41 | 1964. 55 | 83. 34 | 1320. 42 | 5553. 24 | 64. 14 | 16. 66 | 178. 92 | 33326. 65 | 604. 82 | 56. 19 | 640. 02 |
| 2017 | 6430. 75 | -76. 85 | 59. 34 | 305. 73 | 4405. 90 | -20. 66 | 40. 66 | 141. 95 | 10836. 65 | -67. 48 | 44. 30 | 208. 11 |
| 2018 | 5185. 79 | -19. 36 | 55. 39 | 246. 55 | 4175. 82 | -5. 22 | 44. 61 | 134. 54 | 9361. 61 | -13. 61 | 23. 57 | 179. 78 |
| 2019 | 17879. 20 | 244. 77 | 96. 11 | 850. 02 | 723. 10 | -82. 68 | 3. 89 | 23. 30 | 18602. 30 | 98. 71 | 44. 17 | 357. 25 |
| 2020 | 2324. 22 | -87. 00 | 87. 74 | 110. 50 | 324. 74 | -55. 09 | 12. 26 | 10. 46 | 2648. 96 | -85. 76 | 8. 53 | 50. 87 |
| 2021 | 1359. 94 | -41. 49 | 52. 71 | 64. 65 | 1220. 30 | 275. 78 | 47. 29 | 39. 32 | 2580. 24 | -2. 59 | 10. 73 | 49. 55 |
| 合计 | 77089. 66 | — | 69. 45 | — | 33905. 55 | — | 30. 55 | — | 110995. 20 | — | 34. 72 | — |
| 2011—2015 年均值 | 2103. 38 | — | — | 100. 00 | 3103. 77 | — | — | 100. 00 | 5207. 15 | — | — | 100. 00 |

续表

| 年份 | 长三角地区 | | | | | | | | | | | |
|---|---|---|---|---|---|---|---|---|---|---|---|---|
| | 上海 | | | | 其他 | | | | 小计 | | | |
| | 金额 | 同比增长（%） | 占比（%） | 指数 | 金额 | 同比增长（%） | 占比（%） | 指数 | 金额 | 同比增长（%） | 占比（%） | 指数 |
| 2005 | 56.10 | — | 38.34 | 7.48 | 90.22 | — | 61.66 | 2.15 | 146.32 | — | 11.77 | 2.96 |
| 2006 | 142.20 | 153.48 | 24.79 | 18.95 | 431.40 | 378.16 | 75.21 | 10.30 | 573.60 | 292.02 | 18.33 | 11.61 |
| 2007 | 879.64 | 518.59 | 32.42 | 117.21 | 1833.40 | 324.99 | 67.58 | 43.76 | 2713.04 | 372.98 | 53.86 | 54.92 |
| 2008 | 666.75 | -24.20 | 30.95 | 88.84 | 1487.86 | -18.85 | 69.05 | 35.51 | 2154.61 | -20.58 | 29.07 | 43.61 |
| 2009 | 81.58 | -87.76 | 20.45 | 10.87 | 317.32 | -78.67 | 79.55 | 7.57 | 398.90 | -81.49 | 16.61 | 8.07 |
| 2010 | 174.96 | 114.46 | 12.21 | 23.31 | 1258.40 | 296.57 | 87.79 | 30.04 | 1433.36 | 259.33 | 21.26 | 29.01 |
| 2011 | 55.33 | -68.38 | 0.95 | 7.37 | 5757.01 | 357.49 | 99.05 | 137.41 | 5812.34 | 305.50 | 48.44 | 117.65 |
| 2012 | 49.83 | -9.94 | 3.44 | 6.64 | 1399.07 | -75.70 | 96.56 | 33.39 | 1448.90 | -75.07 | 21.30 | 29.33 |
| 2013 | 21.70 | -56.45 | 6.08 | 2.89 | 335.45 | -76.02 | 93.92 | 8.01 | 357.14 | -75.35 | 8.17 | 7.23 |
| 2014 | 339.00 | 1462.28 | 9.21 | 45.17 | 3342.30 | 896.38 | 90.79 | 79.77 | 3681.30 | 930.76 | 15.93 | 74.52 |
| 2015 | 3286.63 | 869.51 | 24.52 | 437.93 | 10114.54 | 202.62 | 75.48 | 241.42 | 13401.17 | 264.03 | 50.13 | 271.27 |
| 2016 | 5297.25 | 61.18 | 59.01 | 705.83 | 3679.93 | -63.62 | 40.99 | 87.83 | 8977.18 | -33.01 | 15.14 | 181.72 |
| 2017 | 891.70 | -83.17 | 24.81 | 118.81 | 2702.40 | -26.56 | 75.19 | 64.50 | 3594.10 | -59.96 | 14.69 | 72.75 |
| 2018 | 1757.12 | 97.05 | 12.31 | 234.13 | 12511.99 | 363.00 | 87.69 | 298.64 | 14269.11 | 297.01 | 35.93 | 288.84 |
| 2019 | 1915.65 | 9.02 | 31.67 | 255.25 | 4132.70 | -66.97 | 68.33 | 98.64 | 6048.34 | -57.61 | 14.36 | 122.43 |
| 2020 | 1509.70 | -21.19 | 7.71 | 201.16 | 18063.19 | 337.08 | 92.29 | 431.14 | 19572.89 | 223.61 | 63.00 | 396.20 |
| 2021 | 757.41 | -49.83 | 5.82 | 100.92 | 12248.12 | -32.19 | 94.18 | 292.34 | 13005.53 | -33.55 | 54.07 | 263.26 |
| 合计 | 17882.55 | — | 18.32 | — | 79705.29 | — | 81.68 | — | 97587.83 | — | 30.53 | — |
| 2011—2015年均值 | 750.50 | — | — | 100.00 | 4189.67 | — | — | 100.00 | 4940.17 | — | — | 100.00 |

| 年份 | 珠三角地区 | | | | | | | | | | | |
|---|---|---|---|---|---|---|---|---|---|---|---|---|
| | 广东 | | | | 其他 | | | | 小计 | | | |
| | 金额 | 同比增长（%） | 占比（%） | 指数 | 金额 | 同比增长（%） | 占比（%） | 指数 | 金额 | 同比增长（%） | 占比（%） | 指数 |
| 2005 | 305.70 | — | 99.67 | 16.80 | 1.00 | — | 0.33 | 0.29 | 306.70 | — | 24.68 | 14.20 |
| 2006 | 1967.10 | 543.47 | 96.12 | 108.08 | 79.30 | 7830.00 | 3.88 | 23.38 | 2046.40 | 567.23 | 65.38 | 94.78 |

续表

| 年份 | 珠三角地区 | | | | | | | | | | | |
|---|---|---|---|---|---|---|---|---|---|---|---|---|
| | 广东 | | | | 其他 | | | | 小计 | | | |
| | 金额 | 同比增长（%） | 占比（%） | 指数 | 金额 | 同比增长（%） | 占比（%） | 指数 | 金额 | 同比增长（%） | 占比（%） | 指数 |
| 2007 | 1048.45 | -46.70 | 99.96 | 57.61 | 0.40 | -99.50 | 0.04 | 0.12 | 1048.85 | -48.75 | 20.82 | 48.58 |
| 2008 | 560.30 | -46.56 | 64.67 | 30.78 | 306.15 | 76437.50 | 35.33 | 90.27 | 866.45 | -17.39 | 11.69 | 40.13 |
| 2009 | 568.72 | 1.50 | 98.00 | 31.25 | 11.60 | -96.21 | 2.00 | 3.42 | 580.32 | -33.02 | 24.17 | 26.88 |
| 2010 | 2228.47 | 291.84 | 99.04 | 122.44 | 21.70 | 87.07 | 0.96 | 6.40 | 2250.17 | 287.75 | 33.38 | 104.21 |
| 2011 | 3026.53 | 35.81 | 93.32 | 166.29 | 216.60 | 898.16 | 6.68 | 63.87 | 3243.13 | 44.13 | 27.03 | 150.20 |
| 2012 | 661.68 | -78.14 | 99.95 | 36.36 | 0.32 | -99.85 | 0.05 | 0.09 | 662.00 | -79.59 | 9.73 | 30.66 |
| 2013 | 250.50 | -62.14 | 50.68 | 13.76 | 243.80 | 76087.50 | 49.32 | 71.89 | 494.30 | -25.33 | 11.30 | 22.89 |
| 2014 | 3360.52 | 1241.50 | 99.34 | 184.64 | 22.30 | -90.85 | 0.66 | 6.58 | 3382.82 | 584.36 | 14.64 | 156.67 |
| 2015 | 1800.93 | -46.41 | 59.76 | 98.95 | 1212.70 | 5338.12 | 40.24 | 357.58 | 3013.63 | -10.91 | 11.27 | 139.57 |
| 2016 | 6584.26 | 265.60 | 93.20 | 361.77 | 480.40 | -60.39 | 6.80 | 141.65 | 7064.66 | 134.42 | 11.91 | 327.19 |
| 2017 | 5415.76 | -17.75 | 93.99 | 297.56 | 346.20 | -27.94 | 6.01 | 102.08 | 5761.96 | -18.44 | 23.56 | 266.86 |
| 2018 | 8562.89 | 58.11 | 89.77 | 470.48 | 976.11 | 181.95 | 10.23 | 287.82 | 9539.00 | 65.55 | 24.02 | 441.79 |
| 2019 | 9877.32 | 15.35 | 79.66 | 542.70 | 2521.31 | 158.30 | 20.34 | 743.43 | 12398.63 | 29.98 | 29.44 | 574.23 |
| 2020 | 2613.81 | -73.54 | 31.85 | 143.61 | 5592.30 | 121.80 | 68.15 | 1648.95 | 8206.11 | -33.81 | 26.41 | 380.06 |
| 2021 | 7093.33 | 171.38 | 95.24 | 389.74 | 354.75 | -93.66 | 4.76 | 104.60 | 7448.08 | -9.24 | 30.97 | 344.95 |
| 合计 | 55926.28 | — | 81.87 | — | 12386.94 | — | 18.13 | — | 68313.22 | — | 21.37 | — |
| 2011—2015年均值 | 1820.03 | — | — | 100.00 | 339.14 | — | — | 100.00 | 2159.18 | — | — | 100.00 |

| 年份 | 中部地区 | | | | | | | | | | | |
|---|---|---|---|---|---|---|---|---|---|---|---|---|
| | 华北东北 | | | | 中原华中 | | | | 小计 | | | |
| | 金额 | 同比增长（%） | 占比（%） | 指数 | 金额 | 同比增长（%） | 占比（%） | 指数 | 金额 | 同比增长（%） | 占比（%） | 指数 |
| 2005 | 250.00 | — | 99.88 | 95.93 | 0.30 | — | 0.12 | 0.03 | 250.30 | — | 20.14 | 18.08 |
| 2006 | 0.00 | -100.00 | 0.00 | 0.00 | 130.00 | 43233.33 | 100.00 | 11.57 | 130.00 | -48.06 | 4.15 | 9.39 |
| 2007 | 26.20 | — | 15.68 | 10.05 | 140.90 | 8.38 | 84.32 | 12.54 | 167.10 | 28.54 | 3.32 | 12.07 |

续表

| 年份 | 中部地区 | | | | | | | | | | | |
|---|---|---|---|---|---|---|---|---|---|---|---|---|
| | 华北东北 | | | | 中原华中 | | | | 小计 | | | |
| | 金额 | 同比增长（%） | 占比（%） | 指数 | 金额 | 同比增长（%） | 占比（%） | 指数 | 金额 | 同比增长（%） | 占比（%） | 指数 |
| 2008 | 20.30 | -22.52 | 8.47 | 7.79 | 219.31 | 55.65 | 91.53 | 19.52 | 239.61 | 43.39 | 3.23 | 17.31 |
| 2009 | 5.92 | -70.84 | 3.79 | 2.27 | 150.10 | -31.56 | 96.21 | 13.36 | 156.02 | -34.88 | 6.50 | 11.27 |
| 2010 | 3.24 | -45.27 | 0.58 | 1.24 | 559.72 | 272.89 | 99.42 | 49.81 | 562.96 | 260.82 | 8.35 | 40.67 |
| 2011 | 177.35 | 5373.77 | 60.07 | 68.06 | 117.89 | -78.94 | 39.93 | 10.49 | 295.24 | -47.56 | 2.46 | 21.33 |
| 2012 | 51.55 | -70.93 | 11.11 | 19.78 | 412.38 | 249.80 | 88.89 | 36.70 | 463.93 | 57.14 | 6.82 | 33.51 |
| 2013 | 0.27 | -99.47 | 0.08 | 0.10 | 329.53 | -20.09 | 99.92 | 29.33 | 329.81 | -28.91 | 7.54 | 23.82 |
| 2014 | 974.21 | 356753.48 | 55.77 | 373.84 | 772.58 | 134.45 | 44.23 | 68.75 | 1746.79 | 429.64 | 7.56 | 126.19 |
| 2015 | 99.60 | -89.78 | 2.44 | 38.22 | 3986.08 | 415.94 | 97.56 | 354.73 | 4085.68 | 133.90 | 15.28 | 295.15 |
| 2016 | 1025.43 | 929.55 | 13.28 | 393.50 | 6694.54 | 67.95 | 86.72 | 595.76 | 7719.97 | 88.95 | 13.02 | 557.68 |
| 2017 | 4.52 | -99.56 | 0.13 | 1.73 | 3445.00 | -48.54 | 99.87 | 306.58 | 3449.52 | -55.32 | 14.10 | 249.19 |
| 2018 | 171.70 | 3698.67 | 7.76 | 65.89 | 2040.73 | -40.76 | 92.24 | 181.61 | 2212.43 | -35.86 | 5.57 | 159.82 |
| 2019 | 2020.80 | 1076.94 | 81.89 | 775.45 | 446.77 | -78.11 | 18.11 | 39.76 | 2467.57 | 11.53 | 5.86 | 178.26 |
| 2020 | 55.08 | -97.27 | 10.38 | 21.14 | 475.39 | 6.41 | 89.62 | 42.31 | 530.47 | -78.50 | 1.71 | 38.32 |
| 2021 | 139.27 | 152.85 | 13.68 | 53.44 | 878.79 | 84.86 | 86.32 | 78.21 | 1018.06 | 91.92 | 4.23 | 73.54 |
| 合计 | 5025.45 | — | 19.46 | — | 20800.02 | — | 80.54 | — | 25825.47 | — | 8.08 | — |
| 2011—2015年均值 | 260.60 | — | — | 100.00 | 1123.69 | — | — | 100.00 | 1384.29 | — | — | 100.00 |

| 年份 | 西部地区 | | | | | | | | | | | |
|---|---|---|---|---|---|---|---|---|---|---|---|---|
| | 西北 | | | | 西南 | | | | 小计 | | | |
| | 金额 | 同比增长（%） | 占比（%） | 指数 | 金额 | 同比增长（%） | 占比（%） | 指数 | 金额 | 同比增长（%） | 占比（%） | 指数 |
| 2005 | 285.30 | — | 100.00 | 215.94 | 0.00 | — | 0.00 | 0.00 | 285.30 | — | 22.96 | 31.30 |
| 2006 | 185.80 | -34.88 | 100.00 | 140.63 | 0.00 | — | 0.00 | 0.00 | 185.80 | -34.88 | 5.94 | 20.38 |
| 2007 | 0.00 | -100.00 | 0.00 | 0.00 | 231.63 | — | 100.00 | 29.72 | 231.63 | 24.67 | 4.60 | 25.41 |
| 2008 | 17.40 | — | 1.70 | 13.17 | 1005.38 | 334.05 | 98.30 | 128.98 | 1022.78 | 341.56 | 13.80 | 112.19 |

续表

| 年份 | 西部地区 | | | | | | | | | | | |
|---|---|---|---|---|---|---|---|---|---|---|---|---|
| | 西北 | | | | 西南 | | | | 小计 | | | |
| | 金额 | 同比增长（%） | 占比（%） | 指数 | 金额 | 同比增长（%） | 占比（%） | 指数 | 金额 | 同比增长（%） | 占比（%） | 指数 |
| 2009 | 100.30 | 476.44 | 36.74 | 75.92 | 172.70 | -82.82 | 63.26 | 22.16 | 273.00 | -73.31 | 11.37 | 29.95 |
| 2010 | 0.00 | -100.00 | 0.00 | 0.00 | 338.00 | 95.72 | 100.00 | 43.36 | 338.00 | 23.81 | 5.01 | 37.08 |
| 2011 | 177.43 | — | 22.80 | 134.30 | 600.86 | 77.77 | 77.20 | 77.08 | 778.29 | 130.26 | 6.49 | 85.37 |
| 2012 | 19.74 | -88.87 | 1.32 | 14.94 | 1472.80 | 145.12 | 98.68 | 188.94 | 1492.54 | 91.77 | 21.94 | 163.72 |
| 2013 | 0.00 | -100.00 | 0.00 | 0.00 | 23.05 | -98.44 | 100.00 | 2.96 | 23.05 | -98.46 | 0.53 | 2.53 |
| 2014 | 100.00 | — | 13.12 | 75.69 | 661.92 | 2771.93 | 86.88 | 84.92 | 761.92 | 3205.81 | 3.30 | 83.58 |
| 2015 | 363.42 | 263.42 | 24.19 | 275.07 | 1138.85 | 72.05 | 75.81 | 146.10 | 1502.27 | 97.17 | 5.62 | 164.79 |
| 2016 | 797.32 | 119.39 | 35.96 | 603.49 | 1420.01 | 24.69 | 64.04 | 182.17 | 2217.33 | 47.60 | 3.74 | 243.23 |
| 2017 | 553.00 | -30.64 | 67.60 | 418.57 | 265.10 | -81.33 | 32.40 | 34.01 | 818.10 | -63.10 | 3.34 | 89.74 |
| 2018 | 3449.20 | 523.73 | 79.60 | 2610.70 | 883.96 | 233.44 | 20.40 | 113.40 | 4333.16 | 429.66 | 10.91 | 475.33 |
| 2019 | 2511.72 | -27.18 | 96.50 | 1901.12 | 91.20 | -89.68 | 3.50 | 11.70 | 2602.92 | -39.93 | 6.18 | 285.53 |
| 2020 | 109.60 | -95.64 | 100.00 | 82.96 | 0.00 | -100.00 | 0.00 | 0.00 | 109.60 | -95.79 | 0.35 | 12.02 |
| 2021 | 0.00 | — | — | 0.00 | 0.00 | — | — | 0.00 | 0.00 | — | — | 0.00 |
| 合计 | 8670.23 | — | 51.07 | — | 8305.46 | — | 48.93 | — | 16975.69 | — | 5.31 | — |
| 2011—2015年均值 | 132.12 | — | — | 100.00 | 779.50 | — | — | 100.00 | 911.61 | — | — | 100.00 |

| 年份 | 总计 | | | |
|---|---|---|---|---|
| | 金额 | 同比增长（%） | 占比（%） | 指数 |
| 2005 | 1242.72 | — | 100.00 | 8.51 |
| 2006 | 3129.90 | 151.86 | 100.00 | 21.43 |
| 2007 | 5037.62 | 60.95 | 100.00 | 34.50 |
| 2008 | 7411.95 | 47.13 | 100.00 | 50.76 |
| 2009 | 2401.34 | -67.60 | 100.00 | 16.44 |
| 2010 | 6740.72 | 180.71 | 100.00 | 46.16 |

续表

| 年份 | 总计 | | | |
|---|---|---|---|---|
| | 金额 | 同比增长（%） | 占比（%） | 指数 |
| 2011 | 11999.24 | 78.01 | 100.00 | 82.17 |
| 2012 | 6801.60 | -43.32 | 100.00 | 46.58 |
| 2013 | 4373.04 | -35.71 | 100.00 | 29.95 |
| 2014 | 23107.00 | 428.40 | 100.00 | 158.24 |
| 2015 | 26731.14 | 15.68 | 100.00 | 183.06 |
| 2016 | 59305.79 | 121.86 | 100.00 | 406.14 |
| 2017 | 24460.33 | -58.76 | 100.00 | 167.51 |
| 2018 | 39715.31 | 62.37 | 100.00 | 271.98 |
| 2019 | 42119.77 | 6.05 | 100.00 | 288.44 |
| 2020 | 31068.03 | -26.24 | 100.00 | 212.76 |
| 2021 | 24051.91 | -22.58 | 100.00 | 164.71 |
| 合计 | 319697.41 | — | 100.00 | — |
| 2011—2015年均值 | 14602.40 | — | — | 100.00 |

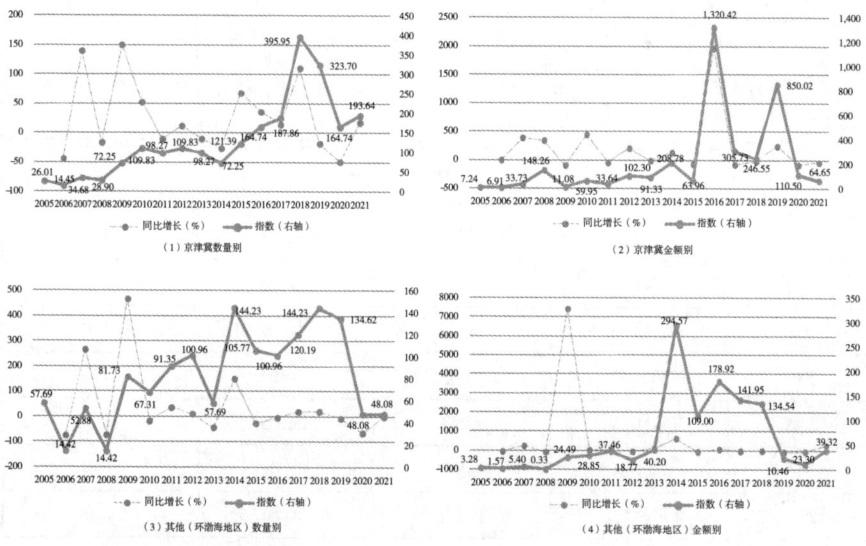


（1）京津冀数量别

（2）京津冀金额别

（3）其他（环渤海地区）数量别

（4）其他（环渤海地区）金额别

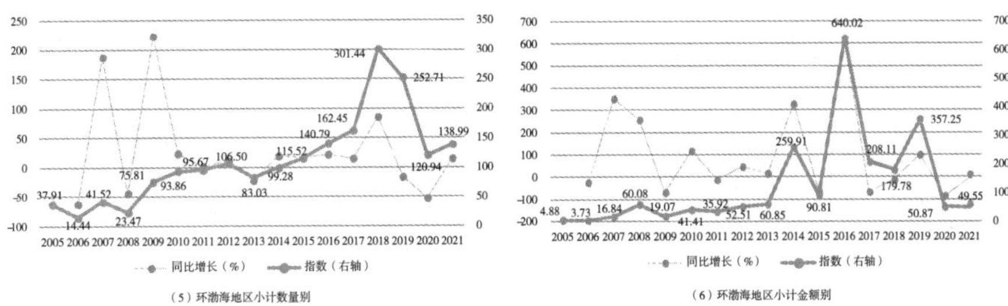


（5）环渤海地区小计数量别　（6）环渤海地区小计金额别

**图 4-2-1　2005—2021 年环渤海地区民营企业绿地投资项目数量指数和金额指数变化图**

同比增长（%）　指数（右轴）

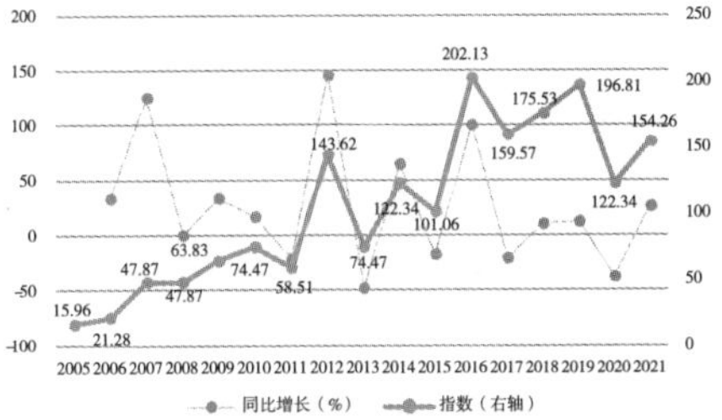

（1）上海数量别 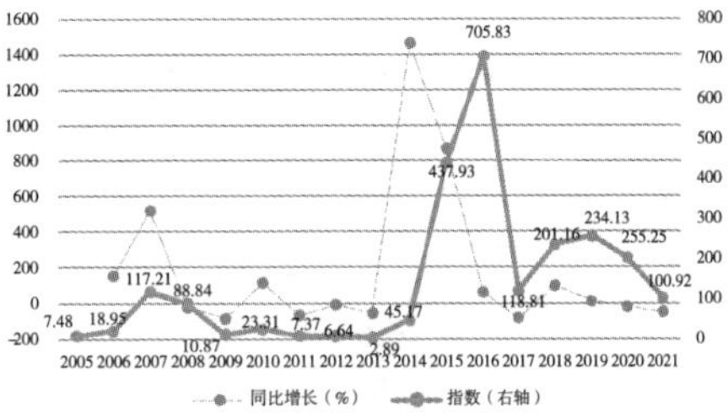　（2）上海金额别

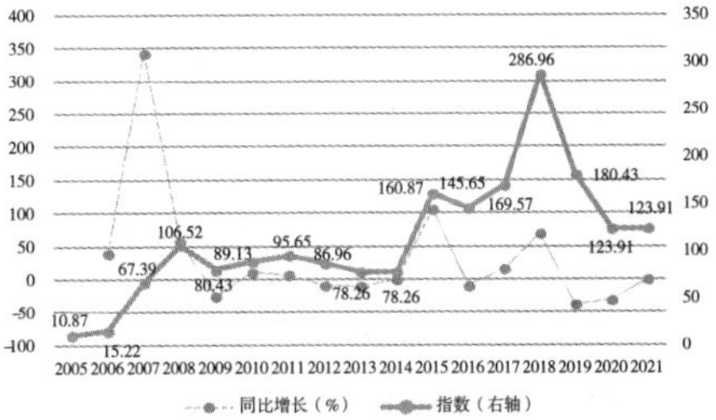

同比增长（%）　指数（右轴）

（3）其他（长三角地区）数量别 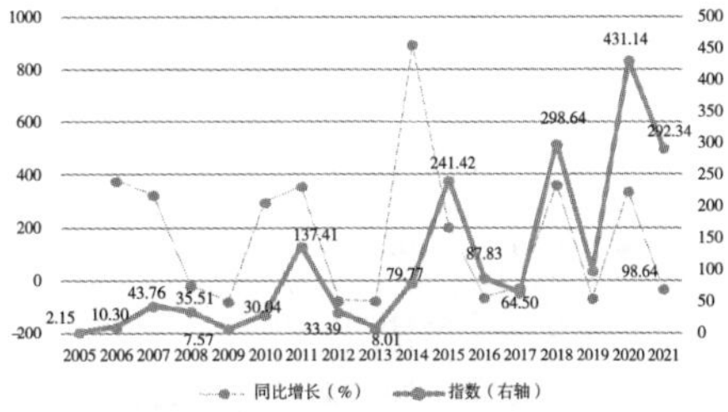　（4）其他（长三角地区）金额别

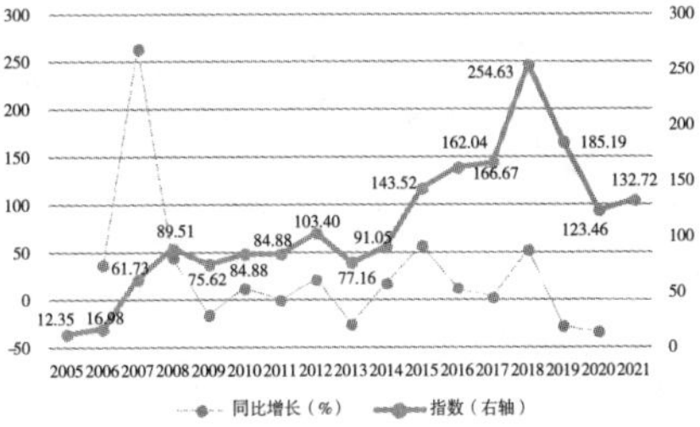

同比增长（%）　指数（右轴）

（5）长三角地区小计数量别 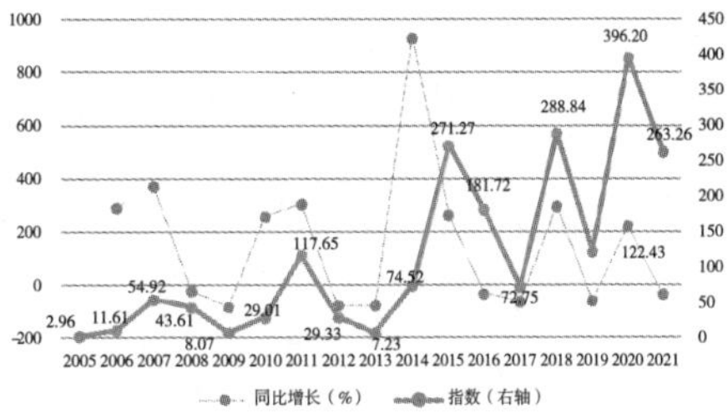　（6）长三角地区小计金额别

**图 4-2-2　2005—2021 年长三角地区民营企业绿地投资项目数量指数和金额指数变化图**

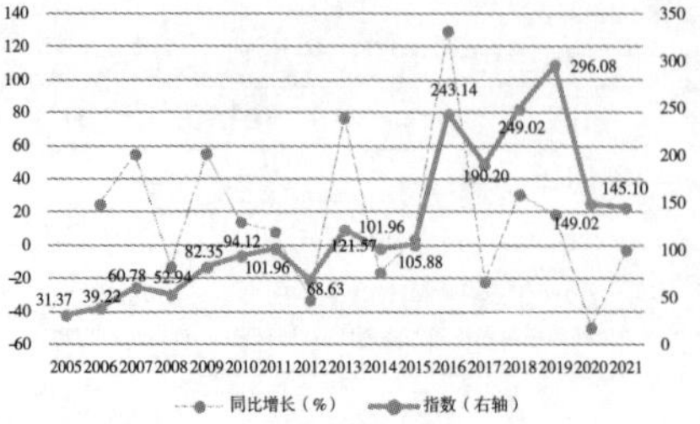

同比增长（%）　指数（右轴）

（1）广东数量别

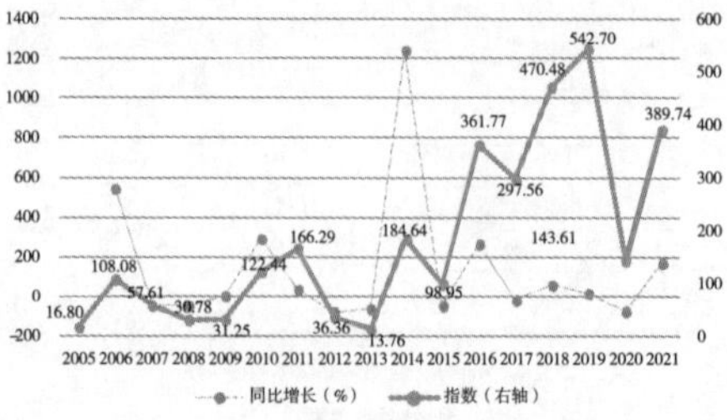

同比增长（%）　指数（右轴）

（2）广东金额别

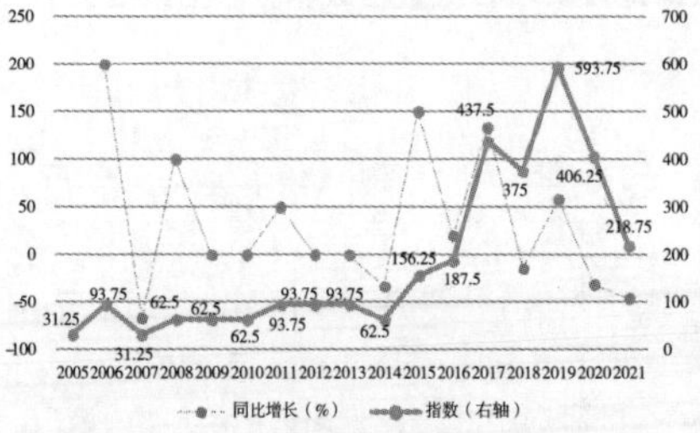

同比增长（%）　指数（右轴）

（3）其他（珠三角地区）数量别

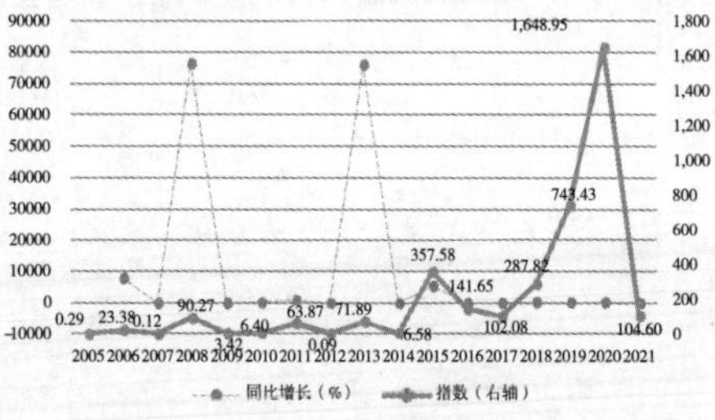

同比增长（%）　指数（右轴）

（4）其他（珠三角地区）金额别

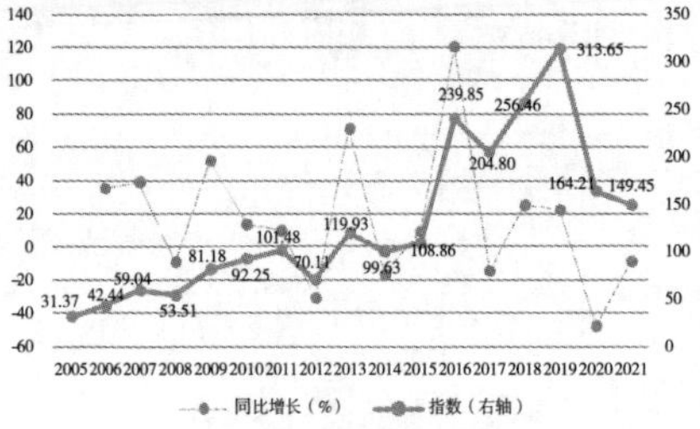

同比增长（%）　指数（右轴）

（5）珠三角地区小计数量别

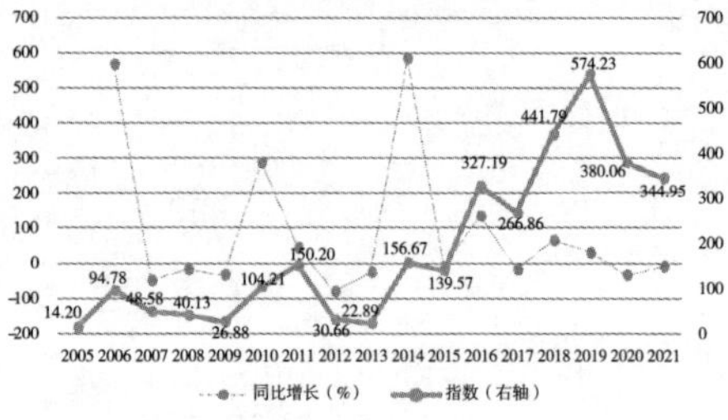

同比增长（%）　指数（右轴）

（6）珠三角地区小计金额别

**图 4-2-3　2005—2021 年珠三角地区民营企业绿地投资项目数量指数和金额指数变化图**

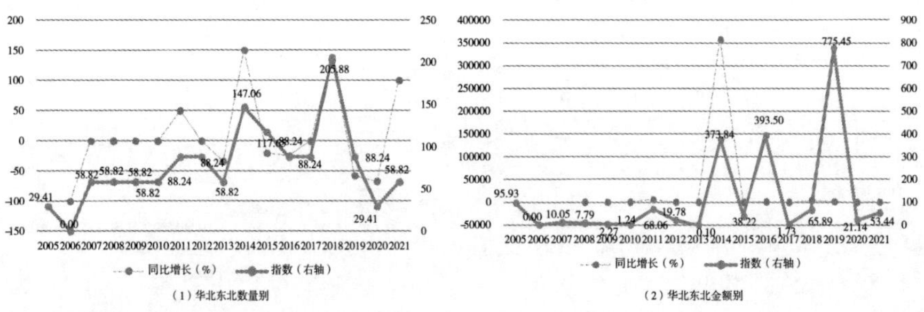


（1）华北东北数量别

（2）华北东北金额别

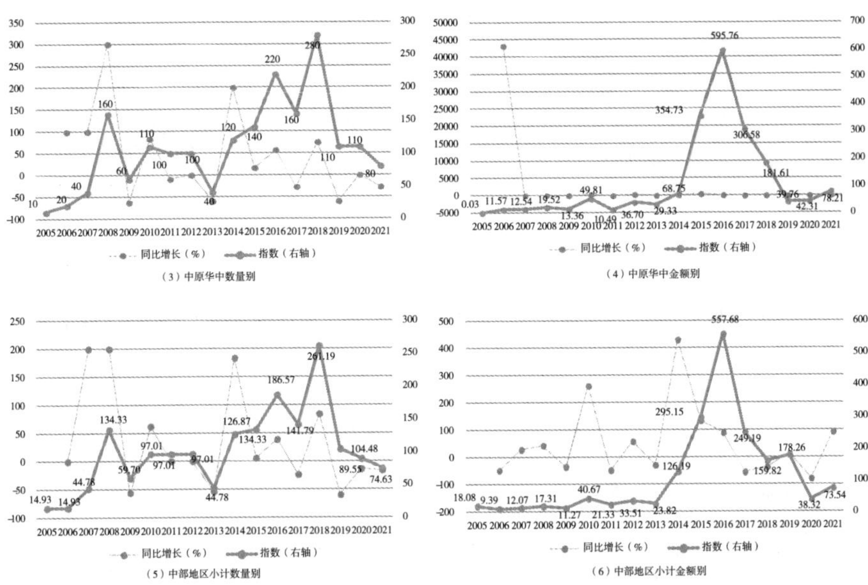


**图 4-2-4 2005—2021 年中部地区民营企业绿地投资项目数量指数和金额指数变化图**

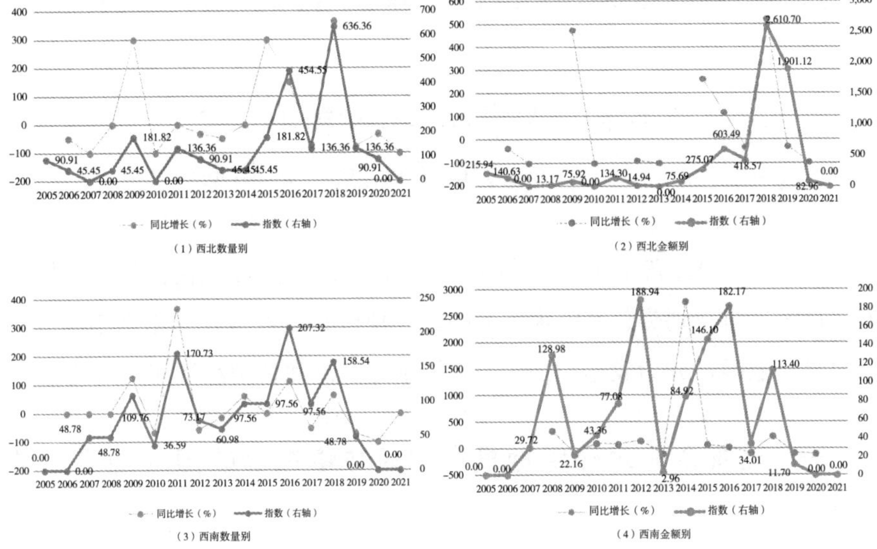

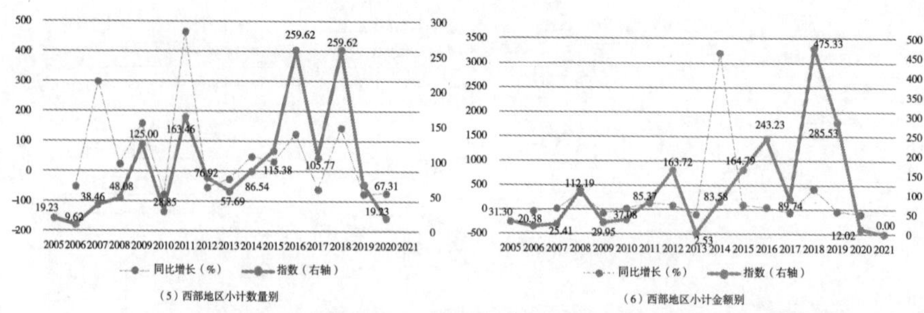


**图 4-2-5　2005—2021 年西部地区民营企业绿地投资项目数量指数和金额指数变化图**

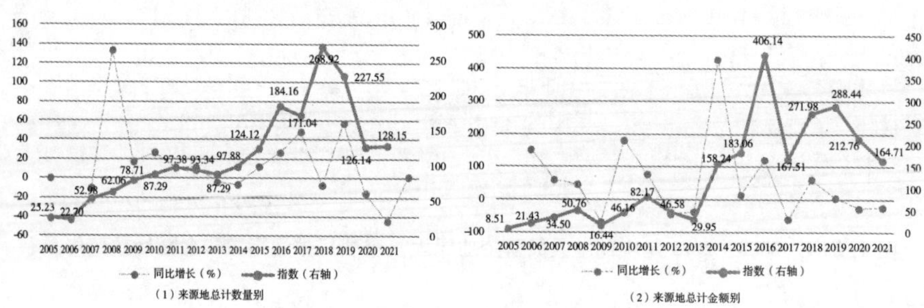


**图 4-2-6　2005—2021 年来源地民营企业绿地投资项目数量指数和金额指数变化图**

# 第三节　民营企业对外绿地投资标的国（地区）别指数

本节对中国民营企业对外并购投资项目数量与金额规模按照投资标的国（地区）进行划分，其中根据标的国（地区）的经济发展水平不同，将标的国（地区）分为发达经济体、发展中经济体和转型经济体三大类型。

## 一、民营企业对外绿地投资项目数量在标的国（地区）的分布

根据 2005—2021 年中国民营企业绿地 OFDI 数量表显示，从绿地 OFDI 项目数量看，在 2005 年至 2021 年间，中国民营企业对外绿地直接投资活

动主要集中在发达经济体，累计对外直接投资项目数量为 2378 件，占比 61.61%；其次是发展中经济体，累计对外直接投资项目数量为 1254 件，占比 32.49%；再次是转型经济体，累计对外直接投资项目数量为 228 件，占比 5.91%。

从 2005—2020 年中国民营企业绿地 OFDI 数量标的国（地区）别图表可以看出，在 2005 年至 2021 年，流向发达经济体中的欧洲的绿地 OFDI 项目数量增长最为显著，从 2005 年的 22 件增加到 2021 年的 112 件，复合增长率为年均 10.71%；流向发展中经济体的亚洲的 OFDI 数量在 2020 年出现最显著的缩减，从 116 件缩减到 39 件。总体来看，流向发达经济体的民营企业对外直接投资数量主要集中在欧洲地区，2005 年至 2021 年的平均占比为 55.68%；流向发展中经济体的民营企业对外直接投资数量主要集中在亚洲地区，2005 年至 2021 年的平均占比为 59.57%。

**表 4-3-1　中国民营企业绿地投资项目数量在不同经济体的分布及指数汇总表**

（单位：件）

| 年份 | 发达经济体 | | | | | | | |
|---|---|---|---|---|---|---|---|---|
| | 欧洲 | | | | 北美洲 | | | |
| | 项目数 | 同比增长（%） | 占比（%） | 指数 | 项目数 | 同比增长（%） | 占比（%） | 指数 |
| 2005 | 22 | — | 73.33 | 30.30 | 4 | — | 13.33 | 12.58 |
| 2006 | 12 | -45.45 | 48.00 | 16.53 | 6 | 50.00 | 24.00 | 18.87 |
| 2007 | 45 | 275.00 | 65.22 | 61.98 | 13 | 116.67 | 18.84 | 40.88 |
| 2008 | 47 | 4.44 | 61.84 | 64.74 | 12 | -7.69 | 15.79 | 37.74 |
| 2009 | 83 | 76.60 | 65.35 | 114.33 | 19 | 58.33 | 14.96 | 59.75 |
| 2010 | 88 | 6.02 | 68.75 | 121.21 | 18 | -5.26 | 14.06 | 56.60 |
| 2011 | 97 | 10.23 | 65.99 | 133.61 | 26 | 44.44 | 17.69 | 81.76 |
| 2012 | 86 | -11.34 | 61.87 | 118.46 | 22 | -15.38 | 15.83 | 69.18 |
| 2013 | 82 | -4.65 | 59.42 | 112.95 | 26 | 18.18 | 18.84 | 81.76 |
| 2014 | 47 | -42.68 | 42.34 | 64.74 | 41 | 57.69 | 36.94 | 128.93 |
| 2015 | 51 | 8.51 | 40.48 | 70.25 | 44 | 7.32 | 34.92 | 138.36 |

续表

| 年份 | 发达经济体 | | | | | | | |
|---|---|---|---|---|---|---|---|---|
| | 欧洲 | | | | 北美洲 | | | |
| | 项目数 | 同比增长（%） | 占比（%） | 指数 | 项目数 | 同比增长（%） | 占比（%） | 指数 |
| 2016 | 95 | 86.27 | 46.80 | 130.85 | 62 | 40.91 | 30.54 | 194.97 |
| 2017 | 101 | 6.32 | 46.33 | 139.12 | 53 | -14.52 | 24.31 | 166.67 |
| 2018 | 147 | 45.54 | 48.20 | 202.48 | 76 | 43.40 | 24.92 | 238.99 |
| 2019 | 122 | -17.01 | 59.51 | 168.04 | 46 | -39.47 | 22.44 | 144.65 |
| 2020 | 87 | -28.69 | 54.38 | 119.83 | 47 | 2.17 | 29.38 | 147.80 |
| 2021 | 112 | 28.74 | 65.50 | 154 | 34 | -27.66 | 19.88 | 106.92 |
| 合计 | 1324 | — | 55.68 | — | 549 | — | 23.09 | — |
| 2011—2015年均值 | 73 | — | — | 100 | 31 | — | — | 100.00 |

| 年份 | 发达经济体 | | | | | | | |
|---|---|---|---|---|---|---|---|---|
| | 其他发达经济体 | | | | 小计 | | | |
| | 项目数 | 同比增长（%） | 占比（%） | 指数 | 项目数 | 同比增长（%） | 占比（%） | 指数 |
| 2005 | 4 | — | 13.33 | 14.39 | 30 | — | 57.69 | 22.69 |
| 2006 | 7 | 75.00 | 28.00 | 25.18 | 25 | -16.67 | 54.35 | 18.91 |
| 2007 | 11 | 57.14 | 15.94 | 39.57 | 69 | 176.00 | 64.49 | 52.19 |
| 2008 | 17 | 54.55 | 22.37 | 61.15 | 76 | 10.14 | 61.79 | 57.49 |
| 2009 | 25 | 47.06 | 19.69 | 89.93 | 127 | 67.11 | 80.38 | 96.07 |
| 2010 | 22 | -12.00 | 17.19 | 79.14 | 128 | 0.79 | 73.99 | 96.82 |
| 2011 | 24 | 9.09 | 16.33 | 86.33 | 147 | 14.84 | 75.77 | 111.20 |
| 2012 | 31 | 29.17 | 22.30 | 111.51 | 139 | -5.44 | 75.14 | 105.14 |
| 2013 | 30 | -3.23 | 21.74 | 107.91 | 138 | -0.72 | 79.77 | 104.39 |
| 2014 | 23 | -23.33 | 20.72 | 82.73 | 111 | -19.57 | 57.22 | 83.96 |
| 2015 | 31 | 34.78 | 24.60 | 111.51 | 126 | 13.51 | 50.81 | 95.31 |
| 2016 | 46 | 48.39 | 22.66 | 165.47 | 203 | 61.11 | 55.46 | 153.56 |

续表

| 年份 | 发达经济体 | | | | | | | |
|---|---|---|---|---|---|---|---|---|
| | 其他发达经济体 | | | | 小计 | | | |
| | 项目数 | 同比增长（%） | 占比（%） | 指数 | 项目数 | 同比增长（%） | 占比（%） | 指数 |
| 2017 | 64 | 39.13 | 29.36 | 230.22 | 218 | 7.39 | 63.93 | 164.90 |
| 2018 | 82 | 28.13 | 26.89 | 294.96 | 305 | 39.91 | 57.12 | 230.71 |
| 2019 | 37 | -54.88 | 18.05 | 133.09 | 205 | -32.79 | 44.96 | 155.07 |
| 2020 | 26 | -29.73 | 16.25 | 93.53 | 160 | -21.95 | 64.00 | 121.03 |
| 2021 | 25 | -3.85 | 14.62 | 89.93 | 171 | 6.88 | 65.77 | 129.35 |
| 合计 | 505 | — | 21.24 | — | 2378 | — | 61.61 | — |
| 2011—2015年均值 | 28 | — | — | 100.00 | 132 | — | — | 100.00 |

| 年份 | 发展中经济体 | | | | | | | |
|---|---|---|---|---|---|---|---|---|
| | 非洲 | | | | 亚洲 | | | |
| | 项目数 | 同比增长（%） | 占比（%） | 指数 | 项目数 | 同比增长（%） | 占比（%） | 指数 |
| 2005 | 2 | — | 15.38 | 27.78 | 10 | — | 76.92 | 28.25 |
| 2006 | 1 | -50.00 | 6.67 | 13.89 | 11 | 10.00 | 73.33 | 31.07 |
| 2007 | 9 | 800.00 | 25.71 | 125.00 | 18 | 63.64 | 51.43 | 50.85 |
| 2008 | 9 | 0.00 | 20.93 | 125.00 | 27 | 50.00 | 62.79 | 76.27 |
| 2009 | 7 | -22.22 | 29.17 | 97.22 | 16 | -40.74 | 66.67 | 45.20 |
| 2010 | 5 | -28.57 | 13.89 | 69.44 | 22 | 37.50 | 61.11 | 62.15 |
| 2011 | 4 | -20.00 | 10.26 | 55.56 | 22 | 0.00 | 56.41 | 62.15 |
| 2012 | 10 | 150.00 | 24.39 | 138.89 | 19 | -13.64 | 46.34 | 53.67 |
| 2013 | 5 | -50.00 | 18.52 | 69.44 | 16 | -15.79 | 59.26 | 45.20 |
| 2014 | 9 | 80.00 | 11.84 | 125.00 | 46 | 187.50 | 60.53 | 129.94 |
| 2015 | 8 | -11.11 | 7.92 | 111.11 | 74 | 60.87 | 73.27 | 209.04 |
| 2016 | 31 | 287.50 | 22.46 | 430.56 | 90 | 21.62 | 65.22 | 254.24 |
| 2017 | 26 | -16.13 | 26.00 | 361.11 | 52 | -42.22 | 52.00 | 146.89 |

续表

| 年份 | 发展中经济体 | | | | | | | |
|---|---|---|---|---|---|---|---|---|
| | 非洲 | | | | 亚洲 | | | |
| | 项目数 | 同比增长（%） | 占比（%） | 指数 | 项目数 | 同比增长（%） | 占比（%） | 指数 |
| 2018 | 40 | 53.85 | 21.16 | 555.56 | 123 | 136.54 | 65.08 | 347.46 |
| 2019 | 37 | -7.50 | 17.13 | 513.89 | 116 | -5.69 | 53.70 | 327.68 |
| 2020 | 18 | -51.35 | 23.08 | 250.00 | 39 | -66.38 | 50.00 | 110.17 |
| 2021 | 11 | -38.89 | 13.25 | 152.78 | 46 | 17.95 | 55.42 | 129.94 |
| 合计 | 232 | — | 18.50 | — | 747 | — | 59.57 | — |
| 2011—2015年均值 | 7 | — | — | 100.00 | 35 | | — | 100.00 |

| 年份 | 发展中经济体 | | | | | | | | | | | |
|---|---|---|---|---|---|---|---|---|---|---|---|---|
| | 拉丁美洲和加勒比海地区 | | | | 大洋洲 | | | | 小计 | | | |
| | 项目数 | 同比增长（%） | 占比（%） | 指数 | 项目数 | 同比增长（%） | 占比（%） | 指数 | 项目数 | 同比增长（%） | 占比（%） | 指数 |
| 2005 | 1 | — | 7.69 | 7.04 | 0.00 | — | 0.00 | — | 13 | — | 25.00 | 22.89 |
| 2006 | 3 | 200.00 | 20.00 | 21.13 | 0.00 | — | 0.00 | — | 15 | 15.38 | 32.61 | 26.41 |
| 2007 | 8 | 166.67 | 22.86 | 56.34 | 0.00 | — | 0.00 | — | 35 | 133.33 | 32.71 | 61.62 |
| 2008 | 7 | -12.50 | 16.28 | 49.30 | 0.00 | — | 0.00 | — | 43 | 22.86 | 34.96 | 75.70 |
| 2009 | 1 | -85.71 | 4.17 | 7.04 | 0.00 | — | 0.00 | — | 24 | -44.19 | 15.19 | 42.25 |
| 2010 | 9 | 800.00 | 25.00 | 63.38 | 0.00 | — | 0.00 | — | 36 | 50.00 | 20.81 | 63.38 |
| 2011 | 13 | 44.44 | 33.33 | 91.55 | 0.00 | — | 0.00 | — | 39 | 8.33 | 20.10 | 68.66 |
| 2012 | 12 | -7.69 | 29.27 | 84.51 | 0.00 | — | 0.00 | — | 41 | 5.13 | 22.16 | 72.18 |
| 2013 | 6 | -50.00 | 22.22 | 42.25 | 0.00 | — | 0.00 | — | 27 | -34.15 | 15.61 | 47.54 |
| 2014 | 21 | 250.00 | 27.63 | 147.89 | 0.00 | — | 0.00 | — | 76 | 181.48 | 39.18 | 133.80 |
| 2015 | 19 | -9.52 | 18.81 | 133.80 | 0.00 | — | 0.00 | — | 101 | 32.89 | 40.73 | 177.82 |
| 2016 | 17 | -10.53 | 12.32 | 119.72 | 0.00 | — | 0.00 | — | 138 | 36.63 | 37.70 | 242.96 |
| 2017 | 21 | 23.53 | 21.00 | 147.89 | 1.00 | — | 1.00 | — | 100 | -27.54 | 29.33 | 176.06 |

续表

| 年份 | 发展中经济体 | | | | | | | | | | | |
|---|---|---|---|---|---|---|---|---|---|---|---|---|
| | 拉丁美洲和加勒比海地区 | | | | 大洋洲 | | | | 小计 | | | |
| | 项目数 | 同比增长（%） | 占比（%） | 指数 | 项目数 | 同比增长（%） | 占比（%） | 指数 | 项目数 | 同比增长（%） | 占比（%） | 指数 |
| 2018 | 26 | 23.81 | 13.76 | 183.10 | 0.00 | -100.00 | 0.00 | — | 189 | 89.00 | 35.39 | 332.75 |
| 2019 | 63 | 142.31 | 29.17 | 443.66 | 0.00 | — | 0.00 | — | 216 | 14.29 | 47.37 | 380.28 |
| 2020 | 21 | -66.67 | 26.92 | 147.89 | 0.00 | — | 0.00 | — | 78 | -63.89 | 31.20 | 137.32 |
| 2021 | 26 | 23.81 | 31.33 | 183.10 | 0 | —. | 0.00 | — | 83 | 6.41 | 31.92 | 146.13 |
| 合计 | 274 | — | 21.85 | — | 1 | — | 0.08 | — | 1254 | — | 32.49 | — |
| 2011—2015年均值 | 14 | — | — | 100.00 | 0 | — | — | 100.00 | 56.8 | — | — | 100.00 |

| 年份 | 转型经济体 | | | | | | | | | | | |
|---|---|---|---|---|---|---|---|---|---|---|---|---|
| | 东南欧 | | | | 独联体国家 | | | | 小计 | | | |
| | 项目数 | 同比增长（%） | 占比（%） | 指数 | 项目数 | 同比增长（%） | 占比（%） | 指数 | 项目数 | 同比增长（%） | 占比（%） | 指数 |
| 2005 | 0 | — | 0.00 | 0.00 | 9 | — | 100.00 | 100.00 | 9 | — | 17.31 | 91.84 |
| 2006 | 0 | — | 0.00 | 0.00 | 6 | -33.33 | 100.00 | 66.67 | 6 | -33.33 | 13.04 | 61.22 |
| 2007 | 0 | — | 0.00 | 0.00 | 3 | -50.00 | 100.00 | 33.33 | 3 | -50.00 | 2.80 | 30.61 |
| 2008 | 0 | — | 0.00 | 0.00 | 4 | 33.33 | 100.00 | 44.44 | 4 | 33.33 | 3.25 | 40.82 |
| 2009 | 0 | | 0.00 | 0.00 | 7 | 75.00 | 100.00 | 77.78 | 7 | 75.00 | 4.43 | 71.43 |
| 2010 | 0 | — | 0.00 | 0.00 | 9 | 28.57 | 100.00 | 100.00 | 9 | 28.57 | 5.20 | 91.84 |
| 2011 | 1 | — | 12.50 | 125.00 | 7 | -22.22 | 87.50 | 77.78 | 8 | -11.11 | 4.12 | 81.63 |
| 2012 | 0 | -100.00 | 0.00 | 0.00 | 5 | -28.57 | 100.00 | 55.56 | 5 | -37.50 | 2.70 | 51.02 |
| 2013 | 0 | — | 0.00 | 0.00 | 8 | 60.00 | 100.00 | 88.89 | 8 | 60.00 | 4.62 | 81.63 |
| 2014 | 2 | — | 28.57 | 250.00 | 5 | -37.50 | 71.43 | 55.56 | 7 | -12.50 | 3.61 | 71.43 |
| 2015 | 1 | -50.00 | 4.76 | 125.00 | 20 | 300.00 | 95.24 | 222.22 | 21 | 200.00 | 8.47 | 214.29 |
| 2016 | 1 | 0.00 | 4.00 | 125.00 | 24 | 20.00 | 96.00 | 266.67 | 25 | 19.05 | 6.83 | 255.10 |
| 2017 | 3 | 200.00 | 13.04 | 375.00 | 20 | -16.67 | 86.96 | 222.22 | 23 | -8.00 | 6.74 | 234.69 |
| 2018 | 4 | 33.33 | 10.00 | 500.00 | 36 | 80.00 | 90.00 | 400.00 | 40 | 73.91 | 7.49 | 408.16 |
| 2019 | 10 | 150.00 | 28.57 | 1250.00 | 25 | -30.56 | 71.43 | 277.78 | 35 | -12.50 | 7.68 | 357.14 |

续表

| 年份 | 转型经济体 | | | | | | | | | | | |
|---|---|---|---|---|---|---|---|---|---|---|---|---|
| | 东南欧 | | | | 独联体国家 | | | | 小计 | | | |
| | 项目数 | 同比增长（%） | 占比（%） | 指数 | 项目数 | 同比增长（%） | 占比（%） | 指数 | 项目数 | 同比增长（%） | 占比（%） | 指数 |
| 2020 | 0 | -100.00 | 0.00 | 0.00 | 12 | -52.00 | 100.00 | 133.33 | 12 | -65.71 | 4.80 | 122.45 |
| 2021 | 0 | — | 0.00 | 0.00 | 6 | -50.00 | 100.00 | 66.67 | 6 | -50.00 | 2.31 | 61.22 |
| 合计 | 22 | — | 9.65 | — | 206 | — | 90.35 | — | 228 | — | 5.91 | — |
| 2011—2015年均值 | 0.80 | — | — | 100.00 | 9.00 | — | — | 100.00 | 9.80 | — | — | 100.00 |

| 年份 | 总计 | | | |
|---|---|---|---|---|
| | 项目数 | 同比增长（%） | 占比（%） | 指数 |
| 2005 | 52 | — | 100.00 | 26.16 |
| 2006 | 46 | -11.54 | 100.00 | 23.14 |
| 2007 | 107 | 132.61 | 100.00 | 53.82 |
| 2008 | 123 | 14.95 | 100.00 | 61.87 |
| 2009 | 158 | 28.46 | 100.00 | 79.48 |
| 2010 | 173 | 9.49 | 100.00 | 87.02 |
| 2011 | 194 | 12.14 | 100.00 | 97.59 |
| 2012 | 185 | -4.64 | 100.00 | 93.06 |
| 2013 | 173 | -6.49 | 100.00 | 87.02 |
| 2014 | 194 | 12.14 | 100.00 | 97.59 |
| 2015 | 248 | 27.84 | 100.00 | 124.75 |
| 2016 | 366 | 47.58 | 100.00 | 184.10 |
| 2017 | 341 | -6.83 | 100.00 | 171.53 |
| 2018 | 534 | 56.60 | 100.00 | 268.61 |
| 2019 | 456 | -14.61 | 100.00 | 229.38 |
| 2020 | 250 | -45.18 | 100.00 | 125.75 |
| 2021 | 260 | 4.00 | 100.00 | 130.78 |
| 合计 | 3860 | — | 100.00 | — |
| 2011—2015年均值 | 198.8 | — | — | 100.00 |

## 二、民营企业对外绿地投资金额在标的国（地区）的分布

根据2005—2021年中国民营企业绿地OFDI金额表显示，从绿地OFDI项目金额看，在2005年至2021年间，中国民营企业对外绿地直接投资活动主要集中在发展中经济体，累计对外直接投资项目金额为2019.58亿美元，占比62.46%；其次是发达经济体，累计对外直接投资项目金额为910.62亿美元，占比28.16%；再次是转型经济体，累计对外直接投资项目金额为303.14亿美元，占比9.38%。

根据2005—2021年中国民营企业绿地OFDI金额标的国（地区）别图表显示，流向发展中经济体的非洲的OFDI金额在2016年出现最显著的增长，从3.16亿美元增长到232.07亿美元；流向发展中经济体的非洲的OFDI金额在2017年出现最显著的缩减，从232.07亿美元缩减到38.69亿美元。总体来看，流向发达经济体的民营企业海外直接投资金额主要集中在欧洲地区，2005年至2021年的平均占比为40.91%；流向发展中经济体的民营企业海外直接投资金额主要集中在亚洲地区，2005年至2021年的平均占比为62.16%。

**表4-3-2　中国民营企业绿地投资金额在不同经济体的分布及指数汇总表**

（单位：百万美元）

| 年份 | 发达经济体 | | | | | | | |
|---|---|---|---|---|---|---|---|---|
| | 欧洲 | | | | 北美洲 | | | |
| | 金额 | 同比增长（%） | 占比（%） | 指数 | 金额 | 同比增长（%） | 占比（%） | 指数 |
| 2005 | 146.80 | — | 70.27 | 12.26 | 11.70 | — | 5.60 | 0.38 |
| 2006 | 308.40 | 110.08 | 54.49 | 25.75 | 112.80 | 864.10 | 19.93 | 3.68 |
| 2007 | 511.98 | 66.01 | 54.22 | 42.75 | 164.90 | 46.19 | 17.46 | 5.38 |
| 2008 | 1205.29 | 135.42 | 85.50 | 100.64 | 96.50 | -41.48 | 6.85 | 3.15 |
| 2009 | 426.27 | -64.63 | 45.21 | 35.59 | 240.71 | 149.44 | 25.53 | 7.86 |
| 2010 | 1074.34 | 152.03 | 52.42 | 89.70 | 523.70 | 117.56 | 25.56 | 17.10 |

续表

| 年份 | 发达经济体 | | | | | | | |
|---|---|---|---|---|---|---|---|---|
| | 欧洲 | | | | 北美洲 | | | |
| | 金额 | 同比增长（%） | 占比（%） | 指数 | 金额 | 同比增长（%） | 占比（%） | 指数 |
| 2011 | 1279.01 | 19.05 | 40.52 | 106.79 | 1368.37 | 161.29 | 43.35 | 44.67 |
| 2012 | 602.02 | -52.93 | 20.80 | 50.27 | 1846.00 | 34.91 | 63.79 | 60.27 |
| 2013 | 1579.11 | 162.30 | 43.14 | 131.85 | 2007.60 | 8.75 | 54.85 | 65.54 |
| 2014 | 2088.22 | 32.24 | 19.49 | 174.36 | 6952.10 | 246.29 | 64.89 | 226.97 |
| 2015 | 439.91 | -78.93 | 7.31 | 36.73 | 3141.27 | -54.82 | 52.23 | 102.55 |
| 2016 | 7963.92 | 1710.35 | 54.92 | 664.96 | 3384.20 | 7.73 | 23.34 | 110.48 |
| 2017 | 3020.90 | -62.07 | 39.91 | 252.23 | 2567.11 | -24.14 | 33.92 | 83.81 |
| 2018 | 3940.13 | 30.43 | 26.32 | 328.99 | 4632.95 | 80.47 | 30.95 | 151.25 |
| 2019 | 4042.01 | 2.59 | 51.66 | 337.49 | 2989.60 | -35.47 | 38.21 | 97.60 |
| 2020 | 5624.15 | 39.14 | 65.57 | 469.60 | 1700.60 | -43.12 | 19.83 | 55.52 |
| 2021 | 3001.29 | -46.64 | 59.27 | 250.60 | 1424.30 | -16.25 | 28.13 | 46.50 |
| 合计 | 37253.76 | — | 40.91 | — | 33164.41 | — | 36.42 | — |
| 2011—2015年均值 | 1197.65 | — | — | 100.00 | 3063.07 | — | — | 100.00 |

| 年份 | 发达经济体 | | | | | | | |
|---|---|---|---|---|---|---|---|---|
| | 其他发达经济体 | | | | 小计 | | | |
| | 金额 | 同比增长（%） | 占比（%） | 指数 | 金额 | 同比增长（%） | 占比（%） | 指数 |
| 2005 | 50.40 | — | 24.13 | 4.91 | 208.90 | — | 11.26 | 3.95 |
| 2006 | 144.80 | 187.30 | 25.58 | 14.10 | 566.00 | 170.94 | 15.17 | 10.70 |
| 2007 | 267.30 | 84.60 | 28.31 | 26.03 | 944.18 | 66.82 | 18.69 | 17.86 |
| 2008 | 107.98 | -59.60 | 7.66 | 10.51 | 1409.77 | 49.31 | 19.02 | 26.66 |
| 2009 | 275.90 | 155.51 | 29.26 | 26.86 | 942.88 | -33.12 | 38.94 | 17.83 |
| 2010 | 451.25 | 63.56 | 22.02 | 43.94 | 2049.29 | 117.34 | 30.40 | 38.76 |
| 2011 | 509.37 | 12.88 | 16.14 | 49.60 | 3156.75 | 54.04 | 24.03 | 59.70 |

续表

| 年份 | 发达经济体 | | | | | | | |
|---|---|---|---|---|---|---|---|---|
| | 其他发达经济体 | | | | 小计 | | | |
| | 金额 | 同比增长（%） | 占比（%） | 指数 | 金额 | 同比增长（%） | 占比（%） | 指数 |
| 2012 | 445.80 | -12.48 | 15.41 | 43.41 | 2893.82 | -8.33 | 42.55 | 54.73 |
| 2013 | 73.61 | -83.49 | 2.01 | 7.17 | 3660.32 | 26.49 | 83.70 | 69.22 |
| 2014 | 1672.91 | 2172.67 | 15.62 | 162.89 | 10713.23 | 192.69 | 46.36 | 202.60 |
| 2015 | 2433.50 | 45.47 | 40.46 | 236.94 | 6014.68 | -43.86 | 22.44 | 113.75 |
| 2016 | 3152.45 | 29.54 | 21.74 | 306.95 | 14500.57 | 141.09 | 24.43 | 274.23 |
| 2017 | 1980.80 | -37.17 | 26.17 | 192.87 | 7568.81 | -47.80 | 30.79 | 143.14 |
| 2018 | 6395.08 | 222.85 | 42.72 | 622.67 | 14968.15 | 97.76 | 37.65 | 283.07 |
| 2019 | 792.58 | -87.61 | 10.13 | 77.17 | 7824.19 | -47.73 | 18.55 | 147.97 |
| 2020 | 1252.60 | 58.04 | 14.60 | 121.96 | 8577.35 | 9.63 | 27.61 | 162.21 |
| 2021 | 637.90 | -49.07 | 12.60 | 62.11 | 5063.49 | -40.97 | 20.29 | 95.76 |
| 合计 | 20644.22 | — | 22.67 | — | 91062.39 | — | 28.16 | — |
| 2011—2015年均值 | 1027.04 | — | — | 100.00 | 5287.76 | — | — | 100.00 |

| 年份 | 发展中经济体 | | | | | | | |
|---|---|---|---|---|---|---|---|---|
| | 非洲 | | | | 亚洲 | | | |
| | 金额 | 同比增长（%） | 占比（%） | 指数 | 金额 | 同比增长（%） | 占比（%） | 指数 |
| 2005 | 22.90 | — | 6.83 | 7.54 | 297.70 | — | 88.81 | 4.63 |
| 2006 | 1500.00 | 6450.22 | 79.74 | 494.15 | 334.00 | 12.19 | 17.75 | 5.20 |
| 2007 | 1330.35 | -11.31 | 36.04 | 438.27 | 1959.89 | 486.79 | 53.09 | 30.51 |
| 2008 | 3265.51 | 145.46 | 55.76 | 1075.78 | 980.77 | -49.96 | 16.75 | 15.27 |
| 2009 | 303.91 | -90.69 | 27.17 | 100.12 | 754.82 | -23.04 | 67.47 | 11.75 |
| 2010 | 341.50 | 12.37 | 8.61 | 112.50 | 2830.90 | 275.04 | 71.34 | 44.07 |
| 2011 | 139.20 | -59.24 | 1.53 | 45.86 | 8130.39 | 187.20 | 89.61 | 126.57 |
| 2012 | 171.90 | 23.49 | 4.43 | 56.63 | 3011.08 | -62.97 | 77.62 | 46.88 |

续表

| 年份 | 发展中经济体 | | | | | | | |
|---|---|---|---|---|---|---|---|---|
| | 非洲 | | | | 亚洲 | | | |
| | 金额 | 同比增长（%） | 占比（%） | 指数 | 金额 | 同比增长（%） | 占比（%） | 指数 |
| 2013 | 18.92 | -88.99 | 2.76 | 6.23 | 327.00 | -89.14 | 47.67 | 5.09 |
| 2014 | 871.22 | 4504.77 | 9.66 | 287.01 | 3525.39 | 978.10 | 39.09 | 54.88 |
| 2015 | 316.50 | -63.67 | 1.59 | 104.27 | 17123.73 | 385.73 | 85.82 | 266.58 |
| 2016 | 23207.21 | 7232.45 | 52.91 | 7645.30 | 19340.83 | 12.95 | 44.10 | 301.09 |
| 2017 | 3868.90 | -83.33 | 26.76 | 1274.56 | 9703.43 | -49.83 | 67.12 | 151.06 |
| 2018 | 6591.04 | 70.36 | 30.24 | 2171.33 | 14291.35 | 47.28 | 65.57 | 222.48 |
| 2019 | 7278.34 | 10.43 | 33.78 | 2397.75 | 9393.81 | -34.27 | 43.60 | 146.24 |
| 2020 | 729.70 | -89.97 | 3.34 | 240.39 | 20297.01 | 116.07 | 92.85 | 315.98 |
| 2021 | 405.90 | -44.37 | 2.14 | 133.72 | 13236.59 | -34.79 | 69.72 | 206.06 |
| 合计 | 50363.00 | — | 24.94 | — | 125538.69 | — | 62.16 | — |
| 2011—2015年均值 | 303.55 | — | — | 100.00 | 6423.52 | — | — | 100.00 |

| 年份 | 发展中经济体 | | | | | | | | | | | |
|---|---|---|---|---|---|---|---|---|---|---|---|---|
| | 拉丁美洲和加勒比海地区 | | | | 大洋洲 | | | | 小计 | | | |
| | 金额 | 同比增长（%） | 占比（%） | 指数 | 金额 | 同比增长（%） | 占比（%） | 指数 | 金额 | 同比增长（%） | 占比（%） | 指数 |
| 2005 | 14.60 | — | 4.36 | 0.81 | 0.00 | — | 0.00 | — | 335.20 | — | 18.07 | 3.93 |
| 2006 | 47.20 | 223.29 | 2.51 | 2.63 | 0.00 | — | 0.00 | — | 1881.20 | 461.22 | 50.44 | 22.07 |
| 2007 | 401.40 | 750.42 | 10.87 | 22.36 | 0.00 | — | 0.00 | — | 3691.64 | 96.24 | 73.09 | 43.32 |
| 2008 | 1609.60 | 301.00 | 27.49 | 89.67 | 0.00 | — | 0.00 | — | 5855.88 | 58.63 | 79.01 | 68.71 |
| 2009 | 60.00 | -96.27 | 5.36 | 3.34 | 0.00 | — | 0.00 | — | 1118.73 | -80.90 | 46.20 | 13.13 |
| 2010 | 795.93 | 1226.55 | 20.06 | 44.34 | 0.00 | — | 0.00 | — | 3968.33 | 254.72 | 58.87 | 46.56 |
| 2011 | 803.90 | 1.00 | 8.86 | 44.78 | 0.00 | — | 0.00 | — | 9073.49 | 128.65 | 69.06 | 106.47 |
| 2012 | 696.35 | -13.38 | 17.95 | 38.79 | 0.00 | — | 0.00 | — | 3879.33 | -57.25 | 57.04 | 45.52 |

续表

| 年份 | 发展中经济体 | | | | | | | | | | | |
|---|---|---|---|---|---|---|---|---|---|---|---|---|
| | 拉丁美洲和加勒比海地区 | | | | 大洋洲 | | | | 小计 | | | |
| | 金额 | 同比增长（%） | 占比（%） | 指数 | 金额 | 同比增长（%） | 占比（%） | 指数 | 金额 | 同比增长（%） | 占比（%） | 指数 |
| 2013 | 340.00 | -51.17 | 49.57 | 18.94 | 0.00 | — | 0.00 | — | 685.92 | -82.32 | 15.69 | 8.05 |
| 2014 | 4621.57 | 1259.28 | 51.25 | 257.45 | 0.00 | — | 0.00 | — | 9018.18 | 1214.76 | 39.03 | 105.82 |
| 2015 | 2513.67 | -45.61 | 12.60 | 140.03 | 0.00 | — | 0.00 | — | 19953.90 | 121.26 | 74.43 | 234.14 |
| 2016 | 1309.80 | -47.89 | 2.99 | 72.97 | 0.00 | — | 0.00 | — | 43857.84 | 119.80 | 73.88 | 514.63 |
| 2017 | 875.79 | -33.14 | 6.06 | 48.79 | 8.40 | — | 0.06 | — | 14456.52 | -67.04 | 58.81 | 169.63 |
| 2018 | 912.19 | 4.16 | 4.19 | 50.82 | 0.00 | -100.00 | 0.00 | — | 21794.58 | 50.76 | 54.82 | 255.74 |
| 2019 | 4871.07 | 434.00 | 22.61 | 271.35 | 0.00 | — | 0.00 | — | 21543.21 | -1.15 | 51.08 | 252.79 |
| 2020 | 832.80 | -82.90 | 3.81 | 46.39 | 0.00 | — | 0.00 | — | 21859.51 | 1.47 | 70.36 | 256.50 |
| 2021 | 5342.36 | 541.49 | 28.14 | 297.61 | 0.00 | — | 0.00 | — | 18984.85 | -13.15 | 76.09 | 222.77 |
| 合计 | 26048.22 | — | 12.90 | — | 8.40 | — | 0.00 | — | 201958.32 | — | 62.46 | — |
| 2011—2015年均值 | 1795.10 | — | — | 100.00 | 0.00 | — | — | 100.00 | 8522.16 | — | — | 100.00 |

| 年份 | 转型经济体 | | | | | | | | | | | |
|---|---|---|---|---|---|---|---|---|---|---|---|---|
| | 东南欧 | | | | 独联体国家 | | | | 小计 | | | |
| | 金额 | 同比增长（%） | 占比（%） | 指数 | 金额 | 同比增长（%） | 占比（%） | 指数 | 金额 | 同比增长（%） | 占比（%） | 指数 |
| 2005 | 0.00 | — | 0.00 | 0.00 | 1310.42 | — | 100.00 | 160.17 | 1310.42 | — | 70.66 | 126.49 |
| 2006 | 0.00 | — | 0.00 | 0.00 | 1282.70 | -2.12 | 100.00 | 156.78 | 1282.70 | -2.12 | 34.39 | 123.82 |
| 2007 | 0.00 | — | 0.00 | 0.00 | 415.20 | -67.63 | 100.00 | 50.75 | 415.20 | -67.63 | 8.22 | 40.08 |
| 2008 | 0.00 | — | 0.00 | 0.00 | 146.30 | -64.76 | 100.00 | 17.88 | 146.30 | -64.76 | 1.97 | 14.12 |
| 2009 | 0.00 | — | 0.00 | 0.00 | 359.80 | 145.93 | 100.00 | 43.98 | 359.80 | 145.93 | 14.86 | 34.73 |
| 2010 | 0.00 | — | 0.00 | 0.00 | 723.10 | 100.97 | 100.00 | 88.38 | 723.10 | 100.97 | 10.73 | 69.80 |
| 2011 | 0.00 | — | 0.00 | 0.00 | 909.00 | 25.71 | 100.00 | 111.11 | 909.00 | 25.71 | 6.92 | 87.74 |

续表

| 年份 | 转型经济体 | | | | | | | | | | | |
|---|---|---|---|---|---|---|---|---|---|---|---|---|
| | 东南欧 | | | | 独联体国家 | | | | 小计 | | | |
| | 金额 | 同比增长（%） | 占比（%） | 指数 | 金额 | 同比增长（%） | 占比（%） | 指数 | 金额 | 同比增长（%） | 占比（%） | 指数 |
| 2012 | 0.00 | — | 0.00 | 0.00 | 28.45 | -96.87 | 100.00 | 3.48 | 28.45 | -96.87 | 0.42 | 2.75 |
| 2013 | 0.00 | — | 0.00 | 0.00 | 26.80 | -5.80 | 100.00 | 3.28 | 26.80 | -5.80 | 0.61 | 2.59 |
| 2014 | 1035.59 | — | 30.68 | 475.36 | 2340.00 | 8631.34 | 69.32 | 286.02 | 3375.59 | 12495.49 | 14.61 | 325.84 |
| 2015 | 53.67 | -94.82 | 6.39 | 24.64 | 786.39 | -66.39 | 93.61 | 96.12 | 840.06 | -75.11 | 3.13 | 81.09 |
| 2016 | 13.00 | -75.78 | 1.29 | 5.97 | 992.38 | 26.19 | 98.71 | 121.30 | 1005.38 | 19.68 | 1.69 | 97.05 |
| 2017 | 125.63 | 866.38 | 4.91 | 57.67 | 2431.00 | 144.97 | 95.09 | 297.14 | 2556.63 | 154.29 | 10.40 | 246.78 |
| 2018 | 1059.31 | 743.20 | 35.40 | 486.25 | 1932.89 | -20.49 | 64.60 | 236.26 | 2992.20 | 17.04 | 7.53 | 288.83 |
| 2019 | 427.24 | -59.67 | 3.34 | 196.11 | 12381.01 | 540.54 | 96.66 | 1513.33 | 12808.25 | 328.05 | 30.37 | 1236.34 |
| 2020 | 0.00 | -100.00 | 0.00 | 0.00 | 631.17 | -94.90 | 100.00 | 77.15 | 631.17 | -95.07 | 2.03 | 60.92 |
| 2021 | 0.00 | — | 0.00 | 0.00 | 902.47 | 42.98 | 100.00 | 110.31 | 902.47 | 42.98 | 3.62 | 87.11 |
| 合计 | 2714.44 | — | 8.95 | — | 27599.08 | — | 91.05 | — | 30313.53 | — | 9.38 | — |
| 2011—2015年均值 | 217.85 | — | — | 100.00 | 818.13 | — | — | 100.00 | 1035.98 | — | — | 100.00 |

| 年份 | 总计 | | | |
|---|---|---|---|---|
| | 金额 | 同比增长（%） | 占比（%） | 指数 |
| 2005 | 1854.52 | — | 100.00 | 12.49 |
| 2006 | 3729.90 | 101.12 | 100.00 | 25.12 |
| 2007 | 5051.02 | 35.42 | 100.00 | 34.02 |
| 2008 | 7411.95 | 46.74 | 100.00 | 49.93 |
| 2009 | 2421.41 | -67.33 | 100.00 | 16.31 |
| 2010 | 6740.72 | 178.38 | 100.00 | 45.40 |
| 2011 | 13139.24 | 94.92 | 100.00 | 88.50 |
| 2012 | 6801.60 | -48.23 | 100.00 | 45.81 |
| 2013 | 4373.04 | -35.71 | 100.00 | 29.46 |
| 2014 | 23107.00 | 428.40 | 100.00 | 155.65 |
| 2015 | 26808.64 | 16.02 | 100.00 | 180.58 |

续表

| 年份 | 总计 | | | |
|---|---|---|---|---|
| | 金额 | 同比增长（%） | 占比（%） | 指数 |
| 2016 | 59363.79 | 121.44 | 100.00 | 399.87 |
| 2017 | 24581.96 | -58.59 | 100.00 | 165.58 |
| 2018 | 39754.94 | 61.72 | 100.00 | 267.78 |
| 2019 | 42175.66 | 6.09 | 100.00 | 284.09 |
| 2020 | 31068.03 | -26.34 | 100.00 | 209.27 |
| 2021 | 24950.81 | -19.69 | 100.00 | 168.07 |
| 合计 | 323334.23 | — | 100.00 | — |
| 2011—2015 年均值 | 14845.90 | — | — | 100.00 |

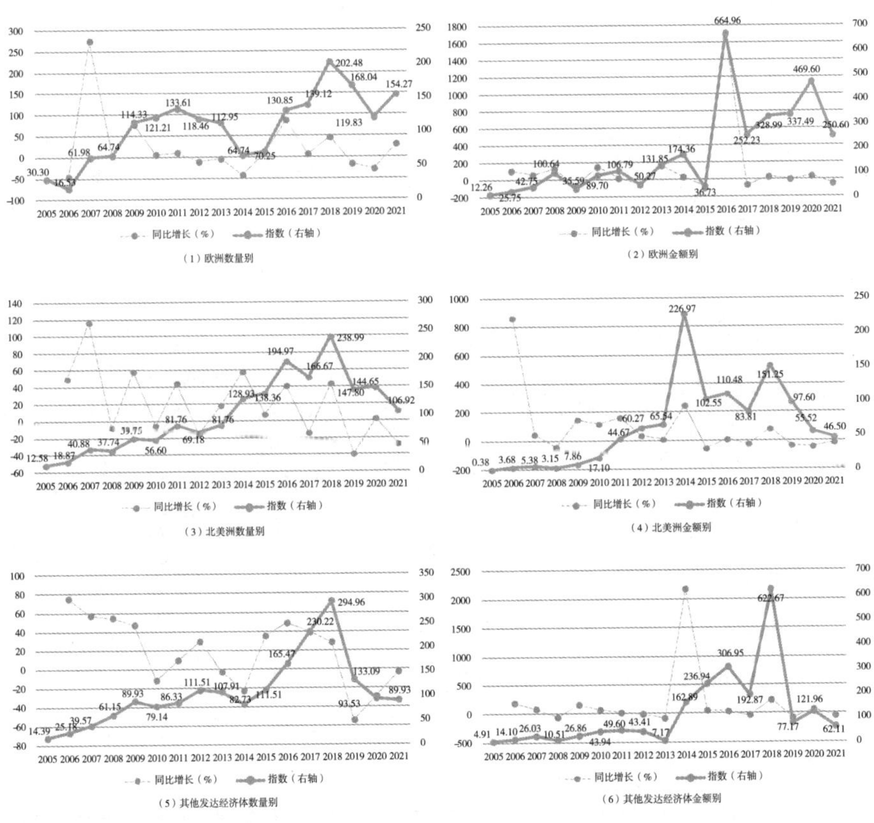

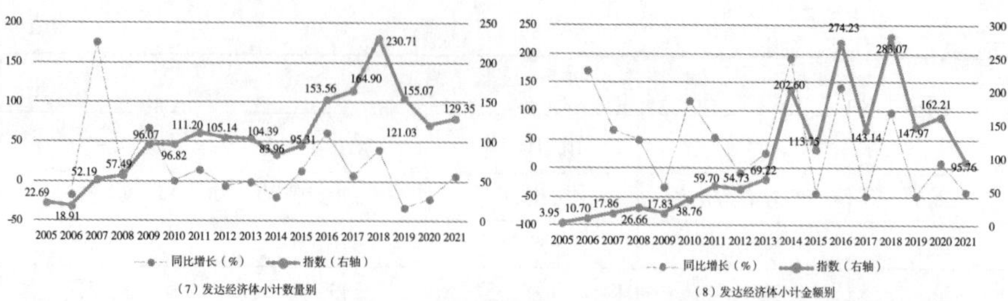

（7）发达经济体小计数量别

（8）发达经济体小计金额别

**图 4-3-1　2005—2021 年民营企业绿地投资发达经济体项目数量指数和金额指数变化图**

（1）非洲数量别

（2）非洲金额别

（3）亚洲数量别

（4）亚洲金额别

（5）拉丁美洲和加勒比海地区数量别

（6）拉丁美洲和加勒比海地区金额别

（7）发展中经济体小计数量别

（8）发展中经济体小计金额别

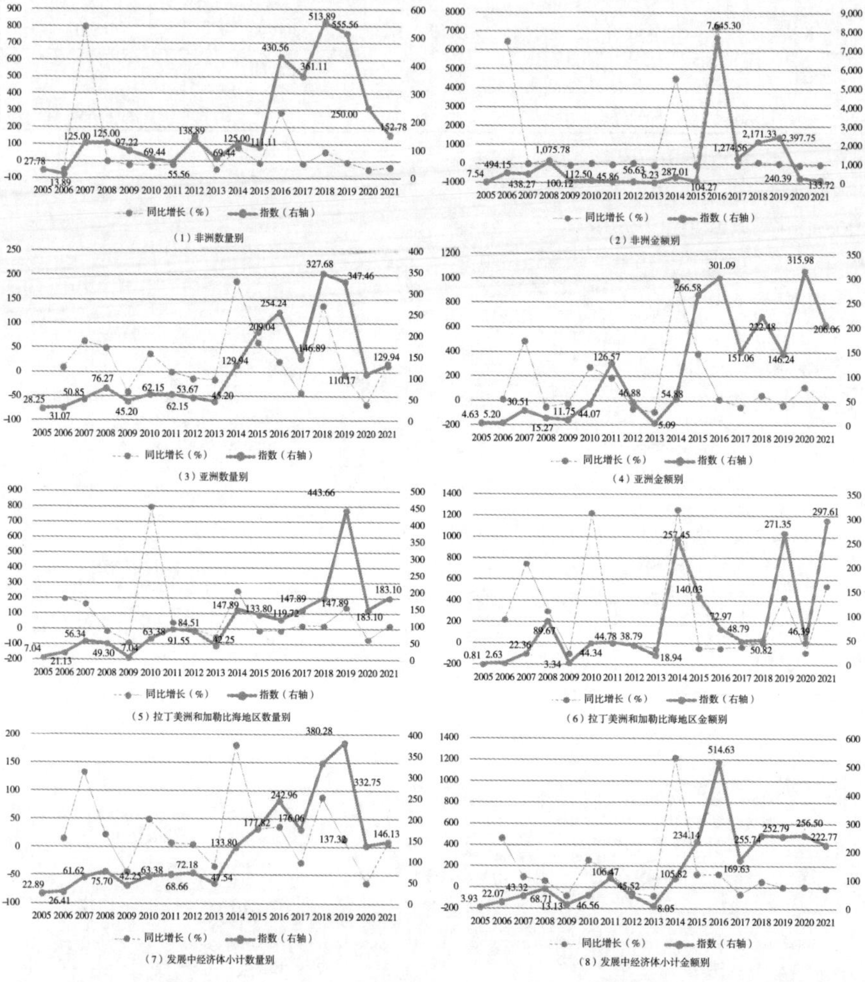

**图 4-3-2　2005—2021 年民营企业绿地投资发展中经济体项目数量指数和金额指数变化图**

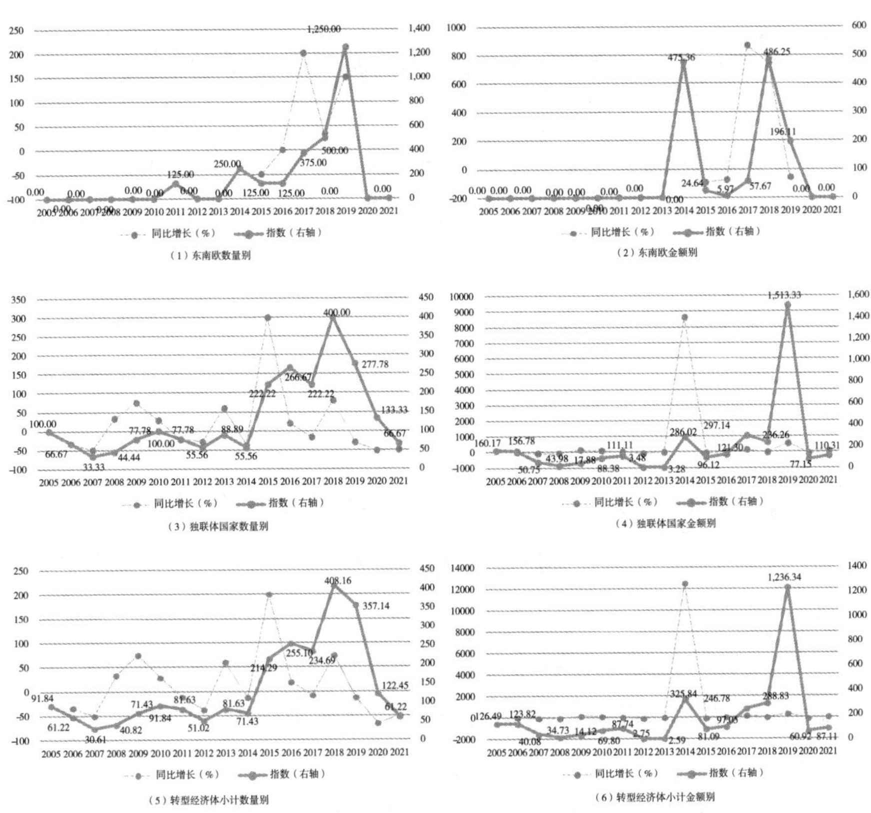


**图 4-3-3　2005—2021 年民营企业绿地投资转型经济体项目数量指数和金额指数变化图**

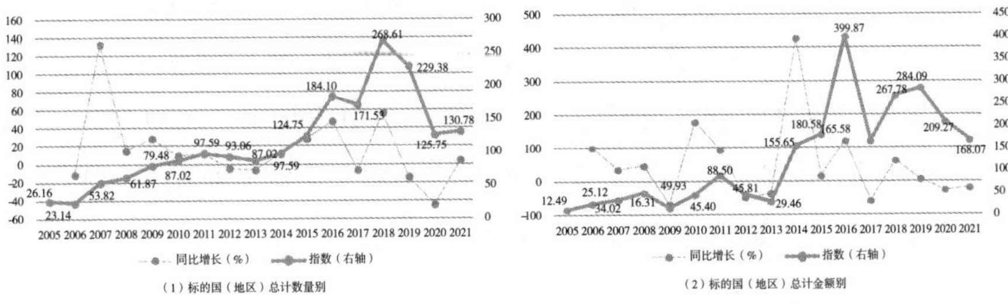


**图 4-3-4　2005—2021 年民营企业绿地投资标的国（地区）项目数量指数和金额指数变化图**

## 第四节 民营企业对外绿地投资行业别指数

本节按照投资标的行业的不同对中国民营企业对外绿地投资项目数量和金额分布情况进行分析，将投资标的行业分为制造业和非制造业两大部分。其中制造业按照 OECD 技术划分标准分为 4 大类，分别是高技术、中高技术、中低技术和低技术制造业；非制造业则划分为服务业，农、林、牧、渔业，采矿业，电力、热力、燃气及水生产及供应业，建筑业五大部类。

### 一、民营企业绿地项目数量在标的行业的分布

根据 2005—2021 年中国民营企业绿地 OFDI 数量表显示，从绿地 OFDI 项目数量看，在 2005 年至 2021 年间，中国民营企业对外绿地直接投资活动主要集中在非制造业，累计对外直接投资项目数量为 2890 件，占比 74.87%；其次是制造业，累计对外直接投资项目数量为 970 件，占比 25.13%。

从 2005—2021 年中国民营企业绿地 OFDI 数量行业别图表可以看出，流向非制造业的服务业的 OFDI 数量在 2018 年出现最显著的增长，从 237 件增长到 368 件；流向制造业中的中高技术的 OFDI 在 2013 年至 2019 年实现了民营企业对外直接投资项目数量连续 5 年的增长。总体来看，流向制造业的民营企业对外直接投资数量主要集中在中高技术，2005 年至 2021 年的平均占比为 46.39%；流向非制造业的民营企业对外直接投资数量主要集中在服务业，2005 年至 2021 年的平均占比为 92.11%。

**表 4-4-1　中国民营企业绿地投资项目数量在标的行业的分布及指数汇总表**

（单位：件）

| 年份 | 制造业 | | | | | | | | | | | |
|---|---|---|---|---|---|---|---|---|---|---|---|---|
| | 高技术 | | | | 中高技术 | | | | 中低技术 | | | |
| | 项目数 | 同比增长（%） | 占比（%） | 指数 | 项目数 | 同比增长（%） | 占比（%） | 指数 | 项目数 | 同比增长（%） | 占比（%） | 指数 |
| 2005 | 4 | — | 26.67 | 58.82 | 7 | — | 46.67 | 32.11 | 2 | — | 13.33 | 15.63 |
| 2006 | 6 | 50.00 | 35.29 | 88.24 | 10 | 42.86 | 58.82 | 45.87 | 1 | -50.00 | 5.88 | 7.81 |
| 2007 | 5 | -16.67 | 13.89 | 73.53 | 16 | 60.00 | 44.44 | 73.39 | 8 | 700.00 | 22.22 | 62.50 |
| 2008 | 0 | -100.00 | 0.00 | 0.00 | 14 | -12.50 | 51.85 | 64.22 | 10 | 25.00 | 37.04 | 78.13 |
| 2009 | 5 | — | 19.23 | 73.53 | 15 | 7.14 | 57.69 | 68.81 | 1 | -90.00 | 3.85 | 7.81 |
| 2010 | 5 | 0.00 | 13.16 | 73.53 | 30 | 100.00 | 78.95 | 137.61 | 2 | 100.00 | 5.26 | 15.63 |
| 2011 | 4 | -20.00 | 8.89 | 58.82 | 17 | -43.33 | 37.78 | 77.98 | 17 | 750.00 | 37.78 | 132.81 |
| 2012 | 5 | 25.00 | 13.16 | 73.53 | 17 | 0.00 | 44.74 | 77.98 | 13 | -23.53 | 34.21 | 101.56 |
| 2013 | 5 | 0.00 | 20.83 | 73.53 | 9 | -47.06 | 37.50 | 41.28 | 2 | -84.62 | 8.33 | 15.63 |
| 2014 | 5 | 0.00 | 8.62 | 73.53 | 29 | 222.22 | 50.00 | 133.03 | 9 | 350.00 | 15.52 | 70.31 |
| 2015 | 15 | 200.00 | 16.85 | 220.59 | 37 | 27.59 | 41.57 | 169.72 | 23 | 155.56 | 25.84 | 179.69 |
| 2016 | 17 | 13.33 | 17.35 | 250.00 | 47 | 27.03 | 47.96 | 215.60 | 17 | -26.09 | 17.35 | 132.81 |
| 2017 | 10 | -41.18 | 10.87 | 147.06 | 48 | 2.13 | 52.17 | 220.18 | 20 | 17.65 | 21.74 | 156.25 |
| 2018 | 22 | 120.00 | 17.19 | 323.53 | 49 | 2.08 | 38.28 | 224.77 | 27 | 35.00 | 21.09 | 210.94 |
| 2019 | 23 | 4.55 | 18.55 | 338.24 | 54 | 10.20 | 43.55 | 247.71 | 16 | -40.74 | 12.90 | 125.00 |
| 2020 | 11 | -52.17 | 18.03 | 161.76 | 23 | -57.41 | 37.70 | 105.50 | 17 | 6.25 | 27.87 | 132.81 |
| 2021 | 10 | -9.09 | 18.52 | 147.06 | 28 | 21.74 | 51.85 | 128.44 | 10 | -41.18 | 18.52 | 78.13 |
| 合计 | 152 | — | 15.67 | — | 450 | — | 46.39 | — | 195 | — | 20.10 | — |
| 2011—2015 年均值 | 6.8 | — | — | 100 | 21.8 | — | — | 100 | 12.8 | — | — | 100 |

| 年份 | 制造业 | | | | | | | |
|---|---|---|---|---|---|---|---|---|
| | 低技术 | | | | 小计 | | | |
| | 项目数 | 同比增长（%） | 占比（%） | 指数 | 项目数 | 同比增长（%） | 占比（%） | 指数 |
| 2005 | 2 | — | 13.33 | 21.28 | 15 | — | 28.85 | 29.53 |
| 2006 | 0 | -100.00 | 0.00 | 0.00 | 17 | 13.33 | 36.96 | 33.46 |
| 2007 | 7 | — | 19.44 | 74.47 | 36 | 111.76 | 33.64 | 70.87 |

续表

| 年份 | 制造业 | | | | | | | |
|---|---|---|---|---|---|---|---|---|
| | 低技术 | | | | 小计 | | | |
| | 项目数 | 同比增长（%） | 占比（%） | 指数 | 项目数 | 同比增长（%） | 占比（%） | 指数 |
| 2008 | 3 | -57.14 | 11.11 | 31.91 | 27 | -25.00 | 21.95 | 53.15 |
| 2009 | 5 | 66.67 | 19.23 | 53.19 | 26 | -3.70 | 16.46 | 51.18 |
| 2010 | 1 | -80.00 | 2.63 | 10.64 | 38 | 46.15 | 21.97 | 74.80 |
| 2011 | 7 | 600.00 | 15.56 | 74.47 | 45 | 18.42 | 23.20 | 88.58 |
| 2012 | 3 | -57.14 | 7.89 | 31.91 | 38 | -15.56 | 20.54 | 74.80 |
| 2013 | 8 | 166.67 | 33.33 | 85.11 | 24 | -36.84 | 13.87 | 47.24 |
| 2014 | 15 | 87.50 | 25.86 | 159.57 | 58 | 141.67 | 29.90 | 114.17 |
| 2015 | 14 | -6.67 | 15.73 | 148.94 | 89 | 53.45 | 35.89 | 175.20 |
| 2016 | 17 | 21.43 | 17.35 | 180.85 | 98 | 10.11 | 26.78 | 192.91 |
| 2017 | 14 | -17.65 | 15.22 | 148.94 | 92 | -6.12 | 26.98 | 181.10 |
| 2018 | 30 | 114.29 | 23.44 | 319.15 | 128 | 39.13 | 23.97 | 251.97 |
| 2019 | 31 | 3.33 | 25.00 | 329.79 | 124 | -3.13 | 27.19 | 244.09 |
| 2020 | 10 | -67.74 | 16.39 | 106.38 | 61 | -50.81 | 24.40 | 120.08 |
| 2021 | 6 | -40.00 | 11.11 | 63.83 | 54 | -11.48 | 20.77 | 106.30 |
| 合计 | 173 | — | 17.84 | — | 970 | — | 25.13 | — |
| 2011—2015年均值 | 9.4 | — | — | 100 | 50.8 | — | — | 100 |

| 年份 | 非制造业 | | | | | | | |
|---|---|---|---|---|---|---|---|---|
| | 服务业 | | | | 采矿业 | | | |
| | 项目数 | 同比增长（%） | 占比（%） | 指数 | 项目数 | 同比增长（%） | 占比（%） | 指数 |
| 2005 | 36 | — | 97.30 | 27.23 | 0 | — | 0.00 | 0.00 |
| 2006 | 25 | -30.56 | 86.21 | 18.91 | 2 | — | 6.90 | 166.67 |
| 2007 | 66 | 164.00 | 92.96 | 49.92 | 4 | 100.00 | 5.63 | 333.33 |
| 2008 | 87 | 31.82 | 90.63 | 65.81 | 1 | -75.00 | 1.04 | 83.33 |
| 2009 | 126 | 44.83 | 95.45 | 95.31 | 2 | 100.00 | 1.52 | 166.67 |
| 2010 | 133 | 5.56 | 98.52 | 100.61 | 0 | -100.00 | 0.00 | 0.00 |
| 2011 | 139 | 4.51 | 93.29 | 105.14 | 0 | — | 0.00 | 0.00 |

续表

| 年份 | 非制造业 | | | | | | | |
|---|---|---|---|---|---|---|---|---|
| | 服务业 | | | | 采矿业 | | | |
| | 项目数 | 同比增长（%） | 占比（%） | 指数 | 项目数 | 同比增长（%） | 占比（%） | 指数 |
| 2012 | 137 | -1.44 | 93.20 | 103.63 | 1 | — | 0.68 | 83.33 |
| 2013 | 134 | -2.19 | 89.93 | 101.36 | 2 | 100.00 | 1.34 | 166.67 |
| 2014 | 116 | -13.43 | 85.29 | 87.75 | 1 | -50.00 | 0.74 | 83.33 |
| 2015 | 135 | 16.38 | 84.91 | 102.12 | 2 | 100.00 | 1.26 | 166.67 |
| 2016 | 223 | 65.19 | 83.21 | 168.68 | 2 | 0.00 | 0.75 | 166.67 |
| 2017 | 237 | 6.28 | 95.18 | 179.27 | 0 | -100.00 | 0.00 | 0.00 |
| 2018 | 368 | 55.27 | 90.64 | 278.37 | 5 | — | 1.23 | 416.67 |
| 2019 | 317 | -13.86 | 95.48 | 239.79 | 1 | -80.00 | 0.30 | 83.33 |
| 2020 | 181 | -42.90 | 95.77 | 136.91 | 0 | -100.00 | 0.00 | 0.00 |
| 2021 | 202 | 11.60 | 98.06 | 152.80 | 0 | — | 0.00 | 0.00 |
| 合计 | 2662 | — | 92.11 | — | 23 | — | 0.80 | — |
| 2011—2015年均值 | 132.2 | — | — | 100 | 1.2 | — | — | 100 |

| 年份 | 非制造业 | | | | | | | |
|---|---|---|---|---|---|---|---|---|
| | 电力、热力、燃气及水生产和供应业 | | | | 建筑业 | | | |
| | 项目数 | 同比增长（%） | 占比（%） | 指数 | 项目数 | 同比增长（%） | 占比（%） | 指数 |
| 2005 | 0 | — | 0.00 | 0.00 | 1 | — | 2.70 | 19.23 |
| 2006 | 0 | — | 0.00 | 0.00 | 2 | 100.00 | 6.90 | 38.46 |
| 2007 | 0 | — | 0.00 | 0.00 | 1 | -50.00 | 1.41 | 19.23 |
| 2008 | 7 | — | 7.29 | 74.47 | 1 | 0.00 | 1.04 | 19.23 |
| 2009 | 3 | -57.14 | 2.27 | 31.91 | 1 | 0.00 | 0.76 | 19.23 |
| 2010 | 1 | -66.67 | 0.74 | 10.64 | 1 | 0.00 | 0.74 | 19.23 |
| 2011 | 9 | 800.00 | 6.04 | 95.74 | 1 | 0.00 | 0.67 | 19.23 |
| 2012 | 6 | -33.33 | 4.08 | 63.83 | 3 | 200.00 | 2.04 | 57.69 |
| 2013 | 8 | 33.33 | 5.37 | 85.11 | 5 | 66.67 | 3.36 | 96.15 |

续表

| 年份 | 非制造业 | | | | | | | |
|---|---|---|---|---|---|---|---|---|
| | 电力、热力、燃气及水生产和供应业 | | | | 建筑业 | | | |
| | 项目数 | 同比增长（%） | 占比（%） | 指数 | 项目数 | 同比增长（%） | 占比（%） | 指数 |
| 2014 | 11 | 37.50 | 8.09 | 117.02 | 8 | 60.00 | 5.88 | 153.85 |
| 2015 | 13 | 18.18 | 8.18 | 138.30 | 9 | 12.50 | 5.66 | 173.08 |
| 2016 | 15 | 15.38 | 5.60 | 159.57 | 28 | 211.11 | 10.45 | 538.46 |
| 2017 | 7 | -53.33 | 2.81 | 74.47 | 5 | -82.14 | 2.01 | 96.15 |
| 2018 | 17 | 142.86 | 4.19 | 180.85 | 16 | 220.00 | 3.94 | 307.69 |
| 2019 | 5 | -70.59 | 1.51 | 53.19 | 9 | -43.75 | 2.71 | 173.08 |
| 2020 | 7 | 40.00 | 3.70 | 74.47 | 1 | -88.89 | 0.53 | 19.23 |
| 2021 | 3 | -57.14 | 1.46 | 31.91 | 1 | 0.00 | 0.49 | 19.23 |
| 合计 | 112 | — | 3.88 | — | 93 | — | 3.22 | — |
| 2011—2015年均值 | 9.4 | — | — | 100 | 5.2 | — | — | 100 |

| 年份 | 非制造业 | | | | 总计 | | | |
|---|---|---|---|---|---|---|---|---|
| | 小计 | | | | | | | |
| | 项目数 | 同比增长（%） | 占比（%） | 指数 | 项目数 | 同比增长（%） | 占比（%） | 指数 |
| 2005 | 37 | — | 71.15 | 25.00 | 52 | — | 100.00 | 26.16 |
| 2006 | 29 | -21.62 | 63.04 | 19.59 | 46 | -11.54 | 100.00 | 23.14 |
| 2007 | 71 | 144.83 | 66.36 | 47.97 | 107 | 132.61 | 100.00 | 53.82 |
| 2008 | 96 | 35.21 | 78.05 | 64.86 | 123 | 14.95 | 100.00 | 61.87 |
| 2009 | 132 | 37.50 | 83.54 | 89.19 | 158 | 28.46 | 100.00 | 79.48 |
| 2010 | 135 | 2.27 | 78.03 | 91.22 | 173 | 9.49 | 100.00 | 87.02 |
| 2011 | 149 | 10.37 | 76.80 | 100.68 | 194 | 12.14 | 100.00 | 97.59 |
| 2012 | 147 | -1.34 | 79.46 | 99.32 | 185 | -4.64 | 100.00 | 93.06 |
| 2013 | 149 | 1.36 | 86.13 | 100.68 | 173 | -6.49 | 100.00 | 87.02 |
| 2014 | 136 | -8.72 | 70.10 | 91.89 | 194 | 12.14 | 100.00 | 97.59 |
| 2015 | 159 | 16.91 | 64.11 | 107.43 | 248 | 27.84 | 100.00 | 124.75 |
| 2016 | 268 | 68.55 | 73.22 | 181.08 | 366 | 47.58 | 100.00 | 184.10 |

续表

| 年份 | 非制造业 | | | | 总计 | | | |
|---|---|---|---|---|---|---|---|---|
| | 小计 | | | | | | | |
| | 项目数 | 同比增长（%） | 占比（%） | 指数 | 项目数 | 同比增长（%） | 占比（%） | 指数 |
| 2017 | 249 | -7.09 | 73.02 | 168.24 | 341 | -6.83 | 100.00 | 171.53 |
| 2018 | 406 | 63.05 | 76.03 | 274.32 | 534 | 56.60 | 100.00 | 268.61 |
| 2019 | 332 | -18.23 | 72.81 | 224.32 | 456 | -14.61 | 100.00 | 229.38 |
| 2020 | 189 | -43.07 | 75.60 | 127.70 | 250 | -45.18 | 100.00 | 125.75 |
| 2021 | 206 | 8.99 | 79.23 | 139.19 | 260 | 4.00 | 100.00 | 130.78 |
| 合计 | 2890 | — | 74.87 | — | 3860 | — | 100.00 | — |
| 2011—2015年均值 | 148 | — | — | 100 | 198.8 | — | — | 100 |

## 二、民营企业对外绿地投资金额在标的行业的分布

根据2005—2021年中国民营企业绿地OFDI金额表显示，从绿地OFDI项目金额看，在2005年至2021年间，中国民营企业对外绿地直接投资活动主要集中在制造业，累计对外直接投资项目金额为1622.78亿美元，占比50.19%；其次是非制造业，累计对外直接投资项目金额为1610.56亿美元，占比49.81%。

根据2005—2021年中国民营企业绿地OFDI金额行业别图表显示，流向非制造业的建筑业的OFDI金额在2017年出现最显著的缩减，从398.83亿美元缩减到16.92亿美元。流向制造业中的高技术的OFDI在2010年至2013年实现了民营企业对外直接投资项目金额连续3年的下降。流向制造业中的中低技术的OFDI在2007年至2010年实现了民营企业对外直接投资项目金额连续3年的下降。流向非制造业中的服务业的OFDI在2010年至2013年实现了民营企业对外直接投资项目金额连续3年的下降。流向非制造业中的建筑业的OFDI在2018年至2021年实现了民营企业对外直接投资项目金额连续3年的下降。总体来看，流向制造业的民营企业对外直接投

资金额主要集中在中高技术，2005 年至 2021 年的平均占比为 42.72%；流向非制造业的民营企业对外直接投资金额主要集中在建筑业，2005 年至 2021 年的平均占比为 41.57%。

**表 4-4-2　中国民营企业绿地投资金额在标的行业的分布及指数汇总表**

（单位：百万美元）

| 年份 | 制造业 | | | | | | | | | | | |
|---|---|---|---|---|---|---|---|---|---|---|---|---|
| | 高技术 | | | | 中高技术 | | | | 中低技术 | | | |
| | 金额 | 同比增长（%） | 占比（%） | 指数 | 金额 | 同比增长（%） | 占比（%） | 指数 | 金额 | 同比增长（%） | 占比（%） | 指数 |
| 2005 | 104.60 | — | 8.26 | 41.32 | 235.50 | — | 18.60 | 9.73 | 283.90 | — | 22.42 | 6.59 |
| 2006 | 170.20 | 62.72 | 14.21 | 67.24 | 1017.00 | 331.85 | 84.93 | 42.00 | 10.20 | -96.41 | 0.85 | 0.24 |
| 2007 | 105.30 | -38.13 | 2.82 | 41.60 | 1124.09 | 10.53 | 30.12 | 46.43 | 2398.35 | 23413.24 | 64.27 | 55.65 |
| 2008 | 0.00 | -100.00 | 0.00 | 0.00 | 1190.26 | 5.89 | 35.79 | 49.16 | 2078.24 | -13.35 | 62.49 | 48.22 |
| 2009 | 193.73 | — | 15.50 | 76.54 | 831.85 | -30.11 | 66.55 | 34.36 | 35.00 | -98.32 | 2.80 | 0.81 |
| 2010 | 511.85 | 164.21 | 11.70 | 202.21 | 3772.60 | 353.52 | 86.23 | 155.82 | 23.40 | -33.14 | 0.53 | 0.54 |
| 2011 | 135.30 | -73.57 | 1.35 | 53.45 | 1431.74 | -62.05 | 14.29 | 59.13 | 8267.65 | 35231.84 | 82.54 | 191.85 |
| 2012 | 78.10 | -42.28 | 2.01 | 30.85 | 1933.33 | 35.03 | 49.70 | 79.85 | 1782.01 | -78.45 | 45.81 | 41.35 |
| 2013 | 14.03 | -82.04 | 1.31 | 5.54 | 417.69 | -78.40 | 39.07 | 17.25 | 205.23 | -88.48 | 19.20 | 4.76 |
| 2014 | 159.80 | 1038.99 | 1.33 | 63.13 | 5122.19 | 1126.31 | 42.70 | 211.56 | 2434.50 | 1086.23 | 20.30 | 56.49 |
| 2015 | 878.39 | 449.68 | 5.97 | 347.02 | 3200.95 | -37.51 | 21.74 | 132.21 | 8858.04 | 263.85 | 60.17 | 205.55 |
| 2016 | 1335.56 | 52.05 | 11.47 | 527.63 | 6016.77 | 87.97 | 51.65 | 248.51 | 2875.49 | -67.54 | 24.68 | 66.72 |
| 2017 | 315.23 | -76.40 | 1.94 | 124.54 | 6866.34 | 14.12 | 42.15 | 283.59 | 5172.80 | 79.89 | 31.76 | 120.03 |
| 2018 | 903.51 | 186.62 | 5.38 | 356.94 | 3775.41 | -45.02 | 22.49 | 155.93 | 9771.91 | 88.91 | 58.22 | 226.75 |
| 2019 | 2136.38 | 136.45 | 10.46 | 844.01 | 10533.80 | 179.01 | 51.55 | 435.07 | 3494.63 | -64.24 | 17.10 | 81.09 |
| 2020 | 516.46 | -75.83 | 2.06 | 204.03 | 9356.14 | -11.18 | 37.24 | 386.43 | 14511.59 | 315.25 | 57.76 | 336.74 |
| 2021 | 874.92 | 69.41 | 5.77 | 345.65 | 12504.15 | 33.65 | 82.47 | 516.45 | 1568.07 | -89.19 | 10.34 | 36.39 |
| 合计 | 8433.36 | — | 5.20 | — | 69329.81 | — | 42.72 | — | 63771.01 | — | 39.30 | — |
| 2011—2015 年均值 | 253.12 | — | — | 100.00 | 2421.18 | — | — | 100.00 | 4309.49 | — | — | 100.00 |

续表

| 年份 | 制造业 | | | | | | | |
|---|---|---|---|---|---|---|---|---|
| | 低技术 | | | | 小计 | | | |
| | 金额 | 同比增长（%） | 占比（%） | 指数 | 金额 | 同比增长（%） | 占比（%） | 指数 |
| 2005 | 642.42 | — | 50.73 | 47.42 | 1266.42 | — | 68.29 | 15.19 |
| 2006 | 0.00 | -100.00 | 0.00 | 0.00 | 1197.40 | -5.45 | 32.10 | 14.36 |
| 2007 | 104.00 | — | 2.79 | 7.68 | 3731.74 | 211.65 | 73.88 | 44.75 |
| 2008 | 57.00 | -45.19 | 1.71 | 4.21 | 3325.50 | -10.89 | 44.87 | 39.88 |
| 2009 | 189.35 | 232.19 | 15.15 | 13.98 | 1249.93 | -62.41 | 51.62 | 14.99 |
| 2010 | 67.00 | -64.62 | 1.53 | 4.95 | 4374.85 | 250.01 | 64.90 | 52.47 |
| 2011 | 182.36 | 172.18 | 1.82 | 13.46 | 10017.05 | 128.97 | 76.24 | 120.13 |
| 2012 | 96.75 | -46.95 | 2.49 | 7.14 | 3890.19 | -61.16 | 57.20 | 46.65 |
| 2013 | 432.00 | 346.51 | 40.41 | 31.89 | 1068.95 | -72.52 | 24.44 | 12.82 |
| 2014 | 4278.87 | 890.48 | 35.67 | 315.84 | 11995.36 | 1022.16 | 51.91 | 143.85 |
| 2015 | 1783.73 | -58.31 | 12.12 | 131.67 | 14721.11 | 22.72 | 54.91 | 176.54 |
| 2016 | 1420.92 | -20.34 | 12.20 | 104.88 | 11648.74 | -20.87 | 19.62 | 139.70 |
| 2017 | 3934.75 | 176.92 | 24.16 | 290.44 | 16289.12 | 39.84 | 66.26 | 195.35 |
| 2018 | 2333.99 | -40.68 | 13.91 | 172.28 | 16784.82 | 3.04 | 42.22 | 201.29 |
| 2019 | 4268.44 | 82.88 | 20.89 | 315.07 | 20433.24 | 21.74 | 48.45 | 245.05 |
| 2020 | 737.99 | -82.71 | 2.94 | 54.47 | 25122.18 | 22.95 | 80.86 | 301.28 |
| 2021 | 214.20 | -70.98 | 1.41 | 15.81 | 15161.34 | -39.65 | 60.76 | 181.82 |
| 合计 | 20743.77 | — | 12.78 | — | 162277.94 | — | 50.19 | — |
| 2011—2015年均值 | 1354.74 | — | — | 100.00 | 8338.53 | — | — | 100.00 |

| 年份 | 非制造业 | | | | | | | |
|---|---|---|---|---|---|---|---|---|
| | 服务业 | | | | 采矿业 | | | |
| | 金额 | 同比增长（%） | 占比（%） | 指数 | 金额 | 同比增长（%） | 占比（%） | 指数 |
| 2005 | 338.10 | — | 57.49 | 18.66 | 0.00 | — | 0.00 | 0.00 |
| 2006 | 1999.80 | 491.48 | 78.97 | 110.36 | 96.90 | — | 3.83 | 587.84 |
| 2007 | 641.74 | -67.91 | 48.64 | 35.41 | 627.74 | 547.82 | 47.58 | 3808.18 |
| 2008 | 693.90 | 8.13 | 16.98 | 38.29 | 2600.00 | 314.18 | 63.62 | 15772.87 |

续表

| 年份 | 非制造业 | | | | | | | |
|---|---|---|---|---|---|---|---|---|
| | 服务业 | | | | 采矿业 | | | |
| | 金额 | 同比增长（%） | 占比（%） | 指数 | 金额 | 同比增长（%） | 占比（%） | 指数 |
| 2009 | 811.91 | 17.01 | 69.31 | 44.81 | 307.70 | -88.17 | 26.27 | 1866.66 |
| 2010 | 2117.97 | 160.86 | 89.52 | 116.88 | 0.00 | -100.00 | 0.00 | 0.00 |
| 2011 | 1991.26 | -5.98 | 63.78 | 109.89 | 0.00 | — | 0.00 | 0.00 |
| 2012 | 493.51 | -75.22 | 16.95 | 27.23 | 0.00 | — | 0.00 | 0.00 |
| 2013 | 486.78 | -1.36 | 14.73 | 26.86 | 0.00 | — | 0.00 | 0.00 |
| 2014 | 3595.87 | 638.71 | 32.36 | 198.44 | 0.00 | — | 0.00 | 0.00 |
| 2015 | 2493.01 | -30.67 | 20.62 | 137.58 | 82.42 | — | 0.68 | 500.00 |
| 2016 | 5254.99 | 110.79 | 11.01 | 290.00 | 89.10 | 8.10 | 0.19 | 540.52 |
| 2017 | 4415.94 | -15.97 | 53.25 | 243.69 | 0.00 | -100.00 | 0.00 | 0.00 |
| 2018 | 8673.91 | 96.42 | 37.76 | 478.67 | 1761.45 | — | 7.67 | 10685.82 |
| 2019 | 5790.53 | -33.24 | 26.63 | 319.55 | 11100.00 | 530.16 | 51.05 | 67338.02 |
| 2020 | 4956.96 | -14.40 | 83.37 | 273.55 | 0.00 | -100.00 | 0.00 | 0.00 |
| 2021 | 9442.73 | 90.49 | 96.46 | 521.10 | 0.00 | — | 0.00 | 0.00 |
| 合计 | 54198.91 | — | 33.65 | — | 16665.31 | — | 10.35 | — |
| 2011—2015年均值 | 1812.09 | — | — | 100.00 | 16.48 | — | — | 100.00 |

| 年份 | 非制造业 | | | | | | | |
|---|---|---|---|---|---|---|---|---|
| | 电力、热力、燃气及水生产和供应业 | | | | 建筑业 | | | |
| | 金额 | 同比增长（%） | 占比（%） | 指数 | 金额 | 同比增长（%） | 占比（%） | 指数 |
| 2005 | 0.00 | — | 0.00 | 0.00 | 250.00 | — | 42.51 | 10.49 |
| 2006 | 0.00 | — | 0.00 | 0.00 | 435.80 | 74.32 | 17.21 | 18.28 |
| 2007 | 0.00 | — | 0.00 | 0.00 | 49.80 | -88.57 | 3.77 | 2.09 |
| 2008 | 592.55 | — | 14.50 | 25.82 | 200.00 | 301.61 | 4.89 | 8.39 |
| 2009 | 31.87 | -94.62 | 2.72 | 1.39 | 20.00 | -90.00 | 1.71 | 0.84 |
| 2010 | 155.50 | 387.92 | 6.57 | 6.77 | 92.40 | 362.00 | 3.91 | 3.88 |

续表

| 年份 | 非制造业 | | | | | | | |
|---|---|---|---|---|---|---|---|---|
| | 电力、热力、燃气及水生产和供应业 | | | | 建筑业 | | | |
| | 金额 | 同比增长（%） | 占比（%） | 指数 | 金额 | 同比增长（%） | 占比（%） | 指数 |
| 2011 | 1080.93 | 595.13 | 34.62 | 47.09 | 50.00 | -45.89 | 1.60 | 2.10 |
| 2012 | 1880.10 | 73.93 | 64.58 | 81.91 | 537.80 | 975.60 | 18.47 | 22.56 |
| 2013 | 99.77 | -94.69 | 3.02 | 4.35 | 2717.54 | 405.31 | 82.25 | 114.01 |
| 2014 | 2359.70 | 2265.07 | 21.24 | 102.81 | 5156.08 | 89.73 | 46.40 | 216.32 |
| 2015 | 6055.82 | 156.64 | 50.10 | 263.84 | 3456.28 | -32.97 | 28.59 | 145.01 |
| 2016 | 2487.72 | -58.92 | 5.21 | 108.38 | 39883.24 | 1053.94 | 83.59 | 1673.28 |
| 2017 | 2185.30 | -12.16 | 26.35 | 95.21 | 1691.60 | -95.76 | 20.40 | 70.97 |
| 2018 | 4623.52 | 111.57 | 20.13 | 201.44 | 7911.24 | 367.68 | 34.44 | 331.91 |
| 2019 | 478.24 | -89.66 | 2.20 | 20.84 | 4373.64 | -44.72 | 20.12 | 183.49 |
| 2020 | 928.79 | 94.21 | 15.62 | 40.47 | 60.10 | -98.63 | 1.01 | 2.52 |
| 2021 | 288.54 | -68.93 | 2.95 | 12.57 | 58.20 | -3.16 | 0.59 | 2.44 |
| 合计 | 23248.35 | — | 14.43 | — | 66943.72 | — | 41.57 | — |
| 2011—2015年均值 | 2295.26 | — | — | 100.00 | 2383.54 | — | — | 100.00 |

| 年份 | 非制造业 | | | | 总计 | | | |
|---|---|---|---|---|---|---|---|---|
| | 小计 | | | | | | | |
| | 金额 | 同比增长（%） | 占比（%） | 指数 | 金额 | 同比增长（%） | 占比（%） | 指数 |
| 2005 | 588.10 | — | 31.71 | 9.04 | 1854.52 | — | 100.00 | 12.49 |
| 2006 | 2532.50 | 330.62 | 67.90 | 38.92 | 3729.90 | 101.12 | 100.00 | 25.12 |
| 2007 | 1319.28 | -47.91 | 26.12 | 20.27 | 5051.02 | 35.42 | 100.00 | 34.02 |
| 2008 | 4086.45 | 209.75 | 55.13 | 62.80 | 7411.95 | 46.74 | 100.00 | 49.93 |
| 2009 | 1171.48 | -71.33 | 48.38 | 18.00 | 2421.41 | -67.33 | 100.00 | 16.31 |
| 2010 | 2365.87 | 101.96 | 35.10 | 36.36 | 6740.72 | 178.38 | 100.00 | 45.40 |
| 2011 | 3122.19 | 31.97 | 23.76 | 47.98 | 13139.24 | 94.92 | 100.00 | 88.50 |
| 2012 | 2911.41 | -6.75 | 42.80 | 44.74 | 6801.60 | -48.23 | 100.00 | 45.81 |
| 2013 | 3304.09 | 13.49 | 75.56 | 50.77 | 4373.04 | -35.71 | 100.00 | 29.46 |

续表

| 年份 | 非制造业 | | | | 总计 | | | |
|---|---|---|---|---|---|---|---|---|
| | 小计 | | | | | | | |
| | 金额 | 同比增长（%） | 占比（%） | 指数 | 金额 | 同比增长（%） | 占比（%） | 指数 |
| 2014 | 11111.65 | 236.30 | 48.09 | 170.75 | 23107.00 | 428.40 | 100.00 | 155.65 |
| 2015 | 12087.53 | 8.78 | 45.09 | 185.75 | 26808.64 | 16.02 | 100.00 | 180.58 |
| 2016 | 47715.05 | 294.75 | 80.38 | 733.25 | 59363.79 | 121.44 | 100.00 | 399.87 |
| 2017 | 8292.84 | −82.62 | 33.74 | 127.44 | 24581.96 | −58.59 | 100.00 | 165.58 |
| 2018 | 22970.12 | 176.99 | 57.78 | 352.99 | 39754.94 | 61.72 | 100.00 | 267.78 |
| 2019 | 21742.41 | −5.34 | 51.55 | 334.12 | 42175.66 | 6.09 | 100.00 | 284.09 |
| 2020 | 5945.85 | −72.65 | 19.14 | 91.37 | 31068.03 | −26.34 | 100.00 | 209.27 |
| 2021 | 9789.47 | 64.64 | 39.24 | 150.44 | 24950.81 | −19.69 | 100.00 | 168.07 |
| 合计 | 161056.29 | — | 49.81 | — | 323334.23 | — | — | — |
| 2011—2015年均值 | 6507.37 | — | — | 100.00 | 14845.90 | — | — | 100.00 |

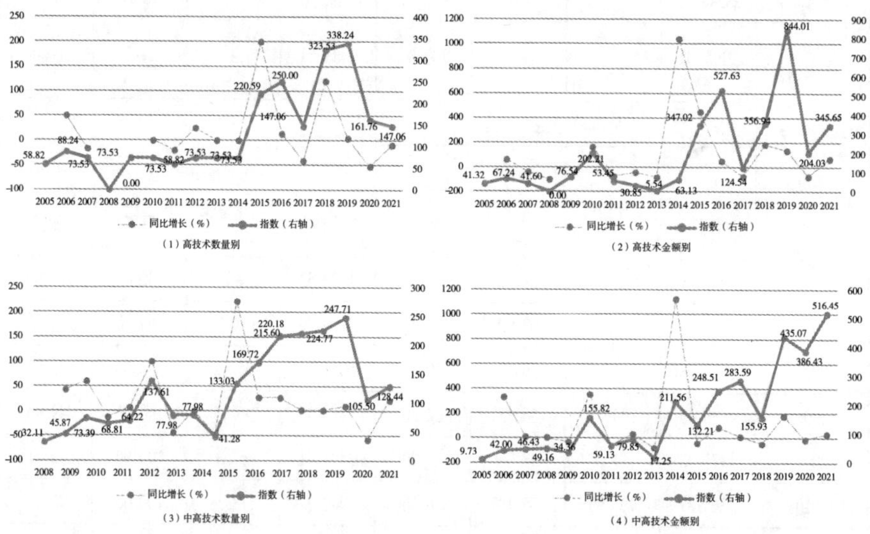

（1）高技术数量别
（2）高技术金额别
（3）中高技术数量别
（4）中高技术金额别

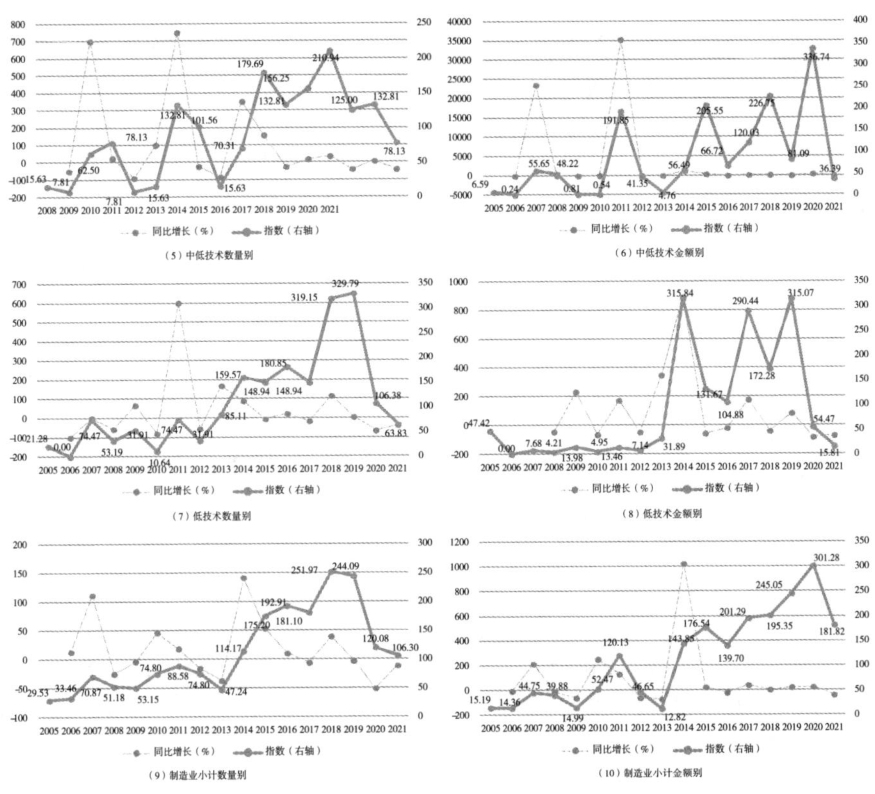


**图 4-4-1　2005—2021 年民营企业绿地投资制造业项目数量指数和金额指数变化图**

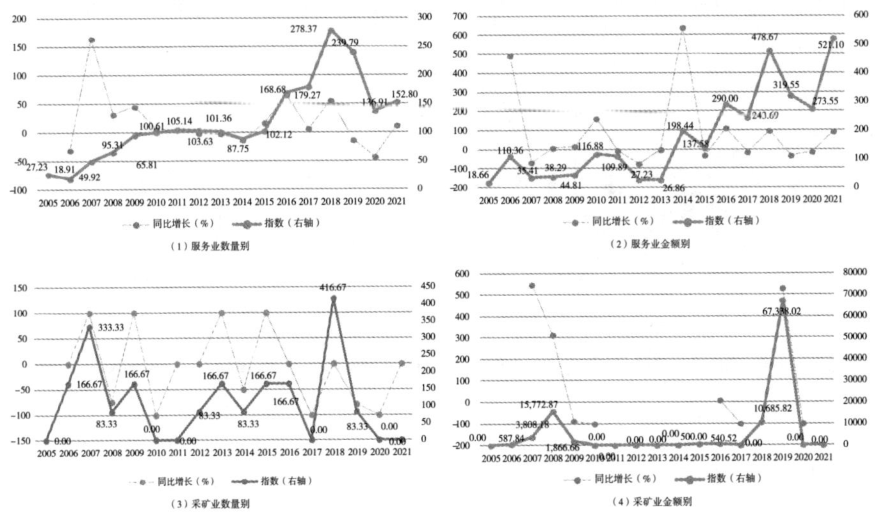

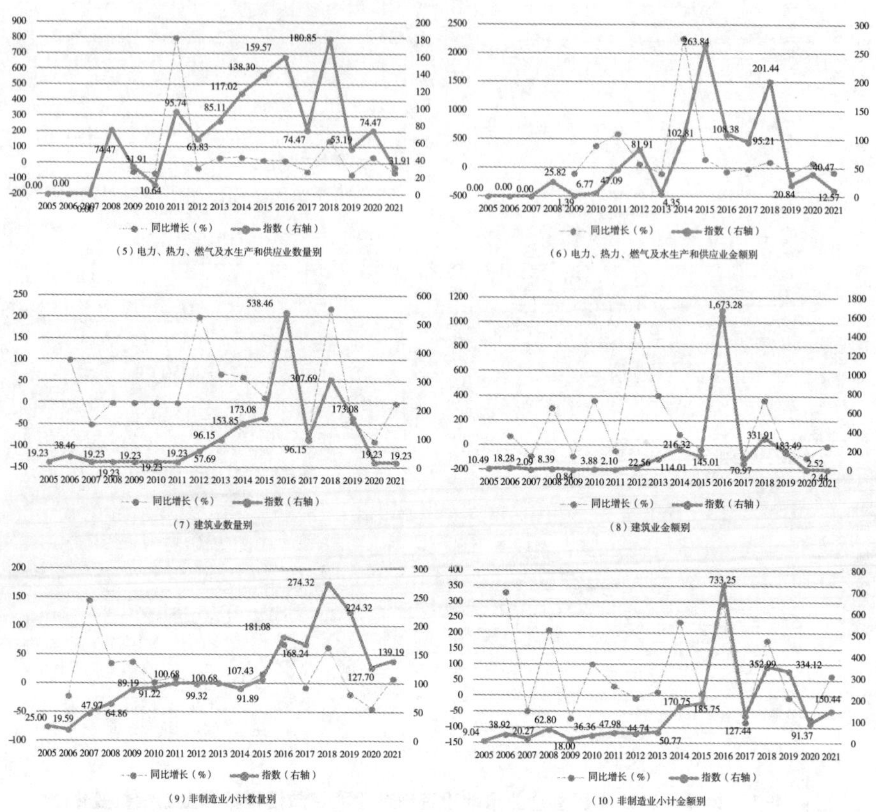


**图 4-4-2　2005—2021 年民营企业绿地投资非制造业项目数量指数和金额指数变化图**

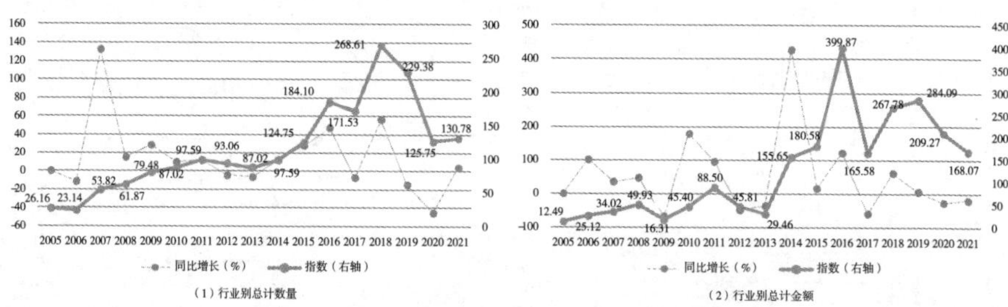


**图 4-4-3　2005—2021 年民营企业绿地投资标的行业项目数量指数和金额指数变化图**

## 第五节　民营企业对外绿地投资就业贡献指数

本节对中国民营企业通过对外绿地投资所带来就业量的具体情况进行统计分析。在民营企业对外绿地投资创造就业数量、扩大就业数量、及新增就业数量的基础上，进一步按照行业类别分析民营企业的投资流向。

### 一、民营企业对外绿地投资创造就业态势

根据2005—2021年中国民营企业绿地OFDI创造就业数量表，整体来看，中国民营企业绿地对外直接投资创造总就业量在2005年至2021年呈现增长趋势。绿地对外直接投资项目创造总就业量从2005年的11639人增长到2021年的48891人，并在2019年出现峰值131160人。就2021年而言，绿地对外直接投资项目创造总就业量为48891人，同比增长7.39%。从行业类别视角分析，在2005年至2021年间，中国民营企业对外绿地直接投资活动主要集中在制造业，累计对外直接投资项目创造就业人数为547261人，占比65.49%；其次是非制造业，累计对外直接投资项目创造就业人数为288424人，占比34.51%。具体而言，根据2005—2021年中国民营企业绿地OFDI创造就业数量行业别图表显示，在2005年至2021年，流向制造业中的中高技术的绿地OFDI项目创造就业人数增长最为显著，从2005年的3096人增加到2021年的14901人，且在绿地OFDI项目中创造的就业人数占比也最大，2005年至2021年的平均占比为43.57%。此外，流向制造业的中低技术的OFDI创造就业人数在2020—2021年出现缩减，从2020年的9102人缩减到2021年的5042人。

**表 4-5-1　中国民营企业绿地 OFDI 创造就业数量表**

（单位：人）

| 年份 | 制造业 | | | | | | | | | | | |
|---|---|---|---|---|---|---|---|---|---|---|---|---|
| | 高技术 | | | | 中高技术 | | | | 中低技术 | | | |
| | 就业人数 | 同比增长（%） | 占比（%） | 指数 | 就业人数 | 同比增长（%） | 占比（%） | 指数 | 就业人数 | 同比增长（%） | 占比（%） | 指数 |
| 2005 | 2179 | — | 29.43 | 74.71 | 3096 | — | 41.82 | 32.55 | 197 | — | 2.66 | 3.15 |
| 2006 | 1064 | -51.17 | 13.56 | 36.48 | 6719 | 117.02 | 85.61 | 70.64 | 65 | -67.01 | 0.83 | 1.04 |
| 2007 | 1170 | 9.96 | 5.54 | 40.11 | 7648 | 13.83 | 36.23 | 80.41 | 7770 | 11853.85 | 36.81 | 124.17 |
| 2008 | 0 | -100.00 | 0.00 | 0.00 | 6066 | -20.69 | 48.66 | 63.78 | 6145 | -20.91 | 49.29 | 98.20 |
| 2009 | 2359 | — | 21.39 | 80.88 | 8018 | 32.18 | 72.70 | 84.30 | 160 | -97.40 | 1.45 | 2.56 |
| 2010 | 4380 | 85.67 | 15.62 | 150.16 | 22559 | 181.35 | 80.47 | 237.19 | 147 | -8.13 | 0.52 | 2.35 |
| 2011 | 1274 | -70.91 | 5.98 | 43.68 | 10574 | -53.13 | 49.61 | 111.18 | 8631 | 5771.43 | 40.49 | 137.93 |
| 2012 | 1320 | 3.61 | 12.84 | 45.26 | 6307 | -40.35 | 61.34 | 66.31 | 2268 | -73.72 | 22.06 | 36.24 |
| 2013 | 120 | -90.91 | 6.91 | 4.11 | 195 | -96.91 | 11.23 | 2.05 | 800 | -64.73 | 46.08 | 12.78 |
| 2014 | 1773 | 1377.50 | 5.22 | 60.79 | 13978 | 7068.21 | 41.17 | 146.97 | 3656 | 357.00 | 10.77 | 58.42 |
| 2015 | 10097 | 469.49 | 19.02 | 346.17 | 16501 | 18.05 | 31.08 | 173.49 | 15933 | 335.80 | 30.01 | 254.62 |
| 2016 | 11559 | 14.48 | 20.96 | 396.29 | 26782 | 62.31 | 48.57 | 281.59 | 7005 | -56.03 | 12.70 | 111.94 |
| 2017 | 3689 | -68.09 | 7.12 | 126.47 | 23537 | -12.12 | 45.41 | 247.47 | 10843 | 54.79 | 20.92 | 173.28 |
| 2018 | 10928 | 196.23 | 15.62 | 374.66 | 20316 | -13.68 | 29.04 | 213.61 | 23583 | 117.50 | 33.71 | 376.87 |
| 2019 | 21869 | 100.12 | 22.43 | 749.76 | 35215 | 73.34 | 36.12 | 370.26 | 7460 | -68.37 | 7.65 | 119.22 |
| 2020 | 2887 | -86.80 | 9.15 | 98.98 | 16032 | -54.47 | 50.82 | 168.56 | 9102 | 22.01 | 28.85 | 145.46 |
| 2021 | 7352 | 154.66 | 22.27 | 252.06 | 14901 | -7.05 | 45.13 | 156.67 | 5042 | -44.61 | 15.27 | 80.57 |
| 合计 | 84020 | — | 15.35 | — | 238444 | — | 43.57 | — | 108807 | — | 19.88 | — |
| 2011—2015 年均值 | 2916.80 | — | — | 100.00 | 9511 | — | — | 100.00 | 6257.60 | — | — | 100.00 |

| 年份 | 制造业 | | | | | | | |
|---|---|---|---|---|---|---|---|---|
| | 低技术 | | | | 小计 | | | |
| | 就业人数 | 同比增长（%） | 占比（%） | 指数 | 就业人数 | 同比增长（%） | 占比（%） | 指数 |
| 2005 | 1931 | — | 26.08 | 35.82 | 7403 | — | 63.61 | 30.75 |
| 2006 | 0 | -100.00 | 0.00 | 0.00 | 7848 | 6.01 | 52.82 | 32.60 |

续表

| 年份 | 制造业 | | | | | | | |
|---|---|---|---|---|---|---|---|---|
| | 低技术 | | | | 小计 | | | |
| | 就业人数 | 同比增长（%） | 占比（%） | 指数 | 就业人数 | 同比增长（%） | 占比（%） | 指数 |
| 2007 | 4523 | — | 21.42 | 83.90 | 21111 | 169.00 | 83.98 | 87.68 |
| 2008 | 256 | -94.34 | 2.05 | 4.75 | 12467 | -40.95 | 59.04 | 51.78 |
| 2009 | 492 | 92.19 | 4.46 | 9.13 | 11029 | -11.53 | 73.11 | 45.81 |
| 2010 | 948 | 92.68 | 3.38 | 17.59 | 28034 | 154.18 | 69.02 | 116.44 |
| 2011 | 837 | -11.71 | 3.93 | 15.53 | 21316 | -23.96 | 71.60 | 88.54 |
| 2012 | 387 | -53.76 | 3.76 | 7.18 | 10282 | -51.76 | 71.66 | 42.71 |
| 2013 | 621 | 60.47 | 35.77 | 11.52 | 1736 | -83.12 | 40.28 | 7.21 |
| 2014 | 14549 | 2242.83 | 42.85 | 269.89 | 33956 | 1855.99 | 63.18 | 141.04 |
| 2015 | 10560 | -27.42 | 19.89 | 195.89 | 53091 | 56.35 | 71.22 | 220.51 |
| 2016 | 9792 | -7.27 | 17.76 | 181.64 | 55138 | 3.86 | 49.30 | 229.01 |
| 2017 | 13758 | 40.50 | 26.55 | 255.21 | 51827 | -6.00 | 71.97 | 215.26 |
| 2018 | 15129 | 9.97 | 21.63 | 280.64 | 69956 | 34.98 | 57.77 | 290.56 |
| 2019 | 32956 | 117.83 | 33.80 | 611.34 | 97500 | 39.37 | 74.34 | 404.96 |
| 2020 | 3526 | -89.30 | 11.18 | 65.41 | 31547 | -67.64 | 69.30 | 131.03 |
| 2021 | 5725 | 62.37 | 17.34 | 106.20 | 33020 | 4.67 | 67.54 | 137.15 |
| 合计 | 115990 | — | 21.19 | — | 547261 | — | 65.49 | — |
| 2011—2015年均值 | 5390.80 | — | — | 100.00 | 24076.20 | — | — | 100.00 |

| 年份 | 非制造业 | | | | | | | | | | | |
|---|---|---|---|---|---|---|---|---|---|---|---|---|
| | 服务业 | | | | 采矿业 | | | | 电力、热力、燃气及水生产和供应业 | | | |
| | 就业人数 | 同比增长（%） | 占比（%） | 指数 | 就业人数 | 同比增长（%） | 占比（%） | 指数 | 就业人数 | 同比增长（%） | 占比（%） | 指数 |
| 2005 | 1807 | — | 42.66 | 33.50 | 0 | — | 0.00 | 0.00 | 0 | — | 0.00 | 0.00 |
| 2006 | 3334 | 84.50 | 47.56 | 61.80 | 398 | — | 5.68 | 3158.73 | 0 | — | 0.00 | 0.00 |
| 2007 | 2342 | -29.75 | 58.16 | 43.42 | 1329 | 233.92 | 33.00 | 10547.62 | 0 | — | 0.00 | 0.00 |

续表

| 年份 | 非制造业 | | | | | | | | | | | |
|---|---|---|---|---|---|---|---|---|---|---|---|---|
| | 服务业 | | | | 采矿业 | | | | 电力、热力、燃气及水生产和供应业 | | | |
| | 就业人数 | 同比增长（%） | 占比（%） | 指数 | 就业人数 | 同比增长（%） | 占比（%） | 指数 | 就业人数 | 同比增长（%） | 占比（%） | 指数 |
| 2008 | 4291 | 83.22 | 49.62 | 79.55 | 3000 | 125.73 | 34.69 | 23809.52 | 216 | — | 2.50 | 65.06 |
| 2009 | 3266 | -23.89 | 80.52 | 60.54 | 572 | -80.93 | 14.10 | 4539.68 | 24 | -88.89 | 0.59 | 7.23 |
| 2010 | 12441 | 280.92 | 98.88 | 230.63 | 0 | -100.00 | 0.00 | 0.00 | 13 | -45.83 | 0.10 | 3.92 |
| 2011 | 7877 | -36.69 | 93.16 | 146.02 | 0 | — | 0.00 | 0.00 | 338 | 2500.00 | 4.00 | 101.81 |
| 2012 | 1354 | -82.81 | 33.30 | 25.10 | 0 | — | 0.00 | 0.00 | 0 | -100.00 | 0.00 | 0.00 |
| 2013 | 2527 | 86.63 | 98.17 | 46.84 | 0 | — | 0.00 | 0.00 | 17 | — | 0.66 | 5.12 |
| 2014 | 6663 | 163.67 | 33.67 | 123.52 | 0 | — | 0.00 | 0.00 | 273 | 1505.88 | 1.38 | 82.23 |
| 2015 | 8551 | 28.34 | 39.86 | 158.52 | 63 | — | 0.29 | 500.00 | 1032 | 278.02 | 4.81 | 310.84 |
| 2016 | 21712 | 153.91 | 38.29 | 402.49 | 114 | 80.95 | 0.20 | 904.76 | 976 | -5.43 | 1.72 | 293.98 |
| 2017 | 14664 | -32.46 | 72.64 | 271.84 | 0 | -100.00 | 0.00 | 0.00 | 739 | -24.28 | 3.66 | 222.59 |
| 2018 | 32206 | 119.63 | 62.98 | 597.03 | 2213 | — | 4.33 | 17563.49 | 906 | 22.60 | 1.77 | 272.89 |
| 2019 | 21616 | -32.88 | 64.22 | 400.71 | 3000 | 35.56 | 8.91 | 23809.52 | 446 | -50.77 | 1.33 | 134.34 |
| 2020 | 13658 | -36.82 | 97.71 | 253.19 | 0 | -100.00 | 0.00 | 0.00 | 193 | -56.73 | 1.38 | 58.13 |
| 2021 | 15684 | 14.83 | 98.82 | 290.75 | 0 | — | 0.00 | 0.00 | 60 | -68.91 | 0.38 | 18.07 |
| 合计 | 173993 | — | 60.33 | — | 10689 | — | 3.71 | — | 5233 | — | 1.81 | — |
| 2011—2015年均值 | 5394.40 | — | — | 100.00 | 12.60 | — | — | 100.00 | 332 | — | — | 100.00 |

| 年份 | 非制造业 | | | | | | | | 总计 | | | |
|---|---|---|---|---|---|---|---|---|---|---|---|---|
| | 建筑业 | | | | 小计 | | | | | | | |
| | 就业人数 | 同比增长（%） | 占比（%） | 指数 | 就业人数 | 同比增长（%） | 占比（%） | 指数 | 就业人数 | 同比增长（%） | 占比（%） | 指数 |
| 2005 | 2429 | — | 57.34 | 43.94 | 4236 | — | 36.39 | 37.60 | 11639 | — | 100.00 | 32.93 |
| 2006 | 3278 | 34.95 | 46.76 | 59.30 | 7010 | 65.49 | 47.18 | 62.22 | 14858 | 27.66 | 100.00 | 42.04 |
| 2007 | 356 | -89.14 | 8.84 | 6.44 | 4027 | -42.55 | 16.02 | 35.74 | 25138 | 69.19 | 100.00 | 71.13 |

续表

| 年份 | 非制造业 | | | | | | | | 总计 | | | |
|---|---|---|---|---|---|---|---|---|---|---|---|---|
| | 建筑业 | | | | 小计 | | | | | | | |
| | 就业人数 | 同比增长（%） | 占比（%） | 指数 | 就业人数 | 同比增长（%） | 占比（%） | 指数 | 就业人数 | 同比增长（%） | 占比（%） | 指数 |
| 2008 | 1141 | 220.51 | 13.19 | 20.64 | 8648 | 114.75 | 40.96 | 76.76 | 21115 | -16.00 | 100.00 | 59.74 |
| 2009 | 194 | -83.00 | 4.78 | 3.51 | 4056 | -53.10 | 26.89 | 36.00 | 15085 | -28.56 | 100.00 | 42.68 |
| 2010 | 128 | -34.02 | 1.02 | 2.32 | 12582 | 210.21 | 30.98 | 111.68 | 40616 | 169.25 | 100.00 | 114.92 |
| 2011 | 240 | 87.50 | 2.84 | 4.34 | 8455 | -32.80 | 28.40 | 75.04 | 29771 | -26.70 | 100.00 | 84.23 |
| 2012 | 2712 | 1030.00 | 66.70 | 49.06 | 4066 | -51.91 | 28.34 | 36.09 | 14348 | -51.81 | 100.00 | 40.60 |
| 2013 | 30 | -98.89 | 1.17 | 0.54 | 2574 | -36.69 | 59.72 | 22.85 | 4310 | -69.96 | 100.00 | 12.19 |
| 2014 | 12851 | 42736.67 | 64.95 | 232.49 | 19787 | 668.73 | 36.82 | 175.63 | 53743 | 1146.94 | 100.00 | 152.06 |
| 2015 | 11805 | -8.14 | 55.03 | 213.56 | 21451 | 8.41 | 28.78 | 190.39 | 74542 | 38.70 | 100.00 | 210.91 |
| 2016 | 33900 | 187.17 | 59.79 | 613.29 | 56702 | 164.33 | 50.70 | 503.28 | 111840 | 50.04 | 100.00 | 316.44 |
| 2017 | 4784 | -85.89 | 23.70 | 86.55 | 20187 | -64.40 | 28.03 | 179.18 | 72014 | -35.61 | 100.00 | 203.76 |
| 2018 | 15809 | 230.46 | 30.92 | 286.00 | 51134 | 153.30 | 42.23 | 453.85 | 121090 | 68.15 | 100.00 | 342.62 |
| 2019 | 8598 | -45.61 | 25.54 | 155.55 | 33660 | -34.17 | 25.66 | 298.76 | 131160 | 8.32 | 100.00 | 371.11 |
| 2020 | 127 | -98.52 | 0.91 | 2.30 | 13978 | -58.47 | 30.70 | 124.07 | 45525 | -65.29 | 100.00 | 128.81 |
| 2021 | 127 | 0.00 | 0.80 | 2.30 | 15871 | 13.54 | 32.46 | 140.87 | 48891 | 7.39 | 100.00 | 138.33 |
| 合计 | 98509 | — | 34.15 | — | 288424 | — | 34.51 | — | 835685 | — | — | — |
| 2011—2015年均值 | 5527.60 | — | — | 100.00 | 11266.60 | — | — | 100.00 | 35342.80 | — | — | 100.00 |

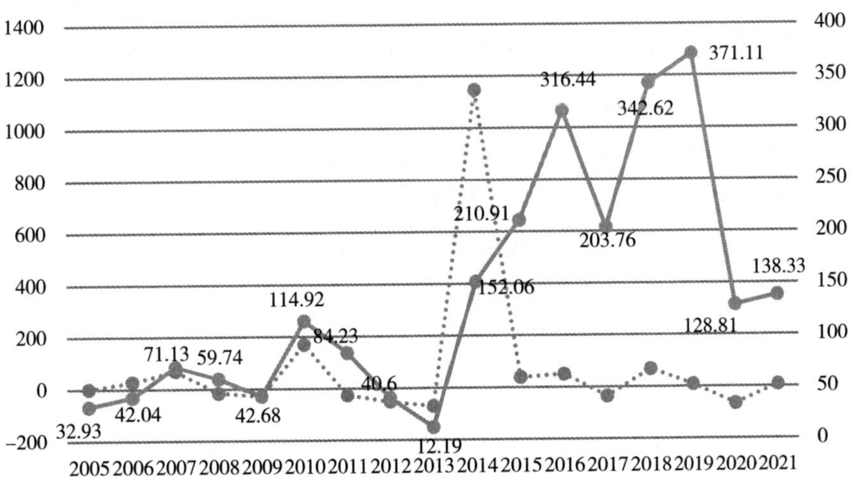


**图 4-5-1　2005—2021 民营企业绿地投资创造就业指数变化图**

## 二、民营企业对外绿地投资新增及扩大就业态势

根据2005—2021年中国民营企业绿地OFDI新增就业数量表，整体而言，绿地对外直接投资项目创造新增就业量从2005年的11465人增长到2021年的36158人，并在2019年达到峰值114307人。就2021年而言，绿地对外直接投资项目创造新增就业量同比下降2.36%。从行业类别视角分析，在2005年至2021年间，中国民营企业绿地OFDI新增就业主要集中在制造业，累计对外直接投资项目新增就业人数为484580人，占比65.08%，其次是非制造业，累计对外直接投资项目新增就业人数为259984人，占比34.92%。具体而言，流向制造业的民营企业对外直接投资新增就业人数主要集中在中高技术，2005年至2021年的平均占比为40.97%，流向非制造业的民营企业对外直接投资新增就业人数主要集中在服务业，2005年至2021年的平均占比为55.99%。

根据2005—2021年中国民营企业绿地OFDI扩大就业数量表，整体而言，绿地对外直接投资项目创造扩大就业量从2005年的174人增长到2021年的12733人，并在2019年达到最大规模16853人。就2021年而言，绿地对外直接投资项目创造扩大就业量同比增长49.92%。从行业类别视角分析，在2005年至2021年间，中国民营企业绿地OFDI扩大就业主要集中在制造业，累计对外直接投资项目扩大就业人数为62681人，占比68.79%，其次是非制造业，累计对外直接投资项目扩大就业人数为28440人，占比31.21%。具体而言，流向制造业的民营企业对外直接投资扩大就业人数主要集中在中高技术，2005年至2021年的平均占比为63.71%，且流向制造业的中高技术的OFDI扩大创造就业人数在2021年出现显著的增长，从2020年的2232人增长到2021年的5648人。

**表 4-5-2　中国民营企业绿地 OFDI 新增就业数量表**

（单位：人）

| 年份 | 制造业 | | | | | | | | | | | |
|---|---|---|---|---|---|---|---|---|---|---|---|---|
| | 高技术 | | | | 中高技术 | | | | 中低技术 | | | |
| | 就业人数 | 同比增长（%） | 占比（%） | 指数 | 就业人数 | 同比增长（%） | 占比（%） | 指数 | 就业人数 | 同比增长（%） | 占比（%） | 指数 |
| 2005 | 2005 | — | 27.74 | 73.91 | 3096 | — | 42.83 | 37.33 | 197 | — | 2.73 | 3.31 |
| 2006 | 794 | -60.40 | 10.48 | 29.27 | 6719 | 117.02 | 88.66 | 81.02 | 65 | -67.01 | 0.86 | 1.09 |
| 2007 | 1170 | 47.36 | 5.61 | 43.13 | 7400 | 10.14 | 35.47 | 89.23 | 7770 | 11853.85 | 37.24 | 130.39 |
| 2008 | 0 | -100.00 | 0.00 | 0.00 | 5584 | -24.54 | 46.59 | 67.33 | 6145 | -20.91 | 51.27 | 103.12 |
| 2009 | 2359 | — | 21.39 | 86.96 | 8018 | 43.59 | 72.70 | 96.68 | 160 | -97.40 | 1.45 | 2.69 |
| 2010 | 4180 | 77.19 | 18.62 | 154.10 | 17178 | 114.24 | 76.51 | 207.13 | 147 | -8.13 | 0.65 | 2.47 |
| 2011 | 1274 | -69.52 | 6.71 | 46.97 | 8425 | -50.95 | 44.41 | 101.59 | 8437 | 5639.46 | 44.47 | 141.58 |
| 2012 | 1320 | 3.61 | 14.55 | 48.66 | 6172 | -26.74 | 68.03 | 74.42 | 1193 | -85.86 | 13.15 | 20.02 |
| 2013 | 20 | -98.48 | 1.22 | 0.74 | 195 | -96.84 | 11.92 | 2.35 | 800 | -32.94 | 48.90 | 13.43 |
| 2014 | 852 | 4160.00 | 2.91 | 31.41 | 11747 | 5924.10 | 40.17 | 141.65 | 3474 | 334.25 | 11.88 | 58.30 |
| 2015 | 10097 | 1085.09 | 19.62 | 372.23 | 14927 | 27.07 | 29.00 | 179.99 | 15891 | 357.43 | 30.87 | 266.67 |
| 2016 | 8547 | -15.35 | 17.53 | 315.09 | 23782 | 59.32 | 48.78 | 286.77 | 6674 | -58.00 | 13.69 | 112.00 |
| 2017 | 3547 | -58.50 | 7.69 | 130.76 | 18315 | -22.99 | 39.69 | 220.84 | 10525 | 57.70 | 22.81 | 176.62 |
| 2018 | 9327 | 162.95 | 14.58 | 343.84 | 17329 | -5.38 | 27.09 | 208.95 | 22570 | 114.44 | 35.28 | 378.75 |
| 2019 | 18068 | 93.72 | 21.41 | 666.08 | 26570 | 53.33 | 31.49 | 320.38 | 7450 | -66.99 | 8.83 | 125.02 |
| 2020 | 2507 | -86.12 | 9.84 | 92.42 | 13800 | -48.06 | 54.18 | 166.40 | 5671 | -23.88 | 22.27 | 95.17 |
| 2021 | 6497 | 159.15 | 26.71 | 239.51 | 9253 | -32.95 | 38.04 | 111.57 | 3417 | -39.75 | 14.05 | 57.34 |
| 合计 | 72564 | — | 14.97 | — | 198510 | — | 40.97 | — | 100586 | — | 20.76 | — |
| 2011—2015 年均值 | 2712.60 | — | — | 100.00 | 8293.20 | — | — | 100.00 | 5959 | — | — | 100.00 |

| 年份 | 制造业 | | | | | | | |
|---|---|---|---|---|---|---|---|---|
| | 低技术 | | | | 小计 | | | |
| | 就业人数 | 同比增长（%） | 占比（%） | 指数 | 就业人数 | 同比增长（%） | 占比（%） | 指数 |
| 2005 | 1931 | — | 26.71 | 37.75 | 7229 | — | 63.05 | 32.74 |
| 2006 | 0 | -100.00 | 0.00 | 0.00 | 7578 | 4.83 | 59.38 | 34.32 |

续表

| 年份 | 制造业 | | | | | | | |
|---|---|---|---|---|---|---|---|---|
| | 低技术 | | | | 小计 | | | |
| | 就业人数 | 同比增长（%） | 占比（%） | 指数 | 就业人数 | 同比增长（%） | 占比（%） | 指数 |
| 2007 | 4523 | — | 21.68 | 88.42 | 20863 | 175.31 | 84.57 | 94.49 |
| 2008 | 256 | -94.34 | 2.14 | 5.00 | 11985 | -42.55 | 58.27 | 54.28 |
| 2009 | 492 | 92.19 | 4.46 | 9.62 | 11029 | -7.98 | 75.42 | 49.95 |
| 2010 | 948 | 92.68 | 4.22 | 18.53 | 22453 | 103.58 | 76.81 | 101.69 |
| 2011 | 837 | -11.71 | 4.41 | 16.36 | 18973 | -15.50 | 70.59 | 85.93 |
| 2012 | 387 | -53.76 | 4.27 | 7.57 | 9072 | -52.18 | 69.05 | 41.09 |
| 2013 | 621 | 60.47 | 37.96 | 12.14 | 1636 | -81.97 | 41.46 | 7.41 |
| 2014 | 13172 | 2021.10 | 45.04 | 257.50 | 29245 | 1687.59 | 60.85 | 132.45 |
| 2015 | 10560 | -19.83 | 20.51 | 206.44 | 51475 | 76.01 | 71.24 | 233.13 |
| 2016 | 9749 | -7.68 | 20.00 | 190.58 | 48752 | -5.29 | 47.63 | 220.80 |
| 2017 | 13758 | 41.12 | 29.81 | 268.95 | 46145 | -5.35 | 71.16 | 208.99 |
| 2018 | 14743 | 7.16 | 23.05 | 288.21 | 63969 | 38.63 | 56.97 | 289.71 |
| 2019 | 32297 | 119.07 | 38.27 | 631.37 | 84385 | 31.92 | 73.82 | 382.17 |
| 2020 | 3491 | -89.19 | 13.71 | 68.24 | 25469 | -69.82 | 68.78 | 115.35 |
| 2021 | 5155 | 47.67 | 21.19 | 100.77 | 24322 | -4.50 | 67.27 | 110.15 |
| 合计 | 112920 | — | 23.30 | — | 484580 | — | 65.08 | — |
| 2011—2015年均值 | 5115.40 | — | — | 100.00 | 22080.20 | — | — | 100.00 |

| 年份 | 非制造业 | | | | | | | | | | | |
|---|---|---|---|---|---|---|---|---|---|---|---|---|
| | 服务业 | | | | 采矿业 | | | | 电力、热力、燃气及水生产和供应业 | | | |
| | 就业人数 | 同比增长（%） | 占比（%） | 指数 | 就业人数 | 同比增长（%） | 占比（%） | 指数 | 就业人数 | 同比增长（%） | 占比（%） | 指数 |
| 2005 | 1807 | — | 42.66 | 36.86 | 0 | — | 0.00 | 0.00 | 0 | — | 0.00 | 0.00 |
| 2006 | 1507 | -16.60 | 29.08 | 30.74 | 398 | — | 7.68 | 3158.73 | 0 | — | 0.00 | 0.00 |
| 2007 | 2122 | 40.81 | 55.74 | 43.29 | 1329 | 233.92 | 34.91 | 10547.62 | 0 | — | 0.00 | 0.00 |

续表

| 年份 | 非制造业 | | | | | | | | | | | |
|---|---|---|---|---|---|---|---|---|---|---|---|---|
| | 服务业 | | | | 采矿业 | | | | 电力、热力、燃气及水生产和供应业 | | | |
| | 就业人数 | 同比增长（%） | 占比（%） | 指数 | 就业人数 | 同比增长（%） | 占比（%） | 指数 | 就业人数 | 同比增长（%） | 占比（%） | 指数 |
| 2008 | 4235 | 99.58 | 49.35 | 86.39 | 3000 | 125.73 | 34.96 | 23809.52 | 206 | — | 2.40 | 62.05 |
| 2009 | 2805 | -33.77 | 78.03 | 57.22 | 572 | -80.93 | 15.91 | 4539.68 | 24 | -88.35 | 0.67 | 7.23 |
| 2010 | 6638 | 136.65 | 97.92 | 135.41 | 0 | -100.00 | 0.00 | 0.00 | 13 | -45.83 | 0.19 | 3.92 |
| 2011 | 7325 | 10.35 | 92.69 | 149.42 | 0 | — | 0.00 | 0.00 | 338 | 2500.00 | 4.28 | 101.81 |
| 2012 | 1354 | -81.52 | 33.30 | 27.62 | 0 | — | 0.00 | 0.00 | 0 | -100.00 | 0.00 | 0.00 |
| 2013 | 2263 | 67.13 | 97.97 | 46.16 | 0 | — | 0.00 | 0.00 | 17 | — | 0.74 | 5.12 |
| 2014 | 5693 | 151.57 | 30.25 | 116.13 | 0 | — | 0.00 | 0.00 | 273 | 1505.88 | 1.45 | 82.23 |
| 2015 | 7876 | 38.35 | 37.91 | 160.66 | 63 | — | 0.30 | 500.00 | 1032 | 278.02 | 4.97 | 310.84 |
| 2016 | 18608 | 136.26 | 34.72 | 379.58 | 114 | 80.95 | 0.21 | 904.76 | 976 | -5.43 | 1.82 | 293.98 |
| 2017 | 13182 | -29.16 | 70.49 | 268.90 | 0 | -100.00 | 0.00 | 0.00 | 734 | -24.80 | 3.93 | 221.08 |
| 2018 | 29383 | 122.90 | 60.82 | 599.38 | 2213 | — | 4.58 | 17563.49 | 906 | 23.43 | 1.88 | 272.89 |
| 2019 | 17878 | -39.16 | 59.75 | 364.69 | 3000 | 35.56 | 10.03 | 23809.52 | 446 | -50.77 | 1.49 | 134.34 |
| 2020 | 11243 | -37.11 | 97.23 | 229.35 | 0 | -100.00 | 0.00 | 0.00 | 193 | -56.73 | 1.67 | 58.13 |
| 2021 | 11649 | 3.61 | 98.42 | 237.63 | 0 | — | 0.00 | 0.00 | 60 | -68.91 | 0.51 | 18.07 |
| 合计 | 145568 | — | 55.99 | — | 10689 | — | 4.11 | — | 5218 | — | 2.01 | — |
| 2011—2015年均值 | 4902.20 | — | — | 100.00 | 12.60 | — | — | 100.00 | 332 | — | — | 100.00 |

| 年份 | 非制造业 | | | | | | | | 总计 | | | |
|---|---|---|---|---|---|---|---|---|---|---|---|---|
| | 建筑业 | | | | 小计 | | | | | | | |
| | 就业人数 | 同比增长（%） | 占比（%） | 指数 | 就业人数 | 同比增长（%） | 占比（%） | 指数 | 就业人数 | 同比增长（%） | 占比（%） | 指数 |
| 2005 | 2429 | — | 57.34 | 43.94 | 4236 | — | 36.95 | 39.32 | 11465 | — | 100.00 | 34.90 |
| 2006 | 3278 | 34.95 | 63.25 | 59.30 | 5183 | 22.36 | 40.62 | 48.10 | 12761 | 11.30 | 100.00 | 38.84 |
| 2007 | 356 | -89.14 | 9.35 | 6.44 | 3807 | -26.55 | 15.43 | 35.33 | 24670 | 93.32 | 100.00 | 75.09 |

续表

| 年份 | 非制造业 | | | | | | | | 总计 | | | |
|---|---|---|---|---|---|---|---|---|---|---|---|---|
| | 建筑业 | | | | 小计 | | | | | | | |
| | 就业人数 | 同比增长（%） | 占比（%） | 指数 | 就业人数 | 同比增长（%） | 占比（%） | 指数 | 就业人数 | 同比增长（%） | 占比（%） | 指数 |
| 2008 | 1141 | 220.51 | 13.30 | 20.64 | 8582 | 125.43 | 41.73 | 79.65 | 20567 | -16.63 | 100.00 | 62.60 |
| 2009 | 194 | -83.00 | 5.40 | 3.51 | 3595 | -58.11 | 24.58 | 33.37 | 14624 | -28.90 | 100.00 | 44.51 |
| 2010 | 128 | -34.02 | 1.89 | 2.32 | 6779 | 88.57 | 23.19 | 62.92 | 29232 | 99.89 | 100.00 | 88.97 |
| 2011 | 240 | 87.50 | 3.04 | 4.34 | 7903 | 16.58 | 29.41 | 73.35 | 26876 | -8.06 | 100.00 | 81.80 |
| 2012 | 2712 | 1030.00 | 66.70 | 49.06 | 4066 | -48.55 | 30.95 | 37.74 | 13138 | -51.12 | 100.00 | 39.99 |
| 2013 | 30 | -98.89 | 1.30 | 0.54 | 2310 | -43.19 | 58.54 | 21.44 | 3946 | -69.96 | 100.00 | 12.01 |
| 2014 | 12851 | 42736.67 | 68.29 | 232.49 | 18817 | 714.59 | 39.15 | 174.65 | 48062 | 1117.99 | 100.00 | 146.29 |
| 2015 | 11805 | -8.14 | 56.82 | 213.56 | 20776 | 10.41 | 28.76 | 192.83 | 72251 | 50.33 | 100.00 | 219.91 |
| 2016 | 33900 | 187.17 | 63.25 | 613.29 | 53598 | 157.98 | 52.37 | 497.46 | 102350 | 41.66 | 100.00 | 311.52 |
| 2017 | 4784 | -85.89 | 25.58 | 86.55 | 18700 | -65.11 | 28.84 | 173.56 | 64845 | -36.64 | 100.00 | 197.37 |
| 2018 | 15809 | 230.46 | 32.72 | 286.00 | 48311 | 158.35 | 43.03 | 448.39 | 112280 | 73.15 | 100.00 | 341.75 |
| 2019 | 8598 | -45.61 | 28.73 | 155.55 | 29922 | -38.06 | 26.18 | 277.71 | 114307 | 1.81 | 100.00 | 347.92 |
| 2020 | 127 | -98.52 | 1.10 | 2.30 | 11563 | -61.36 | 31.22 | 107.32 | 37032 | -67.60 | 100.00 | 112.71 |
| 2021 | 127 | 0.00 | 1.07 | 2.30 | 11836 | 2.36 | 32.73 | 109.85 | 36158 | -2.36 | 100.00 | 110.05 |
| 合计 | 98509 | — | 37.89 | — | 259984 | — | 34.92 | — | 744564 | — | — | — |
| 2011—2015年均值 | 5527.60 | — | — | 100.00 | 10774.40 | — | — | 100.00 | 32854.60 | — | — | 100.00 |

**表 4-5-3　中国民营企业绿地 OFDI 扩大就业数量表**

（单位：人）

| 年份 | 制造业 | | | | | | | | | | | |
|---|---|---|---|---|---|---|---|---|---|---|---|---|
| | 高技术 | | | | 中高技术 | | | | 中低技术 | | | |
| | 就业人数 | 同比增长（%） | 占比（%） | 指数 | 就业人数 | 同比增长（%） | 占比（%） | 指数 | 就业人数 | 同比增长（%） | 占比（%） | 指数 |
| 2005 | 174 | — | 100.00 | 85.21 | 0 | — | 0.00 | 0.00 | 0 | — | 0.00 | 0.00 |
| 2006 | 270 | 55.17 | 100.00 | 132.22 | 0 | — | 0.00 | 0.00 | 0 | — | 0.00 | 0.00 |

续表

| 年份 | 制造业 | | | | | | | | | | | |
|---|---|---|---|---|---|---|---|---|---|---|---|---|
| | 高技术 | | | | 中高技术 | | | | 中低技术 | | | |
| | 就业人数 | 同比增长（%） | 占比（%） | 指数 | 就业人数 | 同比增长（%） | 占比（%） | 指数 | 就业人数 | 同比增长（%） | 占比（%） | 指数 |
| 2007 | 0 | -100.00 | 0.00 | 0.00 | 248 | — | 100.00 | 20.36 | 0 | — | 0.00 | 0.00 |
| 2008 | 0 | — | 0.00 | 0.00 | 482 | 94.35 | 100.00 | 39.58 | 0 | — | 0.00 | 0.00 |
| 2009 | 0 | — | — | 0.00 | 0 | -100.00 | — | 0.00 | 0 | — | — | 0.00 |
| 2010 | 200 | — | 3.58 | 97.94 | 5381 | — | 96.42 | 441.86 | 0 | — | 0.00 | 0.00 |
| 2011 | 0 | -100.00 | 0.00 | 0.00 | 2149 | -60.06 | 91.72 | 176.47 | 194 | — | 8.28 | 64.97 |
| 2012 | 0 | — | 0.00 | 0.00 | 135 | -93.72 | 11.16 | 11.09 | 1075 | 454.12 | 88.84 | 360.01 |
| 2013 | 100 | — | 100.00 | 48.97 | 0 | -100.00 | 0.00 | 0.00 | 0 | -100.00 | 0.00 | 0.00 |
| 2014 | 921 | 821.00 | 19.55 | 451.03 | 2231 | — | 47.36 | 183.20 | 182 | — | 3.86 | 60.95 |
| 2015 | 0 | -100.00 | 0.00 | 0.00 | 1574 | -29.45 | 97.40 | 129.25 | 42 | -76.92 | 2.60 | 14.07 |
| 2016 | 3012 | — | 47.17 | 1475.02 | 3000 | 90.60 | 46.98 | 246.35 | 331 | 688.10 | 5.18 | 110.85 |
| 2017 | 142 | -95.29 | 2.50 | 69.54 | 5222 | 74.07 | 91.90 | 428.81 | 318 | -3.93 | 5.60 | 106.50 |
| 2018 | 1601 | 1027.46 | 26.74 | 784.04 | 2987 | -42.80 | 49.89 | 245.28 | 1013 | 218.55 | 16.92 | 339.25 |
| 2019 | 3801 | 137.41 | 28.98 | 1861.41 | 8645 | 189.42 | 65.92 | 709.89 | 10 | -99.01 | 0.08 | 3.35 |
| 2020 | 380 | -90.00 | 6.25 | 186.09 | 2232 | -74.18 | 36.72 | 183.28 | 3431 | 34210.00 | 56.45 | 1149.03 |
| 2021 | 855 | 125.00 | 9.83 | 418.71 | 5648 | 153.05 | 64.93 | 463.79 | 1625 | -52.64 | 18.68 | 544.21 |
| 合计 | 11456 | — | 18.28 | — | 39934 | — | 63.71 | — | 8221 | — | 13.12 | — |
| 2011—2015年均值 | 204.20 | — | — | 100.00 | 1217.80 | — | — | 100.00 | 298.60 | — | — | 100.00 |

| 年份 | 制造业 | | | | | | | |
|---|---|---|---|---|---|---|---|---|
| | 低技术 | | | | 小计 | | | |
| | 就业人数 | 同比增长（%） | 占比（%） | 指数 | 就业人数 | 同比增长（%） | 占比（%） | 指数 |
| 2005 | 0 | — | 0.00 | 0.00 | 174 | — | 100.00 | 8.72 |
| 2006 | 0 | — | 0.00 | 0.00 | 270 | 55.17 | 12.88 | 13.53 |
| 2007 | 0 | — | 0.00 | 0.00 | 248 | -8.15 | 52.99 | 12.42 |

续表

| 年份 | 制造业 | | | | | | | |
|---|---|---|---|---|---|---|---|---|
| | 低技术 | | | | 小计 | | | |
| | 就业人数 | 同比增长（%） | 占比（%） | 指数 | 就业人数 | 同比增长（%） | 占比（%） | 指数 |
| 2008 | 0 | — | 0.00 | 0.00 | 482 | 94.35 | 87.96 | 24.15 |
| 2009 | 0 | — | — | 0.00 | 0 | -100.00 | 0.00 | 0.00 |
| 2010 | 0 | — | 0.00 | 0.00 | 5581 | — | 49.02 | 279.61 |
| 2011 | 0 | — | 0.00 | 0.00 | 2343 | -58.02 | 80.93 | 117.38 |
| 2012 | 0 | — | 0.00 | 0.00 | 1210 | -48.36 | 100.00 | 60.62 |
| 2013 | 0 | — | 0.00 | 0.00 | 100 | -91.74 | 27.47 | 5.01 |
| 2014 | 1377 | — | 29.23 | 500.00 | 4711 | 4611.00 | 82.93 | 236.02 |
| 2015 | 0 | -100.00 | 0.00 | 0.00 | 1616 | -65.70 | 70.54 | 80.96 |
| 2016 | 43 | — | 0.67 | 15.61 | 6386 | 295.17 | 67.29 | 319.94 |
| 2017 | 0 | -100.00 | 0.00 | 0.00 | 5682 | -11.02 | 79.26 | 284.67 |
| 2018 | 386 | — | 6.45 | 140.16 | 5987 | 5.37 | 67.96 | 299.95 |
| 2019 | 659 | 70.73 | 5.02 | 239.29 | 13115 | 119.06 | 77.82 | 657.06 |
| 2020 | 35 | -94.69 | 0.58 | 12.71 | 6078 | -53.66 | 71.56 | 304.51 |
| 2021 | 570 | 1528.57 | 6.55 | 206.97 | 8698 | 43.11 | 68.31 | 435.77 |
| 合计 | 3070 | — | 4.90 | — | 62681 | — | 68.79 | — |
| 2011—2015年均值 | 275.40 | — | — | 100.00 | 1996 | — | — | 100.00 |

| 年份 | 非制造业 | | | | | | | |
|---|---|---|---|---|---|---|---|---|
| | 服务业 | | | | 电力、热力、燃气及水生产及供应业 | | | |
| | 就业人数 | 同比增长（%） | 占比（%） | 指数 | 就业人数 | 同比增长（%） | 占比（%） | 指数 |
| 2005 | 0 | — | — | 0.00 | 0 | — | — | — |
| 2006 | 1827 | — | 100.00 | 371.19 | 0 | — | 0.00 | — |
| 2007 | 220 | -87.96 | 100.00 | 44.70 | 0 | — | 0.00 | — |
| 2008 | 56 | -74.55 | 84.85 | 11.38 | 10 | — | 15.15 | — |

续表

| 年份 | 非制造业 | | | | | | | |
|---|---|---|---|---|---|---|---|---|
| | 服务业 | | | | 电力、热力、燃气及水生产及供应业 | | | |
| | 就业人数 | 同比增长(%) | 占比(%) | 指数 | 就业人数 | 同比增长(%) | 占比(%) | 指数 |
| 2009 | 461 | 723.21 | 100.00 | 93.66 | 0 | -100.00 | 0.00 | — |
| 2010 | 5803 | 1158.79 | 100.00 | 1178.99 | 0 | — | 0.00 | — |
| 2011 | 552 | -90.49 | 100.00 | 112.15 | 0 | — | 0.00 | — |
| 2012 | 0 | -100.00 | — | 0.00 | 0 | — | — | — |
| 2013 | 264 | — | 100.00 | 53.64 | 0 | — | 0.00 | — |
| 2014 | 970 | 267.42 | 100.00 | 197.07 | 0 | — | 0.00 | — |
| 2015 | 675 | -30.41 | 100.00 | 137.14 | 0 | — | 0.00 | — |
| 2016 | 3104 | 359.85 | 100.00 | 630.64 | 0 | — | 0.00 | — |
| 2017 | 1482 | -52.26 | 99.66 | 301.10 | 5 | — | 0.34 | — |
| 2018 | 2823 | 90.49 | 100.00 | 573.55 | 0 | -100.00 | 0.00 | — |
| 2019 | 3738 | 32.41 | 100.00 | 759.45 | 0 | — | 0.00 | — |
| 2020 | 2415 | -35.39 | 100.00 | 490.65 | 0 | — | 0.00 | — |
| 2021 | 4035 | 67.08 | 100.00 | 819.79 | 0 | — | 0.00 | — |
| 合计 | 28425 | — | 99.95 | — | 15 | — | 0.05 | — |
| 2011—2015 均值 | 492.20 | — | — | 100.00 | 0 | — | — | 100.00 |

| 年份 | 非制造业 | | | | 总计 | | | |
|---|---|---|---|---|---|---|---|---|
| | 小计 | | | | | | | |
| | 就业人数 | 同比增长(%) | 占比(%) | 指数 | 就业人数 | 同比增长(%) | 占比(%) | 指数 |
| 2005 | 0 | — | 0.00 | 0.00 | 174 | | 100.00 | 6.99 |
| 2006 | 1827 | — | 87.12 | 371.19 | 2097 | 1105.17 | 100.00 | 84.28 |
| 2007 | 220 | -87.96 | 47.01 | 44.70 | 468 | -77.68 | 100.00 | 18.80 |
| 2008 | 66 | -70.00 | 12.04 | 13.41 | 548 | 17.09 | 100.00 | 122.02 |
| 2009 | 461 | 598.48 | 100.00 | 93.66 | 461 | -15.88 | 100.00 | 18.53 |

续表

| 年份 | 非制造业 | | | | 总计 | | | |
|---|---|---|---|---|---|---|---|---|
| | 小计 | | | | | | | |
| | 就业人数 | 同比增长（%） | 占比（%） | 指数 | 就业人数 | 同比增长（%） | 占比（%） | 指数 |
| 2010 | 5803 | 1158.79 | 50.98 | 1178.99 | 11384 | 2369.41 | 100.00 | 457.52 |
| 2011 | 552 | -90.49 | 19.07 | 112.15 | 2895 | -74.57 | 100.00 | 116.35 |
| 2012 | 0 | -100.00 | 0.00 | 0.00 | 1210 | -58.20 | 100.00 | 48.63 |
| 2013 | 264 | — | 72.53 | 53.64 | 364 | -69.92 | 100.00 | 14.63 |
| 2014 | 970 | 267.42 | 17.07 | 197.07 | 5681 | 1460.71 | 100.00 | 228.32 |
| 2015 | 675 | -30.41 | 29.46 | 137.14 | 2291 | -59.67 | 100.00 | 92.07 |
| 2016 | 3104 | 359.85 | 32.71 | 630.64 | 9490 | 314.23 | 100.00 | 38.14 |
| 2017 | 1487 | -52.09 | 20.74 | 302.11 | 7169 | -24.46 | 100.00 | 288.12 |
| 2018 | 2823 | 89.85 | 32.04 | 573.55 | 8810 | 22.89 | 100.00 | 354.07 |
| 2019 | 3738 | 32.41 | 22.18 | 759.45 | 16853 | 91.29 | 100.00 | 677.32 |
| 2020 | 2415 | -35.39 | 28.44 | 490.65 | 8493 | -49.61 | 100.00 | 341.33 |
| 2021 | 4035 | 67.08 | 31.69 | 819.79 | 12733 | 49.92 | 100.00 | 511.74 |
| 合计 | 28440 | — | 31.21 | — | 91121 | — | 100.00 | — |
| 2011—2015年均值 | 492.20 | — | — | 100.00 | 2488.20 | — | — | 100.00 |

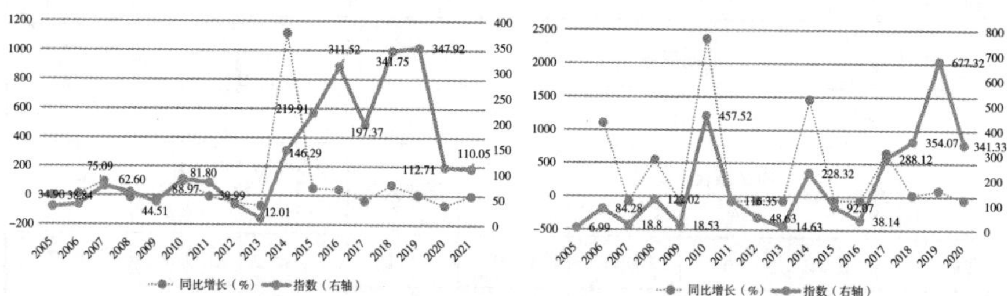


图 4-5-2　2005—2021 民营企业绿地新增、扩大投资就业指数变化图

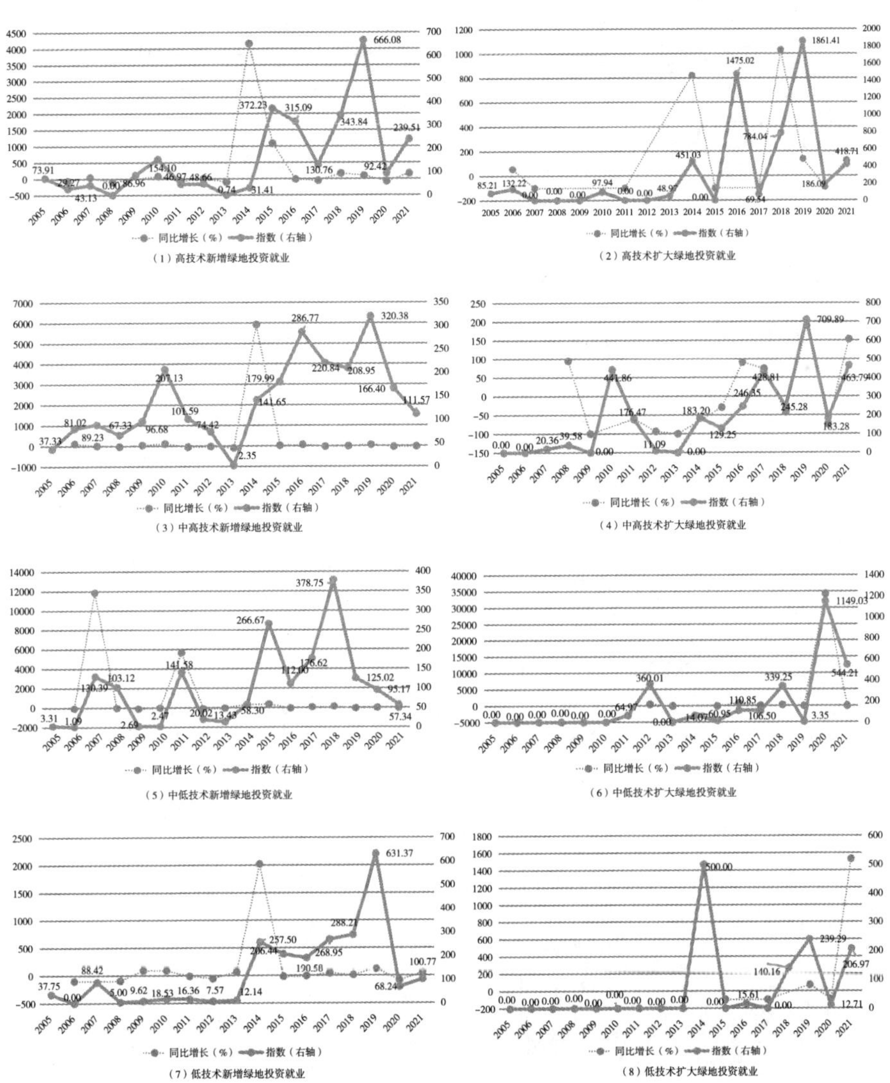


**图 4-5-3 制造业绿地新增、扩大投资就业指数变化图**

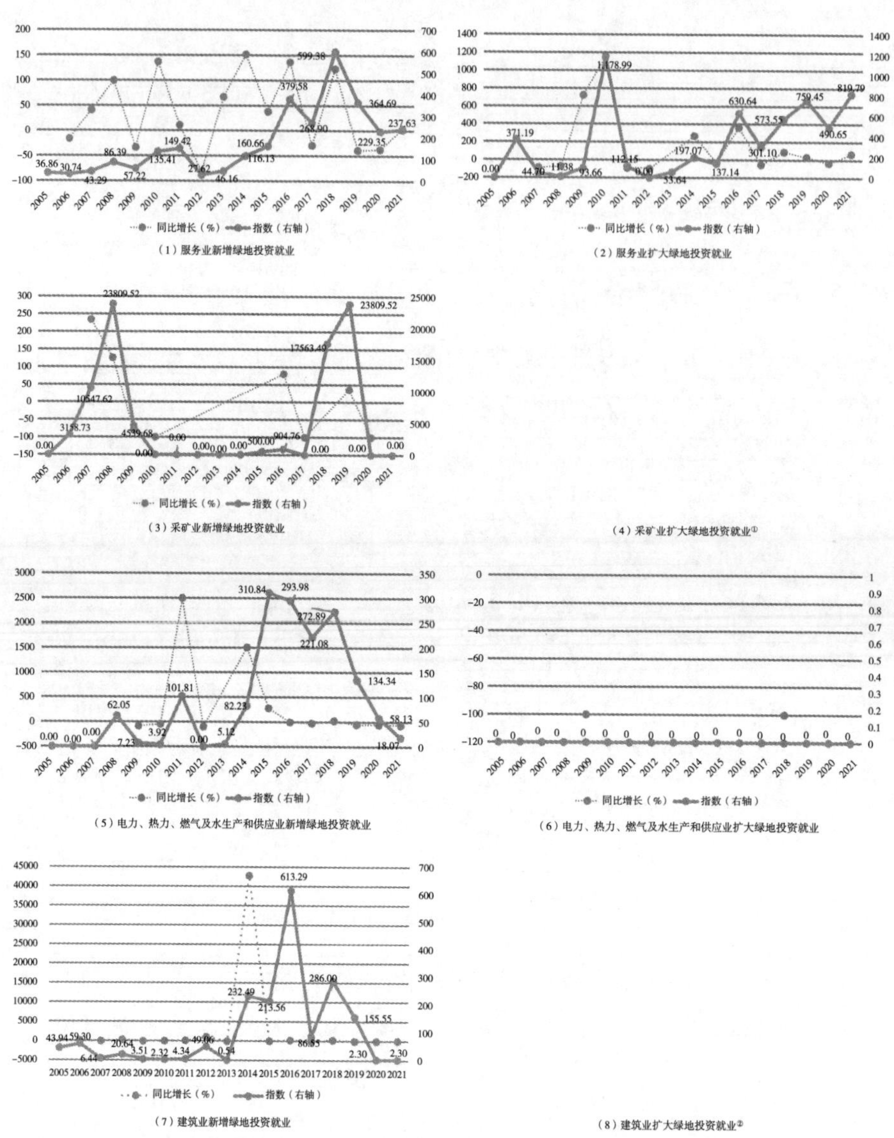


**图 4-5-4　非制造业绿地新增、扩大投资就业指数变化图①②**

① 注：由于缺失相关采矿业扩大绿地投资就业人数数据，故此处未绘制相应变化图。

② 注：由于缺失相关建筑业扩大绿地投资就业人数数据，故此处未绘制相应变化图。

# 本章小结

## 一、2021 年民营企业对外绿地投资项目数量有所回升，但投资金额持续下降

2021 年民营企业绿地对外直接投资项目数量上升 4%至 260 件，项目金额下降 19.69%至 249.51 亿美元。综合来看，我国民企绿地对外直接投资项目数量自 2018 年达到峰值后呈现下降趋势，项目金额自 2016 年达到峰值水平后也突然回落，整体呈现出投资更加理性的表现。

## 二、长三角地区民营企业对外投资项目数量较多，环渤海地区民企对外投资项目规模较大

2005 年至 2021 年期间，中国民营企业绿地对外直接投资项目数量主要来源于长三角地区，占比达到 31.53%，项目金额主要来源于环渤海地区，占比达到 34.72%，相应的长三角地区投资金额出现小幅下降，占比由 2020 年的 63.00%下降至 2021 年的 54.07%。

## 三、民营企业对发展中国家的对外绿地投资呈现规模大且集中于亚洲地区的特点

2005 年至 2021 年期间，中国民营企业绿地对外直接投资项目数量主要投向发达国家，累计投资 2378 件占比 61.61%，项目金额主要投向发展中国家，累计投资 2019.58 亿美元，占比 62.46%。其中流向发展中国家的民营企业绿地投资主要集中于亚洲地区，占比达到 62.16%。

## 四、民营企业对外绿地投资主要集中于非制造业，但在逐渐向制造业转移

2005 年至 2021 年期间，中国民营企业对外绿地直接投资活动主要集

中在非制造业，累计对外直接投资项目数量为 2890 件，占比 74.87%，累计项目金额为 1610.56 亿美元，占比 49.81%。2016 年以来，民营企业对外绿地投资对非制造业的投资金额整体呈现下降趋势，但对制造业的投资却逐年攀升。

## 五、民营企业绿地对外投资创造总就业量、新增就业量和扩大就业量整体均呈上升态势

中国民营企业绿地对外直接投资创造总就业量、新增就业量和扩大就业量在 2005 年至 2021 年期间均整体呈现增长趋势，其中创造的总就业量、新增就业量和扩大就业量均主要集中于制造业，分别占比 65.49%、65.08%和 68.79%。

# 第二部分

# 关于“结构转型、民营企业 OFDI 与后工业化”专题分析

研究表明，许多发达国家的结构变化呈现出三种模式：农业衰退、制造业就业份额呈现先上升后下降的“驼峰”型以及服务业的持续增长。学术界通常认为当一国进入后工业化阶段时，工业或制造业增加值占比及就业占比会呈现出持续下降的趋势①。本书论述的“后工业化”并非指产业空心化（Hollowing Out）。

“后工业化”被认为是工业化国家产业转型的必经之路，尤其是在发达国家（地区）和新型的经济体，如韩国、中国台湾地区。然而近年，发展中国家在产业结构转型的过程中，也出现了“制造业比重持续下降”的现象。很多发展中国家在没有经历充分工业化的情况下就向服务经济转型，制造业比重过早的下降会对经济增长产生负面影响，甚至陷入中等收入陷阱。根据研究，中国作为后发的工业化大国，制造业占比已经出现了过早下降的特征。

发达国家制造业就业的下降往往归咎于发达国家和新兴经济体之间的全球一体化。Autor（2011）研究发现：美国制造业就业人数下降的三分之一是与中国贸易的结果②。从理论上来说，国际贸易的根本作用是通过跨部门之间劳动和其他生产要素的重新分配来促进生产的专业化。因此，国际贸易与制造业就业人数之间的联系是必然的。对外直接投资（OFDI）作为企业海外生产的必要方式，必然会对母国的工业化程度产生直接或间接的影响③。其中民营企业发展迅猛，已然成为中国企业 OFDI 的中坚力量。本专题分四个章节，主要从民营企业 OFDI 这一方面，研究分析民营企业

---

① Ramaswamy R., Rowthorn B.,“Deindustrialization: Causes and Implications”, *IMF Working Papers*, 2006.

② David H., Dorn David, Hanson Gordon H., The China Syndrome: Local Labor Market Effects of Import Competition in the United States, *MIT*, 2011.

③ Singh Ajit,“UK industry and the world economy: a case of deindustrialization? third world competition and de-industrialization in advanced countries”, *Cambridge Journal of Economics*, 1989.

OFDI 与中国结构转型之间的影响。

第五章从工业增加值和就业占比两方面论述了 OFDI 与“结构转型”的相关性，并从 OFDI 的不同模式分析了中国制造业占比下降的现象，发现 OFDI 加速了中国制造业比重的下降，导致了中国过早的进入后工业化阶段。另外，针对去工业化可能引发的经常项目账户赤字的问题进行的影响因素分析。第六章针对服务型 OFDI，研究了服务型 OFDI 对“后工业化进程”的影响，发现了服务型 OFDI 对“制造业比重的下降”有缓解作用。第七章分别从房地产价格、制造业外迁、高技术产品进出口贸易的发展这三个不同视角探讨了对“中国后工业化进程”的不同影响作用。第八章分别利用中国地级以上城市层面数据以及中国省级层面数据，实证研究中国民营企业 OFDI 与后工业化进程的影响关系，并基于不同创新模式，实证研究了创新对二者关系的调节作用。最后基于以上特征事实分析和实证研究，对促进中国民营企业合理有效的 OFDI 和预防提出了相应的政策建议。

# 第五章 结构转型、OFDI 与制造业比重

根据笔者计算，中国人均国民收入和制造业就业比重之间的拐点出现在 2012 年。中国制造业增加值占比和就业占比的拐点分别出现在 2006 年和 2013 年，但是，这两种占比同时趋势性下降始于 2013 年，本书判断 2013 年为中国制造业比重开始下降的年份。值得注意的是，与早期完成工业化的发达国家相比，中国制造业比重的下降呈现出“早熟”的特征，即进入后工业化阶段时，工业规模和经济发展水平还处于较低水平。

本章基于对中国 OFDI 和结构转型的事实分析，探讨中国过早进入后工业化阶段的现象。第一节将从产出和就业两方面考察制造业比重，分别通过工业增加值占 GDP 的比重及工业就业人数①占全部就业人数的比重对中国 OFDI 与制造业比重相关性进行分析。第二节对中国制造业比重的下降是否具有早熟特征进行分析，在此基础上对制造业对外直接投资与后工业化的关系进行了经验事实及实证分析。第三节沿着 OFDI 结构转型效应的脉络，进一步指出中国的经常账户有陷入赤字的危险。

## 第一节 OFDI 与制造业比重的相关关系

### 一、中国企业对外直接投资与制造业比重总体概况

#### （一）全国层面

从全国层面看，图 5-1-1 展示了 2005 年至 2019 年间中国制造业比重

① 由于数据局限性，本书使用城镇单位就业人数代替工业就业人数。

与对外直接投资项目数量的变化趋势。2006 年及 2013 年增加值及就业的拐点分别出现之后，对外直接投资进入了高速增长的时期。2013 至 2019 年间工业就业比重共计下降 6.7 个百分点，工业增加值比重共计下降 5.8 个百分点，而对外直接投资（项目数量）则由 2013 年的 857 件增长至 2019 年的 1786 件，平均每年同比增长 12%。

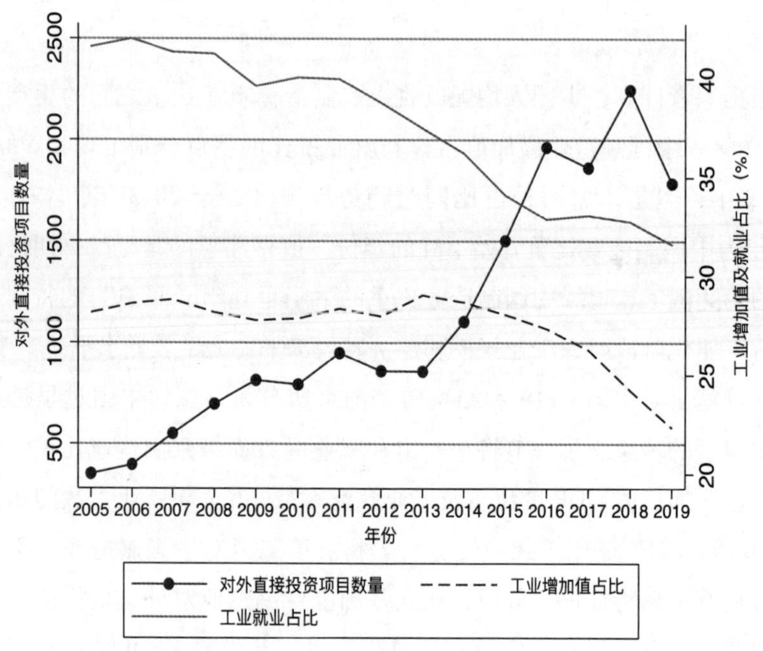


**图 5-1-1　2005—2019 年对外直接投资（项目数）与工业化趋势图**

数据来源；国家统计局

图 5-1-2 为利用 2005—2019 年中国 OFDI 综合指数①及制造业比重指标数据绘制的散点图。从图中可以发现，无论是从就业层面还是产出层面分析，对外直接投资水平较低的年份其对应的制造业比重较高，而随着对外直接投资的增加，对应的制造业部门规模逐渐变小。由此可知，对外直接投资与制造业规模之间存在负向相关关系。

① 本节中使用的 OFDI 综合指数是通过均值法融合海外直接投资项目数量指数与金额指数所得，详见本书第一章。

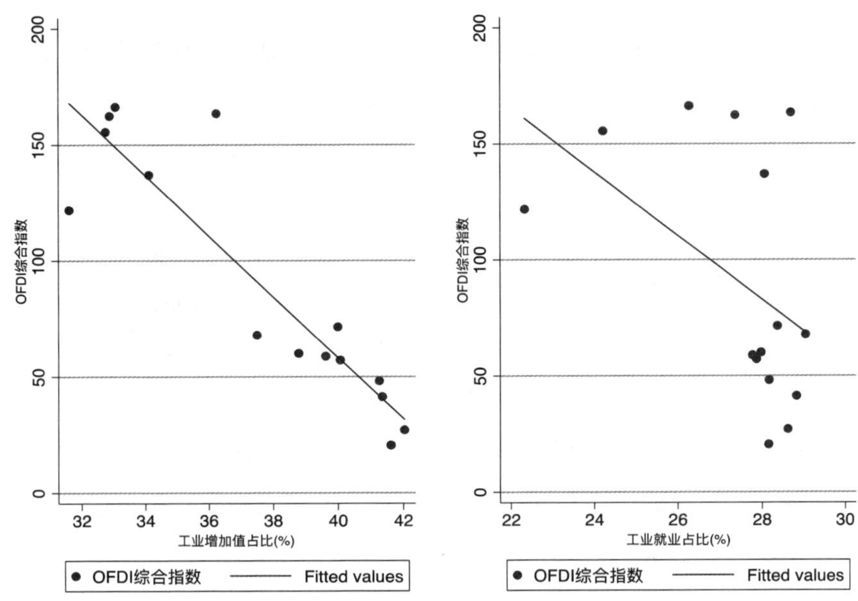


**图 5-1-2　OFDI 综合指数与工业化散点图**

数据来源：国家统计局

（二）地区层面

本书按对外直接投资来源地划分为五大区域进一步进行地区层面的分析。五大区域包括环渤海地区（京津冀地区、辽宁和山东）、长三角地区（上海、江苏和浙江）、珠三角地区（广东、福建和海南）、中部地区（华北、东北、中原和华中）与西部地区（西北和西南）。

图 5-1-3 和图 5-1-4 是五大区域 OFDI 项目数和金额取对数之后分别与工业增加值占比的差额（2005 年与 2019 年的差额）和工业就业占比差额（2005 年与 2019 年的差额）的对比图，以此反映各区域 OFDI 与工业增加值和就业占比的变化关系。

从图 5-1-3 和图 5-1-4 中可知，工业增加值比重下降最多的两个区域为环渤海地区（13.4%）及长三角地区（13.2%），其他依次为珠三角地区（9.3%）、中部地区（6.9%）及西部地区（6.2%）。工业就业比重下降最多的区域为环渤海地区（11%），其他地区依次为长三角地区（9%）、西部地区（8%）、珠三角地区（5%）及中部地区（3%）。而对外直接投资合计项目数最多的地区为环渤海地区（5878 件），其他依次为长三角地区（4393 件）、珠三角地区（3102 件）、中部地区（1164 件）及西部地区（849 件），合计金额最多的地区为环渤海地区（213.1 亿美元），其他依次为长三角地区（56.2 亿美元）、珠三角地区（41.4 亿美元）、中部地区（17.8 亿美元）及西部地区（9.2 亿美元）。总体来说，图 5-1-3 和图 5-1-4 显示，在区域层面，代表工业规模的增加值和就业的占比下降越多，其 OFDI 的项目数和金额的增加也越多。但图 5-1-4 中的珠三角和中部地区似乎是个例外，其 OFDI 与工业就业规模的对应关系则不明显。这与我国工业重心的变化特点有关，我国的工业重心变化大致表现为 2003—2013 年“西快东慢”、2013 年之后呈“南强北弱”的态势。①

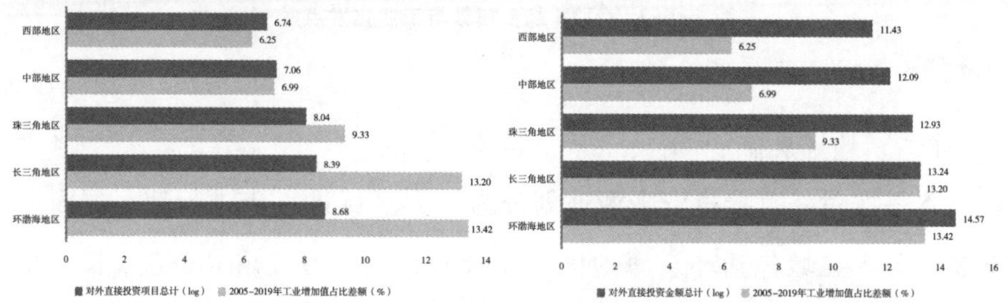


**图 5-1-3　五大区域对外直接投资与工业增加值占比变化（2005—2019 年）对比图**

数据来源：国家统计局

表 5-1-1 列明了五大地区 2005 年至 2019 年的 OFDI 综合指数、工业增加值占比及工业就业占比。从表中可以看出，五大地区的 OFDI 综合指数均呈现出震荡增长的趋势。而各地区工业增加值及就业占比的持续减少表明这些地区已经陆续进入了后工业化阶段。

① 金培主编：《中国工业化进程 40 年》，经济管理出版社 2019 年版。

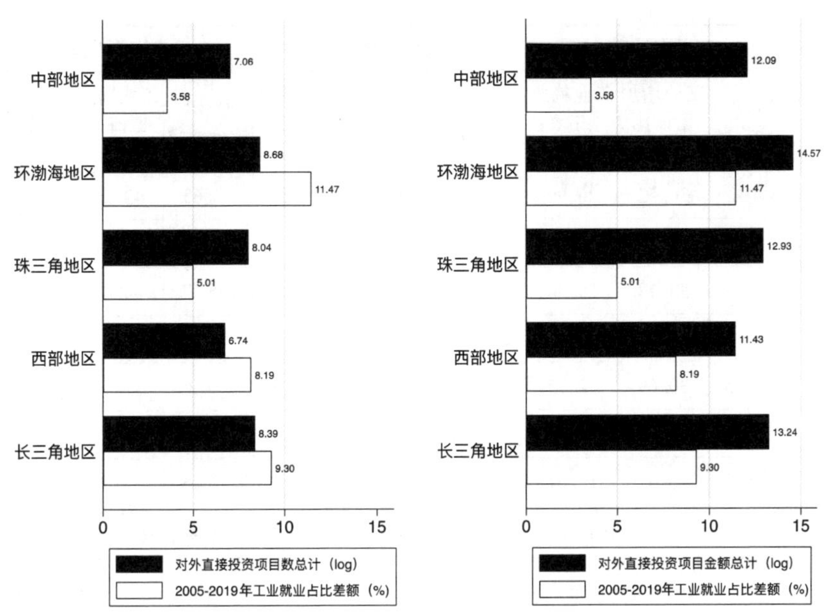


**图 5-1-4　五大区域对外直接投资与就业占比变化（2005—2019 年）对比图**

数据来源：国家统计局

**表 5-1-1　2005 年至 2019 年五大区域 OFDI 综合指数、工业增加值占比及工业就业占比**

| 年份 | 环渤海地区 | | | 长三角地区 | | | 珠三角地区 | | |
|---|---|---|---|---|---|---|---|---|---|
| | OFDI 综合指数 | 工业增加值占比（%） | 工业就业占比（%） | OFDI 综合指数 | 工业增加值占比（%） | 工业就业占比（%） | OFDI 综合指数 | 工业增加值占比（%） | 工业就业占比（%） |
| 2005 | 19. 69 | 41. 73 | 30. 48 | 11. 77 | 48. 01 | 38. 42 | 23. 22 | 44. 92 | 41. 14 |
| 2006 | 22. 69 | 41. 98 | 30. 39 | 21. 94 | 48. 47 | 40. 31 | 34. 17 | 45. 48 | 42. 24 |
| 2007 | 46. 00 | 41. 75 | 30. 06 | 20. 78 | 47. 98 | 42. 44 | 47. 78 | 45. 42 | 43. 04 |
| 2008 | 41. 73 | 42. 18 | 28. 78 | 33. 48 | 47. 16 | 42. 15 | 51. 08 | 45. 48 | 41. 96 |
| 2009 | 67. 39 | 40. 50 | 28. 03 | 30. 36 | 44. 91 | 40. 71 | 40. 74 | 44. 18 | 42. 12 |
| 2010 | 56. 53 | 39. 67 | 27. 64 | 41. 90 | 44. 70 | 40. 61 | 77. 67 | 44. 89 | 42. 53 |
| 2011 | 71. 92 | 39. 18 | 28. 37 | 56. 46 | 43. 96 | 39. 81 | 82. 92 | 44. 55 | 42. 21 |
| 2012 | 68. 29 | 38. 02 | 28. 09 | 46. 59 | 42. 47 | 38. 70 | 39. 64 | 43. 40 | 41. 48 |

续表

| 年份 | 环渤海地区 | | | 长三角地区 | | | 珠三角地区 | | |
|---|---|---|---|---|---|---|---|---|---|
| | OFDI综合指数 | 工业增加值占比（%） | 工业就业占比（%） | OFDI综合指数 | 工业增加值占比（%） | 工业就业占比（%） | OFDI综合指数 | 工业增加值占比（%） | 工业就业占比（%） |
| 2013 | 64.32 | 36.52 | 26.99 | 60.56 | 41.01 | 35.23 | 66.65 | 42.25 | 47.36 |
| 2014 | 160.99 | 35.15 | 26.36 | 123.28 | 40.12 | 34.85 | 116.63 | 42.11 | 46.54 |
| 2015 | 116.43 | 33.13 | 25.54 | 183.30 | 38.47 | 34.18 | 166.75 | 40.67 | 45.19 |
| 2016 | 139.30 | 31.80 | 24.55 | 245.86 | 36.89 | 33.41 | 224.36 | 38.73 | 43.85 |
| 2017 | 162.05 | 30.69 | 22.95 | 198.49 | 36.68 | 32.49 | 230.26 | 37.49 | 42.04 |
| 2018 | 125.38 | 29.38 | 21.34 | 246.33 | 36.05 | 30.34 | 213.45 | 36.93 | 39.42 |
| 2019 | 104.59 | 28.31 | 19.01 | 157.14 | 34.81 | 29.12 | 176.29 | 35.59 | 36.13 |

| 年份 | 中部地区 | | | 西部地区 | | |
|---|---|---|---|---|---|---|
| | OFDI综合指标 | 工业增加值占比（%） | 工业就业占比（%） | OFDI综合指标 | 工业增加值占比（%） | 工业就业占比（%） |
| 2005 | 16.13 | 39.43 | 22.14 | 19.69 | 34.30 | 21.90 |
| 2006 | 27.02 | 40.92 | 22.11 | 36.12 | 36.13 | 21.54 |
| 2007 | 35.44 | 41.72 | 21.29 | 54.54 | 36.80 | 21.36 |
| 2008 | 61.13 | 42.23 | 20.55 | 42.66 | 37.17 | 20.95 |
| 2009 | 66.38 | 40.91 | 20.33 | 55.64 | 36.54 | 20.63 |
| 2010 | 43.16 | 42.30 | 20.68 | 60.26 | 37.81 | 20.15 |
| 2011 | 83.35 | 43.18 | 21.82 | 130.68 | 37.70 | 20.39 |
| 2012 | 57.84 | 42.21 | 21.72 | 87.24 | 37.28 | 20.06 |
| 2013 | 68.29 | 40.63 | 23.58 | 54.30 | 36.20 | 20.11 |
| 2014 | 147.96 | 39.35 | 23.90 | 114.84 | 35.15 | 19.03 |
| 2015 | 140.59 | 36.99 | 23.98 | 86.08 | 32.85 | 18.31 |
| 2016 | 188.27 | 35.54 | 23.80 | 160.71 | 30.89 | 17.61 |
| 2017 | 150.43 | 34.63 | 22.89 | 139.97 | 29.70 | 17.02 |
| 2018 | 151.02 | 33.09 | 19.78 | 203.95 | 28.87 | 15.46 |
| 2019 | 100.75 | 32.44 | 18.56 | 99.36 | 28.05 | 13.72 |

相比于 OFDI 项目数，使用均值法融合计算出的 OFDI 综合指数能够包含项目数量、项目金额及增长速度等多方面的信息。本书根据以上表格数据制成散点图 5-1-5。参考图 5-1-5，并结合表 5-1-2 所示各地区 OFDI 综合指数与其工业增加值占比及工业就业占比的 Pearson 相关系数和 Spearman 相关系数的计算结果，可以发现：

首先，从产出规模（工业增加值占比）层面看，五大区域的 OFDI 与其工业增加值占比均呈负相关且显著，特别是珠三角地区及长三角地区 2 个区域更为显著，这说明每个区域的 OFDI 进展均与该区域的制造业比重的变化趋势密切相关。

其次，从就业规模（就业占比）层面看：（1）五大区域中，环渤海、长三角和西部三个区域的 OFDI 与就业占比呈负相关且显著，说明该三大区域的 OFDI 进展均与该区域的后工业化趋势密切相关；（2）珠三角地区的 OFDI 与其就业占比呈正向关系，但是并不显著相关，说明从就业占比角度看，至今并未发现该区域的 OFDI 进展与其制造业比重的变化趋势有显著的相关关系；（3）特别的，中部地区的 OFDI 与其就业占比呈正向关系，但是并不显著相关，说明该区域的 OFDI 进展并没有带来就业占比的下降。

## 二、基于不同视角的对外直接投资与制造业比重

接下来从中国对外直接投资的所有制、投资模式、投资标的区域别以及投资产业别四个维度展开，分析 OFDI 与制造业比重之间的关系。

### （一）基于所有制视角的 OFDI 与制造业比重

本节参照本指数报告对外直接投资企业所有制的不同将 OFDI 划分为民营企业 OFDI、国有企业 OFDI、港澳台资企业 OFDI 及外资企业 OFDI。从图 5-1-6 中各所有制 OFDI 综合指数的变化趋势可以看出，在 2013 年左右工业就业规模进入持续下降的阶段后，国有企业 OFDI 综合指数与其他所有制 OFDI 综合指数有了明显的差异。民营企业、港澳台资企业及外资企业 OFDI 综合指数均在 2013 年前后经历了大幅增长，而国有企业 OFDI

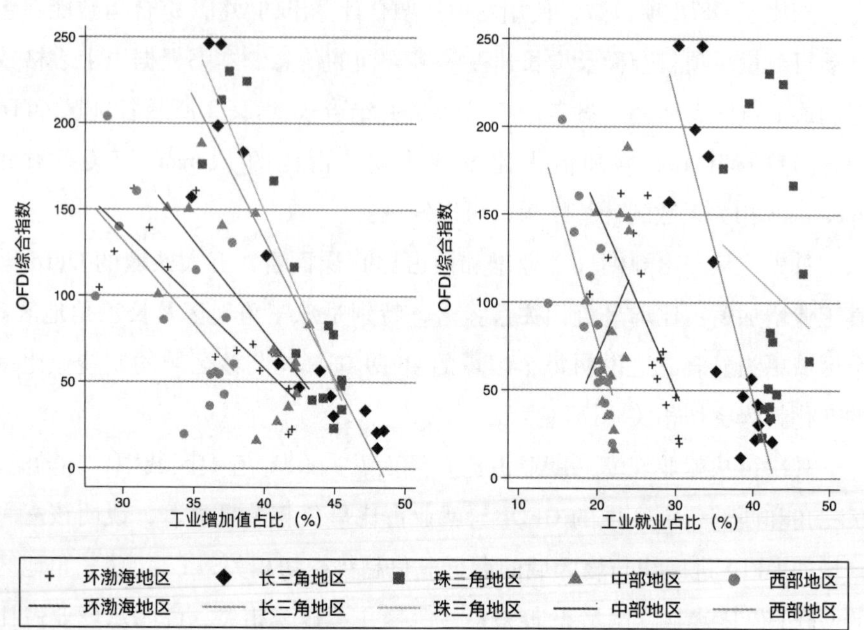


**图 5-1-5　五大区域 OFDI 综合指数与去工业化散点图**

数据来源：国家统计局

综合指数除明显低于其他指数外，其变动也更为平缓。

图 5-1-7 显示了 2005 年至 2019 年增加值占比、就业占比以及对外直接投资所有制构成的变化（通过投资项目数计算得出）。图 5-1-7 显示对外直接投资的总量有明显上升的趋势同时也伴随着 OFDI 所有制构成的改变。从 2013 年开始，也即在工业部门就业规模和产出规模持续下降的阶段，民营企业 OFDI 占比出现了明显的上升而国有企业 OFDI 占比则出现了明显的下降。同期，占比最少的外资和港澳台资两类所有制企业的 OFDI 整体变动较小。

为使得分析结果更加明确，本书分别从 OFDI 投资水平和 OFDI 投资数量构成两个角度，计算了代表制造业比重的工业增加值占比和就业占比与对外直接投资的 Pearson 相关系数和 Spearman 相关系数。

结果表明，首先从投资水平角度看（见表 5-1-2），分别代表四类所有制分类的 OFDI 综合指数与工业增加值占比和就业占比显著负向相关，

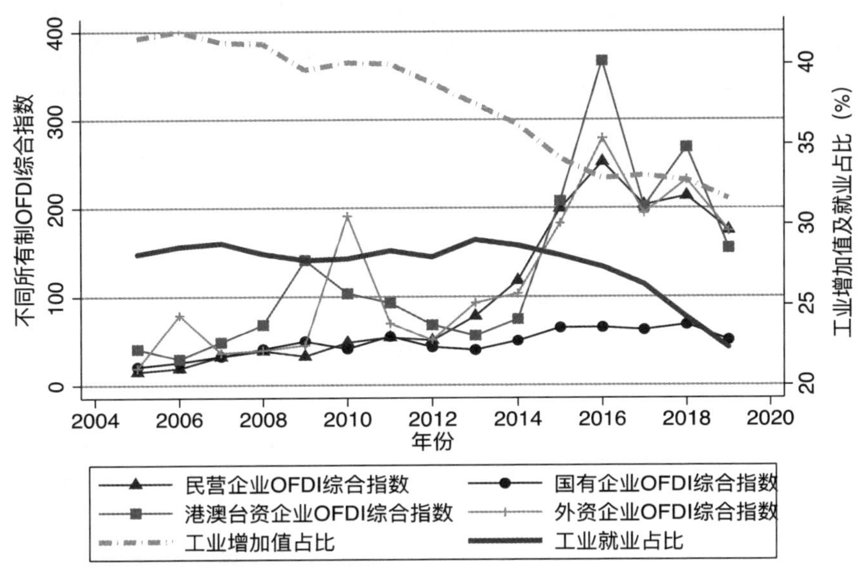


**图 5-1-6 不同所有制 OFDI 综合指数与工业化趋势图**

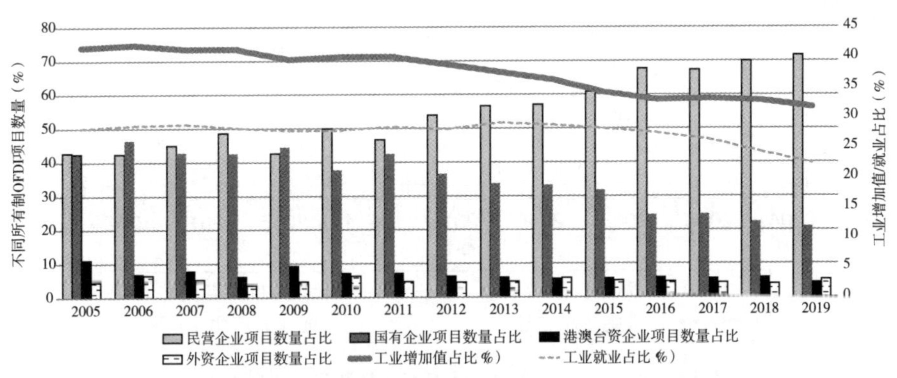


**图 5-1-7 对外直接投资的所有制构成与工业化变化图**

即无论哪种所有制 OFDI 的增加都会带来产出占比和就业占比的下降。其次，从不同所有制的项目数量构成角度看（见表 5-1-3）：民营企业 OFDI 数量构成与产出及就业规模负相关，说明民营企业 OFDI 项目数量的绝对量和相对量（占比）的上升伴随着工业部门产出及就业规模的减小；而国有企业 OFDI 数量构成与产出及就业规模正相关则说明，在该领域，工业部门产出及就业规模的不断下降伴随着国有企业 OFDI 项目数量的绝对量不断增长、相对量（占比）逐渐下降；港澳台资企业 OFDI 数量构成与工业产出规模存在正相关关系亦是同理。此外，港澳台资企业 OFDI 构成与就业规模、外资企业 OFDI 构成与工业增加值和就业占比均无相关性。

（二）基于投资模式视角的 OFDI 与去工业化

对外直接投资模式可以分为并购和绿地。由图 5-1-8 可知，并购、绿地对外直接投资与工业增加值和就业占比呈反向变动，特别是伴随着 2013 年就业占比开始趋势性下降，两类投资模式也同时出现大幅的波动增长。

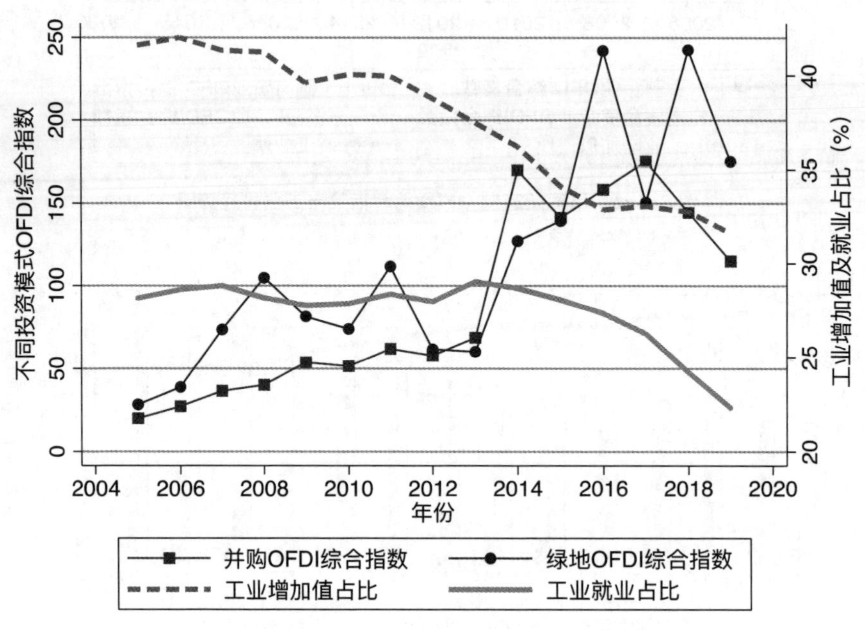


**图 5-1-8　不同投资模式 OFDI 综合指数与工业化趋势图**

图 5-1-9 为 2005 年至 2019 年增加值占比、就业占比以及 OFDI 投资模式构成变化图。从图中可以看出，中国企业进行对外直接投资时始终以并购投资为主。在 2006 年至 2011 年间，绿地投资占比逐渐呈上升态势。随后，自 2012 年起并购投资占比持续不断上升，至 2017 年中国政府出台限制非理性投资政策为止。

首先从表 5-1-2 的 OFDI 水平看，并购和绿地与产出规模的相关性均

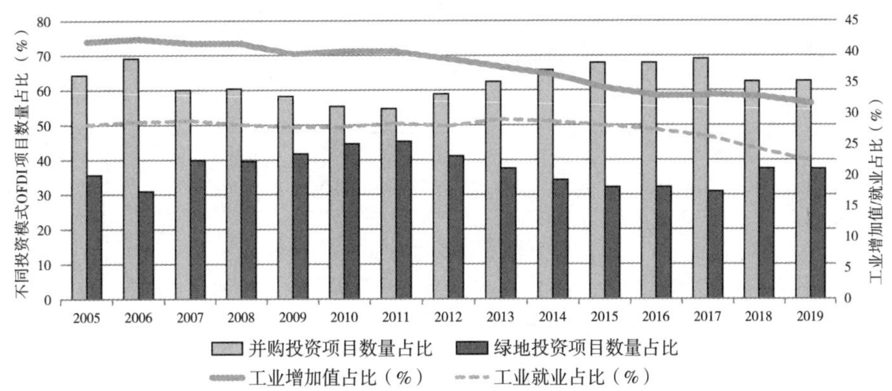


**图 5-1-9　对外直接投资的投资模式构成与去工业化变化图**

显著为负，但就业规模仅与绿地投资具有负向相关性。其次从表 5-1-3 的投资模式的项目数量构成看，并购及绿地投资占比的变动与产业规模和就业规模均不存在显著的相关性，这说明了无论并购 OFDI 或绿地 OFDI 的占比上升或下降，均和制造业比重的下降无关。

（三）基于标的区域视角的 OFDI 与制造业比重

根据 UNCTAD 分类，本书将投资标的区域分为发达经济体、发展中经济体以及转型经济体。从图 5-1-10 可以看出，三大类经济体 OFDI 综合指数在 14 年间的变化趋势整体向上，均与制造业规模大致呈反向变动趋势。

图 5-1-11 显示了按投资标的区域划分的三种类型的 OFDI 构成（通过投资项目数衡量）、工业就业占比以及工业增加值占比在 2005 年到 2019 年的变化趋势。可以看出中国对外直接投资以发达经济体为主，其次是发展中经济体，而投向转型经济体的 OFDI 较少。整体上，各类型的 OFDI 项目数量占比相对变化并不明显。

表 5-1-2 及表 5-1-3 关于 Pearson 相关系数和 Spearman 相关系数的计算结果表明：第一，从对外投资水平来看，三类 OFDI 综合指数与制造业比重之间的相关关系显著，即投向发达经济体、发展中经济体及转型经济体的投资都会对工业产出规模产生负向影响。值得关注的是，占比最大的发达经济体 OFDI 与工业就业规模之间不存在显著的相关性，而发展中经

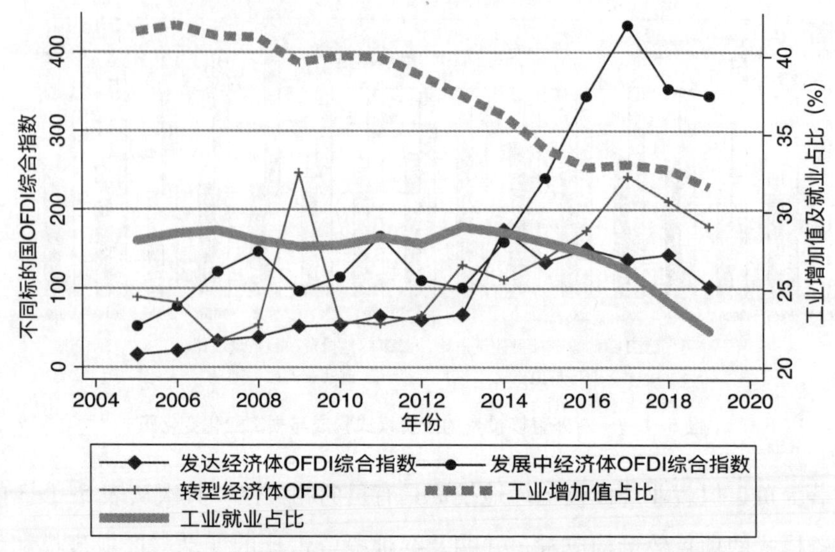


**图 5-1-10　不同标的区域 OFDI 综合指数与去工业化变化图**

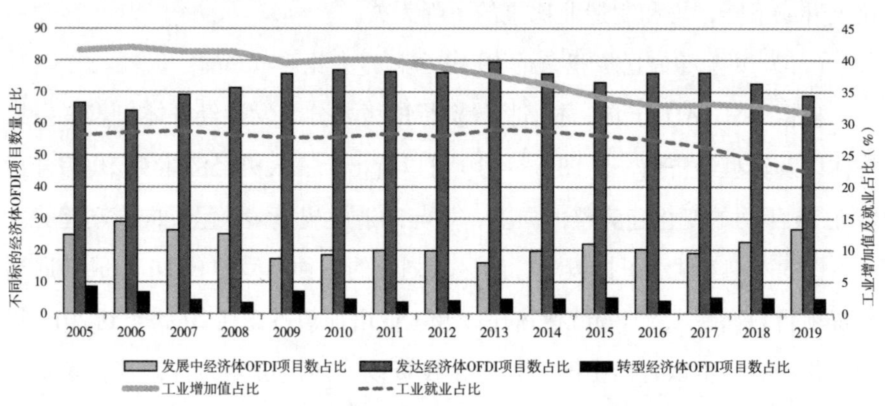


**图 5-1-11　对外直接投资的标的区域构成与去工业化变化图**

济体 OFDI、转型经济体 OFDI 的却会带来工业就业规模缩小，这里也许反映了中国 OFDI 投资目的的不同。一般的，相对于发展中经济体和转型经济体，投向发达经济体的 OFDI 主要以市场或技术导向为主，这可能对中国的制造业比重的下降作用有限。第二，从投资标的国（地区）的项目数量占比角度看，三类 OFDI 标的区域构成比的变动与中国工业增加值和就业占比之间并无显著相关性。

（四）基于标的产业视角的 OFDI 与去工业化分析

按照一般三大产业分类，OFDI 也可以分为第一产业（包括农业、林业、畜牧业、渔业及农、林、牧、渔专业及辅助性活动），第二产业（包括制造业、采矿业、电力、热力、燃气及水生产及供应业以及建筑业）和第三产业（服务业）。

图 5-1-12、图 5-1-13 分别显示了 2005 年至 2019 年增加值和就业占比与三类对外直接投资综合指数及其构成（使用 OFDI 项目占比衡量）的变动趋势。

从图 5-1-12 来看，在工业增加值比重趋势性下降的过程中，三类 OFDI 呈现出波动增长的趋势。随后当 2013 年开始工业就业规模不断缩小时，三类 OFDI 的增速明显加快。

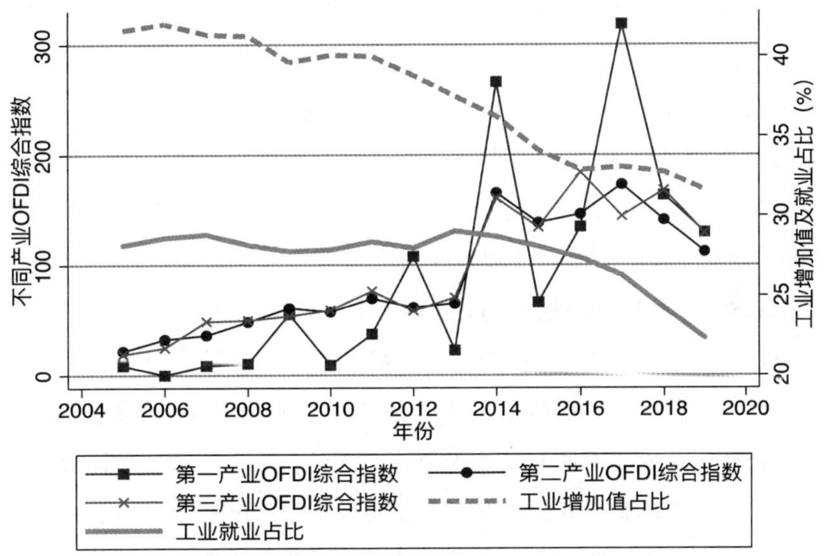


**图 5-1-12　不同标的产业的 OFDI 综合指数与去工业化变化图**

图 5-1-13 可知，中国对外直接投资的产业构成相对稳定，以第三产业为主，其次是第二产业，而投向第一产业行业的 OFDI 的比重很少。特别是在 2014 年之后，第三产业 OFDI 占比有所上升而第二产业 OFDI 占比

则趋于下降。

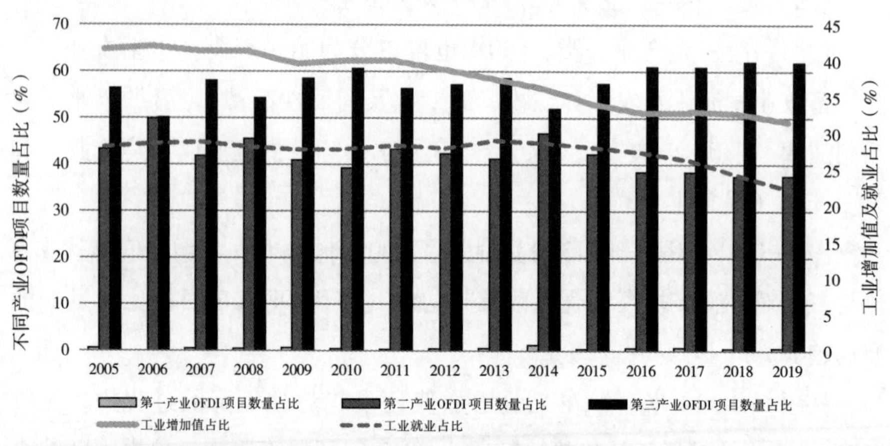


**图 5-1-13　对外直接投资的标的产业构成与去工业化变化图**

Pearson 相关系数和 Spearman 相关系数如表 5-1-2 及表 5-1-3 所示。首先，从投资水平看，三类产业 OFDI 均与工业增加值占比具有显著的负相关关系，显示各类产业的 OFDI 的增加伴随着国内工业产出规模的下降；同时第一第二产业 OFDI 与就业占比均不具有显著相关性，而仅与第三产业在 10%水平上呈负相关关系。其次，从 OFDI 项目数量构成看，三类产业 OFDI 均与工业增加值和就业占比具有显著的相关关系（第一产业的就业占比除外）；但是值得注意的是，与其他两类产业相反，第二产业项目数量 OFDI 构成与增加值和就业占比呈显著正相关关系，反映了工业部门产出及就业规模占比的不断下降伴随着第二产业 OFDI 项目数量的绝对量不断增长和相对量（占比）的逐渐下降。另外，第二产业还可以分为制造业、采矿业、建筑业、电力燃气水电四大行业，“一带一路”倡议的提出、产能合作兴起等政策性因素也会通过带动采矿业及建筑业等其他非制造业 OFDI 影响国内工业产出和就业规模，因此细分行业别的分析将是下一步与待进一步研究的课题。

**表 5-1-2　2005—2019 年 OFDI 综合指数与去工业化相关系数**

| | 投资水平（OFDI 综合指数） | 产出规模（增加值占比） | | 就业规模（就业占比） | |
|---|---|---|---|---|---|
| | | Pearson 相关系数 | Spearman 相关系数 | Pearson 相关系数 | Spearman 相关系数 |
| 来源地区 | 环渤海地区 OFDI | −0.83*** | −0.85*** | −0.73*** | −0.84*** |
| | 长三角地区 OFDI | −0.90*** | −0.94*** | −0.86*** | −0.83*** |
| | 珠三角地区 OFDI | −0.90*** | −0.80*** | −0.15 | −0.08 |
| | 中部地区 OFDI | −0.69*** | −0.64** | 0.32 | 0.23 |
| | 西部地区 OFDI | −0.63** | −0.39 | −0.72*** | −0.83*** |
| 所有制 | 民营企业 OFDI | −0.95*** | −0.51* | −0.57** | −0.51* |
| | 国有企业 OFDI | −0.82*** | −0.63** | −0.46* | −0.63*** |
| | 港澳台资企业 OFDI | −0.79*** | −0.75*** | −0.49* | −0.75*** |
| | 外资企业 OFDI | −0.81*** | −0.55** | −0.53** | −0.55** |
| 投资模式 | 并购 OFDI | −0.89*** | −0.89*** | −0.42 | −0.4 |
| | 绿地 OFDI | −0.85*** | −0.84*** | −0.64*** | −0.65*** |
| 标的区域 | 发达经济体 OFDI | −0.87*** | −0.88*** | −0.38 | −0.36 |
| | 发展中经济体 OFDI | −0.89*** | −0.79*** | −0.72*** | −0.55** |
| | 转型经济体 OFDI | −0.70*** | −0.71*** | −0.56** | −0.65*** |
| 标的产业 | 第一产业 OFDI | −0.67*** | −0.84*** | −0.4 | −0.55** |
| | 第二产业 OFDI | −0.88** | −0.88*** | −0.43 | −0.41 |
| | 第三产业 OFDI | −0.91*** | −0.89*** | −0.49* | −0.45* |

**表 5-1-3　2005—2019 年 OFDI 构成与去工业化相关系数**

| | OFDI 构成（项目数量占比） | 产出规模（增加值占比） | | 就业规模（就业占比） | |
|---|---|---|---|---|---|
| | | Pearson 相关系数 | Spearman 相关系数 | Pearson 相关系数 | Spearman 相关系数 |
| 所有制 | 民营企业 OFDI | −0.97*** | −0.94*** | −0.72*** | −0.56** |
| | 国有企业 OFDI | 0.97*** | 0.93*** | 0.74*** | 0.58** |
| | 港澳台资企业 OFDI | 0.69*** | 0.81*** | 0.43 | 0.32 |
| | 外资企业 OFDI | 0.23 | 0.25 | 0.19 | 0.34 |
| 投资模式 | 并购 OFDI | −0.44 | −0.25 | −0.09 | −0.10 |
| | 绿地 OFDI | 0.44 | 0.25 | 0.09 | 0.10 |
| 标的区域 | 发达经济体 OFDI | −0.28 | −0.24 | 0.16 | 0.02 |
| | 发展中经济体 OFDI | 0.20 | 0.20 | −0.22 | −0.01 |
| | 转型经济体 OFDI | 0.31 | 0.10 | 0.10 | −0.13 |
| 标的产业 | 第一产业 OFDI | −0.57** | −0.73*** | −0.22 | −0.49* |
| | 第二产业 OFDI | 0.65*** | 0.69*** | 0.64*** | 0.75*** |
| | 第三产业 OFDI | −0.61** | −0.70*** | −0.62*** | −0.71*** |

注：*** 表示在 0.01 水平（双侧）上显著相关，** 表示在 0.05 水平（双侧）上显著相关，* 表示在 0.10 水平上显著。

## 第二节　制造业 OFDI 与结构转型

### 一、中国结构转型特征事实

Rodrik（2015）提出若产业结构向后工业化阶段转型时的工业规模较小、经济发展水平较低，则结构转型具有过早或早熟的特征。中国在工业就业占比在 2013 年通过拐点，即中国进入后工业化阶段的时点为 2013 年前后，该年中国的人均 GDP 折合美元为 1988.9 美元（1990 年不变价格），远低于美国、日本等同阶段的人均收入水平，约为 14000 美元（1990 年不变价格）。按照 Rodrik 的定义，中国的结构转型已经基本具备早熟型后工业化的特征。

一般认为，制造业部门是一国经济发展的引擎（Kaldor 1966，1989），中国等发展中国家过早地向后工业化阶段转型可能会导致其经济可持续增长缺乏支撑和动力，甚至最终落入中等收入陷阱。图 5-2-1 为中国及部分发达国家后工业化发生时的制造业就业占比及当年的实际人均 GDP（2011 年，美元），从图 5-2-1 中可知，中国进入后工业化阶段时制造业就业规模及人均收入水平远低于日本、英国等发达国家。

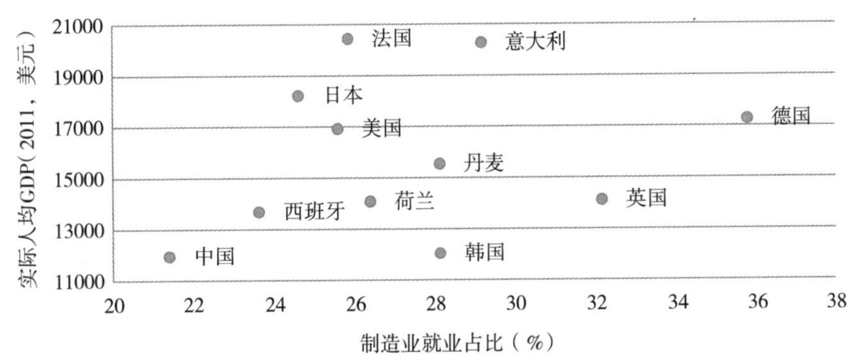


**图 5-2-1 世界部分国家结构转型图**

数据来源：CSMAR 数据库

从地区层面来看，中国各地区受资源禀赋、地理文化环境、经济发展基础差异影响，工业发展状况存在显著差异，整体呈现出东部沿海地区工业发展水平较高，而中西部地区发展较为落后的局面。但截至 2020 年，除新疆西藏以外的省份均进入了后工业化的阶段。表 5-2-1 列出了部分省份进入后工业化阶段的时间，峰值时的制造业就业占比及当年的实际人均 GDP（2000 年，人民币）。

**表 5-2-1 中国部分省份结构转型情况**

| 省份 | 年份（年） | 峰值 | 实际人均 GDP（2000 年人民币） |
|---|---|---|---|
| 上海 | 2012 | 0.39 | 120057.4 |
| 天津 | 2011 | 0.42 | 85231.75 |
| 广东 | 2013 | 0.51 | 55797.72 |
| 浙江 | 2008 | 0.43 | 35748.12 |
| 吉林 | 2013 | 0.26 | 31393.32 |
| 河南 | 2016 | 0.32 | 29313.49 |
| 江苏 | 2007 | 0.44 | 28546.71 |
| 海南 | 2013 | 0.11 | 28044.87 |
| 江西 | 2016 | 0.3 | 28010.29 |
| 北京 | 2005 | 0.2 | 39723.42 |
| 安徽 | 2016 | 0.24 | 27137.83 |
| 湖北 | 2011 | 0.29 | 25494.21 |
| 福建 | 2006 | 0.51 | 22177.94 |
| 山东 | 2006 | 0.38 | 20279.1 |
| 湖南 | 2011 | 0.23 | 20059.54 |
| 辽宁 | 2005 | 0.3 | 19119.82 |
| 青海 | 2011 | 0.2 | 18886.07 |
| 四川 | 2011 | 0.23 | 17747.74 |
| 广西 | 2012 | 0.2 | 17276.86 |
| 黑龙江 | 2005 | 0.21 | 14171.12 |
| 河北 | 2005 | 0.24 | 13049.3 |
| 山西 | 2007 | 0.2 | 12541.67 |
| 云南 | 2009 | 0.19 | 11051.16 |
| 宁夏 | 2007 | 0.19 | 10363.9 |
| 陕西 | 2005 | 0.26 | 7961.51 |

续表

| 省份 | 年份（年） | 峰值 | 实际人均 GDP（2000 年人民币） |
|---|---|---|---|
| 甘肃 | 2005 | 0.23 | 6387.284 |
| 内蒙古 | 2005 | 0.18 | 5871.794 |
| 重庆 | 2005 | 0.25 | 5157.315 |
| 贵州 | 2005 | 0.2 | 4363.299 |

注：1. 本部分根据以下标准对是否进入后工业化阶段进行判断：在 2005 年至 2020 年间该省份的制造业就业比重在一段时间内持续下降，即使略有上升但未超过之前阶段的最高值时，即认定为产生了后工业化。2. 部分省份如北京、河北、内蒙古等在 20 世纪 90 年代末期制造业占比就已经开始了下降，表 5-2-1 将这些省份在考察期内的最高点作为峰值。3. 中国部分省份工业化情况的资料来源于国家统计局。

从表 5-2-1 可以发现，东南部沿海省份后工业化开始时的实际人均收入水平虽远高于中西部地区省份，但其中大部分仍低于国际其他发达经济体同阶段的经济发展水平。并且部分中西部及东北部省份结构转型开始时不仅经济发展水平较低，其开始时间也早于大部分东部地区省份。此外，根据表 5-2-1 绘制的散点图 5-2-2 可以看出，东南沿海地区省份结构转型开始时不仅人均收入水平较高，其工业就业规模也普遍较大，例如浙江省拐点时约为 43%，广东省约为 51%，而其他省份后工业化时在人均收入水平偏低的同时工业就业规模也远低于东部省份，由此可以判断，中国不同发展状况地区的结构转型普遍具有早熟的特征。

## 二、制造业 OFDI 与结构转型特征事实

制造业 OFDI 是中国企业 OFDI 的重要组成部分，在 2005 年至 2020 年期间，制造业 OFDI 占总 OFDI 的比重一直稳定在 30% 左右。从制造业 OFDI 的地区分布数据看，不同地区间的差异明显。中国的制造业 OFDI 主要集中在北京、广东、浙江及上海，在 2005 年至 2020 年平均制造业 OFDI 项目数量分别约为 48.3 件、39.5 件、28.3 件及 27 件；制造业 OFDI 最少的省份为贵州及青海，2005 年至 2020 年平均制造业 OFDI 仅有 0.125 件及

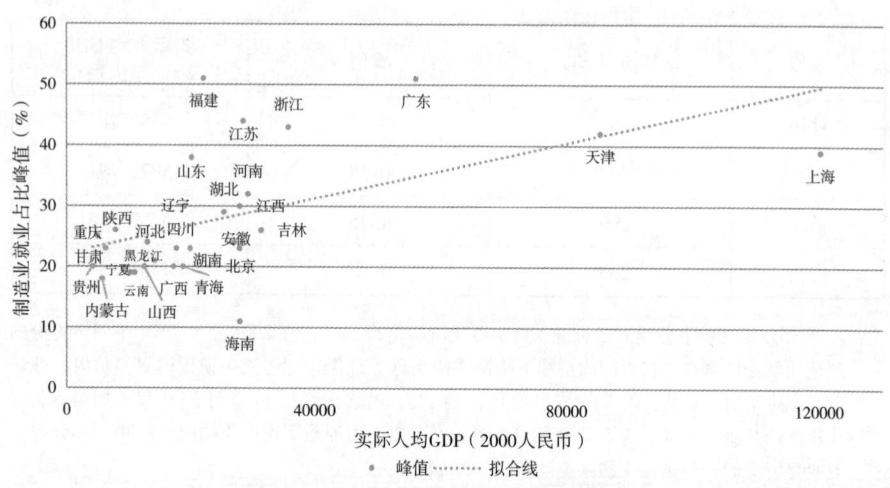


**图 5-2-2　中国部分省份结构转型图**

注：中国部分省份去工业化情况的资料来源于国家统计局

0.25 件；值得注意的是，制造业 OFDI 较为集中的地区并不意味着其制造业 OFDI 占全部 OFDI 的比重（根据投资项目数量计算）也较高，在近十六年内，制造业 OFDI 年平均占比较高的省份为安徽（约为 55%）、重庆（约为 54%）及吉林（52%），而北京制造业 OFDI 的占比仅为 16%，广东仅为 22%，上海为 19%。（详见表 5-2-2）。

近十年来，受到劳动力、土地及环保成本迅速上升的影响，一部分企业选择将国内的工厂及生产线转移到东南亚地区以缓解生产成本上涨带来的压力。OFDI 作为企业海外生产的必要途径，与国内结构转型，即制造业比重的下降密切相关。从行业分布看，制造业 OFDI 主要集中在基本金属及金属制品、其他机械设备、广播电视及通信设备、汽车、挂车和半挂车等细分行业。同时，仍然从行业分布看，规模以上工业企业用工人数从 2005 年持续上升至 2014 年后开始回落，至 2019 年为止用工人数一共减少了 2048.13 万人，其中 OFDI 主要集中的基本金属与金属制品行业下降最多，约为 244.9 万人，其他 OFDI 较为集中的行业的用工人数也出现了明显的下跌。

此外，除了上述的直接关系外，制造业 OFDI 与制造业比重间还存在间接的联系。部分学者认为 OFDI 可能会通过缩紧资金流动性造成国内投资的挤出（杨连星，2019）。以上海为例，表 5-2-3 列出了上海浦东新区①部分制造业行业在 2009 年至 2019 年的本年完成投资额以及该行业 OFDI 占上海市全部制造业 OFDI 的比重。整体来看，制造业的完成投资额呈上涨趋势，在十年间由 198.7 亿元上升至 398.26 亿元，而 OFDI 密集的行业的完成投资额大部分都出现了下降趋势，且相较于占比较小的行业，占比较高的行业在 2014 至 2019 年间的下降幅度更大。OFDI 造成的行业资本流失必然会对相关行业规模的扩张造成消极影响，从而加速制造业比重的下降导致过早进入后工业化阶段。

**表 5-2-2　2005—2020 年中国部分省份 OFDI 年平均项目数及年平均占比情况表**

| 省份 | 制造业 OFDI 年平均项目数 | 制造业 OFDI 年平均占比 | 省份 | 制造业 OFDI 年平均项目数 | 制造业 OFDI 年平均占比 |
|---|---|---|---|---|---|
| 上海 | 27.063 | 0.194 | 江苏 | 23.250 | 0.312 |
| 云南 | 0.875 | 0.210 | 江西 | 2.688 | 0.362 |
| 内蒙古 | 1.375 | 0.299 | 河北 | 6.750 | 0.433 |
| 北京 | 48.313 | 0.166 | 河南 | 4.188 | 0.427 |
| 吉林 | 2.625 | 0.527 | 浙江 | 28.313 | 0.336 |
| 四川 | 5.625 | 0.343 | 海南 | 1.313 | 0.094 |
| 天津 | 3.313 | 0.301 | 湖北 | 5.563 | 0.320 |
| 宁夏 | 0.500 | 0.283 | 湖南 | 5.375 | 0.436 |
| 安徽 | 8.063 | 0.553 | 甘肃 | 0.875 | 0.204 |
| 山东 | 21.563 | 0.413 | 福建 | 6.875 | 0.241 |
| 山西 | 1.438 | 0.450 | 贵州 | 0.125 | 0.094 |
| 广东 | 39.500 | 0.224 | 辽宁 | 6.125 | 0.438 |
| 广西 | 1.188 | 0.327 | 重庆 | 6.000 | 0.548 |
| 陕西 | 2.188 | 0.320 | 青海 | 0.250 | 0.188 |
| 黑龙江 | 0.938 | 0.236 | | | |

① 由于未能找到上海市各制造业行业的工业投资完成额数据，因此使用上海工业产值最大的浦东新区的数据进行分析。

表 5-2-3　上海浦东新区部分工业行业投资完成额与制造业 OFDI 情况表

| 行业 | 2009 年 | | 2014 年 | | 2019 年 | |
|---|---|---|---|---|---|---|
| | 投资完成额（亿元） | OFDI 占比（%） | 投资完成额（亿元） | OFDI 占比（%） | 投资完成额（亿元） | OFDI 占比（%） |
| 基本金属制造业 | 4. 6 | 0 | 5. 72 | 10 | 0. 97 | 1. 96 |
| 食品制造业 | 3. 4 | 3. 92 | 1. 34 | 12 | 1. 83 | 7. 84 |
| 其他机械设备制造业 | 30. 33 | 3. 92 | 37. 35 | 7 | 32. 03 | 5. 88 |
| 电气机械制造业 | 14. 521 | 0 | 8. 22 | 1 | 5. 18 | 1. 96 |
| 医药制造业 | 5. 3 | 0 | 31. 33 | 15 | 8. 89 | 11. 76 |
| 制造业 | 198. 7 | 100 | 303. 8 | 100 | 398. 26 | 100 |

注：制造业 OFDI 年平均占比指，在该省份内制造业 OFDI 占全部行业的 OFDI 比重。

图 5-2-3 是根据表 5-2-2 制成的制造业 OFDI 项目数均值与制造业就业峰值的散点图。通常来说，制造业比重峰值越高工业化水平越高，图中拟合线向右上方倾斜，这表明在工业化水平越高的地区，制造业 OFDI 的水平也越高，并且工业发展水平高的地方制造业 OFDI 的水平远高于工业发展水平较低的地区。可能的原因在于：首先，制造业发展水平较高的地区其整体的 OFDI 水平越高，制造业 OFDI 作为其中的一部分自然也随之越高；其次，制造业发展水平较高的地区其生产制造成本往往上升得较快，因此当地企业更容易选择通过 OFDI 将其生产配置到海外的方式以减小生产成本。

图 5-2-4 根据表 5-2-2 绘制了制造业 OFDI 年平均占比与制造业就业峰值间的关系。拟合线虽然向上倾斜但趋于平缓，两者间的正相关关系不显著，也即制造业 OFDI 占比的高低与制造业比重之间的相关关系并不显著。另外，在工业化水平较高的地区（就业占比 30%以上），制造业 OFDI 占比与制造业比重负相关，如广东、山东等省；在工业化水平较低的地区（就业占比小于 30%），制造业 OFDI 与就业比重则呈现出明显的正相关关系，如吉林省等。我们将在图 5-2-5 和图 5-2-6 进一步展开分析。

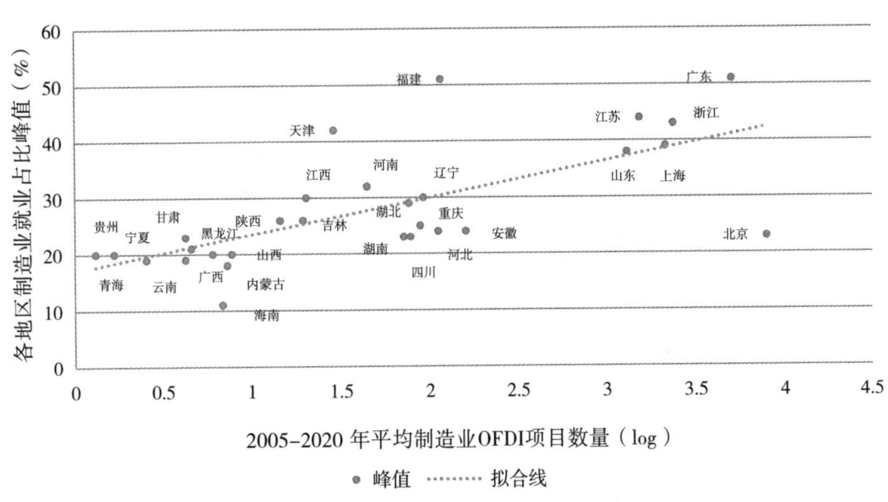


图 5–2–3 中国部分省份平均制造业 OFDI 项目数与制造业就业占比峰值散点图

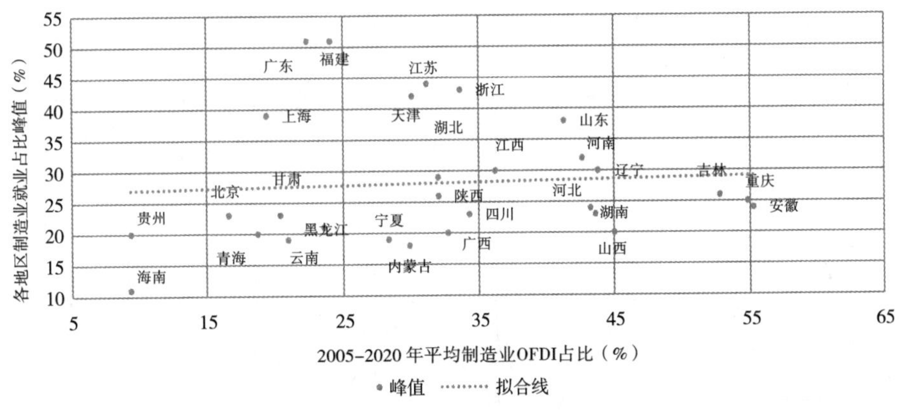


图 5–2–4 中国部分省份平均制造业 OFDI 占比与制造业就业占比峰值图

为验证工业发展水平的差异是否会造成制造业 OFDI 与制造业就业比重之间相关性的不同，本书进一步绘制了工业发展水平较高地区（就业占比峰值水平超过 30%，但不包括 30%）及工业发展水平较低地区（就业占比峰值水平在 30%以下，包括 30%）的制造业 OFDI 与制造业就业占比的散点图，分别为图 5–2–5 和图 5–2–6。图 5–2–5 中的数据分布和拟合线走势表明在工业化水平较高的省份，制造业 OFDI 占比越高的地区其制造业的就业规模就越小，即制造业 OFDI 占比的上升会加速制造业比重的下降；

而图 5-2-6 则表明在工业化水平较低的地区，制造业就业规模随着制造业 OFDI 占比的增加而增加。

**表 5-2-4　中国部分省份制造业就业规模与制造业 OFDI 变化率表**

| 省份 | 制造业就业规模年均下降速度 | 制造业 OFDI 年平均增长率 | 制造业 OFDI 占比年平均增长率 |
|---|---|---|---|
| 上海 | 2. 393 | 45. 276 | 15. 194 |
| 云南 | 0. 749 | -37. 037 | -20. 741 |
| 内蒙古 | 0. 439 | 101. 111 | -5. 951 |
| 北京 | 1. 018 | 8. 122 | -2. 212 |
| 吉林 | 1. 213 | 23. 571 | -10. 529 |
| 四川 | 0. 765 | 8. 862 | -1. 56 |
| 天津 | 1. 835 | 40. 444 | 1. 531 |
| 宁夏 | 0. 446 | -25 | -35. 556 |
| 安徽 | 0. 291 | 35. 167 | 7. 812 |
| 山东 | 0. 969 | 32. 602 | 9. 47 |
| 山西 | 0. 547 | 16. 071 | -1. 753 |
| 广东 | 1. 738 | 12. 803 | 0. 168 |
| 广西 | 0. 951 | -31. 667 | 10. 667 |
| 江苏 | 0. 795 | 32. 519 | 8. 546 |
| 江西 | 1. 496 | 5. 076 | -19. 486 |
| 河北 | 0. 448 | 37. 463 | 12. 472 |
| 河南 | 2. 344 | 31. 071 | 14. 494 |
| 浙江 | 1. 076 | 19. 364 | 2. 109 |
| 海南 | 0. 588 | -56. 818 | -53. 042 |
| 湖北 | 0. 901 | 11. 752 | 13. 696 |
| 湖南 | 0. 825 | 38. 345 | 47. 485 |
| 甘肃 | 0. 795 | -14. 583 | -17. 411 |

续表

| 省份 | 制造业就业规模年均下降速度 | 制造业 OFDI 年平均增长率 | 制造业 OFDI 占比年平均增长率 |
|---|---|---|---|
| 福建 | 1. 727 | 30. 516 | 16. 708 |
| 贵州 | 0. 748 | -50 | 0 |
| 辽宁 | 0. 584 | 38. 743 | 64. 59 |
| 重庆 | 0. 467 | 54. 84 | 10. 689 |
| 陕西 | 0. 689 | 50. 139 | 32. 524 |
| 青海 | 0. 775 | -50 | -50 |
| 黑龙江 | 0. 803 | -35 | -34 |

注：本表三个指标均从各省份达到就业占比峰值年份开始计算。

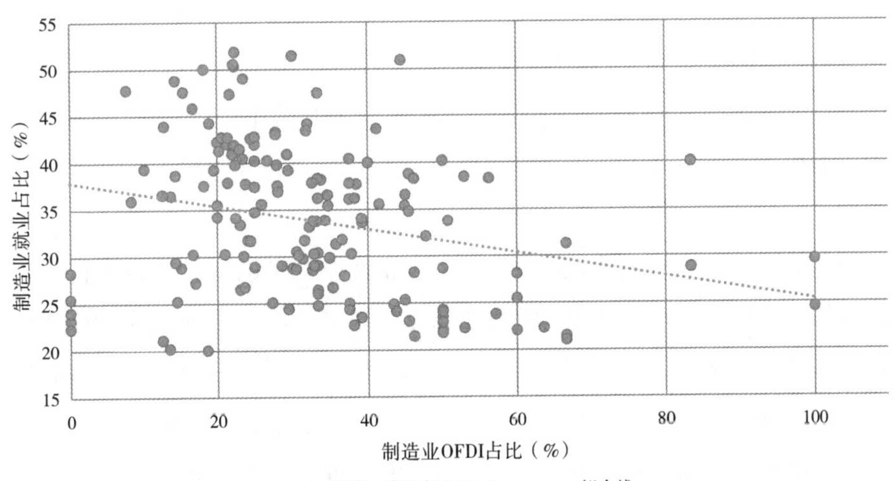


**图 5-2-5　高工业化水平地区制造业 OFDI 占比与制造业就业规模散点图**

注：横坐标制造业 OFDI 占比（%）指 2005—2020 年各省每年的制造业 OFDI 占该省比重；纵坐标制造业就业占比（%）指 2005—2020 年各省每年的就业人数占该省比重，代表就业规模。

图 5-2-6 证明了制造业 OFDI 与制造业就业比重的相关性，而制造业比重缩减的速度快也是中国结构转型呈现早熟特征的表现之一。从 2005 年到 2020 年，中国服务业增加值占比年均提升幅度约为 0. 88 个百分点，由 2005 年的 41. 3% 迅速上升至 2020 年的 54. 5%，而工业增加值占比则

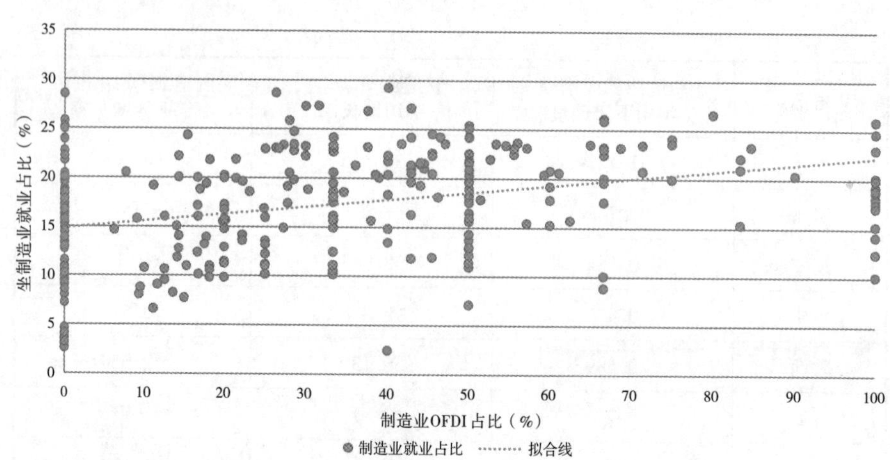


**图 5-2-6　低工业化水平地区制造业 OFDI 占比与制造业就业规模散点图**

注：横坐标制造业 OFDI 占比（%）指 2005—2020 年各省每年的制造业 OFDI 占该省比重；纵坐标制造业就业占比（%）指 2005—2020 年各省每年的就业人数占该省比重，代表就业规模。

由 2006 年的 42% 降至 2020 年的 30.8%，年均下降幅度均超过 1.3 个百分点；对比世界其他发展中国家，1985 年到 2014 年间，印度、拉美国家等发展中国家服务业产出比重平均提高 7 个百分点，而中国服务业产出比重在此期间上升了 21.3%，呈现出快速去工业化特征（魏后凯，2019）。因此本部分进一步对制造业 OFDI 与制造业就业规模的变化速度进行相关性分析，其中制造业就业规模的变化速度通过各省份制造业就业占比达到峰值时的年份至 2020 年的平均增加或减小额计算得出，例如，浙江省制造业就业比重在 2008 年达到峰值 43%，2020 年时的制造业就业占比约为 30%，即 12 年间下降 13 个百分点，因此浙江省制造业就业规模的下降速度为 1.08%/年。表 5-2-4 列示了中国各省份制造业就业规模、制造业 OFDI 及其占比的变动速度，从表 5-2-4 可知上海、河南及天津是制造业就业占比下降最快的地区，下降最小的地区为安徽、内蒙古及宁夏，虽然整体呈现出经济发展水平越高，制造业就业规模缩小速度越快的特征，但个别省份如河南、吉林等地区的制造业就业规模的下降速度明显较高。

图 5-2-7 及图 5-2-8 分别为制造业 OFDI、制造业 OFDI 平均增速与制造业就业规模变动速度的散点图，图 5-2-9 及图 5-2-10 分别为制造业就

业规模变动速度与制造业 OFDI 平均增速、制造业 OFDI 占比平均增速的散点图。从图中可以看出，无论是制造业 OFDI 还是其增加速度均与制造业就业规模的减小速度正向相关，即制造业 OFDI 总量的上升会加速制造业比重的下降。

从图 5-2-9 及图 5-2-10 可知，虽然制造业就业规模与制造业 OFDI 占比呈负相关关系，这可能是由于工业规模差异所带来的异质性，但与制造业 OFDI 占比的平均增速呈相关关系，这表明在制造业 OFDI 占比增加速度越快的地区，其制造业就业规模递减的也越快。

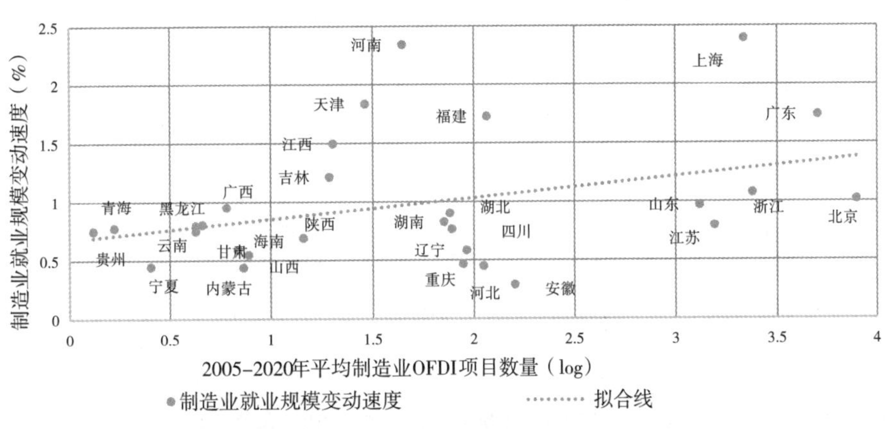


图 5-2-7　中国部分省份平均 OFDI 项目数与制造业就业规模变动速度散点图

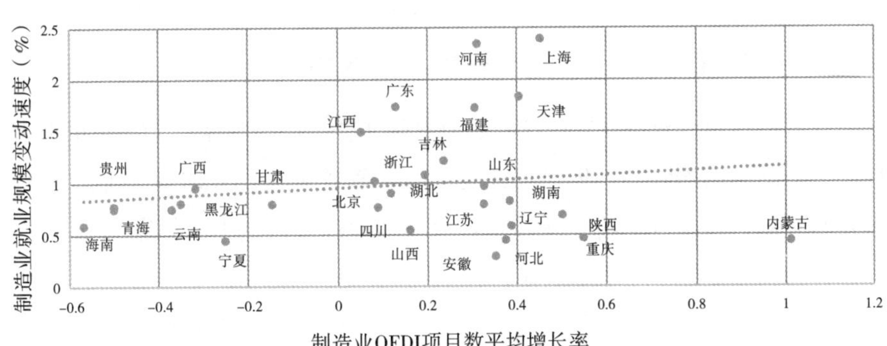


图 5-2-8　中国部分省制造业 OFDI 项目数平均增长率与制造业就业规模变动速度散点图

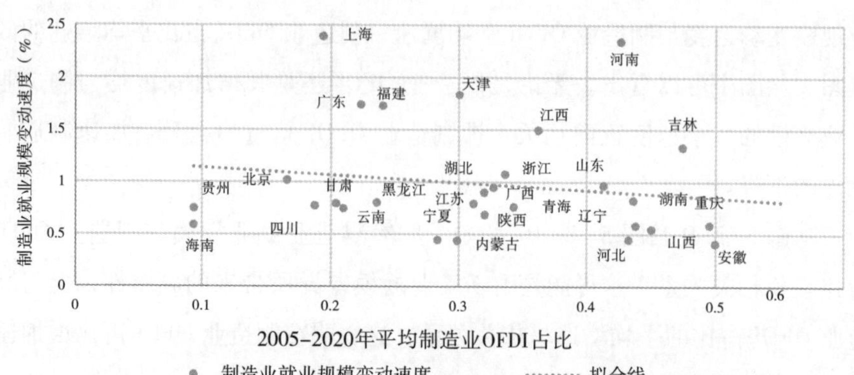


**图 5-2-9 中国部分省份制造业 OFDI 平均占比与制造业就业规模变动速度散点图**

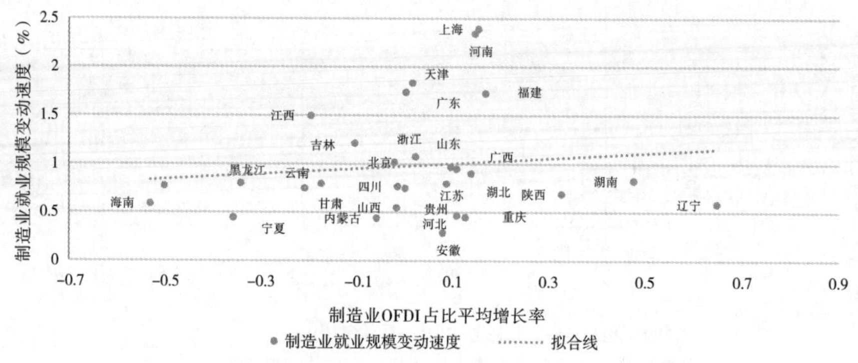


**图 5-2-10 中国部分省份制造业 OFDI 占比平均增长率与制造业就业规模变动速度散点图**

## 三、制造业 OFDI 与结构转型实证研究

本节将通过实证研究的方法探讨以下问题：第一、制造业 OFDI 是否推动了中国的结构转型，即制造业比重的下降？第二、OFDI 来源地、投资主体所有制、模式及动机的差异是否会对结构转型产生不同的影响？

### （一）基准模型构建与分析

本书使用中国 283 个地级市① 2005 年至 2017 年的数据，并借鉴

① 截至 2022 年中国共有 293 个地级市，在考虑数据的可得性、连续性等因素后，例如，当城市的数据缺失值较多时，本书将该城市从样本中剔除，最终确定实证分析的样本为 283 个地级市数据。

Aldersen（1999）等人的研究构建如下实证模型：

$$mavagdp_{it}?\ = \beta_0 magdp_{i,\ t-1} + \beta_1 magdp_{it-2} + \partial_{\ 0} + \beta_2 OFDI_{it} + \beta_3 Z_{it} + d_t + \mu_i + ?_{\ it} \quad (1)$$

其中，下标 i 代表城市，下标 t 代表年份。mavagdp 为结构转型指标，即制造业比重。工业部门的规模越大，制造业比重越高，反之，工业部门的规模越小则代表该地区制造业比重越低。当 $\beta_1$ 的系数显著为负时，表明制造业的对外直接投资存在结构转型效应。核心解释变量 OFDI 用于衡量各地区对外直接投资水平。$Z_{it}$ 为该模型的其他控制变量，下面将对此进行详细说明。$d_t$ 对年份固定效应进行控制 $\mu_i$ 控制城市层面的固定效应。$\mu_i$ $\epsilon_{it}$ 为控制城市层面的固定效应。? $_{it}$ 与固定效应不相关的随机干扰项。工业部门的发展会存在一定的路径依赖，因此本书纳入被解释变量的一阶及二阶滞后项以减轻可能存在的遗漏变量及内生性问题对实证结果的干扰。为了缓解 OFDI 与去工业化之间的反向因果关系，本书将制造业对外投资的滞后一阶及高阶作为工具变量进行估计。

1. 数据说明

本书使用了中国 283 个地级市的宏观数据，时间跨度为 2005 年至 2017 年。其中，各地级市的工业增加值比重，GDP，人均 GDP，房地产投资工业企业利润数据来源于《区域统计年鉴》及《城市统计年鉴》。制造业进口数据来源于知网及中经网年度海关数据库。OFDI 项目数量及金额、企业所有制、标的国（地区）及标的行业等数据来源于从 BvD Zephyr 数据库以及 fDi Markets 数据库中整理得到的中国企业对外绿地投资及并购投资数据。识别 OFDI 投资动机时所用到的各国进出口及与中国的双边贸易额数据来自 UN Comtrade。

2. 变量说明

（1）制造业比重（mavagdp）。本书参照 Sung（2011）、Alderson（2015）和 Rodrik（2016）的方法使用工业规模即工业增加值占 GDP 的比重对制造业比重进行衡量。工业增加值占比越高，代表该地区制造业规模越大。

（2）对外直接投资。本书使用制造业对外直接投资的项目数量（OFDI）以及对外直接投资金额占地区 GDP 的比重（OFDIvalue）进行衡量。

本书的控制变量包括：第一是地区经济发展水平（lnpgdp），这一变量用于涵盖经济发展不同阶段与去工业化进程之间的关系。第二是第三产业生产率（productivity）。这一变量用于反映生产率变化对结构转型的影响。第三是行业利润（profitgdp）。利润的高低将会改变企业的活力从而对部门发展造成影响。第四是房地产投资水平（propertygdp），通过该城市房地产投资总额占 GDP 的比重对此进行衡量。对房地产行业的过度投资必然会减少对工业的投资，加速工业规模的萎缩。第五是外资水平。外资企业的涌入会大幅提高东道国的生产和劳动力需求，扩大当地的行业生产和贸易规模。反之，外商投资水平的下降一方面会通过减少产业资本等方式负向作用于工业部门规模。

3. 基准回归结果

本书分别使用系统广义矩估计方法（GMM）对动态面板模型进行估计。其中。系统 GMM 方法要求其残差序列一阶自相关二阶序列不相关以及工具变量满足外生性。为了保证结果的一致性和有效性，本书使用 Hansen 统计量检验工具变量的外生性并对估计结果进行 Arellano-Bond 序列相关检验。模型估计结果见表 5-2-5。表 5-2-5 第一列及第二列为仅包含核心解释变量的回归结果，第三列及第四列为加入控制变量后的回归结构。如表 5-2-5 中所示，核心解释变量 OFDI 项目数及 OFDI 金额占比对制造业规模的效应显著为负，说明制造业对外直接投资会负向作用于地区的制造业比重，从而推动结构转型。

**表 5-2-5　基准回归结果**

| VARIABLES | （1）<br>mavagdp | （2）<br>mavagdp | （3）<br>mavagdp | （4）<br>mavagdp |
|---|---|---|---|---|
| L. mavagdp | 0.5474*** | 0.5921*** | 0.5478*** | 0.5604*** |
| | （9.89） | （9.03） | （10.35） | （10.84） |
| L2. mavagdp | 0.3525*** | 0.3159*** | 0.1190*** | 0.1330*** |

续表

| VARIABLES | (1)<br>mavagdp | (2)<br>mavagdp | (3)<br>mavagdp | (4)<br>mavagdp |
|---|---|---|---|---|
| | (6.48) | (5.16) | (4.38) | (4.84) |
| OFDI | -0.0003** | | -0.0011*** | |
| | (-2.54) | | (-4.32) | |
| OFDIvalue | | -0.1483*** | | -0.3786*** |
| | | (-3.36) | | (-4.96) |
| 常数项 | 0.0654*** | 0.0611*** | -0.1189*** | -0.1126*** |
| | (4.39) | (4.62) | (-2.86) | (-2.81) |
| 控制变量 | 是 | 是 | 是 | 是 |
| 样本量 | 3110 | 3109 | 2924 | 2923 |
| 时间固定效应 | 是 | 是 | 是 | 是 |
| 地区固定效应 | 是 | 是 | 是 | 是 |
| AR (1) | 0 | 0 | 0 | 0 |
| AR (2) | 0.439 | 0.926 | 0.206 | 1.28 |
| Hansen检验值 | 0.142 | 0.398 | 0.231 | 0.239 |

注：① ***、**、* 分别表示在1%、5%、10%的水平上显著，括号内数字为相应的t值② AR（1）、AR（2）为序列相关检验的P值 ③L. 代表变量的滞后期。下表同。

（二）稳健性检验

本书使用以下方法进一步检验估计结果的稳健性：第一，剔除产业政策的影响。2012年12月中国政府确定了以重点发展服务业为导向的产业升级政策基调，这可能会对地区结构转型产生影响，因此本书通过检验2013年前后OFDI制造业比重的影响有无发生明显变化剔除产业结构调整类政策对回归结果的干扰。第二，剔除投资目的地为中国香港地区、开曼群岛等地区的对外直接投资。部分企业可能会出于避税或享受外资优惠政策等目的对这些地区投资，而这类投资对投资企业生产经营活动的影响较小，对母国的去工业化也难以起到实质性的影响。

表5-2-6中第（1）至第（4）列为以2013年为界划分的两个时期的子样本估计结果，对比子样本的回归结果可知以投资数量表征的制造业对

外直接投资系数显著为负且无明显差异，验证了制造业 OFDI 结构转型效应检验的稳健性。而从以投资金额表征的制造业对外直接投资的回归结果看，使用 2014 年至 2019 年的样本估计得出的系数大于 2005 年至 2013 年样本估计的系数，即制造业对外直接投资对工业规模的负向效应在 2013 年后更强。可能的原因在于，2008 金融危机导致西方国家资产价格偏低，吸引了大量的投资者引致对外直接投资水平上升，而这类投资工业规模的负向影响较小。由于避税等动机的对外直接投资可能会导致回归结果产生偏误，本书剔除开曼群岛、百慕大群岛、中国香港地区等地区的数据对基准模型重新进行回归，结果见表 5-2-6 第（5）（6）列可知对外直接投资水平的估计系数依旧显著为负。

**表 5-2-6 稳健性检验**

| | (1)<br>mavagdp | (2)<br>mavagdp | (3)<br>mavagdp | (4)<br>mavagdp | (5)<br>mavagdp | (6)<br>mavagdp |
|---|---|---|---|---|---|---|
| L. mavagdp | 0.545*** | 0.441*** | 0.502*** | 0.755*** | 0.536*** | 0.56*** |
| | (6.18) | (6.07) | (4.52) | (10.09) | (9.85) | (10.53) |
| L2. mavagdp | 0.213*** | 0.0881** | 0.289*** | −0.0157 | 0.109*** | 0.13*** |
| | (3.19) | (2.10) | (2.74) | (−0.34) | (4.02) | (4.67) |
| OFDI | −0.0014** | −0.0015*** | | | | |
| | (−2.58) | (−3.22) | | | | |
| OFDIvalue | | | −0.244** | −0.292*** | | |
| | | | (−2.00) | (−2.83) | | |
| OFDI* | | | | | −0.001*** | |
| | | | | | (−4.17) | |
| OFDIvalue* | | | | | | −1.01*** |
| | | | | | | (−4.51) |
| 常数项 | 0.103* | −0.26*** | 0.19** | −0.21*** | −0.14*** | 0 |
| | (1.93) | (−3.26) | (2.34) | (−3.96) | (−3.06) | (.) |
| 控制变量 | 是 | 是 | 是 | 是 | 是 | 是 |
| 样本量 | 1869 | 1055 | 1596 | 1327 | 2924 | 2923 |

续表

| | (1) mavagdp | (2) mavagdp | (3) mavagdp | (4) mavagdp | (5) mavagdp | (6) mavagdp |
|---|---|---|---|---|---|---|
| 时间固定效应 | 是 | 是 | 是 | 是 | 是 | 是 |
| 地区固定效应 | 是 | 是 | 是 | 是 | 是 | 是 |
| AR（1） | 0 | 0.04 | 0 | 0.017 | 0 | 0 |
| AR（2） | 0.57 | 0.395 | 0.201 | 0.227 | 0.2 | 0.19 |
| Hansen 检验 | 0.297 | 0.125 | 0.128 | 0.105 | 0.217 | 0.29 |

注：OFDI*、OFDIvalue*为剔除投资目的地为中国香港地区、开曼群岛等地区的对外直接投资数量和金额。

（三）异质性分析

本书的异质性分析分为三部分。第一，地区之间经济发展水平不均衡，因此对外直接投资对工业部门的影响也可能会不同。本书将总体数据分为东部，中部，西部及东北部①四个分样本以考察地区间的异质性。第二是投资模式。企业在进行海外投资决策时会面临两种投资模式的选择：绿地投资及并购投资。这两种模式的投资风险，成本及收益的差异会影响企业决策并传导至母国的经济活动。第三是OFDI投资动机。投资动机的不同对国内制造业及工业部门产生的经济效应也不同。本书通过对每项OFDI的投资动机进行识别最后加总至城市层级。具体方法如下：识别过程同时使用标的企业经营范围、投资企业经营范围、投资模式、标的国家（地区）及所涉及行业的生产模式等信息以确保动机识别的准确性。例如，根据标的企业经营范围所涉及的自然资源占标的国（地区）总出口的比重，以及该资源在标的国（地区）的富裕程度识别自然资源寻求动机。投资于欧美发达国家优势技术密集型行业的OFDI识别为技术寻求型。判定

① 东部地区地级市包括：隶属于河北省、山东省、江苏省、浙江省、广东省、海南省、福建省的地级市以及三个直辖市：北京市、天津市、上海市。中部地区地级市包括：隶属于山西省、河南省、湖北省、湖南省、安徽省、江西省的地级市。西部地区地级市包括：隶属于包括四川省、陕西省、云南省、贵州省、广西壮族自治区、甘肃省、青海省、宁夏回族自治区、西藏自治区、新疆维吾尔自治区、内蒙古自治区的地级市以及一个直辖市重庆市。

为市场寻求型动机的 OFDI 一般为中国具有优势行业的企业对该行业在东道国发展水平较低、相关产品需求依赖于进口的国家的投资。当地生产型 OFDI 的判定则需要进一步结合东道国的平均工资水平、经营范围内所涉及产品与中国的双边贸易额以及是否为绿地投资或并购的股权占比不小于51%等信息进行综合判定。

表 5-2-7 列出了四个地区的估计结果。东部地区、东北部对外直接投资的制造业比重的降低效应显著，中部地区及西部地区的对外直接投资并未导致当地制造业部门的萎缩，而中部地区的对外直接投资则会促进制造业部门规模的增长。可能的原因在于，对于中部地区及西部地区来说，对外直接投资带来正向效应如逆向技术溢出效应能够在一定程度上缓解地区间技术进步不均衡的状况，从而平衡了 OFDI 对制造业规模的负向影响。

**表 5-2-7　地区异质性分析**

| | 东部地区 | | 东北部地区 | | 中部地区 | | 西部地区 | |
|---|---|---|---|---|---|---|---|---|
| | (1) | (2) | (3) | (4) | (5) | (6) | (7) | (8) |
| | mavagdp | mavagdp | mavagdp | mavagdp | mavagdp | mavagdp | mavagdp | mavagdp |
| L. mavagdp | 0.431*** | 0.439*** | 0.596*** | 0.612*** | 0.552*** | 0.540*** | 0.841*** | 0.844*** |
| | (6.35) | (6.85) | (8.58) | (5.04) | (8.75) | (8.24) | (10.03) | (9.93) |
| L2. mavagdp | 0.261*** | 0.261*** | 0.263*** | 0.163*** | 0.186*** | 0.182*** | 0.0270 | 0.0282 |
| | (8.11) | (8.35) | (3.23) | (3.94) | (5.37) | (5.33) | (0.37) | (0.38) |
| OFDI | | -0.001*** | | -0.008** | | 0.0009 | | -0.0008 |
| | | (-3.36) | | (-2.20) | | (0.54) | | (-0.88) |
| OFDIvalue | -0.369*** | | -1.202* | | 1.674 | | -0.119 | |
| | (-3.42) | | (-1.97) | | (1.65) | | (-0.26) | |
| 常数项 | 0 | -0.00623 | -0.309* | -0.377** | 0 | 0 | -0.107*** | -0.107*** |
| | (.) | (-0.12) | (-1.92) | (-2.62) | (.) | (.) | (-2.84) | (-2.93) |
| 控制变量 | 是 | 是 | 是 | 是 | 是 | 是 | 是 | 是 |
| 样本量 | 948 | 948 | 363 | 329 | 966 | 966 | 646 | 647 |
| 时间固定效应 | 是 | 是 | 是 | 是 | 是 | 是 | 是 | 是 |

续表

| | 东部地区 | | 东北部地区 | | 中部地区 | | 西部地区 | |
|---|---|---|---|---|---|---|---|---|
| | (1) | (2) | (3) | (4) | (5) | (6) | (7) | (8) |
| | mavagdp | mavagdp | mavagdp | mavagdp | mavagdp | mavagdp | mavagdp | mavagdp |
| 地区固定效应 | 是 | 是 | 是 | 是 | 是 | 是 | 是 | 是 |
| AR (1) | 0 | 0.03 | 0 | 0 | 0 | 0 | 0 | 0 |
| AR (2) | 0.95 | 0.36 | 0.573 | 0.23 | 0.8 | 0.248 | 0.54 | 0.23 |

投资主体所有制异质性分析的估计结果①见表 5-2-8 第（1）列，所示模型同时包含了地区绿地对外直接投资水平（greenofdi）和并购投资（mergeofdi）。估计结果表明，绿地投资会推进去工业化程度而并购投资未对工业规模产生显著影响。由于绿地投资的固定成本和经营风险较高从而更容易对国内投资形成挤出。同时，这类投资往往伴随着生产的转移导致进口增多国内需求的减少，进一步加大了制造业比重的减少效应。而对于并购投资模式来说，企业选择此类投资时其亏损的风险较小，初始成本较低且多以寻求技术为目的，那么对国内资金流动性及市场需求的影响较小从而去工业化效应不显著。列示了不同动机的对外直接投资对工业部门规模产生的影响。表 5-2-8 第（2）列的估计结果表明，除当地生产型（localofdi）及市场寻求型（marketofdi）对外直接投资对部门规模有负向影响外，技术寻求型（assetofdi）及自然资源需求型 OFDI（resourceofdi）不会加深地区的去工业化程度。由于企业往往通过当地生产型投资将其工厂或生产线转移到劳动力等要素投入成本较低的国家进行生产，一方面海外建立设厂对资金的要求较高，因此对母国经济活动的流动性约束增强。另一方面，生产线的转移也会对母国国内及出口需求产生替代。市场寻求型 OFDI 虽然理论上对投资和进口水平的影响较小，其系数显著为负的原因可

① 对外直接投资的金额数据存在部分缺失值，进一步根据异质性分析分组导致部分地区对外直接投资金额数据部分或完全缺失，为避免对回归结果的干扰，本书异质性分析部分仅使用 OFDI 项目数量。

能在于，部分企业进行该类动机的投资时，会出于降低贸易、运输成本等目的将部分生产外包给东道国企业或共同生产等，此时企业的投资行为同时具有当地生产和市场寻求两类动机从而导致该类动机 OFDI 的制造业比重的降低效应显著。其他两种动机的 OFDI 虽然会占用部分企业资金，但由于其能够在一定程度上促进技术创新水平提高及刺激国内外需求的增加，使得这些类型投资的去工业化效应不显著。

**表 5-2-8　异质性分析**

| | 投资模式 | 投资动机 |
|---|---|---|
| | (1) | (2) |
| mavagdp | mavagdp | |
| L. mavagdp | 0.545*** | 0.560*** |
| | (10.43) | (10.99) |
| L2. mavagdp | 0.127*** | 0.145*** |
| | (4.95) | (6.06) |
| greenofdi | -0.00307*** | |
| | (-3.40) | |
| mergeofdi | -0.0000436 | |
| | (-0.09) | |
| localofdi | | -0.00581*** |
| | | (-3.51) |
| assetofdi | | 0.000350 |
| | | (0.48) |
| resourceofdi | | -0.0000469 |
| | | (-0.05) |
| marketofdi | | -0.00199*** |
| | | (-3.47) |
| 控制变量 | 是 | 是 |
| 样本量 | 2924 | 2924 |

续表

| | 投资模式 | 投资动机 |
|---|---|---|
| | (1) | (2) |
| 时间固定效应 | 是 | 是 |
| 地区固定效应 | 是 | 是 |
| AR (1) | 0 | 0 |
| AR (2) | 0.138 | 0.248 |
| Hansen 检验 | 0.99 | 1 |

注：① ***、**、* 分别表示在 1%、5%、10% 的水平上显著，括号内数字为相应的 t 值。②AR (1)、AR (2) 为序列相关检验的 P 值。③L. 代表变量的滞后期。

# 第三节　OFDI、结构转型与经常账户赤字

## 一、从 OFDI 的结构转型效应看中国经常项目账户

### (一) OFDI 的结构转型效应引起经常账户赤字的可能性

为什么 OFDI 的结构转型效应可能会导致经常账户的赤字呢？一般而言，如果一个国家（地区）进入了后工业化阶段，面对产业结构调整，一部分企业甚至是产业就会出现以下两种情况，一种情况是该企业（产业）在国内（地区）出现衰退甚至退出，另一种情况则是将企业（产业）的生产转移布局到海外。其产生的结果也可能会出现如下三种情况：

第一，首先是对国内（地区）的产业以及相关产业产生负面影响。这一点可以借用本书关于中国工业增加值和就业占比持续性下降得以说明。

第二，对企业所在国家，特别是对企业所在地区的产业结构和制造业布局产生负面影响。从 2013 年开始的中国工业重心南移带来的所谓“南强北弱”格局可以佐证这一点。

第三，部分学者认为，上述两种结果的持续出现将会导致该国在未来一段时间之后也许出现进口增加、出口减少，由此可能导致出现贸易赤字，进而在不远的将来（几年、十几年或者几十年不等）不排除出现经常

项目账户赤字的可能性。

（二）中国经常账户陷入赤字的可能性

有人会说，从20世纪80年代开始特别是“广场协议”之后，日本有大量企业投资海外，其国内产业出现严重的产业空心化，时至今日也从未发生过所谓经常账户赤字，所以对中国今后所谓经常账户可能产生赤字的担忧是杞人忧天。尽管日本产业空心化严重并长期出现贸易赤字，但是日本经常账户的确没有发生过赤字。究其原因，是由于日本的“投资收支”长期盈利，弥补了贸易赤字，使其经常账户保持了黑字。但是中国的情况却不同于日本。这里要从国际收支平衡表了解一下中国的投资收支。

由于中国拥有的大量外汇储备是依据大量经常账户黑字产生的，据此可以推论出中国的OFDI与经常账户收支之间的关系应该非常密切，但是根据本系列指数报告2021年度版“中国企业对外直接投资与宏观经济指标的协动关系”中的计算结果显示，中国OFDI与经常账户之间的相关关系虽然为负但并不显著。从国际收支表看，中国长期以来一直在输出资本，尽管中国的海外净资产是正的，但是投资收入却是逆差。这种“净债权、投资收益为负”的对外资产—负债结构也许正是导致上述OFDI与经常项目账户不相关的原因所在。

根据余永定（2021）[①]的分析，截至2019年3月，中国海外总资产（贸易黑字+投资收入）为7.4万亿美元，海外总负债（FDI+其他国外资产的流入）为5.4万亿美元，同期海外净资产为2万亿美元。但是相对于这2万亿美元净资产，从图5-3-1中大致可以看出，中国的投资收入差额却基本上是负数。因此，日本可以用投资收入的大量顺差弥补其贸易赤字，而中国与日本的情况截然不同，一旦中国由于某种原因出现贸易赤字，按照目前情况看，经常账户极有可能出现赤字。不仅如此，如果中国投资收入长期为负这一现状不加以改变，也许届时中国目前建立在巨额外汇储备

① 余永定：《准确理解“双循环”背后的发展战略调整（下）》，《财经》2021年第1期。

基础上的 OFDI 也可能随之出现一定程度上的减少。

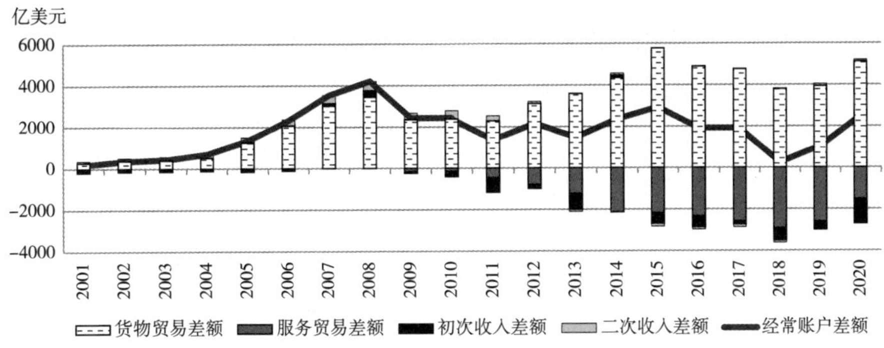


**图 5-3-1　中国经常账户主要子项目的收支状况**

资料来源：国家外汇管理局：《中国国际收支报告 2020》。

此外，目前可能导致中国陷入经常收支赤字的原因归结起来主要有五个，除了去工业化之外，短期看有“不断扩大进口的政策”和“不断继续扩大的服务业对外开放政策”，中长期看还有“中美贸易战”以及“人口老龄化问题”。无论是哪一种原因，我们都需要认真分析对待，及时出台应对措施。

## 本章小结

图 5-4-1 分别展示了美国、日本与中国制造业占比的变化轨迹①。从图中可以看出，美国 1953 年左右到达工业化发展的拐点，其人均收入水平为 16894 美元（2010 年不变价）；日本的拐点发生在 1973 年，其人均收入水平约为 22138 美元（2010 年不变价）左右。而中国在 2013 年通过拐点时，按照实际汇率计算其时的人均 GDP 是 44133. 5 元，仅仅相当于 5710. 6 美元（2010 年不变价）。目前中国的人均收入也刚刚越过 1 万美元，仍然属于中高收入国家，如果这个时间段就进入后工业化阶段，那么问题就会

① 美国的数据跨度为 1953 年到 2019 年，日本的数据跨度为 1960 年到 2019 年，中国的数据跨度为 1970 年到 2019 年。由于中国城镇单位的制造业就业人数数据起始于 2003 年，为了增加数据跨度，图 5-4-1 使用第二产业就业数据计算制造业就业占比。

比较严重，具有早熟的特征。由于老龄化问题，中国被冠以“未富先老”，如果过早地去工业化现象普遍且持续地出现，也许中国还会背负“未富先去”的称号。黄群慧（2020）分析发现，中国288个地级市中有139个城市的结构转型存在过早的问题。

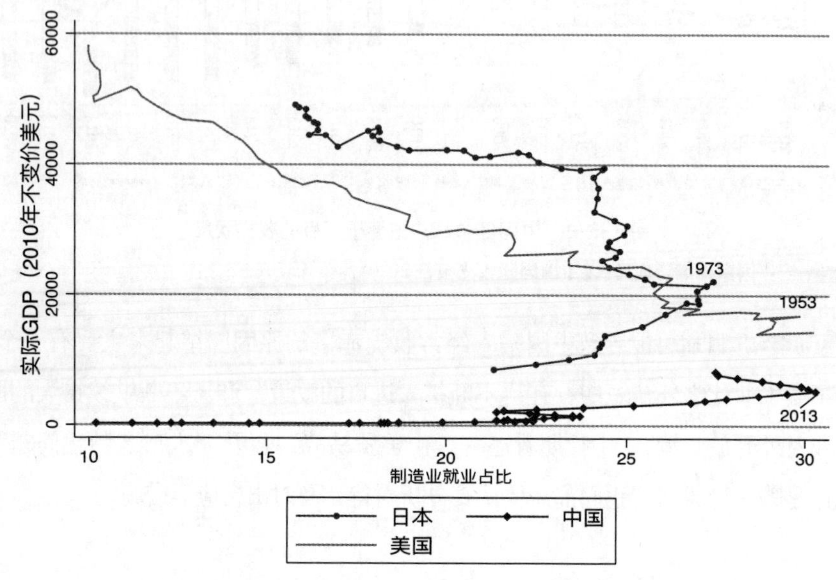


**图5-4-1　美国、日本及中国工业化趋势图**

数据来源：世界银行；GGDC数据库

本章中，中国的OFDI包括了一部分低附加价值企业的海外转移，即“制造业外移”。对于外资企业或者港澳台资企业来讲，这部分OFDI属于“撤资或者撤退”，对于民营企业来讲甚至有些非学术性文章将由于国内营商环境成本的提高而导致的OFDI称为“逃资”。虽然在本书的统计中没有将他们区分为正常的对外“投资”还是制造业外移的“撤资”，但是作为“撤资”的那部分OFDI实实在在地正在降低中国的制造业比重。另外，投资主体所在区域、投资模式和投资动机的不同会使该去工业化效应产生明显差别。具体来说从企业所在地来看，东部及东北部地区的对外直接投资对制造业比重具有显著的降低效应，而其他地区不显著。从投资模式角度看，绿地投资会加速行业规模的减小而并购投资则不会。从投资动机的角度来看当地生产及市场寻求型 OFDI 产生了去工业化效应，而以自然资源寻求和战略资产寻求为目的 OFDI 未对工业部门规模产生显著影响。

制造业比重持续下降问题，以及随之可能引发的经常项目账户赤字问题并非空穴来风，应该及时研究对策抑制这些问题的出现，否则不排除引发各种危机的发生。值得庆幸的是，自 2020 年下半年以来，这些问题已经引起相关部门的高度重视，中国政府已经在“十四五规划”中明确提出“保持制造业比重基本稳定”“深入实施制造强国战略”，并及时出台了一系列相关政策。

# 第六章　服务型 OFDI 是否可以缓解中国后工业化进程

改革开放以来，中国的工业化取得了显著成就，加速推进的工业化进程使中国从农业国转变为排在世界前列的工业国。尽管如此，中国工业经济目前尚存在明显的“不平衡不充分”问题，具体体现为东部与中西部工业化进程“不平衡”；整体上发展尚“不充分”，质量水平较低，有“大而不强”的特征。在中国工业化发展不平衡不充分问题日益凸显的背景下，有学者提出了对外直接投资引致中国过早开始后工业化进程的观点，并产生了该现象可能会削弱经济增长潜力的担忧。一国进入后工业化阶段后，制造业比重将出现持续下降的现象。因此，关于 OFDI 与中国后工业进程关系问题的研究便可以转变为考察 OFDI 与工业部门就业抑或产出的关系。OFDI 尤其是近年来占比不断攀升的民营企业，OFDI 是否会导致中国产业的转移？其是否“挤出”了国内制造业投资？对这个问题的回答需要首先明确大幅度的对外直接投资为中国企业带来了什么，是挤占了国内的供给还是带来了更多的需求？本章通过研究发现，中国企业对外直接投资主要聚焦于服务业而非制造业，因此并不存在大幅度挤占国内制造业供给的情况。本章还发现，投资的服务业更多的聚焦于与企业出口联系较为密切的批发零售、商务服务业等领域，这类投资能大幅增加国内企业的海外需求，而海外需求的增加可以带动企业产出规模的扩大和就业岗位的增加，能促进中国工业化水平。通过异质性分析发现，服务型 OFDI“出口促进效应”的发挥在国有企业样本中并不明显，其主要是由非国有企业特别是民营企业所驱动的，这凸显了中国作为工业化大国在通过服务型 OFDI

来缓解后工业化进程中民营企业的重要性，也从侧面表明，在对中国企业"走出去"展开研究时，必须意识到所有制的不同所可能产生的经济效果差异，特别是要加强对中国民营企业的关注。综上，本章最终得出了民营企业服务型 OFDI 对于缓解中国后工业化进程具有重要作用的结论。需要指出的是，由于篇幅有限，本章重点探讨服务型 OFDI 影响中国后工业化进程的深层次原因，即服务型 OFDI 与我国出口之间的内在联系，针对出口作为中间机制是否促进了企业产出增长的问题，也进行了验证，相关结论已刊在《国际贸易问题》2021 年第 1 期①。本章还证实了服务型 OFDI 对中国工业企业研发创新的促进作用，表明这类投资还有助于解决中国工业部门关键核心技术受制于人的问题，从而为扭转工业经济"只大不强"的局面提供了全新的思考视角。总之，研究结论深度厘清了服务型 OFDI 影响后工业化进程的内在逻辑关系，对促进中国经济长期稳定高质量发展具有重要的参考价值。接下来，本章将首先介绍中国 OFDI 的行业结构特征，在此基础上梳理服务型 OFDI 促进母公司海外需求扩张的影响机理，之后再利用中国工业企业层面的数据集验证服务型 OFDI 的作用效果。

## 第一节　中国 OFDI 主要以投资海外服务业为主

在经济全球化、一体化深入发展的背景下，企业的国际化经营成为各国参与国际分工、拓展资源渠道、促进技术进步、优化产业结构、推动经济增长的重要途径。在这样的大背景下，对外直接投资作为企业国际化的一种重要方式，吸引了政府和学术界的关注。本节通过研究发现，中国 OFDI 主要以投资海外服务业为主，且主要集中于租赁和商务服务业、批发和零售业这类与企业出口密切相关的领域，这类投资与国内企业出口之间有明显的正相关关系。研究结论初步表明，服务型 OFDI 很可能通过出口促进作用而带动国内企业生产规模的扩大，进而缓解中国制造业比重的下

① 详见苏二豆、薛军：《服务型对外直接投资与企业产出》，《国际贸易问题》2021 年第 1 期。

降。本小节的研究结论为后续深度研究服务型 OFDI 与后工业化进程的关系奠定了事实基础。

## 一、引言

近年来的《世界投资报告》显示，全球对外直接投资（Outward Foreign Direct Investment，OFDI）[①] 的重心正在由制造业向服务业转移。20 世纪 50 年代，服务业占世界对外直接投资存量的比例不到 20%，2002 年这一比例接近 50%，2015 年则高达 65%。服务型对外直接投资[②]份额的急速增长迫使国际机构（如联合国）开始重新考虑服务业对全球经济的重要作用。与此同时，中国服务型对外直接投资也蓬勃发展。2000 年，中国政府开始意识到了对外直接投资的重要性，提出了“走出去”战略，从最初的限制对外直接投资逐步转变为放宽对外直接投资管制和鼓励企业对外投资。尤其是 2003 年以来，中国对外直接投资呈现出了迅速增长的势头。根据中国商务部、国家统计局及国家外汇管理局联合发布的《2018 年度中国对外直接投资统计公报》可知，从流量上看，2018 年，中国对外直接投资 1430.4 亿美元，位列全球第二位。从存量上看，截至 2018 年底，中国对外直接投资存量已达 19822.7 亿美元，对外投资的企业数高达 4.3 万家，分布于全球 188 个国家（或地区），位列全球名次由 2003 年的第 25 位攀升到了 2018 年的第三位。

从行业分布上看，尽管中国对外直接投资几乎涵盖了所有国民经济行业，但主要集中于服务业。根据《2018 年度中国对外直接投资统计公报》可知，2018 年末，存量规模上千亿美元的行业有六个，按存量规模由大到小排序，依次是租赁和商务服务业、批发和零售业、金融业、信息传输及软件和信息技术服务业、制造业、采矿业，四个服务行业位居前列。

鉴于服务业是中国对外直接投资中的重要投资领域，且服务业在带动一国经济实现高质量发展中起关键作用，对近年来中国服务型对外直接投

① 为了方便，本章混合使用对外直接投资和 OFDI 两种表述。

② 本章使用服务型对外直接投资泛指境外投资行业是服务业的对外直接投资。

资特征的研究显得尤为重要，特别是对中国通过制定合理的对外直接投资政策来实现国内经济长期持续增长的目标具有一定的启示意义。为此，本小节将首先介绍中国服务型对外直接投资的现状，然后将其与以日本为代表的发达国家服务型对外直接投资规模、投资结构、投资潜力和投资效果进行对比，以客观呈现中国与发达国家服务型对外直接投资行为的差异性，更为深入地认识到在中国情境下的服务型对外直接投资所具有的典型特征。

本小节的结构安排为：第二部分是中国服务型对外直接投资现状；第三部分是中国与以日本为代表的发达国家服务型对外直接投资比较；最后是总结。

## 二、中国服务型对外直接投资现状

在这一部分，将详细介绍当前中国服务型对外直接投资的现状。数据来源于中国国家统计局①。

首先，总体而言，服务业在中国对外直接投资领域中占比要远高于制造业。

一方面，从对外直接投资存量上看，截至 2018 年底，中国对外直接投资存量为 19822.66 亿美元，位列按全球国家（地区）排名的第三位。其中，流向服务业的有 15323.79 亿美元，占比高达 77.3%，流向非服务业的为 4498.87 亿美元，占比 22.7%。非服务业中，流向制造业的有 2675.81 亿美元，占总对外直接投资存量的比重为 13.5%，流向非制造业的有 1823.06 亿美元，占比为 9.1%。流向服务业的投资存量是制造业的 5.7 倍。另一方面，从境外设立企业数上看，到 2018 年底为止，中国共在境外

① 在本节分析过程中所涉及的服务业包括批发零售业，交通运输、仓储和邮政业，住宿和餐饮业，信息传输、软件和信息技术服务业，金融业，房地产业，租赁和商务服务业，科学研究和技术服务业，水利、环境和公共设施管理业，居民服务、修理和其他服务业，教育、卫生和社会工作，文化、体育和娱乐业，公共管理、社会保障和社会组织。非服务业包括制造业和非制造业两类，非制造业包括农林牧渔业，采矿业，电力、热力、燃气及水生产和供应业，建筑业。

设立42872家企业，其中，在境外从事的是服务业的企业有26938家，占比为62.8%，从事非服务业的有15934家，占比37.2%。非服务业中，从事制造业的企业有7357家，占境外设立企业总数的17.2%，从事非制造业的有8577家，占比20.0%。在境外从事服务业的企业数是制造业的3.7倍。综上可知，无论是中国对外直接投资存量还是境外投资企业数，服务业占比都要远高于制造业，即服务业是中国对外直接投资的重要投资领域。

这里必须强调一下，造成服务型对外直接投资占中国对外直接投资比重较大的一个重要原因是其生产率门槛值较小。根据异质性企业理论，进行对外直接投资的企业往往需要承担一定的固定成本，因此，只有生产率较高的企业才会选择对外直接投资。与制造业相比，服务业无须进行大规模的固定资产投资，其面临的生产率门槛值也较小。在中国企业生产率普遍不高的背景下，投资于海外的服务业就成为中国参与国际分工的一种重要方式。

其次，特别值得注意的是，中国租赁和商务服务业以及批发零售业这两个服务业在海外直接投资中所占的比重及其特殊意义。

从细分服务行业来看，租赁和商务服务业、批发零售业是中国服务型对外直接投资的重点。一方面，就投资存量而言，截至2018年底，在所有细分服务业中，流向租赁和商务服务业的投资存量最大，达到了6754.65亿美元，占总服务型对外直接投资存量的比重为44.1%，流向批发零售业的投资存量次之，为2326.9亿美元，占总服务型对外直接投资存量的15.2%。这两类服务型对外直接投资占总服务业投资的比重超过了一半，达到了59.3%。另一方面，就境外设立企业数而言，2018年末，在所有细分服务业中，中国境外从事批发零售业的企业最多，有12056家，占总服务型对外直接投资境外设立企业数的44.8%，从事租赁和商务服务业的企业数次之，有5592家，占比20.8%。从事这两种服务业的境外企业数占总服务业投资境外企业数的比重同样超过了一半，为65.6%。因此，租赁和商务服务业、批发零售业是中国服务型对外直接投资的重要行业。

这两类服务型对外直接投资如此庞大，在中国对外开放进程中起着不可或缺的积极作用，其中他们投资海外的一个重要目的就是搜集境外需求信息及拓展市场，在一定程度上缓解境外需求方与国内供给方之间的信息不对称程度，进而降低国内企业所面临的贸易成本，最终带动国内出口。如，有学者曾利用 1997 年到 2012 年中国海关数据研究发现，外国零售商进入中国降低了本国与中国市场联系的可变成本，进而促进了本国出口（Emlinger 和 Poncet，2018）。由于这两类服务型对外直接投资占比较大，因此，基本可以认为，作为发展中大国的中国进行服务型对外直接投资的一大动机就是拓展国际市场、带动国内出口。

## 三、中国与发达国家服务型 OFDI 比较

接下来将全方位、多层次地对中国以及以日本为代表的发达国家服务型对外直接投资情况进行比较分析，以揭示近十多年来，不同发展阶段即发达国家和发展中国家在服务型对外直接投资方面存在的差异，进而对当前中国服务型对外直接投资的典型特征有更为清晰而深入的理解。具体而言，将从投资规模、投资结构、投资潜力及投资效果四个角度展开分析。

### （一）投资规模比较

在这一部分，将对比分析中国和以日本为代表的发达国家服务型对外直接投资的规模差异。其中，中国对外直接投资的数据来源于中国国家统计局，日本对外直接投资的数据来源于日本贸易振兴机构（Japan External Trade Organization，JETRO）（后文对外直接投资统计数据来源与此处一致）。本小节之所以选取 2005 年为起始点，一是由于 2005 年是中国对外直接投资规模开始出现大幅度增长的一年，在这一年，中国对外直接投资流量首次突破了 100 亿美元。二是 2005 年前后，日本为了摆脱国内经济低迷的现状，抓住全球化带来的增长机遇，开始了新一轮对外投资的高潮。根据日本财务省的统计数据，2005 年日本所得收支盈余（11.36 万亿日元）首次超过了贸易盈余（10.35 万亿日元），正式由“以输出商品为主”转变为“以输出资本为主”。具体地统计了 2005—2018 年 14 年间中日两国

向海外投资服务业及非服务业的情况[①]（见表6-1-1）。

由表6-1-1可知：首先，就中国而言，从2005年至今，每个年度流向服务业的对外直接投资金额在总对外直接投资中均占主导地位。2005—2018年，中国服务型对外直接投资流量占比始终在50%以上，尤其是2008年，这一比例高达82.5%，同年流向制造业的仅为3.2%，前者是后者的26倍；其次，就日本而言，相较于中国，其进行对外直接投资的行业分布较为平均。2005—2018年，日本服务型对外直接投资流量占比在17%—61%之间，跨度范围较大；再者，在大部分年度中，不仅中国服务业占当年总对外直接投资的比重要高于日本，投资流量的绝对值也要大于日本，如2016年，前者超出后者约640亿美元，占当年度日本服务型对外直接投资流量的71%。综上，在多数年份内，中国服务型对外直接投资占总投资的比重及流量都要大于日本，即中国服务型对外直接投资规模要大于日本。

**表6-1-1　2005—2018年中日对外直接投资流量**

（单位：十亿美元、%）

| 年份 | 中国 | | | | | | 日本 | | | | | |
|---|---|---|---|---|---|---|---|---|---|---|---|---|
| | 服务业 | 占比 | 非服务业 | | | | 服务业 | 占比 | 非服务业 | | | |
| | | | 制造业 | 占比 | 非制造业 | 占比 | | | 制造业 | 占比 | 非制造业 | 占比 |
| 2005 | 8.1 | 66.1 | 2.3 | 18.6 | 1.9 | 15.3 | 16.6 | 36.6 | 26.1 | 57.5 | 2.7 | 5.9 |
| 2006 | 11.4 | 53.8 | 0.9 | 4.3 | 8.9 | 41.9 | 8.6 | 17.1 | 34.5 | 68.8 | 7.1 | 14.1 |
| 2007 | 19.6 | 73.8 | 2.1 | 8.0 | 4.8 | 18.2 | 27.6 | 37.6 | 39.5 | 53.8 | 6.3 | 8.6 |
| 2008 | 46.1 | 82.5 | 1.8 | 3.2 | 8.0 | 14.4 | 72.4 | 55.4 | 45.3 | 34.6 | 13.1 | 10.0 |
| 2009 | 39.8 | 70.4 | 2.2 | 4.0 | 14.5 | 25.7 | 33.3 | 44.6 | 32.9 | 44.1 | 8.4 | 11.3 |

① 由于中国国家统计局与日本贸易振兴机构在统计对外直接投资数据时，其划分的行业类别存在差异，为便于比较，对两组数据的行业类别进行了统一。将服务业划分为五大类：通信业、运输业、金融保险业、批发零售业及其他服务业。其中，在统计中国服务型对外直接投资数据时，将信息传输、软件和信息技术服务业、科学研究和技术服务业统一归为通信业，将批发业、零售业、租赁和商务服务业统一归为批发零售业。

续表

| 年份 | 中国 | | | | | | 日本 | | | | | |
|---|---|---|---|---|---|---|---|---|---|---|---|---|
| | 服务业 | 占比 | 非服务业 | | | | 服务业 | 占比 | 非服务业 | | | |
| | | | 制造业 | 占比 | 非制造业 | 占比 | | | 制造业 | 占比 | 非制造业 | 占比 |
| 2010 | 55.3 | 80.3 | 4.7 | 6.8 | 8.9 | 12.9 | 27.9 | 48.8 | 17.8 | 31.1 | 11.5 | 20.1 |
| 2011 | 48.8 | 65.4 | 7.0 | 9.4 | 18.8 | 25.1 | 37.8 | 34.7 | 58.0 | 53.3 | 13.1 | 12.0 |
| 2012 | 59.0 | 67.1 | 8.7 | 9.9 | 20.2 | 23.0 | 47.5 | 38.8 | 49.3 | 40.3 | 25.6 | 20.9 |
| 2013 | 69.0 | 64.0 | 7.2 | 6.7 | 31.7 | 29.4 | 75.2 | 55.7 | 42.5 | 31.5 | 17.4 | 12.9 |
| 2014 | 89.8 | 72.9 | 9.6 | 7.8 | 23.7 | 19.3 | 55.3 | 42.2 | 65.5 | 50.0 | 10.2 | 7.8 |
| 2015 | 106.0 | 72.8 | 20.0 | 13.7 | 19.7 | 13.5 | 77.3 | 56.7 | 51.0 | 37.4 | 8.0 | 5.9 |
| 2016 | 154.0 | 78.5 | 29.0 | 14.8 | 13.1 | 6.7 | 90.0 | 57.7 | 54.4 | 34.9 | 11.5 | 7.4 |
| 2017 | 121.1 | 76.5 | 29.5 | 18.6 | 7.7 | 4.9 | 100.5 | 61.0 | 56.4 | 34.2 | 7.8 | 4.8 |
| 2018 | 108.4 | 75.8 | 19.1 | 13.4 | 15.5 | 10.8 | 71.7 | 50.1 | 54.9 | 38.3 | 16.6 | 11.6 |

资料来源：根据中国国家统计局、日本贸易振兴机构的统计数据汇总计算。

### （二）投资结构比较

接下来，进一步分析中日服务型对外直接投资的行业结构差异。服务业按照其功能的不同，可以分为生产性服务业和消费性服务业两种。其中，生产性服务业是指专门为生产者提供中间投入的服务业，主要作为制造业生产运营中的支持性环节；消费性服务业是指用于满足消费者最终需求的服务业。由于部分服务型对外直接投资存量数据存在缺失，所以这一部分只简单地使用 2005—2018 年 14 年间的投资累计额来近似测算中日服务型对外直接投资细分行业分布情况。考虑到中日对外直接投资都在 2005 年及之后出现了大规模增长，笔者认为使用累计额并不会对本小节的结论造成太大的影响。

图 6-1-1 为中日服务型对外直接投资细分行业分布情况。其中，生产性服务业主要包括通信业、批发零售业、金融保险业和运输业四种，消费性服务业为除生产性服务业以外的其他所有服务业。由图 6-1-1 可知，首先，就中国而言，在向海外投资服务业的过程中，生产性服务业占据着较

大的比例，高达 91%，在生产性服务业中，批发零售业占主导地位，其占比达到了 61%；其次，就日本而言，在向海外投资服务业的过程中，生产性服务业同样占主导，占比达到了 87%，在生产性服务业中，金融保险业占比最大，达到了 40%，批发零售业占比次之，为 24%。综上，中日服务型对外直接投资都偏向生产性服务业，且中国的偏向性更大；同时，在生产性服务业中，中国更注重向海外投资批发零售业，而日本则是金融保险业，表明中国当前尤其重视拓展海外需求。

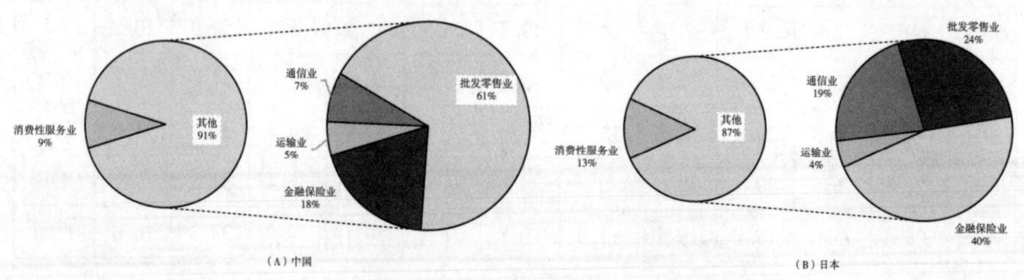


**图 6-1-1　中日服务型对外直接投资的行业结构**

资料来源：作者绘制。

（三）投资潜力比较

在这一小节，将对中日两国服务型对外直接投资潜力进行比较分析。具体而言，使用一国服务型对外直接投资累计额占其 GDP 的比重作为该国服务型对外直接投资潜力的近似指标①。如果这个比值相对较小，则表明该国还有较大的投资空间，即具有较大的投资潜力。其中，GDP 的数据来自于世界银行，投资累计额的初始年份设定为 2005 年。由于使用的这个指标是一个相对值，不会受到缩减指数的影响，因此，GDP 和投资累计额均采用当年值。

根据计算结果可知，在多数年份内（除 2006 年、2009 年、2010 年、

① 实际上，使用服务型对外直接投资存量占 GDP 的比例最能反映一国服务型对外直接投资潜力，但由于部分服务型对外直接投资存量数据存在缺失，为便于比较，统一使用 2005—2018 年服务型对外直接投资累计额占 GDP 的比重来近似测度投资潜力。考虑到中日两国都在 2005 年及之后出现了大规模的对外直接投资，我们认为使用累计额来进行测算并不会对本小节的结论造成太大的干扰。

2011 年外），日本服务型对外直接投资累计额占 GDP 的比值都要高于中国，特别是 2013 年及之后，这一比值高于中国的幅度较大，在 0.279 个百分点以上。如，2017 年，中国服务型对外直接投资占 GDP 的比重为 0.997%，而日本为 2.067%，比中国多 1.07 个百分点，是中国的 2.07 倍。由此表明，尽管从规模上看，中国服务型对外直接投资已经高于日本，但其投资潜力要低于日本，即中国服务型对外直接投资还有很大的投资空间。

（四）投资效果比较

正如前面所指出的，2005—2018 年中国的对外直接投资中服务业占比较日本而言更高，而且中国服务型对外直接投资主要集中于生产性服务业，在生产性服务业中又有近 61%是批发零售业。向海外投资批发零售业有助于一国开拓海外市场，能够在一定程度上降低国内企业的贸易成本，进而促进国内企业出口。由此，便提出疑问，如此大规模的服务型对外直接投资与出口之间究竟有何关系？尤其是在当前贸易保护主义抬头、全球经济低迷的大背景下，对这个问题的考察，有助于为中国出口的扩张提供新的思路。为此，笔者首先对比了 2005—2018 年中日两国出口变动的情况，然后对两国服务型对外直接投资与出口之间的相关性进行了比较分析。

图 6-1-2 描绘了 2005—2018 年中日两国的货物出口额变动趋势。出口额的数据来源于世界银行，由图 6-1-2 可知，首先，从整体上看，中国出口额呈现出了较为明显的递增趋势，而日本出口额呈现出的主要是水平型波动趋势；其次，从相对值上看，从 2005 年起，中国出口额就超过了日本，且在此后的年份内，这一差距不断扩大。以 2018 年为例，2018 年中国出口额为 24174 亿美元，而日本为 7357 亿美元，中国是日本的 3.29 倍。

中国出口额持续增长的年份内，其服务型对外直接投资也在不断扩张，由此推测，服务型对外直接投资很可能是带动国内出口的一大原因。为探析两者之间的关系，着重比较了中日服务型对外直接投资流量与出口额之间的相关性。图 6-1-3 刻画了 2005—2018 年 14 年间中日两国对外直

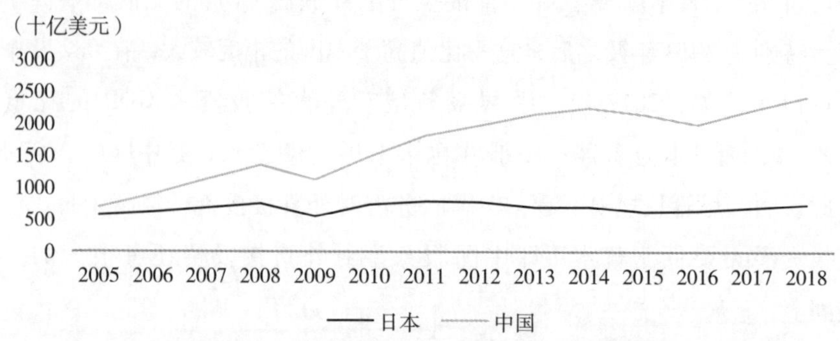


**图 6-1-2 2005—2018 年中日货物出口变动趋势**

资料来源：根据世界银行数据绘制。

接投资额与出口之间的相关关系，横轴为投资额的对数值，纵轴为相应国家出口额的对数值。其中，*lnexport_ jp*、*lnexport_ cn* 分别代表日本和中国的出口额，*lnOFDI_ jp*、*lnOFDI_ cn* 分别代表日本和中国的对外直接投资额，*lnSEROFDI_ jp*、*lnSEROFDI_ cn* 分别代表日本和中国的服务型对外直接投资额，*lnPOFDI_ jp*、*lnPOFDI_ cn* 分别代表日本和中国非服务型对外直接投资额。图 6-1-3 中的（A）（B）两图分别描绘了日本、中国对外直接投资额与出口之间的关系，可以非常明显地看到，与日本相比，中国对外直接投资额与出口之间的正向关系更为明显。（C）（D）两图分别描绘的是日本、中国服务型对外直接投资与出口之间的关系，可以看出，日本服务型对外直接投资与出口之间的正向关系较弱，而中国则相对较强。（E）（F）两图分别描绘了日本、中国非服务型对外直接投资额与出口之间的关系。从图中可以看出，首先，日本和中国的非服务型对外直接投资与出口之间均存在较弱的正相关关系，且两者呈现的相关关系较为接近；其次，与（C）（D）两图相比可以看出，与非服务型对外直接投资相比，中国服务型对外直接投资与出口之间的正相关关系要更强，而日本的非服务型对外直接投资与出口之间的正相关关系则略强于服务型对外直接投资。

为了更为精确的比较中日两国对外直接投资与出口的相关性，分别计算了两国投资额与出口之间的相关系数及显著性。通过计算可知，就日本而言，对外直接投资、服务型对外直接投资与出口的相关系数为正，但不

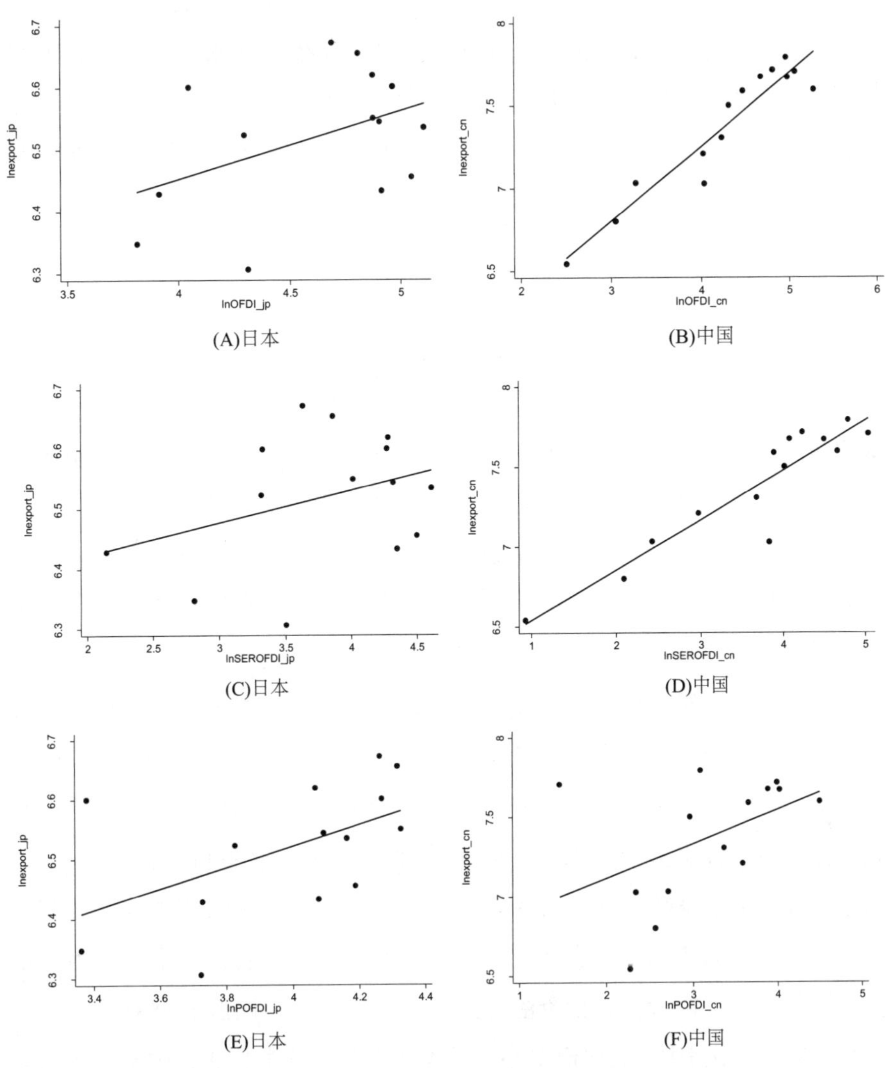


**图 6-1-3　中日服务型对外直接投资与出口的关系**

资料来源：作者绘制。

显著，表明两者之间并不存在明显的正相关关系，但非服务型对外直接投资与出口之间有微弱的正相关关系，其相关系数为 0.526，在 10%的水平上显著；就中国而言，从整体来看，对外直接投资与出口之间的正相关关系极为明显，其相关系数高达 0.950，且在 1%水平上显著。分行业类别来看，非服务型对外直接投资与出口之间的相关系数为0.927，且在1%水平上显著，而非服务业则为0.464，仅在10%水平上显著，说明与非服务型对外直接投资相比，中国服务型对外直接投资与出口之间的正相关关系更为明显。由此推测，中国服务型对外直接投资很可能有利于国内出口。

## 四、总结

近年来，中国对外直接投资进程明显加快，取得了较为显著的成绩。与此同时，日本对外直接投资从20世纪70年代发展至今，已经达到了非常成熟的程度。考虑到服务业在中国对外直接投资中占比较大，且服务业对中国产业优化升级、提升国际竞争力等具有非常重要的作用，笔者全方位地对比分析了对外直接投资正如火如荼进行中的中国和已经处于发展成熟阶段的日本两国2005—2018年14年间服务型对外直接投资的差异。本小节得出的主要结论如下：

首先，就投资规模而言，在2005—2018年中的多数年份内，中国服务型对外直接投资流量及其占总对外直接投资的比重都要大于日本；其次，就投资结构而言，中日两国服务型对外直接投资都集中于生产性服务业，且中国的生产性服务业占服务型对外直接投资的比重要高于日本，同时，从生产性服务业细分行业上看，在中国服务型对外直接投资中，批发零售业占比最大，而日本则更多地投向了金融保险业，表明目前中国较为重视拓展海外需求；再者，就投资潜力而言，近年来，中国服务型对外直接投资累计额占中国GDP的比值要小于日本，表明与日本相比，中国服务型对外直接投资还有很大的潜力；最后，就投资效果而言，中国服务型对外直接投资与出口之间有较为明显的正相关关系，而日本则不同，日本的非服务型对外直接投资才与出口有正相关关系。由此表明，推动中国继续实施“走出去”战略，促进其更多地向海外投资服务业能在一定程度上带动中国出口，即激励国内服务型对外直接投资是缓解中国制造业比重下降及出口增速下滑的一个新思路。

## 第二节　服务型 OFDI 驱动企业出口的理论机制[①]

本小节将就服务型 OFDI 缓解我国去工业化进程的理论机制进行分析。服务型 OFDI 会通过何种途径影响到中国后工业化进程呢？正如前述所指出的，有“挤占”供给和带动需求两个分析角度。上一节的结论表明，中国 OFDI 主要以投资服务业为主，且这类投资与出口之间存在明显的正相关关系。由此可知，服务型 OFDI 很可能通过需求端影响中国后工业化进程，即服务型 OFDI 很可能能够为母公司带来更多的海外需求，通过需求的增加刺激企业进一步扩大生产规模，进而缓解中国制造业比重的下降。为了理清这其中的关系，本小节将系统分析服务型 OFDI 对母公司出口决策与出口规模影响的传导机制，挖掘服务型 OFDI 缓解中国制造业比重下降的深层次原因。通过研究发现，理论上，一方面，服务型 OFDI 能够降低企业出口的贸易成本；另一方面，服务型 OFDI 还能促进企业创新，贸易成本的下降和创新水平的提升都有利于企业出口决策和出口规模的扩张。不仅如此，服务型 OFDI 对中国工业企业研发创新水平有促进作用，这直接意味着此类投资有利于中国工业化质量的提升，甚至能成为中国工业经济全面转型升级的助力。因此，本小节通过理论机制分析得出的最终结论是，服务型 OFDI 不仅能缓解中国制造业比重的下降，还能通过激发企业研发创新而提升中国工业的地位。

### 一、引言

外需的增长能够促进企业扩大生产规模以赚取更多利润，因此，出口的增加是缓解中国制造业占比下降的重要途径。长期以来，出口作为“三驾马车”之一，在拉动中国经济增长中起到了重要作用（白重恩和冀东星，2018）。然而，近几年，伴随着全球经济复苏乏力、国际市场收缩以

① 本节主要内容已于 2020 年在《产业经济研究》上刊出。详见苏二豆、薛军：《服务型对外直接投资与中国企业出口》，《产业经济研究》2020 年第 2 期。

及全球贸易保护主义抬头，中国出口增速持续下滑。在此背景下，通过嵌入东道国市场网络以缓解海外需求方与企业之间的信息不对称、降低企业出口成本是中国出口得以持续增长的重要突破口（金芳，1990）。其中，服务型 OFDI 是企业嵌入东道国市场网络最直接的方式。

那么，服务型 OFDI 成效究竟如何？具体的，它对中国企业出口决策和出口规模产生了怎样的影响？其具体作用机制是什么？对上述问题的解答，不仅有助于全面理解服务型 OFDI 对缓解中国制造业占比下降的重要作用，而且对于解决出口下滑问题具有有益的政策指导意义。

## 二、文献综述

这部分就服务型 OFDI 与出口相关的文献进行汇总分析。与本小节联系密切的文献主要有两类。第一类是关于服务型 OFDI 经济效应的研究。在这类文献中，大部分关注的是服务型 OFDI 对东道国的影响。如 Arnold 等（2011）、Arnold 等（2016）、侯欣裕等（2018）研究发现，服务型 OFDI 对东道国制造业企业生产率有显著的促进作用。Bas（2014）、孙浦阳等（2018）、Barone 和 Cingano（2011）发现服务型 OFDI 有利于东道国出口。仅有为数不多的文献考察了服务型 OFDI 对母国的经济效应。Krautheim（2013）通过构建异质性企业贸易和对外直接投资理论框架，从理论上证明了批发零售类的服务型对外直接投资能通过降低企业的可变配送成本而促进其出口。Cheptea 等（2015）使用 2001—2010 年全球最大的 100 家零售商的双边出口数据研究发现，零售类的服务型对外直接投资通过降低出口成本和改变海外消费者偏好，显著促进了母公司及原产国其他企业出口。Emlinger 和 Poncet（2018）使用 1997—2012 年中国 287 个城市的行业和原产国进口数据研究发现，外资零售商进入中国市场促进了母公司及零售商原产国其他企业出口。可以看到，目前针对服务型 OFDI 对母国经济效应的研究主要围绕批发零售这种单一的服务部门对于母国出口的影响展开，而且更多针对的是发达国家抑或全球大型零售商原产国，对于中国的研究寥寥无几，田巍和余淼杰（2017，2019）、蒋冠宏和蒋殿春

(2014) 尽管已初步发现贸易服务型或商贸服务型对外直接投资与中国企业出口之间存在互补关系，但他们并未厘清服务型 OFDI 与出口之间的内在传导机制并给出有力的证明，无法全面地揭示服务型 OFDI 究竟是如何驱动企业出口行为变化的。

第二类是关于对外直接投资对企业出口影响的文献。在早期文献中，已有不少国外学者从理论上和实证上探讨了对外直接投资与出口之间是替代还是互补关系的问题，但并没有得出一致的结论（Head 和 Ries，2001；Helpman，1984；Horst，1972；Markusen，1985；Mundell，1957）。随着中国对外直接投资与出口规模的不断扩张，开始有学者关注中国对外直接投资对出口的影响。其中，毛其淋和许家云（2014）使用 2004—2007 年中国企业层面的数据研究发现，对外直接投资对企业出口规模和出口倾向均有显著的正向促进作用。蒋冠宏和蒋殿春（2014）利用 2005—2007 年中国微观企业数据得出了同样的结论，文章还进一步指出这种出口效应在投资东道国是高收入国家时更为明显。此外，还有不少学者得出了一致的结论（陈立敏等，2010；李洪亚，2019；张春萍，2012）。以上文献主要围绕对外直接投资整体展开，与以往的研究不同，本小节重点关注服务型 OFDI 的出口效应。

## 三、理论机制分析

根据新新贸易理论，企业出口会受到贸易成本的约束，只有生产率高的企业才会出口，生产率低的企业仅在国内销售或退出市场（Melitz，2003）。因此，贸易成本的下降和技术水平的提升就成为促进企业出口的两个关键渠道。我们认为，服务型对外直接投资会同时通过这两个渠道对企业出口活动产生作用，本小节主要就这两个方面展开分析。

### （一）成本效应

众多研究表明，企业出口需要承担一定的贸易成本（Bernard 等，2003；Trefler，2004；陈勇兵等，2012）。贸易成本是指商品产出之后到最终消费者获得商品之前所产生的其他所有成本，包括运输成本（运费和时间成本）、政策壁垒成本（关税和非关税壁垒）、信息成本、合同执行成本、货币兑换成本、法律监管成本以及当地销售成本（Anderson 和 Wincoop，2004）。

贸易成本的多寡会直接影响企业出口决策与出口规模（李兵和李柔，2017）。在贸易成本与企业出口决策方面，贸易成本的下降直接降低了企业进入出口市场的生产率门槛，使得原本只能内销的企业也参与出口（出口的扩展边际）；在贸易成本与企业出口规模方面，贸易成本下降使得现存出口企业在海外市场上可获得的利润上升，这将激励已出口企业将更多资源分配到出口产品的生产中，促进企业扩大出口规模（出口的集约边际）。而服务型对外直接投资能通过多种途径降低企业的贸易成本进而促进企业出口。例如，向海外投资批发零售、进出口贸易、市场开拓的服务部门有助于企业布局东道国市场网络，那些原本需要通过外贸公司取得的海外订单将能够通过企业内部直接进行交易，企业可以先将产品出口到海外子公司，然后由海外子公司将产品分销给终端批发商、零售商或消费者，而不必再通过高成本的外贸中介进行交易，从而有效降低了企业的分销成本、合同签订与执行成本等；再如，海外投资仓储物流部门有助于企业在东道国存储产品，使得原本需要“多次少量”出口的产品可以实现“少次多量”出口，运输次数的减少直接降低了企业的运输成本。因此，可以认为服务型对外直接投资能够通过“成本效应”而促进企业出口。

（二）创新效应

已有研究表明，创新有利于提高企业生产率，进而促进出口（Krugman，1979；官建成马宁，2002；黄先海等，2015）。一方面，对于非出口企业而言，创新提升了这些企业的技术水平，使得这些企业可以在海外市场上赢得利润以克服其进入出口市场所需要支付的成本，进而参与出口（出口的扩展边际）；另一方面，对于已出口企业而言，创新增加了这些企业在国际市场上的竞争力，促使这些企业扩大出口规模以获取更多的利润（出口的集约边际）。

实际上，服务型对外直接投资能够通过多种渠道激励企业创新，进而促进出口。首先，服务型对外直接投资增加了企业与海外消费者直接接触的机会，拉近了“消费者和生产商”之间的时空距离，使得企业可以及时获取消费者反馈的商品改进信息，掌握海外市场上的需求动向，进而促进母公司研发创新。其次，企业通过服务型对外直接投资以更好地为东道国需求方提供售前、售中、售后服务（例如在海外设立品牌推广服务、维修服务、技术咨询服务、安装服务等部门），这有助于扩大企业的品牌知名度，增加其海外市场销售额。与此同时，正如前面所述，服务型对外直接投资还能够降低企业贸易成本，在其他条件不变的情况下，贸易成本的下降和销售收入的增加意味着企业可获取的利润增加，这使得企业有更多的资金进行研发创新。不仅如此，知识密集型服务分支机构（如研发、设计、技术服务等）的设立还能通过直接雇用东道国高水平人才、与东道国研发部门合作等方式充裕企业知识库，为其带来新思想和知识，带动企业研发创新。

## 四、总结

本小节通过梳理理论机制发现，服务型 OFDI 对于企业出口主要有两个方面的影响：一方面，海外服务分支机构的设立可以降低企业出口的贸易成本（如跨境交流成本、境内配送成本等）（田巍和余淼杰，2017，2019），有利于提高企业出口倾向和扩大其出口规模。从出口倾向上看，企业拓展海外市场面临着东道国特定的商业环境、文化、市场结构、消费者偏好等多方面的不确定性，这就使得进入出口市场的企业需要承担高昂的贸易成本，因此，生产率高的企业才出口（Melitz，2003）。而贸易成本的下降，直接降低了企业进入出口市场的生产率门槛，进而促使更多企业参与出口；从出口规模上看，贸易成本的下降，增加了企业可获得的潜在利润，这将促进企业扩大出口规模。另一方面，服务型对外直接投资能够通过激励企业研发创新而拉动其出口增长。具体而言，服务分支机构的设立使企业能够直接为海外需求方提供出口产品的配套服务，如设备安装、维修、技术咨询等，与海外需求方的直接接触使企业可以及时掌握东道国需求方的消费偏好，从而推动母公司积极开展研发创新活动以把握市场契机、提升国际竞争优势、拉动出口增长。

出口的增加意味着企业海外需求的增加，为了获取更多的利润，企业将扩大生产规模并提供更多就业岗位。本小节从理论上佐证了服务型 OFDI 对扩大企业海外需求的重要作用，从而为服务型 OFDI 不仅不会导致中国过早地进入后工业化阶段，反而能够缓解制造业比重下降提供了理论支持。

## 第三节　服务型 OFDI 对出口影响的经验分析①

本小节将就服务型 OFDI 对中国后工业化进程的影响进行经验分析。具体而言，将延续上一节的分析思路，重点从海外需求扩张的角度就服务型 OFDI 与制造业占比的关系展开讨论。若服务型 OFDI 能够带动母公司出口，则表明这类投资会促进企业扩大产出规模和提供更多就业岗位，因为出口的增加意味着企业有扩大生产水平的动机。

本小节将采用 1998—2007 年《中国工业企业数据库》与《境外投资企业名录》合并的数据，运用倾向得分匹配和双重差分法，系统考察服务型 OFDI 对中国工业企业出口行为的影响。结果显示，服务型 OFDI 能显著促进中国企业出口二元边际的扩张，且这种促进作用主要是通过成本效应和创新效应所驱动的。由此可知，研究结论证实了服务型 OFDI 对母公司海外需求的正向促进作用，进而从需求端为服务型 OFDI 缓解中国制造业比重的下降进程提供了现实依据。

### 一、典型事实

为确保结论的严谨性，使用企业层面的数据再次验证服务型 OFDI 与工业企业出口之间的关系。将《境外投资企业名录》（下文简称《名录》）

---

① 本节主要内容已于 2020 年在《产业经济研究》上刊出。详见苏二豆、薛军：《服务型对外直接投资与中国企业出口》，《产业经济研究》2020 年第 2 期。

与《中国工业企业数据库》进行合并，并根据《名录》中企业的境外投资经营范围信息，找出服务型 OFDI 企业、生产型 OFDI 企业和非 OFDI 企业，然后分别计算了三类企业各年的企业数、平均出口额及当年进行出口的企业所占比重，结果见表 6-3-1。值得注意的是，对外直接投资与出口不同，出口具有连续性，进行出口的企业若要在下一年继续向东道国销售产品，则必须再次出口。而对外直接投资则往往是一次性的，企业在东道国设立的子公司可以在之后多年持续起作用，无须重新投资。因此，仅根据当年度企业的对外直接投资行为来分组将会遗漏那些当年未曾投资但在之前曾投资过且仍在东道国进行生产或提供服务的企业。所以，在分组时，将当年及之前年份对外投资过服务业且从未投资过生产行业的样本均划分到服务型 OFDI 组，与此相对应的，将投资过生产行业且从未投资过服务业的样本划分到生产型 OFDI 组，将从未对外直接投资过的样本归为非 OFDI 组。

根据表 6-3-1 可知，从企业数上看，进行对外直接投资的企业中，服务型 OFDI 企业占主导，表明匹配后的数据基本上能够反映服务业是中国 OFDI 主要投资领域的现实状况；从出口企业占比来看，在样本期内各年，服务型 OFDI 企业中出口企业所占的比重均高于非 OFDI 企业，在除 2002 和 2003 年外的其他年份均高于生产型 OFDI 企业，由于 2002 年和 2003 年进行生产型对外直接投资的企业仅两家，极具偶然性，不能用来作为得出一般结论的依据，因此，此处基本表明，与非 OFDI 和生产型 OFDI 相比，服务型 OFDI 企业的出口倾向更为明显；从平均出口额来看，呈现的特征与出口企业占比类似，即服务型 OFDI 企业的出口额均值在样本期内各年均高于非 OFDI 企业，同时，在除 2002 年和 2003 年外的其他年份则均高于生产型 OFDI 企业，表明服务型 OFDI 企业的出口规模相较于非 OFDI 和生产型 OFDI 企业而言都更大。综上，可以认为，相比于非 OFDI 和生产型 OFDI 企业，服务型 OFDI 企业与出口之间的正相关关系更为明显。但是，这种正相关关系既有可能是企业服务型对外直接投资有效促进其出口倾向提升与出口规模扩张导致的，也可能是有出口行为或出口规模大的企业参与服务型对外直接投资活动的倾向更高导致的。简单的描述性统计无法证明服务型 OFDI 与出口之间的因果关系，也无法证明其促进出口的作用高于生产型对外直接投资，但为后面使用倾向得分匹配法与双重差分法更为准确地估计服务型 OFDI 对出口的作用提供了初步依据。

表 6-3-1 1998—2007 年企业出口情况

| 年份 | 非 OFDI | | | 服务型 OFDI | | | 生产型 OFDI | | |
|---|---|---|---|---|---|---|---|---|---|
| | 企业数（家） | 出口企业占比（%） | 平均出口额（Inexport） | 企业数（家） | 出口企业占比（%） | 平均出口额（Inexport） | 企业数（家） | 出口企业占比（%） | 平均出口额（Inexport） |
| 1998 | 154621 | 22.56 | 2.0502 | 1 | 100.00 | 14.0489 | 0 | — | 0 |
| 1999 | 151078 | 22.62 | 2.0694 | 2 | 50.00 | 4.4269 | 0 | — | 0 |
| 2000 | 152464 | 24.05 | 2.2257 | 3 | 66.67 | 7.9731 | 0 | — | 0 |
| 2001 | 161655 | 24.83 | 2.2989 | 6 | 50.00 | 5.8373 | 0 | — | 0 |
| 2002 | 172175 | 25.90 | 2.4059 | 8 | 62.50 | 7.5593 | 2 | 100.00 | 10.3879 |
| 2003 | 189752 | 26.50 | 2.497 | 15 | 66.67 | 7.9671 | 2 | 100.00 | 10.2761 |
| 2004 | 269462 | 28.35 | 2.6357 | 42 | 88.10 | 9.4945 | 12 | 66.67 | 7.5377 |
| 2005 | 267046 | 28.09 | 2.6448 | 263 | 70.34 | 7.5308 | 31 | 38.71 | 4.4012 |
| 2006 | 296439 | 26.47 | 2.5309 | 516 | 71.90 | 7.6901 | 44 | 47.73 | 5.4080 |
| 2007 | 331810 | 23.55 | 2.3028 | 730 | 70.00 | 7.6047 | 70 | 47.14 | 5.3607 |

资料来源：作者根据相关资料计算。

## 二、模型设定和数据说明

### （一）模型设定

本小节的研究目的是考察服务型 OFDI 对中国企业出口二元边际的影响，即揭示服务型 OFDI 与企业出口倾向、出口规模之间是否存在因果关系。根据企业异质性理论的相关研究，服务型 OFDI 行为对企业而言并不是随机的，只有那些生产率水平比较高的企业才会选择服务型 OFDI（Head 和 Ries，2003；Tanaka，2014；李磊等，2017），直接使用简单的最小二乘法（OLS）回归将会导致估计结果出现偏差。为此，本小节将服务型 OFDI 视为一次准自然实验，使用倾向得分匹配法（PSM）和双重差分法（DID）来评估服务型 OFDI 的出口效应。

首先使用 PSM 方法从完全没有进行过对外直接投资的企业中找出与服务型对外直接投资企业在投资前具有近似特征的样本企业作为对照组，将进行过服务型对外直接投资的企业作为处理组。然后，在此基础上借鉴蒋冠宏和蒋殿春（2014）的思路，使用如下两组 DID 模型进行实证检验，具体的估计方程设定如下：

$$P\{exp_{it} = 1\} = \phi(\beta_0 + \beta_1 du_i + \beta_2 dt_{it} + \delta du_i \times dt_{it} + X'_{it}\gamma + \mu_p + \mu_c + \mu_t + \varepsilon_{it} \quad (1)$$

$$lnexport_{it} = \beta_0 + \beta_1 du_i + \beta_2 dt_{it} + \delta du_i \times dt_{it} + X'_{it}\gamma + \mu_p + \mu_c + \mu_t + \varepsilon_{it} \quad (2)$$

方程式（1）和（2）分别是对企业出口的扩展边际和集约边际构建的计量模型。式（1）采用 probit 模型（非线性 DID 模型）就服务型 OFDI 对企业出口的扩展边际进行检验，式（2）采用线性 DID 模型对企业出口的集约边际进行检验。下标 $i$ 、$p$ 、$c$ 、$t$ 分别表示企业、省份、行业、年份，$\varepsilon_{it}$ 为随机扰动项。$du \times dt$ 是核心解释变量，$du_i$ 为企业 $i$ 是否进行了服务型对外直接投资的虚拟变量，若企业进行了服务型对外直接投资，即企业为处理组，$du_i = 1$，若企业为对照组，则 $du_i = 0$。$dt_{it} = 0$ 和 $dt_{it} = 1$ 分别表示企业进行服务型对外直接投资前、后的年份，对于样本期内进行过多次的服务型 OFDI 活动，本小节仅以首次服务型 OFDI 日期来界定 $dt$ 。交叉项 $du \times dt$ 的系数 $\delta$ 反映了服务型 OFDI 对企业出口行为的影响。

模型（1）中的 $exp_{it}$ 为企业是否出口的虚拟变量，如果企业 $i$ 在 $t$ 年进行了出口则取 1，否则取 0；模型（2）中的 $lnexport_{it}$ 为企业出口规模的代理变量，使用企业出口额加 1 取对数来衡量，该指标越大代表企业出口的集约边际越大。为了得到 $\delta$ 的无偏估计，在模型（1）(2）中还加入了一系列控制变量 $X$ ，包括：全要素生产率（ $TFP$ ），采用国际前沿的 ACF 法计算（Ackerberg 等，2015）[①]；资本密集度（*lnkl*），采用固定资产与员工人数比值的对数值来衡量；企业规模（*lnl*），采用企业年平均就业人数的对数值表示；国有企业虚拟变量（*SOE*），将国有资本占实收资本比例大于50%的归为国有企业，*SOE* 等于 1，否则为 0（聂辉华等，2012）；企业年龄（*lnage*），使用当年年份与企业成立年份的差值加 1 取对数表示。此外，还加入了省份固定效应 $\mu_p$ 、行业固定效应 $\mu_c$ 和年份固定效应 $\mu_t$ 。模型中所有回归结果统一采用聚类到企业层面的标准误。

（二）数据说明

1. 数据来源。本小节以 1998—2007 年中国工业企业为研究对象，重点考察这些企业对外投资服务业对其出口行为的影响。所使用的数据主要来源两方面：一是国家统计局公布的《中国工业企业数据库》，二是中国商务部公布的《境外投资企业（机构）名录》（下文简称《名录》）。《中国工业企业数据库》收录了中国全部国有以及销售额在 500 万元以上[②]非国有的工业企业数据，含有企业的基本情况和详细的财务信息，可用于确定企业是否出口并计算企业出口规模、生产率、资本密集度等一系列指标。需要注意的是，该数据库中并不包括企业对外直接投资的任何信息，因此，需要使用《名录》来补充。《名录》中含有境内投资企业名称、省份、核准日期、境外投资企业名称、投资标的国（地区）和经营范围的子项，通过该数据库可以确定企业是否对外直接投资、投资年份、投资行业

① 计算全要素生产率最常用的是 OP 法和 LP 法。然而，这两种方法都存在“函数相关性”问题，即劳动力是其他变量的确定函数，从而不能估计出劳动力的系数，Ackerberg 等（2015）通过将劳动投入纳入中间投入函数改善了这一问题。因此，本小节将采用 ACF 法（基于增加值模型）来测算工业企业生产率。计算全要素生产率需要四个核心变量：工业增加值的对数值 $y_{it}$、中间投入的对数值 $m_{it}$ 、劳动投入的对数值 $l_{it}$ 和实际资本存量的对数值 $k_{it}$ 。其中，工业增加值使用各行业工业品出厂价格指数平减。由于 2004 年没有公布企业的工业增加值数据，因此，根据会计准则进行估算：工业增加值 =工业总产值 -工业中间投入 +增值税。中间投入使用各行业投入品价格指数进行平减。工业品出厂价格指数和投入品价格指数都来自 Brandt 等（2012）。实际资本存量参考 Brandt 等（2012）的方法，用永续盘存法估算。劳动投入使用企业年平均就业人数表示。

② 2011 年“规模以上”的标准改为年销售额 2000 万元以上。

是否为服务业等。

2. 数据处理。本小节的研究重点是服务型对外直接投资对中国工业企业出口的影响，因此，需要将可以计算企业出口规模等各个指标的《工业企业数据库》与含有企业对外直接投资信息的《名录》进行合并。具体做法是，首先，从《名录》中筛选出 1998—2007 年所有中国企业对外直接投资的交易数据。结果显示，10 年间，有 3298 家中国企业进行了对外直接投资，共计 4177 项交易；其次，根据企业名称、所属省份将《名录》与《中国工业企业数据库》匹配，从《名录》中找出进行过对外直接投资的工业企业，剔除返程投资（round-tripping）[①] 的样本后，剩余 1064 家母公司，对应 1397 项交易。

接下来，对处理组和潜在对照组企业进行筛选。首先，给每一个匹配成功的对外直接投资交易标识投资行业类型。标识方法为，仔细阅读每一条交易对经营范围的描述，将只开展生产、加工、制造等与生产有关业务的标识为生产型；只开展销售、研发、进出口贸易、市场调研、融资等服务业务的标识为服务型；同时开展生产和服务业务的标识为混合型。其次，本小节主要考察的是服务型对外直接投资的出口效应，如果企业在投资服务行业的同时或投资前后还投资了生产行业，这将无法确定出口的变动究竟是投资服务行业还是投资生产行业带动的。因此，剔除了那些在样本期内至少进行过一次生产型或混合型对外直接投资的企业，将剩余的企业作为处理组，这些企业在样本期内只进行过服务型对外直接投资，合计 730 家母公司，对应 900 项交易；最后，将《工业企业数据库》中从未进行对外直接投资的企业作为潜在对照组。需要说明的是，对于在样本期内进行过多次服务型对外直接投资的企业，借鉴周茂等（2015）的处理方

① 中国本土企业在对外直接投资过程中存在“返程投资”的现象。这些投资者大多向维尔京群岛、百慕大群岛和开曼群岛等国际避税地进行投资，然后再以对外直接投资的方式回到国内市场。其动机主要是融资或转变企业所有制性质以享受国内政策方面对外资企业的税收优惠等，并不是基于寻求资源、技术、市场等一般动机。因此，在原始样本中剔除了这类企业。

式，重点考察这些企业的首次服务型对外直接投资行为①。表 6-3-2 列出了处理组企业和潜在对照组企业各变量的描述性统计特征。

**表 6-3-2　描述性统计**

| 变量 | 变量描述 | 全样本 | | | 处理组 | 潜在对照组 |
|---|---|---|---|---|---|---|
| | | 均值 | 标准差 | 观测值 | 均值 | 均值 |
| *lnexport* | 出口规模 | 2.4076 | 4.1948 | 2148088 | 4.6801 | 2.3998 |
| *exp* | 是否出口 | 0.2560 | 0.4364 | 2148088 | 0.4482 | 0.2553 |
| *TFP* | 全要素生产率 | 3.4210 | 1.8033 | 2091295 | 3.6625 | 3.4205 |
| *lnkl* | 资本密集度 | 3.9595 | 1.3172 | 2142772 | 4.1605 | 3.9591 |
| *lnl* | 企业规模 | 4.7970 | 1.1379 | 2145187 | 5.7703 | 4.7950 |
| *SOE* | 是否为国有企业 | 0.1317 | 0.3382 | 2145187 | 0.0446 | 0.1319 |
| *lnage* | 企业年龄 | 2.0539 | 0.9180 | 2145187 | 2.0570 | 2.0539 |

## 三、回归结果与分析

### （一）倾向得分匹配及匹配结果

PSM 方法的具体步骤是：首先，假定处理组和对照组企业的差异，可以由企业在投资之前的一系列协变量所反映，根据这些变量可以确定企业选择进行服务型对外直接投资的决策概率。估算方程见如下的二分因变量 Logit 模型：

$$P(du_{i,\ 0} = 1 \mid Z_{i,\ -1}) = F(Z_{i,\ -1}\theta) = \frac{\exp(Z_{i,\ -1}\theta)}{1 + \exp(Z_{i,\ -1}\theta)} \tag{3}$$

下标 0 表示企业首次进行服务型对外直接投资，下标-1 表示企业首次服务型对外直接投资前一期（非服务型对外直接投资状态）。$Z_{i,\ -1}$ 为决定

① 为了得到一致的估计，对《工业企业数据库》中的样本异常值进行了如下处理：（1）剔除企业流动资产大于总资产的样本；（2）剔除总固定资产大于总资产的样本；（3）剔除固定资产净值大于总资产（不符合会计总则）的样本；（4）剔除企业雇员数量小于 8（缺乏可靠的会计系统）的样本。

企业是否进行服务型对外直接投资的影响因素，也即本小节的匹配协变量，包括全要素生产率、资本密集度、企业规模、出口额、企业所属行业及所在省份（Girma 等，2004；蒋冠宏和蒋殿春，2014），$\theta$ 为各变量的系数。$F(Z_{i,-1}\theta)$ 表示服从 Logistic 分布（Logistic distribution）的累积分布函数。$P(du_{i,0}=1 \mid Z_{i,-1})$ 为倾向得分值（Pscore），即给定变量 $Z_{i,-1}$ 的情况下企业选择服务型对外直接投资的条件概率。然后，根据估计出的倾向得分值，按照最近邻匹配原则以 1∶3 的配对比例进行无放回匹配，获得与服务型对外直接投资企业投资前有近似特征的样本。最终成功为 616 家处理组企业匹配到了 1706 家对照组企业。为了检验匹配效果，对每一年的匹配结果都进行了平衡性检验（见表 6-3-3），可以发现，匹配前处理组企业的生产率、资本密集度、企业规模、出口额都显著高于对照组企业，而匹配后这些变量的标准偏差均小于 10%，且两组企业的匹配变量不再存在显著性差异，从而确保了服务型对外直接投资行为的随机性，满足使用 DID 方法的前提条件。

在此有三点需要说明。第一，由于 2003 年之前进行服务型对外直接投资的企业太少[①]，无法使用 PSM 方法进行匹配，因此，本小节最终匹配的是 2003—2007 年进行服务型对外直接投资的 722 家企业[②]；第二，由于有部分企业缺少首次服务型对外直接投资前一年数据或不在共同取值范围中，匹配后，处理组企业由 722 家下降为 616 家[③]；第三，由于同一年度

① 1998—2002 年分别有 1 家、1 家、1 家、3 家、2 家企业进行了服务型对外直接投资。

② 有文献仅采用 2005—2007 年作为匹配年限，本小节加入 2003—2004 年的原因在于：首先，这两年是中国 OFDI 管理体制实现重大简化（由审批制转向核准制）的两年，对中国 OFDI 而言意义非凡。20 世纪 80 年代到 2003 年以前，中国对外直接投资实行较为严格的审批管理制度，即企业进行 OFDI 需要获得审批；2003 年，商务部发布《关于做好境外投资审批试点工作有关问题的通知》，开展下放境外投资审批权限、简化审批手续的改革试点；2004 年，发改委颁布了第 21 号令《境外投资项目核准暂行管理办法》，将对外投资管理体制正式由审批制改为核准制，即只要符合相关规定，企业便可向海外投资。其次，希望尽可能全面地展示服务型对外直接投资的出口效应。2003 年可以称为是中国 OFDI 规模初步扩张的年份，将其纳入考察范围，计算出的将是自中国 OFDI 初步扩张起到 2007 年间，服务型 OFDI 整体产生的出口效应，这要比仅使用某个时间段测算出的结果更为全面。

③ 2003—2007 年分别有 5 家、18 家、196 家、213 家、184 家匹配成功的处理组企业。

进行 1∶3 匹配时存在重复配对的企业样本，因此最终匹配结果未呈现 1∶3。

表 6-3-3 倾向得分匹配的平衡性检验

| 变量 | | 均值 | | 偏差 | t-test | |
|---|---|---|---|---|---|---|
| | | 处理组 | 对照组 | | t | p>｜t｜ |
| *TFP* | 匹配前 | 4.0728 | 3.3827 | 41.6 | 5.24 | 0.000 |
| | 匹配后 | 4.0728 | 4.0465 | 1.6 | 0.18 | 0.860 |
| *lnkl* | 匹配前 | 4.4091 | 3.927 | 37.4 | 4.76 | 0.000 |
| | 匹配后 | 4.4091 | 4.3981 | 0.9 | 0.09 | 0.931 |
| *lnl* | 匹配前 | 5.6521 | 4.2292 | 115.8 | 18.94 | 0.000 |
| | 匹配后 | 5.6521 | 5.5751 | 6.3 | 0.54 | 0.590 |
| *lnexport* | 匹配前 | 8.2166 | 1.9495 | 145.7 | 22.46 | 0.000 |
| | 匹配后 | 8.2166 | 8.202 | 0.3 | 0.03 | 0.977 |

注：（1）t 检验的原假设为处理组和对照组的样本均值相等；（2）本表报告的是 2007 年企业倾向得分匹配的平衡性检验结果，2003—2006 年企业倾向得分匹配的平衡性检验结果与之类似，限于篇幅并未汇报。

（二）初始检验

基于倾向得分匹配的样本数据，使用式（1）和（2）进行回归，结果汇报于表 6-3-4 中。表 6-3-4 前 3 列检验的是服务型对外直接投资对企业出口扩展边际的影响，后 3 列检验的是对企业出口集约边际的影响。其中第（1）(4）列未加入任何控制变量和固定效应，以此作为比较基础。我们发现，核心解释变量 $du \times dt$ 的估计系数在 1%的水平上显著为正，这表明进行服务型对外直接投资企业（即处理组）的出口倾向和出口额相比于非对外直接投资企业（对照组）在投资后上升幅度更大，即表明服务型对外直接投资同时促进了企业出口扩展边际和集约边际的扩张。第（2）（5）列在此基础上加入了控制变量，结果显示，$du \times dt$ 的估计系数依旧显著为正，再次表明服务型对外直接投资有利于企业出口。第（3）(6）列进一步控制了行业、地区、时间固定效应，可以看到，$du \times dt$ 的估计系数为正且在 1%水平上显著，说明基准结论稳健。因此，向海外投资服务业一方面会提高企业出口倾向，促使不出口的企业转为出口，另一方面又会提高企业出口规模，促使已出口企业扩大出口额。

**表 6-3-4 服务型对外直接投资对企业出口的初始检验**

| | 扩展边际 | | | 集约边际 | | |
|---|---|---|---|---|---|---|
| | (1) | (2) | (3) | (4) | (5) | (6) |
| $du \times dt$ | 0.8252*** | 0.2112*** | 0.2574*** | 3.1711*** | 0.6393*** | 0.6864*** |
| | (0.0000) | (0.0011) | (0.0003) | (0.0000) | (0.0009) | (0.0002) |
| *du* | -0.7463*** | -0.0011 | 0.0104 | -2.8475*** | 0.0218 | 0.0355 |
| | (0.0000) | (0.9849) | (0.8606) | (0.0000) | (0.9106) | (0.8404) |
| *dt* | 0.0766** | 0.0602 | -0.2061*** | 0.7059*** | 0.4739*** | -0.4751*** |
| | (0.0207) | (0.1105) | (0.0005) | (0.0000) | (0.0001) | (0.0038) |
| *TFP* | | 0.0381 | -0.0089 | | 0.2942*** | 0.2632*** |
| | | (0.1118) | (0.7311) | | (0.0001) | (0.0006) |
| *lnkl* | | -0.0799*** | 0.0145 | | -0.1069* | 0.1762*** |
| | | (0.0000) | (0.4735) | | (0.0782) | (0.0049) |
| *lnl* | | 0.3363*** | 0.4115*** | | 1.5419*** | 1.6376*** |
| | | (0.0000) | (0.0000) | | (0.0000) | (0.0000) |
| *SOE* | | -0.6827*** | -0.2888*** | | -2.7554*** | -1.0630*** |
| | | (0.0000) | (0.0031) | | (0.0000) | (0.0007) |
| *lnage* | | -0.0188 | 0.0053 | | -0.1919* | -0.0761 |
| | | (0.5646) | (0.8636) | | (0.0683) | (0.4025) |
| 行业效应 | 否 | 否 | 是 | 否 | 否 | 是 |
| 地区效应 | 否 | 否 | 是 | 否 | 否 | 是 |
| 时间效应 | 否 | 否 | 是 | 否 | 否 | 是 |
| 观测值 | 17191 | 14902 | 14759 | 17191 | 14902 | 14897 |
| (Pseudo) R2 | 0.0593 | 0.0828 | 0.178 | 0.0795 | 0.1840 | 0.2999 |
| LR | -11250 | -8728 | -8577 | — | — | — |

注：(1) 括号中为 p 值；(2) *、**、*** 分别表示显著性水平为 10%、5%和 1%；(3) 所有回归均采用了以企业为聚类变量的聚类稳健标准。下同。

（三）稳健性检验

1. 安慰剂检验。除了服务型对外直接投资外，其他随机因素也可能导致处理组和对照组的出口行为产生差异。为了进一步排除服务型对外直接投资以外的随机因素对企业出口行为的影响，在已有样本的基础上，进行了如下两种安慰剂检验。第一，仅使用服务型对外直接投资前的样本对处理组虚拟变量 $du$ 回归。基本思想是在投资前，经过倾向得分匹配后的处理组和对照组企业都没有进行过服务型对外直接投资行为，两组企业在出口倾向和出口规模上不应该存在显著差异，否则表明存在其他因素影响企业出口。表 6-3-5 第（1）列和第（3）列汇报了相应的回归结果，可以看到，$du$ 的估计系数均为正，但没通过 10%水平的显著性检验，从而说明本小节的估计结果是可靠的。第二，随机抽取构建虚假的处理组和对照组。在样本中，2003—2007 年 5 年间分别有 5、18、196、213、184 家企业进行了服务型对外直接投资。具体做法是，首先保留已有样本 2003 年到 2007 年的数据，从中随机抽取 1 年，共抽取 5 次，分别记为 $t1$、$t2$、$t3$、$t4$、$t5$，在各个抽取年份都不放回地随机抽取企业作为处理组，分别抽取 5、18、196、213、184 家企业，然后从剩余的企业中按照同样的方法按照 1∶3 的比例随机抽取 15、54、588、639、552 家作为控制组。对构建的两组企业重新进行估计，将上述过程重复 500 次，由此分别得到出口扩展边际和集约边际的 500 个 $du \times dt$ 估计系数，两组系数的核密度分布图如图 6-3-1 所示，图中的估计系数显著异于基准回归模型中得到的系数（图中用竖虚线标出，分别为 0.2574 和 0.6864），因此排除了服务型对外直接投资促进企业出口二元边际的效应源于不可观测因素的可能性。

2. 两期 DID 估计。基准回归中，采用的是多期（multi-period）DID 模型，多期 DID 模型一般存在序列相关问题，从而可能高估各变量的显著性水平。为此，借鉴毛其淋和许家云（2018）的思路，使用两期（two-period）DID 模型重新估计。具体步骤为：首先，以企业首次服务型对外直接投资年份作为时间节点，将样本划分为两个时间段：第一段为服务型对外直接投资前的年份，第二段为服务型对外直接投资当年及之后的年

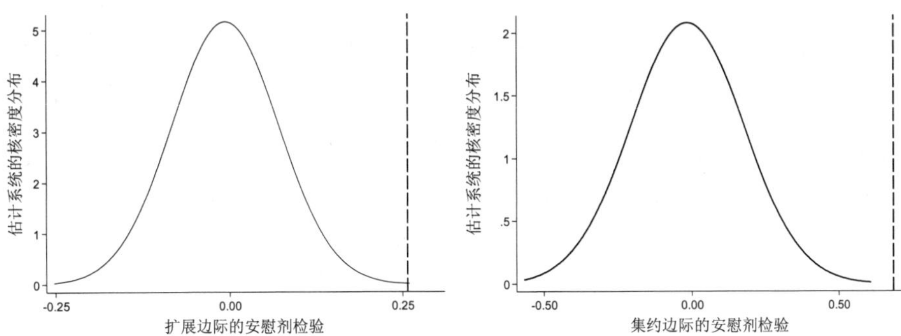


**图 6-3-1　安慰剂检验估计系数的核密度分布图**

份；其次，在每个时间段，计算每家企业各变量的算术平均值。表 6-3-5 第（2）（4）列汇报了相应的回归结果。结果显示，无论是扩展边际还是集约边际，交叉项 $du \times dt$ 的系数均显著为正，与多期 DID 模型的估计结果类似，再次表明服务型对外直接投资显著促进了企业出口。

**表 6-3-5　安慰剂检验和两期 DID 估计**

| | 扩展边际 | | 集约边际 | |
|---|---|---|---|---|
| | （1）投资前样本 | （2）两期倍差法 | （3）投资前样本 | （4）两期倍差法 |
| $du \times dt$ | | 0.1739** | | 3.2370*** |
| | | （0.0315） | | （0.0000） |
| $du$ | 0.0106 | 0.0458 | 0.0358 | -2.7015*** |
| | （0.8577） | （0.5414） | （0.8388） | （0.0000） |
| $dt$ | | -0.2496*** | | 0.1830 |
| | | （0.0000） | | （0.1608） |
| 控制变量 | 是 | 是 | 是 | 是 |
| 行业效应 | 是 | 是 | 是 | 是 |
| 地区效应 | 是 | 是 | 是 | 是 |
| 时间效应 | 是 | 是 | 是 | 是 |
| 观测值 | 10399 | 4078 | 10489 | 4146 |
| （Pseudo）R2 | 0.177 | 0.181 | 0.2932 | 0.3798 |
| LR | -6174 | -2200 | — | — |

3. 其他稳健性检验。这部分就可能对研究结果产生影响的其他问题进行稳健性检验。第一，不同数据来源的再检验。前文的经验研究使用的是《中国工业企业数据库》和《名录》的合并数据，这两个数据库具有样本容量大、指标全面等优势，但也存在年限短且较为久远的问题，为此，使用2002—2017年Wind数据库、国泰安数据库①与近期使用比较广泛的BvD Zephyr数据库、fDi Markets数据库②合并的数据作进一步检验，这几个数据库具有时效性强的优势，但缺乏企业出口与出口规模的数据，为此，使用海外业务收入作为企业出口的代理变量进行回归估计，具体结果见表6-3-6的（1）(5）列。可以发现，交叉项 $du \times dt$ 的回归系数依旧显著为正，因此，采用不同来源的数据所得到的结论与基准回归一致，充分说明本小节的回归结果是可靠的。第二，更换匹配年份的再检验。前文在进行倾向得分匹配时选取的匹配年限为2003—2007年，为排除匹配年限可能对本小节结论造成的影响，参考毛其淋和许家云（2014）的做法，仅使用2005-2007年作为匹配年限重新进行估计。表6-3-6第（2）列和第（6）列的回归结果显示，核心解释变量 $du \times dt$ 的回归系数均在1%的水平上显著为正，与本小节基准回归结果一致，再次证实了本小节结论的稳健性。第三，改变PSM方法的匹配比例。前文在进行倾向得分匹配时采用的匹配比例为1∶3，为防止匹配比例对结果的干扰，分别采用1∶4和1∶5重新匹配。回归结果汇报于表6-3-6的（3)(4)(7)(8）列中。结果显示，在改变匹配比例后，服务型对外直接投资对企业出口扩展边际和集约边际的促进作用仍然存在，本小节结论稳健。

① 海外业务收入来自国泰安数据库中的财务报表附注数据库，其余上市企业相关数据来自Wind数据库。

② 对外直接投资包括跨国并购和绿地投资两种模式，BvD Zephyr数据库和fDi Markets数据库中分别包含有1998—2017年企业跨国并购和绿地投资的交易项目，根据企业名称将两者合并即可得企业对外直接投资交易信息。这两个数据库均为实时更新，可得到最新的企业对外直接投资信息。

**表 6-3-6　其他稳健性检验**

| | 扩展边际 | | | | 集约边际 | | | |
|---|---|---|---|---|---|---|---|---|
| | (1) 更换数据来源 | (2) 更换匹配年份 | (3) PSM1：4 | (4) PSM1：5 | (5) 更换数据来源 | (6) 更换匹配年份 | (7) PSM1：4 | (8) PSM1：5 |
| $du \times dt$ | 0.3228*** | 0.2524*** | 0.2271*** | 0.2382*** | 2.6614*** | 0.6166*** | 0.6742*** | 0.6462*** |
| | (0.0051) | (0.0003) | (0.0011) | (0.0004) | (0.0004) | (0.0009) | (0.0002) | (0.0002) |
| $du$ | 0.0194 | 0.0169 | 0.0173 | 0.0594 | 0.3381 | 0.0522 | 0.0155 | 0.1774 |
| | (0.8329) | (0.7816) | (0.7652) | (0.2903) | (0.5623) | (0.7719) | (0.9276) | (0.2941) |
| $dt$ | 0.0292 | -0.2903*** | -0.1754*** | -0.2051*** | 0.1830 | -0.7196*** | -0.4726*** | -0.4964*** |
| | (0.6947) | (0.0000) | (0.0011) | (0.0000) | (0.7232) | (0.0000) | (0.0010) | (0.0001) |
| 控制变量 | 是 | 是 | 是 | 是 | 是 | 是 | 是 | 是 |
| 行业效应 | 是 | 是 | 是 | 是 | 是 | 是 | 是 | 是 |
| 地区效应 | 是 | 是 | 是 | 是 | 是 | 是 | 是 | 是 |
| 时间效应 | 是 | 是 | 是 | 是 | 是 | 是 | 是 | 是 |
| 观测值 | 7780 | 14017 | 18146 | 21105 | 8041 | 14134 | 18287 | 21231 |
| (Pseudo)R2 | 0.192 | 0.186 | 0.195 | 0.181 | 0.2646 | 0.3043 | 0.3235 | 0.3078 |
| LR | -5391 | -8214 | -10527 | -12579 | — | — | — | — |

（四）异质性检验

1. 企业所有制。贸易成本下降和研发创新水平提升是服务型 OFDI 促进企业出口的两个主要途径，但是，如果企业在出口过程中面临的资金约束较小，即其对贸易成本的变动并不敏感，抑或自身缺乏创新的动力，不会去充分利用服务型 OFDI 带来的产品改进机会，那么服务型 OFDI 对出口的促进作用将随之受到制约。在中国市场上，不同所有制企业面临的资金约束和拥有的创新动力存在明显的差异。具体而言，与非国有企业相比，中国的国有企业由于受到政府庇佑，往往可以优先并且持续获得贷款（张杰等，2012），在出口过程中面临的资金约束更小。同时，中国的国有企业大多是关系到国计民生的大型垄断企业，这些企业往往可以获取垄断利润，缺乏足够的动力去创新（张先锋等，2016），而非国有企业为了生存需要不断地研发创新，即其具有较强的创新动力。综上，鉴于国有企业面临的资金约束更小、拥有的创新动力更弱，我们预期服务型 OFDI 更有利于促进非国有企业出口倾向和出口规模的提升。接下来，将样本区分为国有企业和非国有企业，进行分样本检验，表 6-3-7 汇报了相应的回归结果。可以看出，服务型 OFDI 对非国有企业出口的扩展边际和集约边际促进作用更大，对国有企业的影响不显著，证实了预期。

**表 6-3-7　异质性分析：企业所有制性质**

| | 扩展边际 | | 集约边际 | |
|---|---|---|---|---|
| | （1）国有 | （2）非国有 | （3）国有 | （4）非国有 |
| $du \times dt$ | 0.1872 | 0.2656*** | 0.1797 | 0.7191*** |
| | (0.6066) | (0.0003) | (0.8249) | (0.0002) |
| $du$ | 0.1114 | −0.0006 | 0.2470 | 0.0018 |
| | (0.6303) | (0.9921) | (0.6738) | (0.9921) |
| $dt$ | −0.3144 | −0.2164*** | −0.4951 | −0.5111*** |
| | (0.3362) | (0.0004) | (0.5151) | (0.0022) |
| 控制变量 | 是 | 是 | 是 | 是 |
| 行业效应 | 是 | 是 | 是 | 是 |
| 地区效应 | 是 | 是 | 是 | 是 |
| 时间效应 | 是 | 是 | 是 | 是 |
| 观测值 | 707 | 13892 | 853 | 14041 |
| （Pseudo）R2 | 0.336 | 0.171 | 0.5351 | 0.2911 |
| LR | −471.6 | −7991 | — | — |

注：该表控制变量包括除表 6-3-4 中的 SOE 以外的其他所有变量，受篇幅限制未报告。非国有企业样本中主要为民营企业，含少量外资企业。

2. 母公司管理效率。管理效率是除生产率以外衡量企业异质性的重要指标，体现了企业的运营组织能力（Bloom 和 van Reenen，2007；Nocke 和 Yeaple，2014；Qiu 和 Yu，2015）。管理效率高的企业能更灵活地根据外部市场环境的变化对企业的生产和销售决策进行调整（余官胜等，2018），因此，高管理效率企业在有效捕捉服务型对外直接投资带来的贸易成本下降和海外需求变动信号基础上，能及时调整母公司产出、研发和销售方案，从而获得较大的出口促进效应。鉴于此，本小节对高管理效率和低管理效率企业进行分样本估计。其中，管理效率指标借鉴孙浦阳等（2018）、Qiu 和 Yu（2015）的思路，使用控制了企业规模、出口行为、成本加成和企业所有制之后的管理支出残差值来衡量。具体计算公式如下：

$$mana_{it} = \omega_0 lnl_{it} + \omega_1 dum\_ex_{it} + \omega_2 markup_{it} + \omega_3 SOE_{it} + \mu_p + \mu_c + \mu_t + \eta_{it} \tag{4}$$

式（4）中，$mana_{it}$ 是企业 $i$ 在 $t$ 年的管理支出，使用管理费用与工业总产值的比重表示；$lnl_{it}$ 是劳动人数的对数值；$dum\_ex_{it}$ 是企业是否出口的虚拟变量，如果企业 $i$ 在 $t$ 年进行了出口则取 1，否则取 0；$markup_{it}$ 表示企业的成本加成率，使用企业总收益与企业总收益和总利润之差的比值来衡量。$\mu_p$、$\mu_c$、$\mu_t$ 分别为省份、行业、时间固定效应，残差 $\eta_{it}$ 即为测算出的管理效率，该值越小代表管理效率越高。接下来，按投资前管理效率高低对企业分组，方法如下：首先，计算出服务型 OFDI 之前企业的年平均管理效率，然后以投资前各行业下企业年平均管理效率的中位数作为分界点，将各行业内企业年平均管理效率低于中位数的划分为高管理效率组，高于中位数的划分为低管理效率组。分组回归的结果见表 6-3-8。可以看出，就出口的扩展边际而言，$du \times dt$ 的估计系数在两组企业中都显著为正，但在高管理效率企业中的系数值和显著性更大；就出口的集约边际而言，$du \times dt$ 的估计系数在低管理效率企业中不显著，在高管理效率企业中显著为正。由此说明，服务型对外直接投资的出口效应在不同管理效率企业间存在差异，管理效率高的企业能更好地实现服务型对外直接投资对出口的促进作用，与预期一致。

**表 6-3-8　异质性分析：母公司管理效率**

| | 扩展边际 | | 集约边际 | |
|---|---|---|---|---|
| | （1）管理效率低 | （2）管理效率高 | （3）管理效率低 | （4）管理效率高 |
| $du \times dt$ | 0.1857* | 0.3804*** | 0.3897 | 1.0448*** |
| | (0.0666) | (0.0002) | (0.1369) | (0.0001) |
| $du$ | 0.0254 | −0.0134 | 0.2633 | −0.1752 |
| | (0.7654) | (0.8774) | (0.2915) | (0.4843) |
| $dt$ | −0.1949** | −0.2256*** | −0.3317 | −0.6726*** |
| | (0.0210) | (0.0071) | (0.1464) | (0.0026) |
| 控制变量 | 是 | 是 | 是 | 是 |
| 行业效应 | 是 | 是 | 是 | 是 |
| 地区效应 | 是 | 是 | 是 | 是 |
| 时间效应 | 是 | 是 | 是 | 是 |
| 观测值 | 7096 | 7607 | 7209 | 7687 |
| (Pseudo) R2 | 0.183 | 0.205 | 0.3166 | 0.3264 |
| LR | −4161 | −4369 | — | — |

3. 地区市场化程度。中国不同地区间的市场化进程存在显著差异，服务型 OFDI 对中国企业出口的促进作用可能会因地区市场化程度的不同而存在差异。具体而言，一方面，在市场化程度较高的地区，企业受到的政府干预小，这有利于实现市场对生产资源的优化配置，企业可以将有限的资源更好地投入到适应国内外市场需求的生产和创新活动中去（戴魁早和刘友金，2013；方军雄，2006），强化了服务型 OFDI 对出口的正向促进作用；另一方面，市场化程度越高意味着该地区的知识产权保护制度以及竞争环境越好（张杰等，2011），这有助于降低企业研发创新决策和创新成果转化的实施难度，从而有利于服务型 OFDI 创新效应的发挥，最终对企业出口行为产生影响。综上，预期服务型 OFDI 对高市场化程度地区企业出口的正向影响更大。接下来，本小节引入樊纲等（2011）测度的中国省级层面市场化指数来表示各地区市场化水平，以样本内的市场化指数中位

数为界，将市场化指数高于中位数的归为高市场化程度地区，反之则归为低市场化程度地区，分别进行回归估计。表 6-3-9 汇报了回归结果。结果显示，无论是出口的扩展边际还是集约边际，交叉项 $du \times dt$ 的估计系数在高市场化程度地区均显著为正，而在低市场化程度地区均不显著。因此，进一步推进国内市场化进程、为企业营造良好的市场环境是助力企业出口的有效途径。

**表 6-3-9　异质性分析：地区市场化程度**

| | 扩展边际 | | 集约边际 | |
|---|---|---|---|---|
| | （1）低市场化程度 | （2）高市场化程度 | （3）低市场化程度 | （4）高市场化程度 |
| $du \times dt$ | 0.1119 | 0.2159** | 0.3675 | 0.4651** |
| | （0.4338） | （0.0129） | （0.4274） | （0.0205） |
| $du$ | -0.0356 | 0.0988 | -0.1293 | 0.3277 |
| | （0.6127） | （0.2399） | （0.5582） | （0.1075） |
| $dt$ | -0.1420 | -0.1838*** | -0.3536 | -0.3461* |
| | （0.2112） | （0.0085） | （0.3162） | （0.0582） |
| 控制变量 | 是 | 是 | 是 | 是 |
| 行业效应 | 是 | 是 | 是 | 是 |
| 地区效应 | 是 | 是 | 是 | 是 |
| 时间效应 | 是 | 是 | 是 | 是 |
| 观测值 | 7306 | 7451 | 7392 | 7505 |
| （Pseudo）R2 | 0.187 | 0.152 | 0.3079 | 0.2751 |
| LR | -4648 | -3769 | — | — |

4. 单一服务和综合服务。在处理组中，有的企业仅在海外投资一种服务业（单一服务），如，仅设立售后服务部门以更好地服务客户，仅设立研发部门以提升创新能力等；而有的企业则同时投资多种服务业（综合服务），如同时设立批发零售、研发、售后等服务部门。服务型 OFDI 对出口的促进作用可能会因投资服务种类的多寡而存在差异。如在海外同时开展

批发零售和售后服务的企业，可以在销售母公司产品的同时更好地维系与客户之间的关系，进而促进母公司出口。而仅投资批发零售业的企业，会因无法提供后续服务而流失客户。因此，预期在海外投资的服务种类越多，服务型 OFDI 的出口效应可能越大，即投资综合服务对出口的促进作用可能比投资单一服务更大。接下来，依据《名录》中关于企业在海外的经营范围信息，将仅经营一种服务业务的样本归为单一服务组，将同时经营多种服务业务的归为综合服务组，分别进行回归估计。回归结果见表 6-3-10。结果显示，无论是出口的扩展边际还是集约边际，$du \times dt$ 的估计系数在单一服务组和综合服务组中均显著为正，表明企业在海外投资单一服务和综合服务都能促进母公司出口。但从系数值上看，投资综合服务对母公司出口二元边际的促进作用更大，与预期一致。

**表 6-3-10 异质性检验：单一服务和综合服务**

| | 扩展边际 | | 集约边际 | |
|---|---|---|---|---|
| | （1）单一服务 | （2）综合服务 | （3）单一服务 | （4）综合服务 |
| $du \times dt$ | 0.2469* | 0.3124*** | 0.7174** | 0.8296*** |
| | （0.0522） | （0.0006） | （0.0229） | （0.0005） |
| $du$ | 0.1288 | −0.1167 | 0.3016 | −0.3367 |
| | （0.1752） | （0.1462） | （0.2626） | （0.1629） |
| $dt$ | −0.2513*** | −0.2109*** | −0.6051** | −0.5461** |
| | （0.0047） | （0.0096） | （0.0130） | （0.0110） |
| 控制变量 | 是 | 是 | 是 | 是 |
| 行业效应 | 是 | 是 | 是 | 是 |
| 地区效应 | 是 | 是 | 是 | 是 |
| 时间效应 | 是 | 是 | 是 | 是 |
| 观测值 | 6079 | 8454 | 6184 | 8516 |
| （Pseudo）R2 | 0.214 | 0.181 | 0.3483 | 0.3037 |
| LR | −3600 | −4814 | — | — |

5. 生产型对外直接投资与企业出口。本小节已经考察了服务型 OFDI 对中国企业出口的影响，但是其产生的影响与生产型对外直接投资相比有何不同？对这个问题的回答有助于揭示服务型 OFDI 在 OFDI 与企业出口关系中所占据的地位。为进行对比，使用同样的方法对生产型投资的出口效应进行检验[①]，回归结果汇报于表 6-3-11。其中，前两列是对企业出口扩展边际的检验，后两列是对企业出口集约边际的检验，第（1）(3）列没有加入任何控制变量，第（2）(4）列加入了全部控制变量。可以发现，无论是出口的扩展边际还是集约边际，交叉项 $du \times dt$ 的系数均为负，且不显著。说明生产型 OFDI 并不会促进非出口的企业转为出口，也不会促进已出口的企业扩大出口规模，即生产型 OFDI 对企业出口没有明显的影响，这与前文得到的服务型 OFDI 显著促进企业出口二元边际扩张的结论形成鲜明的对比，体现了在研究对外直接投资与企业出口关系的过程中，区分投资行业的重要性。

**表 6-3-11　生产型对外直接投资的出口效应检验**

| | 扩展边际 | | 集约边际 | |
|---|---|---|---|---|
| | (1) | (2) | (3) | (4) |
| $du \times dt$ | -0.1568 | -0.2175 | -0.3514 | -0.5078 |
| | (0.4925) | (0.3689) | (0.6624) | (0.4901) |
| $du$ | 0.0015 | 0.2016 | 0.1773 | 0.7126 |
| | (0.9942) | (0.3022) | (0.8044) | (0.2421) |
| $dt$ | -0.0894 | -0.2541 | -0.0801 | -0.5096 |
| | (0.5435) | (0.1312) | (0.8825) | (0.3017) |
| 控制变量 | 否 | 是 | 否 | 是 |
| 行业效应 | 是 | 是 | 是 | 是 |
| 地区效应 | 是 | 是 | 是 | 是 |

① 对生产型投资出口效应进行检验时，处理组的筛选方法与服务型投资类似，指在样本期内从未向海外投资过服务行业，仅投资过生产行业的企业。

续表

| | 扩展边际 | | 集约边际 | |
|---|---|---|---|---|
| | (1) | (2) | (3) | (4) |
| 时间效应 | 是 | 是 | 是 | 是 |
| 观测值 | 1556 | 1530 | 1601 | 1573 |
| （Pseudo）R2 | 0.215 | 0.341 | 0.2639 | 0.4362 |
| LR | -1078 | -1060 | — | - |

## 四、机制检验

服务型对外直接投资是通过哪些渠道促进了企业出口？结合本章第二节的机制分析，在这一部分，分别从成本效应和创新效应两个层面，对服务型对外直接投资影响企业出口的作用机制进行检验。

（一）成本效应

在机制分析部分，本研究提出服务型对外直接投资能够通过降低企业贸易成本而促进其出口。如果该推测成立，本研究预期在贸易成本比较高的东道国设立服务部门，对母公司出口的促进作用将更大。具体地，借鉴Novy（2006）的方法，使用式（5）来测度中国与其他国家之间的贸易成本。

$$\tau_{cn,\ j} = \tau_{j,\ cn} = 1 - \left[\frac{EXP_{cn,\ j}EXP_{j,\ cn}}{(GDP_j - EXP_j)(GDP_{cn} - EXP_{cn})}\right]^{\frac{1}{2\rho-2}} \qquad (5)$$

$\tau_{cn,\ j}$ 和 $\tau_{j,\ cn}$ 分别表示中国向 $j$ 国和 $j$ 国向中国出口的贸易成本（假定双边贸易成本对称，$\tau_{cn,\ j} = \tau_{j,\ cn}$），$EXP_{cn,\ j}$ 和 $EXP_{j,\ cn}$ 分别是中国向 $j$ 国和 $j$ 国向中国的出口额，$GDP_{cn}$ 、$EXP_{cn}$ 和 $GDP_j$ 、$EXP_j$ 分别是中国、$j$ 国的 GDP 和总出口，$S$ 是双边可贸易份额（假定 $S = S_{cn} = S_j$），$\rho$ 表示替代弹性。由该公式可知，在其他条件一定的情况下，当双边贸易额上升，即双方开展贸易较为容易时，贸易成本下降；当产出增加未能引致双边贸易增加时，意味着双边贸易成本较大。在计算过程中需要用到中国与各国相互出口的数据、各自的总出口数据和 GDP 数据。此处使用的与出口相关的数据来自 UN comtrade 数据库，GDP 数据来自 IMF 数据库，由于测算的贸易成本是一个比值，不会受到缩减指数的影响，因此出口额和 GDP 都使用当年值（方虹等，2010）。就参数 $S$ 和 $\rho$ 而言，借鉴方虹等（2010）的做法，将 $S$ 设定为 0.8，$\rho$ 设定为 5（低）、8（中）和 10（高）。接下来，按中国与投资东道国贸易成本的高低将样本分为两组：首先，计算出各个年份中国与投资东道国之间的贸易成本，取其均值作为综合反映中国与该国贸易成本的指标，然后将各投资东道国按贸易成本均值由小到大排序，将高于中位数的归为高贸易成本国，低于中位数的归为低贸易成本国。表 6-3-12 展示了 $\rho$ 在不同取值下的分样本检验结果。可以看到，无论 $\rho$ 取 5、8 还是 10，核心解释变量 $du \times dt$ 的估计系数均显著为正，说明企业无论是向高贸易成本国还是低贸易成本国进行服务型投资，都对出口二元边际有促进作用。但是从系数大小来看，投资高贸易成本国对企业出口扩展边际和集约边际的促进作用更大，与预期一致。该结论从侧面印证了服务型对外直接投资通过成本效应驱动企业出口的作用渠道。

**表 6-3-12　机制检验：成本效应**

| | 扩张边际 | | | | 集约边际 | | | |
|---|---|---|---|---|---|---|---|---|
| | 贸易成本（$\rho$=8；$\rho$=10） | | 贸易成本（$\rho$=5） | | 贸易成本（$\rho$=8；$\rho$=10） | | 贸易成本（$\rho$=5） | |
| | （1）高 | （2）低 | （3）高 | （4）低 | （5）高 | （6）低 | （7）高 | （8）低 |
| $du \times dt$ | 0.3547** | 0.2365*** | 0.4405* | 0.2400*** | 1.0752*** | 0.5634*** | 1.0858* | 0.6335*** |
| | （0.0165） | （0.0044） | （0.0722） | （0.0015） | （0.0047） | （0.0085） | （0.0518） | （0.0014） |
| $du$ | −0.0370 | 0.0393 | −0.0402 | 0.0108 | −0.2542 | 0.1621 | −0.3155 | 0.0369 |
| | （0.7527） | （0.5746） | （0.8452） | （0.8650） | （0.4545） | （0.4299） | （0.5305） | （0.8447） |
| $dt$ | −0.2888** | −0.2039*** | −0.4180** | −0.2044*** | −0.4987 | −0.4825*** | −0.6452 | −0.4644*** |
| | （0.0269） | （0.0025） | （0.0449） | （0.0010） | （0.1133） | （0.0095） | （0.1411） | （0.0074） |
| 控制变量 | 是 | 是 | 是 | 是 | 是 | 是 | 是 | 是 |

续表

| | 扩张边际 | | | | 集约边际 | | | |
|---|---|---|---|---|---|---|---|---|
| | 贸易成本（$\rho$=8；$\rho$=10） | | 贸易成本（$\rho$=5） | | 贸易成本（$\rho$=8；$\rho$=10） | | 贸易成本（$\rho$=5） | |
| | （1）高 | （2）低 | （3）高 | （4）低 | （5）高 | （6）低 | （7）高 | （8）低 |
| 行业效应 | 是 | 是 | 是 | 是 | 是 | 是 | 是 | 是 |
| 地区效应 | 是 | 是 | 是 | 是 | 是 | 是 | 是 | 是 |
| 时间效应 | 是 | 是 | 是 | 是 | 是 | 是 | 是 | 是 |
| 观测值 | 3539 | 11357 | 1473 | 13303 | 3631 | 11497 | 1707 | 13430 |
| (Pseudo)R2 | 0.188 | 0.190 | 0.236 | 0.179 | 0.3197 | 0.3138 | 0.4095 | 0.3004 |
| LR | -1925 | -6686 | -803.0 | -7798 | — | — | — | — |

注：（1）分组回归时，本小节首先筛选出高（低）贸易成本国对应的处理组企业，然后一一找出其 PSM 方法匹配上的对照组企业，合并后使用基准模型进行回归。由于不同处理组企业可能匹配上了相同的对照组企业，因此，分样本检验的观测值个数之和略大于基准回归中的观测值个数；（2）$\rho$ = 8 和 $\rho$ = 10 情况下划分的高低贸易成本国组别相同，因此得到的回归结果也相同。

### （二）创新效应

本小节通过构建中介效应模型对创新效应的传导机制进行检验。具体地，选择企业的研发投入 $ln(rd+1)$ 作为中介变量[①]，分三步进行检验：首先，将因变量对基础自变量回归；其次，将中介变量（研发投入）对基础自变量回归；最后，将因变量同时对基础自变量和中介变量回归（毛其淋和许家云，2017）。据此，本小节建立的中介效应模型由以下三组回归式组成：

第一组：

$$P\{exp_{it}=1\}=\phi(\beta_0+\beta_1 du_i+\beta_2 dt_{it}+\delta du_i\times dt_{it}+X'_{it}\gamma+\mu_p+\mu_c+\mu_t+\varepsilon_{it} \tag{6}$$

$$lnexport_{it}=\beta_0+\beta_1 du_i+\beta_2 dt_{it}+\delta du_i\times dt_{it}+X'_{it}\gamma+\mu_p+\mu_c+\mu_t+\varepsilon_{it} \tag{7}$$

① 用企业研发支出加 1 取对数来衡量。

第二组：

$$ln(rd+1)_{it}=\beta_0+\beta_1 du_i+\beta_2 du_{it}+\delta du_i\times dt_{it}+X'_{it}\gamma+\mu_p+\mu_c+\mu_t+\varepsilon_{it} \tag{8}$$

第三组：

$$P\{exp_{it=1}\}=\phi(\beta_0+\beta_1 du_i+\beta_2 du_{it}+\delta du_i\times dt_{it}+ln(rd+1)+X'_{it}\gamma+\mu_p+\mu_c+\mu_t+\varepsilon_{it} \tag{9}$$

$$lnexport_{it}=\beta_0+\beta_1 du_i+\beta_2 dt_{it}+\delta du_i\times dt_{it}+ln(rd+1)+X'_{it}\gamma+\mu_p+\mu_c+\mu_t+\varepsilon_{it} \tag{10}$$

其中，（6）（7）式为基准 DID 模型，回归结果见表 6-3-4 的第（3）列和第（6）列。（8）式的回归结果汇报于表 6-3-13 的第（1）列中。可以看出，核心解释变量 $du\times dt$ 的估计系数在 1%的水平上显著为正，说明服务型 OFDI 显著促进了企业研发创新水平的提升。由于研发支出为非缺失值的样本中有 67.3%（6496/9651）的观测个体的研发支出数据为 0，使用左截尾 Tobit 模型将比 OLS 回归更能得到一致的估计，因此，本小节采用 Tobit 模型对上述结果进行了验证。表 6-3-13 第（2）列的结果显示，使用 Tobit 模型仍然可以得到服务型 OFDI 对企业研发创新水平有促进作用的结论。表 6-3-13 第（3）（4）列汇报了因变量对基础自变量和中介变量的回归结果，可以看出，$ln(rd+1)$ 的估计系数至少在 5%的水平下显著为正，说明研发创新能够明显促进企业出口二元边际扩张。此外，与表 6-3-4 第（3）列和第（6）列基准的回归结果相比，交叉项 $du\times dt$ 的估计系数和 p 值均有所下降 5[①]，这表明中介效应存在，即研发创新水平的提升是服务型 OFDI 促进企业出口的一个可能渠道。

① 需要注意的是，研发指标 $ln(rd+1)$ 有一定程度的缺失，因此使用该指标后样本量大幅度减少。为验证结果的稳健性，本小节还使用研发指标 $ln(rd+1)$ 非缺失的样本重新对模型（5）和（6）进行回归，得到的 $du\times dt$ 系数分别为 0.2250、0.5814，p 值分别为 0.0018、0.0014。将其与表 6-3-13（3）（4）列的结果进行比较同样可以发现，解释变量中加入 $ln(rd+1)$ 后，$du\times dt$ 系数和显著性依旧呈下降趋势（p 值上升），“创新效应”的渠道同样存在。

**表 6-3-13　机制检验：创新效应**

| | （1）OLS | （2）Tobit | （3）扩展边际 | （4）集约边际 |
|---|---|---|---|---|
| $ln(rd+1)$ | | | 0.0274*** | 0.0478** |
| | | | (0.0024) | (0.0343) |
| $du \times dt$ | 0.5880*** | 1.4528*** | 0.2097*** | 0.5533*** |
| | (0.0000) | (0.0000) | (0.0036) | (0.0023) |
| $du$ | 0.3008*** | 0.8184*** | 0.0373 | 0.1256 |
| | (0.0008) | (0.0007) | (0.5684) | (0.4855) |
| $dt$ | -0.1345 | -0.3142 | -0.2120*** | -0.5129*** |
| | (0.1530) | (0.2700) | (0.0004) | (0.0018) |
| 控制变量 | 是 | 是 | 是 | 是 |
| 行业效应 | 是 | 是 | 是 | 是 |
| 地区效应 | 是 | 是 | 是 | 是 |
| 时间效应 | 是 | 是 | 是 | 是 |
| 观测值 | 9518 | 9520 | 9421 | 9518 |
| （Pseudo）R2 | 0.3702 | 0.122 | 0.186 | 0.3068 |
| LR | — | -14177 | -5288 | — |

## 五、总结

为深入探究服务型 OFDI 与中国后工业化进程之间的关系，本小节专门采用工业企业层面的数据就服务型 OFDI 与母公司海外需求之间的关系进行了实证检验。结果表明，服务型 OFDI 显著促进了中国工业企业出口倾向和出口额的增长，但这种影响因企业特征、地区市场化程度、投资行业类型而存在异质性：首先，就企业所有制而言，服务型 OFDI 显著促进了非国有企业出口，对国有企业没有明显的影响；其次，就母公司管理效率而言，服务型 OFDI 对投资前管理效率比较高的企业出口促进作用更大；再者，从母公司所在地区的市场化程度来看，服务型 OFDI 显著促进了高市场化程度地区企业出口，但对低市场化程度地区企业没有明显的影响；

最后，从投资服务行业种类来看，投资综合服务业（多种服务行业）对母公司出口的促进作用要比单一服务业更大。此外，本小节还发现，生产型 OFDI 对企业出口没有明显的影响，生产型投资与服务型投资对出口影响的差异凸显了在对外直接投资促进企业出口中服务型投资的重要作用。进一步的影响机制检验表明，服务型 OFDI 通过降低企业出口的贸易成本和激励企业研发创新而促进其出口。本小节的研究结论对深入理解服务型 OFDI 缓解中国制造业比重的下降具有重要意义。

## 本章小结

中国作为后发的工业化大国，存在明显的工业经济发展不平衡不充分的问题，工业化任务尚需深度推进。在工业化进程加速的同时，中国对外直接投资规模也在迅猛扩张。那么，OFDI 是否意味着工业生产线的转移并引致中国过早地进入后工业化阶段呢？本章试图从投资行业的角度对两者之间的关系进行解读。本章发现，我国 OFDI 主要以投资海外服务业为主，且这种服务型 OFDI 有利于企业出口，说明服务型 OFDI 为母公司带来的更多是需求的扩张而非供给的缩减，不仅不会造成中国制造业比重下降，反而能够缓解中国后工业化进程。因此，如果不考虑生产型 OFDI，单纯从服务型 OFDI 角度看，暂时不必担心中国企业大规模“走出去”会导致国内制造业比重持续下降的风险。此外，本章还发现，服务型 OFDI 对中国工业企业研发创新水平的提升有明显的促进作用，这表明服务型 OFDI 还能成为中国工业化提质升级的重要途径。研究结论丰富了有关企业 OFDI 与后工业化进程之间关系的研究。基于研究结论，本章认为政府应继续大力支持并引导企业向海外服务领域投资，通过嵌入东道国服务网络来开拓和维系国际市场。

本章研究还发现，不同所有制下的服务型 OFDI 对企业出口的影响存在差异，其中，较国有企业而言，非国有企业尤其是民营企业受服务型 OFDI 的影响更大。为了更好地发挥服务型 OFDI 对制造业比重持续下降的缓解作用，政府要积极引导更多民营企业进行投资，以充分利用海外服务部门带来的出口机会和国际市场变动信息等。此外，基于企业所属省份、投资行业的异质性检验结果，本章还认为，中国要不断推进市场化改革，减少政府对市场的过度干预，为企业营造良好的营商环境，助力服务型OFDI对出口的带动作用，同时，政府要特别重视、鼓励和引导企业进行多种类的服务型投资，这类投资能大幅度节约新产品推出时间，有利于企业优先占领市场。

# 第七章　其他视角与后工业化

自改革开放以来，中国的工业部门迅速发展，随着中国进入后工业化阶段，在全国层面和省级层面均出现了工业增加值和就业的份额下降的现象。在“走出去”战略和国内生产成本上升因素的推动下，以劳动密集型产业为主的我国制造业企业将国内的生产活动向海外转移，表现出对外直接投资增加。OFDI 虽然是国际资本流动的重要形式之一，也是企业深度参与国际分工和学习国外先进技术的有效方式，但是不规范的 OFDI 过分泛滥也有携带资本外逃、使得国内投资离制造化的嫌疑，会加快制造业比重的下降。此外，房市价格也通常被认为能够影响一国经济发展和企业决策，其上涨导致的土地成本和劳动力成本的上升也会提升推动一国的后工业化进程。

与发达经济体的去工业化不同，中国的工业化仍处于发展阶段，服务业的劳动生产率较低，此时进入后工业化阶段属于尚未成熟的、过早的。而发达国家在去工业化的进程中，经历了工业品国际竞争力下降、国内工业性投资外流等问题，尤其是在 2008 年全球性的金融危机爆发后，发达国家意识到工业在国民经济中的支撑作用，开始了“再工业化”的进程，鼓励科研创新，大力发展高技术产业，推动制造业向高端化发展。

所以，本章计划从多个不同视角探讨制造业占比的影响因素。本章第一节将采用 2003—2019 年的省级面板数据构建双固定效应回归模型，探究了房价和 OFDI 对于中国制造业比重的影响，以及 OFDI 在整个影响链条当中所发挥的作用。本章第二节总结了制造业外迁的特点，描述了当前制造业外迁的现状，并建立了制造业外迁对制造业比重影响的分析框架，运用省份平衡面板数据对制造业外迁对制造业比重的影响进行了实证分析。第三节探讨高技术产品进出口贸易的发展对中国后工业化进程的影响，分析了中国制造业比重的下降程度，并对中国高技术产品贸易的现状进行了总结，利用省级面板数据构建回归模型，实证证明了高技术产品贸易对过早后工业化的缓解作用。

## 第一节　房地产价格、OFDI 与后工业化

### 一、引言

OFDI（对外直接投资）是资本在国际之间流动的主要形式之一。《中国对外直接投资公报》资料显示，到 2020 年，中国 OFDI 净额已达到 1537.1 亿美元，同比 2019 年上涨 12.3%。其中对外非金融类直接投资流量达 1340.5 亿美元，同比 2019 年上涨 14.6%，整体 OFDI 流量较 2002 年的 27 亿美元大幅上涨至 1537.1 亿美元（增长约 57 倍），流量位列按全球国家（地区）排名第一位。

经过许多学者研究证实，OFDI 对于我国的“内”“外”发展具有重要现实意义。但是，非金融类 OFDI 的飞速上升同时意味着众多中国制造业企业的产能外迁，从而造成国内制造业比重的下降，而过早或过快的后工业化进程不仅会抑制经济增长、阻碍现代服务业发展，还会导致劳动生产率的下降。例如，许多学者发现 OFDI 会造成国内工业投资和就业的逃离，以及资金配置上的“脱实向虚”，从而造成中国过早地进入后工业化阶段。正常的后工业化进程通常是在该国制造业能够占据全球产业链的价值链高端环节（如管理、研发等）后出现的一种降低低端环节制造业占比的现象，但目前中国工业经济仍然存在部分“大而不强”“核心技术受制于人”等问题，我国企业仍然承担着大量的以资源密集型或劳动密集型为主的生产活动，整体在国际制造业分工中处在价值链的低端环节，而且改革开放推动服务业迅速发展，导致服务业比重全面过度快速上升，从而后工业化

进程呈现出过早的特征。

## 二、文献综述与机制分析

### （一）文献综述

在研究OFDI对于国内产业结构变动影响的文献中，学者们的观点不完全相同。部分学者认为一国OFDI能够促进母国的产业升级。Cantwell和Tolentino（1990）对于发展中国家OFDI与母国产业升级研究中提出的技术创新产业升级理论比较具有代表性。潘颖和刘辉煌（2010）指出虽然OFDI短期内不能促进产业结构升级，但从长期来看其对于产业结构升级具有促进作用。然而，也有部分学者认为OFDI对于母国产业结构还会带来制造业比重的下降。Rossel V. Advincula（2000）通过研究韩国OFDI和产业升级之间的互动关系指出随着韩国制造业的海外转移，韩国出现了走向后工业化阶段的明显趋势。胡立君等（2013）发现日本通过OFDI和技术转移，带动产业链上的中小企业外迁，导致大量产业资本流到海外从而造成制造业比重的下降。刘海云和聂飞（2015）通过广义矩方法（GMM方法）验证得出中国制造业OFDI规模的快速上涨会减少制造业资本存量并催升实际利率，从而导致资本由“实”向“虚”流动，出现“离制造化”现象。

在探究影响中国结构转型的原因时，有不少学者视要素价格为其中重要影响因素。陆铭等（2015）研究发现，由于2003年之后东部地区土地供应逐渐减少，东部地区的房价飞速上涨，进一步抬高了东部地区人民的消费水平及工资。魏后凯和王颂吉（2019）指出中国产业结构转型一定程度上受到要素价格上涨以及阶段性的产能过剩等多重因素共同作用，其中劳动力、土地等生产要素价格快速上涨加快推动了工业企业进行产业转型。此外还有课题组（2011）基于我国省级地区数据进行实证分析后发现，房价上升过快会导致工业GDP占总GDP的比值下降，进一步加速我国各省产业结构的转型。

在研究要素价格影响企业OFDI决策的文献中，Dunning（1981）的研究较为典型，其指出土地、劳动力等要素价格的变化会带动企业在各地进行生产的区位优势变化，从而影响企业是否在该地进行投资的决策。而就具体影响机制而言，也有许多学者进行了分析。郭娟娟等（2020）认为，房价上涨影响 OFDI 的机制主要有土地成本上涨和劳动力成本上涨两种途径。席强敏和梅林认为（2019）由于土地是固定要素，并不会对企业的行为决策产生过大影响，所以房价上涨只会挤出想要新进入该地区的企业。

综上所述，国内对 OFDI 的研究虽涉及 OFDI 导致产业结构变动和 OFDI 影响因素等问题，但大多忽略由 OFDI 导致制造业比重下降这一路径更深层次的原因，未能将影响 OFDI 的因素加入到分析链条中。基于以上不足，本书尝试从省级层面研究 OFDI、房地产价格和制造业比重之间的关系，并运用中介效应方法，检验房地产价格对中国制造业比重的影响机制是否为 OFDI，打开过程“黑箱”。

（二）机制分析

1. OFDI 与制造业比重

根据白雪洁和于庆瑞（2019）的研究，OFDI 是通过使企业进行投资转移，诱导整体社会层面资金对于制造业投资的缩减，从而导致国内的制造业投资减少，工业产出下降，或者因为进行 OFDI 的制造业企业的平均利润水平高于在本国进行投资的企业，从而会拉高制造业的利润预期，诱导制造业企业“脱实向虚”，进入房地产或金融行业以获取更多的利润。此外，企业 OFDI 增加会间接挤占投资国内制造业的资金，从而推升国内制造业实际利率，反过来进一步抑制社会资本对于制造业部门的投资（刘海云和聂飞，2015）。而且根据 Helpman 等（2004）的研究，生产率由高到低的企业依次会选择境外投资、出口和服务本国消费者，所以 OFDI 在一定程度上是企业自我选择的体现，所以留在国内的制造业企业的平均生产率和产出水平会较之前更低。且当 OFDI 为企业带来利润时，会相应提高企业在国内的收入水平，反过来会促进对国内服务业的需求。

2. 房地产价格与制造业比重

当城市的房地产价格更高时，该城市的第三产业占比会更高，工业化水平下降。首先，因为相较于服务型企业，工业厂商的占地面积更大，生产成本中土地投入的占比更大，这会反向挤出一些工业型企业在高房价城市投资建厂的需求。其次，由于房价是土地垄断供应的结果，所以企业想要实现盈利必须提升产品价格来将房价这种垄断价格带来的成本超支转移出去。而相较于第三产业的服务型企业，工业型企业细分行业众多，产品价格受到上下游需求钳制，较难如具备多样性特征的服务型企业一样拥有垄断定价能力。所以在这个过程中，工业型企业的生产成本过高，进而失去竞争力最终逐渐退出市场。且由于制造业产品耐用性较高且弹性较低，所以随着居民平均工资上升，人均收入增加，对于单个消费者来说制造业产品带来的边际效用递减，从而造成其相对价格下降（Clark，1957），所以最终导致居民减少对于制造业产品的支出，并增加对于服务业的需求。最后，当房地产价格多年呈现持续上涨的趋势时，会刺激制造业企业产生投机需求，从而对制造业的投资、研发投入和新产品产出产生挤出效应（王文春和荣昭，2014）。所以，在整个市场“炒房热”的背景下，许多制造业上市公司也当然更倾向于将资金投入金融、房地产行业以获取高额利润，从而导致整体程度上制造业直接投资支出占比减少，国家去工业化程度加深。

3. 房地产价格与 OFDI

当房地产价格上升时，企业在当地投资的土地成本随之上升，会进一步挤压企业的利润空间，企业会更有动力向土地成本花费更少的地区进行投资转移。另一方面，房地产价格上升会显著抬高当地居民的生活成本，从而反向促进当地居民工资水平上升，导致劳动力成本上升。

## 三、模型及数据说明

### （一）样本选择与数据来源

本书实证分析所采用的省级面板数据均来自《中国统计年鉴》和《中国对外直接投资统计公报》等。基于数据的可得性及准确性，并将房价开始上涨的时间跨度纳入考虑，本书的所有研究数据起始于 2003 年截至

2019 年，并剔除西藏和港澳台地区数据。

（二）模型构建

本书参考 Rowthorn 和 Ramaswamy（1999）的思路来研究 OFDI 和房地产价格对于中国去工业化的影响，并构建以下计量模型。

$$lport_{it} = c + \alpha_1 pofdi_{it} + \alpha_2 lprice + \alpha_{i>2} z_{it} + u_i + v_t + \xi_{it} \quad (1)$$

其中，*lprop* 表示工业增加值占 GDP 的比重，并选取对外非金融直接投资流量作为衡量 OFDI 的指标，*lprice* 为商品房平均销售价格的对数。式（1）中的 *pofdi*、*lprice* 以及控制变量 $z_{it}$ 的系数分别为 $\alpha_1$、$\alpha_2$ 和 $\alpha_{i3}$、$c$、$u_i$、$v_t$ 分别为常数项、个体和时间效应，$\xi_{it}$ 代表随机扰动项。

（三）变量说明

本书借鉴白雪洁和于庆瑞（2019）的做法，采用工业增加值占比来衡量工业化水平，并对其取对数作为工业化水平的代理变量。将 OFDI 流量按当年汇率换算后除以当年各省 GDP 得到占比作为代理变量。采用商品房销售额与商品房销售面积的比值作为平均商品房销售价格来表示房价，并取对数作为其代理变量。

本书借鉴 Rowthorn 和 Ramaswamy（1999）、白雪洁和于庆瑞（2018）、郭娟娟等（2020）及赵祥和谭锐（2016）的做法，采用出口、进口、地方财政企业所得税、实际利用外商直接投资额、居民消费价格指数、规模以上工业企业个数、金融危机作为控制变量。

**表 7-1-1　变量定义**

| 变量符号 | 变量名称 | 变量定义 |
|---|---|---|
| pofdi | OFDI 占 GDP 比值 | 按当年汇率折算为人民币的对外非金融类直接投资流量与 GDP 的比值 |
| lprop | 工业增加值占比对数 | 工业生产过程中新增加的产品和劳务价值与 GDP 的比值 |
| lprice | 房地产平均销售价格的对数 | 商品房销售额除以商品房销售面积的值的对数 |
| pexp | 出口占比 | 出口总额占 GDP 比值（按经营单位所在地分） |
| pimp | 进口占比 | 进口总额占 GDP 比值（按经营单位所在地分） |

续表

| 变量符号 | 变量名称 | 变量定义 |
|---|---|---|
| pfdi | 实际利用外商直接投资占比 | 指外国投资者在我国境内通过设立企业、投资企业等方式进行投资的投资额占 GDP 比值 |
| ltax | 地方财政企业所得税（亿元）的对数 | 反映当地征收的企业所得税及外商投资企业和外国企业所得税的对数 |
| cn | 规模以上工业企业数 | 反映年主营业务收入大于等于 2000 万元的工业企业数目 |
| lcon | 居民消费价格指数对数 | 反映一定时期内城乡居民消费价格水平的指数并对其取对数 |
| crisis | 金融危机 | 2008 年之前设置为 0，2008 年及之后设置为 1 |

## 四、基础回归

基于（1）式研究 OFDI 及房地产价格对于制造业比重的影响，并对样本进行双固定效应回归的结果见下表。以上回归结果进一步说明了省份和时期的变化并没有改变 OFDI 及房价上升能够导致中国制造业比重下降的结论。

**表 7-1-2　主回归结果**

| 变量 | (1) | (2) | (3) | (4) | (5) |
|---|---|---|---|---|---|
| | lprop | lprop | lprop | lprop | lprop |
| pofdi | -4.687*** | -4.634*** | -2.790*** | -2.554*** | -2.220*** |
| | (-5.92) | (-5.85) | (-3.79) | (-3.41) | (-3.25) |
| lprice | -0.113*** | -0.113*** | -0.323*** | -0.300*** | -0.119*** |
| | (-10.06) | (-10.01) | (-10.07) | (-8.17) | (-2.65) |
| pexp | | | 0.601*** | 0.514*** | 0.404*** |
| | | | (6.22) | (4.99) | (4.34) |
| pimp | | | -0.279*** | -0.145 | -0.195** |
| | | | (-3.26) | (-1.46) | (-2.21) |
| pfdi | | | 0.697* | 0.745* | 0.340 |

续表

| 变量 | (1) | (2) | (3) | (4) | (5) |
|---|---|---|---|---|---|
| | lprop | lprop | lprop | lprop | lprop |
| | | | (1.78) | (1.86) | (0.97) |
| ltax | | | 0.089*** | 0.079*** | 0.086*** |
| | | | (4.67) | (3.55) | (3.53) |
| lcon | | | 0.549** | 0.610** | -0.540 |
| | | | (2.00) | (2.21) | (-0.78) |
| cn | | | 0.000*** | 0.000*** | 0.000** |
| | | | (3.31) | (3.47) | (2.50) |
| crisis | | | 0.089*** | 0.083*** | -0.208** |
| | | | (4.82) | (4.31) | (-2.34) |
| R-squared | | 0.321 | | 0.499 | 0.642 |
| Province FE | NO | YES | NO | YES | YES |
| Year FE | NO | NO | NO | NO | YES |

此外，根据控制变量的回归系数可以得出，出口、地方财政企业所得税、规模以上工业企业数量都能显著促进中国工业增加值占比的提高，也就是说提高了中国的工业化水平。因为当一国的制造业生产增多，产能就会有流出的可能，制造业企业收入相应增加，所以出口与政府收入地方财政企业所得税的指标就会增加，同时规模以上工业企业数量代表了年收入大于等于2000万元的工业企业个数，当该指标增加时，则说明一国的工业生产水平上升，即一国的工业化程度上升。相反，进口和金融危机在控制省份和时间效应后则对于中国制造业比重的下降则有推动作用。因为当一国制造业产能下降时，国内制造业产品无法满足国内需求，则该国不可避免地会更依赖进口产品，从而导致进口增加，此外，由于金融危机后，世界各国如互联网、金融相关的服务业水平发展迅速，制造业规模进一步萎缩，导致中国制造业比重的下降。

## 五、稳健性检验与内生性分析

首先，本书采用各省第二产业就业占第一、二、三产业就业之和的比值衡量制造业比重，采用对外非金融类投资存量代替流量，重新估计回归模型见表 7-1-3 列（1）和（2）。

其次，考虑到 2008 年金融危机的发生可能会影响房价水平及企业 OFDI 选择，本书剔除了 2008 年数据重新估计回归模型得到结果见表 7-1-3 列（3）。此外，中国“走出去”战略背景提出具有时限性，根据《公报》公布的中国非金融类对外直接投资流量数据，2003 年中国对外直接投资流量相较上年增加 5%，而 2004 年该指标较上年相比上升了 93%，2005 年同比增加 123%，之后几年依旧保持高速增长。可以认为从 2004 年开始中国 OFDI 才受到政策指引走上了快速发展的道路。表 7-1-3 列（4）为本书考虑剔除 2003 年数据重新进行回归结果。

最后，本书已在主回归部分采用控制省份和时间固定效应的方法控制内生性。但考虑到 OFDI、房价以及“工业化”水平的当期值之间可能会存在相互影响的关系，故本书继续选择采用滞后一期的 OFDI 占比和滞后一期的房地产价格的对数与正常期的工业增加值占比进行回归，计量结果如表 7-1-3 列（5）所示。

**表 7-1-3　稳健性检验与内生性分析结果**

| 变量 | 替换变量法 | | 缩短时间窗口 | | 滞后一期 |
|---|---|---|---|---|---|
| | （1） | （2） | （3） | （4） | （5） |
| | pemploy | lprop | lprop | lprop | lprop |
| pofdi | −0. 635*** | | −2. 010*** | −2. 220*** | |
| | （−3. 11） | | （−2. 88） | （−3. 25） | |
| lprice | −0. 032** | −0. 096** | −0. 130*** | −0. 119*** | |
| | （−2. 36） | （−2. 18） | （−2. 78） | （−2. 65） | |
| pofdi_ s | | −0. 000*** | | | |
| | | （−5. 45） | | | |

续表

| 变量 | 替换变量法 | | 缩短时间窗口 | | 滞后一期 |
|---|---|---|---|---|---|
| | (1) | (2) | (3) | (4) | (5) |
| | pemploy | lprop | lprop | lprop | lprop |
| L. pofdi | | | | | -1.403** |
| | | | | | (-2.18) |
| L. lprice | | | | | -0.073* |
| | | | | | (-1.70) |
| pexp | 0.161*** | 0.331*** | 0.404*** | 0.404*** | 0.395*** |
| | (5.77) | (3.57) | (4.04) | (4.34) | (4.36) |
| pimp | -0.014 | -0.281*** | -0.173* | -0.195** | -0.132 |
| | (-0.53) | (-3.17) | (-1.82) | (-2.21) | (-1.54) |
| pfdi | -0.118 | 0.171 | 0.260 | 0.340 | 0.289 |
| | (-1.12) | (0.50) | (0.73) | (0.97) | (0.76) |
| ltax | 0.018** | 0.096*** | 0.094*** | 0.086*** | 0.056** |
| | (2.47) | (3.98) | (3.72) | (3.53) | (2.30) |
| lcon | -0.079 | -0.428 | -1.205 | -0.540 | -0.289 |
| | (-0.38) | (-0.63) | (-1.55) | (-0.78) | (-0.43) |
| cn | 0.000*** | 0.000* | 0.000*** | 0.000** | 0.000*** |
| | (6.18) | (1.89) | (2.81) | (2.50) | (3.44) |
| crisis | 0.016 | -0.227*** | -0.207** | -0.208** | -0.231*** |
| | (0.59) | (-2.63) | (-2.27) | (-2.34) | (-2.78) |
| R-squared | 0.382 | 0.657 | 0.639 | 0.642 | 0.680 |
| Province FE | YES | YES | YES | YES | YES |
| Year FE | YES | YES | YES | YES | YES |

## 六、拓展性分析

若前面房价上涨可以显著促进 OFDI 增加的假设成立，则 OFDI 可能是房地产价格影响中国制造业比重的重要因素这一假设就有了成立的可能性。所以本书借鉴温中麟、叶宝娟（2014）的观点，采用逐步回归法测度OFDI是否为房地产价格影响中国制造业比重的中介变量，并设计如下逐步回归模型：

$$lprop = \alpha_1 + \beta_{11}lprice + \beta_{12}X + \xi_1 \tag{2}$$

$$pofdi = \alpha_2 + \beta_{21}lprice + \beta_{22}X + \xi_2 \tag{3}$$

$$lport = \alpha_3 + \beta_{31}lprice + \beta_{32}pofdi + \beta_{33}X + \xi_3 \tag{4}$$

根据表7-1-4中的回归结果显示，$\beta_{11}$、$\beta_{21}$、$\beta_{32}$均在1%的置信水平下显著，即中介效应明显存在，且该中介效应同房地产价格上升对于制造业比重的影响同向，即推动了制造业比重的下降。OFDI对于制造业比重的影响并不是完全中介效应，房地产价格的上升还通过其他途径直接或间接地影响着中国的后工业化进程。

**表7-1-4　拓展性分析及中介效应检验**

| 变量 | (1) | (2) | (3) |
|---|---|---|---|
| | lprop | pofdi | lprop |
| pofdi | | | -2.220*** |
| | | | (-3.25) |
| lprice | -0.135*** | 0.007** | -0.119*** |
| | (-3.00) | (2.38) | (-2.65) |
| pexp | 0.451*** | -0.021*** | 0.404*** |
| | (4.86) | (-3.36) | (4.34) |
| pimp | -0.162* | -0.015** | -0.195** |
| | (-1.83) | (-2.42) | (-2.21) |
| pfdi | 0.437 | -0.044* | 0.340 |
| | (1.24) | (-1.80) | (0.97) |
| ltax | 0.075*** | 0.005*** | 0.086*** |
| | (3.06) | (3.05) | (3.53) |
| lcon | -0.802 | 0.118** | -0.540 |
| | (-1.16) | (2.48) | (-0.78) |
| cn | 0.000*** | -0.000* | 0.000** |
| | (2.74) | (-1.72) | (2.50) |

续表

| 变量 | (1) | (2) | (3) |
|---|---|---|---|
| | lprop | pofdi | lprop |
| crisis | -0.157* | -0.023*** | -0.208** |
| | (-1.78) | (-3.74) | (-2.34) |
| R-squared | 0.634 | 0.380 | 0.642 |
| Province FE | YES | YES | YES |
| Year FE | YES | YES | YES |

为了保证上述检验结果的准确性，并且计算出中介效应占比大小，将进行 Sobel 检验。表 7-1-5 的结果表明，在 10%的置信水平下，OFDI 是房地产价格上升导致中国去工业化程度加深的中介效应，中介效应占比达到 12.1%。

**表 7-1-5　Sobel 检验结果**

| | P>|Z| | 中介效应占比 |
|---|---|---|
| Sobel | 0.0549 | 0.1210 |

综合上述检验和逐步回归可以得知，OFDI 是房地产价格影响中国制造业比重的重要机制。这也印证了当房价上升时，工业企业会由于直接的土地成本上升和间接的劳动力成本上升而减少在中国境内的投资，增加对外直接投资，从而一定程度上加速中国产业升级，推动中国后工业化进程。

## 第二节　制造业外迁、全球产业链与后工业化

### 一、引言

2008 年金融危机之后，第五次国际产业转移开始，中国是主要的输出国，以制造业为主的中国产业向东南亚和发展中国家转移。根据国家统计局的数据，在“引进来”和“走出去”战略的推动下，中国吸引的外商直

接投资（FDI）和中国企业的对外直接投资（OFDI）都呈增长趋势，但从制造业来看，制造业对外直接投资流量占总对外直接投资流量的比例从2007年的8.02%增长到2020年的16.81%，但制造业实际利用外商直接投资金额占总实际利用外商直接投资金额的比例从2005年的70.37%下降到2020年的21.47%，同时，中国制造业企业数量占比从2013年的39.25%下降到2020年的32.23%，一定程度上反映出“制造业外迁”的现象。制造业企业减少在中国的投资而增加海外投资，将生产活动从中国转移出去，减少了中国的生产活动，会对中国的制造业比重产生影响。

根据《新帕尔格雷夫经济学大辞典》，“工业化”具有两个基本特征：来自制造业活动和第二产业的国民收入份额上升，从事制造业的劳动人口增加。根据国家统计局的数据，中国的制造业比重从2006年的峰值32.45%下降到2020年的26.18%，制造业就业比重从2012年的峰值30.46%下降到2020年的28.7%，而服务业就业比重从2001年的27.7%上升到2020年的47.7%，呈现出“后工业化”阶段的特征。工业是生产性部门，为人们提供生活所必需的物质基础，是社会财富的来源，保障着社会的正常运转，工业生产出的机器设备也能够对其他产业的高效运转产生促进作用，所以工业对于一国的经济发展具有重要作用，而促进工业的良好发展也具有重要意义。与发达国家的发展过程相比，中国在工业化水平还不够高和不够稳定的情况下进入后工业化阶段，这可能会对中国经济的长期稳定发展带来严重后果，所以有必要对制造业比重的下降进行深入研究，而“制造业外迁”可能是导致“制造业比重下降”的重要原因，制造业外迁对制造业比重的作用和影响机制值得进一步探究。

在当前对制造业外迁对产业结构影响的研究方面，岳圣淞（2021）认为在以制造业为主的第五次国际产业转移中，中国发挥着核心作用，受中国劳动力成本上升影响，中国制造业主要向劳动力更廉价的东南亚国家转移，在此背景下，中国应当对产业转移进行甄别、控制和引导。王永中和周学智（2021）认为在新冠肺炎疫情和中美贸易摩擦等因素的影响下，中国制造业对外投资出现绿地投资增加，对发展中国家投资上升，对发达国

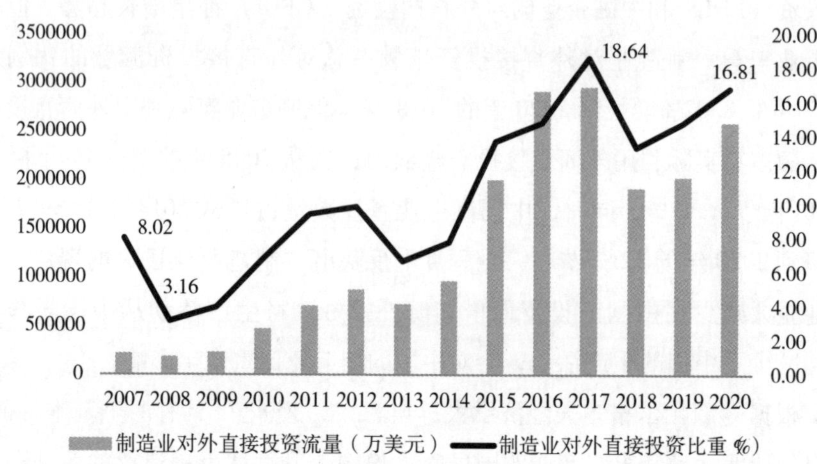


**图 7-2-1　制造业对外直接投资情况**

数据来源：国家统计局

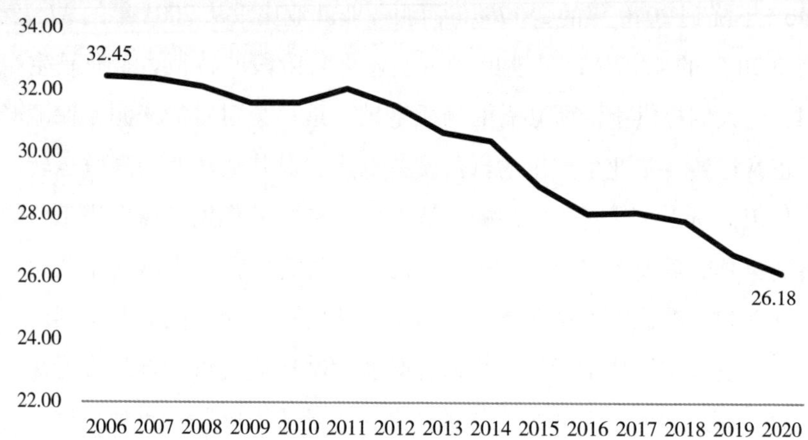


**图 7-2-2　制造业增加值占 GDP 比重（%）**

数据来源：国家统计局

家投资下降的趋势。刘友金和周健（2021）认为中国虽然作为第四次国际产业转移的主要承接国和受益方，工业化水平快速提升，但国内的工业化水平还不够成熟，同时面临低端和高端制造业的流出，可能会造成中国的制造业空心化或陷入“转型陷阱”中。赵宏图（2019）将中国向东南亚国家的产业转移和“一带一路”倡议相结合讨论，认为“一带一路”符合国际产业转移的客观规律和趋势，有利于我国的产业转型升级，提高我国制造业在全球价值链中的地位。刘振中（2019）以广东省制造业为研究对象，基于调查数据，发现广东省制造业存在低端和高端行业向东南亚转移的现象，这种制造业外迁可能从空间替代性、成本收益比和产业链协同等方面提高了广东省现代生产性服务业的聚集度和质量。上述文献从定性的角度概括了当前正发生的第五次国际产业转移或我国制造业外迁的特征和影响。在实证方面，胡国良和王继源（2020）通过构建国际投入产出供给约束模型测算了中国制造业外迁会直接造成工业比重下降，且长期影响更为显著。上述文献总体上呈现了中国作为第五次国际产业转移的主要输出国，制造业主要向东南亚迁出的外迁趋势。对于制造业外迁给中国产业结构带来的影响方面，大部分文献仅进行了定性分析，而且比较笼统，从宏观上描述对产业结构的影响，缺少针对制造业的实证研究。

本节通过对边际产业转移理论以及前四次国际产业转移过程的回顾，加深了对以我国劳动密集型产业外迁为主要特征的第五次国际产业转移的理解，然后基于此分析了制造业外迁对制造业比重的影响机制，最后基于省级面板数据进行了实证论证，希望能够加深对中国后工业化和制造业发展水平的认识，防止制造业比重持续下降带来严重危害，帮助制造业为中国经济发展提供长久动力。

## 二、理论分析

### （一）国际产业转移的理论和特点

在理论方面，日本经济学家赤松要在 1935 年提出雁行理论，认为在发展中国家产业进口、生产、出口、重新进口的模式下，一国会通过进口吸收外国先进的技术来发展本国产业，当相关生产要素的成本提高后，产品会丧失在国内市场的竞争力，则企业会将该产业转移到发展水平较低的其他发展中国家，而本国重新进口该产品。这个过程不断循环，产品类型从低价值向高价值转变，由于较低价值的产业不断被转移出去，本国的产业结构得到升级。Kojima 在 1978 年提出“边际产业转移理论”，认为对外直接投资的发起应优先考虑在本国不具有竞争优势的劣势产业，例如当一国经济水平发展到一定程度时，国内人均收入变高，劳动力成本升高，使得劳动密集型产业的利润空间降低，失去比较优势，继续保留该产业无法使经济进一步增长，甚至会加重经济负担，所以应该通过对外直接投资的方式将该产业转移到国外，从而优化了本国的产业结构。

在历史经验方面，迄今为止，全球一共经历了四次国际产业转移，第五次国际产业转移正在进行中。第一次国际产业转移是由英国工业革命所引起的，机器参与到工业生产活动中使生产专业化和分工化，大幅提高了生产效率，当国内产能饱和后，英国将产业转移到欧洲大陆国家和美国，这些国家作为英国工业转移的承接国，其工业得到迅速发展。第二次国际产业转移发生在第二次世界大战之后，此时美国的工业已发展强盛，战争给欧洲国家的经济造成了严重破坏也使得美国在全球的领先地位更加突出，一方面，美国出于对强大的新兴技术的追求开始调整国内的产业结构，着重发展高技术产业，将劳动密集型产业转移出去；另一方面，为了维护全球领先地位并遏制苏联势力的扩张，美国开展马歇尔计划，向第二次世界大战中的战败国德国和日本等提供援助，帮助其进行产业重建和经济复苏。日本和德国作为第二次国际产业转移的承接国，在原有工业基础上迅速发展为工业强国，由此引导了第三次国际产业转移。日本和德国是资源进口型国家，20 世纪 70 年代的两次石油危机对日本和德国的工业发展带来压力，促使日本和德国将低价值的劳动密集型产业转移到经济发展水平略低的“亚洲四小龙”，“亚洲四小龙”的工业化水平和经济水平得到提升。中国是第四次国际产业转移的主要承接国，中国改革开放之后，国内的营商环境改善，同时一系列的优惠政策和廉价的生产要素使外商对中国的投资规模迅速扩大，中国加入世界贸易组织融入全球贸易也使得中国工业的比较优势和市场进一步扩大，中国工业化水平迅速提升。

将上述四次国际产业转移与雁行理论和边际产业转移理论相结合，可以发现产业转移具有以下两个特点。第一，国际产业转移通常是从较发达经济体向欠发达经济体转移，工业产品能够满足人们的物质需求，工业生产活动也为人们提供了就业岗位，所以工业规模的扩大可以拉动经济快速发展。但当工业发展到一定规模后，会出现产能过剩和生产要素成本升高，对经济的促进作用降低，对于发达经济体来说，将低价值的产业转移出去，培养高价值产业发展，可以改善产业结构，为经济发展提供新的增长动力，对于欠发达经济体来说，由于与发达经济体存在差距，相关产业还具有发展空间，承接被转移的产业可以促进本国经济的发展。第二，以劳动密集型产业为主，劳动密集型产业相较于技术密集型产业的壁垒和竞争力更低，一国经济水平的提高会使劳动力成本提高，从而使劳动密集型产业的竞争力下降，而由于技术的难以获得性以及技术对生产力的强大促进作用，技术密集型产业可以在较长时间中保持竞争力，所以相比之下，劳动密集型产业的价值更低。当一国的经济水平发展到一定程度时，会选择将低价值的劳动密集型产业转移出去，而促进高价值的技术密集型产业的发展。

（二）制造业外迁现状分析

2008 年金融危机之后，中国的人口红利逐渐消失，产能过剩的问题逐渐突出，以中国为主要输出国的第五次国际产业转移开始，中国的劳动密集型产业向劳动力成本更低的东南亚国家转移（岳圣淞，2021）。根据国家统计局数据，2009 年中国对印度尼西亚的直接投资流量为 22609 万美元，对越南的直接投资流量为 11239 万美元，2019 年中国对印度尼西亚的直接投资流量为 222308 万美元，对越南的直接投资流量为 164852 万美元，十年间对两国的直接投资复合增长率分别为 25. 7%和 30. 8%，增长迅速，可见东南亚地区由于其充足而廉价的劳动力和具有发展潜力的市场吸引着中国制造业企业不断加大对其的直接投资。具体而言，不少属于劳动密集型产业的国内外企业已将产能迁移至东南亚，根据瑞银 2018 年的调查，接受调查的企业中约三分之一的制造业企业在 2018 年已将部分生产活动迁出中国，还有三分之一的企业计划在未来把在中国的部分产能转移出去。例如，中国棉袜龙头企业健盛集团在 2013 年开始投资越南生产基地，2020 年越南产能已超过中国国内的产能；中国箱包龙头企业开润股份为了寻求印度尼西亚的成本和税收优势，在2018年收购耐克在印尼的工厂，将国内产能向东南亚转移；三星近几年关闭了多家中国的代工厂，将低端劳动密集型的生产环节转移到东南亚；中国的鸿海作为苹果公司目前的主要代工厂之一，也将劳动密集型的手机配件组装的生产环节转移到了印度。

（三）制造业外迁影响制造业比重的机制

上述以劳动密集型产业为主的制造业外迁可以从如下三个方面影响中国的制造业比重的下降。首先，劳动密集型产业的外迁会直接降低我国制造业比重。根据国家统计局的数据，中国劳动密集型产业①规模以上企业用工人数占制造业总用工人数的比重从2009年的46.6%下降到2019年的41.8%，虽然下降了约五个百分点，但可见中国劳动密集型产业仍在中国制造业产业结构中占较大比重。根据中国海关数据，2017年中国劳动密集型产业的出口规模占制造业总出口规模的比重为36%，也能反映出中国制造业以劳动密集型产业为主的结构。根据雁行理论和边际产业转移理论，劳动密集型产业作为价值链低端的产业会在产业结构变迁和经济发展中最先被转移出去，其中以纺织业和纺织服装业为代表的传统劳动密集型产业的用工人数在劳动密集型产业中的比重从2009年的30%下降到2019年的21%，下降程度明显，所以当劳动密集型产业仍然在制造业产业结构中占据较大比重时，劳动密集型产业的外迁会更明显地降低制造业比重。

其次，一些产业的外迁可能会引发配套产业链的外迁。在纵向上，制造业上下游是供给与需求的关系，是相互紧密依存的，上游产品作为原材料或生产资源提供给下游企业投入到更多的生产活动中，虽然在国际分工下，制造业产业链的上中下游可以分布在不同地区，但如果某一地区具备完整的产业链，产业链协同可以提高生产活动的效率并降低成本。所以，当产业链上的某种生产活动转移出去之后，其上下游产业为了效率或利润

① 本节对劳动密集型产业相关数据的统计参考阳立高等（2018）对制造业产业的划分，其中劳动密集型产业包括农副食品加工业、食品制造业、纺织业、纺织服装与服饰业、皮革及其制品和制鞋业、木材加工和木制品、家具制造业、印刷和记录媒介复制业、文教用品制造业、橡胶和塑料制品业、非金属矿物制品业、金属制品业、其他制造业、废弃资源综合利用业、金属制品和设备修理业。

不降低，可能也会转移出去，从而造成工业比重进一步降低，例如，中国纺织业在东南亚投资建厂开展生产活动会带动中国纺织设备制造业的迁出。

最后，产业承接国相关产业的发展会挤占产业迁出国的市场份额。由雁行理论可知，产业承接国在产业转移中是受惠国，相关产业不仅在产业承接国具有比较优势，还具有需求市场，所以相关产业会在产业承接国中快速发展，并迅速扩大市场份额。产业转出国虽然是产业转移的主导方，但具体而言，产业转移往往是一些具有一定规模的企业所发起的，他们具备雄厚的资金在其他地区投资建厂，并能从规模化的生产中获得较大利润，而不具备这样能力的中小企业无法转移生产活动，只能承受本国生产要素成本上升带来的压力，同时也要面对来自产业承接国更低价格产品的竞争压力，一些中小企业很可能在本国产业迁出的过程中无法生存，从而使国内相关产业的比重进一步降低。随着越南的工厂逐渐增多；相关产业和配套的产业链迅速发展，其制造业产品的出口份额增加，将会压缩中国制造业的国际市场份额。

（四）制造业外迁的生产率效应分析

制造业外迁可以通过以下三个途径来提高制造业生产率。首先，将生产活动转移到劳动力成本更低廉的地区可以提高企业的资源配置效率。进行生产活动转移的企业通常不具有低劳动力成本的优势，但这些企业在本国工业化发展的影响下往往具有先进的技术，出众的组织管理能力，品牌影响力等优势，企业通过转移生产活动的方式可以避免劣势并将资源集中在发展竞争优势上，优化了资源配置效率，生产率得到提高。其次，企业转移生产活动可以获得更多利润，从而加大研发投入使技术水平提高。虽然在其他国家或地区投资建厂也需要花费较大的成本，但规模化的生产可以通过利用廉价的劳动力和开发当地市场而获得更多的收益，企业可以利用这些收益聘请研发人员或购买研发设备，提高技术水平和生产率。最后，劳动力密集型产业的转移会减少就业岗位，增强就业竞争，从而推动人才素质提升。产业结构的改变使得企业对人才的需求发生转变，劳动力密集型产业需要更多的劳动力，且其中的工作岗位大部分是重复性的机械劳动，对劳动力的能力水平要求较低，当产业结构向技术密集型产业转变时，企业不再需要大量的劳动力而是需要更高素质的人才，数量的减少和要求的提高使得就业竞争更加激烈，人们为了提高自己的就业竞争力会主动学习更多的知识并增强能力，从而员工的生产率会得到提高。

制造业生产率的提高会导致制造业占比的下降。鲍默（1967）建立了一个服务业和工业的两部门模型，认为相较于服务业，工业的生产率进步更快，大量工业产品的供给使得产品的相对价格降低，制造业企业利润下降，从而使生产要素流向价格更高的服务业，导致服务业在经济比重中占比提高。徐朝阳和王韡（2021）将鲍默的模型扩展到农业、工业和服务业三个部门，通过引入常数替代弹性函数（CES 函数）论证了生产率增速差异和不同部门产物之间的替代弹性使得工业比重先上升后下降，增强了鲍默效应的解释力。蔡昉（2022）指出，自 2006 年开始，中国第二产业与第三产业的劳动生产率的差距逐渐拉大，而 2006 年也是中国工业比重的巅峰，此后工业比重呈现下降趋势。制造业对技术的使用程度高于农业和服务业，技术的不断进步使得制造业生产率的增长速度高于其他两个部门，导致工业和其他部门之间的生产率差距拉大，由于工业与农业之间的替代弹性较高，生产要素首先由农业部门向工业部门转移，开始工业化的过程，并带动经济水平提高，但由于工业与服务业之间的替代弹性较低，且人们消费水平的提高也进一步降低了服务的需求弹性，使得服务产品价格上升，所以工业生产率的提高不仅没有进一步吸收生产要素，反而使其流入到服务业。

综上所述，将制造业外迁对后工业化的影响机制总结为图 7-2-3。

## 三、研究设计

### （一）变量选取

本节的被解释变量为制造业比重（lnIND），参考白雪洁和于庆瑞（2019）的做法，选取工业增加值占 GDP 比重的对数来衡量。

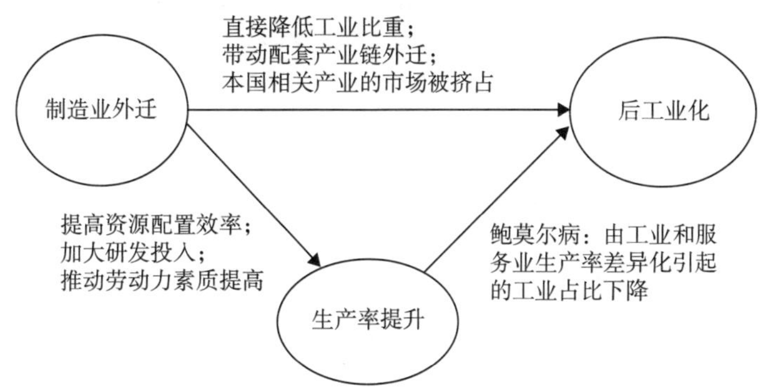


**图 7-2-3　制造业外迁对后工业化的影响机制**

本节的核心解释变量为制造业外迁程度（lnOFDI），制造业外迁通常表现为国家之间长期的直接投资和贸易活动，但由于直接投资相较于进出口贸易活动在时间上具有优先性，而贸易活动具有滞后性，会受到投资活动的影响（蒋冠宏和蒋殿春，2014；杨迤，2000），所以本节参考张琴（2012）用外商直接投资来衡量第四次国际产业转移中中国承接产业情况的做法，选择用制造业对外直接投资来衡量第五次国际产业转移中中国的制造业外迁。由于各省份没有分行业披露对外直接投资数据，所以本节参考刘海云和聂飞（2015）的做法，用全国总体制造业对外直接投资水平乘以各省份制造业出口占比，再以当年美元汇率换算成人民币，再取对数，来衡量各省份制造业外迁程度。

本节的中介变量为工业劳动生产率水平（lnPRO），参考蔡昉（2022）对生产率衡量指标的选择，用工业劳动生产率来衡量制造业生产率的提升，工业劳动生产率是由各省工业增加值除以该省工业用工人数得到。

本节选取的控制变量包括：制造业外商直接投资水平（lnFDI），这里同样参考刘海云和聂飞（2015）的做法，根据各省份制造业出口占比加权得到；经济发展水平（lnPGDP），即人均 GDP；人口密度水平（lnPOP）；政府支出水平（GOV），用各省财政一般预算支出占 GDP 的比重来表示；金融深化水平（FIN），用各省金融机构中长期贷款占 GDP 的比重来表示；研发投入水平（RD），用各省份研发支出占该省 GDP 比重来表示；制造业劳动力成本水平（lnALAB），参考白雪洁和于庆瑞（2019）的做法得到制造业劳动力成本。

（二）模型建立

根据上述对变量的选择，设定如下回归模型：

$$lnIND_{it} = c + \beta_1 \, lnOFDI_{it} + \beta_2 \, Z_{it} + u_i + \nu_t + \varepsilon_{it} \tag{5}$$

其中，$i$ 代表省份，$t$ 代表年份，$lnIND_{it}$ 是 $i$ 省第 $t$ 期的工业增加值占GDP 比重的对数，衡量该省制造业比重；$lnOFDI_{it}$ 是 $i$ 省第 $t$ 期的制造业对外直接投资的对数，衡量该省制造业外迁程度；$Z_{it}$ 代表控制变量，包括 $i$ 省第 $t$ 期的制造业外商直接投资水平，经济发展水平，人口密度水平，政府支出水平，金融深化水平，研发投入水平，制造业劳动力成本水平；$c$ 是常数项；$u_i$ 是省份个体效应，$\nu_t$ 是年份时间效应；$\varepsilon_{it}$ 是随机扰动项。

（三）样本选择及数据来源

本节选择中国 31 个省份作为样本，考虑到 2008 年金融危机的影响以及数据的可得性，时间范围选择从 2009 年至 2019 年。本节所涉及的各省份制造业产品出口数据来自国研网国际贸易研究及决策支持系统，首先将出口产品归为 HS 二位编码，然后参考周禄松和郑亚莉（2014）对制造业行业的选择，选择 HS 二位编码的 28 至 70 和 72 至 92，来统计中国各省份制造业产品的出口数据。其他数据来自国家统计局、《中国金融年鉴》、《中国科技年鉴》和 wind 数据库。表 7-2-1 为各变量的描述性统计分析。

**表 7-2-1　各变量描述性统计分析**

| 变量名称 | 样本量 | 均值 | 中位数 | 标准差 | 最小值 | 最大值 |
|---|---|---|---|---|---|---|
| IND | 341 | 0.345 | 0.360 | 0.094 | 0.070 | 0.574 |
| OFDI | 341 | 30.301 | 5.936 | 70.466 | 0.026 | 600.924 |
| PRO | 337 | 10.093 | 9.050 | 4.761 | 3.187 | 28.035 |
| FDI | 341 | 89.513 | 27.057 | 173.904 | 0.239 | 980.629 |
| PGDP | 341 | 47448.704 | 40484.000 | 26362.801 | 10814.000 | 164563.000 |
| POP | 341 | 2802.015 | 2604.000 | 1178.947 | 515.000 | 5821.000 |

续表

| 变量名称 | 样本量 | 均值 | 中位数 | 标准差 | 最小值 | 最大值 |
| --- | --- | --- | --- | --- | --- | --- |
| GOV | 341 | 0. 290 | 0. 235 | 0. 207 | 0. 110 | 1. 354 |
| FIN | 341 | 0. 877 | 0. 824 | 0. 344 | 0. 316 | 2. 540 |
| RD | 341 | 0. 015 | 0. 013 | 0. 011 | 0. 000 | 0. 063 |
| ALAB | 341 | 75178. 144 | 65294. 722 | 62441. 126 | 22995. 344 | 720679. 266 |

## 四、实证检验

首先，进行基础回归，选择双向固定效应模型按照公式（2）进行回归，得到 *lnOFDI* 的系数为-0. 245，且在 1%的水平下显著，说明中国制造业对外直接投资对制造业比重产生负向作用，制造业对外直接投资增加 1%，会使制造业比重降低 0. 245%。根据描述性统计分析可知，中国制造业存在对外直接投资增加的趋势，2009 年中国制造业对外直接投资为 22. 4 亿美元，在“走出去”政策和中国劳动力成本升高的影响下，2019 年中国制造业对外直接投资的规模上升到 202. 4 亿美元，这十年间成倍增长。在制造业对外直接投资对制造业比重产生显著负向影响的情况下，通过制造业对外直接投资增加表现出的中国制造业外迁会推动中国的后工业化进程。

其次，进行分地区的异质性分析，本节将中国 31 个省份，按照东部地区，中部地区和西部地区进行划分，发现三个地区的制造业对外直接投资都对制造业比重产生负向作用，但只有东部地区的制造业对外直接投资具有较强显著性。原因可能与各地区的地理位置，经济水平，劳动力成本水平和企业发展状况有关。第一，东部地区靠海，对外开放程度高，运输便捷，相较于内陆地区具有对外直接投资的优势。第二，由于东部地区的经济发展水平更高，该地区的劳动力成本也相应地更高，东部的制造业企业相较于中西部的企业面临的劳动力成本上涨压力更大，所以具有较强的动机将本地的生产活动转移到劳动力成本低廉的东南亚。第三，改革开放促使大量的企业在东部地区设立，并快速发展扩大规模，这些企业相较于内陆企业具有更强的对外直接投资能力，所以也愿意在海外投资建厂并能够通过规模化生产获得收益。上述因素使得东部地区的制造业对外直接投资规模更大，使得该地区对外直接投资对制造业比重的影响也更显著。

再次，进行中介效应检验，本节参考温忠麟（2014）梳理的中介效应的检验步骤，设定了检验模型。根据检验步骤得到部分中介效应成立，即制造业外迁既会直接导致制造业比重的下降，也会通过提高制造业生产率，间接导致制造业比重的下降。

最后，进行稳健性检验，本节采用替换被解释变量和缩短时间范围的方法来对结论进行稳健性检验。第一，在替换变量的选择上，用制造业就业人口占总就业人口比重的对数来替换工业增加值占 GDP 比重的对数。第二，由描述性统计分析可知，受金融危机的打击，中国工业化水平在 2008 年下降并在 2009 年和 2010 年回升，受中美贸易摩擦的影响，中国制造业对外直接投资在 2018 年下降，为了排除金融危机和中美贸易摩擦的影响，本节将时间范围限定在 2011 年至 2017 年。结果显示本节的研究结论具有稳健性。

## 第三节　高技术产业贸易与后工业化

### 一、引言

“后工业化”是经济结构发展进程中重要阶段，其特征是制造业比重的持续下降。制造业拉动着整个经济的增长和发展，相对于其他部门，制造业有更高的生产率，吸收了农业部门的大部分剩余劳动力。从历史上来看，正是对制造业部门发展的重视，使得发达经济体得以实现高收入与高增长，而后来新兴的发展中经济体逐渐崛起也是在于注重并坚持制造业的发展。但是随着居民收入的增加与生活水平的提高，人们从对制造业产品的大量需求逐渐转向了对服务的需求，在 20 世纪下半叶，服务业在许多经济体的经济结构中占了主导地位，这一趋势在高收入的发达国家尤其明显，制造业在国内生产总值中所占的比重正在下降，而服务业的发展越来越受到重视，导致发达国家开始出现去工业化。

在发达经济体进入了后工业化阶段后，一些发展中经济体在多种因素的综合作用下也出现了比较复杂的结构转型现象。在经济贸易全球化的背景下，工业品在国际上进出口贸易成本不断地降低，工业化国家主动或被动地对本国的比较优势进行重新调整，生产要素在市场上的重新分配也受到影响，这些因素都会使发展中经济体的制造业比重也开始下降，进入后工业化阶段。而中国在2012年之后，制造业增加值和就业的占比均开始出现了持续性的下降，但是制造业的生产率尚处相对较低的水平，发展不完善的服务业又难以成为支撑国民经济的支柱，难免会对经济增长产生一定的消极影响，在经济结构调整的进程中，中国的各种迹象已经显示出此时进入后工业化阶段具有过早的特征。

中国自改革开放以来，充分发挥低劳动成本的比较优势，利用优惠的贸易政策，吸引了大量的制造业部门进入国内，工业从而得到迅速发展。但是中国制造业增加值占国内生产总值的比重在2012年之后开始出现了持续性的下降，另外，制造业就业的份额在2012年达到30%的峰值之后，从2013年也开始了持续的下降，且2012年中国服务业增加值的份额首次超过制造业增加值的份额，成为国民经济的第一大产业。人们认为中国的经济结构已经实现了良好的转型，但是与发达经济体的去工业化不同，中国的工业化仍处于发展阶段，服务业的劳动生产率仍低于制造业，此时制造业比重的下降将对中国的转型产生消极影响，低生产率的服务业取代高生产率的制造业，必然会影响经济的增长。因此，在中国经济结构转型的关键时期，需要大力发展高技术产业，推动高技术产品的进出口贸易，从而推动高端制造业的不断升级，并利用其市场需求带动生产性服务业的效率提升，最终才能实现中国经济的不断增长。

## 二、理论分析

### （一）贸易的技术溢出效应

商品的进口是中国学习和引进国外先进技术、增强自身创新能力的重要途径，阿罗的“干中学效应”指出，在生产和物质资本积累过程中劳动生产率可以获得提升，且产生世界范围内的技术扩散和溢出。Paul M. Romer 的新增长理论强调技术进步的内生性和知识的溢出效应，知识与技术附带于商品之中，商品在国际间转移的同时也伴随着知识与技术的国际转移。因此，在进行商品进口贸易时，进口国满足了其国内的消费需求，进口企业也积累了商品中附带的生产经验和技术知识，通过模仿吸收与进一步创新，从而获得进口贸易带来的技术扩散与溢出。高技术企业通过进口高技术含量的产品，增加本部门的技术积累，进而提高部门的生产效率和技术水平。

出口贸易对于本国的商品质量有着更高的要求，出口企业为了达到进口国严格的技术要求，必须投入大量人力和资本以提高企业的生产效率，积极进行研发活动提升企业的生产技术水平，确保获得更大的海外市场。另外，国内的企业通过商品的出口，也能够接触到国外的先进生产技术，为了更好地迎合国外市场的商品需求，国内企业会购买国外的技术服务，通过学习吸收国外先进技术，使得更符合海外消费者需求的商品进入国际市场。因此，商品的出口贸易也存在技术溢出效应，中国高技术产品的出口可以带动国内本部门技术水平的进一步提升。

（二）产业示范效应与产业关联效应

中国在参与高技术产品进出口的贸易中进行了大量的资本投入，积极推进研发与创新，同时也从国际市场上学习与模仿了先进的生产技术，使得本部门的生产率与技术水平都得到了一定程度上的提升。当高技术产业部门的技术水平相对高于其他部门时，就会形成产业扩张和技术扩散，进而通过产业的“示范效应”带动其他产业部门的技术进步。此外，高技术产业的发展也关联着其他产业部门的发展，中国高技术产业影响着对向自己提供投入品的部门，推动原材料、机器设备等生产部门的进步；高技术产业中的众多技术领域也可通过结合或融合形成新的技术运用到其他产业中，因此，高技术产业的“关联效应”也可带动其他部门的发展。

（三）高技术产品贸易的发展与后工业化进程

中国过早进入后工业化阶段实际上是一种产业失衡的现象，在服务业发展尚未成熟时，经济过早地从第二产业主导向第三产业主导转化，从而对中国经济发展产生消极的影响。通过前面的分析，高技术产品的进出口贸易可以通过"技术溢出效应"，进一步提高本部门产品的质量，而高技术产业不仅能够通过"示范效应""关联效应"推动传统工业部门和高端工业部门，也能通过工业和服务业之间的产业关联效应带动生产性服务业的技术进步和效率提高，使工业部门继续发挥其产业红利，也使第三产业能够发展壮大，在产业结构优化时真正起到国民经济的支柱作用，从而可以在一定程度上纠正过早的进入后工业化阶段带来的经济结构失衡。

## 三、中国高技术产品贸易现状分析及竞争力测算

（一）中国高技术产品贸易现状分析

1. 进出口总量持续增长

21 世纪以来，中国高技术产品的进出口贸易额整体呈增长的态势，除 2015 年和 2016 年贸易额有所下降外，其余年份均保持较快的增长速度。2000 年中国高技术产品的进口额为 525 亿美元，到 2018 年已增长至 6655 亿美元，高技术产品的出口额在 2000 年仅有 370 亿美元，但在 2004 年出口额超过进口额，实现了高技术产品的贸易顺差，此后贸易顺差逐渐增大，2018 年中国的高技术产品出口规模已经达到了 7430 亿美元。

2. 以进料加工贸易为主要出口方式

图 7-3-2 为我国高技术产品出口的贸易结构，其中进料加工以平均 63%的占比成为主要的贸易方式，加工贸易是发展中国家进行贸易的有效方式，也是中国在高技术产品的贸易中主要采取的方式，高劳动密度、低技术含量的产品仍是中国出口的比较优势；一般贸易的比重则反映着一国在贸易中的国际竞争力水平，而中国高技术产品出口中的一般贸易的占比平均不到 20%。但整体来看，加工贸易所占比重在近十年来呈现逐渐减少的趋势，从 2009 年的 72.4%下降至 2018 年的 53.6%；相反，一般贸易的

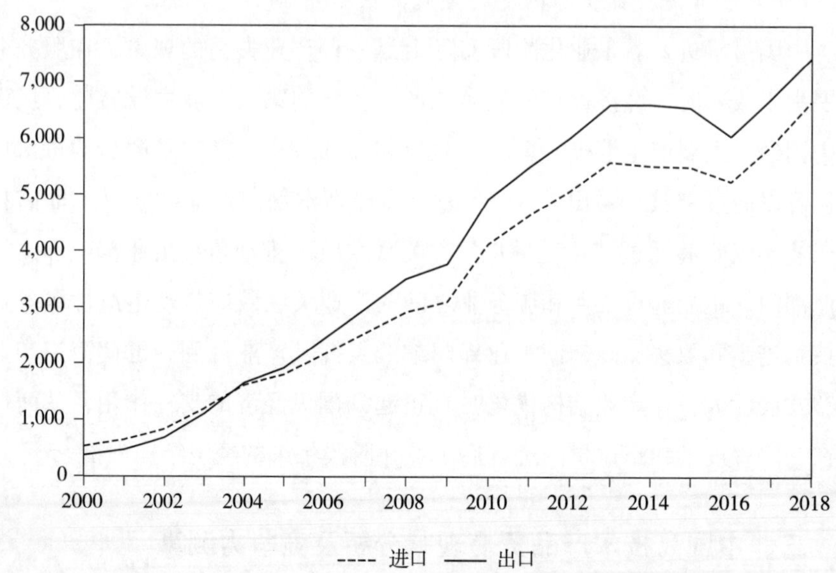


**图 7-3-1　2000—2018 年中国高技术产品进出口贸易额（亿美元）**

数据来源：《中国科技统计年鉴》

比重则逐年上升，从 2009 年的 13.7%增长至 2018 年的 26.6%，表明中国高技术产品的出口竞争力一直在提升。

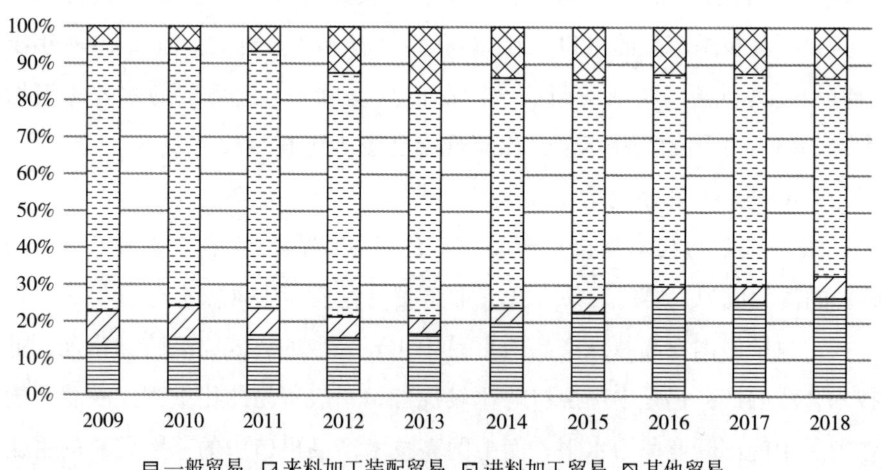


**图 7-3-2　2009—2018 年中国高技术产品出口贸易方式**

数据来源：《中国科技统计年鉴》

3. 产品国际竞争力逐渐提高

选取贸易特化系数（TSC）作为贸易竞争力衡量指标，用贸易差额比贸易总额来表示。TSC取值在-1到1之间，越接近1则说明高技术产品在国际市场上有较强的竞争力，由图7-3-3可知，2000年高技术产品的进口贸易额大于出口贸易额，贸易特化系数也处于-0.17的较低水平；随着高技术产品的出口贸易的飞速发展，2004年高技术产品实现了贸易顺差；此后的十年间，高技术产品的贸易差额不断上升，贸易特化系数也在波动中整体呈上升的趋势，在2009年达到了0.098的峰值；2014年之后开始逐渐下降，2018年的贸易特化系数为0.055。总体来看，中国高技术产品在2004年实现了贸易顺差，并在此后出口贸易额以快于进口贸易额的速度不断增长，贸易特化系数随之上升，即高技术产品的国际竞争力是逐渐提高的。

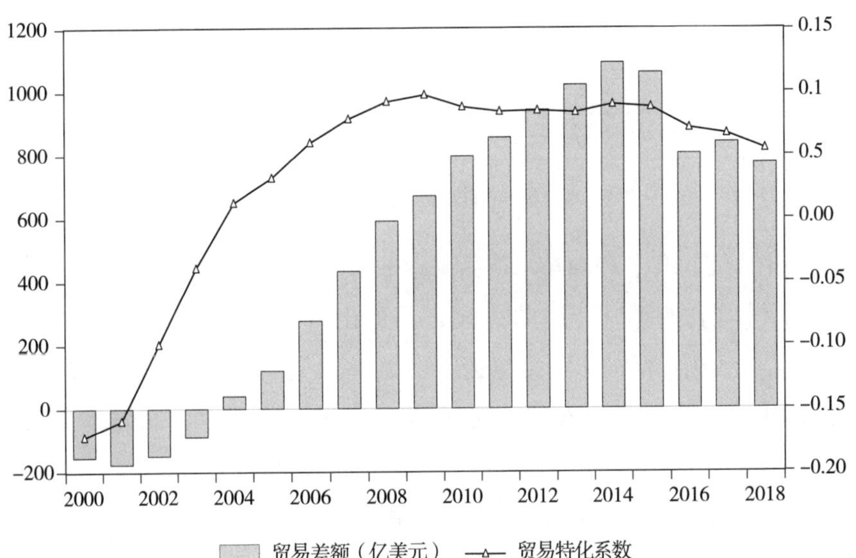


**图7-3-3　2000—2018年中国高技术产品贸易差额（亿美元）和贸易特化系数**

数据来源：《中国科技统计年鉴》

### （二）中国高技术产品贸易的国际比较

#### 1. 中、美、日、德高技术产品出口额比较

选取美国、日本和德国三个发达国家与中国做比较，如表 7-3-1 所示，中国高技术产品的出口额在 2019 年达到了 7158 亿美元，而美国则仅有 1561 亿美元，中国超出美国 3.6 倍，也远远超过日本和德国。从各国高技术产品出口额占本国产品的出口总额来看，中国 2019 年高技术产品出口占比达 28.6%，而同年的美国则仅达 9.5%，日本和德国高技术产品出口分别占本国产品出口总额的 14.7%和 14%。中国高技术产品的出口额不仅保持着较为稳定的增长，其贸易规模在国际上也处于领先的地位。

**表 7-3-1　2019 年中、美、日、德高技术产品出口比较**

| 国家 | 高技术产品出口额（亿美元） | 本国出口总额（亿美元） | 占本国出口比例（%） |
|---|---|---|---|
| 中国 | 7158 | 24995 | 28.6 |
| 美国 | 1561 | 16432 | 9.5 |
| 日本 | 1040 | 7056 | 14.7 |
| 德国 | 2087 | 14892 | 14.0 |

数据来源：根据世界发展指标数据库整理计算所得

#### 2. 中、美、日、德高技术产品国际市场占有率比较

国际市场占有率（MS）即一国产品的出口量与该产品世界出口量的比值，值越大则产品的竞争力越强。表 7-3-2 为计算所得的中、美、日、德四国 2012—2018 年高技术产品的国际市场占有率，中国基本维持在 0.27—0.28 的水平，2016 年后有所下降，但仍远远高于美国、日本和德国不到 0.1 的国际市场占有率。自从改革开放以来，中国不断引进先进的科技水平，再利用较为充裕的劳动力资源，高技术产业贸易的发展非常迅速，在国际上也有着不可替代的地位。

**表 7-3-2　中、美、日、德高技术产品国际市场占有率（MS）比较**

| 国家 | 2012 年 | 2013 年 | 2014 年 | 2015 年 | 2016 年 | 2017 年 | 2018 年 |
|---|---|---|---|---|---|---|---|
| 中国 | 0.27 | 0.28 | 0.27 | 0.28 | 0.26 | 0.24 | 0.25 |
| 美国 | 0.08 | 0.07 | 0.08 | 0.08 | 0.08 | 0.06 | 0.05 |
| 日本 | 0.06 | 0.05 | 0.05 | 0.04 | 0.04 | 0.04 | 0.04 |
| 德国 | 0.09 | 0.09 | 0.09 | 0.09 | 0.09 | 0.07 | 0.07 |

数据来源：根据世界发展指标数据库计算所得

### （三）中国高技术产品贸易的省级层面比较

#### 1. 中国各地区高技术产品贸易情况

从中国三大地区来看，高技术产品贸易主要发生在东部，2018 年东部地区高技术产品贸易总额为 10959 亿美元，占全国高技术产品贸易额的 77.8%，而中、西部仅占 8.33%和 12.55%。东部各省市拥有优越的地理条件，技术和管理水平很先进，其高技术产品的贸易有更强的竞争力；中西部地区产业结构发展尚未完善，存在人才和资金外流问题，高技术产业的发展水平相对较低。但从高技术产品贸易额的同比增长率来看，西部地区 2018 年贸易额同比增长了 28.84%，远超东部地区的 9.57%，也体现出中国近年来对中西部发展的重视

**表 7-3-3　2018 年中国各地区高技术产品贸易情况**

| | 贸易额（亿美元） | 占全国比重（%） | 同比增长率（%） |
|---|---|---|---|
| 全国 | 14086 | 100.00 | 12.01 |
| 东部地区 | 10959 | 77.80 | 9.57 |
| 中部地区 | 1173 | 8.33 | 10.60 |
| 西部地区 | 1768 | 12.55 | 28.84 |

数据来源:《中国科技统计年鉴》

#### 2. 中国各省市高技术产品的显示性比较优势测算

显示性比较优势指数（RCA）反映着产业贸易的比较优势，用一国某商品出口值占该国所有出口商品总值的份额，与世界该类商品出口值占世

界所有商品出口总值的份额的比例来表示。RCA 的取值介于 0 到 2.5 之间，数值越大则优势越明显。在省级层面上，RCA 的计算结果如表 7-3-4 所示，其中陕西、重庆、四川、河南、山西、上海、贵州和江苏的 RCA 均大于 1.25，其高技术产品的显示性比较优势较强，且这些省、直辖市主要分布在珠江三角洲和长江三角洲地区，位于西部偏远地区的新疆、青海和西藏的 RCA 则极低，其高技术产品则不具有相对比较优势。

**表 7-3-4　2018 年中国各省、自治区、直辖市高技术产品显示性比较优势指数（RCA）**

| 省（区、市） | RCA | 省（区、市） | RCA | 省（区、市） | RCA |
|---|---|---|---|---|---|
| 陕西 | 2.66 | 安徽 | 0.93 | 河北 | 0.28 |
| 重庆 | 2.26 | 广西 | 0.69 | 吉林 | 0.23 |
| 四川 | 2.22 | 北京 | 0.68 | 浙江 | 0.22 |
| 河南 | 2.12 | 甘肃 | 0.55 | 黑龙江 | 0.20 |
| 山西 | 2.06 | 云南 | 0.55 | 宁夏 | 0.18 |
| 上海 | 1.40 | 内蒙古 | 0.52 | 海南 | 0.18 |
| 贵州 | 1.29 | 江西 | 0.52 | 新疆 | 0.11 |
| 江苏 | 1.26 | 辽宁 | 0.49 | 青海 | 0.04 |
| 广东 | 1.20 | 福建 | 0.45 | 西藏 | 0.02 |
| 湖北 | 1.12 | 湖南 | 0.40 | | |
| 天津 | 1.08 | 山东 | 0.32 | | |

数据来源：根据《中国科技统计年鉴》数据计算所得

## 四、中国后工业化现状分析

### （一）度量指标与测度方法

1. 后工业化阶段的判定

大多数学者采用工业和服务业的产值与就业来判断一国是否进入了后工业化阶段，本书借鉴王秋石（2011）的研究方法，构建本书的制造业比重度量指标：工业增加值在国民生产总值中的份额、工业就业人数在总就业人数中的份额，且借鉴其对后工业化的判断标准：如果制造业比重出现了连续五年的下降，那么就认为该经济体进入了后工业化阶段。

2. 过早后工业化的测度

在判断中国是否已经进入了后工业化阶段的基础上，再分析其是否具有过早的特征。本书借鉴乔晓楠和杨成林（2013）的方法，构建过早后工业化的指标：服务业和工业的劳动生产率之比，其中劳动生产率即为产值与就业之比。当服务业与工业的劳动生产率比值大于 1 时，表明在结构转型中服务业的劳动生产率高于工业的劳动生产率，即经济结构向服务业的转型是有效率的，则不具有过早的特征；反之，当比值小于 1 时，则表明中国过早地进入了后工业化阶段，并不能带来社会整体效率的提升，且该比值越小，则认为过早的程度越深。

（二）中国后工业化现状分析

1. 后工业化现状分析

图 7-3-4 展示了 1978—2020 年中国三大产业占当年 GDP 的比重，改革开放以来，中国第三产业的份额基本呈持续上升的趋势，1978 年第三产业增加值占比仅为 24.6%，但 2012 年中国服务业份额第一次超过第二产业，且占比最大。工业占比在改革开放初期达到了 44%，处于较高的水平，但此后除了在 20 世纪末以及 2006 年前后占比在 40%以上，基本没有出现增长，由第二产业增加值占比的连续下降以及第三产业比重的不断上升，可以初步判断中国确实进入了后工业化阶段。

从三大产业就业人员的占比情况来看，中国第二产业的就业人员比重在 2012 年达到 30.3%之后就开始逐年下降，而同年的第一、三产业的就业人员占比分别为 33.6%和 36.1%；在 2019 年，第二产业的就业人员份额下降至 27.5%，此时第一、第三产业就业人员占比分别为 25.1%和 47.4%，整体来看，我国出现了较明显的去工业化。另外，四十多年来，虽然我国农业就业人员所占比重一直在下降，但与美国日本等发达国家相比，农业就业人员占比仍处于较高状态，在经济发展水平并不足以支撑去工业化的情况下，盲目发展第三产业导致社会资源流向低质量的服务业，降低了社会整体效率。

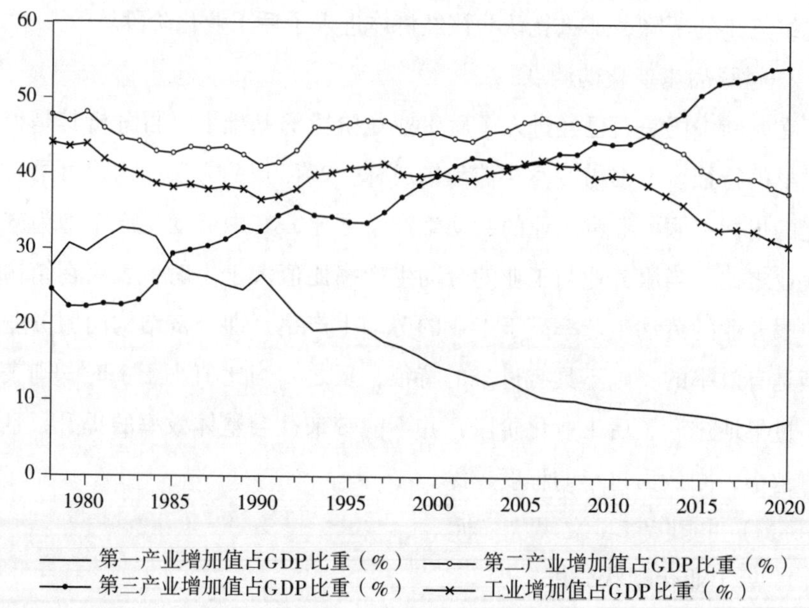


**图 7-3-4 1978—2020 年中国各产业增加值占 GDP 比重（%）**

数据来源：国家统计局

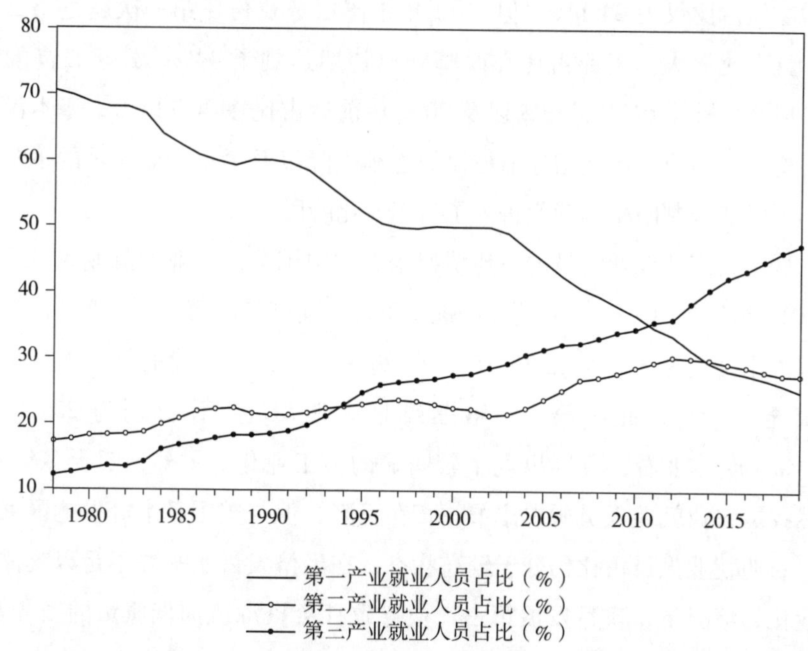


**图 7-3-5 1978—2019 年中国三大产业就业人员占比（%）**

数据来源：国家统计局

2. 过早后工业化现状分析

从 1997—2018 年中国、美国、墨西哥的工业与服务业劳动生产率来看，与发达国家美国和发展中国家墨西哥相比，中国工业和服务业的劳动生产率明显处于更低的水平。

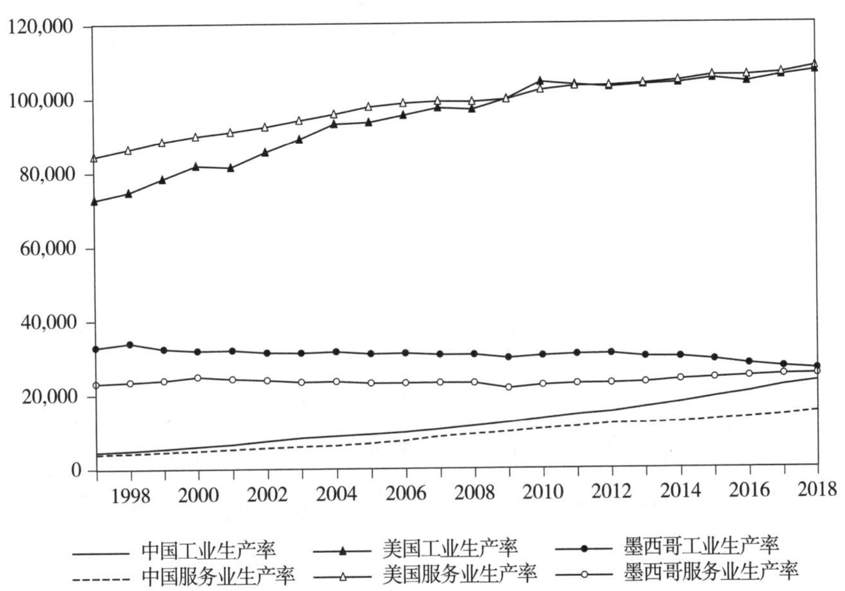


**图 7-3-6　1997—2018 年中国、墨西哥、美国的工业和服务业劳动生产率（美元）**

数据来源：根据世界发展指标数据库整理计算所得

分别来看，美国的工业和服务业的劳动生产率均以较快的速度增长，且服务业的劳动生产率基本高于工业的劳动生产率，即美国的结构转型是建立在强劲的服务业发展的基础上的，是经济发展到一定阶段的自然产物。而作为发展中国家的墨西哥，虽然其工业和服务业的劳动生产率水平比中国要高，但是其工业的劳动生产率却基本处于下降的状态，服务业的劳动生产率也并没有呈现出稳定的增长趋势，墨西哥过早进入后工业化阶段，导致其工业发展水平的衰退，并不健全的服务业也支撑不起国民经济的发展。

中国的工业和服务业劳动生产率虽然水平较低，但是近二十年来呈现了较快的增长速度，工业的劳动生产率一直大于服务业，且差距逐渐拉大。1997 年中国的工业和服务业劳动生产率分别为 4248 美元和 4165 美元，到 2018 年则分别为 23200 美元和 14953 美元，中国虽然已经出现了后工业化的现象，但是实际上现阶段中国经济发展的主要支柱仍是工业，尚未发展成熟的服务业还不能取代工业成为经济的主要推动力，产业结构盲目地转向第三产业并不适用当前中国的发展状况。无论是与经历典型结构转型过程的发达国家相比，还是与过早进入后工业化阶段的发展中国家相比，现阶段大力发展服务业并不是明智之举，相较于服务业，中国的工业劳动生产率仍处于较高的水平，此时进入后工业化阶段是过早的，也是明显不利于经济发展的。

## 五、高技术产品贸易对中国结构转型影响的实证研究

通过 2000 年至 2018 年 31 个省份的面板数据分析高技术产品贸易的发展对中国后工业化进程的影响。在已有的结构转型研究文献中，Kang 和 LEE（2011）认为国内生产总值和固定资产投资等是影响结构转型的重要因素，且制造业比重与人均 GDP 呈现出倒 U 型的关系；白雪洁和于庆瑞（2019）通过研究发现外商投资也显著影响了中国的结构转型；另外，居民的消费能力密切牵动着商品和服务的需求，从而也会进一步影响结构转型。因此，综上所述，建立模型：

$$lnedi_{it} = c + \alpha\, lntrade\_\ high_{it} + \beta X_{it} + \gamma_i + \eta_t + \varepsilon_{it} \tag{6}$$

其中 i 和 t 分别表示表示不同的省市与年份。被解释变量 $lnedi$ 为中国各省过早去工业化水平取对数，核心解释变量 $lntrade\_\ high$ 为各省的高技术产品进出口贸易总额对数，控制变量 X 包括：各省商品总贸易额对数 $lntrade\_\ all$ 、人均生产总值对数平方项 $lnpgdpsq$ 、人均生产总值对数 $lnpgdp$ 、实际居民消费水平对数 $lnconsume$ 、外商投资总额对数 $lntfi$ 。为避免变量遗漏可能导致的内生性，$\gamma_i$ 和 $\eta_t$ 分别表示控制了个体和时间的固定效应，$\varepsilon_{it}$ 为回归模型的残差项。

回归结果如表 7-3-5 所示，依次加入控制变量，高技术产品贸易额的

系数均显著为正。由于被解释变量 *lnedi* 表示的是各省服务业和工业的劳动生产率比值，该变量的值越小，表明服务业劳动生产率越低，也即结构转型过早的程度越深，此时核心解释变量系数为正，即扩大高技术产品贸易规模可以减缓结构转型的早熟程度。

**表 7-3-5 模型基准回归结果**

| 解释变量 | 被解释变量 *lnedi* | | | | | |
|---|---|---|---|---|---|---|
| | (1) | (2) | (3) | (4) | (5) | (6) |
| *lntrade_ high* | 0. 8471*** | 0. 9223*** | 0. 9387*** | 1. 1416*** | 1. 1439 | 1. 1527*** |
| | (3. 35) | (3. 62) | (3. 54) | (3. 99) | (3. 96) | (3. 61) |
| *lntrade_ all* | | 0. 0613* | 0. 0941** | 0. 0815** | 0. 0843 | 0. 0949** |
| | | (1. 86) | (2. 58) | (2. 20) | (2. 28) | (2. 55) |
| *lnpgdpsq* | | | -0. 0099** | -0. 0424** | -0. 0476 | -0. 0482** |
| | | | (-2. 05) | (-2. 29) | (-2. 51) | (-2. 55) |
| *lnpgdp* | | | | 0. 6090* | 0. 6621 | 0. 7020** |
| | | | | (1. 81) | (1. 93) | (2. 05) |
| *lnconsume* | | | | | 0. 1250 | 0. 1208* |
| | | | | | (1. 98) | (1. 92) |
| *lntfi* | | | | | | -0. 0397** |
| | | | | | | (-2. 10) |
| constant | -0. 1355*** | -1. 0304** | -0. 5221 | -3. 1711** | -3. 1948 | -3. 4848** |
| | (-13. 72) | (-2. 14) | (-0. 97) | (-2. 04) | (-2. 01) | (-2. 19) |
| 时间效应 | 是 | 是 | 是 | 是 | 是 | 是 |
| 个体效应 | 是 | 是 | 是 | 是 | 是 | 是 |
| Obs | 589 | 589 | 589 | 589 | 589 | 589 |
| R-sq | 0. 73851 | 0. 7406 | 0. 7431 | 0. 7451 | 0. 7454 | 0. 7480 |

注：*** 表明在 1%显著性水平上拒绝原假设，** 表明在 5%显著性水平上拒绝原假设，* 表明在 10%显著性水平上拒绝原假设。

此外，控制变量商品总贸易额对数的系数均显著为正，表明进出口贸易本身也可以在一定程度上解决中国结构转型过早的问题，但是其系数要小于高技术产品贸易的系数，因此发展高技术产品的进出口贸易可以更大程度地缓解中国产业结构的过早转型；控制变量人均生产总值对数的系数基本显著为正，平方项则显著为负，这也验证了 Kang 和 LEE（2011）认为的经济水平和去工业化水平的倒 U 型关系；控制变量外商投资的系数为负值，近年来的投资逐渐由制造业流向了服务业部门，也一定程度上导致了中国过早的进入后工业化阶段；居民消费水平的系数显著为正，消费水平的提高使居民增加了对高端服务业的需求，从而也能拉动服务业向高效率和高质量的方向发展，在一定程度上降低后工业化进程的早熟程度。

## 本章小结

本章第一节验证了 OFDI 和房地产价格对于中国制造业比重负向的影响作用，在调整核心变量、克服内生性并调整统计口径对于原回归结果进行验证后发现，上述结论依旧保持稳健。此外，本章也证实了房地产价格上升在某种程度上会促进中国 OFDI 增加，进而导致中国后工业化进程的加快。本章第二节总结出国际产业转移主要从较发达经济体向欠发达经济体转移并以劳动密集型产业为主的两个特点，分析了中国制造业外迁会导致制造业比重下降的作用机制，得出以劳动密集型产业为主的制造业外迁会直接降低中国制造业比重，也会通过引发配套产业链外迁和使本国相关产业的市场份额受挤占的机制导致制造业比重下降的结论。本章第三节验证了发展高技术产品贸易可以一定程度上降低中国后工业化进程的早熟程度，高技术产品通过进出口贸易的技术外溢效应提升了高技术产业的科技创新能力和技术水平，而高技术产业再通过示范效应和关联效应带动其他产业的发展，提升了制造业和生产性服务业的发展水平，进而可以缓解因生产资源向低效率的服务业转移所导致的结构转型。

结合上述实证结果，本章提出以下几点政策建议：

1. 推动制造业和现代服务业向高质量化发展，实现制造业和服务业的转型升级。中国的制造业一直凭借着劳动力和产品价格的优势参与国际竞争，供应产品的附加值并不高，技术创新和新产品的开发速度较为缓慢，而服务业的发展也主要集中于低附加值的生活性服务业。在中国经济结构转型的重要时期，要改变传统制造业和服务业的生产服务方式，对高技术产业进行模仿，进而再主动进行研发和创新，提升高端制造业和现代服务业的发展水平。企业自身也需要注重自身技术水平和组织管理方式等方面的提高，向“微笑曲线”的两端或产业链的上游进行转型升级，打造更强的竞争优势，取得长期发展，而非寻求短期的成本优势。本国企业可以通过主动寻求与科研院所、高校或国外优秀企业合作的方式，获取技术、品牌、管理能力等方面的战略资产，促使自身扩大生产规模或进行转型升级。

2. 积极发挥政府的引导作用，推动产业结构合理升级。中国在后工业化的进程中，将生产资源逐渐由工业部门转移至服务业部门，但是与发达国家相比，中国经济发展并没有达到高质量的水平，产业结构的升级需要根据国情使资源在产业间实现最优化配置。目前，中国工业的劳动生产率仍高于服务业，继续发展工业仍可以给经济带来增长效益，因此政府可以发挥其引导作用，最优化分配产业间的资源，实现产业结构真正的优化。政府可以采取降低企业赋税、拓展企业产能向西部等低房价区域转移，并大力促进超大城市周边的区域一体化发展，增加土地供应，从而维持房价在合理水平。各地政府应增强对于企业对外直接投资方向的管控，以及资金利用方式的规范，同时也需要对民营企业给予更多的资金支持和政策支持。

3. 发展高技术产业的产品进出口贸易，利用其技术溢出效应带动关联产业优化升级。当前各国经济的竞争实际上是研发能力和技术水平的竞争，现阶段的中国需要改变过去粗放型的经济增长模式，将发展中心从低附加值的产业向高技术产业转移，营造有利于进行科技创新的软环境，吸引更多高技术企业进行活动，并利用高技术产业进出口贸易产生的技术扩散与溢出效应实现外部经济效应，带动传统生产部门创新能力和生产效率的提升，从而优化社会资源的配置，推动经济实现高质量的增长。

# 第八章　民营企业 OFDI 与结构转型

进入 21 世纪以来，中国企业响应“走出去”战略，积极进行对外直接投资，其中民营企业发展迅猛，已然成为中国企业 OFDI 的中坚力量。与此同时，中国产业结构也发生了巨大的变化，进入了工业规模下降，服务业规模上升的后工业化阶段，在创新驱动发展战略背景下，中国制造业也面临着转型升级的难题。

本章在利用统计数据验证了中国结构转型特征事实的基础上，分析了 OFDI 影响后工业化进程的机制，并将研究视角聚焦于中国民营企业，在第一节和第二节分别利用中国地级及以上城市层面数据以及中国省级层面数据，实证研究中国民营企业 OFDI 与结构转型的关系，第二节还进一步基于不同创新模式，将创新分为以发明专利申请量代表的“实质性创新”和以非发明专利申请量代表的“策略性创新”，实证研究创新对二者关系的调节作用。

最后，根据研究结论，本章结合现实背景，提出了促进合理有效的 OFDI 和预防过早过快后工业化进程的相关政策建议。

## 第一节　民营企业 OFDI 会推动中国后工业化进程吗？

### 一、问题提出

对比分析全球各国的结构转型进程，本节发现：第一，大多数发达国家在 19 世纪上半期开始了工业化进程，并在 20 世纪 80 年代进入后工业阶段，此时这些发达国家的人均收入基本都超过 9500 美元；第二，制造业从业人数占总体就业人数的比重下降是发达国家进入后工业化阶段的主要表现之一。而另一个工业化水平的常用指标——制造业的产业增加值在 GDP 中的比重，同样也出现了下降，但其下降幅度相对较小，这表明发达国家在后工业化时期的劳动生产率反而是提高的①；第三，20 世纪 90 年代末，拉丁美洲的一些国家在人均收入水平较低的时候就进行了结构转型，当时这些国家的制造业仍以劳动密集型为主，尚未实现产业转型升级，制造业规模的过早减小成为其陷入“中等收入陷阱”的一大原因。2019 年，中国的人均可支配收入约为 4730 美元②，远远小于发达国家开始进入后工业化阶段时的人均收入。现如今中国尚未具备后工业化阶段的基础条件，贸然进行结构转型可能会阻碍经济发展的长期稳定与转型升级，这也是目前中国大力支持实体工业经济发展的考量之一。

当下学界关于去工业化的研究纷繁复杂，对于其成因及机制等尚未形成一致的结论，在针对其影响因素的研究中，对外直接投资是国内外学者所关注的重点。Ito（2003）发现对外直接投资造成了日本国内的制造业就业人数的大量减少，得出 OFDI 和生产基地向外转移会带来去工业化的结论。Liu 和 Huang（2005）的研究结果发现企业在国外的生产会影响母公司的生产规模、出口占比以及劳动密集度等相关的公司特征变量来间接地降低国内生产。杨亚平和吴祝红（2016）则认为国内的跨国公司大量进行对外投资会引起母国制造业的资本存量减少，导致制造业在发展中缺乏资金支持，进而出现制造业规模下降的现象。

纵观已有文献，国外学者针对去工业化的研究较为丰富，但针对中国 OFDI 与结构转型的文章相对较少，多为定性研究。学者们在数据选择上更多是基于中国省级层面的制造业数据，有关地级市层面的研究数量稀少，

① 参见白雪洁、于庆瑞：《OFDI 是否导致中国“去工业化”?》，《财经论丛》2019 年第 11 期。

② 根据统计局数据显示，2019 年全国居民人均可支配收入 30733 元，根据当前汇率计算得到。

并且几乎没有关于民营企业与结构转型的文献。中国的产业发展具有自身独有的特点，民营企业的对外直接投资也十分值得关注，在当今中国经济发展关键的转型时期，本节探讨民营企业 OFDI 与中国制造业规模间的关系具有一定的研究空间与现实意义。

## 二、理论分析

如果对外直接投资能够造成制造业规模的下降，二者中间的影响机制是怎样的呢？主要的研究大多从资本要素流动的视角出发。Stevens 和 Lipsey（1992）发现，不完全金融市场下的 OFDI 所引起的资金外流会使得本国利率升高，阻碍本国的制造业企业融资，从而诱发制造业规模减小效应。杨丽丽（2019）则认为对外直接投资主要通过四条途径对母国制造业的规模、效率以及竞争力产生负面影响，进而造成去工业化，包括产业资本流失，技术工人流失，外贸逆差引致和产业组织关系失衡。

结合国内外学者的研究，本节认为 OFDI 对制造业规模的可能影响机制主要有三种途径：国内投资挤出、对外贸易逆差和就业替代效应。

### （一）国内投资挤出

国内企业在进行 OFDI 时，可能会引起产业资本外流，影响国内投资的资本供给，进而对国内制造业的发展产生阻碍，同时利率上升提高制造业融资成本，导致资本流向虚拟经济部门，进一步造成制造业的萎缩、弱化。

一方面，影响一个产业发展最直接的要素便是资本供给，缺乏资本供给会直接阻碍一个产业的发展。但一定时期内一个国家或地区的资本形成是相对较为固定的，跨国企业进行对外直接投资必然会导致大量国内资本外移。一个国家或者产业如果进行过快的对外直接投资，可能会减少国内投资的总体规模，影响相关产业发展所需的正常资本供给。并且，目前中国的金融市场尚未完善，OFDI 所伴随的大量资本外流会提高本国的利率，进一步提升企业融资成本，对其国内的投资造成直接限制，制约企业发展。另一方面，利率上升必然会提高制造业的融资成本，有限的资本为了寻求更高的回报率会选择更多地流向房地产和服务业等虚拟经济部门，这就会产生服务业部门对制造业部门的“虹吸效应”，进一步导致制造业的萎缩、弱化。OFDI 挤出国内投资，制造业发展缺乏足够的资本供给，其产值和吸纳就业能力不断下降，进而引发制造业规模的减小。

（二）对外贸易逆差

在对外投资过程中，跨国公司在海外所生产的同质产品会与国内产品发生竞争，可能造成一定程度上的出口替代。同时海外产品还可能通过企业内贸易产生逆进口，形成贸易逆差。此时国内产品的市场份额受到挤压，导致国内制造业需求减少，阻碍相关制造业的长远发展。

一方面，企业在进行对外直接投资的时候除了资本会产生外移之外，其先进的生产技术和管理经验等生产要素也会一定程度上转移到东道国。东道国通过学习和模仿来提高该产业自身的技术水平和生产能力，逐渐形成与投资国相似的产业，生产同质的产品，再加上其较低的生产成本等优势，导致其产品竞争力逐步提高。由此，东道国的同质产品将会挤占母国该产业的国际市场，引发出口替代效应，阻碍母国制造业产业的发展。另一方面，如果东道国具有更加廉价的初级资源或生产要素，或者具备更高的生产技术，那么跨国企业可能会通过企业内贸易将其在东道国生产的产品和服务逆进口到母国。这种逆进口效应会造成贸易逆差，减少国内相关产品的市场需求，挤占国内相关产品的市场份额，造成相关制造业市场整体需求的减少，制约母国制造业的发展，不利于本国产业结构的调整和升级。

（三）就业替代效应

就业替代，指的是在企业对外直接投资过程中由于国内产业的外移，导致国内相关产业生产规模缩减，进而引发国内就业机会减少，造成传统制造业中失业的劳动力流向服务业等虚拟经济部门，最终导致制造业人力资源短缺的现象。

一方面，企业对外直接投资伴随着国内产业的对外转移，本国产业的生产规模随之减少，所需的劳动力数量缩减，导致其就业吸收作用减弱，同时需求减少导致工资降低，失业问题愈发严重。并且由于失业的传统劳动力普遍缺乏足够的技术水平，不能满足新兴产业对于高素质劳动力的要求，就会造成结构性失业问题，失业现象进一步恶化。另一方面，失业工人增加，必然会影响国民收入水平的不断提高，进而会对新兴产业的产品需求增长造成阻碍，不利于新兴产业的长远发展。并且传统制造业和服务业等虚拟经济部门间工资水平存在差异，以及失业的传统劳动力短时间内无法掌握新兴技术的特性，会使得失业的传统行业劳动力大量流向服务业部门，造成制造业的人力资源短缺，使得制造业发展更加艰难。对外直接投资引发的产业大量外移，制约国内产业发展，减少就业机会，会导致经济非充分就业问题，从而引发结构转型的负面影响。

## 三、特征事实

### （一）中国的结构转型表现

#### 1. 工业发展态势放缓，第三产业发展迅速

自20世纪90年代以来，中国的三大产业结构不断发生变动调整，第三产业的产值占国内生产总值比重的上涨幅度要超过第二产业，而工业在国民经济中的贡献率持续下降。进入21世纪以来，第三产业的发展更为迅速，以制造业为主的第二产业发展放缓。三大产业增加值（%）指的是三大产业的增加值在国内生产总值中所占的比重，按当年价格计算。由图8-1-1三大产业增加值的图可以看出2000年至2019年这20年内第三产业则稳步上升，其比重于2012年超过第二产业，之后便持续高于第二产业，并于2015年后占比超过50%。而第二产业增加值占GDP的比重呈现先上升后下降的趋势，最近十年其占比持续下降，不敌第三产业。2000年至2019年的各大产业增加值增量在GDP增量中所占的比重，也就是三大产业的贡献率如表8-1-1所示。从表中数据可以看出，第二产业和第三产业的贡献率在最近20年内都呈现波动趋势。但从总体来看，第三产业呈现波动上升的趋势，第二产业则显现出波动下降的态势，且第三产业对国民经济的贡献率逐步超过波动下降的第二产业。由数据可以看出，2000年时第二产业对国民经济的贡献率为59.6%，第三产业为36.2%，而到了2019年第三

产业对国民经济的贡献率达到 63.5%，此时第二产业贡献率为 32.6%，第三产业已然占据主导地位。

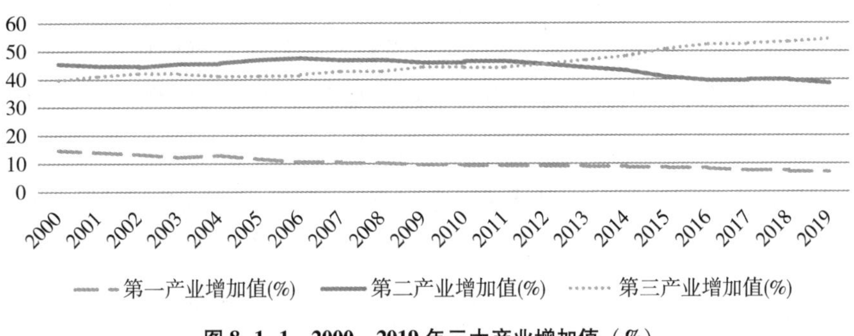


**图 8-1-1　2000—2019 年三大产业增加值（%）**

注：三大产业增加值（%）指的是三大产业增加值所占国内生产总值的比重，按当年价格计算。

资料来源：根据国家统计局数据整理

**表 8-1-1　2000—2019 年三大产业贡献率（%）**

| 时间 | 第一产业 | 第二产业 | 第三产业 | 时间 | 第一产业 | 第二产业 | 第三产业 |
|---|---|---|---|---|---|---|---|
| 2000 年 | 4.1 | 59.6 | 36.2 | 2010 年 | 3.6 | 57.4 | 39 |
| 2001 年 | 4.6 | 46.4 | 49 | 2011 年 | 4.1 | 52 | 43.9 |
| 2002 年 | 4.1 | 49.4 | 46.5 | 2012 年 | 5 | 50 | 45 |
| 2003 年 | 3.1 | 57.9 | 39 | 2013 年 | 4.2 | 48.5 | 47.2 |
| 2004 年 | 7.3 | 51.8 | 40.8 | 2014 年 | 4.5 | 45.6 | 49.9 |
| 2005 年 | 5.2 | 50.5 | 44.3 | 2015 年 | 4.4 | 39.7 | 55.9 |
| 2006 年 | 4.4 | 49.7 | 45.9 | 2016 年 | 4 | 36 | 60 |
| 2007 年 | 2.7 | 50.1 | 47.3 | 2017 年 | 4.6 | 34.2 | 61.1 |
| 2008 年 | 5.2 | 48.6 | 46.2 | 2018 年 | 4.1 | 34.4 | 61.5 |
| 2009 年 | 4 | 52.3 | 43.7 | 2019 年 | 3.9 | 32.6 | 63.5 |

注：三大产业贡献率指各产业增加值增量与 GDP 增量之比

资料来源：国家统计局网站

2. 制造业发展态势放缓，虚拟经济迅速发展

21 世纪以来，第三产业发展迅速，虚拟经济的发展日益加快，尤其是金融业和房地产业。本节从国家统计局整理了 2003 年至 2017 年分行业全

社会固定资产投资的数据，通过计算发现制造业的全社会固定资产投资年均增长率为 20.67%，高于全行业固定资产投资年均增长率 19.34%，但少于金融业 22.33%的增长率，房地产业则为 19.19%。图 8-1-2 和 8-1-3 分别整理绘制了制造业与全行业固定资产投资同比增长率的对比图以及分行业全社会固定资产投资同比增长率图，观察可以发现：2003 至 2012 年的 10 年间除了 2009 年以外，制造业固定资产投资同比增长率始终高于全社会固定资产投资，但从 2013 年开始制造业固定资产投资增长速度一直落后于全行业水平，且差距逐渐扩大。从行业来看，金融业固定资产投资增长率发展态势优于制造业，而房地产业与制造业的差距有所减小。由此可以看出，近几年来投资金融业和房地产业为代表的虚拟经济的产业资本逐渐增多，虚拟经济发展迅速，而制造业发展态势则有所下降。

**图 8-1-2　2003—2017 年制造业与全社会固定资产投资同比增长率**

资料来源：国家统计局网站

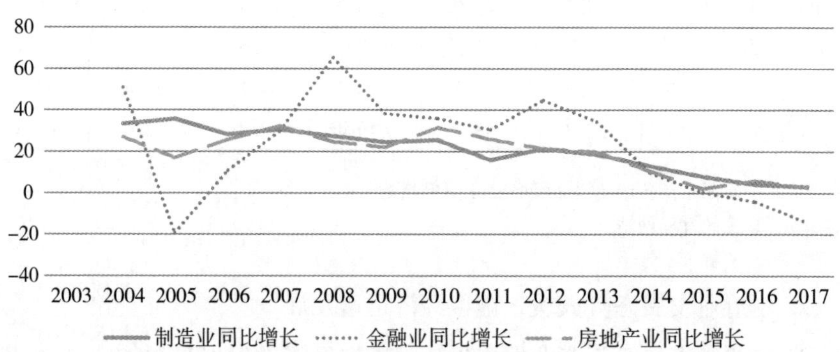


**图 8-1-3　2003—2017 年分行业全社会固定资产投资同比增长率**

资料来源：国家统计局网站

3. 制造业吸纳就业能力下降

众所周知，制造业部门是吸纳就业的主力军，尤其是劳动密集型制造业，是中国解决就业问题的中坚力量。随着中国近年来经济的不断发展以及国际经济环境的转变，当前中国经济面临着产业转型升级的要求，由此便增加了对熟练劳动力以及高素质人才的需求。与此同时，社会对非熟练劳动力的需求有所下降，这必然会造成劳动密集型与低技术密集型制造业部门中失业现象的增加，降低制造业吸纳就业的能力。但是，由于新兴产业的发展需要一定的时间，目前中国新兴产业对劳动力的吸纳能力还相对较弱，并且因为技能的学习与培训需要一段时间，所以劳动密集型与低技术密集型等传统制造业部门中失业的劳动力无法迅速转向新兴产业。这样就容易出现结构性失业问题，对国民经济的发展产生不利影响。从图 8-1-4 制造业就业人数及占比图中，可以发现 2004 年至 2019 年制造业就业人数总体呈现先上升后下降的趋势。制造业就业人数于 2016 年达到高峰，为 10319 万人，但 2016 年后就业人数持续缩减，2019 年制造业就业人数为 9739 万人。并且制造业就业人数在总就业人数中的占比在 16 年间下降趋势明显，2013 年后更是呈现直线下降的态势。由此可知，制造业近年来吸纳就业能力有所下降。

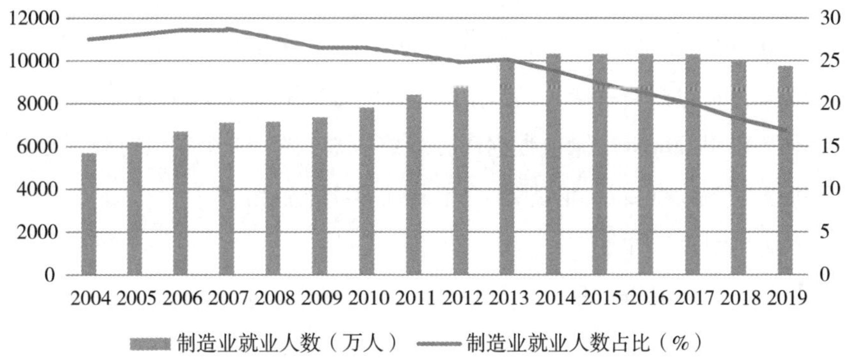


**图 8-1-4　2004—2019 年制造业就业人数及占比**

资料来源：根据国家统计局制造业分行业就业数据加总计算得到

（二）民营企业 OFDI 现状

本节参照本指数报告中关于民营企业的定义及相关投资来源地、标的国（地区）和行业标准，对中国民营企业 OFDI 现状进行特点归纳与分析。中国民营企业 OFDI 现状特征具体表现为：OFDI 项目数量和金额发展势头良好，逐渐占据全国企业对外直接投资的主要地位；来源地多为东部沿海地区，采取并购形式投向发达经济体；在产业投向方面，更多地投向非制造业，在制造业中更倾向于选择高技术和中高技术的制造业。

## 四、实证分析

在国内外学者的研究中，制造业产值和就业是较为公认的和使用频次较高的工业化水平度量指标（Kim，2007；Simeon 和 Ikeda，2011；白雪洁和于庆瑞，2019；Nicholas Kaldor，1979）。而本节认为后工业化阶段的定义是：一国的制造业部门发展缓慢，出现就业人数减少和产值下降的现象。结合国内外学者关于工业化水平的度量指标选取和本节对后工业化阶段的定义，本节在实证中计划选取制造业产值层面的数据来衡量工业化水平。但由于制造业的数据较难获得，本节在实证研究中便选择地级及以上城市工业企业的工业总产值（按当年价格计算）代替作为工业化水平的度量指标，选取民营企业对外直接投资的金额作为衡量民营企业 OFDI 的变量。本节根据《中国城市统计年鉴》选取了 2005 年至 2016 年中国地级及以上城市层面的相关数据，民营企业 OFDI 的数据来源于 BVD 的 Zephyr 并购数据库和 fdi Markets 绿地数据库，最终汇总得到 31 个省级行政区划 171 个地级及以上城市 2005 年至 2016 年共计 803 条数据。

实证模型设计如下：

$$indpro_{it} = \beta_0 ofdim_{it} + \beta_1 orifut_{it} + \beta_2 reinv_{it} + \beta_3 gdp_{it} + \beta_4 wage_{it} + \beta_5 fdi_{it} + d_t + u_i + \varepsilon_{it} \tag{1}$$

其中 i 代表城市，t 代表年份；indpro 代表被解释变量工业总产值，单位是万元，用于衡量城市的工业化水平；ofdim 代表民营企业 OFDI 的金额，单位为万美元；$d_t$ 表示年份固定效应，$\mu_i$ 代表的是城市固定效应，$\varepsilon_{it}$ 为误差项。

结合参考国内外学者关于 OFDI 结构转型效应的实证研究，本节的实证模型中共选取了五个控制变量：profit 为利润总额，代表地级及以上城市工业企业的利润总额；reinv 为房地产投资，代表地级及以上城市的房地产开发投资完成额；gdp 为地区生产总值，用地级及以上城市的地区生产总值来度量；wage 代表职工工资，为地级及以上城市的职工平均工资；fdi 则代表外商投资，是地级及以上城市当年实际使用外资金额。控制变量中，除 fdi 的单位为万美元外，其他均已统一单位为万元。

根据数据特点和研究问题，本节利用非平衡面板数据的固定效应模型来分析民营企业 OFDI 与中国去工业化进程的关系，将工业总产值 indpro 作为被解释变量来衡量工业化水平，控制城市固定效应与年份固定效应后，逐步加入变量，结果如表 8-1-2 所示。由表可知民营企业 OFDI 对中国地级及以上城市工业化水平有显著负向影响，即本节发现了中国民营企业 OFDI 推动了后工业化进程。

**表 8-1-2　基础回归结果**

| 变量 | (1) | (2) | (3) | (4) | (5) | (6) |
|---|---|---|---|---|---|---|
| ofdim | 4.37 | -7.76*** | -12.78*** | -21.05*** | -20.35*** | -20.46*** |
| | (1.41) | (-3.65) | (-6.30) | (-11.52) | (-11.06) | (-11.18) |
| profit | | 7.41*** | 6.05*** | 3.81*** | 3.85*** | 3.75*** |
| | | (27.63) | (21.46) | (13.39) | (13.56) | (13.19) |
| reinv | | | 2.02*** | -0.46* | -0.42* | -0.53** |
| | | | (10.20) | (-1.94) | (-1.75) | (-2.21) |
| gdp | | | | 0.85*** | 0.88*** | 0.84*** |
| | | | | (14.89) | (15.16) | (14.07) |
| wage | | | | | -2535620** | -2407396** |
| | | | | | (-2.54) | (-2.42) |
| fdi | | | | | | 9.52*** |
| | | | | | | (2.80) |

续表

| 变量 | （1） | （2） | （3） | （4） | （5） | （6） |
|---|---|---|---|---|---|---|
| 城市固定效应 | √ | √ | √ | √ | √ | √ |
| 年份固定效应 | √ | √ | √ | √ | √ | √ |
| 样本量 | 803 | 803 | 803 | 803 | 803 | 803 |
| R方 | 0.62 | 0.83 | 0.85 | 0.89 | 0.89 | 0.89 |
| F值 | 83.10 | 229.79 | 256.35 | 339.52 | 321.51 | 306.41 |

注：括号内为t值；*** 表明在1%显著性水平上拒绝原假设，** 表明在5%显著性水平上拒绝原假设，* 表明在10%显著性水平上拒绝原假设。

## 五、结论与建议

本节的主要结论是：第一，OFDI影响后工业化的机制可以从投资、贸易和就业层面来分析，归纳为国内投资挤出、对外贸易逆差和就业替代效应。第二，利用中国的经济数据分析了当前中国结构转型的表现和民营企业OFDI现状。数据分析表明，中国产业呈现出后工业化阶段特征：工业发展态势放缓，第三产业发展迅速；制造业发展态势放缓，虚拟经济迅速发展；制造业吸纳就业能力下降。第三，中国民营企业OFDI显著促进了后工业化进程。经由实证分析可知，民营企业OFDI对中国地级及以上城市的工业化水平有显著的负向影响。

结合本节分析和中国当前实际，提出相应的政策建议：

第一，发展现代制造业，重视实体经济。政府要更加重视制造业的发展状况，帮助传统制造业完成转型升级，具体要结合本地实体经济尤其是制造业的发展现状，了解企业发展困境，出台合理有效的政策支持制造业发展，切实解决企业的难题，为当地实体经济发展添砖加瓦。

第二，改善民营企业融资环境，避免国内投资挤出。政府应该努力为进行对外直接投资的企业特别是民营企业建造专业的融资平台，畅通其融资渠道，提供良好的外源性资金来源，为其提供强有力的资金支持。

第三，大力扶持新兴产业，提高劳动力素质。政府要给予新兴产业足够的政策扶持与支持，为新兴产业的创立提供贷款优惠、融资支持。同时企业要积极探索新兴产业领域，抓住时代商机，不断提高自身技术创新水平以适应新兴产业的发展要求。政府相关部门对因产业外迁等失去就业机会的失业人群要进行职业技能再培训，提高其再就业的能力，缓解失业问题。同时要从根本上重视人才的培养，从而提高劳动力的整体素质。

## 第二节　民营企业 OFDI、创新与结构转型

### 一、引言

在“走出去”发展战略的带动下，中国对外直接投资总额逐年增长，全球位次不断提高，对外直接投资不仅成为中国深度融入全球经济的重要模式，也成为中国企业开拓国际市场、学习国外先进技术和管理经验的重要战略选择。作为中国市场经济的重要载体，中国民营企业积极走出国门，在中国企业海外直接投资中逐渐扮演起重要角色，2012 年后，民营企业 OFDI 项目数量占比高达 50%以上，OFDI 金额也在波动中上涨，2016 年占比超过 60%。①

中华人民共和国成立后尤其是改革开放以来，随着工业化战略的实施，中国的工业化进程迅速发展、制造业国际影响力迅速提高，随着中国经济总量的增长，中国的产业结构也发生了巨大变化，根据国家统计局数据，2003 年中国第一、二、三产业增加值占 GDP 的比重分别为 12.4%、45.6%、42%，2020 年分别为 7.7%、37.8%、54.5%；2003 年中国第一、二、三产业就业人员占就业人员比重分别为 49.1%、21.6%、29.3%，2020 年分别为 23.6%、28.7%、47.7%，中国已经表现出了第一产业、第二产业增加值和就业比重下降，第三产业占比提升的后工业化阶段特征。

① 数据来源为薛军等：《中国民营企业海外直接投资指数（2020）》，人民出版社 2020 年版。

不可否认中国工业化取得了巨大成就，但中国工业发展不充分、不平衡的问题更不容忽视，在中国已经发生结构转型的背景下，警惕“产业空心化”风险尤为重要。

近年来，中国整体创新能力持续增强，技术创新已经成为中国经济高质量发展的重要驱动力。从专利申请量来看中国的整体创新水平，根据国家统计局数据，2005—2016 年，中国 31 个省、自治区、直辖市专利申请总量由 359886 件增长到 3281118 件。其中，发明专利申请量由 84052 件增加到了 1193382 件，扩大了 14.5 倍，非发明专利（实用新型和外观设计）申请量由 275834 件增加到了 2087736 件，增长了 7.6 倍。从创新结构上来看，高质量发明专利占比不断攀升，由 2005 年的 23.36%上升到 2016 年的 36.37%，表明中国核心创新能力大幅提升。

在过去很长一段时间，对于结构转型的研究集中在发达国家，虽然国内学者就 OFDI 与中国产业结构变迁展开了研究，但少有学者从民营企业视角出发，探究民企 OFDI 与后工业化进程的关系，本节从中国发生结构转型这一典型事实入手，实证研究民营企业 OFDI 对后工业化进程的影响和作用机制，并在此基础上，研究创新水平的高低对二者作用关系的调节作用。

## 二、文献综述

### （一）结构转型相关文献综述

Rowthorn（1999）指出，工业部门的发展轨迹会随着人均收入水平的提高呈现出“先增后减”的倒 U 型，当工业规模开始持续下降时，即认为进入了后工业化阶段。发达国家和发展中国家结构转型路径明显不同，发达国家率先进入和完成工业化，王文和孙早（2017）认为，发达国家在完成工业化之后服务业比重超过工业，在国民收入处于较高水平时进入了后工业化阶段，是由行业自身技术特点发生的积极现象；而发展中国家出现的结构转型大多受国家政策的影响，发展中国家工业化起步晚，制造业部门技术含量低，在全球化背景下受到发达国家技术进步的冲击，往往倾向于使用政策工具人为“拔高”服务业份额，这不仅会损害工业和服务业的发展和良性互动，还会给本国经济增长带来消极影响。

蔡昉（2015）指出中国过早出现的“逆库兹涅茨化”事实值得警惕，中国应继续推进工业化深度发展。胡立君（2013）分析日本与美国的经济发展历史指出，为了避免中国发生“产业空心化”，必须毫不动摇地支持中国先进制造业以及实体经济的壮大。乔晓楠（2013）指出，为了推进经济持续稳定增长、构筑竞争优势，中国应保持适度的去工业化，继续推进工业升级，防范巴西等国“过早去工业化”给本国经济发展带来危害。Kang 和 Lee（2011）指出，要控制工业化水平的快速下降，需实施产业技术变革，尤其需要技术创新和发展新兴产业，并进一步增加需求和就业。同时，为了提高制造业生产率，必须培育以知识为基础的服务业，以吸收因制造业生产率提高而产生的剩余劳动力。

（二）OFDI 结构转型效应相关文献综述

Alderson（1999）使用 1968—1992 年 18 个经合组织国家数据分析得出，发达工业国家 OFDI 规模的扩张对于本国制造业就业产生了消极影响：其一，OFDI 取代了国内的部分制造业就业；其二，OFDI 通过提高国内投资的边际回报率使得资本从制造业转向服务业；其三，从长期看，对外直接投资可能会导致一个国家陷入“财富陷阱”。Cowling 和 Tomlinson（2001）实证研究发现，日本的对外直接投资会对母国制造业就业、投资和产出产生不良影响，发生产业资本“离本土化”。Kang 和 Lee（2011）通过动态面板回归模型实证得出，母国 OFDI 会直接抑制本国制造业产出，进而引起结构转型。

OFDI 引发中国产业空心化的危险值得关注，杨丽丽和盛斌（2019）使用中国 15 个省（市）数据实证得出，当 OFDI 规模超过一定门槛值之后，其对产业规模、竞争力的作用变为负向，中国尤其是东部省份需注意 OFDI 快速增长的产业空心化风险。刘海云和聂飞（2015）对中国 29 个省（市）的 OFDI 数据进行实证研究，得出其会导致中国产业资本“离制造化”的结论，即从长期来看，制造业 OFDI 规模的扩大会引起中国资本存量紧张，给中国实际利率造成上行压力，导致资本向高回报率的虚拟部门流动。杨亚平和吴祝红（2016）实证研究中国 2003—2008 年的微观企业数据，发现投向中低收入国家的 OFDI 对国内投资和出口起到替代作用，中国制造业对外直接投资虽暂未出现总量的“去制造化”，但“结构性去制造化”危险已经显现。

（三）创新相关文献综述

黄静波（2008）认为通过技术创新，可以提高中国企业的生产率，增强其核心竞争优势，并将促进中国贸易的高质量、可持续发展。张启龙（2019）研究发现，中国制造业企业加大研发投入并获得创新产出，可以有效促进自身生产率提升。徐保昌等（2020）研究发现，企业创新行为可以通过提高生产效率、提高新产品产出等途径提升企业成本加成。刘啟仁和黄建忠（2016）通过实证研究发现，产品创新可以发挥降低生产成本提高生产效率的“成本效应”以及提高产品市场份额的“市场份额效应”。逯宇铎等（2012）利用倾向得分匹配方法对中国微观企业数据进行实证研究，得出了企业创新可以提高其出口概率的结论，且内资企业创新对出口强度的促进作用要大于外资企业。

郭剑花和龚惠婷（2020）认为，随着中国企业“走出去”规模的不断扩张，中国企业特别是民营企业必须增强自身创新实力，以在激烈的国际市场竞争中生存和发展，为了赢得更大的市场占有率以及实现持续经营，中国民企有动机将 OFDI 获得的资金投入研发活动。李思慧和于津平（2016）认为中国企业 OFDI 可以显著促进其增加创新投入，对外直接投资通过改变创新资源的配置路径增加了模仿创新的作用。韩先锋（2019）使用门槛回归技术对中国 2006—2015 年省级数据进行实证检验，发现 OFDI 可以发挥显著的“逆向创新价值链外溢效应”，其可以有效提升企业技术开发能力。李若曦和周小亮（2021）指出，在当今经济全球化和开放式创新模式下，本土的自主研发以及模仿创新活动均需要国外先进理论和技术作为基石，OFDI 是推动创新驱动 TFP 提升的重要助力，发挥获取国外技术和本土创新驱动的协调效应，可以为中国产业发展提质增效。

国内外学者关于对外直接投资、结构转型、创新及其相互作用关系的研究为本书奠定了重要的基础，当前中国正处于创新驱动发展阶段，进一步促进工业化深度发展、提升中国创新能力是未来很长时间的重要任务，因此深入探究民企 OFDI 与去工业化的关系，并研究创新对两者关系的调节作用，对今后有效引导民营企业对外直接投资发展、促进地区产业结构优化调整具有一定的启示意义。

## 三、中国进入后工业化阶段特征性事实

### （一）全国层面的结构转型

从增加值比重来看，2005 年以来中国工业、制造业增加值占 GDP 比重整体上呈明显下降趋势且工业增加值占比的降幅更大，由 2005 年的 41.62%下降到 2020 的 30.9%，下降了 10.72 个百分点；制造业增加值占比由 2005 年的 32.09%减少到 2020 年的 26.29%，降幅为 5.8 个百分点，表现出后工业化阶段的特征。

从就业比重来看，工业就业占城镇人口就业比重从 2003 年的 34.33%下降到了 2020 年的 26.63%，降幅达到 7.7 个百分点；分析工业部门内部变动，制造业就业占比由 2003 年的 27.17%波动下降至 2020 年的 22.33%，降幅达到 4.84 个百分点；采矿业就业占比由 2003 年的 4.45%下降到 2020 年的 2.07%，降幅达 2.38 个百分点；热力、燃气及水生产和供应业就业占比由 2003 年的 2.71%下降到 2020 年的 2.23%，降幅为 0.48 个百分点。由此可见，从工业部门及其内部就业比重来看，中国已经进入了后工业化阶段。

### （二）过早的结构转型

中国第二产业就业占就业人员比重在 2012 年达到峰值，为 30.4%，随后呈现下降趋势。而发达国家发生去工业化是在本国制造业吸纳就业比重达到 30%以上，甚至近 40%时，因此，相对于发达国家的制造业吸纳本国就业水平，中国的结构转型呈现过早迹象，制造业就业仍有很大的增长空间。

西方发达国家普遍在本国人均收入超过 0.95 万美元时发生去工业化，美国、日本和英国的制造业增加值比重达到峰值是在本国人均 GDP 超 1 万美元时（以 1990 年不变价计算），而中国工业、制造业增加值比重在 2006 年分别达到 42.03%、32.45%的峰值，后自 2007 开始下降，此时中国人均 GDP 为 2.05 万元（按照当年汇率折算约为 0.31 万美元）；2020 年中国人均 GDP 为 7.18 万元（按照当年汇率折算约为 1.04 万美元），刚达到发达国家发生去工业化的门槛值。由此可见，中国发生的结构转型呈现出过早的特征。

（三）过快的结构转型

中国第二产业吸纳就业峰值为 2012 年的 23226 万人，后自 2012 年开始下降，其中 2015—2018 年快速减少了 1701 万人，年均减少了 425 万人。第三产业就业人数在 2003—2020 年呈持续上升趋势，2013—2015 年快速增加了 4765 万人，年均增长了 1588 万人。第三产业就业人数比重在 2012—2016 年快速增加了 7.2 个百分点，表现出较快的特征。据 Adrian wood（2017）研究，1985—2014 年各发展中国家服务业就业比重平均增幅变动情况为中国 26.8、苏联（俄罗斯）9.3、拉美 11.0、印度 12.8 个百分点，中国增幅最大且远超高出发展中国家 16.2 的平均水平，由此可见中国后工业化进程较快。

## 四、理论和机制分析

（一）民企 OFDI 影响中国后工业化进程的机制分析

作用机制一：挤压国内投资，引起产业资产流失

短期来看，中国 OFDI，特别是制造业 OFDI，通过资本输出，有利于转移中国过剩产能，优化母国产业结构。但长期来看，由于母国资本存量有限，民营企业大规模开展对外直接投资是一种资本抽离的过程，对国内的投资是一种挤压，如叠加母国制造业发展环境变化、政策变化等引起外资减少，最终导致国内资本供应紧张，给中国实际利率造成上升压力，投资者会选择将资本投入到回报率更高的房地产、金融等虚拟部门，服务部

门对制造业的“虹吸效应”最终产生资本“离制造化”，引起中国工业部门的萎缩。

作用机制二：外贸逆差效应

在中国 OFDI 发展初期，商贸服务类对外直接投资可以促进中国工业制成品的出口，东道国企业的资源开发与生产经营活动也需要母国提供中间产品以及配套产品，因此，OFDI 发展初期可以促进中国资本品和制成品的出口。但随着 OFDI 的成熟与规模扩张，海外生产的优势显现，海外产品与国内同类产品形成替代关系，会增加母国的出口竞争压力，减少母国企业出口，并且随着东道国廉价劳动力资源结合母国资本，生产出更具价格优势的产品返销母国，会产生“生产替代”效应，由此民企 OFDI 带来出口减少、进口增加的外贸逆差效应，将挤压国内工业企业的生存空间。

基于以上分析，本书提出以下假设：

假设 1：民企 OFDI 显著推动了中国的后工业化进程。

（二）创新对民企 OFDI 与后工业化进程关系的影响机制分析

作用机制一：降低生产成本提高生产效率，促进技术密集型行业发展

首先，创新水平的提高有利于中国企业降低生产成本，通过提高本国生产的效率降低了中国企业为了获取成本优势而进行海外生产的意愿，从而弱化了民营企业对外直接投资对母国生产的替代效应；其次，OFDI 通过替代母国低技术及劳动力密集型行业的生产造成工业规模的下降，而创新则可以通过促进技术密集型行业的发展来促进工业化水平的上升。高质量发明专利的申请代表中国企业更高水平的创新，因此其起到的“缓解”效果会更强。

作用机制二：提高企业的出口竞争力，有效缓解外贸逆差效应

中国企业的专利申请活动表明其加大研发投入并成功获得了技术和产品创新产出，通过新产品研发、对现有产品进行升级改造或者顺应市场需求对产品外观进行优化升级，不仅可以增加产出，提高产品在本国的销量，还可以促进中国工业产品的出口，打开国际市场。而高质量发明专利申请量的增加，代表中国企业生产工艺的改进和核心竞争力的提高，有利

于其突破技术瓶颈，提高产品的附加价值和国际竞争力，对中国工业产品的出口将产生更积极的影响，因此，创新带来的产出增加以及出口量提高可以有效缓解民企 OFDI 带来的外贸逆差效应。

基于以上分析，本书提出以下假设：

假设 2：创新可以有效缓解民企 OFDI 对后工业化进程的推动效应。

假设 3：相对于“策略性创新”，以高质量发明专利申请量代表的“实质性创新”的作用效果会略强。

## 五、实证分析

### （一）模型设定

1. 基准回归模型

为研究中国民企 OFDI 与后工业化进程的关系，验证上文提出的假设 1，本书构建如下面板计量模型：

$$lniva_{it} = \alpha_0 + \alpha_1 ofdi_{it} + \alpha_2 X_{it} + \eta_i + \gamma_t + \mu_{it} \tag{2}$$

式（2）中 i 为省份，t 为年份；被解释变量 $lniva_{it}$ 表示 t 年 i 省、自治区、市的工业产出，以各省、自治区、市工业增加值比重衡量；核心解释变量 $ofdi_{it}$ 表示 t 年 i 省、自治区、市民营企业对外直接投资金额占当年 GDP 的比重；$X_{it}$ 为控制变量，包括 FDI 占 GDP 比重（fdi）、进口额占 GDP 比重（import）、出口额占 GDP 比重（export）、人均 GDP 的对数（lnpgdp）、高等教育人数比重（edu）、城镇化水平（urb）；$\eta_{it}$ 为省份固定效应，$\gamma_{it}$ 为时间固定效应，$\mu_{it}$ 表示残差项。

2. 创新的调节效应模型

为研究各省、自治区、市创新水平对民企 OFDI 与结构转型关系的影响，验证上文提出的假设 2、假设 3，本书构建如下面板计量模型：

$$lniva_{it} = \alpha_{01} + \alpha_{11} lnpatent_{it} + \alpha_{21} ofdi_{it} + \alpha_{31} lnpatent_{it} * ofdi_{it} + \alpha_{41} X_{it} + \eta_i + \gamma_t + \mu_{it} \tag{3}$$

$$lniva_{it} = \alpha_{02} + \alpha_{12} lnpatenti_{it} + \alpha_{22} ofdi_{it} + \alpha_{32} lnpatenti_{it} * ofdi_{it} + \alpha_{42} X_{it} + \eta_i + \gamma_t + \mu_{it} \tag{4}$$

$$lniva_{it} = \alpha_{03} + \alpha_{13}\, lnpatentud_{it} + \alpha_{23}\, ofdi_{it} + \alpha_{33}\, lnpatentud_{it} * ofdi_{it} + \alpha_{43} X_{it} + \eta_i + \gamma_t + \mu_{it} \quad (5)$$

式中 i 为省份，t 为年份；被解释变量 $lniva_{it}$ 表示 t 年 i 省、自治区、市的工业产出，以各省、自治区、市工业增加值比重衡量；解释变量 $ofdi_{it}$ 表示 t 年各省、自治区、市民营企业对外直接投资金额占当年 GDP 的比重；$lnpatent_{it}$ 为各省、自治区、市各年度专利申请总量（发明专利与非发明专利之和），代表其总体创新水平；$lnpatenti_{it}$ 为各省、自治区、市各年度发明专利申请总量，代表其“实质性创新”水平；$lnpatentud_{it}$ 为各省、自治区、市各年度非发明专利（实用新型与外观设计）申请总量，代表其“策略性创新”水平；$lnpatent_{it} * ofdi_{it}$、$lnpatenti_{it} * ofdi_{it}$、$lnpatentud_{it} * ofdi_{it}$ 分别为民企 OFDI 与总体创新、实质性创新与策略性创新的交互项；$X_{it}$ 为控制变量，包括 FDI 占 GDP 比重（fdi）、对外开放水平（open）、人均 GDP 的对数（lnpgdp）、高等教育人数比重（edu）、城镇化水平（urb）。$\eta_{it}$ 为省份固定效应，$\gamma_{it}$ 为时间固定效应，$\mu_{it}$ 表示残差项。

（二）数据选取与来源

1. 被解释变量

工业增加值比重的对数，由于中国官方并未公布省级层面的制造业增加值数据，本书参考 Rasiah（2011）的做法，以工业增加值占比来衡量中国除港、澳、台外的 31 个省、自治区、直辖市的工业化水平，并对数据取对数。数据来源于《中国统计年鉴》。

2. 核心解释变量

民企 OFDI。本书使用的民营企业 OFDI 数据源于（南开大学“全球经济研究中心数据库”，以下简称为 NK-GERC 数据库）。本书将中国民营企业 OFDI 按照来源地进行汇总统计，最终得到省级层面民营企业对外直接投资项目金额数据，并按照各年度汇率将中国民营企业 OFDI 金额数据折算成人民币计算得出最终结果。

创新。在创新方面，参考黎文靖（2016），以中国 31 个省、自治区、市年度专利申请量衡量其创新水平，原因如下：（1）专利申请量是资源投入和创新效率的结果体现，能够真实反映各地区的创新水平。（2）由于专利授予审批流程严格、审批周期较长，不确定性、不稳定性强，因此采用专利申请量更加稳定和可靠。专利申请分为发明专利申请和非发明专利（实用新型和外观设计）申请二种，文中根据创新模式的差异，将申请发明类专利界定为以促使技术进步、取得国际竞争优势为目标的"实质性创新"，将申请非发明专利界定为以追求创新数量和速度为目标的"策略性创新"，本书以各省、自治区、直辖市专利申请年度作为创新产出年度。数据来源于《中国统计年鉴》。

3. 控制变量

控制变量包括各地区年度 FDI 占 GDP 比重、各地区进出口额占 GDP 比重、人均 GDP 的对数、大专及以上学历人口比例、城镇人口占总人口比重。各控制变量数据来源于《中国统计年鉴》。

（三）回归结果

1. 基准回归结果

本书利用固定效应模型实证检验中国民营企业 OFDI 对后工业化进程的影响，表 8-2-1 第（1）列结果表明中国民营企业 OFDI 与去工业化有着显著的负相关关系，验证上文提出的假设 1，中国民营企业对外直接投资显著推动了中国后工业化进程。进一步将样本数据分为东、中和西部地区①，实证检验不同区域民营企业对外直接投资与中国去工业化的关系，如表 8-2-1 第（2）列所示，东部地区民营企业 OFDI 估计系数为负且在 1%置信水平上高度显著，表明民营企业对外直接投资对中国东部地区后工业化进程的影响程度很深，而中、西部省份民营企业 OFDI 估计系数为正但是均不显著，说明民企 OFDI 对中国中、西部地区工业化的影响有限。以上实证结果证明民营企业 OFDI 对东、中、西部地区工业化的影响存在显著差异，民营企业对外直接投资是东部地区后工业化进程的显著促进因素，但其对中西部地区的影响程度有限，原因可能是：（1）2005—2016 年

① 东、中西部地区的分类参考《中国统计年鉴》分类标准，本书将东北三省纳入东部地区。

期间，中国东部 13 个省份工业增加值占全国比重均超过 59%①，相对于中西部地区，中国东部各省份的工业化水平更高，因此民营企业 OFDI 的结构转型效应更明显。（2）据 Brady 和 Denniston（2006）研究，对外直接投资对工业化的作用受其发展水平影响，当 OFDI 水平较低时，其对工业化的影响不显著，只有当对外直接投资达到较高层次之后，才会影响制造业就业、为国内制造商带来激烈的竞争，从而对工业规模产生影响。2005—2016 年期间，东部地区民企 OFDI 项目金额占全国对外直接投资金额的平均比重达 90.6%②，远高于中西部地区，因此，东部地区民企 OFDI 的去工业化效应更显著。

**表 8-2-1　基准模型回归结果**

| | 整体 | 东部地区 | 中部地区 | 西部地区 |
|---|---|---|---|---|
| | (1) | (2) | (3) | (4) |
| 变量 | lniva | lniva | lniva | lniva |
| ofdi | -1.484*** | -1.625*** | 0.974 | 0.974 |
| | (-4.88) | (-4.77) | (0.44) | (0.44) |
| 控制变量 | √ | √ | √ | √ |
| 时间固定效应 | √ | √ | √ | √ |
| 省份固定效应 | √ | √ | √ | √ |
| 样本量 | 372 | 156 | 72 | 144 |
| R 方 | 0.639 | 0.753 | 0.684 | 0.684 |

注：*** 表明在 1%显著性水平上拒绝原假设，** 表明在 5%显著性水平上拒绝原假设，* 表明在 10%显著性水平上拒绝原假设。

2. 创新水平影响民营企业 OFDI 结构转型效应的回归结果

在上文证明了民营企业对外直接投资显著推动了中国的后工业化进程的基础上，本书基于不同创新模式，引入总体创新水平代理变量 lnpatent、

① 根据历年《中国统计年鉴》数据整理计算得出。

② 根据 NK-GERC 数据库数据整理汇总得出。

实质性创新水平代理变量 lnpatenti 以及策略性创新水平代理变量 lnpatentud 与民企 OFDI 的交互项进行回归检验，研究各地区创新水平的高低是否会对民营企业 OFDI 结构转型效应产生影响，结果如表 8-2-2 所示。

表 8-2-2 第（1）列反映了总体创新水平的实证结果，可以发现，民企 OFDI 估计系数为负，且在 1%置信水平上显著，进一步验证了假设 1，中国民营企业对外直接投资显著推动了中国的后工业化进程。交互项估计系数为正，在 5%置信水平上显著，说明地区总体创新水平越强，可以有效缓解民营企业 OFDI 的结构转型效应，验证上文假设 2，创新可以有效缓解民营企业 OFDI 的结构转型效应。下面将总体创新水平分解为实质性创新和策略性创新进行对比研究，表 8-2-2 第（2）列为实质性创新的实证结果，交互项系数为 0.398，在 1%置信水平上高度显著，说明地区实质性创新水平越强，可以有效缓解民企 OFDI 的去工业化效应。表 8-2-2 第（3）列为策略性创新的实证结果，ofdi 估计系数同样在 1%置信水平上显著为负，交互项系数在 5%置信水平上显著为正，说明策略性水平提高，也可以缓解民营企业 OFDI 对后工业化进程的推动作用。

对比三个交互项系数的结果，实质性创新的系数稍大、显著程度最高，说明高质量发明专利申请量对于缓解民企 OFDI 对工业化的消极影响起到的作用略强。验证了上面提出的假设 3，相对于策略性创新，以高质量发明专利申请量代表的实质性创新的作用效果会略强。分析原因，可能是由于发明专利相对于非发明专利，更能够真实反映企业的创新水平，代表企业的核心竞争优势。发明专利申请量的提高，说明企业有效改进了生产工艺或者提升了技术水平，工业企业的效率和产出也会大幅提高，进一步可以促进中国工业化深度发展。而实用新型和外观设计专利，可能是在原产品和工艺上稍加变动，甚至是模仿和“本土化”的行为，虽有利于增加产出和销售，但作用效果相对于发明专利来说较弱，但鉴于中国非发明专利占专利申请总量的比重在 2005—2016 年均达到 60%以上，占比较高，所以“数量”优势可以在一定程度上弥补“质量”劣势，导致其与发明专利的“质量占优”相比，作用效果在现阶段相差并不太大。

**表 8-2-2　创新水平影响民营企业 OFDI 去工业化效应的回归结果**

| 变量 | (1) | (2) | (3) |
|---|---|---|---|
| | lniva | lniva | lniva |
| ofdi | -1.051*** | -1.148*** | -1.005*** |
| | (-3.28) | (-3.73) | (-3.03) |
| lnpatent * ofdi | 0.385** | | |
| | (2.57) | | |
| lnpatenti * ofdi | | 0.398*** | |
| | | (2.77) | |
| lnpatentud * ofdi | | | 0.376** |
| | | | (2.41) |
| 控制变量 | √ | √ | √ |
| 时间固定效应 | √ | √ | √ |
| 省份固定效应 | √ | √ | √ |
| 样本量 | 372 | 372 | 372 |
| R 方 | 0.621 | 0.621 | 0.621 |

注：*** 表明在 1%显著性水平上拒绝原假设，** 表明在 5%显著性水平上拒绝原假设，* 表明在 10%显著性水平上拒绝原假设。

（四）稳健性检验

本书采用如下方法对基准回归模型进行稳健性检验：

第一，考虑到民营企业 OFDI 和其他解释变量对中国后工业化的影响可能存在滞后效应，本书对各个解释变量取滞后一期，代替原数据再次进行实证检验，估计结果如表 8-2-3 所示，民营企业 OFDI 的估计系数在 1%置信水平上显著为负，说明本书回归结果稳健性较高。

第二，为了剔除 2008 年金融危机爆发，因成本上升、市场需求缩减以及国内外经济环境不利等对中国工业特别是制造业带来的消极影响，本书采用 2009—2016 年数据再次进行回归检验，固定效应回归结果如表 8-2-3 所示，民营企业 OFDI 系数为负且在 1%置信水平上高度显著，进一步证明了本书实证结果的稳健性。

第三，使用系统 GMM 方法进行稳健型检验，结果如表 8-2-3 所示，民企 OFDI 估计系数在 1%置信水平上显著为负，进一步证明了本书计量结果的稳健性。

**表 8-2-3 稳健性回归结果**

| 变量 | 滞后一期 | 分时间段回归 | 系统 GMM 方法 |
|---|---|---|---|
| ofdi | -1.254*** | -0.958*** | -5.7081*** |
| | (-3.62) | (-3.23) | (-12.09) |
| 控制变量 | √ | √ | √ |
| 时间固定效应 | √ | √ | √ |
| 省份固定效应 | √ | √ | √ |
| 样本量 | 341 | 248 | 372 |
| R 方 | 0.650 | 0.759 | - |
| Sargan | — | — | 105.6 |
| Hansen | — | — | 0.988 |
| AR（1） | — | — | 0.0791 |
| AR（2） | — | — | 0.926 |

注：*** 表明在 1%显著性水平上拒绝原假设，** 表明在 5%显著性水平上拒绝原假设，* 表明在 10%显著性水平上拒绝原假设。

## 六、结论与建议

本书使用南开大学“全球经济研究中心数据库”（NK-GERC 数据库），利用 2005—2016 年中国 31 个省、自治区、市民营企业对外直接投资数据，实证检验了民企 OFDI 对中国后工业化进程的影响，并基于不同创新模式，研究创新对二者关系的调节作用。实证结果证明：

第一，在全国层面上，民营企业对外直接投资显著推动了中国的后工业化进程，并且该种影响存在区域性差异，民营企业对外直接投资对中国东部地区工业化的影响程度更深，对于中西部地区的作用不显著。

第二，创新可以缓解民营企业 OFDI 的结构转型效应，按照创新模式的不同进一步研究发现，无论是“实质性创新”还是“策略性创新”，都可以起到缓解效果，但以发明专利申请量代表的“实质性创新”的作用效果略强，以非发明专利申请量代表的“策略性创新”作用效果次之。高质量的发明专利数量代表着企业真实技术创新水平，是核心竞争优势，随着实质性创新能力增强，可以更为有效的缓解民企 OFDI 对中国工业化的消极影响。

本章的研究结论具有一定的政策启示意义，民企 OFDI 具有推动中国后工业化进程的显著效果，而区域创新水平，尤其是以高质量发明专利衡量的“实质性创新”水平的提升，可以有效缓解民营企业 OFDI 的结构转型效应，有效缓解中国发生“过快”“过早”的结构转型，降低中国的“产业空心化”危险。因此，中国在积极鼓励和引导民企 OFDI 发展的同时，应采取积极有效的政策，如政府补贴和税收优惠鼓励企业创新，让我国民营企业 OFDI 的健康发展拉动中国产业结构转型升级。

## 本章小结

本章对中国工业、制造业发展进行了回顾，对 OFDI 结构转型效应的影响机制进行了分析归纳，发现：第一，OFDI 结构转型效应的影响机制包括投资、贸易和就业层面，具体为国内投资挤出、对外贸易逆差和就业替代效应；第二，中国已经表现出工业发展态势放缓，第三产业发展迅速；制造业发展态势放缓，虚拟经济迅速发展；制造业吸纳就业能力下降；中国的后工业化进程呈现出过早过快的特征。

通过实证研究，本章主要结论如下：第一，无论是中国地级及以上城市层面还是省级层面，民营企业 OFDI 都表现出显著的结构转型效应；第二，民营企业 OFDI 的结构转型效应在省级层面上表现出区域差异性，其对中国东部地区工业化的影响程度更深，对于中西部地区的作用不显著；第三，在省级层面上，“实质性创新”和“策略性创新”都可以缓解民营企业 OFDI 的结构转型效应，以发明专利申请量代表的“实质性创新”的作用效果较强，高质量的发明专利数量可以更为有效的缓解民企 OFDI 对中国工业化的消极影响。

结合本章分析和中国当前实际，本章提出了相应的政策建议：第一，发展现代制造业，重视实体经济。第二，改善民营企业融资环境，避免国内投资挤出。第三，大力扶持新兴产业，提高劳动力素质。第四，积极鼓励企业创新，拉动产业结构转型升级。

# 附　录

## 附录1　2021年中国民营企业对外直接投资——投资方来源地别TOP10

附表1-1　2021年中国民营企业对外直接投资——投资方来源地TOP10

| 排序 | 投资方来源地 | 项目数量（件） | 排序 | 投资方来源地 | 金额（百万美元） |
|---|---|---|---|---|---|
| 1 | 北京 | 164 | 1 | 浙江 | 13951.83 |
| 2 | 上海 | 143 | 2 | 深圳 | 7402.74 |
| 3 | 深圳 | 130 | 3 | 北京 | 4323.2 |
| 4 | 浙江 | 117 | 4 | 江西 | 2530.8 |
| 5 | 江苏 | 76 | 5 | 上海 | 2145.38 |
| 6 | 广东（不含深圳） | 50 | 6 | 山东 | 2135.08 |
| 7 | 山东 | 50 | 7 | 福建 | 1207.95 |
| 8 | 福建 | 32 | 8 | 广东（不含深圳） | 1034.62 |
| 9 | 山东 | 25 | 9 | 江苏 | 771.36 |
| 10 | 天津 | 24 | 10 | 安徽 | 525.34 |

附表1-2　2021年中国民营企业对外并购投资——投资方来源地TOP10（项目数量）

| 排序 | 投资方来源地 | 项目数量（件） | 排序 | 投资方来源地 | 金额（百万美元） |
|---|---|---|---|---|---|
| 1 | 上海 | 114 | 1 | 北京 | 3387.76 |
| 2 | 北京 | 101 | 2 | 浙江 | 1966.89 |
| 3 | 浙江 | 76 | 3 | 江西 | 1668.76 |
| 4 | 深圳 | 70 | 4 | 上海 | 1387.97 |

续表

| 排序 | 投资方来源地 | 项目数量（件） | 排序 | 投资方来源地 | 金额（百万美元） |
|---|---|---|---|---|---|
| 5 | 江苏 | 60 | 5 | 山东 | 914.78 |
| 6 | 广东（不含深圳） | 36 | 6 | 福建 | 853.2 |
| 7 | 福建 | 25 | 7 | 深圳 | 698.61 |
| 8 | 天津 | 24 | 8 | 广东（不含深圳） | 645.42 |
| 9 | 山东 | 15 | 9 | 安徽 | 525.34 |
| 10 | 安徽 | 11 | 10 | 江苏 | 508.18 |

**附表 1-3　2021 年中国民营企业对外绿地投资——投资方来源地 TOP10（项目数量）**

| 排序 | 投资方来源地 | 项目数量（件） | 排序 | 投资方来源地 | 金额（百万美元） |
|---|---|---|---|---|---|
| 1 | 北京 | 63 | 1 | 浙江 | 11984.94 |
| 2 | 深圳 | 60 | 2 | 深圳 | 6704.13 |
| 3 | 浙江 | 41 | 3 | 山东 | 1220.3 |
| 4 | 上海 | 29 | 4 | 北京 | 935.44 |
| 5 | 江苏 | 16 | 5 | 江西 | 862.04 |
| 6 | 广东（不含深圳） | 14 | 6 | 上海 | 757.41 |
| 7 | 山东 | 10 | 7 | 河北 | 424.5 |
| 8 | 福建 | 7 | 8 | 广东（不含深圳） | 389.2 |
| 9 | 江西 | 5 | 9 | 福建 | 354.75 |
| 10 | 河北 | 4 | 10 | 江苏 | 263.18 |

# 附录 2　2021 年中国民营企业对外直接投资——投资标的国（地区）别 TOP10

**附表 2-1　2021 年中国民营企业对外直接投资集中地 TOP10**

| 排序 | 标的国（地区） | 项目数量（件） | 排序 | 标的国（地区） | 金额（百万美元） |
|---|---|---|---|---|---|
| 1 | 中国香港地区 | 113 | 1 | 开曼群岛 | 10998.1 |

续表

| 排序 | 标的国（地区） | 项目数量（件） | 排序 | 标的国（地区） | 金额（百万美元） |
|---|---|---|---|---|---|
| 2 | 美国 | 69 | 2 | 马来西亚 | 10774.94 |
| 3 | 德国 | 46 | 3 | 墨西哥 | 4868.2 |
| 4 | 开曼群岛 | 42 | 4 | 中国香港地区 | 4454.68 |
| 5 | 新加坡 | 32 | 5 | 美国 | 2235.14 |
| 6 | 英国 | 26 | 6 | 英属维尔京群岛 | 1710.45 |
| 7 | 英属维尔京群岛 | 25 | 7 | 越南 | 1360.77 |
| 8 | 西班牙 | 20 | 8 | 德国 | 1347.24 |
| 9 | 越南 | 16 | 9 | 新加坡 | 1096.61 |
| 10 | 马来西亚 | 14 | 10 | 英国 | 920.03 |

**附表 2-2　2021 年中国民营企业对外并购投资集中地 TOP10**

| 排序 | 标的国（地区） | 项目数量（件） | 排序 | 标的国（地区） | 金额（百万美元） |
|---|---|---|---|---|---|
| 1 | 中国香港地区 | 109 | 1 | 开曼群岛 | 10998.1 |
| 2 | 开曼群岛 | 42 | 2 | 中国香港地区 | 4285.88 |
| 3 | 美国 | 39 | 3 | 英属维尔京群岛 | 1710.45 |
| 4 | 英属维尔京群岛 | 25 | 4 | 美国 | 950.34 |
| 5 | 新加坡 | 22 | 5 | 新加坡 | 908.11 |
| 6 | 英国 | 18 | 6 | 德国 | 775.86 |
| 7 | 越南 | 12 | 7 | 英国 | 718.33 |
| 8 | 德国 | 11 | 8 | 加拿大 | 586.17 |
| 9 | 日本 | 8 | 9 | 以色列 | 327.3 |
| | 韩国 | | 10 | 墨西哥 | 265 |

**附表 2-3　2021 年中国民营企业对外绿地投资集中地 TOP10**

| 排序 | 标的国（地区） | 项目数量（件） | 排序 | 标的国（地区） | 金额（百万美元） |
|---|---|---|---|---|---|
| 1 | 德国 | 35 | 1 | 马来西亚 | 10678.2 |
| 2 | 美国 | 30 | 2 | 墨西哥 | 4603.2 |

续表

| 排序 | 标的国（地区） | 项目数量（件） | 排序 | 标的国（地区） | 金额（百万美元） |
|---|---|---|---|---|---|
| 3 | 西班牙 | 17 | 3 | 美国 | 1284.8 |
| 4 | 土耳其 | 10 | 4 | 越南 | 1174.6 |
| 5 | 法国 | 8 | 5 | 俄罗斯 | 868.47 |
| | 英国 | | 6 | 巴西 | 593.66 |
| 7 | 马来西亚 | 7 | 7 | 西班牙 | 583.83 |
| 8 | 墨西哥 | 6 | 8 | 德国 | 571.38 |
| | 波兰 | | 9 | 法国 | 353.54 |
| | 爱尔兰 | | 10 | 土耳其 | 308.54 |

# 附录3　2021年中国民营企业对外直接投资——投资标的行业别TOP10

**附表3-1　2021年中国民营企业对外直接投资标的行业别TOP10**

| 排序 | 标的行业 | 项目数量（件） | 排序 | 标的行业 | 金额（百万美元） |
|---|---|---|---|---|---|
| 1 | 批发和零售业 | 150 | 1 | 信息传输、软件和信息技术服务业 | 16302.23 |
| 2 | 信息传输、软件和信息技术服务业 | 76 | 2 | 其他机械设备 | 11592.66 |
| 3 | 租赁和商务服务业 | 50 | 3 | 金融业 | 2986.3 |
| 4 | 金融业 | 49 | 4 | 租赁和商务服务业 | 2109.74 |
| 5 | 科学研究和技术服务业 | 40 | 5 | 基本金属和金属制品 | 1952.11 |
| 6 | 交通运输、仓储和邮政业 | 27 | 6 | 批发和零售业 | 1895.12 |
| | 其他机械设备 | | 7 | 交通运输、仓储和邮政业 | 1723.77 |

续表

| 排序 | 标的行业 | 项目数量（件） | 排序 | 标的行业 | 金额（百万美元） |
|---|---|---|---|---|---|
| 8 | 广播、电视和通信设备 | 25 | 8 | 广播、电视和通信设备 | 1380.54 |
| 9 | 医疗器械、精密仪器和光学仪器、钟表 | 16 | 9 | 汽车、挂车和半挂车 | 1172.9 |
| 10 | 其他电气机械和设备 | 14 | 10 | 医疗器械、精密仪器和光学仪器、钟表 | 1113.51 |

**附表 3-2 2021 年中国民营企业对外并购投资标的行业别 TOP10**

| 排序 | 标的行业 | 项目数量（件） | 排序 | 标的行业 | 金额（百万美元） |
|---|---|---|---|---|---|
| 1 | 批发和零售业 | 62 | 1 | 信息传输、软件和信息技术服务业 | 9798.33 |
| 2 | 金融业 | 49 | 2 | 金融业 | 2986.3 |
| 3 | 信息传输、软件和信息技术服务业 | 46 | 3 | 基本金属和金属制品 | 1770.41 |
| 4 | 广播、电视和通信设备 | 30 | 4 | 批发和零售业 | 1311.76 |
| 5 | 科学研究和技术服务业 | 19 | 5 | 租赁和商务服务业 | 1263.58 |
| 6 | 租赁和商务服务业 | 15 | 6 | 医疗器械、精密仪器和光学仪器、钟表 | 1072.51 |
| 7 | 其他机械设备 | 14 | 7 | 交通运输、仓储和邮政业 | 793.91 |
| 7 | 医疗器械、精密仪器和光学仪器、钟表 | 14 | 8 | 有色金属矿采选业 | 660.37 |
| 9 | 医药制造 | 12 | 9 | 广播、电视和通信设备 | 654.12 |
| 10 | 基本金属和金属制品 | 10 | 10 | 医药制造 | 545.8 |

**附表 3-3　2021 年中国民营企业对外绿地投资标的行业别 TOP10**

| 排序 | 标的行业 | 项目数量（件） | 排序 | 标的行业 | 金额（百万美元） |
|---|---|---|---|---|---|
| 1 | 批发和零售业 | 88 | 1 | 其他机械设备 | 11094.42 |
| 2 | 租赁和商务服务业 | 35 | 2 | 信息传输、软件和信息技术服务业 | 6503.9 |
| 3 | 信息传输、软件和信息技术服务业 | 30 | 3 | 交通运输、仓储和邮政业 | 929.86 |
| 4 | 交通运输、仓储和邮政业 | 22 | 4 | 租赁和商务服务业 | 846.16 |
| 5 | 科学研究和技术服务业 | 17 | 5 | 汽车、挂车和半挂车 | 795.1 |
| 6 | 其他机械设备 | 13 | 6 | 焦炭、精炼石油产品及核燃料 | 769.47 |
| 7 | 其他电气机械和设备 | 7 | 7 | 广播、电视和通信设备 | 726.42 |
| 8 | 广播、电视和通信设备 | 6 | 8 | 批发和零售业 | 583.36 |
| 9 | 居民服务、修理和其他服务业 | 5 | 9 | 橡胶和塑料制品 | 503.5 |
|  | 汽车、挂车和半挂车 | 4 | 10 | 科学研究和技术服务业 | 371.46 |

**附表 3-4　2021 年中国民营企业对外直接投资标的制造业别 TOP10（项目数量）**

| 排序 | 标的制造业行业 | 行业技术分类 | 项目数量（件） |
|---|---|---|---|
| 1 | 其他机械设备 | 中高技术 | 27 |
| 2 | 广播、电视和通信设备 | 高技术 | 25 |
| 3 | 医疗器械、精密仪器和光学仪器、钟表 |  | 16 |
| 4 | 基本金属和金属制品 | 中低技术 | 14 |
|  | 其他电气机械和设备 | 中高技术 |  |
| 6 | 医药制造 | 高技术 | 13 |
| 7 | 汽车、挂车和半挂车 | 中高技术 | 12 |
|  | 橡胶和塑料制品 | 中低技术 |  |

续表

| 排序 | 标的制造业行业 | 行业技术分类 | 项目数量（件） |
|---|---|---|---|
| 9 | 其他制造业和再生产品 | 低技术 | 10 |
| 10 | 化学品及化学制品（不含制药） | 中高技术 | 9 |

**附表 3-5　2021 年中国民营企业对外直接投资标的制造业别 TOP10（金额）**

| 排序 | 标的制造业行业 | 行业技术分类 | 金额（百万美元） |
|---|---|---|---|
| 1 | 其他机械设备 | 中高技术 | 11592. 66 |
| 2 | 基本金属和金属制品 | 中低技术 | 1952. 11 |
| 3 | 广播、电视和通信设备 | 高技术 | 1380. 54 |
| 4 | 汽车、挂车和半挂车 | 中高技术 | 1172. 9 |
| 5 | 医疗器械、精密仪器和光学仪器、钟表 | 高技术 | 1113. 51 |
| 6 | 橡胶和塑料制品 | 中低技术 | 880. 61 |
| 7 | 医药制造 | 高技术 | 624. 3 |
| 8 | 其他电气机械和设备 | 中高技术 | 441. 51 |
| 9 | 食品、饮料和烟草 | 低技术 | 430. 19 |
| 10 | 化学品及化学制品（不含制药） | 中高技术 | 305. 96 |

**附表 3-6　2021 年中国民营企业对外并购投资标的制造业别 TOP10（项目数量）**

<table>
<tr><th>排序</th><th>标的制造业行业</th><th>行业技术分类</th><th>项目数量（件）</th></tr>
<tr><td>1</td><td>广播、电视和通信设备</td><td rowspan="2">高技术</td><td>19</td></tr>
<tr><td>2</td><td>医疗器械、精密仪器和光学仪器、钟表</td><td rowspan="2">14</td></tr>
<tr><td>3</td><td>其他机械设备</td><td>中高技术</td></tr>
<tr><td>4</td><td>医药制造</td><td>高技术</td><td>12</td></tr>
<tr><td>5</td><td>基本金属和金属制品</td><td>中高技术</td><td>10</td></tr>
<tr><td>6</td><td>橡胶和塑料制品</td><td>中低技术</td><td>9</td></tr>
<tr><td rowspan="2">7</td><td>纺织、纺织品、皮革及制鞋</td><td>低技术</td><td>8</td></tr>
<tr><td>汽车、挂车和半挂车</td><td>中高技术</td><td>7</td></tr>
</table>

续表

<table>
<tr><th>排序</th><th>标的制造业行业</th><th>行业技术分类</th><th>项目数量（件）</th></tr>
<tr><td rowspan="2">9</td><td>食品、饮料和烟草</td><td rowspan="2">低技术</td><td rowspan="2">6</td></tr>
<tr><td>其他制造业和再生产品</td></tr>
</table>

**附表 3-7　2021 年中国民营企业对外并购投资标的制造业别 TOP10（金额）**

<table>
<tr><th>排序</th><th>标的制造业行业</th><th>行业技术分类</th><th>金额（百万美元）</th></tr>
<tr><td>1</td><td>基本金属和金属制品</td><td>中低技术</td><td>1770.41</td></tr>
<tr><td>2</td><td>医疗器械、精密仪器和光学仪器、钟表</td><td rowspan="2">高技术</td><td>1072.51</td></tr>
<tr><td>3</td><td>广播、电视和通信设备</td><td>654.12</td></tr>
<tr><td>4</td><td>医药制造</td><td>高技术</td><td>545.8</td></tr>
<tr><td>5</td><td>其他机械设备</td><td rowspan="2">中高技术</td><td>498.24</td></tr>
<tr><td>6</td><td>汽车、挂车和半挂车</td><td>377.8</td></tr>
<tr><td>7</td><td>橡胶和塑料制品</td><td>中低技术</td><td>377.11</td></tr>
<tr><td>8</td><td>食品、饮料和烟草</td><td>低技术</td><td>291.19</td></tr>
<tr><td>9</td><td>纺织、纺织品、皮革及制鞋</td><td>中高技术</td><td>208.65</td></tr>
<tr><td>10</td><td>木材、纸浆、纸张、纸制品、印刷及出版</td><td>低技术</td><td>116.81</td></tr>
</table>

**附表 3-8　2021 年中国民营企业对外绿地投资标的制造业别 TOP10（项目数量）**

<table>
<tr><th>排序</th><th>标的制造业行业</th><th>行业技术分类</th><th>项目数量（件）</th></tr>
<tr><td>1</td><td>其他机械设备</td><td rowspan="2">中高技术</td><td>13</td></tr>
<tr><td>2</td><td>其他电气机械和设备</td><td>7</td></tr>
<tr><td>3</td><td>广播、电视和通信设备</td><td>高技术</td><td>6</td></tr>
<tr><td>4</td><td>汽车、挂车和半挂车</td><td>中高技术</td><td>5</td></tr>
<tr><td rowspan="2">5</td><td>基本金属和金属制品</td><td>中低技术</td><td rowspan="2">4</td></tr>
<tr><td>其他制造业和再生产品</td><td>低技术</td></tr>
<tr><td rowspan="2">6</td><td>橡胶和塑料制品</td><td>中低技术</td><td rowspan="2">3</td></tr>
<tr><td>化学品及化学制品（不含制药）</td><td>中高技术</td></tr>
</table>

续表

| 排序 | 标的制造业行业 | 行业技术分类 | 项目数量（件） |
| --- | --- | --- | --- |
| 7 | 其他非金属矿物制品 | 中低技术 | 2 |
|  | 医疗器械、精密仪器和光学仪器、钟表 | 高技术 |  |

**附表 3-9　2021 年中国民营企业对外绿地投资标的制造业别 TOP10（金额）**

| 排序 | 标的制造业行业 | 行业技术分类 | 金额（百万美元） |
| --- | --- | --- | --- |
| 1 | 其他机械设备 | 中高技术 | 11094. 42 |
| 2 | 汽车、挂车和半挂车 | 中高技术 | 795. 1 |
| 3 | 焦炭、精炼石油产品及核燃料 | 中低技术 | 769. 47 |
| 4 | 广播、电视和通信设备 | 高技术 | 726. 42 |
| 5 | 橡胶和塑料制品 | 中低技术 | 503. 5 |
| 6 | 其他电气机械和设备 | 中高技术 | 341. 63 |
| 7 | 化学品及化学制品（不含制药） | 中高技术 | 273 |
| 8 | 基本金属和金属制品 | 中低技术 | 181. 7 |
| 9 | 食品、饮料和烟草 | 低技术 | 139 |
| 10 | 其他非金属矿物制品 | 中低技术 | 113. 4 |

# 附录 4　2005—2021 年中国民营企业在世界四大资金中转地投资项目数量、金额排序

**附表 4-1　2005—2021 年中国民营企业在世界四大资金中转地对外直接投资项目数、金额排序**

| 年份 | 地区 | 项目数量（件） | 地区 | 金额（百万美元） |
| --- | --- | --- | --- | --- |
| 2005 | 中国香港地区 | 19 | 中国香港地区 | 1199. 69 |
|  | 百慕大群岛 | 9 | 英属维尔京群岛 | 35. 59 |
|  | 英属维尔京群岛 | 9 | 百慕大群岛 | 17. 40 |
|  | 开曼群岛 | 4 | 开曼群岛 | 13. 96 |

续表

| 年份 | 地区 | 项目数量（件） | 地区 | 金额（百万美元） |
| --- | --- | --- | --- | --- |
| 2006 | 中国香港地区 | 26 | 中国香港地区 | 439.67 |
| | 英属维尔京群岛 | 16 | 英属维尔京群岛 | 141.62 |
| | 开曼群岛 | 13 | 开曼群岛 | 135.07 |
| | 百慕大群岛 | 8 | 百慕大群岛 | 21.34 |
| 2007 | 中国香港地区 | 32 | 中国香港地区 | 471.45 |
| | 开曼群岛 | 15 | 英属维尔京群岛 | 437.38 |
| | 百慕大群岛 | 14 | 开曼群岛 | 218.49 |
| | 英属维尔京群岛 | 8 | 百慕大群岛 | 113.09 |
| 2008 | 开曼群岛 | 57 | 中国香港地区 | 438.45 |
| | 中国香港地区 | 41 | 开曼群岛 | 428.00 |
| | 百慕大群岛 | 33 | 英属维尔京群岛 | 396.75 |
| | 英属维尔京群岛 | 19 | 百慕大群岛 | 245.00 |
| 2009 | 中国香港地区 | 41 | 英属维尔京群岛 | 593.16 |
| | 百慕大群岛 | 19 | 中国香港地区 | 465.53 |
| | 英属维尔京群岛 | 19 | 开曼群岛 | 371.79 |
| | 开曼群岛 | 18 | 百慕大群岛 | 340.03 |
| 2010 | 开曼群岛 | 45 | 开曼群岛 | 1092.96 |
| | 中国香港地区 | 36 | 中国香港地区 | 674.62 |
| | 英属维尔京群岛 | 24 | 百慕大群岛 | 567.59 |
| | 百慕大群岛 | 20 | 英属维尔京群岛 | 308.18 |
| 2011 | 中国香港地区 | 52 | 开曼群岛 | 2717.98 |
| | 英属维尔京群岛 | 24 | 中国香港地区 | 1734.99 |
| | 开曼群岛 | 23 | 百慕大群岛 | 388.40 |
| | 百慕大群岛 | 11 | 英属维尔京群岛 | 344.22 |
| 2012 | 中国香港地区 | 62 | 中国香港地区 | 1298.62 |
| | 开曼群岛 | 17 | 开曼群岛 | 971.29 |
| | 英属维尔京群岛 | 17 | 英属维尔京群岛 | 665.68 |
| | 百慕大群岛 | 13 | 百慕大群岛 | 456.05 |

续表

| 年份 | 地区 | 项目数量（件） | 地区 | 金额（百万美元） |
|---|---|---|---|---|
| 2013 | 中国香港地区 | 58 | 中国香港地区 | 8895.75 |
| | 英属维尔京群岛 | 24 | 开曼群岛 | 3783.81 |
| | 开曼群岛 | 21 | 英属维尔京群岛 | 869.59 |
| | 百慕大群岛 | 16 | 百慕大群岛 | 214.38 |
| 2014 | 中国香港地区 | 57 | 开曼群岛 | 7406.11 |
| | 开曼群岛 | 48 | 百慕大群岛 | 3079.90 |
| | 英属维尔京群岛 | 23 | 中国香港地区 | 2164.22 |
| | 百慕大群岛 | 14 | 英属维尔京群岛 | 1213.27 |
| 2015 | 中国香港地区 | 103 | 开曼群岛 | 22276.39 |
| | 开曼群岛 | 82 | 中国香港地区 | 8690.13 |
| | 百慕大群岛 | 30 | 百慕大群岛 | 4819.22 |
| | 英属维尔京群岛 | 16 | 英属维尔京群岛 | 3785.64 |
| 2016 | 中国香港地区 | 198 | 开曼群岛 | 33601.14 |
| | 开曼群岛 | 85 | 中国香港地区 | 12191.49 |
| | 英属维尔京群岛 | 43 | 英属维尔京群岛 | 5656.01 |
| | 百慕大群岛 | 16 | 百慕大群岛 | 1937.90 |
| 2017 | 中国香港地区 | 213 | 中国香港地区 | 14764.63 |
| | 开曼群岛 | 62 | 开曼群岛 | 12398.17 |
| | 英属维尔京群岛 | 27 | 英属维尔京群岛 | 2819.31 |
| | 百慕大群岛 | 13 | 百慕大群岛 | 1841.54 |
| 2018 | 中国香港地区 | 288 | 开曼群岛 | 20378.34 |
| | 开曼群岛 | 81 | 中国香港地区 | 19188.79 |
| | 英属维尔京群岛 | 32 | 百慕大群岛 | 8501.74 |
| | 百慕大群岛 | 22 | 英属维尔京群岛 | 3827.15 |
| 2019 | 中国香港地区 | 204 | 百慕大群岛 | 14155.59 |
| | 开曼群岛 | 59 | 开曼群岛 | 12135.08 |
| | 英属维尔京群岛 | 26 | 中国香港地区 | 7592.23 |
| | 百慕大群岛 | 13 | 英属维尔京群岛 | 2777.88 |

续表

| 年份 | 地区 | 项目数量（件） | 地区 | 金额（百万美元） |
|---|---|---|---|---|
| 2020 | 中国香港地区 | 151 | 百慕大群岛 | 7546.05 |
| | 开曼群岛 | 43 | 中国香港地区 | 6590.09 |
| | 英属维尔京群岛 | 19 | 开曼群岛 | 1093.85 |
| | 百慕大群岛 | 14 | 英属维尔京群岛 | 495.25 |
| 2021 | 中国香港地区 | 113 | 开曼群岛 | 10998.1 |
| | 开曼群岛 | 42 | 中国香港地区 | 4454.68 |
| | 英属维尔京群岛 | 25 | 英属维尔京群岛 | 1710.45 |
| | 百慕大群岛 | 7 | 百慕大群岛 | 60.2 |

**附表 4-2 2005—2021 年中国民营企业在世界四大资金中转地对外并购投资项目数量、金额排序**

| 年份 | 地区 | 项目数量（件） | 地区 | 金额（百万美元） |
|---|---|---|---|---|
| 2005 | 中国香港地区 | 17 | 中国香港地区 | 1194.09 |
| | 百慕大群岛 | 9 | 英属维尔京群岛 | 35.59 |
| | 英属维尔京群岛 | 9 | 百慕大群岛 | 17.4 |
| | 开曼群岛 | 4 | 开曼群岛 | 13.96 |
| 2006 | 中国香港地区 | 22 | 中国香港地区 | 350.07 |
| | 英属维尔京群岛 | 16 | 英属维尔京群岛 | 141.62 |
| | 开曼群岛 | 13 | 开曼群岛 | 135.07 |
| | 百慕大群岛 | 8 | 百慕大群岛 | 21.34 |
| 2007 | 中国香港地区 | 26 | 英属维尔京群岛 | 437.38 |
| | 开曼群岛 | 15 | 中国香港地区 | 314.45 |
| | 百慕大群岛 | 14 | 开曼群岛 | 218.49 |
| | 英属维尔京群岛 | 8 | 百慕大群岛 | 113.09 |
| 2008 | 开曼群岛 | 57 | 开曼群岛 | 428 |
| | 百慕大群岛 | 33 | 英属维尔京群岛 | 396.75 |
| | 中国香港地区 | 33 | 中国香港地区 | 362.07 |
| | 英属维尔京群岛 | 19 | 百慕大群岛 | 245 |

续表

| 年份 | 地区 | 项目数量（件） | 地区 | 金额（百万美元） |
|---|---|---|---|---|
| 2009 | 中国香港地区 | 30 | 英属维尔京群岛 | 593.16 |
| | 百慕大群岛 | 19 | 中国香港地区 | 390.03 |
| | 英属维尔京群岛 | 19 | 开曼群岛 | 371.79 |
| | 开曼群岛 | 18 | 百慕大群岛 | 340.03 |
| 2010 | 开曼群岛 | 45 | 开曼群岛 | 1092.96 |
| | 中国香港地区 | 30 | 百慕大群岛 | 567.59 |
| | 英属维尔京群岛 | 24 | 中国香港地区 | 511.92 |
| | 百慕大群岛 | 20 | 英属维尔京群岛 | 308.18 |
| 2011 | 中国香港地区 | 49 | 开曼群岛 | 2717.98 |
| | 英属维尔京群岛 | 24 | 中国香港地区 | 1633.79 |
| | 开曼群岛 | 23 | 百慕大群岛 | 388.4 |
| | 百慕大群岛 | 11 | 英属维尔京群岛 | 344.22 |
| 2012 | 中国香港地区 | 47 | 中国香港地区 | 1072.22 |
| | 开曼群岛 | 17 | 开曼群岛 | 971.29 |
| | 英属维尔京群岛 | 17 | 英属维尔京群岛 | 665.68 |
| | 百慕大群岛 | 13 | 百慕大群岛 | 456.05 |
| 2013 | 中国香港地区 | 53 | 中国香港地区 | 8895.75 |
| | 英属维尔京群岛 | 24 | 开曼群岛 | 3783.81 |
| | 开曼群岛 | 21 | 英属维尔京群岛 | 869.59 |
| | 百慕大群岛 | 16 | 百慕大群岛 | 214.38 |
| 2014 | 中国香港地区 | 50 | 开曼群岛 | 7406.11 |
| | 开曼群岛 | 48 | 百慕大群岛 | 3079.9 |
| | 英属维尔京群岛 | 23 | 中国香港地区 | 1894.62 |
| | 百慕大群岛 | 14 | 英属维尔京群岛 | 1213.27 |
| 2015 | 中国香港地区 | 98 | 开曼群岛 | 22276.39 |
| | 开曼群岛 | 82 | 中国香港地区 | 8546.53 |
| | 百慕大群岛 | 30 | 百慕大群岛 | 4819.22 |
| | 英属维尔京群岛 | 16 | 英属维尔京群岛 | 3785.64 |

续表

| 年份 | 地区 | 项目数量（件） | 地区 | 金额（百万美元） |
|---|---|---|---|---|
| 2016 | 中国香港地区 | 192 | 开曼群岛 | 33601.14 |
| | 开曼群岛 | 85 | 中国香港地区 | 12093.09 |
| | 英属维尔京群岛 | 43 | 英属维尔京群岛 | 5656.01 |
| | 百慕大群岛 | 16 | 百慕大群岛 | 1937.9 |
| 2017 | 中国香港地区 | 199 | 中国香港地区 | 13970.93 |
| | 开曼群岛 | 62 | 开曼群岛 | 12398.17 |
| | 英属维尔京群岛 | 27 | 英属维尔京群岛 | 2819.31 |
| | 百慕大群岛 | 13 | 百慕大群岛 | 1841.54 |
| 2018 | 中国香港地区 | 261 | 开曼群岛 | 20378.34 |
| | 开曼群岛 | 81 | 中国香港地区 | 16531.29 |
| | 英属维尔京群岛 | 32 | 百慕大群岛 | 8501.74 |
| | 百慕大群岛 | 22 | 英属维尔京群岛 | 3827.15 |
| 2019 | 中国香港地区 | 200 | 百慕大群岛 | 14155.59 |
| | 开曼群岛 | 59 | 开曼群岛 | 12135.08 |
| | 英属维尔京群岛 | 26 | 中国香港地区 | 7565.23 |
| | 百慕大群岛 | 13 | 英属维尔京群岛 | 2777.88 |
| 2020 | 中国香港地区 | 149 | 百慕大群岛 | 7546.05 |
| | 开曼群岛 | 43 | 中国香港地区 | 6561.49 |
| | 英属维尔京群岛 | 19 | 开曼群岛 | 1093.85 |
| | 百慕大群岛 | 14 | 英属维尔京群岛 | 495.25 |
| 2021 | 中国香港地区 | 109 | 开曼群岛 | 10998.1 |
| | 开曼群岛 | 42 | 中国香港地区 | 4285.88 |
| | 英属维尔京群岛 | 25 | 英属维尔京群岛 | 1710.45 |
| | 百慕大群岛 | 7 | 百慕大群岛 | 60.2 |

注：因2005—2021年中国民营企业仅对中国香港地区有绿地投资，故此附录不再对绿地投资情况进行排序。

# 附录 5　2021 年中国民营企业对外投资案件 TOP10

**附表 5-1　2021 年中国民营企业对外投资案件 TOP10**

| 排序 | 中国投资方企业名称 | 标的国（地区） | 标的行业 | 交易金额（百万美元） |
|---|---|---|---|---|
| 1 | RISEN SOLARTECHNOLOGY | 马来西亚 | 其他机械设备 | 10100 |
| 2 | MR LEI JUN | 开曼群岛 | 信息传输、软件和信息技术服务业 | 5478.6 |
| 3 | HUAWEI TECHNOLOGIES | 墨西哥 | 信息传输、软件和信息技术服务业 | 4549.8 |
| 4 | MR RICK YAN | 开曼群岛 | 信息传输、软件和信息技术服务业 | 3716.4 |
| 5 | BEIJING WISE ROAD CAPITAL CO., LTD | 英属维尔京群岛 | 金融业 | 1228 |
| 6 | GANFENG LITHIUM CO., LTD | 中国香港地区 | 基本金属和金属制品 | 800 |
| 7 | JING AN | 俄罗斯 | 焦炭、精炼石油产品及核燃料 | 769.47 |
| 8 | SHANDONG 0SHAN ALUMINIUM CO., LTD | 新加坡 | 租赁和商务服务业 | 740.89 |
| 9 | BEIJING SAILEX INTERNATIONAL TECHNOLOGY CO., LTD | 瑞典 | 医疗器械、精密仪器和光学仪器、钟表 | 605.28 |
| 10 | JD PROPERTY GROUP CORPORATION | 开曼群岛 | 交通运输、仓储和邮政业 | 513 |

# 附录6　2013—2021年中国民营企业在“一带一路”沿线国家对外直接投资TOP10

### 附表6-1　2013—2021年中国民营企业在“一带一路”沿线国家对外直接投资TOP10

| 2013年民企对“一带一路”沿线国家OFDI项目数量及金额TOP10 | | | | | |
|---|---|---|---|---|---|
| 排序 | 国家 | 项目数量（件） | 排序 | 国家 | 金额（百万美元） |
| 1 | 新加坡 | 19 | 1 | 俄罗斯 | 6173.67 |
| 2 | 马来西亚、波兰 | 6 | 2 | 塔吉克斯坦 | 1196.88 |
| | | | 3 | 新加坡 | 607.48 |
| 4 | 俄罗斯、印度、巴西 | 5 | 4 | 泰国 | 310.59 |
| | | | 5 | 罗马尼亚 | 98.65 |
| | | | 6 | 波兰 | 74.20 |
| 7 | 以色列、罗马尼亚 | 4 | 7 | 印度 | 50.51 |
| | | | 8 | 哈萨克斯坦 | 48.10 |
| 9 | 泰国、乌兹别克斯坦 | 3 | 9 | 以色列 | 31.55 |
| | | | 10 | 乌兹别克斯坦 | 26.80 |
| 2014年民企对“一带一路”沿线国家OFDI项目数量及金额TOP10 | | | | | |
| 排序 | 国家 | 项目数量（件） | 排序 | 国家 | 金额（百万美元） |
| 1 | 新加坡 | 17 | 1 | 印度尼西亚 | 2419.00 |
| 2 | 印度 | 12 | 2 | 俄罗斯 | 2270.00 |
| 3 | 以色列 | 9 | 3 | 新加坡 | 920.57 |
| 4 | 马来西亚 | 8 | 4 | 波黑 | 635.59 |
| 5 | 印度尼西亚 | 7 | 5 | 马其顿 | 400.00 |
| 6 | 俄罗斯、越南 | 6 | 6 | 印度 | 360.79 |
| | | | 7 | 越南 | 272.81 |

续表

| 2014 年民企对“一带一路”沿线国家 OFDI 项目数量及金额 TOP10 | | | | | |
|---|---|---|---|---|---|
| 8 | 巴基斯坦、土耳其、罗马尼亚 | 4 | 8 | 马来西亚 | 260.89 |
| | | | 9 | 以色列 | 166.20 |
| | | | 10 | 巴基斯坦 | 139.88 |
| 2015 年民企对“一带一路”沿线国家 OFDI 项目数量及金额 TOP10 | | | | | |
| 排序 | 国家 | 项目数量（件） | 排序 | 国家 | 金额（百万美元） |
| 1 | 印度 | 47 | 1 | 印度 | 9663.15 |
| 2 | 新加坡 | 28 | 2 | 印度尼西亚 | 6489.23 |
| 3 | 以色列 | 15 | 3 | 新加坡 | 1470.18 |
| 4 | 马来西亚、俄罗斯、泰国 | 13 | 4 | 俄罗斯 | 1433.16 |
| | | | 5 | 斯洛伐克 | 1400.00 |
| | | | 6 | 马来西亚 | 1351.52 |
| 7 | 捷克 | 11 | 7 | 捷克 | 1308.64 |
| 8 | 印度尼西亚、哈萨克斯坦 | 9 | 8 | 土耳其 | 1030.80 |
| | | | 9 | 以色列 | 902.06 |
| 10 | 越南、阿联酋 | 6 | 10 | 泰国 | 897.98 |
| 2016 年民企对“一带一路”沿线国家 OFDI 项目数量及金额 TOP10 | | | | | |
| 排序 | 国家 | 项目数量（件） | 排序 | 国家 | 金额（百万美元） |
| 1 | 印度 | 59 | 1 | 埃及 | 21278.61 |
| 2 | 新加坡 | 44 | 2 | 印度 | 12160.49 |
| 3 | 以色列 | 24 | 3 | 马来西亚 | 3368.98 |
| 4 | 马来西亚 | 23 | 4 | 柬埔寨 | 2565.54 |
| 5 | 俄罗斯、泰国 | 15 | 5 | 阿联酋 | 2240.37 |
| | | | 6 | 印度尼西亚 | 2098.95 |
| 7 | 埃及 | 13 | 7 | 孟加拉国 | 2008.90 |
| 8 | 捷克 | 10 | 8 | 捷克 | 1680.00 |
| 9 | 阿联酋、波兰 | 9 | 9 | 泰国 | 1546.91 |
| | | | 10 | 新加坡 | 1328.53 |

续表

| 2017年民企对“一带一路”沿线国家OFDI项目数量及金额TOP10 | | | | | |
|---|---|---|---|---|---|
| 排序 | 国家 | 项目数量（件） | 排序 | 国家 | 金额（百万美元） |
| 1 | 新加坡 | 53 | 1 | 俄罗斯 | 14810.77 |
| 2 | 印度 | 48 | 2 | 新加坡 | 5237.97 |
| 3 | 马来西亚 | 26 | 3 | 印度 | 4430.05 |
| 4 | 俄罗斯 | 25 | 4 | 印度尼西亚 | 3548.94 |
| 5 | 以色列 | 22 | 5 | 阿曼 | 2488.00 |
| 6 | 印度尼西亚 | 12 | 6 | 孟加拉国 | 2017.55 |
| 7 | 越南 | 10 | 7 | 巴基斯坦 | 1737.80 |
| 8 | 泰国 | 9 | 8 | 罗马尼亚 | 1006.50 |
| 9 | 埃及、阿联酋 | 8 | 9 | 捷克 | 1005.20 |
| | | | 10 | 斯洛伐克 | 1000.00 |
| 2018年民企对“一带一路”沿线国家OFDI项目数量及金额TOP10 | | | | | |
| 排序 | 国家 | 项目数量（件） | 排序 | 国家 | 金额（百万美元） |
| 1 | 印度 | 75 | 1 | 新加坡 | 8464.43 |
| 2 | 新加坡 | 67 | 2 | 印度 | 5879.96 |
| 3 | 马来西亚 | 30 | 3 | 印度尼西亚 | 4306.48 |
| 4 | 泰国 | 24 | 4 | 菲律宾 | 3871.85 |
| 5 | 印度尼西亚 | 21 | 5 | 阿联酋 | 2432.10 |
| 6 | 以色列 | 20 | 6 | 埃及 | 1425.31 |
| 7 | 越南 | 18 | 7 | 马来西亚 | 1346.77 |
| 8 | 俄罗斯 | 17 | 8 | 塞尔维亚 | 1080.15 |
| 9 | 阿联酋 | 12 | 9 | 哈萨克斯坦 | 801.80 |
| 10 | 哈萨克斯坦、菲律宾 | 11 | 10 | 老挝 | 777.00 |
| 2019年民企对“一带一路”沿线国家OFDI项目数量及金额TOP10 | | | | | |
| 排序 | 国家 | 项目数量（件） | 排序 | 国家 | 金额（百万美元） |
| 1 | 印度 | 78 | 1 | 俄罗斯 | 12277.46 |
| 2 | 新加坡 | 46 | 2 | 新加坡 | 10528.23 |

续表

2019 年民企对“一带一路”沿线国家 OFDI 项目数量及金额 TOP10

| 排序 | 国家 | 项目数量（件） | 排序 | 国家 | 金额（百万美元） |
|---|---|---|---|---|---|
| 3 | 越南 | 24 | 3 | 印度 | 5908.36 |
| 4 | 俄罗斯 | 23 | 4 | 越南 | 3064.95 |
| 5 | 马来西亚 | 22 | 5 | 波兰 | 2579.39 |
| 6 | 泰国 | 16 | 6 | 埃及 | 1764.60 |
| 7 | 阿联酋、塞尔维亚 | 13 | 7 | 阿联酋 | 1276.15 |
| | | | 8 | 沙特 | 1179.30 |
| 9 | 印度尼西亚 | 12 | 9 | 泰国 | 547.30 |
| 10 | 以色列、波兰 | 10 | 10 | 塞尔维亚 | 441.26 |

2020 年民企对“一带一路”沿线国家 OFDI 项目数量及金额 TOP10

| 排序 | 国家 | 项目数量（件） | 排序 | 国家 | 金额（百万美元） |
|---|---|---|---|---|---|
| 1 | 新加坡 | 41 | 1 | 文莱 | 13650.00 |
| 2 | 印度 | 20 | 2 | 印度尼西亚 | 5624.54 |
| 3 | 泰国 | 19 | 3 | 新加坡 | 1273.75 |
| 4 | 马来西亚 | 18 | 4 | 阿联酋 | 1260.20 |
| 5 | 阿联酋 | 14 | 5 | 印度 | 1133.99 |
| 6 | 越南 | 13 | 6 | 俄罗斯 | 589.62 |
| 7 | 俄罗斯、印度尼西亚 | 11 | 7 | 以色列 | 433.55 |
| | | | 8 | 泰国 | 345.78 |
| 9 | 以色列 | 10 | 9 | 马来西亚 | 335.60 |
| 10 | 波兰 | 6 | 10 | 越南 | 321.12 |

2021 年民企对“一带一路”沿线国家 OFDI 项目数量及金额 TOP10

| 排序 | 国家 | 项目数量（件） | 排序 | 国家 | 金额（百万美元） |
|---|---|---|---|---|---|
| 1 | 新加坡 | 32 | 1 | 马来西亚 | 10774.94 |
| 2 | 越南 | 16 | 2 | 越南 | 1360.77 |
| 3 | 马来西亚 | 14 | 3 | 新加坡 | 1096.61 |
| 4 | 土耳其 | 10 | 4 | 泰国 | 554.8 |

续表

<table>
<tr><td colspan="6">2021 年民企对“一带一路”沿线国家 OFDI 项目数量及金额 TOP10</td></tr>
<tr><td>排序</td><td>国家</td><td>项目数量（件）</td><td>排序</td><td>国家</td><td>金额（百万美元）</td></tr>
<tr><td>5</td><td>印度</td><td>9</td><td>5</td><td>印度尼西亚</td><td>546.6</td></tr>
<tr><td>6</td><td>泰国</td><td>8</td><td>6</td><td>以色列</td><td>327.3</td></tr>
<tr><td>7</td><td>波兰</td><td>7</td><td>7</td><td>土耳其</td><td>308.54</td></tr>
<tr><td rowspan="3">8</td><td>俄罗斯</td><td rowspan="3">6</td><td>8</td><td>巴基斯坦</td><td>234.5</td></tr>
<tr><td>印度尼西亚</td><td>9</td><td>波兰</td><td>197.2</td></tr>
<tr><td>阿联酋</td><td>10</td><td>阿联酋</td><td>163.75</td></tr>
</table>

**附表 6-2　2013—2021 年中国民营企业在“一带一路”沿线国家并购投资情况**

<table>
<tr><td colspan="6">2013 年民企对“一带一路”沿线国家并购投资项目数量及金额 TOP10</td></tr>
<tr><td>排序</td><td>国家</td><td>项目数量（件）</td><td>排序</td><td>国家</td><td>金额（百万美元）</td></tr>
<tr><td>1</td><td>新加坡</td><td>13</td><td>1</td><td>俄罗斯</td><td>6173.67</td></tr>
<tr><td rowspan="2">2</td><td rowspan="2">以色列、马来西亚</td><td rowspan="2">4</td><td>2</td><td>塔吉克斯坦</td><td>1196.88</td></tr>
<tr><td>3</td><td>新加坡</td><td>587.48</td></tr>
<tr><td rowspan="4">4</td><td rowspan="4">波兰、印度、俄罗斯、塔吉克斯坦</td><td rowspan="4">2</td><td>4</td><td>印度</td><td>50.51</td></tr>
<tr><td>5</td><td>哈萨克斯坦</td><td>48.1</td></tr>
<tr><td>6</td><td>以色列</td><td>31.55</td></tr>
<tr><td>7</td><td>巴基斯坦</td><td>19.97</td></tr>
<tr><td rowspan="3">8</td><td rowspan="3">保加利亚、蒙古、菲律宾、泰国、越南、巴基斯坦、斯里兰卡、塞尔维亚、白俄罗斯、哈萨克斯坦</td><td rowspan="3">1</td><td>8</td><td>马来西亚</td><td>15.93</td></tr>
<tr><td>9</td><td>越南</td><td>4</td></tr>
<tr><td>10</td><td>泰国</td><td>3.59</td></tr>
<tr><td colspan="6">2014 年民企对“一带一路”沿线国家并购投资项目数量及金额 TOP10</td></tr>
<tr><td>排序</td><td>国家</td><td>项目数量（件）</td><td>排序</td><td>国家</td><td>金额（百万美元）</td></tr>
<tr><td>1</td><td>新加坡</td><td>15</td><td>1</td><td>新加坡</td><td>919.77</td></tr>
<tr><td>2</td><td>以色列</td><td>8</td><td>2</td><td>以色列</td><td>145.5</td></tr>
<tr><td>3</td><td>马来西亚</td><td>6</td><td>3</td><td>哈萨克斯坦</td><td>122.4</td></tr>
</table>

续表

| 2014 年民企对“一带一路”沿线国家并购投资项目数量及金额 TOP10 | | | | | |
|---|---|---|---|---|---|
| 排序 | 国家 | 项目数量（件） | 排序 | 国家 | 金额（百万美元） |
| 4 | 印度、越南、哈萨克斯坦、罗马尼亚 | 3 | 4 | 土耳其 | 65 |
| | | | 5 | 越南 | 54.81 |
| | | | 6 | 文莱 | 48 |
| | | | 7 | 吉尔吉斯斯坦 | 29.46 |
| 8 | 俄罗斯 | 2 | 8 | 印度 | 21.14 |
| 9 | 捷克、爱沙尼亚、波兰、文莱、老挝、菲律宾、泰国、巴基斯坦、阿曼、土耳其、马其顿、阿塞拜疆、白俄罗斯、吉尔吉斯斯坦、乌兹别克斯坦 | 1 | 9 | 巴基斯坦 | 17.38 |
| | | | 10 | 泰国 | 5.12 |

| 2015 年民企对“一带一路”沿线国家并购投资项目数量及金额 TOP10 | | | | | |
|---|---|---|---|---|---|
| 排序 | 国家 | 项目数量（件） | 排序 | 国家 | 金额（百万美元） |
| 1 | 新加坡 | 21 | 1 | 印度 | 2408.33 |
| 2 | 以色列、印度 | 14 | 2 | 斯洛伐克 | 1400 |
| | | | 3 | 新加坡 | 1333.38 |
| 4 | 捷克 | 11 | 4 | 捷克 | 1308.64 |
| 5 | 哈萨克斯坦 | 7 | 5 | 俄罗斯 | 1100 |
| 6 | 马来西亚 | 5 | 6 | 土耳其 | 1000 |
| 7 | 阿联酋 | 4 | 7 | 以色列 | 895.56 |
| 8 | 泰国 | 3 | 8 | 哈萨克斯坦 | 670.45 |
| 9 | 波兰、罗马尼亚、埃及、蒙古、印度尼西亚、菲律宾、越南、巴基斯坦、白俄罗斯 | 2 | 9 | 马来西亚 | 386.63 |
| | | | 10 | 文莱 | 325.78 |

| 2016 年民企对“一带一路”沿线国家并购投资项目数量及金额 TOP10 | | | | | |
|---|---|---|---|---|---|
| 排序 | 国家 | 项目数量（件） | 排序 | 国家 | 金额（百万美元） |
| 1 | 新加坡 | 33 | 1 | 孟加拉国 | 2000.1 |
| 2 | 以色列、印度 | 22 | 2 | 阿联酋 | 1798.47 |
| | | | 3 | 马来西亚 | 1702.95 |

续表

<table>
<tr><th colspan="6">2016 年民企对“一带一路”沿线国家并购投资项目数量及金额 TOP10</th></tr>
<tr><th>排序</th><th>国家</th><th>项目数量（件）</th><th>排序</th><th>国家</th><th>金额（百万美元）</th></tr>
<tr><td>4</td><td>马来西亚</td><td>11</td><td>4</td><td>捷克</td><td>1603.18</td></tr>
<tr><td>5</td><td>捷克</td><td>8</td><td>5</td><td>泰国</td><td>1012.79</td></tr>
<tr><td>6</td><td>印度尼西亚</td><td>6</td><td>6</td><td>印度</td><td>1012.19</td></tr>
<tr><td rowspan="2">7</td><td rowspan="2">阿联酋、泰国</td><td rowspan="2">5</td><td>7</td><td>新加坡</td><td>941.53</td></tr>
<tr><td>8</td><td>俄罗斯</td><td>886.9</td></tr>
<tr><td>9</td><td>哈萨克斯坦</td><td>4</td><td>9</td><td>以色列</td><td>500.8</td></tr>
<tr><td>10</td><td>越南、波兰</td><td>3</td><td>10</td><td>印度尼西亚</td><td>292.44</td></tr>
<tr><th colspan="6">2017 年民企对“一带一路”沿线国家并购投资项目数量及金额 TOP10</th></tr>
<tr><th>排序</th><th>国家</th><th>项目数量（件）</th><th>排序</th><th>国家</th><th>金额（百万美元）</th></tr>
<tr><td>1</td><td>新加坡</td><td>39</td><td>1</td><td>俄罗斯</td><td>13247.87</td></tr>
<tr><td>2</td><td>印度</td><td>29</td><td>2</td><td>新加坡</td><td>4799.97</td></tr>
<tr><td>3</td><td>以色列</td><td>20</td><td>3</td><td>印度</td><td>3209.32</td></tr>
<tr><td>4</td><td>马来西亚</td><td>18</td><td>4</td><td>孟加拉国</td><td>2017.55</td></tr>
<tr><td>5</td><td>俄罗斯</td><td>10</td><td>5</td><td>罗马尼亚</td><td>1001</td></tr>
<tr><td>6</td><td>阿联酋</td><td>7</td><td rowspan="2">6</td><td rowspan="2">捷克、斯洛伐克</td><td rowspan="2">1000</td></tr>
<tr><td rowspan="2">7</td><td rowspan="2">印度尼西亚、泰国</td><td rowspan="2">6</td></tr>
<tr><td>8</td><td>阿联酋</td><td>898.87</td></tr>
<tr><td>9</td><td>越南</td><td>5</td><td>9</td><td>塔吉克斯坦</td><td>472.94</td></tr>
<tr><td>10</td><td>哈萨克斯坦、巴基斯坦</td><td>4</td><td>10</td><td>哈萨克斯坦</td><td>416.32</td></tr>
<tr><th colspan="6">2018 年民企对“一带一路”沿线国家并购投资项目数量及金额 TOP10</th></tr>
<tr><th>排序</th><th>国家</th><th>项目数量（件）</th><th>排序</th><th>国家</th><th>金额（百万美元）</th></tr>
<tr><td>1</td><td>新加坡</td><td>49</td><td>1</td><td>新加坡</td><td>7839.63</td></tr>
<tr><td>2</td><td>印度</td><td>33</td><td>2</td><td>印度</td><td>2848.85</td></tr>
<tr><td>3</td><td>马来西亚</td><td>20</td><td>3</td><td>阿联酋</td><td>2400</td></tr>
<tr><td>4</td><td>以色列</td><td>16</td><td>4</td><td>以色列</td><td>518.39</td></tr>
<tr><td>5</td><td>泰国</td><td>13</td><td>5</td><td>马来西亚</td><td>458.83</td></tr>
</table>

续表

2018 年民企对“一带一路”沿线国家并购投资项目数量及金额 TOP10

| 排序 | 国家 | 项目数量（件） |
|---|---|---|
| 6 | 印度尼西亚 | 10 |
| 7 | 越南、巴基斯坦 | 6 |
| 9 | 阿联酋 | 4 |
| 10 | 哈萨克斯坦、土耳其 | 3 |

| 排序 | 国家 | 金额（百万美元） |
|---|---|---|
| 6 | 土耳其 | 438.74 |
| 7 | 印度尼西亚 | 435.48 |
| 8 | 捷克 | 295.7 |
| 9 | 巴基斯坦 | 265.62 |
| 10 | 爱沙尼亚 | 175 |

2019 年民企对“一带一路”沿线国家并购投资项目数量及金额 TOP10

| 排序 | 国家 | 项目数量（件） |
|---|---|---|
| 1 | 新加坡 | 34 |
| 2 | 印度 | 29 |
| 3 | 马来西亚 | 14 |
| 4 | 以色列 | 10 |
| 5 | 泰国、越南 | 9 |
| 7 | 印度尼西亚、柬埔寨 | 6 |
| 9 | 阿联酋、菲律宾、波兰、乌兹别克斯坦 | 4 |

| 排序 | 国家 | 金额（百万美元） |
|---|---|---|
| 1 | 新加坡 | 10226.23 |
| 2 | 印度 | 2629.38 |
| 3 | 波兰 | 2530.81 |
| 4 | 阿联酋 | 530 |
| 5 | 以色列 | 322.55 |
| 6 | 越南 | 278.04 |
| 7 | 马来西亚 | 101.37 |
| 8 | 泰国 | 64.1 |
| 9 | 印度尼西亚 | 55.49 |
| 10 | 柬埔寨 | 53.9 |

2020 年民企对“一带一路”沿线国家并购投资项目数量及金额 TOP10

| 排序 | 国家 | 项目数量（件） |
|---|---|---|
| 1 | 新加坡 | 32 |
| 2 | 泰国 | 17 |
| 3 | 马来西亚 | 14 |
| 4 | 印度 | 13 |
| 5 | 以色列 | 10 |
| 6 | 印度尼西亚、越南 | 7 |

| 排序 | 国家 | 金额（百万美元） |
|---|---|---|
| 1 | 阿联酋 | 1091.50 |
| 2 | 新加坡 | 987.95 |
| 3 | 印度 | 902.39 |
| 4 | 以色列 | 433.55 |
| 5 | 印度尼西亚 | 403.64 |
| 6 | 泰国 | 324.59 |
| 7 | 捷克 | 260.00 |

续表

| 2020年民企对“一带一路”沿线国家并购投资项目数量及金额TOP10 | | | | | |
|---|---|---|---|---|---|
| 排序 | 国家 | 项目数量（件） | 排序 | 国家 | 金额（百万美元） |
| 8 | 阿联酋 | 6 | 8 | 老挝 | 140.00 |
| 9 | 柬埔寨 | 4 | 9 | 缅甸 | 94.50 |
| 10 | 缅甸 | 3 | 10 | 马来西亚 | 73.20 |

| 2021年民企对“一带一路”沿线国家并购投资项目数量及金额TOP10 | | | | | |
|---|---|---|---|---|---|
| 排序 | 国家 | 项目数量（件） | 排序 | 国家 | 金额（百万美元） |
| 1 | 新加坡 | 22 | 1 | 新加坡 | 908.11 |
| 2 | 越南 | 12 | 2 | 以色列 | 327.3 |
| 3 | 马来西亚 | 7 | 3 | 泰国 | 259.5 |
| 4 | 泰国 | 5 | 4 | 印度尼西亚 | 248 |
| 5 | 印度 | | 5 | 越南 | 186.17 |
| 6 | 匈牙利 | 3 | 6 | 巴基斯坦 | 184.5 |
| 7 | 以色列 | 2 | 7 | 马来西亚 | 96.74 |
| | 印度尼西亚 | | 8 | 匈牙利 | 52.72 |
| | 柬埔寨 | | 9 | 阿联酋 | 30 |
| | 乌兹别克斯坦 | | 10 | 柬埔寨 | 9.42 |

**附表6-3　2013—2021年中国民营企业在“一带一路”沿线国家绿地投资情况**

| 2013年民企对“一带一路”沿线国家绿地投资项目数量及金额TOP10 | | | | | |
|---|---|---|---|---|---|
| 排序 | 国家 | 项目数量（件） | 排序 | 国家 | 金额（百万美元） |
| 1 | 新加坡 | 6 | 1 | 泰国 | 307 |
| 2 | 波兰、罗马尼亚 | 4 | 2 | 罗马尼亚 | 98.65 |
| | | | 3 | 波兰 | 74.2 |
| 4 | 印度、俄罗斯、乌兹别克斯坦 | 3 | 4 | 乌兹别克斯坦 | 26.8 |
| | | | 5 | 新加坡、阿联酋 | 20 |

续表

| 2013 年民企对“一带一路”沿线国家绿地投资项目数量及金额 TOP10 | | | | | |
|---|---|---|---|---|---|
| **排序** | **国家** | **项目数量（件）** | **排序** | **国家** | **金额（百万美元）** |
| 7 | 印度尼西亚、马来西亚、泰国 | 2 | — | — | — |
| 10 | 捷克、蒙古、缅甸、菲律宾、越南、巴林、土耳其、阿联酋、白俄罗斯、乌克兰 | 1 | — | — | — |
| **2014 年民企对“一带一路”沿线国家绿地投资项目数量及金额 TOP10** | | | | | |
| **排序** | **国家** | **项目数量（件）** | **排序** | **国家** | **金额（百万美元）** |
| 1 | 印度 | 9 | 1 | 印度尼西亚 | 2419 |
| 2 | 印度尼西亚 | 7 | 2 | 俄罗斯 | 2270 |
| 3 | 俄罗斯 | 4 | 3 | 波黑 | 635.59 |
| 4 | 越南、土耳其、阿联酋、巴基斯坦 | 3 | 4 | 马其顿 | 400 |
| | | | 5 | 印度 | 339.653 |
| | | | 6 | 马来西亚 | 258.79 |
| | | | 7 | 越南 | 218 |
| 8 | 匈牙利、立陶宛、新加坡、马来西亚、缅甸、菲律宾、泰国、科威特、沙特 | 2 | 8 | 巴基斯坦 | 122.5 |
| | | | 9 | 匈牙利 | 114.1 |
| | | | 10 | 菲律宾 | 73.7 |
| **2015 年民企对“一带一路”沿线国家绿地投资项目数量及金额 TOP10** | | | | | |
| **排序** | **国家** | **项目数量（件）** | **排序** | **国家** | **金额（百万美元）** |
| 1 | 印度 | 33 | 1 | 印度 | 7254.82 |
| 2 | 俄罗斯 | 12 | 2 | 印度尼西亚 | 6358.5 |
| 3 | 泰国 | 10 | 3 | 马来西亚 | 964.89 |
| 4 | 马来西亚 | 8 | 4 | 泰国 | 851.82 |
| 5 | 印度尼西亚、新加坡 | 7 | 5 | 越南 | 442.5 |
| | | | 6 | 巴林 | 434.4 |
| 7 | 越南 | 4 | 7 | 巴基斯坦 | 355 |
| 8 | 乌兹别克斯坦 | 3 | 8 | 俄罗斯 | 333.16 |

续表

2015 年民企对“一带一路”沿线国家绿地投资项目数量及金额 TOP10

| 排序 | 国家 | 项目数量（件） | 排序 | 国家 | 金额（百万美元） |
|---|---|---|---|---|---|
| 9 | 巴林、巴基斯坦、阿联酋、哈萨克斯坦 | 2 | 9 | 尼泊尔 | 300 |
| | | | 10 | 塔吉克斯坦 | 288.71 |

2016 年民企对“一带一路”沿线国家绿地投资项目数量及金额 TOP10

| 排序 | 国家 | 项目数量（件） | 排序 | 国家 | 金额（百万美元） |
|---|---|---|---|---|---|
| 1 | 印度 | 37 | 1 | 埃及 | 21278.5 |
| 2 | 俄罗斯 | 14 | 2 | 印度 | 11148.3 |
| 3 | 马来西亚 | 12 | 3 | 柬埔寨 | 2416.8 |
| 4 | 新加坡、埃及 | 11 | 4 | 印度尼西亚 | 1806.51 |
| | | | 5 | 马来西亚 | 1666.03 |
| 6 | 泰国 | 10 | 6 | 越南 | 1164.36 |
| 7 | 波兰 | 6 | 7 | 以色列 | 604.8 |
| 8 | 柬埔寨 | 5 | 8 | 泰国 | 534.12 |
| 9 | 越南、阿联酋、斯里兰卡 | 4 | 9 | 阿联酋 | 441.9 |
| | | | 10 | 新加坡 | 387 |

2017 年民企对“一带一路”沿线国家绿地投资项目数量及金额 TOP10

| 排序 | 国家 | 项目数量（件） | 排序 | 国家 | 金额（百万美元） |
|---|---|---|---|---|---|
| 1 | 印度 | 19 | 1 | 印度尼西亚 | 3311.8 |
| 2 | 俄罗斯 | 15 | 2 | 阿曼 | 2478 |
| 3 | 新加坡 | 14 | 3 | 俄罗斯 | 1562.9 |
| 4 | 马来西亚 | 8 | 4 | 巴基斯坦 | 1523.1 |
| 5 | 印度尼西亚 | 6 | 5 | 印度 | 1220.73 |
| 6 | 埃及、越南 | 5 | 6 | 马来西亚 | 672.8 |
| | | | 7 | 新加坡 | 438 |
| 8 | 泰国、塞尔维亚、阿曼 | 3 | 8 | 白俄罗斯 | 423.1 |
| | | | 9 | 哈萨克斯坦 | 271.9 |
| | | | 10 | 泰国 | 208.7 |

续表

| 2018 年民企对“一带一路”沿线国家绿地投资项目数量及金额 TOP10 | | | | | |
|---|---|---|---|---|---|
| **排序** | **国家** | **项目数量（件）** | **排序** | **国家** | **金额（百万美元）** |
| 1 | 印度 | 42 | 1 | 印度尼西亚 | 3871 |
| 2 | 新加坡 | 18 | 2 | 菲律宾 | 3805.5 |
| 3 | 俄罗斯 | 15 | 3 | 印度 | 3031.11 |
| 4 | 越南 | 12 | 4 | 埃及 | 1425.2 |
| 5 | 印度尼西亚、泰国 | 11 | 5 | 塞尔维亚 | 1059.312 |
| | | | 6 | 马来西亚 | 887.94 |
| 7 | 马来西亚 | 10 | 7 | 哈萨克斯坦 | 701.5 |
| 8 | 菲律宾 | 9 | 8 | 老挝 | 637 |
| 9 | 埃及、波兰、阿联酋、哈萨克斯坦 | 8 | 9 | 泰国 | 626.4 |
| | | | 10 | 新加坡 | 624.8 |
| **2019 年民企对“一带一路”沿线国家绿地投资项目数量及金额 TOP10** | | | | | |
| **排序** | **国家** | **项目数量（件）** | **排序** | **国家** | **金额（百万美元）** |
| 1 | 印度 | 49 | 1 | 俄罗斯 | 12236.61 |
| 2 | 俄罗斯 | 20 | 2 | 印度 | 3278.98 |
| 3 | 越南 | 15 | 3 | 越南 | 2786.91 |
| 4 | 新加坡 | 12 | 4 | 埃及 | 1722.6 |
| 5 | 塞尔维亚 | 10 | 5 | 沙特 | 1177.3 |
| 6 | 阿联酋 | 9 | 6 | 阿联酋 | 746.146 |
| 7 | 马来西亚 | 8 | 7 | 泰国 | 483.2 |
| 8 | 泰国 | 7 | 8 | 塞尔维亚 | 427.24 |
| 9 | 印度尼西亚、波兰 | 6 | 9 | 印度尼西亚 | 309.8 |
| | | | 10 | 新加坡 | 302 |
| **2020 年民企对“一带一路”沿线国家绿地投资项目数量及金额 TOP10** | | | | | |
| **排序** | **国家** | **项目数量（件）** | **排序** | **国家** | **金额（百万美元）** |
| 1 | 俄罗斯、新加坡 | 9 | 1 | 文莱 | 13650 |
| | | | 2 | 印度尼西亚 | 5220.9 |

续表

| 2020年民企对“一带一路”沿线国家绿地投资项目数量及金额TOP10 | | | | | |
|---|---|---|---|---|---|
| 排序 | 国家 | 项目数量（件） | 排序 | 国家 | 金额（百万美元） |
| 3 | 阿联酋 | 8 | 3 | 俄罗斯 | 574.17 |
| 4 | 印度 | 7 | 4 | 越南 | 291.22 |
| 5 | 越南、波兰 | 6 | 5 | 新加坡 | 285.8 |
| | | | 6 | 马来西亚 | 262.4 |
| 7 | 印度尼西亚、马来西亚 | 4 | 7 | 印度 | 231.6 |
| | | | 8 | 埃及 | 209.1 |
| 9 | 泰国、乌兹别克斯坦 | 2 | 9 | 阿联酋 | 168.7 |
| | | | 10 | 巴林 | 166.4 |
| **2021年民企对“一带一路”沿线国家绿地投资项目数量及金额TOP10** | | | | | |
| 排序 | 国家 | 项目数量（件） | 排序 | 国家 | 金额（百万美元） |
| 1 | 土耳其 | 10 | 1 | 马来西亚 | 10678.2 |
| | 新加坡 | | 2 | 俄罗斯 | 868.47 |
| 3 | 马来西亚 | 7 | 3 | 土耳其 | 308.54 |
| 4 | 波兰 | 6 | 4 | 印度尼西亚 | 298.6 |
| 5 | 俄罗斯、阿联酋 | 5 | 5 | 泰国 | 295.3 |
| | | | 6 | 波兰 | 197.2 |
| 7 | 印度尼西亚、印度 | 4 | 7 | 新加坡 | 188.5 |
| | | | 8 | 阿联酋 | 133.75 |
| 9 | 泰国、菲律宾 | 3 | 9 | 菲律宾 | 125.5 |
| | | | 10 | 巴林 | 101.8 |

注：由于原始数据库数据缺失，2013年除前六国外，民企对其他“一带一路”沿线国家的绿地投资金额均为0。

# 附录7 2019—2021年中国民营企业绿地投资为标的国（地区）创造就业TOP10

**附表7-1 2021年中国民营企业绿地投资为标的国（地区）创造就业TOP10**

| 排序 | 绿地投资标的国（地区） | 创造就业数（人） |
|---|---|---|
| 1 | 越南 | 7525 |
| 2 | 土耳其 | 7402 |
| 3 | 印度尼西亚 | 5231 |
| 4 | 马来西亚 | 4133 |
| 5 | 美国 | 3810 |
| 6 | 墨西哥 | 2369 |
| 7 | 德国 | 2017 |
| 8 | 波兰 | 1464 |
| 9 | 巴西 | 1426 |
| 10 | 俄罗斯 | 1331 |

**附表7-2 2020年中国民营企业绿地投资为标的国（地区）创造就业TOP10**

| 排序 | 绿地投资标的国（地区） | 创造就业数（人） |
|---|---|---|
| 1 | 美国 | 5014 |
| 2 | 墨西哥 | 4046 |
| 3 | 印度尼西亚 | 3304 |
| 4 | 越南 | 3182 |
| 5 | 文莱 | 3000 |
| 6 | 德国 | 2551 |
| 7 | 印度 | 2271 |
| 8 | 法国 | 1888 |
| 9 | 俄罗斯 | 1511 |
| 10 | 乌兹别克斯坦 | 1400 |

**附表 7-3　2019 年中国民营企业绿地投资为标的国（地区）创造就业 TOP10**

| 排序 | 绿地投资标的国（地区） | 创造就业数（人） |
|---|---|---|
| 1 | 印度 | 30432 |
| 2 | 越南 | 15482 |
| 3 | 卢旺达 | 7500 |
| 4 | 俄罗斯 | 5973 |
| 5 | 美国 | 5641 |
| 6 | 巴西 | 5379 |
| 7 | 利比里亚 | 5000 |
| 8 | 玻利维亚 | 4975 |
| 9 | 塞尔维亚 | 4510 |
| 10 | 青尼亚 | 4215 |

# 附录 8　2005—2021 年中国民营企业对外直接投资——融资模式别 TOP5

**附表 8-1　2005—2021 年中国民营企业对外直接投资项目数量——融资模式别 TOP5**

| 融资模式 | 并购项目（件） | 并购金额涉及的并购项目（件） |
|---|---|---|
| 增资 | 2032 | 2001 |
| 增资—私人配售 | 1967 | 1870 |
| 注资 | 1954 | 1937 |
| 私募股权 | 1051 | 900 |
| 风险资本 | 1029 | 872 |

**附表 8-2　2005—2021 年中国民营企业对外直接投资金额——融资模式别 TOP5**

| 融资模式 | 并购金额（百万美元） |
|---|---|
| 杠杆收购 | 2643. 3 |
| 杠杆 | 1800 |

续表

| 融资模式 | 并购金额（百万美元） |
| --- | --- |
| 增资—私人配售 | 1314.69 |
| 家族办公室 | 498.59 |
| 增资—公募 | 430.36 |

# 参考文献


## 一、中文

1．白重恩、冀东星:《交通基础设施与出口：来自中国国道主干线的证据》,《世界经济》2018 年第 1 期。

2．蔡昉:《生产率、新动能与制造业——中国经济如何提高资源重新配置效率》,《中国工业经济》2021 年第 5 期。

3．陈立敏、杨振、侯再平:《出口带动还是出口代替？——中国企业对外直接投资的边际产业战略检验》,《财贸经济》2010 年第 2 期。

4．陈勇兵、陈宇媚、周世民:《贸易成本、企业出口动态与出口增长的二元边际——基于中国出口企业微观数据：2000—2005》,《经济学（季刊）》2012 年第 4 期。

5．戴魁早、刘友金:《行业市场化进程与创新绩效——中国高技术产业的经验分析,《数量经济技术经济研究》2013 年第 9 期。

6．樊纲、王小鲁、朱恒鹏:《中国市场化指数：各地区市场化相对进程 2011 年报告》，经济科学出版社 2011 年版。

7．方虹、彭博、冯哲、吴俊洁:《国际贸易中双边贸易成本的测度研究——基于改进的引力模型》,《财贸经济》2010 年第 5 期。

8．方军雄:《市场化进程与资本配置效率的改善》,《经济研究》2006 年第 5 期。

9．葛顺奇、罗伟:《中国制造业企业对外直接投资和母公司竞争优势》,《管理世界》2013 年第 6 期。

10．官建成、马宁：《我国工业企业技术创新能力与出口行为研究》，《数量经济技术经济研究》，2002 年第 2 期。

11．郭剑花、龚惠婷：《OFDI 对我国民营企业研发投入的影响——基于政治关联视角》，《会计之友》2020 年第 4 期。

12．郭娟娟、冼国明、田朔：《房价上涨是否促进中国制造业企业 OFDI》，《世界经济》2020 年第 12 期。

13．韩先锋：《中国对外直接投资逆向创新的价值链外溢效应》，《科学学研究》2019 年第 3 期。

14．侯欣裕、孙浦阳、杨光：《服务业外资管制、定价策略与下游生产率》，《世界经济》2018 年第 9 期。

15．胡立君、薛福根、王宇：《后工业化阶段的产业空心化机理及治理——以日本和美国为例》，《中国工业经济》2013 年第 8 期。

16．胡馨月、黄先海、李晓钟：《产品创新、工艺创新与中国多产品企业出口动态：理论框架与计量检验》，《国际贸易问题》2017 年第 12 期。

17．黄群慧：《全球化大变局下中国工业化战略抉择》，《中国经济时报》2020 年 7 月 31 日。

18．黄先海、胡馨月、刘毅群：《产品创新、工艺创新与我国企业出口倾向研究》，《经济学家》2015 年第 4 期。

19．黄永春、郑江淮、杨以文等：《中国“去工业化”与美国“再工业化”冲突之谜解析——来自服务业与制造业交互外部性的分析》，《中国工业经济》2013 年第 3 期。

20．蒋冠宏、蒋殿春：《中国企业对外直接投资的“出口效应”》，《经济研究》2014 年第 5 期。

21．金芳：《服务业跨国公司当前的地位及影响》，《世界经济研究》1990 年第 4 期。

22．黎文靖、郑曼妮：《实质性创新还是策略性创新？——宏观产业政策对微观企业创新的影响》，《经济研究》2016 年第 4 期。

23．李兵、李柔：《互联网与企业出口：来自中国工业企业的微观经验证据》，《世界经济》2017 年第 7 期。

24．李洪亚：《OFDI 技术寻求动机与出口强度——浙江跨国企业的证据》，《产业经济研究》2019 年第 3 期。

25．李磊、蒋殿春、王小霞：《企业异质性与中国服务业对外直接投资》，《世界经济》2017 年第 11 期。

26．李若曦、周小亮、蔡娇丽：《创新驱动生产率提升视角下国外技术获取方式选择》，《国际贸易问题》2021 年第 12 期。

27．李思慧、于津平：《对外直接投资与企业创新效率》，《国际贸易问题》2016 年第 12 期。

28．刘海云、聂飞：《中国制造业对外直接投资的空心化效应研究》，《中国工业经济》2015 年第 4 期。

29．刘啟仁、黄建忠：《产品创新如何影响企业加成率》，《世界经济》2016 年第 11 期。

30．刘振中：《制造业外迁对生产性服务业的影响及其机理研究：以广东省为例》，《宏观经济研究》2020 年第 9 期。

31．陆铭、张航、梁文泉：《偏向中西部的土地供应如何推升了东部的工资》，《中国社会科学》2015 年第 5 期。

32．逯宇铎、邱东阳、刘海洋：《创新与出口间因果关系分析——基于中国高技术产业企业数据的实证研究》，《技术经济》2012 年第 8 期。

33．毛其淋、许家云：《贸易政策不确定性与企业储蓄行为——基于中国加入 WTO 的准自然实验》，《管理世界》2018 年第 5 期。

34．毛其淋、许家云：《中国企业对外直接投资是否促进了企业创新》，《世界经济》2014 年第 8 期。

35．毛其淋、许家云：《中国对外直接投资促进抑或抑制了企业出口？》，《数量经济技术经济研究》2014 年第 9 期。

36．聂辉华、江艇、杨汝岱：《中国工业企业数据库的使用现状和潜在问题》，《世界经济》2012 年第 5 期。

37．颂吉：《中国“过度去工业化”现象剖析与理论反思》，《中国工业经济》2019 年第 1 期。

38．孙浦阳、侯欣裕、盛斌：《服务业开放、管理效率与企业出口》，《经济研究》2018 年第 7 期。

39．田巍、余淼杰：《人民币汇率与中国企业对外直接投资：贸易服务型投资视角》，《国际经济评论》2019 年第 5 期。

40．田巍、余淼杰：《汇率变化、贸易服务与中国企业对外直接投资》，《世界经济》2017 年第 11 期。

41．乔晓楠、杨成林：《去工业化的发生机制与经济绩效：一个分类比较研究》，《中国工业经济》2013 年第 6 期。

42．王秋石、王一新、杜骐臻：《中国去工业化现状分析》，《当代财经》2011 年第 12 期。

43．王文、孙早：《产业结构转型升级意味着去工业化吗》，《经济学家》2017 年第 3 期。

44．王永中、周学智：《中美贸易摩擦与中国制造业对外投资走势》，《经济纵横》2021 年第 2 期。

45．王展祥、王秋石、李国民：《去工业化的动因与影响研究——一个文献综述》，《经济问题探索》2011 年第 1 期。

46．徐朝阳、王韡：《部门异质性替代弹性与产业结构变迁》，《经济研究》2021 年第 4 期。

47．徐保昌、李思慧、仇鑫：《中国企业创新投入能否推动其成本加成提升?》，《南京财经大学学报》2020 年第 3 期。

48．薛军等：《中国民营企业海外直接投资指数年度报告 2020》，人民出版社 2020 年版。

49．杨成林：《去工业化的发生机制及影响研究》，硕士学位论文，南开大学，2012 年。

50．杨丽丽、盛斌：《制造业 OFDI 的产业"空心化"非线性效应研究——基于中国省际面板数据的 PSTR 分析》，《现代经济探讨》2019 年第 2 期。

51．杨亚平、吴祝红：《中国制造业企业 OFDI 带来“去制造业”吗——基于微观数据和投资动机的实证研究》，《国际贸易问题》2016 年第 8 期。

52．余官胜、范朋真、都斌：《我国企业对外直接投资速度与经营效益——基于管理效率视角的实证研究》，《产业经济研究》2018 年第 2 期。

53．曾杰：《对外直接投资与技术创新的门槛效应》，《技术经济与管理研究》2021 年第 8 期。

54．张春萍：《中国对外直接投资的贸易效应研究》，《数量经济技术经济研究》2012 年第 6 期。

55．张辉、闫强明、黄昊：《国际视野下中国结构转型的问题、影响与应对》，《中国工业经济》2019 年第 6 期。

56．张杰、李克、刘志彪：《市场化转型与企业生产效率——中国的经验研究》，《经济学（季刊）》2011 年第 2 期。

57．张杰、芦哲、郑文平、陈志远：《融资约束、融资渠道与企业 R&D 投入》，《世界经济》2012 年第 10 期。

58．张启龙：《以高质量为目标的制造业企业创新对生产率提升的影响》，《调研世界》2019 年第 7 期。

59．周禄松、郑亚莉：《出口技术复杂度升级对工资差距的影响：基于我国省级动态面板数据的系统 GMM 分析》，《国际贸易问题》2014 年第 11 期。

60．周茂、陆毅、陈丽丽：《企业生产率与企业对外直接投资进入模式选择——来自中国企业的证据》，《管理世界》2015 年第 11 期。

## 二、外文

1．Alderson A. S., Explaining deindustrialization: globalization, failure, or success, *American Sociological Review*, Vol.64, No.5, 1999.

2．Ackerberg D.A., Caves K., Frazer G., Identification Properties of Recent Production Function Estimators, *Econometrica*, Vol.83, No.6, 2015.

3 . Anderson J. E., Wincoop E. V., Trade Costs, *Journal of Economic Literature*, Vol.42, No.3, 2004.

4 . Arnold J. M., Javorcik B. S., Mattoo A., Does Services Liberalization Benefit Manufacturing Firms? Evidence from the Czech Republic, *Journal of International Economics*, Vol.85, No.1, 2011.

5 . Arnold J.M., Javorcik B., Lipscomb M., Mattoo A., Services Reform and Manufacturing Performance: Evidence from India, *Economic Journal*, Vol. 126, No.590, 2016.

6 . Barone G., Cingano F., Service regulation and growth: evidence from OECD countries, *The Economic Journal*, Vol.121, No.555, 2011.

7 . Bas M., Does Services Liberalization Affect Manufacturing Firms' Export Performance? Evidence from India, *Journal of Comparative Economics*, Vol. 42, No.3, 2014.

8 . Bernard A.B., Eaton J., Jensen J.B., Kortum S., Plants and productivity in international trade, *American Economic Review*, Vol.93, No.4, 2003.

9 . Bloom N., Van Reenen J., Measuring and Explaining Management Practices Across Firms and Countries, *The Quarterly Journal of Economics*, Vol.122, No.4, 2007.

10 . Cheptea A., Emlinger C., Latouche K., Multinational Retailers and Home Country Food Exports, *American Journal of Agricultural Economics*, Vol. 1, No. 97, 2015.

11 . Cantwell J., Tolentino P. E. E., *Technological accumulation and third world multinationals Reading*, UK: University of Reading, Department of Economics, 1990.

12 . Dunning J.H., *International Production and the Multinational Enterprise*, London: George Allen&Unwin, 1981.

13 . Emlinger C., Poncet S., With a little help from my friends: Multinational retailers and China's consumer market penetration, *Journal of International Eco-*

*nomics*, Vol.112, 2018.

14 . Girma S., Greenaway A., Kneller R., Does Exporting Increase Productivity? A Microeconometric Analysis of Matched Firms, *Review of International Economics*, Vol.12, No.5, 2004.

15 . Head K., Ries J., Overseas Investment and Firm Exports, *Review of International Economics*, Vol.9, No.1, 2001.

16 . Head K., Ries J., Heterogeneity and the FDI versus export decision of Japanese manufacturers, *Journal of the Japanese and International Economies*, Vol. 17, No.4, 2003.

17 . Helpman E., A Simple Theory of International Trade with Multinational Corporations, *Journal of Political Economy*, Vol.92, No.3, 1984.

18 . Helpman E., The size of regions, Topics in public economics: Theoretical and applied analysis, 1998.

19 . Horst T., Firm and Industry Determinants of the Decision to Invest Abroad: An Empirical Study, *Review of Economics & Statistics*, Vol.54, No.3, 1972.

20 . Iversen T., Cusack T.R., The Causes of Welfare State Expansion: Deindustrialization or Globalization?, *World Politics*, Vol.52, No.3, 2000.

21 . Kang S.J, Lee H., Foreign direct investment and de industrialisation, *The World Economy*, Vol.34, No.2, 2011.

22 . Kim Yong Jin.A Model of Industrial Hollowing-out of Neighboring Countries by the Economic Growth of China, China Economic Review, Vol. 18, No. 2, 2007.

23 . Krautheim S., Export-supporting FDI, *Canadian Journal of Economics*, Vol.46, No.4, 2013.

24 . Krugman P.R., Increasing returns, monopolistic competition, and international trade, *Journal of International Economics*, Vol.9, No.4, 1979.

25 . Markusen J. R., Trade in Goods and Factors with International Differences in Technology, *International Economic Review*, Vol.26, No.1, 1985.

26 . Melitz M. J., The Impact of Trade on Intra Industry Reallocations and Aggregate Industry Productivity, *Econometrica*, Vol.71, No.6, 2003.

27 . Mundell R. A., International Trade and Factor Mobility, *American Economic Review*, Vol.47, No.3, 1957.

28 . Nickell S., Redding S., Swaffield J., The uneven pace of deindustrialisation in the OECD, World Economy, Vol.31, No.9, 2010.

29 . Rodrik D., Unconditional convergence in manufacturing, *The Quarterly Journal of Economics*, Vol.128, No.1, 2013.

30 . Rodrik D., Premature Deindustrialization, *Journal of Economic Growth*, Vol.21, No.1, 2016.

31 . Trefler D., The Long and Short of the Canada-U. S. Free Trade Agreement, *American Economic Review*, Vol.94, No.4, 2004.

# 后 记

三年疫情，重创民营经济，许多订单流失，加之产业链供应链脱钩风险加剧，开年以后外贸形势异常严峻。同时我们也注意到，诸多企业特别是低端制造业通过“走出去”的方式被迫应对，其中民营企业在备受多重压力中正在埋头努力寻找一些新的希望。中华民族勤劳勇敢，民营企业有极强的耐力和韧性，事实证明无论身处世界何处，都会在夹缝中顽强生存下去并不断发展壮大。目前我国面临国内外诸多前所未有的挑战和压力，在过去的40年，我们通过改革开放基本实现了工业化，人民生活越来越富足，今天面对恶劣的国际环境和国内严峻的经济形势，只要继续坚定不移地坚持对外开放以及毫不动摇地鼓励扶持发展民营经济，坚信“中国故事”一定会续写出更加精彩的篇章。

我2017年回母校任教至今一直专攻本系列指数报告，每年一本，今年是第六本了。六年来，“铁打营盘流水兵”，尽管团队每年都会依依不舍送走老队员兴高采烈迎来新伙伴，然而努力打造一个高质量可信赖的“南开中国OFDI指数”品牌，保持“国际唯一、统计年鉴型、可持续”始终是团队坚守的信念，团队已经形成以博士生带队、硕士生主攻、本科生积极参与的“老带新、老帮新”的工作作风并不断接力传承下去。“力出一孔，其国无敌”，我们会继续不断地努力拼搏，感谢每一位为此辛勤付出的小伙伴！

本书由薛军负责总体设计、数据筛选整理具体安排、数据分析和文字写作以及书稿总纂，李婉爽和常露露协助。郭城希、解彤彤和杨名澈为数据筛选、图表整合以及文字分析小组负责人，李婉爽和申喆良为数据处理小组负责人，郑毓铭是书稿第二部分专题篇小组负责人。正文部分的文字分析初稿提供者分别是：罗云龙（序章）、胡英伦（第一章、第四章第五节）、杜若晨（第二章）、秦子晴（第三章）、曹宇（第四章第一至四节）、郑毓铭（第五章）、苏二豆（第六章）、田青（第七章第一节）、黄渲雯（第七章第二节）、王洁（第七章第三节）、解彤彤（第八章第一节）、张祎（第八章第二节），另外李金永、周鹏冉、季建文和程红雨参与协助了校对等工作。

感谢人民出版社的刘松弢、彭代琪格编辑对本书的诸多细致建议和辛勤付出，也感谢该社好友鲁静主任的一如既往的大力支持！

薛 军

2023 年 3 月 21 日春分

于南开园